U0667650

# Routledge
## of History
### Philosophy
#### (Ten Volumes)

# Routledge History of Philosophy

(Ten Volumes) 第八卷 (Volume VIII)

## 20世纪大陆哲学

[爱尔兰] 理查德·柯尔内 (Richard Kearney) ／主编

鲍建竹 李婉莉 成官泯
谢仁生 魏开琼 胡成恩／译
冯　俊 鲍建竹／审校

中国人民大学出版社
·北京·

# 《劳特利奇哲学史》（十卷本）简介
## Routledge History of Philosophy（Ten Volumes）

总主编：［英］帕金森（G. H. R. Parkinson）

［加］杉克尔（S. G. Shanker）

《劳特利奇哲学史》对从公元前 6 世纪开始直到现在的西方哲学史提供了一种编年式的考察。它深入地讨论了哲学的所有重要发展，对于那些普遍公认的伟大哲学家提供了很大的篇幅。但是，较小一些的人物并没有被忽略，在这十卷本的哲学史中，包括了过去和现在的每一个重要哲学家的基本和关键的信息。这些哲学家被明确地置于他们时代的文化特别是科学的氛围之中。

这部《哲学史》不仅是写给专家看的，而且也是写给学生和普通读者看的。各章都是以浅近的风格写成，每一章的作者都是这一领域公认的专家，全书 130 多位顶尖的专家来自英国、美国、加拿大、澳大利亚、爱尔兰、法国、意大利、西班牙、以色列等十多个国家的著名大学和科研机构。每一章后面附有大量的参考书目，可供深入研究者参考。有详细的哲学大事历史年表，涵盖了从公元前 8 世纪至 1993 年西方哲学发展的全部历史，后面还附有专业术语的名词解释和文献、主题、人名索引。该书是代表当今世界哲学史研究领域最高学术水平的著作。

第一卷《从开端到柏拉图》 分卷主编：C. C. W. 泰勒，1997 年出版。

Volume I:From the Beginning to Plato,edited by C. C. W. Taylor,1997.

第二卷《从亚里士多德到奥古斯丁》 分卷主编：大卫·福莱，1999 年出版。

Volume II：From Aristotle to Augustine, edited by David Furley, 1999.

第三卷《中世纪哲学》 分卷主编：约翰·马仁邦，1998 年出版。

Volume III：Medieval Philosophy, edited by John Marenbon, 1998.

第四卷《文艺复兴和 17 世纪理性主义》 分卷主编：G. H. R. 帕金森，1993 年出版。

Volume IV：The Renaissance and Seventeenth Century Rationalism, edited by G. H. R. Parkinson, 1993.

第五卷《英国哲学和启蒙时代》 分卷主编：斯图亚特·布朗，1996 年出版。

Volume V：British Philosophy and the Age of Enlightenment, edited by Stuart Brown, 1996.

第六卷《德国唯心主义时代》 分卷主编：罗伯特·C·所罗门，凯特林·M·希金斯，1993 年出版。

Volume VI：The Age of German Idealism, edited by Robert C. Solomon & Kathleen M. Higgins, 1993.

第七卷《19 世纪哲学》 分卷主编：C. L. 滕，1994 年出版。

Volume VII：The Nineteenth Century, edited by C. L. Ten, 1994.

第八卷 《20 世纪大陆哲学》 分卷主编：里查德·柯尔内,1994 年出版。

Volume VIII：Twentieth-Century Continental Philosophy, edited by Richard Kearney, 1994.

第九卷《20 世纪科学、逻辑和数学哲学》 分卷主编：斯图亚特·G·杉克尔，1996 年出版。

Volume IX：Philosophy of Science, Logic and Mathematics in the Twentieth Century, edited by Stuart G. Shanker, 1996.

第十卷《20 世纪意义、知识和价值哲学》 分卷主编：约翰·V·康菲尔德，1997 年出版。

Volume X：Philosophy of Meaning, Knowledge and Value in the Twentieth Century, edited by John V. Canfield, 1997.

# 《劳特利奇哲学史》第八卷简介

　　20 世纪大陆哲学与其说是一块无丝毫缝补的布匹，不如说是一块多姿多彩的锦缎。现象学、诠释学、存在主义、结构主义、批判理论和解构主义——这些是 20 世纪伊始到 20 世纪 90 年代在欧洲大陆发展的主要运动，尽管它们的影响绝不局限于地理上的这个区域。大陆思想已经被证明是高度输出性的，它远远超出了欧洲的界线，在整个知识界引起了强烈的反响。

　　本卷的 14 篇文章勾勒和评价了大陆哲学的部分论题和试验。前五篇涵盖现象学和存在主义这两个孪生运动，从胡塞尔和海德格尔开始，到萨特、梅洛-庞蒂和列维纳斯。随后的几篇文章探讨了大陆思想在科学、马克思主义、语言学、政治学、美学、女性主义和诠释学等领域中的特殊思潮。关于后现代主义的最后一章突出了大陆思想中的许多关切是以怎样的方式达到激进反基础主义的顶峰的。

　　本卷为哲学和相关专业学生提供了关于这一时期哲学的一个概略而学术性的介绍，并对相关哲学家作出了原创性解释。本卷还附有专有名词解释和一个哲学、科学以及其他文化事件的历史年表。

　　理查德·柯尔内（Richard Kearney）是都柏林大学学院哲学教授以及波士顿学院客座教授，著有《现代性的诗学》（*Poetics of Modernity*，1994）、《想象的诗学》（*Poetics of Imagining*，1991）、《想象的觉醒》（*The*

*Wake of Imagination*，1988)、《欧洲哲学的现代运动》(*Modern Movement in European Philosophy*，1986) 和《与当代大陆思想家对话》(*Dialogues with Contemporary Continental Thinkers*，1984)。

# 目 录

# 总主编序

帕金森（G. H. R. Parkinson）

杉克尔（S. G. Shanker）

哲学史，正如它的名字所意指的一样，它表示两个非常不同的学科的统 vii
一，它们中的一个学科给另一个学科强加了严格的限制。作为思想史中的一
种活动，它要求人们获得一种"历史的眼光"：对它研究的那些思想家是怎
样看待他们力图解决的问题、他们讨论这些问题的概念框架、他们的假设和
目的、他们的盲点和偏差等有一种透彻的理解。但是，作为哲学中的一种活
动，我们所要做的不能仅仅是一种描述性的工作。我们的努力有一个关键性
的方面：我们对说服力的探求和对论证发展路径的探求一样重要，因为哲学
史中的许多问题不仅对哲学思想的发展可能曾经产生过影响，而且它们今天
继续盘踞在我们心中。

所以哲学史要求与它的实践者们保持一种微妙的平衡。我们完全是以
"事后诸葛亮"的眼光来阅读这些著作，我们能看出为什么微小的贡献仍然
是微小的，而庞大的体系却崩溃了：有时是内部压力的结果，有时是因为未
能克服一种难以克服的障碍，有时是一种剧烈的技术或社会的变化，并且常
常是因为理智的时尚和兴趣的变化。然而，因为我们对许多相同的问题的持
续的哲学关注，我们不能采取超然的态度来看这些工作。我们想要知道从那
些不重要的或是"光荣的失败"中吸取什么教训；有多少次我们想要以疏漏
的理论来为一种现代的相关性辩护，或者重新考虑"光荣的失败"是否确实

是这样，或只是超越它的时代，或许甚至超越它的作者。

因此，我们发现我们自己非常像神话故事中的"激进的翻译家"，对现代哲学家们如此着迷，力图用作者自己的文化眼光，同时也以我们自己的眼光来理解作者的思想。这可能是一项令人惊叹的任务，在历史的尝试中我们多次失败，因为我们的哲学兴趣是如此强烈；或者是忽视了后者，因为我们是如此的着迷于前者。但是哲学的本性就是如此，我们不得不掌握这两种技能。因为学习哲学史不只是一种挑战性的、吸引人的消遣活动，把握哲学与历史和科学这两者是怎样密切联系而又相互区别的，这是了解哲学本性的一个根本性的因素。

《劳特利奇哲学史》对西方哲学从它的开端到当代的历史提供了一种编年的考察。它的目的是深入地讨论所有重大的哲学发展，本着这个初衷，大部分篇幅被分配给那些普遍公认的伟大哲学家。但是，较小一些的人物并没有被忽略。我们希望在这十卷本的哲学史中，读者将至少能够找到过去和现在的任何重要哲学家的基本信息。

哲学思维并不是脱离其他人类活动而孤立发生的，这部《哲学史》力图将哲学家置于他们时代的文化特别是科学的氛围之中。某些哲学家确实把哲学仅仅看做自然科学的附属物，但是即使排斥这种观点，也几乎不能否认各门科学对今天被我们称为哲学的东西确实有过巨大的影响，清晰地阐明这种影响是非常重要的。这样大部头的著作并非想要提供一种曾影响过哲学思维的那些因素的单纯记录，哲学是一个有着它自己的论证标准的学科，表现哲学论证发展的方式是这部哲学史关心的重点。

说到"今天被我们称为哲学的东西"，我们可能给人一种印象：似乎今天对于哲学是什么只存在一种观点，肯定不是这么回事。相反，在那些自称是哲学家的人们当中，他们对于这个学科的本性的意见存在着极大的差异。这些差异反映在今天存在的、通常分别描述为"分析"哲学和"大陆"哲学的两个主要的思想学派之中。作为这部《哲学史》的总主编，我们的目的不是要搞派性之争。我们的态度是一种宽容的态度，我们希望，这部十卷本的著作能够帮助我们理解哲学家们是怎么达到他们现在所占有的这些位置的。

最后一点要说的就是，长期以来，哲学成为一个高度技术化的学科，它有自己的专有术语。这部哲学史不仅是写给专家看的，而且也是写给普通读者看的。为了这个目的，我们力图保证每一章都以一种贴近读者的风格写成。由于专业性是不可避免的，在每一卷的后面，我们提供了一个专业术语 ix 的名词解释表。我们希望，这样，这个十卷本将会拓宽我们对这个学科的了解，而这个学科对于所有勤于思考的人们来说是最为重要的。

# 作者简介

**Alison Ainley**（艾莉森·安利），英吉利理工大学剑桥校区哲学讲师，即将出版一本关于露丝·伊利格瑞（Luce Irigaray）的专著。

**Babette E. Babich**（巴贝特·E·芭比），福特汉姆大学纽约校区哲学教授，著有几本研究大陆思想的专著。

**Richard Cobb-Stevens**（理查德·科布-史蒂文斯），波士顿学院哲学系主任，著有《詹姆士与胡塞尔》（*James and Husserl*，1974）和《胡塞尔与分析哲学》（*Husserl and Analytic Philosophy*，1989）。

**Simon Critchley**（西蒙·克里奇利），埃塞克斯大学哲学讲师，著有《解构的伦理学》（*The Ethics of Deconstruction*，1992），主编《重读列维纳斯》（*Re-Reading Levinas*，1991）。

**Bernard Cullen**（伯纳德·卡伦），贝尔法斯特女王大学哲学教授，《爱尔兰哲学杂志》（*Irish Philosophical Journal*）的编辑，著有《黑格尔与政治理论》（*Hegel and Political Theory*）。

**William Desmond**（威廉·德斯蒙），巴尔的摩洛约拉学院哲学系主任，鲁汶大学客座教授，著有《欲望、辩证法和他者》（*Desire, Dialectic and Otherness*，1988）、《艺术与绝对》（*Art and the Absolute*，1986）和《哲学及其他》（*Philosophy and Its Others*，1991）。

**Thomas Docherty**（托马斯·杜契提），都柏林圣三一学院英语系主任，著有《论现代权威》（*On Modern Authority*，1987）、《理解（缺席的）个性》［*Reading (Absent) Character*，1983］、《约翰·邓恩：松绑》（*John*

*Donne*，*Undone*，1986）和《理论之后》（*After Theory*，1991）。

**Thomas R. Flynn**（托马斯·R·弗林），埃默里大学哲学教授，著有几本研究现代大陆思想的专著。

**Michael Kelly**（迈克尔·凯莉），南汉普顿大学法语教授，著有包括《现代法国马克思主义》（*Modern French Marxism*，1982）在内的几本专著。

**G. B. Madison**（G. B. 麦迪逊），加拿大麦克马斯特大学哲学教授，研究诠释学和后现代思想的加拿大社会研究会创始人兼主任，著有《梅洛-庞蒂的现象学》（*Phénoménologie de Merleau-Ponty*，1973）、《理解》（*Understanding*，1982）、《自由的逻辑》（*Logic of Liberty*，1986）和《后现代性的诠释学》（*Hermeneutics of Postmodernity*，1988）。

**Timothy Mooney**（蒂莫西·穆尼），都柏林大学学院哲学讲师，著有几本研究现代欧洲思想的专著。

**David Rasmussen**（大卫·拉斯穆森），波士顿学院哲学教授，《哲学与社会批判》（*Philosophy and Social Criticism*）杂志的创始人兼编辑，著有《解读哈贝马斯》（*Reading Habermas*，1991）。

**Giacomo Rinaldi**（贾科莫·里纳尔迪），乌尔比诺大学哲学教授，德国和意大利唯心主义哲学专家。

**Hugh J. Silverman**（休·J·西福尔曼），纽约州立大学石溪分校哲学与比较文学教授，国际哲学和文学联合会执行主任，著有《献辞：在现象学与结构主义之间》（*Inscriptions：Between Phenomenology and Structuralism*，1987），主编《梅洛-庞蒂以来的哲学和非哲学》（*Philosophy and Non-Philosophy Since Merleau-Ponty*，1988）。

**Jacques Taminiaux**（雅克·塔米尼奥），鲁汶大学和波士顿学院哲学教授，鲁汶大学现象学研究中心主任，著有《辩证法和差异》（*Dialectic and Difference*，1985）、《海德格尔的基础存在论方案》（*Heidegger's Project of Fundamental Ontology*，1991）和《诗、思、辨》（*Poetics，Speculations and Judgement*，1994）等多本研究大陆哲学的专著。

# 历史年表

除非特别说明，这里的著作或论文的时间指出版时间，音乐或表演作品
的时间指首演时间。非英语作品的标题也做了翻译，除非原标题更加著名。

| xiv | 大陆哲学:根基与对话 | 艺术 |
| --- | --- | --- |
| 1755 | 卢梭(Rousseau),《论人类不平等的起源》(*Discourse on the Origin of Inequality*) | |
| 1756 | | 伏尔泰(Voltaire),《里斯本的灾难》(Poem on the Disaster at Lisbon)(指 1755 年里斯本大地震) |
| 1759 | 哈曼(Hamann),《纪念苏格拉底》(*Socratic Memorabilia*) | 斯特恩(Sterne),《项狄传》(*Tristram Shandy*)<br>伏尔泰,《老实人》(*Candide*) |
| 1762 | 卢梭,《爱弥儿》(*Emile*)<br>卢梭,《社会契约论》(*The Social Contract*) | 狄德罗(Diderot),《拉摩的侄儿》(*Rameau's Nephew*) |
| 1764 | | 伏尔泰,《哲学辞典》(*Philosophical Dictionary*) |
| 1765 | | |
| 1766 | | 莱辛(Lessing),《拉奥孔》(*Laöcoon*)<br>"狂飙突进"运动(至 1787 年)[歌德(Goethe)、席勒(Schiller)、赫尔德(Herder)] |
| 1772 | 赫尔德,《论语言的起源》(*On the Origin of Language*) | |
| 1774 | | 歌德,《少年维特之烦恼》(*The Sorrows of Young Werther*) |
| 1779 | | 莱辛,《智者纳旦》(*Nathan the Wise*) |
| 1781 | 康德(Kant),《纯粹理性批判》(A 版)(*Critique of Pure Reason*) | 席勒,《强盗》(*The Robbers*) |
| 1783 | 康德,《未来形而上学导论》(*Prolegomena to any Future Metaphysics*) | |
| 1784 | 赫尔德,《人类历史哲学的观念》(*Outlines of the Philosophy of the History of Mankind*)(4 卷,1784—1791)<br>康德,《关于一种普遍历史的理念》(Idea for a Universal History) | 博马舍(Beaumarchais),《费加罗的婚礼》(*The Marriage of Figaro*) |
| 1785 | 康德,《道德形而上学基础》(*Foundations of the Metaphysics of Morals*) | |
| 1787 | 雅各比(Jacobi),《论先验唯心主义》(On the Transcendental Idealism)<br>康德,《纯粹理性批判》(B 版) | 莫扎特(Mozart),《唐璜》(*Don Giovanni*)<br>席勒,《唐·卡洛斯》(*Don Carlos*) |

| 科学和技术 | 政治 | XV |
|---|---|---|
| 发现镁元素(戴维分离) | 英法北美战争<br>里斯本大地震,35 000 人遇难 | 1755 |
|  | 欧洲七年战争(1756—1763) | 1756 |
|  | 法国在魁北克(Quebec)被英国击败 | 1759 |
|  | 叶卡捷琳娜二世(大帝),女皇(1762—1796) | 1762 |
| 哈格里夫斯(Hargreaves)发明多轴纺织机 |  | 1764 |
| 瓦特(Watt)发明蒸汽发动机 | 奥地利约瑟夫二世,神圣罗马皇帝(至 1790 年) | 1765 |
| 卡文迪许(Cavendish)发现氢元素 |  | 1766 |
| 丹尼尔·卢瑟福(Rutherford)发现氮元素 | 波兰被俄罗斯、普鲁士和奥地利瓜分 | 1772 |
| 普里斯特里(Priestly)和舍勒(Scheele)发现氧元素 | 路易十六(Louis XVI)即位法国国王(至 1792 年) | 1774 |
| 位于什罗普郡(Shropshire)科尔布鲁克代尔(Coalbrookdale)的世界第一座铸铁桥建成 | 西班牙加入美法联盟反英战争 | 1779 |
|  | 英国在弗吉尼亚州(Virginia)的约克镇(Yorktown)向美法联军投降 | 1781 |
| 孟格菲兄弟(Montgolfier brothers)发明第一个热气球 | 《巴黎条约》结束了美国独立战争 | 1783 |
|  |  | 1784 |
| 卡特莱特(Cartwright)发明动力织布机 | 腓特烈大帝(Frederick the Great)建立德意志普鲁士联盟反抗奥地利约瑟夫二世 | 1785 |
|  | 法国国民议会因拒绝财政改革被解散 | 1787 |

续前表

| | 大陆哲学:根基与对话 | 艺术 |
|---|---|---|
| 1788 | 康德,《实践理性批判》(Critique of Practical Reason) | 歌德,《艾格蒙特》(Egmont) |
| 1789 | | 布莱克(Blake),《天真之歌》(Songs of Innocence) |
| 1790 | 康德,《判断力批判》(Critique of Judgment) | |
| 1791 | | 莫扎特,《魔笛》(The Magic Flute) |
| 1792 | 费希特(Fichte),《试论一切天启的批判》(Attempt at a Critique of All Revelation) 沃斯通克拉夫特(Wollstonecraft),《女权辩护》(Vindication of the Rights of Women) | |
| 1793 | | |
| 1794 | 孔多塞(Condorcet),《人类精神进步史表纲要》(Sketch for a Historical Picture of the Human Mind) 费希特,《耶拿知识学讲座》(Jena Wissenschaftslehre) | 布莱克,《经验之歌》(Songs of Experience) |
| 1795 | 谢林(Schelling),《关于独断主义和批判主义的哲学通信》(Philosophical Letters on Dogmatism and Criticism) 冯·洪堡(von Humboldt),《论思想和语言》(On Thought and Language) | 歌德,《威廉·迈斯特的学习年代》(Wilhelm Meister's Apprenticeship) 席勒,《论人类的审美教育书简》(On the Aesthetic Education of Mankind) |
| 1796 | | |
| 1797 | 康德,《道德形而上学》(Metaphysics of Morals) 谢林,《自然哲学的观念》(Ideas for a Philosophy of Nature) | 歌德、席勒,《歌谣》(Ballads) 荷尔德林(Hölderlin),《希波琳》(Hyperion) |
| 1798 | | 华兹华斯(Wordsworth)、柯勒律治(Coleridge),《抒情歌谣集》(Lyrical Ballads) |
| 1799 | 施莱尔马赫(Schleiermacher),《论宗教》(On Religion) 冯·洪堡,《美学文集》(Aesthetic Essays) | 戈雅(Goya),《狂想曲》(Los Caprichos) 席勒,《华伦斯坦之死》(Wallenstein's Death) 施莱格尔(Schlegel),《卢辛德》(Lucinde) |
| 1800 | 费希特,《人的使命》(The Vocation of Man) 谢林,《先验唯心论体系》(System of Transcendental Idealism) 施莱尔马赫开始将柏拉图翻译成德语(1800—1828) | 贝多芬(Beethoven),《第一交响曲》(First Symphony) 诺瓦利斯(Novalis),《夜之赞歌》(Hymn to the Night) |
| 1802 | | 斯达尔夫人(Mme. de Stael),《黛尔菲娜》(Delphine) 诺瓦利斯,《海因里希·冯·奥弗特丁根》(Heinrich von Ofterdingen) |
| 1804 | | 席勒,《威廉·退尔》(Wilhelm Tell) |
| 1807 | 黑格尔(Hegel),《精神现象学》(耶拿)(Phenomenology of Spirit)(Jena) | 贝多芬,《第四交响曲》(Fourth Symphony) |

| 科学和技术 | 政治 | |
|---|---|---|
| | 英国向澳大利亚运送首批囚犯 | 1788 |
| 拉瓦锡(Lavoisier)提出燃烧理论 | 攻占巴士底狱(巴黎),法国大革命爆发 | 1789 |
| | | 1790 |
| 法国提出公制 | 路易十六及其子女被俘,承认法国新宪法 | 1791 |
| | 法国宣布共和,奥地利和普鲁士联合进攻法国 | 1792 |
| 惠特尼(Whitney)发明轧棉机 | 路易十六和玛丽·安托瓦内特(Marie Antoinette)被处决,罗伯斯庇尔(Robespierre)的恐怖统治开始 | 1793 |
| | 丹东(Danton)和罗伯斯庇尔被处决,恐怖统治结束 | 1794 |
| | 法国与西班牙和普鲁士签署和约 | 1795 |
| 塞纳菲尔德(Senefelder)发明平板印刷术<br>拉普拉斯(Laplace),《宇宙体系论》(*System of the World*) | 拿破仑·波拿巴(Napoleon Bonaparte)率领法国军队征服意大利 | 1796 |
| | | 1797 |
| 马尔萨斯(Malthus),《人口论》(*Essay on the Principle of Population*) | 法国攻占罗马、瑞士、埃及<br>爱尔兰爆发旨在脱离英国的醋山起义(Vinegar Hill Rebellion) | 1798 |
| | 拿破仑执政管理法国(至 1804 年) | 1799 |
| 伏特(Volta)发明第一个电池 | | 1800 |
| | 波拿巴创立终身第一执政 | 1802 |
| 特里维西克(Trevithick)发明蒸汽机车 | 拿破仑给自己加冕为皇帝,成为"拿破仑一世",第一帝国诞生 | 1804 |
| 富尔顿(Fulton)发明第一艘蒸汽机船克莱门特号 | 英国在其帝国全境内废除奴隶贸易 | 1807 |

xvii

续前表

| 大陆哲学:根基与对话 | 艺术 |
|---|---|
| 1808 | 歌德,《浮士德》(第一部)[*Faust* (Pt I)] |
| 1809 谢林,《论人类自由的本质》(*Philosophical Inquiries into the Nature of Human Freedom*) | 夏多布里昂(Chateaubriand),《殉道者》(*Les Martyrs*) |
| 1811 | |
| 1812 黑格尔,《逻辑学》(*Science of Logic*)(3 卷,1812—1816) | |
| 1813 叔本华(Schopenhauer),《论充足理由律的四重根》(*On the Fourfold Root of the Principle of Sufficient Reason*) | |
| 1814 | 戈雅,《1808 年 5 月 3 日(枪杀)》(*Executions of 3rd May*) |
| 1815 德·崔希(de Tracy),《意识形态诸要素》(*Elements of Ideology*)(4 卷,1801—1815) 叔本华,《论视觉和颜色》(*On Vision and Colours*) | |
| 1817 黑格尔,《哲学全书》(*Encyclopedia of the Philosophical Sciences*) | |
| 1818 叔本华,《作为意志和表象的世界》(*The World as Will and Representation*) | 格里尔帕策(Grillparzer),《萨福》(*Sappho*) |
| 1820 | 拉马丁(Lamartine),《沉思集》(*Meditations*) |
| 1821 黑格尔,《法哲学原理》(*Philosophy of Right*) 施莱尔马赫,《基督教信仰》(*The Christian Faith*)(2 卷) | 德·昆西(De Quincey),《一个英国鸦片服用者的自白》(*Confessions of an Opium Eater*) 海涅(Heine),《诗集》(*Poems*) |
| 1822 | |
| 1825 圣西门(Saint-Simon),《新基督教》(*The New Christianity*) | |
| 1826 | 荷尔德林,《抒情诗集》(*Lyrical Poems*) |
| 1827 | |
| 1830 孔德(Comte),《实证哲学教程》(*Positive Philosophy*)(6 卷,1830—1842) 费尔巴哈(Feuerbach),《论死亡与不朽的思想》(*Thoughts Concerning Death and Immortality*) | 柏辽兹(Berlioz),《幻想交响曲》(*Symphonie Fantastique*) 司汤达(Stendhal),《红与黑》(*The Red and the Black*) |
| 1831 | |
| 1832 | 歌德,《浮士德》(第二部)[*Faust* (Pt II)] |
| 1837 博尔扎诺(Bolzano),《科学论》(*Scientific Writings*)(4 卷) | 巴尔扎克(Balzac),《幻灭》(*Lost Illusions*)(1837—1843) |

| 科学和技术 | 政治 | | xix |
|---|---|---|---|
| | 法国攻占西班牙,约瑟夫·波拿巴(Joseph Bonaparte)成为西班牙国王 | 1808 | |
| | | 1809 | |
| 阿伏伽德罗(Avogadro)提出分子假说 | 英格兰纺织工人暴动,反对纺织工业机械化 | 1811 | |
| | 500 000 拿破仑军队在从莫斯科撤退时死亡 | 1812 | |
| | 奥地利、普鲁士、俄国、英国和瑞典同盟军侵入法国 | 1813 | |
| 拉普拉斯(Laplace),《概率论》(*A Philosophical Essay on Probabilities*) | 《巴黎和约》结束拿破仑战争<br>拿破仑退位,并被流放到厄尔巴岛(Elba)<br>维也纳会议 | 1814 | |
| | 拿破仑逃出厄尔巴岛<br>进军巴黎<br>滑铁卢战役<br>拿破仑被流放到圣赫勒拿岛(St Helena) | 1815 | |
| | | 1817 | |
| 布鲁斯特(Brewster)发明万花筒 | | | |
| | 艾克斯-拉-卡培里(Aix-la-Chapelle):法国加入五国同盟 | 1818 | |
| 奥斯特(Oersted)提出电磁学 | 西班牙、葡萄牙和意大利发生自由革命 | 1820 | |
| | | 1821 | |
| 涅普斯(Niepce)发明照相机 | | 1822 | |
| 斯特金(Sturgeon)发明电磁铁 | 俄国十二月党人起义,反抗沙皇 | 1825 | |
| 安培定律<br>涅普斯制作出第一张不褪色照片 | | 1826 | |
| 欧姆定律 | | 1827 | |
| 莱尔(Lyell),《地质学原理》(*Principles of Geology*)(3卷) | 巴黎七月革命,查理十世(Charles X)被推翻<br>路易-菲利普(Louis-Philippe)成为法国国王(至1848年) | 1830 | |
| 法拉第(Faraday)和亨利(Henry)发现电磁感应 | 马志尼(Mazzini)创立"青年意大利"党<br>波兰革命被俄国镇压 | 1831 | |
| | 英国通过《改革法案》(Reform Act) | 1832 | |
| 摩斯(Morse)发明电报 | 英王维多利亚女王(Victoria Queen)即位(至1901年) | 1837 | |

续前表

| ×× | 大陆哲学:根基与对话 | 艺术 |
|---|---|---|
| 1839 | 费尔巴哈,《黑格尔哲学批判》(*Towards a Critique of Hegelian Philosophy*) | |
| 1841 | 费尔巴哈,《基督教的本质》(*The Essence of Christianity*)<br>蒲鲁东(Proudhon),《什么是财产?》(*What is Property?*) | 爱默生(Emerson),《随笔集》(*Essays*)(1841—1844)<br>透纳(Turner),《暴风雪—汽船驶离港口》(*Snowstorm-Steamboat off a Harbour's Mouth*) |
| 1842 | | 果戈理(Gogol),《死魂灵》(*Dead Souls*)<br>乔治·桑(G. Sand),《康苏爱萝》(*Consuelo*) |
| 1843 | 费尔巴哈,《关于哲学改造的临时纲要》(*Provisional Theses*)<br>克尔凯郭尔(Kierkegaard),《恐惧与颤栗》(*Fear and Trembling*)<br>克尔凯郭尔,《反复》(*Repetition*)<br>克尔凯郭尔,《非此即彼》(*Either/Or*)<br>马克思(Marx),《黑格尔法哲学批判》(*Critique of Hegel's Philosophy of Right*) | 罗斯金(Ruskin),《现代画家》(*Modern Painters*) |
| 1844 | 克尔凯郭尔,《焦虑的观念》(*The Concept of Dread*)<br>马克思,《巴黎手稿》(*The Paris Manuscripts*)<br>施蒂纳(Stirner),《自我及其所有者》(*The Ego and Its Own*) | 夏多布里昂,《朗塞传》(*Life of Rancé*) |
| 1845 | 马克思,《关于费尔巴哈的提纲》(*Theses on Feuerbach*)<br>马克思、恩格斯(Engels),《神圣家族》(*The Holy Family*) | 戈蒂埃(Gautier),《西班牙》(*España*) |
| 1846 | 克尔凯郭尔,《非科学的最后附言》(*Concluding Unscientific Postscript*)<br>马克思、恩格斯,《德意志意识形态》(*The German Ideology*) | 米什莱(Michelet),《人民》(*The People*) |
| 1848 | 马克思、恩格斯,《共产党宣言》(*The Communist Manifesto*) | |
| 1851 | 蒲鲁东,《十九世纪革命的总观念》(*General Idea of the Revolution in the 19th Century*) | 圣伯夫(Sainte-Beuve),《周一漫谈》(*Lundis*) |
| 1852 | | 格林(Grimm),《德语大辞典》(*German Dictionary*)(卷一,1852—1854) |
| 1854 | | 奈瓦尔(Nerval),《奥蕾莉娅》(*Aurélia*) |
| 1855 | | 奥斯曼(Haussmann)对巴黎进行城市改造 |
| 1857 | 马克思,《经济学手稿(1857—1858)》 | 福楼拜(Flaubert),《包法利夫人》(*Madame Bovary*)<br>波德莱尔(Baudelaire),《恶之花》(*Les Fleurs du mal*) |
| 1859 | | |
| 1862 | 布伦塔诺(Brentano),《论亚里士多德的存在的多重意义》(*On the Manifold Sense of Being in Aristotle*) | 雨果(Hugo),《悲惨世界》(*Les Misérables*)<br>屠格涅夫(Turgenev),《父与子》(*Fathers and Sons*) |
| 1863 | 蒲鲁东,《论联邦原则》(*On the Federal Principle*) | 巴黎举办"落选作品沙龙"<br>托尔斯泰(Tolstoy),《战争与和平》(*War and Peace*)(1863—1869) |

| 科学和技术 | 政治 | xxi |
|---|---|---|
| 固特异(Goodyear)发明硫化橡胶<br>舍拜恩(Schönbein)发现臭氧 | 中英鸦片战争爆发 | 1839 |
| | | 1841 |
| 多普勒(C. Doppler)提出"多普勒效应",预言物体辐射的波长因为波源和观测者的相对运动而产生变化 | 香港(Hong Kong)割让给大英帝国 | 1842 |
| | 纳塔尔(Natal)成为英国殖民地 | 1843 |
| | | 1844 |
| | | 1845 |
| 伽勒(Galle)发现海王星<br>豪(Howe)发明缝纫机 | 爱尔兰发生土豆大饥荒(到1851年有百万人死亡) | 1846 |
| | 1848年欧洲革命<br>路易-菲利普在巴黎逊位 | 1848 |
| | 巴枯宁(Bakunin)被俄国沙皇逮捕入狱(1851—1857) | 1851 |
| 傅科(L. Foucault)发明回转仪 | | 1852 |
| | 克里木战争:法国、英国和土耳其对俄国(至1856年) | 1854 |
| 帕克斯(Parkes)发明赛璐珞<br>贝西默(Bessemer)发明炼钢技术 | | 1855 |
| | 印度反英大起义(勒克瑙) | 1857 |
| 达尔文(Darwin),《物种起源》(*The Origin of Species*)<br>勒努瓦(Lenoir)发明内燃机 | | 1859 |
| | 俾斯麦(Bismarck)出任普鲁士首相 | 1862 |
| 加特林(Gatling)发明机关枪 | | |
| | 法国占领墨西哥(Mexico)城<br>林肯(Lincoln)废除奴隶制 | 1863 |

续前表

| | 大陆哲学:根基与对话 | 艺术 |
|---|---|---|
| 1864 | | 陀思妥耶夫斯基(Dostoevsky),《地下笔记》(Notes from Underground) |
| 1865 | 泰纳(Taine),《艺术哲学》(Philosophy of Art) | 瓦格纳(Wagner),《特里坦与伊索德》(Tristan and Isolde) |
| 1866 | | 陀思妥耶夫斯基,《罪与罚》(Crime and Punishment) |
| 1867 | 马克思,《资本论》(Das Kapital) | 易卜生(Ibsen),《彼尔·英特》(Peer Gynt) |
| 1869 | | 瓦格纳,《指环系列》(Ring Series)(1869—1876) |
| 1870 | 狄尔泰,《施莱尔马赫的一生》(The Life of Schleiermacher) | 罗塞蒂(Rosetti),《诗集》(Poems) |
| 1871 | | 左拉(Zola),《卢贡—马卡尔家族系列》(Rougon-Macquart Series) |
| 1873 | 尼采(Nietzsche),《不合时宜的沉思》(Untimely Meditations)<br>斯顿夫(Stumpf),《关于空间观念起源的心理学》(On the Psychological Origin of the Idea of Space) | 兰波(Rimbaud),《在地狱中的一季》(A Season in Hell) |
| 1874 | 布伦塔诺,《从经验的观点看心理学》(Psychology from an Empirical Standpoint) | 巴黎举办第一届印象派画展 |
| 1876 | | 屠格涅夫,《处女地》(Virgin Soil) |
| 1877 | | 罗丹(Rodin),《青铜时代》(Age of Bronze) |
| 1879 | 弗雷格(Frege),《算术基础》(The Foundations of Arithmetic) | 易卜生,《玩偶之家》(A Doll's House) |
| 1880 | | 法国象征主义运动(1880—1895)<br>代表人物:马拉美(Mallarmé)、魏尔伦(Verlaine) |
| 1882 | 尼采,《快乐的科学》(The Gay Science) | 瓦格纳,《帕西法尔》(Parsifal) |
| 1883 | 狄尔泰,《精神科学导论》(Introduction to the Human Sciences)<br>马赫(Mach),《力学史评》(The Science of Mechanics) | |
| 1885 | | 塞尚(Cézanne),《圣维克多山》(Mont S. Victoire)<br>凡·高(Van Gogh),《吃土豆的人》(The Potato-Eaters)<br>凡·高,《向日葵》(The Sunflowers) |
| 1886 | 尼采,《善恶的彼岸》(Beyond Good and Evil) | 点彩派代表人物:修拉(Seurat)、西涅克(Signac)、吕斯(Luce) |
| 1887 | 胡塞尔(Husserl),《论数字概念:心理分析》(On the Concept of Number: A Psychological Analysis)<br>尼采,《道德谱系学》(On the Genealogy of Morals) | 斯特林堡(Strindberg),《父亲》(The Father) |

| 科学和技术 | 政治 | |
|---|---|---|
| 麦克斯韦(Maxwell)提出光的电磁波理论 | 马克思在伦敦成立第一国际<br>巴枯宁对其领导权发起挑战 | 1864 |
| | 美国内战结束<br>林肯遇刺 | 1865 |
| 诺贝尔(Nobel)发明甘油炸药 | 《巴黎条约》结束奥普战争 | 1866 |
| 肖勒斯(Scholes)发明打字机 | 普鲁士领导北德同盟 | 1867 |
| 门捷列夫(Mendeleev)发明元素周期表 | | 1869 |
| | 意大利王国附属教宗国开始<br>法国第三共和国成立 | 1870 |
| 达尔文,《人类的起源》(The Descent of Man) | 巴黎公社失败<br>威廉一世(Wilhelm I)宣布建立德意志帝国 | 1871 |
| | 西班牙第一共和国成立(至1874年) | 1873 |
| | | 1874 |
| 贝尔(Bell)发明电话机 | 英法联合控制埃及财政 | 1876 |
| 爱迪生(Edison)发明留声机 | 维多利亚女皇成为印度女王 | 1877 |
| 爱迪生发明白炽灯 | 帕内尔(Parnell)领导爱尔兰土地联盟 | 1879 |
| | 布尔人起义,反抗英国对南非的控制 | 1880 |
| | 三国同盟:德国、奥地利、意大利(至1914年) | 1882 |
| | 德国建立健康保险制度 | 1883 |
| 巴斯德(Pasteur)首次进行狂犬疫苗接种<br>斯坦利(Stanley)发明变压器 | 印度支那成为法国保护国 | 1885 |
| 赫兹(Hertz)发现电磁波 | 格莱斯顿(Gladstone)的《爱尔兰自治法案》<br>(Irish Home Rule Bill)在议会上被否决 | 1886 |
| 伯林纳(Berliner)发明留声机<br>戴姆勒(Daimler)和奔驰(Benz)发明汽车发动机 | 意大利和埃塞俄比亚之间爆发战争 | 1887 |

xxiii

续前表

| | 大陆哲学:根基与对话 | 艺术 |
|---|---|---|
| 1888 | 那托普(Natorp),《批判方法的心理学导论》(*Introduction to the Psychology of Critical Method*) | |
| 1889 | 柏格森(Bergson),《时间与自由意志》(*Time and Free Will*) | 豪普特曼(Hauptmann),《日出之前》(*Before Sunrise*) |
| 1890 | 弗雷泽(Frazer),《金枝》(*The Golden Bough*) 盖约尔(Guyau),《时间观念的起源》(*The Origin of the Idea of Time*) | 凡·高,《有丝柏的道路》(*Road with Cypress Trees*) |
| 1891 | 胡塞尔,《算术哲学》(*Philosophy of Arithmetic*) | 高更(Gauguin)离开巴黎,返回塔希提岛(Tahiti) |
| 1893 | 涂尔干(Durkheim),《社会分工论》(*The Division of Labour in Society*) 马赫,《通俗科学讲演》(*Popular Scientific Lectures*) | 建筑学中的新艺术主义:奥塔(Horta)的"塔塞尔公馆"(布鲁塞尔) |
| 1894 | 胡塞尔,《基本逻辑的心理学研究》(*Psychological Studies on Elementary Logic*) | 莫奈(Monet),《卢昂大教堂系列》(*Rouen Cathedral Series*) 王尔德(Wilde),《莎乐美》(*Salomé*),附有比亚兹莱(Beardsley)插图 |
| 1895 | 弗洛伊德(Freud),《歇斯底里研究》(*Studies on Hysteria*) | 蒙克(Munch),《呐喊》(*The Cry*) |
| 1896 | 柏格森,《材料与记忆》(*Matter and Memory*) 桑塔亚纳(Santayana),《美感》(*The Sense of Beauty*) | |
| 1897 | 涂尔干,《自杀论》(*Suicide*) | |
| 1898 | | |
| 1899 | | 托尔斯泰,《复活》(*Resurrection*) |
| 1900 | 弗洛伊德,《梦的解析》(*The Interpretation of Dreams*) 胡塞尔,《逻辑研究》(*Logical Investigations*)(卷一) | 契诃夫(Chekhov),《万尼亚舅舅》(*Uncle Vanya*) 马勒(Mahler),《第四交响曲》(*Fourth Symphony*) 西贝柳斯(Sibelius),《芬兰颂》(*Finlandia*) |
| 1901 | 胡塞尔,《逻辑研究》(*Logical Investigations*)(卷二) | 托马斯·曼(T. Mann),《布登勃洛克一家》(*Buddenbrooks*) 斯特林堡(Strindberg),《死亡之舞》(*The Dance of Death*) |
| 1902 | 克罗齐(Croce),《作为表现科学和一般语言学的美学》(*Aesthetics as the Science of Expression and General Linguistics*) 彭加勒(Poincaré),《科学与假设》(*Science and Hypothesis*) | 纪德(Gide),《背德者》(*The Immoralist*) 莫奈,《滑铁卢桥》(*Waterloo Bridge*) |
| 1903 | | 勋伯格(Schoenberg)开始在维也纳执教 巴黎举办秋季艺术沙龙 |
| 1904 | 迪昂(Duhem),《物理学理论的目的和结构》(*The Aim and Structure of Physical Theory*)(1904—1906) 迈农(Meinong),《对象论》(*On the Theory of the Object*) | 伊莎多拉·邓肯(Isadora Duncan)来柏林(Berlin)演出 普契尼(Puccini),《蝴蝶夫人》(*Madame Butterfly*) |

| 科学和技术 | 政治 | XXV |
|---|---|---|
| 伊士曼(Eastman)发明柯达相机<br>博伊德(Boyd)发明气胎 | 德国皇帝威廉二世(Wichelm Ⅱ)即位(至 1918 年)1888 | |
| | 法国巴拿马运河公司因财政丑闻倒闭 | 1889 |
| 克立克(Klic)发明照相凹版技术 | | 1890 |
| 电影业史:爱迪生获得电影放映机和电影摄影机专利 | | 1891 |
| | 象牙海岸(Ivory Coast)成为法国保护国 | 1893 |
| | 法国发生德雷福斯案(Dreyfus Affair)<br>尼古拉斯二世(Nicholas Ⅱ)即任俄国沙皇<br>(至 1918 年) | 1894 |
| 马克尼(Marconi)发明无线电(收音机)<br>伦琴(Roentgen)发现 X 射线<br>爱迪生获得有声电影机专利 | | 1895 |
| 贝可勒尔(Becquerel)发现放射性<br>卢米埃尔(Lumière)在巴黎发明活动电影机 | 马达加斯加岛(Madagascar)成为法国附属国<br>英国人和法国人定居暹罗(Siam,泰国)边界 | 1896 |
| 狄塞尔(Diesel)发明柴油发动机<br>汤姆森(Thomson)发现电子 | | 1897 |
| 居里夫妇(P. & M. Curie)发现镭 | 《巴黎条约》:古巴脱离西班牙独立 | 1898 |
| 波尔森(Poulsen)发明磁带录音机 | 第一次海牙和平会议处理国际争端 | 1899 |
| 马克斯·普朗克(Max Planck)提出量子理论 | 《德国海军法案》(German Navy Law)开始紧<br>随英国扩充舰队<br>八国联军入侵中国 | 1900 |
| | 俄罗斯恐怖主义活动日益严重 | 1901 |
| 费森登(Fessenden)发明无线电话 | | 1902 |
| 莱特兄弟(Wright Brothers)发明飞机 | 布尔什维克—孟什维克破裂<br>埃米琳·潘克赫斯特(Emmeline Pankhurst)<br>创建妇女社会和政治联盟 | 1903 |
| 弗莱明(Fleming)发明二极管 | 《英法协约》签订 | 1904 |

续前表

xxvi

| | 大陆哲学:根基与对话 | 艺术 |
|---|---|---|
| 1905 | 马赫,《知识与谬误》(Knowledge and Error)<br>韦伯(Weber),《新教伦理与资本主义精神》(The Protestant Ethic and the Spirit of Capitalism) | 马蒂斯(Matisse),《戴帽子的妇人》(Woman with a Hat)<br>德国艺术家基希纳(Kirchner)和布莱依尔(Bleyl)创立"桥社"<br>德彪西(Debussy),《大海》(La Mer) |
| 1906 | 桑塔亚纳,《理性生活》(The Life of Reason) | |
| 1907 | 柏格森,《创造进化论》(Creative Evolution)<br>胡塞尔,《现象学的观念》(The Idea of Phenomenology)<br>詹姆士(W. James),《实用主义》(Pragmatism) | 毕加索(Picasso),《亚维农的少女》(Les Demoiselles d'Avignon)<br>斯特凡·乔治(Stefan George),《第七环》(The Seventh Ring) |
| 1908 | 彭加勒,《科学与方法》(Science and Method) | 布朗库西(Brancusi)的雕塑《吻》(The Kiss) |
| 1909 | 克罗齐,《实用主义哲学》(Pragmatic Philosophy)<br>詹姆士,《多元的宇宙》(A Pluralistic Universe) | 佳吉列夫(Diaghilev)和佛金(Fokine):俄罗斯芭蕾舞团(Ballets Russes)在巴黎演出<br>马里内蒂(Marinetti),《未来主义宣言》(Futurist Manifesto) |
| 1910 | 胡塞尔,《哲学作为严格的科学》(Philosophy as a Rigorous Science)(1910—1911)<br>罗素(Russell)、怀特海(Whitehead),《数学原理》(Principia Mathematica)(3卷,1910—1913) | 里尔克(Rilke),《布里格手记》(The Notebooks of Malte Laurids Brigge)<br>斯特拉文斯基(Stravinsky),《火鸟》(The Firebird),受佳吉列夫委托而作。 |
| 1911 | 柏格森,《哲学直观》(Philosophical Intuition) | 德国表现主义:青骑士社(Der Blaue Reiter,1911—1914)[克利(Klee)、Marc(马尔克)、康定斯基(Kandinsky)] |
| 1912 | 涂尔干,《宗教生活的基本形式》(The Elementary Forms of Religious Life) | 杜尚(Duchamp),《下楼的裸女》(Nude Descending a Staircase)<br>尼金斯基(Nijinsky)为佳吉列夫公司表演《牧神的午后》(Afternoon of a Fawn) |
| 1913 | 胡塞尔,《纯粹现象学通论》(Ideas, General Introduction to Pure Phenomenology)<br>荣格(Jung),《潜意识心理学》(Psychology of the Unconscious)<br>卢森堡(R. Luxemburg),《资本积累论》(The Accumulation of Capital)<br>乌纳穆诺(Unamuno),《生命的悲剧意识》(The Tragic Sense of Life) | 阿波里耐(Apollinaire),《醇酒集》(Alcools)<br>普鲁斯特(Proust),《追忆逝水年华》(Remembrance of Things Past)<br>斯特拉文斯基,《春之祭》(Rites of Spring) |

| 科学和技术 | 政治 | |
|---|---|---|
| 爱因斯坦(Einstein)提出狭义相对论 | 圣彼得堡(St Peterburg)"流血星期日":军队向平民开枪引起总罢工和武装起义 | 1905 |
| 德·福雷斯特(DeForest)发明三极管 | 俄国第一届国家杜马会议召开,但被分化 | 1906 |
| | 第二届海牙和平会议 | 1907 |
| | 波西尼亚—黑塞哥维那(Bosnia-Herzegovina)成为奥地利附属国 | 1908 |
| 亨利·福特(Henry Ford)开始"以生产线"量产汽车<br>彼利(Peary)登上北极 | 英国实施养老金制度 | 1909 |
| | 妇女参政运动呼声高涨 | 1910 |
| 霍尔特(Holt)发明联合收割机<br>阿蒙森(Amundsen)到达南极 | 德法摩洛哥(Morocco)争端<br>满清王朝被孙中山推翻(Sun Yat-sen) | 1911 |
| | 摩洛哥成为法国保护国 | 1912 |
| 莫塞莱(Moseley)发现原子序数<br>玻尔(Bohr)提出原子模型 | 《爱尔兰第三次地方自治法案》(Third Irish Home Rule Bill)被否决 | 1913 |

XXvii

续前表

| | 大陆哲学:根基与对话 | 艺术 |
|---|---|---|
| 1914 | 奥特加·伊·加塞特(Ortega y Gasset),《对唐·吉诃德的沉思》(*Meditations on Quijote*) | 乔伊斯(Joyce),《都柏林人》(*Dubliners*) |
| 1915 | | 格里菲斯(D. W. Griffith),《一个国家的诞生》(*Birth of a Nation*)<br>卡夫卡(Kafka),《变形记》(*The Metamorphosis*)<br>庞德(Pound)开始创作《诗章》(*Cantos*) |
| 1916 | 金蒂莱(Gentile),《作为纯粹行为的精神的一般原理》(*General Theory of Spirit as Pure Act*)<br>索绪尔(Saussure),《普通语言学教程》(*Course in General Linguistics*)<br>舍勒(Scheler),《伦理学中的形式主义》(*Formalism in Ethics*) | 达达主义运动在苏黎世开始活动[阿尔普(Arp)、查拉(Tzara)] |
| 1917 | 列宁(Lenin),《国家与革命》(*State and Revolution*) | 萨蒂(Satie),《游行》(*Parade*),为俄罗斯芭蕾舞团而作<br>毕加索为《游行》设计服装 |
| 1918 | 马萨里克(Masaryk),《新欧洲》(*The New Europe*) | 查拉,《达达宣言》(*Dada Manifesto*)<br>马列维奇(Malevich),《白色上的白色》(*White Square on a White Background*) |

| 科学和技术 | 政治 | |
|---|---|---|
| 斯温顿(Swinton)研制坦克 | 弗朗茨·斐迪南大公（Archduke Franz Ferdinand)在萨拉热窝(Sarajevo)遇刺<br>第一次世界大战爆发 | 1914 |
| 爱因斯坦发表《广义相对论》(*General Theory of Relativity*) | 卢西塔尼亚号(*Lusitania*)沉没 | 1915 |
| | 爱尔兰复活节起义被镇压<br>德国发动西线进攻 | 1916 |
| | 俄国十月革命<br>布尔什维克的胜利 | 1917 |
| 布朗宁(Browning)发明自动步枪 | 停战协议结束第一次世界大战 | 1918 |

续前表

| | 大陆哲学：根基与对话 | 艺术 |
|---|---|---|
| 1919 | 维特根斯坦(Wittgenstein)，《逻辑哲学论》(*Tractatus Logico-Philosophicus*) | 包豪斯风格(*Bauhaus*)建筑设计(1919—1933)；康定斯基，阿尔伯斯(Albers)，克利<br>威恩(Wieve)，《卡里加里博士的小屋》(*The Cabinet of Dr. Caligari*)<br>德国表现主义电影流行(1919—1930) |
| 1920 | 弗洛伊德，《超越快乐原则》(*Beyond the Pleasure Principle*) | |
| 1921 | 马赫，《物理光学原理》(*The Principles of Physical Optics*)<br>罗森茨维格(Rosenzweig)，《救赎之星》(*The Star of Redemption*) | 皮兰德娄(Pirandello)，《六个寻找作者的剧中人》(*Six Characters in Search of an Author*)<br>曼·雷(Man Ray)，《实物投影》(*Rayographs*) |
| 1922 | 柏格森，《绵延与同时性》(*Duration and Simultaneity*) | 艾略特(Eliot)，《荒原》(*The Waste Land*)<br>乔伊斯，《尤利西斯》(*Ulysses*) |
| 1923 | 布伯(Buber)，《我与你》(*I and Thou*)<br>卡西尔(Cassirer)，《符号形式哲学》(*The Philosophy of Symbolic Forms*)(3卷，1923—1929)<br>柯尔施(Korsch)，《马克思主义和哲学》(*Marxism and Philosophy*)<br>卢卡奇(Lukács)，《历史与阶级意识》(*History and Class Consciousness*) | 勒·柯布西耶(Le Corbusier)，《走向新建筑》(*Vers une architecture*)<br>里尔克(Rilke)，《杜伊诺哀歌》(*Duino Elegies*)<br>叶芝(Yeats)获诺贝尔奖 |
| 1924 | 哈特曼(N. Hartmann)，《伦理学》(*Ethics*) | 布列塔尼(A. Breton)，《超现实主义宣言》(*Surrealist Manifesto*)<br>托马斯·曼，《魔山》(*The Magic Mountain*)<br>勋伯格采用十二音技法的《钢琴组曲》(*Suite for Piano*) |
| 1925 | | 爱森斯坦(Eisenstein)，《战舰波将金号》(*Battleship Potemkin*) |
| 1926 | 舍勒，《知识诸形式》(*Forms of Knowledge*) | 朗(Lang)，《大都会》(*Metropolis*) |
| 1927 | 海德格尔(Heidegger)，《存在与时间》(*Being and Time*)<br>桑塔亚纳，《存在领域》(*Realms of Being*)(4卷，1927—1940) | 阿尔托(Artaud)和维塔克(Vitrac)创立阿尔福赫贾亦剧团<br>伍尔芙(V. Woolf)，《灯塔行》(*To the Lighthouse*) |
| 1928 | 巴什拉(Bachelard)，《新科学精神》(*The New Scientific Spirit*) | 布莱希特(Brecht)、魏尔(Weill)，《三便士歌剧》(*The Threepenny Opera*) |
| 1929 | 杜威(Dewey)，《经验和自然》(*Experience and Nature*)<br>海德格尔，《形而上学是什么？》(*What is Metaphysics?*)<br>海德格尔，《康德与形而上学问题》(*Kant and the Problem of Metaphysics*)<br>胡塞尔，《形式的与先验的逻辑》(*Formal and Transcendental Logic*)<br>曼海姆(Mannheim)，《意识形态与乌托邦》(*Ideology and Utopia*)<br>皮亚杰(Piaget)，《儿童关于世界的概念》(*The Child's Concept of the World*)<br>沃洛希洛夫(Volosinov)，《马克思主义与语言哲学》(*Marxism and the Philosophy of Language*) | 巴赫金(Bakhtin)，《陀思妥耶夫斯基诗学诸问题》(*Problems of Dostoyevsky's Poetics*)<br>里维拉(Rivera)，《革命的工人》(*Workers of the Revolution*)<br>维尔托夫(Vertov)，《带摄影机的人》(*Man with a Movie Camera*) |
| 1930 | 弗洛伊德，《文明及其不满》(*Civilization and Its Discontents*)<br>奥特加·伊·加塞特，《大众的反叛》(*The Revolt of the Masses*) | 布努埃尔(Buñuel)、达利(Dali)合作超现实主义电影《黄金时代》(*L'Age d'or*)<br>燕卜荪(Empson)，《含混的七种类型》(*Seven Types of Ambiguity*) |

| 科学和技术 | 政治 | |
|---|---|---|
| | | |
| 卢瑟福(Rutherford)发现质子 | 《凡尔赛条约》(Treaty of Versailles)设定赔款数目<br>罗莎·卢森堡(Rosa Luxemburg)在德国遇害<br>意大利国家联盟中的墨索里尼(Mussolini)法西斯主义组织成立 | 1919 |
| | 德国魏玛共和国成立<br>爱尔兰内战爆发 | 1920 |
| | 爱尔兰自由邦建立 | 1921 |
| | 墨索里尼进军罗马 | 1922 |
| | 希特勒(Hitler)在慕尼黑(Munich)暴动流产后被逮捕入狱 | 1923 |
| 德布罗意(de Broglie)发现电子的波动性质 | 列宁逝世,斯大林(Stalin)继任 | 1924 |
| 贝尔德(Baird)发明第一台运转正常的电视机 | | 1925 |
| 戈达德(Goddard)发射液体燃料火箭<br>薛定谔(Schrödinger)创立波动力学 | 德国加入国联 | 1926 |
| 海森伯(Heisenberg)的"测不准原理"表明粒子的动量和位置不能同时被确定<br>林白(Lindbergh)首次飞越大西洋 | 中国内战爆发:共产党与国民党 | 1927 |
| | 《凯洛格—白里安公约》(Kellogg-Briand Pact):主要国家应宣布放弃战争 | 1928 |
| 兹沃里金(Zworykin)的电子电视系统成为标准 | 华尔街股市崩盘导致世界经济大萧条 | 1929 |
| 惠特尔(Whittle)发明喷气发动机 | 《伦敦海军条约》(London Naval Conference):在削减军力上未能达成一致 | 1930 |

续前表

| ××× | 大陆哲学：根基与对话 | 艺术 |
|---|---|---|
| 1931 | 胡塞尔,《笛卡尔式的沉思》(*Cartesian Meditations*)<br>雅斯贝尔斯(Jaspers),《现时代的人》(*Man in the Modern Age*) | 纪德,《俄狄浦斯》(*Oedipus*)<br>拉威尔(Ravel),《左手钢琴协奏曲》(*Piano Concerto for the Left Hand*) |
| 1932 | 柏格森,《道德与宗教的两个来源》(*Two Sources of Morality and Religion*)<br>马利坦(Maritain),《知识的等级》(*The Degrees of Knowledge*) | 塞利纳(Céline),《长夜漫漫的旅程》(*Journey to the End of Night*) |
| 1933 | 科耶夫(Kojève)举办黑格尔《精神现象学》的巴黎研讨班(1933—1939) | 马尔罗(Malraux),《人类的命运》(*The Human Condition*) |
| 1934 | | 勒内·夏尔(René Char),《没有主人的锤子》(*The Hammer without a Master*)<br>米勒(H. Miller),《北回归线》(*Tropic of Cancer*)<br>韦伯恩(Webern),《9 件乐器的协奏曲》(*Concerto for Nine Instruments*) |
| 1935 | 别尔嘉耶夫(Berdyaev),《人在现代世界中的命运》(*The Fate of Man in the Modern World*)<br>马塞尔(Marcel),《存在与存有》(*Being and Having*) | 卡内提(Canetti),《判决仪式》(*Auto-da-Fé*) |
| 1936 | 本雅明(W. Benjamin),《机械复制时代的艺术作品》(The Work of Art in the Age of Mechanical Reproduction)<br>胡塞尔,《欧洲科学的危机和先验现象学》(*The Crisis of European Sciences and Transcendental Phenomenology*) | 国际超现实主义展览 |
| 1937 | 考特威尔(C. Caudwell),《幻想和现实》(*Illusion and Reality*) | 毕加索,《格尔尼卡》(*Guernica*)<br>让·雷诺阿(J. Renoir),《大幻影》(*The Grand Illusion*) |
| 1938 | 巴什拉,《火的精神分析》(*The Psychoanalysis of Fire*)<br>胡塞尔档案馆在鲁汶(Louvain)建立 | 阿尔托,《戏剧及其替身》(*The Theatre and Its Double*)<br>贝克特(Beckett),《莫菲》(*Murphy*)<br>布莱希特,《大胆妈妈》(*Mother Courage*)<br>萨特(Sartre),《恶心》(*Nausea*) |
| 1939 | 萨特,《情绪理论大纲》(*Sketch for a Theory of Emotions*) | 乔伊斯,《芬尼根守灵夜》(*Finnegans Wake*)<br>萨洛特(Saurraute),《向性》(*Tropisms*) |
| 1940 | 马塞尔,《创造性的忠诚》(*Creative Fidelity*)<br>萨特,《影像论》(*Psychology of Imagination*) | 毕加索,《结发女人》(*Woman Dressing Her Hair*) |
| 1941 | 布尔特曼(Bultmann),《〈新约〉与神话学》(*The New Testament and Mythology*)<br>马尔库塞(Marcuse),《理性与革命》(*Reason and Revolution*)<br>沃尔夫(Whorf),《论语言、思维和现实》(*Language, Thought and Reality*)(1941—1956) | 《马耳他之鹰》(*Maltese Falcon*)<br>电影风格深受凯因(Cain)、哈米特(Hammett)和钱德勒(Chandler)影响 |
| 1942 | 梅洛-庞蒂(Merleau-Ponty),《行为的结构》(*The Structure of Comportment*) | 阿努伊(Anouilh),《安提戈涅》(*Antigone*)<br>加缪(Camus),《西西弗的神话》(*Myth of Sisyphus*)<br>加缪,《局外人》(*The Outsider*) |
| 1943 | 叶姆斯列夫(Hjelmslev),《语言理论绪论》(*Prolegomena to a Theory of Language*)<br>萨特,《存在与虚无》(*Being and Nothingness*) | 穆齐尔(Musil),《没有个性的人》(*The Man Without Qualities*)<br>萨特,《苍蝇》(*The Flies*) |

| 科学和技术 | 政治 | XXXi |
|---|---|---|
| 泡利(Pauli)预言无质量的中微子<br>哥德尔(Gödel)的不完备性定理宣布数学第一原则的不可证明性 | 英国放弃金本位<br>日本侵入满洲 | 1931 |
| 查德威克(Chadwick)发现中子 | 日内瓦裁军会议 | 1932 |
| | 希特勒被冯·兴登堡(von Hindenburg)任命为总理<br>国会大厦被焚烧<br>德国退出国联 | 1933 |
| | 希特勒成为元首<br>斯大林清洗共产党 | 1934 |
| 沃森-瓦特(Watson-Watt)发明雷达 | 希特勒放弃《凡尔赛条约》<br>毛泽东(Mao Tse-tung)开始领导红军长征 | 1935 |
| | 西班牙内战爆发(1936—1939)<br>德国收复莱茵兰(Rhineland) | 1936 |
| | | 1937 |
| | 德奥合并:希特勒使奥地利沦为附属国<br>《慕尼黑公约》(Munich Pact):德国、意大利、英国、法国 | 1938 |
| 兹沃里金(Zworykin)研制电子显微镜 | 第二次世界大战开始,德国入侵波兰 | 1939 |
| 西博格(Seaborg)发现钚元素 | 纳粹占领巴黎<br>托洛茨基(Trotsky)在墨西哥被刺杀<br>日本加入轴心国 | 1940 |
| | 德国入侵俄国,围攻列宁格勒(Leningrad)<br>日本轰炸珍珠港(Pearl Harbor)<br>美国加入第二次世界大战 | 1941 |
| | 斯大林格勒战役,德国战败<br>隆美尔(Rommel)在北非被同盟国击败 | 1942 |
| | 意大利政府投降 | 1943 |

续前表

XXXii

| | 大陆哲学：根基与对话 | 艺术 |
|---|---|---|
| 1944 | 阿多诺(Adorno)、霍克海默(Horkheimer)，《启蒙辩证法》(*Dialectic of Enlightenment*)<br>马塞耶，《途中人》(*Homo Viator*) | 巴托克(Bartok)，《小提琴协奏曲》(*Violin Concerto*)<br>艾略特，《四个四重奏》(*Four Quartets*)<br>萨特，《密室》(*No Exit*) |
| 1945 | 巴塔耶(Bataille)，《论尼采》(*On Nietzsche*)<br>梅洛-庞蒂，《知觉现象学》(*The Phenomenology of Perception*) | 布洛赫(Broch)，《维吉尔之死》(*The Death of Virgil*)<br>萨特，《自由之路》(*Roads to Freedom*)：卷1，《不惑之年》(*Age of Reason*)；卷2，《缓期执行》(*The Reprieve*) |
| 1946 | 科林伍德(Collingwood)，《历史的观念》(*The Idea of History*)<br>萨特，《存在主义是一种人道主义》(*Existentialism is a Humanism*) | 意大利电影中的新现实主义(1946—1954)：德·西卡(De Sica)、费里尼(Fellini)、罗西里尼(Rossellini)、维斯康蒂(Visconti)<br>罗西里尼，《罗马，不设防的城市》(*Rome Open City*) |
| 1947 | 德·波伏娃(de Beauvoir)，《模棱两可的伦理学》(*Ethics of Ambiguity*)<br>葛兰西(Gramsci)，《狱中来信》(*Letters from Prison*)<br>海德格尔，《关于人道主义的信》(*Letter on Humanism*)<br>霍克海默，《理性的毁灭》(*Eclipse of Reason*)<br>列维纳斯(Levinas)，《从存在到存在者》(*Existence and Existents*) | 波洛克(Pollock)，《满五英寻》(*Full Fathom Five*)<br>加缪，《瘟疫》(*The Plague*) |
| 1948 | 阿多诺，《新音乐哲学》(*Philosophy of Modern Music*)<br>葛兰西，《狱中札记》(*Prison Notebooks*)(6卷,1948—1951)<br>梅洛-庞蒂，《有意义和无意义》(*Sense and Non-Sense*) | 勒内·夏尔，《愤怒和神秘》(*Fury and Mystery*)<br>德·西卡(De Sica)，《偷自行车的人》(*Bicycle Thieves*)<br>奥威尔(Or Well)，《1984》(*1984*)<br>施特劳斯(R. Strauss)，《最后四首歌》(*Four Last Songs*) |
| 1949 | 德·波伏娃，《第二性》(*The Second Sex*)<br>薇依(S. Weil)，《对根的需要》(*The Need for Roots*) | 热奈(Genet)，《临终看护》(*Deathwatch*)<br>萨特，《心灵之死》(*Iron in the Soul*)(《自由之路》三部曲的第三部) |
| 1950 | 奥斯汀(Austin)，《如何以言行事》(*How to Do Things with Words*)<br>马塞尔，《存在的神秘》(*The Mystery of Being*) | 布朗肖(Blanchot)，《文学空间》(*The Space of Literature*)<br>尤涅斯库(Ionesco)，《秃头歌女》(*The Bald Soprano*) |
| 1951 | 阿多诺，《最低限度的道德》(*Minima Moralia*)<br>阿伦特(Arendt)，《极权主义的起源》(*The Origins of Totalitarianism*)<br>加缪，《反抗的人》(*The Rebel*) | 贝克特(Beckett)，《马洛伊》(*Molloy*)、《马洛纳正在死去》(*Malone Dies*)<br>达利(Dali)，《十字架上的圣约翰》(*Christ of St. John of the Cross*) |
| 1952 | 戈德曼(Goldmann)，《人文科学和哲学》(*The Human Sciences and Philosophy*) | 布列兹(Boulez)，《结构》(*Structures*)<br>布努埃尔，《苦痛》(*El*) |
| 1953 | 巴特(Barthes)，《写作的零度》(*Writing Degree Zero*)<br>杜夫海纳(Dufrenne)，《审美经验现象学》(*The Phenomenology of Aesthetic Experience*)<br>海德格尔，《形而上学导论》(*Introduction to Metaphysics*)<br>拉康(Lacan)，《罗马讲演》(*Rome Discourse*)，即《精神分析中的语言的功能》，(Function of Language in Psychoanalysis)<br>拉康，《第一期讨论班》(*Seminar I*)(1953—1978:26期讨论班)<br>维特根斯坦，《哲学研究》(*Philosophical Investigations*) | 贝克特，《等待戈多》(*Waiting for Godot*)<br>米沃什(Milosz)，《篡位者》(*The Usurpers*) |
| 1954 | 海德格尔，《沉思》(*Discourse on Thinking*) | 巴尔蒂斯(Balthus)，《玩猫的裸女》(*Nude Playing with a Cat*)<br>费里尼，《大路》(*La Strada*) |

| 科学和技术 | 政治 | |
|---|---|---|
| | | XXXiii |
| 艾金(Aikin)研制出自动数字计算机 | 同盟国在诺曼底(Normandy)登陆<br>巴黎和布鲁塞尔解放 | 1944 |
| | 广岛(Hiroshima)和长崎(Nagasaki)被投掷原子弹<br>墨索里尼被枪决<br>希特勒自杀<br>雅尔塔会议召开 | 1945 |
| 埃克特(Eckert)、莫契利(Mauchly)研制电子计算机 | 联合国取代国联<br>纽伦堡审判<br>法国—印度支那战争开始 | 1946 |
| 朗(Land)发明一次成影照相机 | 马歇尔欧洲援助计划<br>联合国通过巴勒斯坦(Palestine)分裂 | 1947 |
| 卡尔逊(Carlson)发明静电复印技术<br>戈德马克(Goldmark)研制密纹唱片<br>巴丁(Bardeen)、布拉顿(Brattain)和肖克利(Schock-ley)发明晶体管 | 苏联封锁西柏林(West Berlin)<br>以色列(State of Israel)宣布成立 | 1948 |
| 冯·诺依曼(von Neumann)发表《湍流理论的新进展》(Recent Theories of Turbulence) | 德国被分裂:联邦德国和民主德国<br>毛泽东领导的共产主义在中国获得胜利 | 1949 |
| 爱因斯坦提出统一场论<br>图灵(Turing)发表《计算机和人工智能》(Computing Machinery and Intelligence) | 朝鲜战争爆发 | 1950 |
| | 西德加入欧洲委员会<br>《舒曼计划》(Schuman Plan)提议煤钢联营管理 | 1951 |
| | 欧洲煤钢联营管理开始执行 | 1952 |
| 克里克(Crick)与沃森(Watson)提出 DNA 双螺旋结构理论 | 斯大林逝世 | 1953 |
| 富勒(Fuller)和皮尔逊(Pearson)发明太阳能电池 | 法国在奠边府(Dien Bien Phu)战败 | 1954 |

续前表

| | 大陆哲学：根基与对话 | 艺术 |
|---|---|---|
| 1955 | 康吉莱姆(Canguilhem)，《反射概念在17世纪和18世纪的形成》(The Formation of the Concept of Reflex in the XVII and XVIII Centuries)<br>德日进(de Chardin)，《人的现象》(The Phenomenon of Man)<br>列维-斯特劳斯(Lévi-Strauss)，《忧郁的热带》(Tristes Tropiques)<br>马尔库塞，《爱欲与文明》(Eros and Civilization)<br>梅洛-庞蒂，《辩证法的冒险》(Adventures of the Dialectic) | 贝嘉(Béjart)编舞，《孤独人交响曲》(Symphony for a Lone Man) |
| 1956 | | 迪伦马特(Durrenmatt)，《老妇还乡》(The Visit)<br>加缪，《堕落》(The Fall) |
| 1957 | 巴特，《神话学》(Mythologies)<br>巴塔耶，《色情》(Eroticism)<br>乔姆斯基(Chomsky)，《句法结构》(Syntactic Structures) | 施托克豪森(Stockhausen)，《群》(Gruppen)(三支管弦乐队分布在三个位置)<br>伯格曼(Bergman)，《第七封印》(The Seventh Seal) |
| 1958 | 阿伦特，《人的条件》(The Human Condition)<br>列维-斯特劳斯，《结构人类学》(Structural Anthropology)<br>彼得·温奇(Winch)，《社会科学的观念及其与哲学的关系》(The Idea of a Social Science and Its Relationship to Philosophy) | 贝克特，《最后一盘磁带》(Krapp's Last Tape)<br>普里莫·莱维(Primo Levi)，《如果这是一个人》(If This Is a Man) |
| 1959 | 布洛赫(Bloch)，《希望的原理》(The Principle of Hope) | 法国"新浪潮"电影，1959—1964<br>戈达德(Goddard)，《精疲力竭》(Breathless)<br>特吕弗(Truffaut)，《四百下》，(The 400 Blows)<br>杜拉斯(Duras)，《广岛之恋》(Hiroshima Mon Amour) |
| 1960 | 伽达默尔(Gadamer)，《真理与方法》(Truth and Method)<br>英伽登(Ingarden)，《文学的艺术作品》(The Literary Work of Art)<br>梅洛-庞蒂，《符号》(Signs)<br>利科(Ricoeur)，《恶的象征》(The Symbolism of Evil) | 费里尼，《甜蜜的生活》(La Dolce Vita)<br>潘德雷茨基(Penderecki)，《广岛受难曲者的哀歌》(Threnody to the Victims of Hiroshima) |
| 1961 | 法农(Fanon)，《大地上的受苦者》(The Wretched of the Earth)<br>海德格尔，《尼采》(Neitzsche)(2卷)<br>列维纳斯，《整体与无限》(Totality and Infinity) | 米罗(Miró)，《蓝色2号》(Blue II)<br>罗比-格里耶(Robbe-Grillet)，《去年在马里昂巴德》(Last Year in Marienbad) |

| 科学和技术 | 政治 | XXXV |
|---|---|---|
| 平卡斯(Pincus)发明避孕药丸<br>塞格雷(Segré)和张伯伦(Chamberlain)发现反质子 | 《华沙条约》(Warsaw Pact)建立东欧同盟 | 1955 |
| 泡利1931年预言的中微子被发现<br>波尼亚托夫(Poniatoff)发明录像带 | 匈牙利起义被苏联镇压 | 1956 |
| 苏联发射人造地球卫星 | 《罗马条约》(Treaty of Rome)建立欧洲经济共同体 | 1957 |
| 范·艾伦(Van Allen)发现围绕地球的辐射带<br>随着美国探险者I号的发射,太空竞赛升级 | 戴高乐(De Gaulle)被选为法国第五共和国首任总统 | 1958 |
| 月球空间探测器(苏联)进入太阳系飞行轨道<br>拍摄月球背面照片 | 菲德尔·卡斯特罗(Fidel Castro)推翻古巴巴蒂斯塔政府 | 1959 |
| 梅曼(Maiman)发明激光器<br>先驱者5号(美国):第一个外层空间探测器 | 欧洲自由贸易联盟(EFTA) | 1960 |
| 苏联人乘坐东方1号首次进入太空 | 建造柏林墙 | 1961 |

续前表

| | 大陆哲学:根基与对话 | 艺术 |
|---|---|---|
| 1962 | 布勒东(S. Breton),《本质和存在》(*Essence and Existence*)<br>德勒兹(Deleuze),《尼采与哲学》(*Neitzsche and Philosophy*)<br>德里达(Derrida),《埃德蒙德·胡塞尔的〈几何学的起源:引论〉》(*Edmund Husserl's Origin of Geometry, an Introduction*) | 费里尼,《8 $\frac{1}{2}$》(8 $\frac{1}{2}$)<br>索尔仁尼琴(Solzhenitsyn),《伊凡·杰尼索维奇的一天》(*One Day in the Life of Ivan Denisovitch*)<br>沃霍尔(Warhol),《坎贝尔浓汤罐》(*Campbells Soup Cans 200*) |
| 1963 | 阿伦特,《论革命》(*On Revolution*)<br>哈贝马斯(Habermas),《理论和实践》(*Theory and Praxis*)<br>理查德森(Richardson),《从现象学到思想》(*Through Phenomenology to Thought*) | 保罗·策兰(Paul Celan),《无人的玫瑰》(*Die Niemandsrose*)<br>格拉斯(G. Grass),《狗年月》(*Dog Years*) |
| 1964 | 巴特,《符号学原理》(*Elements of Semiology*)<br>拉康,《研讨班11期:精神分析的四个基本概念》(*Seminar XI; The Four Fundamental Concepts of Psychoanalysis*)<br>列维-斯特劳斯,《生食和熟食》(*The Raw and the Cooked*)<br>马尔库塞,《单向度的人》(*One-Dimensional Man*) | 帕索里尼(Pasolini),《马太福音》(*The Gospel According to St. Matthew*) |

| 科学和技术 | 政治 | |
|---|---|---|
| 水手 2 号(美国):首次飞越金星 | 阿尔及亚脱离法国独立<br>古巴导弹危机 | 1962 |
| 马修(Matthews)和桑德奇(Sandage)发现类星体 | 约翰·肯尼迪(John F. Kennedy)遇刺 | 1963 |
| 水手 4 号(美国):首次飞越火星 | 美国加入越南战争,支持南越 | 1964 |

续前表

| XXXVI | | 大陆哲学：根基与对话 | 艺术 |
|---|---|---|---|
| | 1965 | 阿尔都塞(Althusser),《保卫马克思》(For Marx) | 后现代主义建筑风格(1965—1985)：文丘里(Venturi)、詹克斯(Jencks) |
| | | 巴什拉,《空间的诗学》(The Poetics of Space) | 亨利·米勒(H. Miller),《在玫瑰色的十字架上受刑》(The Rosy Crucifixion) |
| | | 福柯(Foucault),《规训与惩罚》(Discipline and Punish) | 普拉斯(S. Plath),《阿丽尔》(Ariel) |
| | | 福柯,《疯癫与文明》(Madness and Civilization) | |
| | | 利科,《弗洛伊德与哲学：论诠释》(Freud and Philosophy : An Essay on Interpretation) | |
| | 1966 | 阿多诺,《否定的辩证法》(Negative Dialectics) | 中国"文化大革命"爆发,红卫兵出现 |
| | | 本维尼斯特(Beneviste),《普通语言学问题》(Problems in General Linguistics) | 莫拉维亚(Moravia),《谎言》(The Lie) |
| | | 乔姆斯基,《笛卡尔主义语言学》(Cartesian Linguistics) | |
| | | 福柯,《事物的秩序》(The Order of Things) | |
| | | 格雷马斯(Greimas),《结构语义学》(Structural Semantics) | |
| | | 拉康,《文集》(Ecrits) | |
| | | 马舍雷(Macherey),《文学生产理论》(A Theory of Literary Production) | |
| | 1967 | 德里达,《言语与现象》(Speech and Phenomena) | 加西亚-马尔克斯(Garcia-Marquez),《百年孤独》(One Hundred Years of Solitude) |
| | | 德里达,《论文字学》(Of Grammatology) | 昆德拉(Kundera),《玩笑》(The Joke) |
| | | 德里达,《书写与差异》(Writing and Difference) | |
| | | 霍克海默,《工具理性批判》(Critique of Instrumental Reason) | |
| | | 姚斯(Jauss),《走向接受美学》(Toward an Aesthetic of Reception) | |
| | 1968 | 阿尔都塞、巴里巴尔(Balibar),《读〈资本论〉》(Reading Capital) | 贝里奥(Berio),《交响曲》(Sinfonia) |
| | | 杜梅齐尔(Dumézil),《神话与史诗》(Myth and Epic)(2 卷,1968—1971) | 梅茨(C. Metz),《电影语言：电影中的符号学》(Film Language : Semiotics of the Cinema)(1968—1972) |
| | | 哈贝马斯,《知识与人类的旨趣》(Knowledge and Human Interests) | 索尔仁尼琴,《癌症楼》(Cancer Ward) |
| | 1969 | 布朗肖,《无限的对话》(Infinite Conversation) | 贝克特获诺贝尔奖 |
| | | 布勒东,《普罗科拉斯的哲学和数学》(Philosophy and Mathematics in Proclus) | |
| | | 福柯,《知识考古学》(The Archaeology of Knowledge) | |
| | | 克里斯蒂娃(Kristeva),《符号学》(Semeiotiké) | |
| | | 利科,《解释的冲突：诠释学文集》(The Conflict of Interpretations : Essays in Hermeneutics) | |
| | | 塞尔(Serres),《赫尔墨斯》(Hermès)( 1～5 卷, 1969—1980) | |

| 科学和技术 | 政治 | XXXVⅱ |
|---|---|---|
| 伽博(Gabor)的全息技术开始使用激光 | 马尔科姆·X(Malcolm X)遇刺 | 1965 |
| 勘测者1号(美国):发回详细的月球表面图片 | 联合国对罗得西亚(Rhodesia)实行强制性经济制裁 | 1966 |
| 脉冲星在剑桥被发现<br>金星4号(苏联):首次成功进入金星大气层 | 阿拉伯—以色列"六日战争"<br>法国对英国申请加入欧洲共同体行使否决权 | 1967 |
| | 巴黎五月风暴<br>北爱尔兰民权运动<br>苏联军队入侵捷克斯洛伐克(Czechoslovaki-a),阻止改革(布拉格之春) | 1968 |
| 宇航员登上月球(美国) | 英国军队入侵北爱尔兰(Northern Ireland) | 1969 |

续前表

| | 大陆哲学:根基与对话 | 艺术 |
|---|---|---|
| 1970 | 巴特,《S/Z》(*S/Z*)<br>库恩(Kuhn),《科学革命的结构》(*The Structure of Scientific Revolutions*) | |
| 1971 | 德·曼(de Man),《盲目性和洞察力》(*Blindness and Insight*)<br>哈贝马斯,《合法性危机》(*Legitimation Crisis*)<br>哈桑(Hassan),《后现代转向》(*The Postmodern Turn*)<br>勒夫特(Lefort),《官僚主义批判原理》(*Elements of a Critique of Bureaucracy*)<br>罗尔斯(Rawls),《正义论》(*A Theory of Justice*) | 塔科夫斯基(Tarkovsky),《索拉里斯》(*Solaris*) |

| 科学和技术 | 政治 | |
| --- | --- | --- |
| 金星 7 号(苏联):首次成功着陆金星表面 | 美国介入柬埔寨内战 | 1970 |
| 亨斯菲尔德(Hounsfield)发明扫描器 | 东巴基斯坦独立成为孟加拉国<br>中国加入联合国,台湾代表被驱逐 | 1971 |

续前表

| | 大陆哲学:根基与对话 | 艺术 |
| --- | --- | --- |
| 1972 | 鲍德里亚(Baudrillard),《符号政治经济学批判》(*For a Critique of the Political Economy of the Sign*)<br>布尔迪厄(Bourdieu),《实践理论大纲》(*Outline of a Theory of Practice*)<br>德勒兹、瓜塔里(Guattari),《反俄狄浦斯》(*Anti-Oedipus*)<br>德里达,《撒播》(*Dissemination*)<br>热奈特(Genette),《修辞 3:叙事话语》(*Figures III : Narrative Discourse*)<br>吉拉尔(Girard),《暴力与神圣》(*Violence and the Sacred*)<br>考夫曼(S. Kofman),《尼采与隐喻》(*Nietzsche and Metaphor*)<br>马尔库塞,《反革命与造反》(*Counter-revolution and Revolt*) | 贝托鲁奇(Bertolucci),《巴黎最后的探戈》(*Last Tango in Paris*)<br>海因里希·伯尔(Heinrich Böll)获诺贝尔奖 |
| 1973 | 阿佩尔(Apel),《哲学的改造》(*Towards a Transformation of Philosophy*)<br>巴塔耶,《内在体验》(*Inner Experiences*)<br>布卢姆(Bloom),《影响的焦虑》(*The Anxiety of Influence*)<br>吉尔兹(Geertz),《文化的诠释》(*The Interpretation of Cultures*)<br>杰伊(Jay),《辩证的想象》(*The Dialectical Imagination*) | 卡尔维诺(Calvino),《命运交叉的古堡》(*The Castle of Crossed Destinies*)<br>索尔仁尼琴,《古拉格群岛》(*Gulag Archipelago*)(3 卷,1973—1978) |
| 1974 | 德里达,《丧钟》(*Glas*)<br>伊利格瑞(Irigaray),《女性的窥镜》(*Speculum of the Other Woman*)<br>克里斯蒂娃,《诗歌语言中的革命》(*Revolution in Poetic Language*) | 多丽丝·莱辛(D. Lessing),《幸存者回忆录》(*The Memoirs of a Survivor*) |
| 1975 | 巴特,《文本的快乐》(*The Pleasure of the Text*)<br>卡斯托里亚迪斯(Castoriadis),《社会想象》(*The Social Imaginary*)<br>西苏(Cixous)、克莱门特(Clément),《新生的妇女》(*The Newly Born Woman*)<br>费耶阿本德(Feyerabend),《反对方法》(*Against Method*)<br>哈特曼(G. Hartman),《阅读的命运》(*The Fate of Reading*)<br>帕托切克(Patočka),《异教文集》(*Heretical Essays*)<br>利科,《活的隐喻》(*The Rule of Metaphor*)<br>斯坦纳(Steiner),《巴别塔之后》(*After Babel*) | 哈维尔(Havel),《听众》(*Audience*) |

| 科学和技术 | 政治 | ××××ix |
|---|---|---|
| 阿波罗月球车行走在月球表面(美国) | 英国对北爱尔兰实行直接统治 | 1972 |
| 火星6号(苏联):首次进入火星大气层 | 英国、爱尔兰和丹麦加入欧洲共同体<br>《巴黎和平条约》结束越南战争<br>石油危机——石油输出国组织成员国家限制<br>供应 | 1973 |
| | 前葡萄牙殖民地独立[安哥拉(Angola)、莫桑<br>比克(Mozambique)]<br>水门事件 | 1974 |
| 首次国际空间对接:美国阿波罗18号和苏联联盟<br>19号 | 佛朗哥将军(General Franco)在西班牙逝世<br>南越向北越投降 | 1975 |

续前表

| | 大陆哲学：根基与对话 | 艺术 |
| --- | --- | --- |
| 1976 | 杜夫海纳，《美学与哲学》（*Aesthetics and Philosophy*）(2 卷)<br>艾柯(Eco)，《符号学原理》(*A Theory of Semiotics*)<br>福柯，《性经验史》(*The History of Sexuality*)(3 卷，1976—1984)<br>伽达默尔，《哲学诠释学》(*Philosophical Hermeneutics*)<br>伊瑟尔(Iser)，《阅读活动：审美响应理论》(*The Act of Reading：A Theory of Aesthetic Response*) | 泰拉·萨普(Twyla Tharp)为巴瑞什尼科夫(Baryshnikov)设计在芭蕾舞剧《危急关头》(*Push Comes to Shove*)中的舞蹈动作 |
| 1977 | 德里达，《有限公司》(*Limited，Inc.*)<br>伊利格瑞，《此性不是同一性》(*This Sex Which Is Not One*) | "新哲学"运动[莱维(Levy)、伯努瓦(Benoist)、格鲁克斯曼(Glucksmann)]<br>施托克豪森(Stockhausen)，《光》(*Licht Cycle*) |
| 1978 | 卡斯托里亚迪斯，《迷宫的十字路口》(*Crossroads in the Labyrinth*)<br>德里达，《绘画中的真理》(*Truth in Painting*)<br>勒夫特，《历史的形式》(*The Forms of History*)<br>马尔库塞，《审美之维》(*The Aesthetic Dimension*) | |

| 科学和技术 | 政治 | |
|---|---|---|
| 曼德布罗特(Mandelbrot)的分形几何宣布随机现象中存在数学秩序 | 毛泽东逝世 | 1976 |
| 普里高津(Prigogine)获诺贝尔奖 | 捷克"七七宪章"运动 | 1977 |
| 菲根鲍姆(Feigenbaum),《一个非线性变换类型的量子普适性》(Quantitative Universality for a Class of Non-Linear Transformations) | 联合国维和部队进入黎巴嫩 | 1978 |

续前表

| xl | 大陆哲学:根基与对话 | 艺术 |
|---|---|---|
| 1979 | 鲍德里亚,《论诱惑》(*Seduction*)<br>德·曼,《阅读的寓意》(*Allegories of Reading*)<br>利奥塔(Lyotard),《后现代状况》(*The Post-modern Condition*)<br>利奥塔,《正义游戏》[*Just Gaming (Au Juste)*] | 法斯宾德(Fassbinder),《莉莉玛莲》(*Lili Marlene*) |
| 1980 | 克里斯蒂娃,《恐怖的权力》(*Powers of Horror*)<br>勒杜夫(Le Doeuff),《哲学的想象》(*The Philosophical Imaginary*)<br>奥尔森(Olsen),《沉默》(*Silences*)<br>罗蒂(Rorty),《哲学与自然之镜》(*Philosophy and the Mirror of Nature*)<br>瓦蒂莫(Vattimo),《差异的历险》(*Adventure of Difference*)<br>雷蒙德·威廉姆斯(R. Williams),《文化唯物论问题》(*Problems in Culture and Materialism*) | 巴尔蒂斯,《裸睡》(*Sleeping Nude*)<br>艾柯,《玫瑰之名》(*The Name of the Rose*)<br>昆德拉,《笑忘录》(*The Book of Laughter and Forgetting*) |
| 1981 | 鲍德里亚,《拟像》(*Simulations*)<br>哈贝马斯,《交往行为理论》(*Theory of Communicative Action*)(2 卷)<br>詹姆逊(Jameson),《政治无意识:作为社会象征行为的叙事》(*The Political Unconscious : Narrative as a Socially Symbolic Act*)<br>麦金太尔(MacIntyre),《德性之后》(*After Virtue*) | 拉什迪(Rushdie),《午夜诞生的孩子》(*Midnight's Children*) |
| 1982 | 吉拉尔,《替罪羊》[*The Scapegoat (Le Boucémissaire)*]<br>罗蒂,《实用主义的后果》(*The Consequences of Pragmatism*) | 赫尔佐格(Herzog),《陆上行舟》(*Fitzcarraldo*)<br>加西亚-马尔克斯(Garcia-Marquez)获诺贝尔奖 |
| 1983 | 哈贝马斯,《道德意识与交往行为》(*Moral Consciousness and Communicative Action*)<br>利奥塔,《差异》(*The Differend*)<br>利科,《时间与叙事》(*Time and Narrative*)(3 卷,1983—1985)<br>萨义德(Said),《世界·文本·批评家》(*The World , the Text , and the Critic*) | 默多克(Murdoch),《哲学家的学生》(*The Philosopher's Pupil*)<br>拉什迪,《耻》(*Shame*) |
| 1984 | 艾柯,《符号学与语言哲学》(*Semiotics and the Philosophy of Language*)<br>吉登斯(Giddens),《社会构造:结构化理论纲要》(*The Constitution of Society : Outline of a Theory of Structuration*)<br>帕菲特(Parfit),《理与人》(*Reasons and Persons*)<br>普里高津、斯唐热(Staengers),《从混沌到有序》(*Order out of Chaos*) | 昆德拉,《生命中不能承受之轻》(*The Unbearable Lightness of Being*) |
| 1985 | 本哈比(Benhabib),《批判、范式与乌托邦》(*Critique , Norm and Utopia*)<br>哈贝马斯,《现代性的哲学话语》(*The Philosphical Discourse of Modernity*)<br>哈维尔,《无权者的权力》(*The Power of the Powerless*)<br>霍耐特(Honneth),《权力的批判》(*The Critique of Power*)<br>塔米尼奥(Taminiaux),《辩证与差异》(*Dialectic and Difference*)<br>瓦蒂莫,《现代性的终结》(*The End of Modernity*) | |
| 1986 | 德塞图(de Certeau),《异体构造》(*Heterologies*)<br>德沃金(Dworkin),《法律帝国》(*Law's Empire*) | 艾柯,《博科摆》(*Foucault's Pendulum*)<br>马格利斯(Magris),《多瑙河》(*Danube*) |

| 科学和技术 | 政治 | xli |
|---|---|---|
| | 欧洲议会在所有 9 个成员国首次实行直接选举 | 1979 |
| 旅行者号宇宙飞船掠过土星 | 莱赫·瓦文萨(Lech Walesa):团结工会与波兰共产党政权对峙 | 1980 |
| 美国第一艘航天飞机升空 | 希腊成为欧洲共同体第 10 个成员国 | 1981 |
| | 英国收回福克兰群岛(Falklands)主权 | 1982 |
| | 英迪拉·甘地(Indira Ghandi)遇刺 | 1983 |
| 郝柏林(Hao Bai-Lin),《混沌》(Chaos)(首次收集了混沌和复杂性方面的科学文献) | 契尔年科(Chernenko)成为苏共领导人<br>里根(Reagan)以压倒性优势在美国大选中取得连任 | 1984 |
| | 戈尔巴乔夫(Gorbachev)接替契尔年科<br>西班牙和葡萄牙加入欧洲共同体 | 1985 |
| 美国挑战者号航天飞机起飞时爆炸<br>苏联发生切尔诺贝利(Chernobyl)核灾难 | 菲律宾马科斯(Marcos)总统下台 | 1986 |

续前表

| | 大陆哲学:根基与对话 | 艺术 |
|---|---|---|
| 1987 | 德里达,《心灵:他者的发明》(*Psyché : Inventions of the Other*)<br>德里达,《明信片》(*The Post Card*)<br>德里达,《密语》(*Schibboleth*) | 卡尔维诺,《文学机器》(*The Literature Machine*)<br>巴尔加斯·略萨(Vargas-Llosa),《讲故事的人》(*The Storyteller*) |
| 1988 | 布勒东,《明智的诗学》(*Poetics of the Sensible*)<br>哈贝马斯,《后形而上学思想》(*Postmetaphysical Thinking*)<br>利奥塔,《非人》(*The Inhuman*)<br>瓦蒂莫,《透明的社会》(*The Transparent Society*) | |
| 1989 | 查尔斯·泰勒(C. Taylor),《自我的根源》(*Sources of the Self*) | 塞拉(C. J. Cela)获诺贝尔奖 |
| 1990 | 努斯鲍姆(Nussbaum),《爱的知识:哲学与文学文集》(*Love's Knowledge : Essays on Philosophy and Literature*)<br>利科,《作为他人的自我》(*Oneself as Another*) | 克里斯蒂娃,《武士》(*Les Samuraïs*) |
| 1991 | 德里达,《特定时刻:伪币》(*Given Time/Counterfeit Money*)<br>詹姆逊,《后现代主义或后资本主义的文化逻辑》(*Postmodernism, or the Cultural Logic of Late Capitalism*)<br>克里斯蒂娃,《面对自我的陌生》(*Strangers to Ourselves*)<br>罗蒂,《哲学论文集》(*Philosophical Papers*)<br>萨义德,《音乐之阐发》(*Musical Elaborations*) | 恩岑斯伯格(Enzensberger),《废墟中的欧洲》(*Europe in Ruins*)<br>默多克,《给地球的消息》(*Message to the Planet*) |
| 1992 | 本哈比,《定位自我》(*Situating the Self*)<br>哈贝马斯,《事实性与有效性》(*Facticity and Validity*)<br>霍耐特,《为承认而战》(*The Struggle for Recognition*)<br>默多克,《作为道德指引的形而上学》(*Metaphysics as a Guide to Morals*)<br>利科,《演讲集》(*Lectures I and II*)(1991—1992) | 乔丹(Jordan),《哭泣游戏》(*The Crying Game*)<br>科斯洛夫斯基(Koslowski),《想象欧洲》(*Imagine Europe*)<br>斯密特(Schmidt)/柯本迪(Cohn-Bendit),《故乡巴比伦》(*Heimat Babylon*) |
| 1993 | 德里达,《马克思的幽灵》(*Spectres of Marx*)<br>德里达,《位置》(*Khôra*)<br>考夫曼,《爆炸2》(*Explosion 2*)<br>利奥塔,《后现代矛盾》(*The Postmodern Contradiction*)<br>让-吕克·南希(J. -L. Nancy),《世界的意义》(*The Sense of the World*)<br>列维纳斯,《上帝、死亡和时间》(*God, Death and Time*) | 格拉斯,《十一月岛》(*Novemberland*) |

| 科学和技术 | 政治 | |
|---|---|---|
| 闵斯基(Minsky),《心智社会》(*The Society of Mind*) | 苏联和美国同意裁军减少核弹 | 1987 |
| 安德森(Anderson)、罗森菲尔德(Rosenfeld),《神经计算》(Neurocomputing) | 洛克比空难:一架大型喷气式客机遭恐怖主义袭击,270 人丧生 | 1988 |
| 普里高津、格雷瓜尔,《探索复杂性》(*Exploring Complexity*) | 柏林墙被推倒<br>哈维尔被选为捷克总统 | 1989 |
| 圣菲研究所(Santa Fe Institute)开始研究混沌、熵和复杂性 | 纳尔逊·曼德拉(Nelson Mandela)在南非被监禁 27 年后重获自由<br>萨达姆·侯赛因(Saddam Hussein)入侵科威特使其成为保护国 | 1990 |
| | 苏联解体<br>海湾战争将伊拉克赶出科威特 | 1991 |
| 考夫曼,《秩序缘起:自组织及进化中的选择》(*Origins of Order : Self-Organization and Selection in Evolution*) | 南斯拉夫解体<br>克罗地亚、塞尔维亚、波斯尼亚陷入战争 | 1992 |
| | 关于"欧盟"的《马斯特里赫特条约》(Ratification of Maastricht Treaty)正式通过 | 1993 |

xliii

# 导　言

理查德·柯尔内

（Richard Kearney）

　　20 世纪的大陆哲学与其说是一块无丝毫缝补的布匹，不如说是一块多　*1*
姿多彩的锦缎。现象学、诠释学、存在主义、结构主义、批判理论和解构主
义——这些是欧洲大陆在 20 世纪伊始到 20 世纪 90 年代发展起来的主要运
动，尽管它们的影响绝不仅仅局限于地理上的这一片区域。大陆思想已经被
证明是高度输出性的，远远超出了欧洲的界线，在整个知识分子世界引起了
强烈的回响。

　　开始我们有必要回顾一下"大陆哲学"这个术语，它不是欧洲思想家自
己提出的，而是英美世界学术性哲学机构为了将它与"分析的"思想区分开
而造出来的。最初它只是一个约定俗成的标签，而不是一个对应特定思想本
质的范畴。但是，无论这个区分的来源或准确性程度如何，"大陆哲学"是
因为它努力在过去几十年间对当代思想施加决定性影响——这一影响超出了
专门的纯哲学学科，而包含诸如社会学、政治科学、文学理论、神学、艺术
史、女性主义和各种文化研究等——而逐渐为人所知的。

　　大陆思想的这种多变特征往往被看成它的一个缺陷——一个缺乏严密性
和可靠性的标签。如果它能放之四海，那么它必定什么也没说！它更像一门
艺术（*Kunst*），而不是科学（*Wissenschaft*）！更像一种诗意直觉的应用，
而不是推理性的探究！然而，这些反对之声忽视了这一事实，即铸造大陆哲
学的创始人们致力于把哲学视为科学而他们自己则受到了批判理性这一基础
概念的指引。比如，埃德蒙德·胡塞尔（Edmund Husserl）把现象学说成

"严密的科学",而他的门徒海德格尔(Martin Heidegger)则将它视为存在
范畴的先验科学。即使萨特(Jean-Paul Sartre),作为法国存在主义的战斗
先锋,也努力将现象学应用于历史的"辩证理性批判"。

在大陆思想的其他主流中,情形也大致如此。费尔迪南·德·索绪尔
(Ferdinand de Saussure)作为结构主义的创始人,把符号学视为"关于符
号的科学",而他后继者如列维-斯特劳斯(Lévi-Strauss)、福柯(Foucau-
lt)、阿尔都塞(Althusser)、拉康(Lacan),或早期巴特(Barthes)的著
作都有一个共同的特点,即决心把语言的结构模型应用于各门学科(人类
学、历史编纂学、历史唯物主义、精神分析学和社会学)。我们同样也会发
现,将哲学追问与其他人文科学相联合的批判理论和诠释学——保罗·利科
(Paul Ricoeur)呼吁历史"理解"(*Verstehen*)之间的创造性对话——则提醒
人们人类环境的偶然性,而科学"解释"(*Erklären*)则以普遍客观性为目标。
许多大陆思想家都努力重新定义和解释理性,几乎没有人会声称要抛弃它。

也许,大陆哲学最持久的特征是它致力于对基础的质询,尽管它的表现
千变万化。从现象学到解构主义,所有的忠告都是:旧的基础主义的承诺已
经无法满足需要了。意义不是某种形而上学的本质或实体,而是一种主体间
关系或文本间关系。真理不能建立在现实主义(realism)和唯心主义(ide-
alism)的既定系统之上,它必须被彻底地重新解释为差异的相互作用(视
界、对话、意向性、情势、结构、能指,等等)。大陆哲学由此发现它们放
弃了对绝对根基的形而上学探求,即使某些人——尤其是胡塞尔——发现这
种放弃是棘手的和令人遗憾的。康德(Kant)宣称的"为知识奠基"、黑格
尔(Hegel)诉诸的绝对精神、克尔凯郭尔(Kierkegaard)求助的至上神
(Transcendent Deity)以及马克思(Marx)所仰仗的总体性科学,大部分
都被20世纪大陆思想家的思想取而代之了(尽管经常是重新解释)。

但是,如果说形而上学基础主义是一个对手的话,那么实证主义算是另
一个对手。还原主义者用事实来解释意义的企图不断受到现象学家、存在主
义者、批判理论家和后现代主义者的抵制。他们认为,哲学追问需要人文科
学的独特方法(*Geisteswissen-schaft*)。它要保持与自然科学(*Naturwis-
senschaft*)的经验度量的程序进行批判性对话,但又不能还原为后者。两

种方法都是有效的。正是这种模糊或合并它们的努力带了误解。

这不是说只有大陆思想才提出这种对实证主义的批判。受后期维特根斯坦（Wittgenstein）、赖尔（Ryle）、戴维森（Davidson）或达米特（Dummett）影响的分析思想家同样决心从这种范畴错误中摆脱出来，只是各自的理由互不相同。总体而言，分析思想家基于明晰性、证据、证实和连贯性而努力避免这种错误；而大陆思想家是在本体论焦虑的推动下保持思想向"不可还原的"和"不可决定的"——向超越"纯粹理性"的局限——问题开放，如存在和虚无问题、先验和差异问题、他异性和历史性问题，等等。

这里援引一下康德或许是有用的。大陆哲学家往往更看重第二、第三批判的道德和美学追问而不是第一批判的严格认识论理解。这不是说他们忽视了第一批判，而是说他们以一种独特的方式来阅读它。比如说，无论分析思想家还是大陆思想家，他们都赞成康德先验美学的前提（所有经验的发源地在客观的时间和空间中），前者偏爱先验分析论（处理理解的客观范畴），后者更倾向于先验辩证论中的"世界的有限观念"以及灵魂和自由。简而言之，大陆思想比分析思想更有可能绕过纯粹理性而直接进入本体经验和辩证法的极限领地。事实上，胡塞尔在其《逻辑研究》（*Logical Investigations*，1900—1901）中抛弃了康德在现象和本体之间的区分，这已经表明了这种倾向。可以说，大陆哲学更加支持辩证理性和实践理性而不是"纯粹"理性。它主张，存在不可能还原为证实，意义不可能还原为证据，真理不可能还原为连贯性，时间不可能还原为测量，悖论不可能还原为问题。

这使得风格成了一个有争议的话题。大陆哲学以其思想和写作的独特性为标签。比如，它的从事者声称，对经验异乎寻常的追问不可能通过日常语言来表达。"辩证"理性观念（如康德和黑格尔以各自的方式所发现的那样）不可能被翻译成"纯粹"理性。随附的冗余意义则要求，一致性和连贯性的标准偶尔是可以违背的。这在哲学上并非没有先例。海德格尔在其《存在与时间》（*Being and Time*）的"导言"中指出，亚里士多德（Aristotle）用来表达其发现存在的语言新用法对他最早的希腊读者而言并不是含义清晰的。这种推理可能被解释为"什么都行"，但其实不止于此。对反思风格的实验是哲学家们为了说不可说之物〔或者用贝克特（Beckett）的戏语，

"*eff the ineffable*"]而都愿意去冒的风险。阿多诺（Adorno）、海德格尔、

4　梅洛-庞蒂（Merleau-Ponty）、拉康、列维纳斯（Levinas）、德里达（Derrida）和克里斯蒂娃（Kristeva），他们每个人都有自己无法模仿的风格。

最后，还必须认识到，大陆哲学不是凭空产生的。要坚信思想总有其处境，这种哲学的主导风格从存在主义到后现代主义深深植根于对道德和政治的追问。思想不再被认为是认知过程中的某种中性练习，而是对历史和社会的"生活世界"的介入。这种对生活世界观念的回应在现代大陆思想中根本上是基于欧洲第二次世界大战的经历——以及对应的奥斯威辛和古拉格集中营的恐怖。当胡塞尔号召要对西方知识传统进行彻底的重新思考时（当时他逃离了纳粹德国），他就是最早表达这种挫败感和迷失感的哲学家之一。而且，他之后的大多数大陆哲学家都有着共同的信仰，不断更新追问的形式，越来越具有探索性、实验性、破坏性和参与性。从霍克海默（Horkheimer）到哈贝马斯（Habermas）的批判理论家，从梅洛-庞蒂到德·波伏娃（de Beauvoir）的存在主义者，从巴特到福柯的结构主义者，更不用说像利奥塔（Lyotard）和瓦蒂莫（Vattimo）这样的后现代主义思想家，他们都共同表明了对社会和政治议题的强烈关切。共同的挑战是要重新开始探求一种新的追问方式。总体化的阿基米德式的原则被抛弃了。意义和价值被彻头彻尾地作了重新解释。连续不断的危机要求没完没了的修复。或许，正是这种对历史变化的心灵创伤的回应的迫切性，迫使如此多的大陆哲学家放弃对基础的形而上学式的痴迷而支持后形而上学式的思想实验。

本卷的14篇文章勾勒和评价了大陆哲学的部分论题和试验。前五篇涵盖现象学和存在主义两个运动，从胡塞尔和海德格尔开始，到萨特、梅洛-庞蒂和列维纳斯。随后的几篇文章探讨了大陆思想在科学、马克思主义、语言学、政治学、美学、女性主义和诠释学等领域的详细传播。关于后现代主义的最后一章突出了大陆思想是以怎样的方式达到激进的反基础主义的顶峰的。每篇研究本身就是最好的说明，但我还是要感谢来自6个不同国家的撰稿人，感谢他们的合作，共同完成这一卷。这是一段令人愉悦的回忆。所有围绕大陆哲学的争议都是一个辩论的平台。他们所提供的关键信息、所展现的学术才能以及对我们时代热点话题的强烈责任仍然让人赏心悦目而记忆犹新。

# 第一章
# 现象学的开端：胡塞尔和他的先行者

理查德·科布-史蒂文斯（Richard Cobb-Stevens）

埃德蒙德·胡塞尔是 20 世纪最重要的哲学运动之一——现象学的创立 5
者。他对哲学的首要贡献是对意向性概念的发展。他重申了前现代性的观
点，赋予其新的活力，即我们的认知行为是意向性的，换句话说，它们超出
感觉材料而达及世界中的事物。当我们思考或言说事物时，当我们感知事物
时，我们是在直接处理它们，而不是处理精神性的中介。意向性是我们对世
界的开放性，是我们存在的超越方式。胡塞尔也发展了这一基本命题的含
义。他拒绝洛克（John Locke）把"心灵"解释为来自自然的内空间，拒绝
接受康德关于现象和物自体的区分，也拒绝认为哲学的任务就是保证我们的
概念和理论是对世界不同程度的反映。

胡塞尔的这些观点解放了哲学家的思维。在 20 世纪的前 10 年，他们已
经厌倦了由认知的现代性解释导致的无法解决的难题。胡塞尔对符号和语义
系统的分析在语言学和逻辑学领域也有类似的影响。这些领域在说明意义的
产生问题上一直以联想论和心理主义为主导。胡塞尔对合理性的前科学模式
与科学模式的互补性说明加快了实证主义的终结，启发了社会科学中富有成
效的新方法。他的时间和自我同一性理论为心理学的还原论倾向提供了非常
必要的矫正。最后，他认为历史视域与真理诉求是相互作用的，这也不同于 6
以下这一当代主流思潮，即所有的真理从其历史条件来看都是相对的。

遗憾的是，胡塞尔的著作对 20 世纪哲学的另一个主要运动——分析哲

学的发展并没有多大的影响。胡塞尔自己倒是一直在与哥特洛布·弗雷格 (Gottlob Frege) 激烈而友好地争论，后者通常被认为是分析哲学的近似创始人。然而，这种交流在他们的追随者之间越来越少，彼此的追随者近乎完全忽视了对方的著作。这种交流的衰退部分归因于早期的误解。弗雷格认为胡塞尔是心理主义——认为数字、比例和逻辑规则都可以还原为精神状态——的支持者。弗雷格对胡塞尔所谓心理主义的批评对一整代分析哲学家而言都是决定性的，他们将逻辑和语义学与所有对不可修正的主观直觉的依赖分离开来，目的就是捍卫理性而拒斥相对主义。另外，弗雷格将逻辑分析和认知直觉完全分离的决定也让现象学运动中的哲学家敬而远之，他们把这一策略仅仅看作霍布斯（Thomas Hobbes）所偏爱的排他性算计理性的复活。具有讽刺意味的是，胡塞尔对心理主义的批评要比弗雷格和弗雷格的追随者更加前后一致，更加完整。他向我们表明命题如何在认知直觉中奠定基础而不是直接还原为纯粹的主观现象。最近几年，现象学传统和分析哲学传统都发现，面对历史主义和相对主义的当代形式，自己变得越来越脆弱了。这一形势恰到好处地推动两个传统对它们之间互不信任的理由进行重新评价。最近，在重建新的对话气氛方面进展很快。

在许多人看来，胡塞尔思想的原创性和分析的严密性使他在最伟大的哲学家中占有一席之地。然而，他的著作往往过于艰涩和技术化，因此，他的读者通常局限于职业哲学家。相反，马丁·海德格尔更加富有激情的哲学风格和让-保罗·萨特的文学天赋保证了随后的现象学传统拥有更为广泛的读者，并产生了直接的文化影响。这不是说这些思想家只是胡塞尔的评注者（事实上许多人把海德格尔看作更为深刻和更具原创性的思想家），而是说他们比胡塞尔本人更加明确和强有力地成功传播了胡塞尔现象学的基本观点。胡塞尔的著作没有向他的读者传递出他对现代认识论批评的全部力度，这还有别的原因。现在回头来看就很清楚，他将现代哲学语言运用于其思想上的引力还不够敏锐。他明确修正了一些现代关键术语的含义，如"表象"、"内容"、"内在性"、"主观性"、"现象"等，但是他从来没有完全抛弃现代哲学的术语。事实上，就革新哲学语言而言，他总是保持一种保守的状态，宁愿有所限制地采用熟悉的术语，也不愿引入独特的隐喻和新词。因此，他无法体会在漫长历史中累积起来的预设在熟悉的现代哲学语言模型中到底隐藏有多深，这决定了读者将把此类问题带入他的文本。胡塞尔的目的是对那些预设提出质疑，但是他的哲学词汇却往往倾向于巩固它们。而且，不幸的是，胡塞尔似乎也没有第一手把握古代的和中世纪的哲学文本。他对英国经验主义传统和康德的批判哲学传统倒是更加在行。如果他能协调一下用词在哲学概念发展中的重要性，能更加了解古代和中世纪传统，那么他的突破性进展就不会被那么多的歧义和误解所困扰。

胡塞尔出生在一个名为普罗斯尼兹（Prossnitz）的奥地利小镇，先后在莱比锡大学、柏林大学和维也纳大学学习数学。在柏林，他师从著名数学家利奥波德·克罗内克（Leopold Kronecker）和卡尔·魏尔斯特拉斯（Karl Weierstrauss），也参加过威廉·冯特（Wilhelm Wundt）不定期举办的哲学讲座。1882 年，胡塞尔在维也纳大学获得博士学位，学位论文题为《论变分法理论》（Contributions to the Theory of the Calculus of Variations）。在柏林给魏尔斯特拉斯做了一年助手后，胡塞尔又回到维也纳跟随刚刚辞掉哲学教授职位的弗朗茨·布伦塔诺（Franz Brentano）学习哲学。1886 年，经布伦塔诺推荐，胡塞尔去了哈勒大学（Halle）与卡尔·斯通普夫（Karl Stumpf）一起工作，后者指导他的讲师职位论文，一篇研究数的概念的论文。从 1887 年到 1928 年，胡塞尔先后在哈勒大学、哥廷根大学和布赖斯高的弗莱堡大学（Freiburg im Breisgau）从事教学工作。

作为犹太人，胡塞尔在从弗莱堡大学退休后的几年里受到越来越多的骚扰。尤其是他发现自己被禁止进入曾经任教大学的图书馆，这对他造成了致命的打击。1938 年胡塞尔去世后，其未出版的手稿因由一位比利时的牧师、哲学家赫尔曼·凡·布雷达（Hermann Van Breda）保管而免遭破坏。在比利时被占领期间，他曾将胡塞尔的妻子和女儿安排在一所比利时女修道院里避难。后来，布雷达在鲁汶成立了胡塞尔档案馆。

胡塞尔是一位道德高尚且智力超群的人，他将哲学看作自己的职业，以一己之力号召人们捍卫理性，反对当时流行的各种相对主义。然而，他从来不是一位只懂得防御的或狭隘的保守分子。事实上，他经常流露出对哲学中怀疑传统的敬佩之情，认为休谟（Hume）对预设的彻底批判使他成为现代最伟大的哲学家。他也反对那些宣称哲学在德国的思想和表述中已经达到顶点的傲慢和大国沙文主义。他认为哲学不可能具有单一文化或语言的排他性质，因为哲学精神的出现引入了一种新的目的论模式，它以普遍性和无限性的互补为自己的特征。哲学的终极目的是普遍的，因为它追求同一性的真理，它对所有不再受传统蒙蔽的人都是有效的。哲学的终极目的是无限的，因为真理的目标从来不可能完全实现，所以总是存在一种不断调整的观念。因为它的普遍性，哲学不可能局限于特定的时期或特定的人，因为它的无限性，哲学总是在不断进步。（[1.33]，286；[1.89]，151-160）

胡塞尔的一生出版了几本著作，留下了数量可观的手稿、讲义和工作手记。无论在他已出版的著作中还是在他未出版的资料中，有些章节未免啰嗦，不完整的描述让人心焦，对他早期立场的重新评价又让人苦闷。这让胡塞尔的早期和晚期著作协调起来非常困难，甚至很难确定其思想的最终方向。胡塞尔并没有完全为自己的处境所困扰，因为他最终断定，不可能有任何总体性的综合。我们必须为客观性而努力，希望为达到目标而进步，但是我们也必须认识到，真埋的目标始终作为"一种无限任务的观念"（[1.33]，291）在起作用。

## 早期著作：弗雷格、布伦塔诺、
## 赫尔巴特、斯通普夫和洛采的影响

胡塞尔的第一本著作《算术哲学》（*Philosophy of Arithmetic*，1891）是由他早期对"数"的概念的分析修订而成。根据布伦塔诺首先作出的区分，胡塞尔区分了"数"的直观表象和符号意向。他描述了我们关于"数"的原初直觉，和"数"的相互关系是如何建立在计算、比较和集合的基础之上的，以及我们如何在更加复杂的符号中思考哪个没有这样真实的直觉。遗憾的是，他做的几个附注给我们的印象是，他混淆了"数"和它们的表象，比如，他把"数"的统一体看作一种物理关系，认为理解一个"数"的概念需要反思相关组合的表象。1894年，弗雷格在一篇关于胡塞尔著作的重要评论中提到了这些妥协性的附注。他反对胡塞尔的分析模糊了主客观领域的界限，认为他的著作是一种典型的心理主义。（[1.65]，200-201）然而，弗雷格的批评在胡塞尔的文本中是可以辩解的，这种极端的结论毫无根据。弗雷格倾向于将"数"的状态与计算和集合的活动联系起来的任何尝试都看作心理主义的。因此，他不大可能注意到胡塞尔意图的微妙之处。胡塞尔肯定不会将"数"的客观性置于它们的表象行为中，而只是描述它们的客观性是如何向我们显现的。至少，胡塞尔后来明确区分了数和数的表象、数的概念和集合的概念。（[1.35]，784；[1.86]，24）弗雷格批评胡塞尔的另一个原因是，他认为数只是由没有具体内容、相互之间也无甚差别的"某样东西"构成的总体（确定的量）。然而，这是对胡塞尔立场的夸大其词，因为胡塞尔明确认为，对象总是根据它们的特征加以区分。他的观点只是说，一旦我们区分了要计数的对象，那么我们就无须在计数时纠缠于确定它们的内容。

　　然而，胡塞尔还是澄清了因他持续依赖经验主义传统的语言和概念框架——它是19世纪心理主义的前兆——而引起的这种歧义。在论文《基本逻辑的心理学研究》（Psychological Studies in the Elements of Logic，1894）中，他明确主张，我们的认知直觉真正表象我们的言语行为所意指的事物。而且，他明确区分了心理行为和它们的内容。这是被一个心理"过程"的经验主义概念模糊了的区分，此概念实际上将认知行为削弱为只是对相关修正印象的持有。不过，他对"内容"这一术语的使用一直是模棱两可的，有时候指不清楚的精神表象，有时候又指认知范围内的世界中的事物。因此，他仍然没有明确主张，我们符号性的直观行为所意指的对象至少通常而言是世界中的事物而不是精神替代物。（[1.40]，126-142；[1.122]，34-38）

　　这些模棱两可之处恰恰证明了布伦塔诺对早期胡塞尔的影响。布伦塔诺否定了经验主义者将精神行为还原为联想性回应的观点，粗略地重申了中世纪"行为"与"内容"的区分，并在某种程度上重新回到了古人的主张，即认知行为指向意指对象本身。因此，他理所当然地因复活意向性理论而闻名。然而，他对这一概念的解释融合了现代和前现代的观点。他早期著作描述意向内容的方式产生了如下现代观点，即印象和观念作为不可触及的真实的意指对象的内精神替代物而发挥作用。他举例说，比如每一个意向经验都

10

"包含内在于自身的对象，并将这种'内在客观性'看作'对象的意向性存在'"（[1.45]，88-89）。

尽管布伦塔诺明确地将自己对意向性的说明与经院传统联系起来，甚至将它的起源追溯到亚里士多德论灵魂的几卷文本，但是可惜他将内在性的现代解释融入了中世纪意向存在（*esse intentionale*）的论题。就其向认知者的显现而言，经院哲学确实用"意向"（用得更多的是"客观性"）来指称已知事物的存在方式。但是，区分中世纪意向（客观性）存在和真实存在的关键在于弄清亚里士多德的主张，即认知者"是一种方式"，即事物被认知的形式，因此认知者并没有进入事物的物理特性。意向客体（"内在语词"、"形式概念"、"表达种类"）被认为作为一种唯一的中介在发挥作用，比如一种清晰的符号，心灵通过它与实在相连。（[1.101]，62 n.3）尽管形式概念的居间作用这一关键点完全为认知就是在心灵内部拥有其表象（它的"观念"或者"概念"）这一现代主张做了铺垫，但是中世纪思想家明确坚持认为，意向客体是事物本身，被视作已知物。（Aquinas, *De Veritate*，iv，2 ad 3）

亚里士多德似乎认为，在理智和认知事物之间无须假设任何特别的中介存在。事实上，他认为理智本身必须摒除形式结构，因此没有内容，以便它能成为所有事物的形式。用亚里士多德的话说，理智拥有像人类的手一样的适应性，像人类的手掌握工具一样呈现事物的形式。（Aristotle, *De Anima*，423a 1-3；[1.90]，132-137）因此，理智的运作是在自然本身的范围内，而不是在某个主观设定的范围内，它的存在方式就是它的超越功能。亚里士多德进一步把事物的形式描述为种的特征，即它的"相"[或埃多斯（*eidos*）]。"相"就是当我们认识"这个"（this）特殊事物时我们的对其"所知"（what）。尽管直觉作为个体的个体（第一实体）与直觉它的种的相（第二实体）之间是不同的，但是这些直觉模式是互补和相互依赖的。我们掌握事物的相，既是一种富余，其意义超出了这种实在的特性，也是作为一种条件，其特性得以呈现。（Aristotle, *Metaphysics*，1042a 17-49）亚里士多德还强调了认知和谓述之间的连续性。谓述性表达将句法的清晰度赋予直观的不够清晰之处。（Aristotle, *On Interpretation*，16b 25-26）因此，判断首先依赖事物及其感知特征，而不是命题。

布伦塔诺接受了亚里士多德的观念，认为理智的意向目标是世界中的事物。但他认为，理智对形式的掌握发生在心灵的内部。因此，他认为理智永远不可能有效地达及它的目标。布伦塔诺也完全同意对认知的现代解释。他主张我们的认知仅仅产生主观表象，因此他仅仅诉诸物理因果性来说明这些表象和真实对象之间的关系。以被感知的颜色为例，他认为，只有"震动"才产生于原子、分子和力的相互作用。因此，事物真正的存在是其隐藏的可计量的实在，只有通过自然科学的方法才能实现。感知对象并没有实实在在地存在于我们之外，它们仅仅是现象。（[1.45]，9—10）不过在后期著作中，布伦塔诺主张语言指称通常指向超越的、真实的实在，而不是精神内容。然而，没有迹象表明这种新的立场会引起对直观的经验主义说明的批判。所有一切都暗示着一种妥协：我们指向实在事物，但是我们只能看到现象。而且，布伦塔诺在判断的断定和表述之间的关系上采用了现代解释。他认为，判断是一种指向表象的赞同或否定行为。这个定义说明判断不是首先指向事物和它们的感知特征，而是指向内部精神的或理念的内容。（[1.45]，198—199）

达拉斯·威拉德（Dallas Willard）的历史研究已经证明，帮助胡塞尔实现与经验主义传统更为果断的决裂的是约翰·弗里德里希·赫尔巴特（Johann Friedrich Herbart）、卡尔·斯通普夫和赫尔曼·洛采（Hermann Lotze）而不是布伦塔诺。（[1.122]，30—34）赫尔巴特将"知觉"（apperception）定义为"内在于我们的、不断运作的意识"，随后又明确区分了思想活动的意识和思想活动之内容的意识。（[1.72]，v，43）受胡塞尔题献《逻辑研究》的斯通普夫认为第二序列的表象（诸如因果观念）可能由第一序列的表象产生，并且认为前者不能还原为后者的联想性把握。简言之，他认为我们以某种方式感知因果联系。（[1.112]，5）洛采更完全摆脱了经验主义立场；休谟已经主张对心灵转变的印象（它解释了关联的必要性观念）可以还原为转变过程本身，洛采则明确主张关系观念依赖心灵转变的反思意识。而且，他区分了反思行为的对象（二级精神内容）与第一序列印象的超越对象之间的获取关系。（[1.78]，537—538）威拉德指出，在通常对认知的经验主义解释背景下，这些区分是不可思议的，比如，绝不可能将洛采的关系性活动还原为纯粹的转变过程，也绝不可能将二级内容还原为更加暗淡无力的印象摹本。另外，这些作者继续将精神活动解释为纯粹的内在心理事件，他们并没有明确地对经验主义将心灵描述为表象剧场的观点提出质疑。因此，他们对休谟的解释作出的改进未能完全复活前现代的认知观念。不过，一旦活动与内容之间的区分重新建立起来，一旦不可还原的二级操作和内容的观念建立起来，那么对我们的认识被定位于心灵内部空间的现代观点进行广泛的再评价就有了舞台。

## 逻辑研究

胡塞尔是正面挑战现代立场的第一人。从 1894 年到 1900 年，胡塞尔对心理主义的内在矛盾及其新的逻辑基础的深入反思使他与现代认识论模式作出了更为坚定的决裂。没有任何证据表明在这几年他对关于认知主题的中世纪或后期经院文献进行过持续的钻研，也没有证据表明他受到亚里士多德相关文献的显著影响。但是，他仍然能够完成心灵和自然之间意向连续性这一前现代观念的重建。这一时期的反思在他最伟大的著作《逻辑研究》中达到了顶峰。该书以一系列"引论"为开端，对心理主义的原则进行了强有力的批评。其余部分则更加肯定地说明了我们的认知行为如何有能力获得客观真理。它的六个研究致力于说明如下几个相互关联的主题：符号和含义、普遍和个体、部分和整体、逻辑语法和意向性、证据和真理。

在"引论"中，胡塞尔论证了将数、命题和真理本身的客观性还原为主观状态或活动之努力的内在矛盾。像弗雷格一样，他注意到，每个为真理可以化约为对它的接受这一主张进行辩护的努力都包含内在矛盾。提出一个使真理主观化的理论的同时，不可能再对这个理论进行客观性的说明。无论作出什么样的陈述，包括捍卫相对主义的陈述，都是在声明某种独立作出这一陈述的东西。像弗雷格一样，胡塞尔也认为逻辑原则不可能是一种暂时性的普遍化，因为基于归纳性的法则它永远不可能成为在有效命题与无效命题之间作出判断的标准。就思想如何发生而言，在归纳性的普遍化基础上批评某人思想的不符逻辑或前后矛盾是毫无意义的。特殊性的思考可能会被合理地认为异乎寻常，但不会被认为无效。胡塞尔认为，心理主义也无法解释诸如三段论等属于逻辑原则的证明。他批评说，约翰·斯图亚特·密尔（John Stuart Mill）根据逻辑法则的证明将逻辑法则描述为归纳性的普遍化是完全确定的而不仅仅是可能的或暂时性的。（[1.35]，187-196）这种论证对弗雷格而言是不可接受的，他主张，任何对证据的诉求都会模糊命题的真与认为它为真之间的界限。根据弗雷格，命题本身就是简单地要么真，要么假。他认为，人们如何思考命题为真的这种发生性说明与真之论题本身毫无关系。（[1.64]，vi；[1.66]，133；[1.86]，32-38）胡塞尔认为，恰恰相反，对证据的诉求没有任何理由必须将真理的还原告知真理的认知。当一个命题的客观真理性向真理的追求者显现时，它也并不会由此而变成主观的。

第一研究开始于对两种符号的讨论：含义和表达。含义要么代表它们所意味的事物（比如一面旗帜意味着一个国家），要么指示某种不在场的实在的存在（比如烟是火的符号）。在这两种情况下，联想提供了符号和指称之间的连接。与含义不同，语言表达引入了一个意义的层次。站在言说者和听者的立场，它们的使用需要一个解释行为。一个言说者的语句通常完成三种功能：它们表达意义、指称对象以及向听者"暗示"言说者的理智活动。胡塞尔注意到表达的"暗示"功能是一种含义，说出或写出的语句是言说者掩藏的因而也是"不在场的"思想的标识。他补充说，许多哲学错误都源自没能正确地区分含义和表达。他以密尔对命名的说明为例：密尔认为适当的名称只是指示但并不暗示什么。它们指向某个对象，但并没有以任何方式表征或传达对象的信息。适当的名称就像（流行故事中的）强盗打算在一个小时后抢劫的房屋上所做的独特粉笔记号。胡塞尔认为，这种对比恰恰意味着适当的名称就是在作为含义发挥作用。强盗后来看到这个粉笔记号，他就会通过联想唤起他过去的思想——"这就是我要抢劫的房子"。但是，与它的对象有关，名称并不是作为含义或符号起作用。含义总是激发对它所暗示之物存在的信念。然而，名称与此不同，它并不蕴含被命名对象的存在。（[1.35]，295-298）被命名的对象可能是真实的，可能是观念性的，可能是想象的，或者甚至是不可能的。因此，对象有意义的指称并不必然需要对象的存在。它的使用环境决定了这种由语言表达提供的本体论承诺。胡塞尔因此高明地回避了伯特兰·罗素（Bertrand Russell）后来发现的悖论。这个悖论在密尔那里还是不言明的，即名称就像纯粹的标识性符号。

第二研究对经验主义者将普遍还原为模糊个体的观点进行了令人信服的批评。胡塞尔同意，对某些个体特征的认识需要掌握种和实例之间的原始关系。如果我们不能直观普遍（种，红色），那么我们就不能分辨相应的、区分性的个体特征（比如这种特定的红）。直观的这两种模式是相互独立的。我们将个体特征理解为实现种的相似性实例范围内的个别实例，将种的特征理解为将个体与个例等同起来的可能性条件。

第三研究处理部分与整体的关系。胡塞尔首先区分了独立的部分"块片"（pieces）与不独立的部分"因素"（moments）。块片是可以与它们的整体相分离的部分。因素是相互之间或与它们的整体相互关联以至不可以分离的部分。我们通过在想象中努力成功或不成功地改变部分与整体之间的各种关系来认识它们。比如，我们可以得出结论，一个事物的颜色与它的表面（或广延性）是不可分的，因为我们无法成功地想象消灭其中的一个而保留另一个。

第四研究讨论语法和逻辑之间的关系。胡塞尔认为语法规则调节完整表达与不完整表达、无意义表达与荒唐表达之间的区分，这是本体论结构的基础。调整意义组合的规则同样也是事物存在的基础。所有这些规则都有认知上的整体与部分之间相互关系方面的根源。胡塞尔承认，不同语言在认知上可以组织不同的"部分—整体"的复合物。然而，他认为，对不同语言完成这一任务的不同方法的研究会揭示被经验性差异所隐藏的共同范畴结构。（[1.35]，526；[1.100]，206）

第五研究批评了上面提到的布伦塔诺过去经常描述的意向对象的状态（"内在客观性"、"意向内存在"）。胡塞尔指出，这些短语意味着意向对象作为经验流的组成部分进入意识，并在心灵的范围内作为指称对象的替代者而发挥作用。他坚持认为，恰恰相反，意向对象和指称对象是完全同一的。"表象的意向对象就是它的现实对象，这一点必须被承认……在它们之间作出区分是荒唐的。"（[1.35]，595）因此，他明确地断言，我们的意向行为指向世界中的事物。他说，"意向内容"这一术语可以如下方式作出合理解释：（1）意向对象（对象或意指对象）。（2）获得确定指称的行为之特征（行为"方式"）。（3）行为的"意向本质"，如与其"质性"联系在一起的"质料"。"质性"这一术语在这里指意向行为的类型，如质疑、希望、陈述等。（[1.35]，578-580，589，657；[1.54]，26-36）这些区分与胡塞尔在第一研究中的主张是一致的，即命题与表达它们的行为相关，表达方式则类似于种与其实例联系在一起的方式。作为意向本质的意向内容（质料和质性）是一个独立于特定意向行为的观念性命题。举例来说，质料和质性与特定行为的"因素"并非毫不相关。（[1.35]，330）

　　许多评注者已经否定了这一论点，根据是它会导致胡塞尔接受这样一个值得怀疑的主张，即观念性命题可在不同程度上特殊化为个别意向行为的因素。约翰·德拉蒙德（John Drummond）注意到了暗示胡塞尔最终修正自己立场的两个段落。第二版（1913）中的一个注释强烈暗示不应当认为意向内容是意向行为的特殊化特征。（[1.35]，576；[1.54]，26-36，39-42）而且，在《纯粹现象学和现象学哲学的观念》（*Ideas Pertaining to a Pure Phenomenology and to a Phenomenological Philosophy*，1913）中，胡塞尔又认为他以前提到的特征实际上就是"其本身所指"的特征。（[1.41]，308；[1.54]，41）换句话说，胡塞尔最终将意向质料等同于意向对象（在"对象就是意旨对象的意义上"）。这个陈述很重要，因为它有效地清除了有关我们必须在意向行为与其对象之间假设某种中介内容的中世纪观念的任何残余。

　　胡塞尔赞同布伦塔诺的必须在论断和判断性同意之间作出区分的观点，但是他不同意布伦塔诺的判断是对中立表象作出接受或拒绝的观点。根据胡塞尔的观点，判断是存在于论断达成之中的断言性态度。这种态度由事物及其特征的可预见的或伴随性的经验直观决定，而不是由对语句意义的某种评估来决定。与布伦塔诺相反，胡塞尔赞同弗雷格的观点，即判断总是一种积极的态度，甚至当它同意的内容包含对立面的时候。在论说中，断言性陈述的真理性既非来自它们谓述的内容本身，也非来自某些含蓄的附带性存在命题，而是来自它们的形式。（[1.35]，612-616）所以，胡塞尔坚决反对判

*16*

断是对命名式的命题内容作出评估的现代观点。在我们直面世界的过程中，我们通常全神贯注于事物及其特征，而不是我们所说的内容。我们的言谈不是受意义检索的指引，而是受事物本质结构的可预见的或已完成的直观的指引。由此可以断言，我们不需要在语句和事物之间假设中介结构（观念或概念）的存在，也不需要假设它们寄居于某个"空间"。认识某物就是占有它的形式，直观它的本质，如它可理解的结构。就像在发音的实例中一样，言说行为将意义表达为理念对象，但意义不是如此被把握的。

胡塞尔进一步用指导性的隐语来说明意向性。他将符号意向的"空洞"与直观表象的"充实"进行对比。一个空洞的行为指向一个不在场的对象。一个充实的行为标志着它的当下存在。符号意向要么是命名式的（简单的），要么是命题式的（复杂的）。命名行为是单向的并指向整体，命题行为是多向的，因为它在复杂的对象中描述各种不相关的部分。直观表象可以是感知性的，也可以是范畴性的。

这些区分为讨论第六研究提供了准备。在胡塞尔看来，真理的体验发生于当我们认识到一个对象从空洞意向转变为充实直观中的同一性特征之时。（[1.35]，621-624，765-770）这种描述取代了判断真理问题中的传统核心所在，因为同一性的综合可以是命名式的，也可以是命题式的。空洞的命名意向及其相关的感知直观的同一性综合在前谓述的水平上达到真理。如果判断在比较的意义上达到真理，那么它不是因为它们的命题结构，而是因为它们空洞的意向对象得到了平行的直观的充实。（[1.76]，68）

第六研究更加深入地批评了英国经验主义对直观的严格说明。胡塞尔不是直接进入这一主题的，他首先批判了经验主义对属于范畴形式的命题的组成部分如介词、连词、名词的格和系动词的作用所作的解释。在洛克和休谟看来，这些句法操作者指向的是精神内部的过程而不是外部世界的各方面。胡塞尔摒弃了这种论点，因为当我们使用这些表达时，我们直接指向的是事物而不是内部过程。比如，如果我们说"这张纸是白色的"，那是因为我们发现这张纸有"白"的特征。因此，我们在这个句子中确信地使用术语"是"来指向客观情况而不是指向某种内部的心理事件。除了句法术语外，他还补充认为，命题有其他形式的组成部分，只是在平常简单的直觉中无法发现它们的作用而已。名词、动词甚至形容词的表达都引入了简单直觉无法执行的意识："'白'这个词的意向只是部分地与显现对象的颜色方面相一致，剩余的意义仍然隐藏着一种在显像中没有东西来证明的形式。"（[1.35]，775）胡塞尔得出结论，我们必须承认非感官刺激的或"范畴性"直觉的作用，它们与简单感觉协调一致，使谓述的正式组成部分的直观得以完成。因此，任何描述个体的表达的直观都包含了正式意识的直观，它超出了对个体的简单感知中的东西。这些表达通过偶性的或本质的描述性特征指称特定事物，它们的其余意识作为个体如此显现的条件发挥作用。（[1.114]，70-71）范畴直观因此是本质辨认过程中的第一步，因为要想把握某物或某种形势的本质，首先就要把握它的类型特征，如它的具体形式。用亚里士多德的术语来说，事物表象（第二实体）的直观是个体表象（第一实体）的条件。

## 先验转向

1900 年至 1913 年，胡塞尔进一步充分发展了自己对现代认识论的批评。他通过五个演讲阐明了自己的新立场，这些演讲第一次引入了先验现象学的主题。这些演讲于 1907 年在哥廷根发表，后来以《现象学的观念》（*The Idea of Phenomenology*）为题出版，致力于阐明内在概念和超越概念。胡塞尔认为，对内在和超越之间关系的现代性描述使用了两对互补的主题：内与外、可及与不可及。当内在被描述为包含精神过程和印象的领地时，超越相应地被定义为停留于该领地外之一切；当内在被描述为一无可置疑的被给予性区域时，超越相应地被定义为不可知的物自体的寄居之所。多数认识论将内在和超越之间关系的这两种意识联合起来。首先，它们通过将两者描述为都"包含"在心灵的物理过程中来合并精神行为及其内容；然后，它们将认知奥秘解释为如何在精神内的表象和精神外的事物之间建立联系的问题。这些理论的"言外预设"是，我们的认知过程不需要意向输入。胡塞尔认为，这是现代哲学的"致命错误"。胡塞尔赞扬休谟，因为后者承认明确陈述这一问题的方式最终都只能导致怀疑论，但是他补充认为，休谟的怀疑论本身存在许多矛盾。一方面，休谟降低了超越印象和观念的虚构物的地位。另一方面，他又把精神过程归入实在，如果我们能在某种程度上打破内在的循环，那么这种实在与我们将要达到的超越之物就是同一种实在。胡塞尔最后得出结论，只要哲学家打探认知可能性的方式是暗示"认知是不同于其对象之物"或"认知是被给予的，而认知对象不是被给予的"，那么他们都将引出一个不适当的超越概念，进而需要一个对内在的不恰当解释。（[1.34]，27-30）

19　　胡塞尔认为，哲学需要采用一种新的思考方式和新的理性批判："哲学隐藏于一个全新的领域，它需要一种全新的起点和原则上完全区别于任何自然科学的全新方法。"（[1.34]，19）他因此提出了一种新的、彻底性的方法，该方法要求对自然的确信态度加括号（*epoche*）或悬搁："在对认知进行批判的开始，将自然的完整世界，包括物理的和心理的，以及与不得不处理这些客观事件的所有科学连在一起的人类自身，都被置于质疑之中。"（[1.34]，22）胡塞尔立即将他的新方法与笛卡尔（Descartes）的怀疑作出了区分。笛卡尔的目的是建立对思考自身和超验之物的存在的确信。胡塞尔对这一规划毫无兴趣。他的目的就是简单地揭示认知的本质。胡塞尔指出，笛卡尔没有把握认知的本质，因为他以探询者的资格将自身定义为一个"思考之物"，它与超验之物有着相同的存在状态，而超验之物的存在是他所质疑的。（[1.34]，5-7）新方法的目的是使我们摆脱对超越的矛盾解释，并因此使我们能够重新定义超越和内在。当我们在超验（笛卡尔和休谟的理解）范围内悬搁一切时，我们实际上只是排除了将先验存在物解释为人类知识范围之外的一个领域这个矛盾解释。就心灵的"内部"被解释为具有相同的本体论状态而言，它也必须被悬隔。这种方法允许我们在更广泛的意义上将内在重新定义为所有明晰性区域，在其中内在对象（在狭义上，现在被看作反思性的直觉经验）和它们的意向相关项（*noema*）向我们显现。内在对象和超越对象现在根据它们的不同显现风格而被区分开来，而不是诉诸精神内部显现和精神外部存在之间的差别。

在《纯粹现象学和现象学哲学的观念》的第一卷，胡塞尔将这种更广的内在领域描述为先验意识的王国。在该书中，胡塞尔区分了"自然态度"和"现象学态度"，前者专注于世界中的事物，后者反思在自然态度中起作用的意向以及客观的意向相关项。我们通过悬隔我们对事物和世界之实在性信念的自然态度来实现先验的观点。胡塞尔再次强调，这个步骤的目的不是怀疑自然的确信，而是达到一个使我们能够反思它们的目的地。他还认为，这个方法也可以被称为"还原"（reduction），因为它从生动的行为和态度"回到"对这些行为和态度的反思性考量。还原之后，我们不再停留于我们的意向中。我们后退的目的是在它们完全的具体性中反思它们。例如，我们不再假定事物的真实性，但是我们继续坚持我们对反思之物的假定。我们也坚持我们与事物的联系。对我们的认识而言，世界上的事物是同样的，但是由还原引起的焦点的变化让我们把它们准确地理解为意向对象。我们现在注视它们是作为一种感知、判断、假定、怀疑以及想象。胡塞尔将所有如此被认知的对象称为意向相关项，而将所有相关的意向称为意向活动（noesis）。（[1.41]，214；[1.54]，46—56，256—257）

许多评注者把现象学的还原等同于意识远离事物和事实而走向概念和命题的反思性转向。他们认为，还原的目的是将哲学分析定位为语义学问题。这种观点的支持者发现，在胡塞尔的意向相关项概念和弗雷格的意义（Sinn）概念之间有着显而易见的相似性。他们认为，无论弗雷格式的意义还是胡塞尔式的意向相关项，它们通常都充当着我们的语言表达和语言表达的指称之间的中介。（[1.61]，680—687）弗雷格主张，语言表达所传递的意义定型或决定了它的指称，而《纯粹现象学和现象学哲学的观念》的某些段落似乎给意向相关项指派了类似的角色。比如，胡塞尔在某一节曾莫名其妙地说到一个"可确定的X"，它是以各种方式表象一个对象的意向内容的中心。（[1.41]，313—314，320—322）意向相关项之弗雷格式解释的支持者认为，胡塞尔要说的是，意识对象"X"像一个指示代词所传达的意义一样起作用。它不是通过指称对象的特征来识别指称对象，而是将指称对象作为其特征的承担者。（[1.95]，195—219）在这个解释中，现象学还原的作用是揭示语义学实体，并通过它实现对对象的意向。

罗伯特·索科罗斯基（Robert Sokolowski）指出，这种解释没有考虑后来胡塞尔在《形式的与先验的逻辑》（*Formal and Transcendental Logic*，1929）中对提出命题反思与通过还原实现的哲学反思之间的差异所作的注释。（[1.31]，110－127；[1.100]，45－47）胡塞尔在该书中明确指出，命题反思即从事物和事实的"本体论"王国转向概念和命题的"表象"王国的反思没有任何具体的哲学内容。当我们反思我们自己的或他人的话并把它们仅仅作为假设或建议即作为命题时，这种转向就会相当自然地发生。在科学探索中，这种转向也经常发生。科学证实在事实调查和命题反思之间需要不断摆动。无论命题反思的通常形式还是科学的形式，都是在自然态度中发生的，因此不需要现象学的还原作为它们的条件。

那么，在命题反思和哲学反思之间有什么不同？命题反思将我们的注意力从事物和事实转向概念和命题。哲学反思聚焦于意向行为和态度（*noeses*）与事物被表象的方式（*noemata*）之间的关联。它把事物和事实看作直接介入世界的态度的相关项，并把命题看作命题反思的意向态度的相关项。因此，对胡塞尔而言，我们可以得出结论，意向相关项只是对象本身，是在还原的意义上被表象。这样，"可确定的 X"就不是一个扮演指称媒介的语义学实体。它是意向对象本身，在每个表象中都具有真正的同一性。（[1.54]，181－191）

胡塞尔对本体论领域和命题学领域关系的描述巩固了他关于概念和命题不是作为精神中介起作用的观点。概念和命题只有在我们从本体论的焦点转向命题学的焦点时才会出现。因此，它们没有充当连接言说行为与其意向指称的媒介实体。我们已经知道，胡塞尔明确反对洛克关于概念是精神表象的观点，也明确反对概念是指称的显然媒介的中世纪观点。而且，像弗雷格一样，他从未主张概念和命题属于一个"第三王国"（第一王国是外部物理世界，第二王国是内部的心理过程世界）并作为一个指称的非主观媒介起作用。罗伯特·索科罗斯基认为，把概念和命题看作具体化的媒介的倾向可能是由于混淆了对象定位与意识的反思立场。我们享受在言说过程中所说内容的微不足道的意识。然而，我们并没有把我们所说的内容具体化为一个命题，因为我们的意识仍然指向世界。不过，我们仍然能轻而易举地在本体论态度和命题态度之间来回穿梭。我们意识的流动性反复灌输一种态度变化的健忘特征，这对概念和命题的显现而言是必需的。概念和命题很容易被想象为具有类似于事物和事实的状态。因此，我们把它们想象为在心理或语义学 *22* 范围内分离的实体。对那些想解决在我们的言说行为及其目标之间如何关联的现代认识论问题的人而言，将概念和命题指派为这种媒介角色是完全自然的。然而，胡塞尔没有这种对媒介的需要。我们的意识就其本性而言就是意向性的。（[1.101]，110-111；[1.106]，451-463）

当然这并不意味着，语言没有任何媒介。胡塞尔在真正的思想性言语和公式化的语言行为之间作出了区分。他注意到，当我们言说时，我们通常关注我们所看到的或期望看到的，而对我们正在说的内容只有边缘性的关注。尽管是边缘性的，但我们对语言表达之意义的意识还是证明了与由文化差异和区分所构成的巨大网络有着亲近关系，这种文化差异和区分体现在对事物之"相"的直观揭示中。一旦需要词句的标准化意义，我们就不再关注那些边缘性的意义。当我们言说事物时，我们仅仅通过范畴直观来引导我们。我们对词句的选择是直接由我们努力要描述的事物的"相"决定的。有时候，我们只是重复标准化的规则。我们无法体现语言密码提供的明晰性或差异性。有时候，我们更加关注语言选择。在这些时候，我们将对事物的关注转向对词句意义的关注。（[1.31]，56-60）因此，胡塞尔认为，我们在这些定位之间自如地来回穿梭的能力说明了直观差别和语言差别之间的相互依赖性。因此，找到合适的词句不仅仅是熟悉语言游戏规则而已。语言用法的一个专门的语法解释意味着一种名词主义（nominalism），它拒绝谓述与事物的直观形式之间的任何联系。思想性言语是所见和所说的巧妙整合的产物。对语言学全部指令的精通有利于更加微妙的感知，这种更加微妙的感知转过来又要求更加微妙的语言学选择。

在《纯粹现象学和现象学哲学的观念》的第一卷，胡塞尔反复定义内在和超越。他努力让读者逐渐发现，通过还原揭示的新维度与存在的其他领域是不可比较的。他首先将存在的领域定义为对象的具体范围（比如"物质事物"领域和"文化"领域），它们的统一由某种最大的种决定。他指出，处理给定存在领域的经验科学应该建立在对应的被称为"区域本体论"的本质科学之上。区域本体论的任务是描述建构该领域所有对象的本质，阐明它

23　们之间的等级秩序关系。除了各种不同的区域本体论外，胡塞尔提议应当有一门被称为"形式本体论"的新科学，致力于研究决定任何领域的对象之间的关系和位置的基本范畴。然后，他批判了多数认识论共同的观点，即意识被限制在一个心理领域，与事物的领域相对应。他说，当用这种方式来描述意识时，就出现了一种将意向性还原为心灵范围内的表象的倾向。在重复了早前《现象学的观念》中发展出的主题后，胡塞尔接着将事物的超越描述为一种内部的被给予性，现在这被更加广泛地理解为意向性超越力量的范围。他再次强调，这种还原没有排除被真正给予的任何东西。最后，他指出，这种内在的新维度不可能被前后一贯地理解为立足于前给予世界的对应物之内，即使世界的范围在内在的领域如此被给予。因此，与所有其他领域不同，超越的领域是绝对的和无所不包的。它没有边界，没有外部。胡塞尔因此用"区域"来比喻它的界限，以便说明，它作为一个更加广阔的范围内的一个区域，事实上与内在的思想是不一致的。任何在可能的意识范围之外构想存在维度的努力都是毫无意义的。意识和存在应该在一起。它们的范围是同延的。存在方式对所有事物开放的存在没有任何外部。

## 自我和世界

　　胡塞尔先验现象学中最有争议的论点之一是，他认为自我和世界通过先验的探究者都可以被看作意识相关项（noemata）。他多次区分了作为世界之部分的自我和就其而言世界是其意识对象的先验自我。他认为，我们充当先验主体的能力允许我们从自身在世界中存在的自然方式中获得反思的距离，并因此更加充分地理解这种存在方式。胡塞尔在《观念Ⅱ》、《笛卡尔式的沉思》（*Cartesian Meditations*，1931）以及身后出版的《欧洲科学的危机和先验现象学》（*The Crisis of European Sciences and Transcendental Phenomenology*）中发展了这些论题。

　　《观念Ⅱ》以拐弯抹角的形式引入了人类自我的主题。它首先描述了身体意向的角色和事物表象中的理智视角，事物之所以以完全不同的方式向我

们显现，取决于我们感觉器官的条件和我们身体适应性的差异，尤其是我们 24
对它们采取的是实用的态度还是理论的态度。胡塞尔将他的分析置于本质上
受现代科学影响的对自然的理解背景下。他认为，自然的当代意义是态度的
意向相关项，这种态度被胡塞尔描述为既是"信念的"（doxic），又是"理
论的"（theoretical）。它是信念的，因为它渗透了一种对其对象之存在的非
主题性的信念；它又是理论的，因为它脱离对象之经验的、美学的和伦理的
特征来进行思考。当日常经验没有持续坚持一种排他性的理论立场时，科学
的影响仍然产生日常的确信，即对事物的真意识就是当我们将有用的、美的
和善的东西都悬隔后仍然留下的东西。（[1.5]，1-11；[1.89]，39-40）对
事物表象的进一步分析揭示了，事物客观性的完全意识依赖对主体间性的认
识。比如，一个相对稳定的空间位置意识对我们的客观性意识而言是必不可
少的。可以肯定，从一种排他性的私的视角难以发展出这一观念。最后，我
们通过一系列途径设法将自己置于一个公共的坐标系中：首先认识到"这
儿"的一个个体可能是"那儿"的另一个个体；然后接受将所有位置与各位
置的稳定网络联系起来的惯例。胡塞尔的目的总是要将沉淀在不同类型对象
的意识中的意义层层剥开，从而揭示在这些对象的表象中起作用的意向行为
和态度。

　　在《笛卡尔式的沉思》中，胡塞尔引入了一种修正过的悬隔技术继续他
对主体间性的分析，他称这种技术为"向本己性领域的还原"。他建议对证
明他人存在的经验进行抽象，其目的既不是要通过实际上与他人和世界隔绝
的主体间性来描述意义的产生，也不是要向我们保证我们与他人现实地联系
在一起。虽然有这样一个标题，但是《笛卡尔式的沉思》不是由这样一个认
识论关注所引发的。相反，胡塞尔的目的只是要揭示其他自我关于自我和世
界的个体意识。现象学的分析是一种重构，而不是意义的创造。

　　在《内时间意识现象学》（*On the Phenomenology of Inner Time-Consciousness*，1928）中，胡塞尔认为二级反思揭示了说明先验自我同一性特
征的时间意识。首先，他区分了先验时间对象和内时间对象，前者如音乐表
演或公共演讲，后者如我们对这些事件的感知。接着，他指出，对时间对象
的感知本身可以被当作时间对象。当我们意识到言说者的词句向过去流逝的 25

时候，我们就经验了我们对那些词句的感知向过去的衰退。因此，我们学会将先验发生的事件置于客观时间的背景下，将我们对那些事件的感知置于内时间的范围。最后，他宣称，对内时间对象流和我们对这种流的经验之关联的反思表明，我们意识到了一个更深层次的时间，该时间解释了我们对意向行为的时间流的意识。我们经验的这种原始时间流是所有经验得以发生的基础形式。这一形式不是由基本的时间序列（过去、现在和将来）构成的，而是由它们的可能条件如原始印象、刚刚过去的"记忆"和将要是的"预见"等构成的。这些构成部分相互关联的意识使我们将自己的意向生活经验为时间成为可能，并使我们将意向对象通过它们连续的表象再次掌握为同一物成为可能。（[1.14]，378—382；[1.46]，298—326；[1.100]，138—168）

# 本　质

胡塞尔声称我们有时候能够识别事物的本质结构。在《经验与判断》（*Experience and Judgment*）中，他区分了对经验普遍的把握和对本质的完全直观。当我们从表达事物间感知相似性的联想判断向那些明确将个体视为某个范畴之实例的判断转变时，对经验普遍的最初意识就产生了。一旦我们识别了诸多个体中的相同东西，那么我们就可以把普遍本身主题化，并可以开始对它作出科学的判断。科学的目的是要更加完全地具体化这些经验普遍的特征。然而，在胡塞尔看来，科学永远不可能完全实现这一理想，因为达到任何经验普遍之所有特征的真正彻底的、不可改变的确定性是不可能的。每个经验概念的确定"总是一个过程，总是不断更新和再更新"（[1.35]，116；[1.36]，nos 80—98；[1.100]，58—62）。

我们通过接收普遍来感知意识的想象模式，当我们从这种感知转向旨在揭示不变结构的"自由变更"的过程时，我们就是在从对经验普遍的把握转向对本质的直观。胡塞尔这样描述该技术。我们努力连续不断地想象依次减去思考对象的各种特征，这样我们最终就将不变的特征分离出来，没有这种不变的特征，对象将不再是其所是。我们不需要考虑每个可以想象的变化。

事实上，对每种可能性进行彻底的调查是不可能的。重要的是，变化的方式应该是这样，我们不仅要有这个过程能无限继续下去的意识，而且还要有这个过程继续下去实际上是毫无意义的意识。正如胡塞尔指出的，变化的过程应当有一个"示范的任意性"（［1.36］，no. 87b）。因此，清醒的直观是方法的产物。胡塞尔说："所有知识最终落脚的内在证据不是自然的馈赠，而是在无须任何方法上的技巧性安排下的与事件状态之观念的一同显现。"（［1.35］，63）

像其他当代哲学家一样，胡塞尔没有将"自由变更"的方法延伸到用它来把不可能的事态想象为可能世界中发生的事情。像亚里士多德一样，他富于想象力的变更通常是受我们对这个世界中的事物的日常直觉所引导和限制的。而且，他从不尝试提供任何明确的规则来决定这个"自由变更"的过程何时终止。他只是告诉我们，在任何探究中都会有一个点，在那里我们会合理地得出结论，不再有任何进一步的相关问题要问了。因此，考虑额外的其他可能性是不明智的，甚至是荒谬的。简言之，对本质的识别既需要方法，也需要判断。极端间的中道意识在理智的探究中是必需的，正如其在实践事务中是必需的一样。

而且，胡塞尔认为，我们应该赋予这个程序之结果的这种确定性是随着通向调查对象之途径的不同而变化的。我们对意识基本结构的统觉也产生出明晰性，此明晰性不同于我们在对世界中的事物的知觉中获得的明晰性。普通感知是视界的（perspectival），并因此必然是不完全的。然而，所有这些感知都是视界的这一哲学认知本身在同样的意义上并不是视界的或不完全的。普通感知在它们每次只表象对象的一方面的意义上是透视图。对感知结构的哲学描述在它们受历史问题和方法影响的意义上是透视图。胡塞尔认为，不应该由于认为所有认知形式都同样是视界的就混淆它们之间的不同，就像在伦理和政治领域寻找数学的确定性一样。

胡塞尔最初认为，我们对意向行为的默认提供了通向认知结构之途径的相对直接性，从而有利于获得绝对的确定性。然而，他最后承认，甚至通向意识自身结构的特许的意识途径也不能担保对那些结构的反思性描述的完全准确性。只要我们对意向行为和态度的默认具有间接的和非主题化的特征，27

只要流行的哲学范畴的影响有所变形，我们的反思性描述就经常是模糊的和混淆的。事实上，哲学史明确证明了这一事实，即没有任何哲学反思能够驱散所有的模糊性。胡塞尔补充说，无论如何，哲学分歧永远不可能通过泛泛而谈的批驳得到解决，更有效的是通过战略性区别的精心设计，这种区别能够揭示相反命题部分的、模糊的或混淆的特征。这就是哲学必须是一种探究者团体的协作努力的原因。

## 生活世界和历史

胡塞尔的后期著作主要关注生活世界和历史等主题。他希望对这些主题的现象学分析能提供对自然主义和历史主义的矫正，胡塞尔将这两个主题视为现代性主题中最有力的两个主题。自然主义是一种哲学立场，是在现代之初通过新科学方法实现自然的数学化后产生的。它主张，包括人类的整个自然王国仅仅是由受这种量的分析影响的实体和过程组成。历史主义可以被定义为这样一种倾向，即把自然科学和人文科学的概念系统看作其前提是由历史变革决定的世界观。

胡塞尔将现代科学转向还原论的趋势追溯到伽利略（Galileo），因为他没能在科学真理与生活世界即我们所生活的前科学世界中的资源之间建立起足够的联系。伽利略鲁莽地决定要克服此障碍，知觉性质通过将此障碍视为客观性质的主观标识而将其呈现给计算理性。胡塞尔尤其唤醒了人们对伽利略这一鲁莽决定中的模棱两可的暗示的注意。这一决定的后果是隐藏了知觉对象相对于数学对象的优先性，胡塞尔认为，有两个因素对这一隐藏发挥了作用。（[1.33]，21—60；[1.89]，162—167）

首先，胡塞尔提醒我们不要忘记，伽利略是一个相对先进的"纯粹几何学"传统的继承人，因为这种先进性，纯粹几何学已经失去了与建构它的基本洞察力的联系。几何学最有可能起源于检查和测量的实践性技术的发明。因此，它的理想图式首先来自对事物知觉形式的抽象和不断观念化。一旦获得了纯粹"极限形状"领域的概念，数学实践就能实现一种在经验性实践中不可能实现的正确性和自由度。这种理想的几何学随后在天文学领域被转化成应用几何学。在那儿，作为不可抗拒的必然性，计算相对位置甚至事件的存在成为可能，而这通过直接的经验测量是不可能实现的。这一成就部分地实现了古代毕达哥拉斯学派的梦想，这个学派已经注意到音调的高度依赖产生它的震动弦的长度。这一成就也因此提出了在感知特征和几何学特征中可测量的变化之间建立关联性的一般化理论的可能性。胡塞尔由此推测，所有这一切使伽利略悬搁了来自事物感知特征的几何学的原始来源问题，倾向于将这些特征解释为世界中真正量的存在之纯粹主观指标。（[1.33]，29）

其次，胡塞尔进一步指出，我们还必须考虑几何学的发展对伽利略关于几何学的代数形式化的思考的预示性影响。代数的发展实际上使几何学从所有的直观现实性，甚至从数的概念中解放出来。尽管只有通过笛卡尔发明的分析几何学，这场运动的所有意义才会实现，但是伽利略已经非常清楚地意识到，欧几里得几何学现在能够被解释为一种发现的普遍逻辑，而不是一种局限于纯粹形状王国的理论。（[1.33]，44-46）胡塞尔的观点可以通过伽利略对匀加速物体定律的图解而得到证明。很明显，这些图形的线和角不再表面地指称由线性量值之间的几何关系产生的空间图形，而是指称时间和速度之间的一连串比例。伽利略因此含蓄地将这种"几何学的"图表看作对任何量值关系的表达。尽管这种认识极大地影响了现代物理学的发展，但是它也开启了科学方法进一步疏离其感知世界中的根的过程。与传统几何学要求说明证明过程中每一步的理由不同，代数有助于计算技术的发展，它不再需要这种理解，而仅仅需要程序规则的盲目执行。

伽利略自己继续使用更加传统的几何学论证风格，并因此要求他的读者自觉地把握每一步变形。不过，他的方法沿着理性的还原主义解释之路进一步将现代性看作一种适应力量，它的操作是一种避免直观洞察的机械过程。为了将计算程序与可靠推理结合起来，甚至为了将调节这些程序的规则视为真正的逻辑，胡塞尔援引20世纪一些逻辑学家的思想倾向作为这种理性解释的实例。（[1.37]，117）胡塞尔总结说，现代性的最伟大发现，即数学摆脱欧几里得形状直观的限制而获得的解放，既是一个进步，也是一个倒退。一方面，从奴役到直观形式的自由将赋予几何学者了解自然的更大潜能。另

*29*

一方面，它也进一步加剧了对洞察感知结构相对于技术娴熟的优先性的现代性遗忘。这种遗忘最终将导致对那些使科学的认知模式和其他认知模式成为可能的人类精神行为和态度的悬隔。自然主义忘记了探究主体的作用，他的意向行为对经验观察而言仍然是遥不可及的。

胡塞尔注意到了隐藏于现代性历史中的这种讽刺性。他认为伽利略不可能发现其计划中隐蔽的"动机"。当然，还原主义的种子甚至怀疑论的种子已经出现在霍布斯对计算力的理性主义的洋洋自得中。霍布斯没有考虑前科学的经验和交谈的整个领域。在他指派给假象的王国中，没有任何东西是可以被量化的。而且，霍布斯明确地把理性的计算作为我们的生物动机和需要的副产品。然而，很长一段时间，新科学的成功都没有发现隐藏的自然主义。霍布斯认为，计算程序能够在古代和中世纪已经失败的本质探求中取得成功。计算将揭示实在的隐藏结构。胡塞尔说，需要一个像休谟这样的天才来将霍布斯开启的自然主义引向其逻辑结论。休谟认为，如果认知直觉不能打破印象和观念的循环，那么就没有理由认为计算能够产生不那么稀奇古怪的结果。对自然的数学化必不可少的基本范畴必须能够以某种方式从印象提供的信息中推论出来。然而，根据霍布斯的观点，感觉印象只产生假象。由此得出科学理论也是幻想的产物。这种认识是休谟怀疑论的关键："休谟走到了终点。所有客观性范畴都是虚构的，通过科学范畴，一个客观的超心理世界在科学生活中被构想，通过前科学的范畴，它在日常生活中被设想。"（[1.33]，no.23）科学描述是有用的虚构，但它们从来都不仅仅是虚构。现代性的高期望最终在彻底的实用主义中达到顶峰。回顾起来就很明显，伽利略的致命决定以及现代性的整个计划中隐藏的意图是放弃真理而追求力量。

30

胡塞尔因此认为，哲学最迫切的任务是恢复对我们关于生活世界的普通直观之理性的信心。我们必须说明对自然的科学解释是怎样依赖日常经验的证据的，必须表明伽利略的方法在某些领域的成功并不能证明它能够在所有领域的探究中被无限制地运用。比如，现象学的分析揭示了人类行为有一个意识的维度，这个维度不能被还原为量化的过程，或者被解释为一个因果链的产物。尤其在科学发现的程序中这恰乎如此，这种程序要求一种摆脱生物需要和环境刺激的专业性分离。总之，这些行为是事物作为经验对象显现的先决条件，因此不可能被前后一贯地视为排他性的经验过程。

胡塞尔对他自己的历史解释方法的含义也作了一些有趣的评论，他以上面分析的、伽利略的清晰意图和成就所隐藏的无意识计划为例。胡塞尔发现，我们无论何时从事这种历史分析，都会发现自己处于一种循环中。我们只能根据现在理解过去，而现在只有根据过去才有意义。在一个方向上的"相对性阐明"产生了另一个方向上的"一些说明"，反之亦然。但是，在胡塞尔对这种方法论困境的描述中没有任何悲观主义的语气。（[1.33]，58）他认为，他的这种历史解释的"之"形方法使得对历史的更深入理解成为可能，但他从未声称那将产生确定的真理。他并没有为这种情形难过，他只是注意到这种真理对历史解释而言是可能的。

这些评论表明，至少在他的后期著作中，胡塞尔对隐藏在所有人类探究中的诠释学循环是敏感的。他对生活世界的历史性评论证明了这种印象。虽然他有时把生活世界描述为每个历史时期人类共同的经验视域，但有时他又提到多样性的生活世界并暗示每种生活世界都是有条件的，即以已经被遗忘的文化成就所产生的意义的层层积淀为条件。他甚至说，我们寻找真理必须"不是作为错误的绝对化的东西，而是作为其视域以内的东西"（[1.20]，279）。这段话暗示，所有证据都有待更多证据的修正。而且，胡塞尔补充说，正是根据视域的本性，"相互矛盾的经验才具有悬而未决的可能性，它可以被附加，并被引向一个确定形式的修正，或者被引向一个完全自成一格 *31*的修正（如假象）"（[1.20]，281；[1.110]，50）。

胡塞尔对这些观点的反思并没有使他否定最初的现象学方案。事实上，在注意到意向视域的作用的同一段落，他不断重申"剥离"和"阐明"这些视域之积淀意义的现象学目的。因此，胡塞尔显然看到在他的目的和他的诠释学发现——所有追问都发生在历史背景下——之间没有任何冲突。雅克·德里达认为，胡塞尔的态度表明整个现象学事业都建立在一个无法控制的前提上。胡塞尔暗暗地承认了普遍真理的理想的超历史有效性，尽管他自己的历史解释确认了对这个理想的忠诚是一种以历史为条件的态度。他将这一理想描述为一个调节性的观念，这使他有效地免除了证明它的任务。（[1.51]，154）然而，似乎更有可能的是，胡塞尔总是认为，普遍真理的理想更多是作为一种道德命令而不是作为一种可论证的或自明的原则起作用。他确信，我们关于世界的经验产生了足够的可理解性和所期望的方向，即期望进一步的研究将在真理上有所进步。然而，他选择康德的范导性观念的概念来描述哲学的终极目的，这意味着，他把在真理上进步的期望作为一种理性的预设而不是作为一种形而上学的原则。

# 参考书目

### 原始文本

有些参考文献是更为新近的考证版（由鲁汶胡塞尔档案馆出版的《胡塞尔文集》），而不是原始德文版本。

1.1 "Besprechung：E. Schröder, *Vorlesungen über die Algebra der Logik，I*", *Göttingische gelehrte Anzeigen*（1891）：243–278.

1.2 "Die Folgerungskalkül und die Inhaltslogik", *Vierteljahrsschrift für wissenschaftliche Philosophie*，15（1891）：168–189，351–356.

1.3 "Psychologische Studien zur elementaren Logik", *Philosophische Monatshefte*，30（1894）：159–191.

1.4 *Die Idee der Phänomenologie*，ed. W. Biemel（Husserliana II），The Hague：Nijhoff，1950.

1.5 *Ideen zu einer reinen Phänomenologie und phänomenologischen Philosophie*，Buch II，ed. M. Biemel（Husserliana IV），The Hague：Nijhoff，1952.

1.6 *Ideen zu einer reinen Phänomenologie und phänomenologischen Philosophie*，Buch III，ed. M. Biemel（Husserliana V），The Hague：Nijhoff，1952.

1.7 *Erfahrung und Urteil*，ed. L. Landgrebe，Hamburg：Claassen，1954.

1.8 *Die Krisis der europäischen Wissenschaften und die transzendentale Phänomenologie*，ed. W. Biemel（Husserliana VI），The Hague：Nijhoff，1954.

1.9 *Erste Philosophie，Band I，Kritische Ideengeschichte*，ed. R. Boehm（Husserliana VII），The Hague：Nijhoff，1956.

1.10 *Cartesianische Meditationen*，ed. S. Strasser（Husserliana I），The Hague：Nijhoff，1959.

1. 11 *Erste Philosophie*，Band II，ed. R. Boehm（Husserliana VIII），The Hague：Nijhoff，1959.

1. 12 *Phänomenologische Psychologie*，ed. W. Biemel（Husserliana IX），The Hague：Nijhoff，1962.

1. 13 *Cartesianische Meditationen*，2nd edn. S. Strasser（Husserliana I），The Hague，Nijhoff，1963.

1. 14 *Analysen zur passiven Synthesis：Aus Vorlesungs und Forschungs manuskripten*（*1918-1926*），ed. M. Fleischer（Husserliana XI），The Hague：Nijhoff，1966.

1. 15 *Phänomenologische Psychologie：Vorlesungen Sommersemester 1925*，ed. W. Biemel（Husserliana IX），The Hague：Nijhoff，1968.

1. 16 *Philosophie der Arithmetik*，2nd edn，ed. L. Eley（Husserliana XII），The Hague：Nijhoff，1970.

1. 17 *Erfahrung und Urteil：Untersuchungen zur Genealogie der Logik*，ed. L. Landgrebe，Hamburg：Felix Meiner，1972.

1. 18 *Die Idee der Phänomenologie：Fünf Vorlesungen*，ed. U. Melle（Husserliana II），The Hague：Nijhoff，1973.

1. 19 *Ding und Raum：Vorlesungen 1907*，ed. U. Claesges（Husserliana XVI），The Hague：Nijhoff，1973.

1. 20 *Formale und transzendentale Logik*，ed. P. Janssen（Husserliana XVII），The Hague：Nijhoff，1974.

1. 21 *Logische Untersuchungen*，Band I，ed. E. Hollenstein（Husserliana XVIII），The Hague：Nijhoff，1975.

1. 22 *Ideen zu einer reinen Phänomenologie und phänomenologischen Philosophie*，Buch I，ed. K. Schumann（Husserliana III/1 and III/2），The Hague：Nijhoff，1976.

1. 23 *Aufsätze und Rezensionen（1890-1910）*，ed. B. Rang（Husserliana XXII），The Hague：Nijhoff，1979.

1. 24 *Studien zur Arithmetik und Geometrie：Texte aus dem Nachlass（1886-1901）*，ed. I. Strohmeyer（Husserliana XXI），The Hague：Nijhoff，1983.

1. 25 *Einleitung in der Logik und Erkenntnistheorie：Vorlesungen 1906-1907*，ed. U. Melle（Husserliana XIV），Dordrecht：Nijhoff，1984.

1. 26 *Logische Untersuchungen*，Band II，ed. U. Panzer（Husserliana XIX/1），The

Hague ：Nijhoff，1984.

1.27 *Logische Untersuchungen*，Band III，ed. U. Panzer（Husserliana XIX/2），The Hague：Nijhoff，1984.

1.28 "Philosophie als strenge Wissenschaft，in *Aufsätze und Vorträge（1911-1921）*"，ed. T. Nenon and H. R. Sepp（Husserliana XXV），Dordrecht：Nijhoff，1987.

**翻译本**

33    1.29 *On the Phenomenology of the Consciousness of Internal Time*（1893-1917），trans. J. B. Brough，Holland：Dordrecht Kluwer，1990.

1.30 "Philosophy as a Rigorous Science"，trans. Q. Lauer，in *Phenomenology and the Crisis of Philosophy*，New York：Harper & Row，1965，pp.71-147.

1.31 *Formal and Transcendental Logic*，trans. D. Cairns，The Hague：Nijhoff，1969.

1.32 *Cartesian Meditations*，trans. D. Cairns，The Hague：Nijhoff，1970.

1.33 *The Crisis of European Sciences and Transcendental Phenomenology*，trans. D. Carr，Evanston：Northwestern University Press，1970.

1.34 *The Idea of Phenomenology*，trans. W. Alston and G. Nakhnikian，The Hague：Nijhoff，1970.

1.35 *Logical Investigations*，2 volumes，rev. edn，trans. J. N. Findlay，London：Routledge & Kegan Paul，1970.

1.36 *Experience and Judgment*，trans. J. Churchill and K. Americks，Evanston：Northwestern University Press，1970.

1.37 "A Review of Volume I of Ernst Schröder's *Vorlesungen über die Algebra der Logik*"，trans. D. Willard，*The Personalist*，59（1978）：115-143.

1.38 "The Deductive Calculus and the Logic of Contents"，trans. D. Willard，*The Personalist*，60（1979）：7-25.

1.39 *Ideas Pertaining to a Pure Phenomenology and to a Phenomenological Philosophy*，Book III，trans. T. Klein and W. Pohl，The Hague：Nijhoff，1980.

1.40 "Psychological Studies for Elementary Logic"，in P. McCormick and F. Elliston（eds），*Husserl：Shorter Works*，South Bend：Notre Dame University Press，1981，pp.126-142.

1.41 *Ideas Pertaining to a Pure Phenomenology and to a Phenomenological Philosophy*，

Book I, trans. F. Kersten, The Hague: Nijhoff, 1983.

**其他著作和评论**

1.42　Aristotle, *Aristotelis Opera*, ed. I. Bekker, Berlin: Reimer, 1860-1870.

1.43　Bell, D. *Husserl*, London and New York: Routledge, 1990.

1.44　Boehm, R. "Immanenz und Transzendenz", in *Vom Gesichtspunkt der Phänomenologie : Husserl-Studien*, The Hague: Nijhoff, 1968.

1.45　Brentano, F. *Psychology from an Empirical Standpoint*, trans. A. C. Rancurello, D. B. Terrell and L. L. McAlister, London: Routledge & Kegan Paul, 1973.

1.46　Brough, J. "The Emergence of an Absolute Consciousness in Husserl's Early Writings on Time-Consciousness", *Man and World*, 5 (1972): 298-326.

1.47　Carr, D. *Interpreting Husserl : Critical and Comparative Studies*, The Hague: Nijhoff, 1987.

1.48　Cobb-Stevens, R. "Logical Analysis and Cognitive Intuition", *Etudes phénoménologiques*, 7 (1988): 3-32.

1.49　Cobb-Stevens, R. *Husserl and Analytic Philosophy*, Dordrecht: Kluwer, 1990.

1.50　de Boer, T. *The Development of Husserl's Thought*, trans. T. Plantinga, *34* The Hague: Nijhoff, 1978.

1.51　Derrida, J. *Speech and Phenomena, and Other Essays on Husserl's Theory of Signs*, trans. D. Allison, Evanston: Northwestern University Press, 1973.

1.52　Derrida, J. *Edmund Husserl's Origin of Geometry : An Introduction*, trans. J. Leavey, Stony Brook: Nicholas Hays, 1978.

1.53　Dreyfus, H. "Husserl's Perceptual Noema", in H. Dreyfus and H. Hall (eds), *Husserl : Intentionality and Cognitive Science*, Cambridge, Mass. : MIT Press, 1982.

1.54　Drummond, J. *Husserlian Intentionality and Non-Foundational Realism : Noema and Object*, Dordrecht: Kluwer, 1990.

1.55　Dummett, M. A. E. *Frege : Philosophy of Language*, London: Duckworth, 1973.

1.56　Dummett, M. A. E. *The Interpretation of Frege's Philosophy*, London: Duckworth, 1981.

1.57　Elliston, F. , and McCormick, P. (eds) *Husserl : Expositions and Appraisals*, South Bend: Notre Dame University Press, 1977.

1.58 Fink, E. "Operative Begriffe in Husserl's Phänomenologie", *Zeitschrift für philosophische Forschung*, 2 (1957): 321–337.

1.59 Fink, E. "The Phenomenological Philosophy of Edmund Husserl and Contemporary Criticism", in R. O. Elverton (ed.), *The Phenomenology of Edmund Husserl: Selected Critical Readings*, Chicago: Quadrangle Books, 1970, pp. 73–147.

1.60 Føllesdal, D. *Husserl and Frege*, Oslo: Aschehoug Press, 1958.

1.61 Føllesdal, D. "Husserl's Notion of the Noema", *The Journal of Philosophy*, 66 (1969): 680–687.

1.62 Føllesdal, D. "Brentano and Husserl on Intentional Objects of Perception", *Grazer Philosophische Studien*, 5 (1978): 83–94.

1.63 Frege, G. "Rezension von E. Husserl, *Philosophie der Arithmetik*", *Zeitschrift für Philosophie und philosophische Kritik*, 103 (1894): 313–332.

1.64 Frege, G. *The Foundations of Arithmetic: A Logico-Mathematical Enquiry into the Concept of Number*, trans. J. L. Austin, Oxford: Basil Blackwell, 1959.

1.65 Frege, G. "Review of Dr. E. Husserl's Philosophy of Arithmetic", trans. E. W. Kluge, in J. N. Mohanty (ed.) *Readings on Husserl's Logical Investigations*, The Hague: Nijhoff, 1977.

1.66 Frege, G. *Posthumous Writings*, trans. P. Lang and R. White, Chicago: University of Chicago Press, 1979.

1.67 Frege, G. *Collected Papers on Mathematics, Logic, and Philosophy*, ed. B. McGuinness, trans. M. Black *et al.*, Oxford: Basil Blackwell, 1984.

1.68 Gadamer, H. G. "The Science of the Life-World", in *Philosophical Hermeneutics*, trans. D. Linge, Berkeley: University of California Press, 1972.

1.69 Hall, H. "Was Husserl a Realist or an Idealist?", in H. L. Dreyfus (ed.), *Husserl, Intentionality and Cognitive Science*, Cambridge, Mass.: MIT Press, 1984.

1.70 Heelan, P. "Natural Science and Being-in-the-World", *Man and World*, 16 (1983): 207–219.

1.71 Heelan, P. *Space-Perception and the Philosophy of Science*, Berkeley: University of California Press, 1983.

1.72 Herbart, J. F. *Sammtliche Werke*, Leipzig: Leopold Voss, 1850.

1.73 Hintikka, J. *The Intentions of Intentionality and Other New Models for Mo-*

*dalities*，Dordrecht: Reidel，1975.

1.74 Holmes，R. "An Explication of Husserl's Theory of the Noema"，*Research in Phenomenology*，5 (1975): 143−153.

1.75 Langsdorf，L. "The Noema as Intentional Entity: A Critique of Føllesdal"，*Review of Metaphysics*，37 (1984): 757−784.

1.76 Levinas，E. *The Theory of Intuition in Husserl's Phenomenology*，trans. A. Orianne，Evanston: Northwestern University Press，1973.

1.77 Lotze，H. *Logic*，trans. B. Bosanquet，Oxford: Clarendon Press，1888.

1.78 Lotze，H. *Metaphysik*，Leipzig: Hirzel，1897.

1.79 McKenna，W. "The 'Inadequacy' of Perceptual Experience"，*Journal of the British Society for Phenomenology*，12 (1981): 125−139.

1.80 Mill，J. S. *A System of Logic*，London: Longmans，Green，1843.

1.81 Miller，J. P. *Numbers in Presence and Absence : A Study of Husserl's Philosophy of Mathematics*，The Hague: Nijhoff，1982.

1.82 Mohanty，J. N. "On Husserl's Theory of Meaning"，*The Southwestern Journal of Philosophy*，5 (1974): 240.

1.83 Mohanty，J. N. "Husserl's Theory of Meaning"，in F. Elliston and P. McCormick (eds)，*Husserl: Expositions and Appraisals*，South Bend: Notre Dame University Press，1977，pp. 18−37.

1.84 Mohanty，J. N. *Readings on E. Husserl's Logical Investigations*，The Hague: Nijhoff，1977.

1.85 Mohanty，J. N. "Intentionality and the Noema"，*The Journal of Philosophy*，78 (1981): 706−717.

1.86 Mohanty，J. N. *Frege and Husserl*，Bloomington: Indiana University Press，1982.

1.87 Mohanty，J. N. *Transcendental Phenomenology*，Oxford: Basil Blackwell，1989.

1.88 Natanson，M. *Edmund Husserl : Philosopher of Infinite Tasks*，Evanston: Northwestern University Press，1966.

1.89 Ricoeur，P. *Husserl : An Analysis of his Phenomenology*，trans. G. Ballard and L. Embree，Evanston: Northwestern University Press，1967.

1.90 Rosen，S. "Thought and Touch: A Note on Aristotle's *De Anima*"，*Phronesis*，6 (1961): 127−137.

1.91 Rosen, S. *The Limits of Analysis*, New York: Basic Books, 1984.

1.92 Schröder, E. *Vorlesungen über die Algebra der Logik*, Leipzig: Teubner, 1890.

1.93 Schutz, A. "Type and Eidos in Husserl's Late Philosophy", *Philosophy and Phenomenological Research*, 20 (1959): 154.

1.94 Smith, D. W. and McIntyre, R. "Intentionality via Intensions", *The Journal of Philosophy*, 68 (1971): 541−561.

1.95 Smith, D. W. and McIntyre, R. *Husserl and Intentionality: A Study of Mind, Meaning and Language*, The Hague: Nijhoff, 1983.

1.96 Smith, Q. "On Husserl's Theory of Consciousness in the Fifth Logical Investigation", *Philosophy and Phenomenological Research*, 37 (1977): 356−367.

1.97 Sokolowski, R. "The Logic of Parts and Wholes in Husserl's *Investigations*", *Philosophy and Phenomenological Research*, 38 (1968): 537−553.

1.98 Sokolowski, R. *The Formation of Husserl's Concept of Constitution*, The Hague: Nijhoff, 1970.

1.99 Sokolowski, R. "The Structure and Content of Husserl's *Logical Investigations*", *Inquiry*, 14 (1971): 318−347.

1.100 Sokolowski, R. *Husserlian Meditations: How Words Present Things*, Evanston: Northwestern University Press, 1974.

1.101 Sokolowski, R. *Presence and Absence: A Philosophical Investigation of Language and Being*, Bloomington: Indiana University Press, 1978.

1.102 Sokolowski, R. "Husserl's Concept of Categorial Intuition", *Phenomenology and the Human Sciences* (formerly *Philosophical Topics*), 12 (1981): 127−141.

1.103 Sokolowski, R. "Intentional Analysis and the Noema", *Dialectica*, 38 (1984): 113−129.

1.104 Sokolowski, R. "Quotation", *Review of Metaphysics*, 37 (1984): 699−723.

1.105 Sokolowski, R. "Exorcising Concepts", *Review of Metaphysics*, 60 (1987): 451−463.

1.106 Sokolowski, R. "Husserl and Frege", *The Journal of Philosophy*, 84 (1987): 521−528.

1.107 Sokolowski, R. "Natural and Artificial Intelligence", *Daedalus*, 142 (1988): 45−64.

1.108 Sokolowski，R. "Referring"，*Review of Metaphysics*，42 (1988)：27−49.

1.109 Spiegelberg，H. *The Phenomenological Movement ： A Historical Introduction*，2 vols，The Hague：Nijhoff，1971.

1.110 Ströker，E. "Husserl's Principle of Evidence"，in *The Husserlian Foundations of Science*，Washington，D. C. ：University Press of America，1987.

1.111 Ströker，E. *Husserls transzendentale Phänomenologie*，Frankfurt am Main：Vittorio Klostermann，1987.

1.112 Stumpf，K. *Über den psychologischen Ursprung der Raumvorstellung*，Leipzig：Hirzel，1873.

1.113 Taminiaux，J. *Le Regard et l'excédent*，The Hague：Nijhoff，1977.

1.114 Taminiaux，J. "Heidegger and Husserl's *Logical Investigations*：In Remembrance of Heidegger's Last Seminar (Zähringen，1973)"，in *Dialectic and Difference ： Finitude in Modern Thought*，trans. R. Crease and J. Decker，Atlantic Highlands：Humanities Press，1985，pp. 91−114.

1.115 Taminiaux，J. Immanence，Transcendence，and Being in Husserl's *Idea of Phenomenology*，in J. Sallis，G. Moneta and J. Taminiaux (eds)，*The Collegium Phaenomenologicum ： The First Ten Years*，Dordrecht：Kluwer，1989，pp. 47−75.

1.116 Taminiaux，J. *Heidegger and the Project of Fundamental Ontology*，trans M. Gendre，Albany：SUNY Press，1991.

1.117 Tragesser，R. *Husserl and Realism in Logic and Mathematics*，Cambridge：Cambridge University Press，1984.

1.118 Welton，D. *The Origins of Meaning ： A Criticial Study of the Thresholds of Husserlian Phenomenology*，The Hague：Nijhoff，1983.

1.119 Willard，D. "The Paradox of Logical Psychologism：Husserl's Way Out"，*American Philosophical Quarterly*，(1972)：94−100.

1.120 Willard，D. "Concerning Husserl's View of Number"，*The Southwestern Journal of Philosophy*，5 (1974)：97−109.

1.121 Willard，D. Husserl's Critique of Extensionalist Logic：A Logic that Does not Understand Itself，*Idealistic Studies*，9 (1979)：143−164.

1.122 Willard，D. *Logic and the Objectivity of Knowledge*，Athens：Ohio University Press，1984.

# 第二章
# 存在哲学 1：海德格尔

雅克·塔米尼奥（Jacques Taminiaux）

　　自始至终，指引海德格尔（1889—1976）漫长哲学旅程的是一个问题：存在问题（*Seinsfrage*）。然而，这并不是说，该问题在整个旅程中没有发生意义的变化，或者它一直支配着同一个研究领域。事实上，海德格尔本人反复宣称，在其思想的某个阶段发生过一次转向（*Kehre*）。此外，目前《海德格尔全集》（*Gesamtausgabe*）的出版让我们有可能得出其思路变迁的恰当图景。在本章，我打算把海德格尔的著述分为两个阶段：前一阶段的著述包括那些致力于海德格尔在当时称为"基础存在论"计划的出版物和讲稿，后一阶段著述的总特征是对存在史的沉思。基础存在论计划意在完成形而上学，即关于存在的科学，后来的沉思则总是想克服形而上学。

## 基础存在论

　　青年海德格尔一开始想做一个天主教神甫，学了几年神学后，因为个人与理论的双重原因，决定献身哲学。

　　世纪之交，德国哲学研究的热点是逻辑学。就认识论基本问题与科学哲学的研究路数而言，两大潮流相互冲突。一方面，在英国经验论特别是在密 尔的影响下，这些领域的很多德国学者认定，知识的一般基础严格来说是经验的。据此，他们在可观察的事实——比如在据称是经验科学的心理学所研究的事实中——中寻找所有认识原理的根源。另一方面，一些学者则反对经验论，试图在相关学科中恢复康德式批判的先验论取向。在观念史中，这一冲突被称为关于心理主义（psychologism）的经验论与先验论之争。前者主张，思想和认识是呈现在心灵中的事实问题；后者认为，思想和知识无论多么依赖事实，若没有一个先验的我思（cogito），就绝不可能存在。1900—1901年面世的一本书决定性地影响了这一争论，这就是胡塞尔的《逻辑研究》。与新康德主义一样，这本书驳斥了一切经验主义的还原论；但是，与新康德主义不同，它所辩护的是一种全新的、原创的，既是直观的又是先天的方法：现象学。

　　海德格尔的早期著述对这一新兴的现象学思潮作出了贡献。他的博士论文题为《心理主义中的判断学说》（*The Doctrine of Judgment in Psychologism*，1914），教授资格论文《邓·司各脱的范畴和意义理论》（*The Theory of Categories and Meaning in Duns Scotus*，1916）受到胡塞尔纯粹先天语法观念的启发。在这些学术训练之后，海德格尔真正的计划出现了。他认识到，他对逻辑学的兴趣并非为了逻辑学本身，他更感兴趣的是逻辑学与存在论的关联，或毋宁说是逻辑的存在论基础。事实上，他一再声称，《逻辑研究》当时对他的影响是基于胡塞尔老师布伦塔诺的论文《论亚里士多德的存在的多重意义》（*On the Manifold Meaning of Being in Aristotle*，1862）。布伦塔诺表明，在亚里士多德那里，对存在者的存在的表达，按照诸如质、量、关系等范畴，至少有四种基本方式：作为实体（*ousia*）、作为潜能（*dunamis*）、作为现实（*energeia*）、作为真理（*alētheia*）。在反思存在意义的这种多重性时，海德格尔提出了如下问题：是否存在一个可理解性的唯一中心点，一个让人理解这些多重意义的共同源头？如果有的话，它在哪里，怎样发现它？这就是*Seinsfrage*，即存在问题。

## 对胡塞尔和亚里士多德的再占有

　　根据海德格尔的早期论文，他已经认定现象学方法将是他提问的方式。后来他成了胡塞尔在弗莱堡大学的私人助手，有机会熟悉现象学研究的方方面面，他开始认识到，老师的工作不仅给自己提供了一种方法，而且还带来　*40*

了一些根本性的发现，让他能把自己的存在论问题转化成一个真正的研究领域。根据其身后出版的一些手稿和讲稿，我们现在有可能勾勒出一幅清晰的、关于海德格尔早期借助对亚里士多德和胡塞尔的重获或再占有以阐明他自己存在论研究领域的尝试的图画。甚至可以表明，海德格尔基础存在论计划是他所认为的胡塞尔的基本发现与亚里士多德的基本发现相互交叠的结果。这就是说，靠胡塞尔学说之助，海德格尔能够在亚里士多德的学说中发现一种真正的现象学，而靠亚里士多德学说之助，他发现了把现象学转化成一个存在论研究领域的可能性。对亚里士多德和胡塞尔的这种存在论交叠，在《亚里士多德的现象学解释》（*Phenomenological Interpretations of Aristotle*）[2.27] 的残缺手稿中已经显而易见了，该书是海德格尔 1922 年秋在纳托尔普（P. Natorp）的要求下为应聘马堡大学教职而写的。这种交叠贯穿海德格尔的学说，从他受任马堡大学直到出版《存在与时间》。

海德格尔把有助于阐明他自己研究领域的三大发现归功于胡塞尔。第一个发现是意向性（intentionality）。根据胡塞尔，意向性是意识在自身一切样式（知觉、想象、概念化、判断、推理等）中的真正结构。每一种形式的意识中都存在一种特定的以下两者间的关联性，即一种特定的意向以及特定的作为被意向者而出现的相关项。在 1922 年的手稿中，海德格尔表明，对他来说，这种结构上的关联性不仅是意识的一种基本特性，而且是每个人生活的基础特征。实际上，一个生存的人的生活本质上是关联着的（related）。用海德格尔那时的语言说，这意味着这种关联性是"实际生命"的一种存在论特征。所以，他写道：

> 完全的意向性（与……的关联性，关联所指向之物，自身关联的实行，它的到期时机，对其到期的保存），就是具有实际生命的存在论特征的对象的意向性。意向性，仅仅作为与……的关联性，是生命（也即烦忧）的基本运动性的首要的、差不多显而易见的现象特征。① （[2.27]，17）

*41*

---

① 中译文参见《中国现象学与哲学评论》第五辑，130 页，上海，上海译文出版社，2003。——译者注

胡塞尔发现的意向性局限在意识理论的范围，也即在知识论框架中，海德格尔对这一发现的重获则早就导致了另一个哲学计划，它瞄准实际生命的或实际性的存在论。伴随这一改变，新的哲学计划必然导致逻辑学观念的改变。在胡塞尔那里，逻辑学是知识论的别名，即使认知成为可能的基本范畴的别名。作为从意识转向实际生命的结果，逻辑学的名下现在研究的是，实际生命把自身表达和理解为特定范畴之结果的方式。

这第二个转变是海德格尔对其所谓胡塞尔第二大发现即范畴直观（categorial intuition）学说进行再阐释的核心。根据这一学说，人类言谈（Rede）的意义依靠一系列结构、形式与基本概念，它们都具有观念的本性。正因为是观念的，这些观念之物面对（vis-à-vis）任何给予感性知觉的感官内容，便处于一种过剩或盈余的状态。在《逻辑研究》第六研究中，胡塞尔主张，尽管如此，它们仍然被提供给一种直观或洞见，该直观或洞见不再是感性的，而是观念的，即所谓范畴直观。

在胡塞尔提到的范畴直观中，有一个与海德格尔从一开始就想着手进行的计划密切关联的点突现出来，即存在的意义（meaning of Being）。事实上，在《逻辑研究》第六研究的语境中，胡塞尔发展出一个关于存在的双重命题。首先，与康德一致，他宣称"存在并非真正的谓词"。其次，与康德相反，他主张，"存在"是给予范畴直观的。海德格尔利用这一双重命题，转化它来服务于自己的存在论。"存在并非真正的谓词"，对康德和胡塞尔来说都意味着在谓词中找不到存在，谓词界定的是存在者的本质或现实（realitas）：它们是什么。这命题对海德格尔来说则意味着，在任何意义上存在都不是一个存在者。换句话说，这命题等于宣示了存在者与存在的区分，一个存在状态—存在论上的区分。同样，根据这一命题，"存在"是被给予范畴直观的，在胡塞尔那里是先验逻辑的一个原理，在海德格尔这里则意味着，人类在其实际生命中具有一种对存在的理解。换句话说，实际生命根据存在解释自身。这就是说，关于那些理解存在的实际存在者的存在论是一种诠释学或一种解释理论。 42

这样，海德格尔就在一个存在论的框架中再占有了胡塞尔关于存在的双重命题；但是，因为同样的原因，这又诱使海德格尔在人类的实际生命中为存在多重意义的可理解性寻找一个唯一的基础，诱使他不久之后在他所谓人类的此在（*Dasein*）中寻找这一可理解性的焦点。

在这一探究中，海德格尔利用了胡塞尔的第三个发现：先天之物（一个显然具有时间内涵的词）的发现。胡塞尔常常声称，时间意识是其现象学最基本的关注点。意识要成为意向性的，就必须总是时间性的。对胡塞尔来说，这意味着，为了能够趋向任何意向相关项，意识必须"活在现在"，现在持续地阐述对刚过去者的"保持"与对将要发生者的预期（或"先摄"）。后来在 1928 年编辑胡塞尔《内时间意识现象学》的海德格尔利用了这第三个发现，他人类此在的存在论意在显明，时间性是我们理解存在意义的唯一视野，这一点凝结在其巨著的题名《存在与时间》（[2.2]，[2.45]）中。在 1927 年出版的这本书里，胡塞尔的三大发现以一种特别的方式与亚里士多德式的灵感一起运行。后者与胡塞尔遗产之间的关联在如下事实中显而易见：在《存在与时间》的"导论"中，海德格尔用亚里士多德的语言来描述现象学方法。

正如海德格尔后来在《我的现象学之路》（*On the Being and Time*）中回顾的那样，他很早就发现，"在意识活动的现象学中所发生的一切是亚里士多德早先提出的思想，而且充斥于整个希腊思想中，是作为去蔽（*alētheia*）的实存"（[2.70]，78）。在传统定义中，真理是心灵与真实事物间的一种相合，它发生在一个特定的地方，即述谓判断中。某种程度上，胡塞尔的现象学有助于克服经典的真理观念。事实上，对胡塞尔来说，先于所谓心灵与事物的相合（*adequatio intellectus ad rem*），真理的标准是明见性（evidence），即客体作为意向性现象的自我呈现。此外，胡塞尔声称，真理绝非局限在述谓判断中，它是意向性本身或一切形式的意识。海德格尔利用这一突破来对亚里士多德进行现象学的解释。他断言，就真理来说，这位希腊哲学家有两个观点比胡塞尔更为原创：第一，他把真理理解为诸存在者向一个解蔽着的存在者（人类）的去蔽；第二，这解蔽不局限于意识，而被他归于人的行为本身，更准确地讲，归于人的存在方式。换个说法，海德格尔断言，对亚里士多德来说，*alētheia* 或真理，是事关生命或生存（*bios*）的事情。正是在这种用现象学解读亚里士多德的语境中，海德格尔才用"此在"

这个关键词代替"实际生命"一词来标志人的存在方式。德语中，"此在"既有动词义——"出现"或存在，也有名词义——"在场"或存在。此外，前缀"da"同时具有那儿（there）和那时（then）的意思，指示某物发生的地点和时间。海德格尔用这个词标示人的存在方式，他力图表明，一个人的具体生存是一个现象，它在那儿，被抛入一个地点与时间，其中有去蔽发生。

除了依据生存的真理概念，海德格尔还在亚里士多德那里发现了一种对人类生存（作为存在的一种解蔽方式）的具体分析。对胡塞尔意向性的存在论的再占有教导他，人类生存本身是一个"与……的相关性"。对胡塞尔范畴直观的再占有教导他，人类生存在其关联性中理解着存在。同样，对胡塞尔先天之物的再占有教导他，时间是存在之理解的核心。对这三个存在论的再占有都被一个问题引导着：在哪里可以发现存在之理解的源头？所以，它们都要求分析（作为理解存在的存在者的）此在，换句话说，它们都要求一个关于此在的存在方式的分析，也即此在的存在论。在这里，海德格尔很早就发现，亚里士多德对人类行为的描述为他力图描绘的此在的存在论铺平了道路，他在马堡时期的讲座表明，在他眼中，《尼各马可伦理学》（*Nicoma-chean Ethics*）就是这样的一个存在论。在其著名的 1924—1925 年关于柏拉图（Plato）《智者》（*Sophist*）的讲稿之"导论"中，海德格尔就是以这样的方式对待亚里士多德的《尼各马可伦理学》的，对那些初次听到的人产生了深刻的影响，包括汉娜·阿伦特（Hannah Arendt）、伽达默尔（Hans-Georg Gadamer）以及汉斯·尤纳斯（Hans Jonas）。

《尼各马可伦理学》细察了理性的完善或理智的德性，并建立了它们的等级体系。根据亚里士多德，这些德性有两个层次：较低的是计划的德性，较高的是知识的德性。在较低的层次中有两个计划的德性：*technē*（技艺）和 *phronēsis*（明智，或译"实践智慧"）。在希腊语中，*technē* 的意思是技艺，在"懂得如何做"的意义上。海德格尔主张，在亚里士多德那里，*technē* 是一个理智的德性，因为它是一个真理的问题，即一个去蔽的问题。 44它是一种特定的展开或发现方式，为一种特别的行为所要求，即叫作 *poiēsis*（制作）的生产性行为。换句话说，它是一种获知真理的方式，甚或是存在于真理中的方式，与一种特定的存在方式相连：是对如此这般和如此这般的作品或结果的生产。不过，海德格尔断言，为什么亚里士多德把 *technē* 置于计划的德性的最低处？这得根据此在的存在论来理解。事实上，在由 *technē* 主宰的生产性存在方式中，此在忙于、专注于产品或在那里的结果。在这点上，这一对 *technē-poiēsis* 便出现了存在论上的缺陷。确实，由一个解蔽的技工指导的生产活动的原则就在行动者里面，因而就在此在里面，具有作为此在本身的同一本性：它就是行动者设想的模型，是他计划好的。但是，生产活动的目的或目标则绝不在此在里面或具有其本性，它在此在之外。

海德格尔声称，这种存在论缺陷在第二个计划的德性也即明智那里不复存在，明智也被亚里士多德当作一种特定的解蔽方式或存在于真理中的方式，相应于一种特别的行为或存在的行动方式。这种行动的存在方式不再是 *poiēsis*（制作），而是 *praxis*（实践），也即实践行为，在出于本己生命的个体行为的意义上。明智向此在展开了它自身生存的潜能。根据海德格尔，在这里，为什么亚里士多德把明智置于计划的德性的最高处？还是要根据此在的存在论来理解。确实，明智的原则和目标都没有落到人之外。这里的原则是此在对好行为的先天选择，目的就是此在的存在方式，是它自己的实践（*praxis*）。明智不是别的，就是以最可能的方式去生存的决心。

根据这种对存在论的理解，亚里士多德关于技艺—制作和明智—实践的区分便让海德格尔建立起他自己的此在（作为理解存在的存在者）的存在论框架。这个将在《存在与时间》中展开的存在论，根据一种张力来描绘此在的生存：一面是日常的存在方式，在其中此在并非真正是其所是；一面是本真的存在方式，在其中此在真正是其自身。这种描绘表明，在日常性中此在不可能是它最本己的存在，因为它处于一种繁忙的状态，操心着靠各种手段和工具达到的目标，特定的对周遭环境的巡视说明了这种状态。在这种意义上，统治着日常性的是常人（*Das Man*），即"他们"。在日常性中，每个人都是无人，因为这种状态从不正视此在自己的生存。这种描绘是对亚里士多德关于技艺和制作的学说的独特的再占有的结果。另外，此在的分析表明，此在通过直面其最本己的存在可能性而真正成为一个自我。它做到这一点，通过接受其生存的有限性，即向死而在。除开对畏或焦虑的强调，这种描绘又是对亚里士多德关于明智和实践的分析的独特的再占有的结果。亚里士多德确实主张，明智作为一种理性德性，其本来的领域就在有朽之物中。另外，海德格尔在讲授亚里士多德时偶尔暗示，亚里士多德的明智概念在某种程度上预示着良知（*Gewissen*）的观念。良知在海德格尔的此在分析中是一种现象，在这种现象中此在听从自身深处的召唤，召唤它去正视自身的有限性。

但是，亚里士多德给海德格尔此在存在论的灵感并非局限于技艺与明智。它还包括对亚里士多德认识德性学说的独特的再占有。在《尼各马可伦理学》中，这些德性是 *epistēmē*［（科学）知识］与 *sophia*［（哲学）智慧］。两者都适应于 *theoria*（理论、沉思、静观），即一种纯粹静观的态度，它依存的领域不再是可朽的，而是永远是其所是、如其所是的领域。对亚里士多德来说，这一领域高于人类事务的领域，正是因为它不像后者那样是可朽的。在他看来，正是在这一层次特别是在 *sophia* 的层次上，对存在的真正关切才发生，它静观或沉思的对象是存在者整体的存在论结构，以及所有 *physis*（自然）运动之原则的第一推动者。海德格尔在其马堡讲座中主张，根据亚里士多德，对不可变领域的沉思是一个有死者能达到的最本真的存在方式，因为只要这种沉思持续，有死的沉思者便活得近似神灵。

根据海德格尔马堡时期的讲授，亚里士多德的智慧（*sophia*）概念在存在论（作为存在者的存在之科学）与神学（作为神圣者之科学）之间模棱两可，而且也存在一种含糊不清。因为对亚里士多德来说，存在的唯一意义局限在他所谓的本体（*ousia*）中，根据海德格尔的解释，本体就是在现成在手（*Vorhandenheit*）意义上的在场。海德格尔说，存在的这种意义适合自然物，但对此在的存在来说，它是不相干的。此外，把在场作为存在的唯一意义，会导致根据一种在其中唯有现在才重要的时间性来理解存在。这种时间性被看作一种现在时刻的连续，实际上就是亚里士多德在其《物理学》（*Physics*）中展开的时间概念。海德格尔反对这种概念的统治。对于此在的存在，仅仅强调现在，这是片面的，会产生误导。为了让此在本真地显现，它不得不回溯其作为被抛入自身存在中的曾经所是，并且先行预期到自身的终结。主宰自然时间性的是现在的绝对特权，此在的时间性则不仅被一个三一体——在其中三个 *ec-stasis*（绽出—状态），即过去、现在与未来相

*46*

互运作——所规定，而且也被未来的特权所主宰。

海德格尔同意亚里士多德把对存在的静观（*theoria*）作为此在的真正成就，这样一来，便把静观完全重新定向于此在的有限存在及有限的时间性。结果是，基础存在论宣称它既能克服存在—神学的模棱两可，又能克服存在论的含糊不清，这种含糊不清是古代存在论及其遗产的标志。这种克服包含对古代概念的解构（*Destruktion*）以及对有朽者与不可变者之间的古老等级体系的翻转。这一解构意在显明，古代哲学以及由此而来的整个西方形而上学传统的绝大多数基本概念——比如质料（*hulē*）和形式（*morphē*）、潜能（*dunamis*）与现实（*energeia*）、理念（*eidos*）与实体（*hupokeimenon*）等——都可以在生产性活动中发现其现象上的起源，生产性活动为了自身成为可能，预设了自然的永恒性，并且让其产品摆脱与生产者的联系，赋予它们一种与自然物一样的永恒性。结果，这些存在论概念便不是按照此在拥有其自己存在的真正存在论经验来铸造，而是被铸造进日常性的非本真框架中。在这种框架中，在面对当下上手的实际存在时，此在关注了存在的一种意义—— 现成在手，它并不适合作为存在本己方式的有限存在者。换句话说，通过解构得出的系谱意在表明，希腊的存在论，因其关注自然的永恒特征，错误地相信对这些永恒特征的静观可以让哲学家超越有限性，接近神圣。恰恰相反，它总是困在日常性的陷阱中。这里又表现出翻转：所谓对有限性的克服正是从它的堕落——从本真状态向非本真状态的堕落——解释了在传统存在论中现成在手观念居于支配地位的原因。

经过这种翻转，传统上被定义为神圣者所处的位置、在较低的内在领域
47 之上的超越的概念，现在被海德格尔改造，用来指此在超越存在者而通达存在的过程：此在只有经过适当的超越，才能超越存在者而通达存在。

### 筹划的描绘

海德格尔通过对胡塞尔和亚里士多德的独特再占有而启发出来的基础存在论计划，被设计成对存在意义问题的回答，它包括两个任务，从而形成了《存在与时间》（[2.2]，[2.45]）的结构。

论著第一部分设想的任务是"依时间性解释此在，并把时间阐释为存在

问题的超越视野"（[2.2]，39；[2.45]，63）。这部 1927 年面世的著作宣告第一部有三篇：（1）"准备性的此在基础分析"；（2）"此在与时间性"（*Zeitlichkeit*）；（3）"时间与存在"（[2.2]，39；[2.45]，64）。第三篇从未面世。

论著第二部分计划处理"以时间性（*Temporalität*）为引线对存在论历史进行现象学解构的纲要"（[2.2]，39；[2.45]，63）。这一部分也从未面世，计划中分为三篇：第一篇处理康德的图式学说，第二篇处理笛卡尔 *cogito sum*（我思故我在）的存在论基础；第三篇处理亚里士多德对时间的论说。

第一部所发表的部分（为海德格尔赢得了持久的声誉）按第一和第二篇分两步推进。如果第一部以对此在的分析开始，那么这是因为存在意义的首要问题仿佛总是弹回到提问者身上。事实上，此在是唯一对自身来说存在是个问题的存在者。如果这个分析不得不是基础性的，那么这是因为它不是把自己局限在诸如人类学、心理学或生物学等学科的学说中，而是必须探讨此在作为一个对它来说存在本身是个问题的存在者，它问的不是"人是什么"、"心灵是什么"或"生命是什么"。既然这样，那么说这个分析是准备性的，就是因为它不是为其自身的缘故而实行的，而是为了提供一个对存在意义问题的回答。

但即便把此在分析所为之预备的问题放在一边，它也绝不是被传统的"什么？"提问所支配的。不是问"什么是此在"，这分析得问"谁是此在"。事实上，"什么？"问题并不适合此在，因为在其实际的生存中，此在是这样的存在以至其本质就在于其"*Zu-sein*"（去存在）或其"existence"（存在、生存），这个词指示出一种对任务、对可能性的敞开性，海德格尔选它专用于此在，以避免与 *existentia*（存在、实存）的传统用法产生任何混淆，后者同样有效地指称任何一种存在者的存在。据海德格尔的术语体系，*existentia* 一词的意义，在其传统用法上，就是"现成在手"，它仅仅适合于那些恰恰不具有此在特性的存在者。所以，此在是唯一的在其中生存优先于本质的存在者。此外，如果说"什么？"问题必须代之以"谁？"问题，这是因为并不存在此在一般，因为单个的此在并非某个种类的特例。此在是这样一个存在者，正是在其存在中存在是一个问题，此在"在每种情况下总是属我的"（[2.2]，42；[2.45]，67-68）。作为一个在其自身可能性或生存中、

48

在我属中存在的存在者，此在正是在其存在中有可能赢得或丧失自己。"属
我性"可以为本真性或非本真性奠基。德语词 *Eigentlichkeit* 和 *Uneigentli-
chkeit* 没有任何道德上的意味。*Eigentlichkeit* 指示在其中某人是其自身存在
的状态，*Uneigentlichkeit* 指示在其中某人恰恰不是其自身存在的状态。

作为生存先于本质的结果，对此在的基础性分析便不得不考察其生存的
生存论特性。通达这些生存论基本特征的道路，就在此在"切近的、绝大多
数的"处身情态中：日常性。这些生存论基本特征就叫作生存论环节（*ex-
istentialia*）。

因为属我性或者为本真状态或者为非本真状态奠基，所以所有生存论状
态便具有本真的与非本真的样态。它们都具有一个超越的状态，这个超越的
状态意味着它们先天地是此在生存的可能情态。它们是此在的建构状态即海
德格尔所称的"在世之在"（being-in-the-world）的要素或环节。

为了揭开生存论环节，在世之在是必须分析的原初现象。现象虽然是单
一的，但是可能以三种方式察看，即分别通过强调"世界"本身，或"在之
中"本身，或那个在世界中的"谁"。

世界既非组成通常所谓宇宙的存在者的数量上的总和，也非这些存在者
的结构。它既非一个全球容器，也非一个内容上的加和。它不是自然。自然
要出现，就需要预设世界。世界必须先天地根据生存论特性来理解。准确地
说，只有此在是在世界中，若无此在亲密地向世界开放，那么将不会有世
界。既然此在不是现成存在，而是生存着，那么世界也不是一个持续包围此
在的球形现成物。因为此在的生存是它自己的"能存在"或可能性，"在世
之在"这一短语中的世界便必须根据可能性，但却是一种已经给定的可能性
来描绘。它是一个生存论环节。

如果把我们日常的存在方式作为引线，我们便必须承认，我们行为的标
志是一种对周围环境的关切。在那关切中，我们并非仅仅观察到现成事物。
我们倒是要忙个不停地应付具有实用性质的存在者，它们被赋予了我们所理
解的实用意义。每一个这样的存在者本质上都是"为了……的某物"，它是
用于这个或那个目的的工具。这些存在者没有一个是孤立的。它们都是相互
关联的，为显现为"为了……"，都预设了我们所熟悉的上下勾连的背景。

这种勾连是我们理解自己的方式的"在那儿"，是我们让存在者得以照面并使用的"为……之故"。但是，我们的日常关切所预设的勾连本身先天地指向一种更深的勾连，即此在对其自身的存在潜能的关联。这个根本的"为……之故"不是在世界中的一个可能性，它就是作为此在自身潜能的世界本身。世界是存在的别名，此在就为这存在之故而是超越的。

同样，"在之中"也必须根据生存论特性来理解。既然生存是一个展开的过程，那么"在之中"就最好被把握成一种照亮或一种敞开，而不是插入。三个生存论环节构成了"在之中"：性情、领会和言谈。

性情（*Befindlichkeit*）是此在在其中发现自身的状态。此在从本质上发现自己处在某种状态中，这种发现是这样被揭示出来的，即脾气和情绪表露了它是怎样的。根据生存论特性，情绪揭示出此在已被送入存在，是不得不在。海德格尔把被送入存在的实际性称为"被抛状态"。所以，性情在此在的被抛性中敞开此在。

领会（*Verstehen*）也得根据生存论特性来设想。为了领会或理解它日常应对的用具的意义，此在总得向着这个或那个可能性筹划自身。任何理解的行动中都存在某些筹划。但是，遍及此在日常行为的筹划实际上有其存在论基础，即此在向其自身"能在"的筹划。作为一个生存论环节，领会在此在自己的存在潜能中敞开此在自身。

"言谈与性情和领会在生存论上同样原初。"言谈的德语原文是*Rede*，海德格尔用它来翻译希腊语*logos*。根据生存论特性，言谈是敞开在世之在的可理解性的表达。

对"是'谁'在世界中？"这个问题的回答表明，此在在其存在的日常样式中并不真正是一个自我。绝大多数时间里它都在所忙碌之物中丧失了自我。换句话说，它根据世界中的现成存在物来理解自身。另外，它本质上属于此在的与其他此在的共在。但在这里，与他者共在的日常样式也是这样存在，以至此在不是直面自己的此在，而是被吸入中性的"他们"（*das Man*）中。在上述两种情况下，非本真性都战胜了本真性。海德格尔把此在必须忘掉或远离自己的自我的倾向称为"沉沦"。沉沦是一个生存论环节。作为这一倾向的结果，所有生存论环节都有两种样态：一种是本真的，一种是非本真的。比如，言谈非本真的形式就是闲谈。同样，领会的非本真形式是好奇。

我们已经看到，所有这些环节的描述都包含时间性意义。世界已经被预先给定为"在那儿"，它是一个过去，但是作为持续被预期的"为之故"，它也是一个将来。

时间性维度也被包含在构造"在之中"的三种相互关联的敞开样式中。既然性情揭开了此在被抛的实际性，它就揭示出此在属于已经存在的生存。很明显，在作为筹划的领会情形中，如果此在本身是一个筹划，这就意味着在结构上它把自身抛向未来的方向。言谈作为一个生存论环节也表明了时间性维度。通过表达出"在世之在"，它一同表达了此在的被抛性与自我筹划。

同样，如果对"谁?"问题的存在论回答不得不根据本真性与非本真性之间的张力来表达，那么这个回答本身不是强调一个将来，就是着重关切"常人"以及日常用具的统治，也即当前事务的支配。

分析了在世之在的建构环节后，必须回到现象的单一特征的综合。海德格尔把此在的在世之在的存在论统一性标示为一个词，*Sorge*（烦），英语通常翻译为"care"（操心）。操心是根植于迄今提到的所有存在描绘的超越结构。作为此在的存在论上的统一结构，操心显露在基本的畏或焦虑情绪中，多亏它，此在意识到它已经被抛到世界中，不得不是其自己的存在，就这*51* 样，在一种亲近在世界之内的存在者（其存在并非其自己的存在）的状态中，此在是被抛的并且筹划自身。在焦虑经验中三个相互联系的操心维度被揭示出来：实际性、可能性、在其他存在中的沉沦性。

这是生存论分析的一个转折点：它开启道路通向第一部的第二篇，即此在和时间性。

操心现象现在呈现在自身的统一性中。然而，问题仍然存在：它的整体性是怎样的? 一个现象只有在其界限明了时才表现为一个整体。因此，问题就是：什么是作为生存之基本结构的操心的界限? 显然，生存的界限是生与死。如果我们不是从这两个界限内在决定的一个过程来思考这两个界限，那么我们就可能会说，只要我们生存，出生就是过去，并且死亡不在那儿，直到我们停止生存。但是，这个看法并不适合此在的存在样式：一个被抛的筹划。正因此在是被抛的，出生才不仅仅是一个只要我们生存便是过去的时刻。若没有带着一开始就规定其存在的有限可能性被抛进世界中，此在就不可能是其所是的人。同样，死亡也非生存的另一个外在界限。生存作为一种筹划被包含在自身之中，即被包含在自己的潜能、自己的终结之中。这意味着此在的死亡并非局限在其终结处的存在，它毋宁是此在只要存在就占有的一个存在方式，它完全穿透了生存，它使此在的筹划在本质上是有限的，使此在转而成为一种面向死亡的存在。

因为这种有限性，一种否定的特征，否定性便在与被抛和筹划的关联中规定了操心。操心的第三个维度，即与其他存在者的亲近性又是怎样的情况呢？它也是被否定性规定的吗？回答是模棱两可的。可能是，当且仅当此在决心占有它自己的有死性。但在绝大多数情况下，因为与其他存在者的亲近需要实用性占有对操心的支配，所以此在总是掩盖自身的有限性，并认为死亡是一个发生在每个人身上的偶然事件。他们会死，我不会。

这些描述让我们理解，时间性如何是此在的存在论建构的基础。根据通常的观点以及上溯到亚里士多德的哲学传统，时间是一个时刻的无限序列，包括曾经存在但不再存在的时刻、尚未存在的时刻以及现在存在的时刻。这序列据说是不可回转的，但是可以度量的。海德格尔称，这样一个时间概念不是根据此在的现象分析而是根据对自然的经验而形成的。相反地，原初的时间概念必须按照此在的存在论建构来说明。操心结构为这说明提供了一个线索：在自身之前存在，已经在世界中存在，以及沉沦和与在世界内的存在者共在。这结构指向了原初的时间。"在自身之前存在"指示出一个预期先行的维度。既然这种先行已经在那里，那么它便包括了一个对此在已是或曾是什么或是谁的重演。此在的未来就是先行。它是生存论的未来，而重演则是此在的生存论的过去。最后，与其他存在者的亲近性指向此在的现在。既然当且仅当此在决心占有它自己向终结存在时，这亲近性才真正是有限的，生存论的现在便只能是此在对其有限存在处境的瞬间一瞥（*Augenblick*）。这一瞥包括瞥见所谓生存的存在样式与诸如当下上手和现成在手的存在样式之间的不同。

海德格尔声称，操心在生存论时间的三重结构上的奠基完全不是一种哲学的构造。它在良知现象中作为存在状态或者说前存在论地揭示给每个人，良知现象本身首先并非道德的，它要求根据生存论特性来描述。一种特定的召唤属于良知现象，这种召唤的结构揭示出一种时间性基础。召唤是对正被在世界中的存在者所迷惑的沉沦的此在发出的。召唤来自身处其实际性中的此在自身，在实际情况中此在作为被抛者在一种已经是的样式中存在。召唤传给此在的信息再一次是其最本己的存在潜能，也即未来的样式。

海德格尔主张，生存论特性的原始意义是未来。然而，无论生存论上的未来（先行）、生存论上的过去（重演）还是生存论上的现在（一瞥），都不具有分离的存在者的传统特征。因为生存论上的未来是走向自己，它是一个维度，而根本不是一个尚未现在的时刻，也不是一个尚未现在的时刻的序列。用海德格尔的语言，它是一个 *ecstasis*（绽出）。生存论上的过去与生存论上的现在也是如此。*Ecstasis* 一词在希腊语中意思是"站出去"，海德格尔用它来强调一种"朝……伸展"或"向……敞开"的意义。海德格尔用它联系境域的观念。每个 *ecstasis* 都是向着境域的特定方式的敞开。生存论的时间性是绽出—境域性的。因为各个 *ecstasis* 是在原初的未来中相互关联的（它们本来是共属一体的），所以时间性就是一个未来、过去与现在的绽出的统一体。这个统一体本身具有一个境域，它是世界的生存论特性与此在的超越性之所以可能的条件。

因其生存论特性，时间性本质上是有限的，而不是生存可以在其中发生的一个无限序列。正是通过（有限性的）过程，一个本来有限的存在样式才把自己向其自身的存在潜能以及其他存在样式敞开出来。因这同一原因，说此在的生存是时间性的还不够，毋宁说，此在做成时间。真正的时间是做成时间，甚至是自身时间化。在其最本己的存在中，此在以这种方式生存，它先行跑到它自己的终点（*Vorlaufen*），重演它自己的被抛（*Wiederholung*），当下供出它自己的处境（*Gegenwärtigung*）。

所有这些都表明，通常的时间，作为一个无限序列，派生于生存论时间。根据通常的时间观，时间是一个本身在计数中呈现的现在时刻的序列，计数活动是根据运动（太阳或钟表的指针）来进行的。海德格尔说，实际上，这种时间计算的指导和根据就是一种利用时间进行计算的方式：时间在我们使用一个钟表之前已经展现给我们，展现在我们每日的行为中发生着。因此，如果我们想充分地界定通常的时间，我们每日用时间进行的计算正是很值得分析的东西。只要我们以这种方式接近通常的时间，我们就会认识到，我们每日在钟表上查看的"现在"绝非一个作为现成（*vorhanden*）客体给出的赤裸的、孤立的存在者。现在总是一个我正在做这做那的"这会儿"。在每日的生活中，当我说现在时，我总是表达自己正在朝向某事物，把它当下化。同样，当我说"在那时"时，我表示自己正在保持已过去的某事物，或者以回忆的样式，或者以忘却的样式。同样，当我说"然后"时，我表明我正在预期某事物发生，因为它自身或者因为我自己的行动。这样，对时间的计数就返回到根据当下化、保持和预期而阐明的用时间进行计算。但是，这三一体预设了上面提到的生存论三一结构。然而，在预设原初的时间性时，它也遮蔽了它，因为日常性的沉沦特征，在其中的在世之在总倾向于征服生存论的世界。作为我们沉沦的结果，时间变成了一个无限的序列，而原初的时间性本质上却是有限的。因为同样的原因，时间变成了不可回转的，而本真的时间性则是一个持续更新的过去向未来的侵占，反过来也一样。因为同样的原因，时间便被捆绑在事物的运动上，而本真的时间性是此在最本己的运动性。

整个分析包含对亚里士多德的公开批评，也包含对胡塞尔时间意识概念的隐含批评。前者的时间概念确实是一个现在的自由漂流序列，而后者的时间意识概念，作为一种对保持、现印象和先摄的阐明，并没有超出日常忙碌性的层次。

## 对存在论历史的解构性再占有

就希腊哲学来说，基础存在论中有些行迹是在"解构地"重拾柏拉图。54 海德格尔同意柏拉图所说，人类本性上是哲学家，尽管绝大多数时间里人们都不关心哲学。他也同意柏拉图把哲学标示为一种存在方式、一种生存形式：*the bios theoretikos*（理论沉思的动物）。"常人"与本真自我之间的区分在相当程度上来自柏拉图在大众（*polloi*）与哲学家之间的划界。根据生产性占有对日常性的描绘也很得力于柏拉图根据制作对人的积极生活的屈尊刻画。把日常言语描绘为空洞言谈显然归功于柏拉图对意见（*doxa*）和智者术的贬斥。尤其是，海德格尔在视见三层次之间的等级划分，明显是柏拉图在其洞穴比喻中所说的视见等级的回声。海德格尔的视见三层次为：对纯粹现成的存在者的直观（*Auschauung*）；一种意识，即这些存在者的纯粹现在是一种抽象，这种抽象源于与它们向实践巡视敞开的应手之物（*Zuhandenheit*）相关的迷失或沉沦；最后是在良知的沉默中达到的这样的认识，即日常的周围世界（*Umwelt*）是一种沦落状态，它远离了一个人的、仅仅对良知透彻可见（*durchsichtig*）的本真世界。

至于海德格尔在早年的神学学习中就已熟悉的中世纪思想，我们可以在他的此在分析中看到对经院哲学的存在的类比（*analogia entis*）概念的谨慎再占有。中世纪神学家们根据各种存在者与最高的存在（*summum ens*），即神圣存在——其现实性完全没有任何潜能，其本质与其存在同一——之间的类比来确定他们所谓存在的程度。同样，海德格尔用此在类比地确定了一个存在方式的等级体系。当此在被抛进其存在，它的本质就是去生存，或去在世之在，根据与此在的独特类比，这样就把石头的存在标示为"无世界的"，把动物的存在标示为"稍微有世界的"。

同样，一个日常世界（此在在其中觉得在家）与一个本真世界（此在在其中无家可归）的区分也无法不是奥古斯丁（Augustine）以下这一观念的世俗化回忆：世界是一种流放，基督徒并不属于它。

对现代哲学来说，基础存在论包含对一些主要作者的再占有和解构，比如莱布尼茨（Leibniz）、康德和黑格尔。

55　　在莱布尼茨那里，"根据律"（*Satz vom Grund*）也表述为充足理由律，据说提供了对"为什么？"问题的终极回答，它立足于真理的本性。对莱布尼茨来说，真理主要存在于判断中，而判断在根本上由主词与谓词间的同一性构成，这个同一性可以显明，任何P（谓词）都是从S（主词）中分析地派生出来的。但对莱布尼茨来说，这个真理的分析概念并非仅仅是一件逻辑学的事情，它有一个存在论基础。说到底，所有"S是P"的逻辑命题的存在论基础都在和谐地组成实在的单子中。关于单子身上发生的事情，每个单子都在自身具有其理由和根据。在基础存在论时期，海德格尔在其发表的论著《论根据的本质》（*Vom Wesen des Grundes*）［2.4］中，也在身后编辑出版的讲座稿比如《逻辑学的形而上学基础》（*The Metaphysical Foundations of Logic*）［2.34，2.48］中讨论了莱布尼茨。虽然拒绝莱布尼茨所认可的判断的传统特权，海德格尔还是认同他的如下观点，即根据问题必须根据真理问题来处理。他还同意，任何存在（状态）上的真理都预设了一个单子本性的存在论基础。但是，莱布尼茨把这一基础插入一个"存在—神学"的框架，海德格尔则把它归之于此在（作为一个自我）超越存在者朝向存在的超越过程。这个超越过程作为存在状态—存在论的区分本身，是真理之为去蔽的根本实现。

康德哲学也是一个解构性占有的主题，关于此的主要证据是由海德格尔的《康德与形而上学问题》（*Kant and the Problem of Metaphysics*）［2.3，2.47］一书提供。该书试图表明，至少在其第一版中，《纯粹理性批判》（*Critique of Pure Reason*）在回答"综合判断如何可能？"问题时在某种程度上预示了基础存在论的课题。海德格尔主张，根据康德，这个问题只有当它根植于一个本质上有限的认识的存在者时才有意义。康德在感性的基本的接受性中发现了那个有限性的标记。感性的接受性意味着，我们人类只能认识非我们创造的存在者。对这些存在者的存在状态的知识，康德认为发生在对自然存在者的经验中，它要求一个先天综合。不过，海德格尔声称，这个先天综合具有一个存在论知识的本性，即对那些存在者的存在的先天领会。在康德那里，先天综合是纯粹直观（空间与时间之先天形式）与纯粹知性范畴的结合，这一结合是靠先验想象力通过保持先验图式（其特征是对时间的先验规定）而实现的。通过认识时间的决定性作用——更准确地说，一个在认识主体深处、在一个综合或存在论知识的核心运作的时间化过程，使在存在状态上接触到作为对象的存在者成为可能——康德本可以先于海德格尔自己的意图表明，我们对存在者的敞开性预设了一种对其存在的领会，即一种发生在时间性境域中的超越。然而，在其解构的方面，这一对康德的再占有也强调了其努力的局限性：（1）一个作为基督教形而上学遗产的框架，区分了一般形而上学（*metaphysica generalis*）与特殊形而上学（*metaphysica specialis*）（心理学、宇宙论、神学）；（2）一个片面的作为现成者的存在概念，从而有一个片面的作为现在时刻的序列的时间概念，尽管康德自我感情的观念部分地克服了这种片面性；（3）加上这个事实：《纯粹理性批判》第二版表明，康德本人似乎已经从他自己的发现（即在先验想象力运行中的有限超越）上撤退了。

海德格尔在《存在与时间》中完全是批判黑格尔的，在书中的几个地方，他都刻意抛弃黑格尔思想与他自己立场之间的亲近和相似性。比如，他宣称，黑格尔的时间定义只不过坚持了源于亚里士多德《物理学》的传统观点，片面地集中于现成存在者。此外，他还强调了黑格尔的抽象与形式主义，对比于他自己的基础存在论的具体性。针对黑格尔的精神沉沦到时间中的命题，他反对说，"沉沦"的意义正是被黑格尔丢到黑暗中的。代替宣称精神沉沦到时间中，关于沉沦的有意义的命题应该这样表达："实际生存的'沉沦'是离开原始的、本真的时间性的沦落。"（[2.2]，486；[2.45]，435-436）尽管有这种表面上对黑格尔的抛弃，但《存在与时间》的读者还是可以猜想，在观念史的关联中海德格尔对不能与日常的害怕相混淆的"畏"或"焦虑"的分析，以及根据"不存在"或无对存在的刻画，都并非与黑格尔的论题没有关系。人们倾向于猜想，基础存在论中确实存在一些对黑格尔的再占有。

这种再占有在海德格尔 1929 年的论文《形而上学是什么?》（*What is Metaphysics?*）[2.5，2.50] 中涌现出来，这个文本是他在弗莱堡大学接替胡塞尔退休后空下的哲学教席时的就职演讲。论文一开始，海德格尔就说他的看法与黑格尔一致，他说从健全的常识观点看，哲学是"颠倒的世界"。接着，他就显露出第二个一致观点。在把畏或焦虑描述成"无"在其中显现自身的形而上学经验之后，他引用了黑格尔《逻辑学》（*Science of Logic*）中的这句话："纯存在与纯无因此是同一。"（*Wissenschaft der Logik*，vol. i，iii，p. 74）海德格尔说，这个命题是正确的，"存在与无共属一体"（*Basic Writings*，p. 110）。确实，这两点一致在很大的程度上是形式上的，海德格尔补充道，尽管有这种形式上的亲近性，他自己对自身呈现在此在超越性中的存在有限性的强调标志着一种根本的分歧。但是，1930—1931 年解释黑格尔《精神现象学》（*Phenomenology of Spirit*）的讲座表明，存在着比形式上的一致更多的东西，海德格尔的基础存在论确实与黑格尔的道路相交。讲座聚焦于从意识到自我意识的转化，它认为，黑格尔在《精神现象学》中的"生命"观念展开了一种传统的现成在手观念不再能把握的存在概念。此外，在讲座中，关于黑格尔对绝对知识据以从自然知识中解脱自身的运动的描述，海德格尔表示敬佩。他暗示，这个描述必须被当作有限超越性的运动在一个绝对框架中的翻版。

最后，基础存在论还至少有一点是对尼采（Nietzsche）的再占有：历史性。在《存在与时间》（[2.45]，section 76）中，海德格尔试图显明，历史学（*Historie*）在此在的历史性中有其生存论根源。此在的存在本质上是历史性的，"因为根据其绽出—境域的时间性，它在其'曾在'状态中是敞开的"（[2.45]，445）。在显明这一点的上下文中，海德格尔坚持认为，"尼采在其《不合时宜的考察》第二部（1874）'历史学对于人生的利弊'中认识到了本质的东西，而且说得毫不含糊、入木三分"（[2.45]，448）。对海德格尔和尼采来说，历史科学的所谓客观性不是原始的，而是一种从指向未来的、活生生的去蔽运动的沉沦。对他们来说，那活生生的运动本质上是解释性的或诠释学的。对他们来说，它也是循环的，因为它创造了一种未来与过去的交叠。

换句话说，通过说只有知道现在的未来建造师才会理解过去，海德格尔暗示，尼采先于海德格尔发现了"诠释学循环"的论题。

# 存在的历史

## 基础存在论的爆发和中断

《存在与时间》中给出的此在分析的基本原理是：*Das Dasein existiert umwillen seiner*（此在为自身的缘故生存）。根据这一原理，基础存在论在"时间与存在"之题下试图显明：存在的多重意义——比如生命、实在、现实、永恒等——如何必须被理解为是从此在自我筹划的生存中派生出来的。但是，这原理本身被限制在个体存在方式的范围内。

1933 年当海德格尔决定支持希特勒并成为弗莱堡大学的第一任纳粹校长时，这种限制消失了。他的校长就职演说的焦点不再是个体的此在，而是德意志民族的此在。作为这一转变的结果，此在分析的很多概念也经历了重大改变。

基础存在论的早先版本是对亚里士多德 *praxis*（实践）的再占有，这种占有的路向是此在独自洞见（*theoria*）到自身存在的有限性，从而也是此在的 *bios theoretikos*（理论沉思的动物）的路向。在 1933 年，海德格尔再次声称，希腊人的意图是把 *theoria*（理论）在其与存在的关系中理解为 *praxis*（实践）的最高形式。但是，他接着说，如果 *theoria*（理论）被理解为存在者的存在之科学，那么它就是"那在其最本己存在中规定一个民族和国家的此在的手段"（[2.7]，12）。相应地，看来不再是个体此在而是一个国家组织的民族成了存在者在其整体性与存在中去蔽的真正场所。对一个民族的组织显然不是一个纯粹 *theoria*（理论）的事情，而是一个 *technē*（技艺）和 *poiēsis*（制作）的事情。这样一来，作为从个体此在向一个国家中的民族的此在转变的结果，*technē*（技艺）便不再局限于日常性的非本真领域。确实，仍然存在局限于这一界限的通常的 *technē*。但是，在它之外，现在也有地方提供一种本真的 *technē*，一种技艺，它不是迷恋于仅仅现成的存在物，因而在存在论上是创造性的。在这一语境中，海德格尔回想起一个古老的希腊传说，据说普罗米修斯（Prometheus）本应是第一个哲学家，海德格尔引用了埃斯库罗斯（Aeschylus）悲剧中普罗米修斯的话："然而 *technē* 比必然性软弱得多。"这里的必然性被他解释为命运的"强制"。这"强制"中包含一种存在的遮蔽，它向知识发起挑战，要求一种根据创造性的 *technē* 的形而上应答。

伴随着此在观念转移到民族身上，以及引入一种创造性的 *technē*，校长就职演说引入了如下这个思想：存在本身，而非仅仅此在，本来是争执性的、历史性的；那个此在——或为一个个体或为一个民族——就是存在的"在此"。

但是，尽管有所有这些修改，校长就职演说仍然坚持基础存在论计划，这任务包含一个由如下对立来说明的此在的形而上学：一方是沉迷于现成在手存在的沉沦的日常性，一方是超越的存在者走向存在解蔽的决断的本真性。

在校长时期之后的两个讲座——1934—1935 年冬季学期的荷尔德林（Hölderlin）讲座以及 1935 年夏季学期的"形而上学导论"讲座——中，海德格尔发展了校长就职演说的论题，但仍然保持基础存在论的框架。

海德格尔在荷尔德林讲座中一开始就讲，为了聆听这个诗人，就要抛弃《存在与时间》中描绘的一切形式的沉沦的日常性，它妨碍我们问：谁是此在？然而，在这里这个成问题的此在不再是个体，而是"个体在一个共同体中的本真集合"（[2.45]，8）。在诗歌《日耳曼尼亚》（*Germania*）和《莱茵河畔》（*Am Rhein*）中，荷尔德林的诗据说是要提出这一问题："我们——德意志民族——是谁？"这问题要求从日常性中抽身出来，对立于"常人"，以决断的态度彻底地提问。与《存在与时间》一脉相承，海德格尔根据 *technē* 来刻画日常性，即为掌控周遭环境，为生产、有用性和文化的普遍进步而环顾巡视。那种非本真的行为围绕着纳粹政体的日常生活：文化激进主义、思想和美术服务于即刻的政治需要、生物主义以及官僚统治。但是，在本真性的层面上还有空间留给一个非常不同的 *technē*，它适合德意志民族的历史性的此在。只有很少的个体意识到了这民族最内在的历史性。这些少数人是创造者：诗人、思想家和国家的缔造者。为描述这三个创造类型的共同运作，海德格尔解释了那两首诗中的所谓 *Grundstimmung*，即基本情绪，就是荷尔德林面对诸神飞逝时的哀恸。诗人建立（*stiftet*）民族此在的真理。思想家阐释、说明这样由诗人敞开的存在者的存在。但是，两者的共同运作需要民族作为一个民族被引向其自身，这只有通过一个国家缔造者 *60* 适应那民族本质的创造才会发生。这三一体具体表现了校长就职演说中提到的普罗米修斯的 *technē*。这三者都上升到了半神的层次，为一种神圣者的回归准备条件。

在《形而上学导论》（*Introduction to Metaphysics*）之海德格尔与前苏格拉底思想的对话中，也可以看到同样的普罗米修斯倾向。把创造性的 *technē* 拔到最高的存在论层次，海德格尔在巴门尼德（Parmenides）、赫拉克利特（Heraclitus）和索福克勒斯（Sophocles）之间发现了交集，它表明，他们把 *technē* 看到或知道的东西在存在论上指派给"置入作品"。这个指派是希腊早期思想家称作 *physis*（自然）者的争执本质所要求的，*physis* 这个称号，跟 *alētheia*（真理）这个词一样，被当作存在的别名。存在是争执的，这是因为，一方面，它是这样一种去蔽，在于存在者中揭示自身时把自己保持在自身中；另一方面，它正是在这揭示中一遍又一遍地受完全的假象、欺骗和幻象的威胁。因此，它"强制地"呼唤一种创造性的自我主张，即一种决断（*Entscheidung*），它"在存在、去蔽、表象和非存在的共属一体中"提供了一种"分解"。（[2.8]，84；[2.53]，92）既然在存在的"强制"中有一种暴力，这决断就不得不是破坏性的、暴力的。这对存在的"强制"的暴力回应在本质意义上标示了 *technē*。*Technē* 提供了在索福克勒斯《安提戈涅》（*Antigone*）的著名合唱中所召唤的希腊 *deinon*（神灵）的基本特征。按这样的理解，*technē* 便既是一种知识又是一种创造性力量。作为知识，它是一种超出现成在手存在的洞见；作为力量，它是在存在历史地去蔽中置入作品的能力。在这一语境中，海德格尔称，去蔽只有当它通过作品实现时才发生："言语在诗歌中的作品，石头在庙宇和雕像中的作品，言语在思想中的作品，城邦作为历史性场所（所有这一切在其中得到奠基和保存）的作品。"（[2.8]，146；[2.53] 160）在这语境中，海德格尔颂扬他所谓民族社会主义运动（对立于纳粹党的种族主义意识形态和日常实践）的"内在真理和伟大性"。

这两个讲座都引入了一个区分，即一个陷于日常性或现成在手存在的卑劣技艺与一个能够置入作品的高尚技艺之间的区分，这种区分不仅没有触及反而加强了对基础存在论的说明——也就是，在通常时间与本真时间性之间的对立。作为问题核心的此在现在被理解为一个民族（或是希腊人的或是德国人的）此在，这一事实只不过拓宽了《存在与时间》的基本原理，按这原理，此在为它自己的缘故且通过意愿自身而生存。甚至可以说，这些文本的普罗米修斯含义把基础存在论带向一种形而上学的顶点。事实上，海德格尔暗示，正是因为对其民族的根本职责，他自己的著作才配得上基础存在论的标题。（[2.8]，113；[2.53] 146）他带着崇敬引用了黑格尔 1812 年《逻辑学》中的话："一个没有形而上学的民族正如一个没有神圣神灵的庙宇。"形而上学便这样成了德意志的特权，而以西方民主国家（特别是美国）为一方、以苏联为另一方的其他国家则据说都全神贯注于卑劣技艺的发展。

　　然而，这种爆发不久便把基础存在论带向终结，并且开启了海德格尔思想中的"转向"之路。他的《艺术作品的本源》（*The Origin of the Work of Art*）前后几个版本间的区别，可以见证这个转向，或者至少是海德格尔处理存在问题的转变。事实上，《艺术作品的本源》的两个较早版本保留着《形而上学导论》中标志性的普罗米修斯式倾向；第三个和最终版则不再是普罗米修斯式的。《形而上学导论》处理的所有论题——民族及其神灵、创造性技艺的伟大性、决断、存在论的 *polemos*（争执）——仍然在最后的版本中被提到，但是，由于总的色调不再是意志论的和宣告性的，而是更加沉思的和向奥秘开放的，所以这些论题失去了其早先的硬度。

　　在三个版本中，海德格尔都坚持，在深入艺术作品本源的研究中有一个循环。确实，若说艺术家是作品的本源是真的，那么说作品是艺术家的本源也就是真的，因为谁都不能没有另一个而存在。然而，两者都根据艺术本身而是其所是。但是，如果说艺术的本质应当从作品中引申出来是真的，那么下面的说法也同样是真的：若不根据艺术的本质，我们就不可能认识一个艺术作品本身。因此，对艺术作品本源的询问在一个循环中运动。在早先两个版本中，循环论题是个手段，用来指明此在的循环特性，此在作为一个存在者通过重获其被抛性来筹划它自己的自我，这方式是：筹划是一种重获，而重获也是一种筹划。但在最终版中，对此在为自身之故而生存的强调被代之以强调存在本身的这个方面：存在既非被限制在存在者中也非不需要它们而存在，既非被囊括在此在中也非不需要它而存在。

　　此外，早先几个版本强调日常性自我主张与创造性自我主张的对立，与此相反，最后的版本几乎没有蔑视日常性及其卑劣性的迹象。在这点上，《艺术作品的本源》最终版的第一部分意味深长地完全致力于以下这个问题：*62*一个在其物性中的物是什么？在基础存在论的框架以及在《艺术作品的本源》的早先几个版本中，这个问题对思想的任务来说显然不是一个重要议题，在这个问题中不存在任何奥秘。事实上，根据日常性，有一个对它的简单回答：事物的存在或者现成在手的（自然事物）或者即刻上手的（用具）。与此相反，《艺术作品的本源》的最终版这样说："朴实无华的物最顽固地躲避思想。或许，这种纯然物的自持性，这种自我包含的独立性，恰恰就属于物的本性？难道物性的这种奇怪特征变成了一个不得不思考物的思想所信赖的东西？果真如此，我们便不应该勉强去探寻物的特性了。"（[2.55]，32）换句话说，日常性不再是为了直面生存的无家可归而不得不由决断来克服的熟悉领域，它变得陌生了，需要在其熟悉的外表下作出沉思。在事物中栖居不再阻碍思想，而是恰恰相反。这也是意味深长的，用具的可依赖性以前是通过其即刻上手性因而仅在与此在的关系中得到界定，现在则是证明了一种存在自身中的去蔽与遮蔽的神秘的相互作用。这就是海德格尔在沉思凡·高（Van Gogh）的一幅画着一双鞋子的油画时力图暗示的东西。

《艺术作品的本源》最终版的第二部分也标志着真理观上的改变。在前三版中海德格尔的要点是，在艺术作品中，真理把自身置于作品中。在这里真理还是被理解为 alētheia 或去蔽，具有一种模棱两可的、争执的本性，因为它是一种展开与撤回的混合。真理这争执的本性通过艺术作品的冲突本性显示出来。在建立一个世界时，艺术作品也展示出大地。但是，世界是一种对条条道路的开启，大地却是一种自我隐退。因此，在艺术作品中存在世界与大地间的争斗。这争斗把真理本身刻画为去蔽。《艺术作品的本源》的早先版在真理观上坚持此在的优越性，使一个民族的此在成为真理的处所，与此相反，最终版把去蔽刻画成一个人类归属于它且向它祖露的澄明（Lichtung）。结果，决断的意义也改变了：它不再是去成为一个自我的筹划，而是祖露于澄明中心的秘密撤回。

终于，最终版的最后部分力图不根据普罗米修斯的自我主张来界定创造。作品，就其是被创造的而言，其中根本的东西，现在不再被认为是有能力在一个跳跃中预期到一个民族决心去成为的东西。作为受造者，其中决定性的东西是："这作品就是存在而非不存在。"（[2.55]，65）换句话说，一个"来到现在"的奥秘战胜了以前所坚持的未来自我筹划的特权。创造者不再是一个暴力的奋斗者而是某个澄明的接受者。

## 转向和克服形而上学

海德格尔为什么放弃他的基础存在论计划？这个问题提出了一个极端复杂的议题，至少有三条路径可以接近它。从一个严格系统的观点来看，可以发现处于这计划之核心的悖谬。事实上，如果基础存在论——存在意义的科学——等同于此在的存在论分析或形而上学（直到《形而上学导论》似乎都是这样），那么如海德格尔自己那时所说，"存在论有一个存在（状态）上的基础"（*Basic Problems*，p. 26）。但是，如何可能避免把存在还原为一个存在者的特性，更准确地说还原为此在的存在方式？另外，如果此在的形而上学只是一个系统存在论的临时预备，那么就不得不区分此在的时间性与存在本身的时间性；结果，此在分析的预备特征便与它宣称的基础功能相矛盾。在两种情况下，《存在与时间》中的尝试（以及后来越过个体此在限制的延伸尝试）都悖谬地表明自己是一种有利于一个存在者而遗忘存在的方式。

接近这议题的第二条路径是，按年代细致地研究在 20 世纪 30 年代至 20 世纪 40 年代早期，海德格尔对《存在与时间》中铸造的诸观念的使用的变化。研究有待在一个双重的基础上进行：在全集中已经出版或正在编辑过程中的讲座稿，特别是关于尼采的讲座稿（1936—1941），以及海德格尔为自己使用写出的题为《哲学论集》（*Beiträge zur Philosophie*，1936—1938）[2.38] 的长篇文本。

第三条途径是海德格尔自己的解释提供的，即他所谓在其思想的某个点上发生的"转向"。这些自我阐释首先出现在海德格尔的《关于人道主义的信》（*Letter on Humanism*）中，这是 1946 年为回答让·波弗勒（Jean Beaufret）的提问而写的。

然而，并不能肯定这三条研究路径的结果可能是相合的，这主要是因为海德格尔倾向于回头来认可其哲学发展的每一步。尽管存在这些困难，但毫无疑问的是，有几个在基础存在论中绝无地位的论题在 20 世纪 30 年代后半期则进到核心位置。在这点上，关于尼采的讲座稿绝对重要。 *64*

海德格尔《尼采书》（*Nietzschebuch*）的几位读者［梅塔（Mehta）、阿伦特］已经注意到，在最早的历次讲座（1936—1939）中，海德格尔根据对此在的分析解释尼采，表现出与尼采的根本一致性，而 1939—1941 年的讲座则是争辩性的。这就是为什么阿伦特说，"转向"首先是一个生平历程的事件。她的意思是说，在与尼采争辩的外表下发生的是海德格尔对自己的一种解释，是一种抛弃自己激进主义时期的意志论倾向的尝试。

无论如何，在与尼采的争辩中进入核心位置的是一种思考形而上学之历史的新道路。在基础存在论中，要点是解构过去哲学中固有的偏见与混乱，以便解放并完成作为存在意义的科学的形而上学。现在，要点是把形而上学的发展思考为一种灾难性的命运，并为克服它做准备。这命运的标志是存在的持续遗忘，在尼采的权力意志和同一者的永恒轮回中达到顶点，海德格尔把它解释为虚无主义。

在西方思想的开端，前苏格拉底思想家的关键词（特别是 alētheia 一词）都指示出这样的过程，通过它，存在者在一种保留与呈现的张力中被带到"敞开"。这意味着，存在被经验为在一种显现方式中完全差异化了，这种显现在其给出的东西中留住自己。这种差异化指明了存在的有限性，与之相应，思想是对存在奥秘的接受性。柏拉图最先开始抹去这种差异化的相应和相互属于。柏拉图显明了一个倾向，即把 alētheia 模棱两可过程的一个纯然的结果改造为真理的本质。在柏拉图那里，存在者通过理念显现出其存在性。理念这个词最初意指事物从 physis（自然）中涌现时显现的外形，因此，它意指去蔽过程的一个结果。但是，柏拉图的诸理念走到最前台，从去蔽过程中撕裂开来。此外，它们还在与 physis 的关系中取得了一种标准地位。于是，去蔽就成了诸理念的明晰性的一个结果，理念自己折射的则是一个最高理念即善的理念的明晰性。这就是作为"存在—神学"的形而上学的诞生。从此，形而上学的任务就是发展出一个关于存在者的本质的理论，一个关于其存在性的逻辑学，也即一种存在论，同时，通过把其存在性关联到一个最原本的存在者，发展出一种神学。这样，alētheia 就被一个存在（状态）上的等级体系抹去了，而真理成了一件正确看见理念的事情。相应地，存在在其模棱两可性中以及思想在其对同一者的接受性中的相互属于就被降级为心灵沉思与本质的一致性。

对存在的形而上学遗忘的第二阶段发生在中世纪。在中世纪思想中，柏拉图关于理智与存在者的存在性相符合的真理观（与一个至上存在者的奠基角色相连），在基督教关于创造以及受造物对创造主的依赖性的思辨中得以恢复。学术意义上的真理是 *adaequatio intellectus ad rem*（心灵对事物的适合性），现在更深地奠基于 *adaequatio rei Dei intellectus*（事物对上帝心灵的适合性）。

第三阶段出现于现代的开端，伴随着主体性的发明。当伽利略以一种近似的方式提出牛顿（Newton）几十年后所称的惯性定律的第一个公式时，他用的词语是"*mente concipio*"（我心灵中的设想）。对海德格尔来说，这里至关重要的不是自然现象的感性外观（亚里士多德物理学的基石）被一种纯粹理智的自然研究法代替了，而是这一事实：惯性为了呈现出来，首先要求人类心灵自己给出一个关于运动是什么的先见，这便是预先筹划现象的条件。在理智与事物的充分符合中，现在重点以这样一种方式放在了理智上：事物因为与一个源自 *mens*（心灵）的计划相适合才展现其真理。比数学在物理学中的现代运用更深刻的是笛卡尔所说的 *mathēsis*（数学）计划，根据它，*cogito*（我思）单靠自己的力量确定自身并取得支配地位。笛卡尔哲学中，在有限人类心灵对神圣无限性的依赖这一限制之下，*cogito* 把自己设想为存在者据以呈现其存在性的唯一基础。表示基础的词在希腊语中是 *hupokeimenon*，在拉丁语中是 *subjectum*。*Cogito* 成了唯一的 *subjectum*（主体），主体性的统治开始了。现代的客体—主体关联意味着，存在者在把自身交付给人类 *cogito* 统治的程度上才是其所是。

这就是规定现代性的计算与评价理性的诞生，其一切特征都在开端处显露出来。这 *mathēsis* 是 *universalis*（普遍的），这意味着它是对存在者整体的设计。它既是一种对所有存在者的主体化（通过把其归于 *cogito*），又是一种对所有存在者的客体化（使它们都成为同样可计算的、可控制的）。先于技术的当前统治，恰恰在现代的开端，自然整体便被设想为一个与技术性的观看方式相联系的巨大机械装置。

在笛卡尔和尼采之间，海德格尔没有发现一种根本的不连续性。尼采的 *66* 权力意志观念以几种方式由笛卡尔及其后的思想家预示出来：莱布尼茨作为知觉与欲望（在其充足理由律之外）的结合的单子观念；康德作为一种可能性之条件的理性概念；费希特（Fichte）根据实践理性对康德的再解释；谢林（Schelling）在意志之外别无存在的信念；黑格尔通过差别来欲望其自身同一的绝对概念。所以，在宣称从形而上学中解放出来时，尼采不过是把形而上学带到完成，把现代主体性带到一个存在—神学的顶峰。事实上，海德格尔用存在论术语把权力意志解释成一切存在者的存在性，用神学术语把同一者的永恒轮回解释成存在性与存在的终极根据。被界定为一切存在者的存在性，权力意志把 mathēsis 固有的客体化与主体化计划推向一个极端界限。客体化被带向极端，因为意志不仅把每个存在者都当作一个客体（Gegenstand）来对待，而且迫使每个客体都变成可供各种各样的安排与操控的贮藏（Bestand）。主体化也被带向极端，因为一切事物都被还原成意志为强化自身权力而赋予它们的价值。另外，被界定为存在的终极形式的同一者的永恒轮回，意味着一个无止境的、循环的、重复的机械装置，这正是现代技术的形而上学本质。关于永恒轮回的深不可测思想的意思是，意在强化自身的意志本身就是被意欲的，不足以无限地意欲自身。在两种情形下，存在都确定无疑地丧失了早期希腊人经验到的神秘的模棱两可性。存在正如虚无。虚无主义在统治。

在海德格尔对现代性的这一沉思中，"转向"起的作用意义重大。海德格尔在 1940 年关于尼采的讲座中描述了他所谓的"欧洲虚无主义"，这个描述包含了对《存在与时间》的如下评论："其中走的路在一个决定性的地方中断了。这中断可由如下事实解释：那条路上所做的努力，跟它自己的意图相反，仍然冒着进一步加强主体性的危险。"（Gesamtausgabe vol. 48, p. 261）

上述对形而上学之历史的描述的主要结果是，断言现代技术是柏拉图以来形而上学固有的存在的漫长遗忘的最后完成。海德格尔用了 Gestell（装置、设置）一词来刻画现代技术的本性。Gestell 是一个全球性的"装入框架"，在其中存在者完全受制于各种各样的任意估价与操控，在其中存在毫无意义。为反对那全球性的装置，海德格尔提出了他所谓的 Ereignis（自己而然），英文常翻译成"event of appropriation"（居有事件），这个词已被用于他 1936—1938 年的《哲学论集》中。在全球性的装置中，思想被代之以计算。只有通过沉思 *Ereignis*，思考才能保持活力。思考 *Ereignis* 是对虚无主义的反制。

这一反对态度遍布海德格尔第二次世界大战后的著述，在这一时期的所有著述中，《存在与时间》以及《形而上学导论》中的激进主义音调消失了。此在一词现在意味深长地写成 *Da-sein*：此—在。有死者就是存在的"此"，它们袒露在此在秘密的赐予中。同样意味深长的是，比如"召唤"的论题，在《存在与时间》中被限制在此在聆听其最本己的潜能，现在召唤则源自存在本身。在基础存在论中人类此在是虚无的代理人，现在则是存在的牧者。基础存在论以某种方式将思想与意志合并，现在思想则是一种不—意志、让—存在（*Gelassenheit*），甚至是感恩的事情。基础存在论把居住设想为一种非本真日常性的全身投入，现在居住则值得深刻的沉思。关于"物"的论题也是如此，海德格尔后期有几篇论文都是关于物的。关于语言的论题也是同样的情形，语言以前被当作此在的一种能力，现在则被刻画为源自存在的一种召唤、存在的召集以及对它的回应。从此在到存在的转移解释了为什么海德格尔把人道主义当作形而上学的一个面向来批判。

重点的转移也引起了海德格尔关于时间思想的转变。虽然还坚持 *ecstasis*（绽出）的观念，但海德格尔不再根据生存论的自我筹划来理解绽出的时间化成，而是依据：此在归属于存在模棱两可的去蔽过程，这过程被整个形而上学传统掩盖了。在《存在与时间》写成 30 多年后的一个讲座中，这一点显而易见：讲座的题目意味深长地叫作"时间与存在"（1962）。1927年《存在与时间》第一部第三篇预告的标题正是这个题目，第三篇却从未面世。然而，1962 年的讲座不可被当作 1927 年计划的完成。

"转向"的一个意味深长的特性表现在，时间论题现在以中性的方式呈现出来，在其中，此在不再扮演一个核心角色。事实上，海德格尔声称，指引他沉思的是这个句子："*Es gibt Sein，Es gibt Zeit*"，英文直译就是："It gives Being，It gives time"[①]。这个中性短语清楚地表明，中心问题不再是

---

① 这个德文句子无人称主语，规范的中文翻译："有存在，有时间"，跟英文一样，中文直译是："它给出存在，它给出时间。"——译者注

68　此在的时间化成。在两个句子中，短语"*Es gibt*"（"有"）都在邀请听者去聆听一个赐予，这赐予本身不可还原成所赐予的东西。因此，"有（它给出）时间"这个句子指向一种在其所赐予者中持续地收回自身的赐予。"现在"（present）这个词中所有的已经不仅仅是现在，这个词也意指馈赠给人的礼物。向现在之呈现开放的有死者，欢迎这赠与。重点不再是自我的筹划，而是对赠与的接受性。

在这一语境中，原先的 *ecstasis*（绽出）被改造了。每个 *ecstasis* 以及三个 *ecstasis* 的统一体，现在都被理解为一种达至人类的赠与。现在，海德格尔不再说过去是我们按照自己的有限筹划所寻回的东西，而是说，它向我们发生，自身达至我们、恳求我们。过去是一种如下意义上的绽出，即一种与我们相关的缺席在其被赠与我们时走向我们自己。如果我们在赠与的意义上思考现在，那么缺席本身便是现在的一种样式，但是在现在和缺席中都存在赠与与收回的相互作用。这对于绽出的统一体也同样是对的。海德格尔现在把每个绽出都叫作一个维度，并且把绽出的统一体叫作时间的第四维度。

关于这统一体，海德格尔不再唤起一种将来的特权，现在重点放在"来到现在"。此外，代之以唤起此在的时间化成，他主张时间从其自身化成时间。时间的起统一作用的第四维度被刻画为三个绽出的揭开的相互作用、一种澄清的伸展、一种敞开。然而，它也是被一种拒绝、一种收回所刻画的。时间靠近而又踌躇，它是彻底模棱两可的，在其中起作用的赐予也是一种拒绝。

这种对时间的新理解处在海德格尔 *Ereignis* 观念的核心，他提出后者是为了反对 *Gestell*——技术的装置，对它来说，秘密总是不存在的。德语 *Ereignis* 的意思是"事件"或"发生"，在海德格尔的术语体系中它指示存在与人的共同属于。他强调这个词的两个词源学根源。它们是 *er-eignen*，"占有，使成为自己的"，以及 *er-äugen*，"带到可见性中"。毫无疑问，在这种双重意义上使用这个词，体现出与《存在与时间》中的诸如 *eigen*（本己）、*Eigentlichkeit*（本真性，真正自己性）等用语的反差。*Ereignis* 将不会根据在 1927 年著作中作为争论点的自我来设想。问题的要点不再是一种筹划，而是一种 *Schicken*，一种发送或指派。在存在与人之间的共同属于事件中，通过敞开存在者显现于其中的时间的作用空间（*Spielraum*），存在将自身指派给我们。但是，为便于其赠与的发生，指派也收回自身。存在的历史就是那指派或命运，在其中，每个时代都是一个 *epokhē*，存在在其赠与中的收回。在每种情形中，*Ereignis* 都收回自身（*enteignet*）。结果，用来界定思想的任务的短语不再是"存在与时间"，而是 *Lichtung und Anwesenheit*，即"澄明和来到现在"，对两者的理解都根据一种赠与和拒绝。

与存在之历史相伴的麻烦是，尽管存在海德格尔重大思想转变的上述标志，但它仍然以一种新的方式复制了先前在"他们"与自我之间的对立。事实上，只有少数几个德国诗人［荷尔德林、特拉克尔（Trakl）、格奥尔格（George）］和海德格尔自己——而非在表象与事件的通常世界中相互影响的多数人——看来能够恰当地回应存在之指派或命运的模棱两可性。

此外，先前的此在之 *bios theoretikos*（理论沉思的动物）的特权也以一种新的方式重现了：思考是能够为存在之历史中的一个新开端有所准备的唯一活动。

# 参考书目

### 海德格尔自己发表的主要著作

2.1 *Frühe Schriften*（1912-1916），ed. F. -W. von Hermann①，Frankfurt：Klostermann，1978.

2.2 *Sein und Zeit*（1927），Tübingen：Niemeyer，1953.

2.3 *Kant und das Problem der Metaphysik*（1927），Frankfurt：Klostermann，1951.

2.4 *Vom Wesen des Grundes*，Frankfurt：Klostermann，1928.

2.5 *Was ist Metaphysik?*（1929），Frankfurt：Klostermann，1955.

2.6 *Vom Wesen der Wahrheit*（1930，1934），Frankfurt：Klostermann，1961.

---

① 原书中将海德格尔全集的一个主要编者 von Herrmann 误作 von Hermann，下同。——译者注

2. 7 *Die Selbstbehauptung der deutschen Universität*, Breslau: Korn, 1933. Later reprinted in *Das Rektorat 1933/1934: Tatsachen und Gedanken*, Frankfurt: Klostermann, 1983.

2. 8 *Einführung in die Metaphysik* (1935), Tübingen: Niemeyer, 1953.

2. 9 *Erläuterungen zu Hölderlin Dichtung* (1936, 1944), Frankfurt: Klostermann, 1953.

2. 10 *Holzwege* (1936–1946), Frankfurt: Klostermann, 1950.

2. 11 *Nietzsche* (1936–1946), 2 vols, Pfullingen: Neske, 1961.

2. 12 *Vorträge und Aufsätze* (1943–1954), Pfullingen: Neske, 1961. Contains eleven essays, including "Die Frage nach der Technik", and "Bauen, Wohnen, Denken".

2. 13 *Platons Lehre von der Wahrheit* (1942). *Mit einem Brief über den "Humanismus"* (1946), Bern: Francke, 1947.

2. 14 *Was heisst Denken?* (1951–1952), Tübingen: Niemeyer, 1954.

2. 15 *Was ist das-die Philosophie?* (1955), Pfullingen: Neske, 1956.

2. 16 *Zur Seinsfrage* (1955), Frankfurt: Klostermann, 1956.

2. 17 *Der Satz vom Grund* (1955–1956), Pfullingen: Neske, 1957.

2. 18 *Identität und Differenz*, Pfullingen: Neske, 1957.

2. 19 *Unterwegs zur Sprache* (1950–1959), Pfullingen: Neske, 1957.

2. 20 *Gelassenheit*, Pfullingen: Neske, 1959.

2. 21 *Die Frage nach dem Ding* (1936, 1962), Pfullingen: Neske, 1962.

2. 22 *Die Technik und die Kehre*, Pfullingen: Neske, 1962.

2. 23 *Wegmarken* (1967), Frankfurt: Klostermann, 1978.

2. 24 *Zur Sache des Denkens*, Tübingen: Niemeyer, 1969.

2. 25 *Schellings Abhandlung über das Wesen der menschlichen Freiheit* (1936), ed. H. Feieck, Tübingen: Niemeyer, 1971.

2. 26 *Phänomenologie und Theologie* (1927, 1954), Frankfurt: Klostermann, 1972.

### 主要的讲稿与手稿

Published in Heidegger's Gesamtausgabe (Collected Edition), Frankfurt: Klostermann:

2. 27 *Phänomenologische Interpretationen zu Aristoteles* (1921 – 1922), ed. W.

Bröcker and K. Bröcker-Oltmanns，GA 61，1985.

2.28 *Ontologie：Hermeneutik der Faktizität* (1923)，ed. K. Bröcker-Oltmanns，GA 63，1988.

2.29 *Platon：Sophistes* (1924-1925)，ed. I. Schüssler，GA 19，1992.

2.30 *Prolegomena zur Geschichte des Zeitbegriffs* (1925)，ed. P. Jaeger，GA 20，1979.

2.31 *Logik：Die Frage nach der Wahrheit* (1925-1926)，ed. W. Biemel，GA 21，1976.

2.32 *Die Grundprobleme der Phänomenologie* (1927)，ed. F.-W. von Herrmann，GA 24，1975.

2.33 *Phänomenologische Interpretation von Kants Kritik der reinen Vernunft* (1927-1928)，ed. I. Görland，GA 25，1977.

2.34 *Metaphysische Anfangsgründe der Logik* (1928)，ed. K. Held，GA 26，1978.

2.35 *Die Grundbegriffe der Metaphysik：Welt，Endlichkeit，Einsamkeit* (1929-1930)，ed. F.-W. von Herrmann，GA 29/30，1983.

2.36 *Vom Wesen der menschlichen Freiheit* (1930)，ed. H. Tietgen，GA 31，1982.

2.37 *Hölderlins Hymnen，"Germanien" und "Der Rhein"* (1934-1935)，ed. S. Ziegler，GA 39，1980.

2.38 *Beiträge zur Philosophie：Vom Ereignis* (1936-1938)，ed. F.-W. von Herrmann，GA 65，1989.

2.39 *Grundfragen der Philosophie* (1937-1938)，ed. F.-W. von Herrmann，GA 45，1984.

2.40 *Grundbegriffe* (1941)，ed. P. Jaeger，GA 51，1981.

2.41 *Hölderlins Hymne，Andenken* (1941-1942)，ed. C. Ochwaldt，GA 52，1982.

2.42 *Hölderlins Hymne，Der Ister* (1942)，ed. W. Biemel，GA 53，1984.

2.43 *Parmenides* (1942-1943)，ed. M. S. Frings，GA 54，1982.

**翻译本**

2.44 *History of the Concept of Time*，trans. T. Kisiel，Bloomington：Indiana University Press，1985.

2.45 *Being and Time*, tans. J. Macquarrie and E. Robinson, London: SCM Press, 1962.

2.46 *The Basic Problems of Phenomenology*, trans. A. Hofstadter, Bloomington: Indiana University Press, 1982.

2.47 *Kant and the Problem of Metaphysics*, trans. S. Churchill, Bloomington: Indiana University Press, 1962.

2.48 *The Metaphysical Foundations of Logic*, trans. M. Heim, Bloomington: Indiana University Press, 1984.

2.49 *The Essence of Reasons*, trans. T. Malich, Evanston: Northwestern University Press, 1969.

2.50 *What is Metaphysics?*, trans. D. F. Krell, in M. Heidegger, *Basic Writings*, ed. D. F. Krell, New Work: Harper & Row, 1977, pp. 95–116.

2.51 *On the Essence of Truth*, trans. J. Sallis, in *Basic Writings*, pp. 117–141.

2.52 "The Rectorate 1933/34: Facts and Thoughts", trans. K. Harries, *Review of Metaphysics*, 38 (March 1985): 467–502.

2.53 *An Introduction to Metaphysics*, trans. R. Manheim, New Haven: Yale University Press, 1959.

2.54 *Nietzsche*, trans. and ed. D. F. Krell in 4 vols, New York: Harper & Row, 1979.

2.55 "The Origin of the Work of Art", third version, from *Holzwege*, trans. A. Hofstadter, in M. Heidegger, *Poetry, Language, Thought*, New York: Harper & Row, 1971, pp. 7–87.

2.56 *The Question Concerning Technology and Other Essays*, trans. W. Lovitt, New York: Harper & Row, 1977, pp. 3–35.

2.57 "Building, Dwelling, Thinking", trans. A. Hofstadter, in *Basic Writings*, pp. 323–339.

2.58 "Three Essays on Heraclitus and Parmenides", trans. D. F. Krell and F. A. Capuzzi, in M. Heidegger, *Early Greek Thinking*, New York: Harper & Row, 1975.

2.59 "Plato's Doctrine of Truth", trans. J. Barlow, in W. Barrett *et al.* (eds), *Philosophy in the Twentieth Century II*, New York: Random House, 1962, pp. 251–270.

2.60 "Letter on Humanism", trans. F. A. Capuzzi and J. G. Gray, in *Basic Writ-*

*ings*，pp. 193—242.

2.61 *What is Called Thinking?*，trans. F. D. Wieck and J. G. Gray，New York：Harper & Row，1968.

2.62 *What is Philosophy?*，trans. J. T. Wilde and W. Klubach，New Haven：College and University Press，1968.

2.63 *The Question of Being*，trans. W. Klubach and J. T. Wilde，New York：Twayne，1958.

2.64 *The Principle of Reason*，trans. R. Lilly，Bloomington and Indianapolis：Indiana University Press，1991.

2.65 *Identity and Difference*，trans. J. Stambaugh，New York：Harper & Row，1969.

2.66 *On the Way to Language*，trans. P. D. Hertz and J. Stambaugh，New York：Harper & Row，1966.

2.67 *Discourse on Thinking*，trans. J. M. Anderson and E. H. Freund，New York：Harper & Row，1966.

2.68 *What is a Thing?*，trans. W. Barton and V. Deutsch，Chicago：Regnery，1969.

2.69 *"The Turning"*，trans. W. Lovitt，in [2.56]，36—49.

2.70 *On The Being and Time*，trans. J. Stambaugh，New York：Harper & Row，1972.

2.71 *The Piety of Thinking*，trans. J. G. Hart and J. C. Maraldo，Bloomington：*72* Indiana University Press，1976.


**评论**

2.72 Arendt，H. *The Life of the Mind*，2 vols，New York：Harcourt Brace Jovanovich，1977—1978.

2.73 Beaufret，J. *Dialogue avec Heidegger*，3 vols，Paris：Minuit，1973—1974.

2.74 Bicmcl，W. *Le Concept de monde chez Heidegger*，Louvain and Paris：Nauwelaerts，1950.

2.75 Birault，H. *Heidegger et l'expérience de la pensée*，Paris：Gallimard，1978.

2.76 Dastur，F. *Heidegger et la question du temps*，Paris：Presses Universitaires de France，1990.

2.77 De Waelhens，A. *La Philosophie de Martin Heidegger*，Louvain and Paris：

Nauwelaerts, 1942.

2.78　Derrida, J. *De l'esprit : Heidegger et la question*, Paris: Galilée, 1987.

2.79　Haar, M. (ed.) *Martin Heidegger*, Paris: Cahiers de l'Herne, 1983.

2.80　Haar, M. *Heidegger et l'essence de l'homme*, Grenoble: Jérôme Millon, 1990.

2.81　Herrmann, F.-W. von, *Die Selbstinterpretation Martin Heideggers*, Meisenheim am Glan: A. Hain, 1964.

2.82　Janicaud, D. *L'Ombre de cette pensée : Heidegger et la question politique*, Grenoble: Jérôme Millon, 1990.

2.83　Kockelmans, J. J. *On the Truth of Being : Reflections on Heidegger's Later Philosophy*, Bloomington: Indiana University Press, 1984.

2.84　Lacoue-Labarthe, P. *La Fiction du politique*, Paris: Christian Bourgeois, 1987.

2.85　Marx, W. *Heidegger and the Tradition*, trans, T. J. Kisiel and M. Greene, Evanston: Northwestern University Press, 1971.

2.86　Mehta, J. L. *The Philosophy of Martin Heidegger*, New York: Harper & Row, 1971.

2.87　Ott, H. *Martin Heidegger : Unterwegs zu seiner Biographie*, Frankfurt: Campus, 1988.

2.88　Pöggeler, O. *Martin Heidegger's Path of Thinking* (1963), trans. D. Magurshak and S. Barber, Atlantic Highlands: Humanities Press, 1987.

2.89　Pöggeler, O. *Philosophie und Politik bei Heidegger*, Freiburg: Alber, 1972.

2.90　Richardson W. *Heidegger : Through Phenomenology to Thought*, The Hague, Nijhoff, 1963.

2.91　Rockmore, T. and Margolin, J. (eds) *The Heidegger Case*, Philadelphia: Temple University Press, 1992.

2.92　Sallis, J. (ed.) *Reading Heidegger : Commemorations*, Bloomington: Indiana University Press, 1993.

2.93　Schürmann R. *Le Principe d'anarchie : Heidegger et la question de l'agir*, Paris: Seuil, 1982.

2.94　Sheehan, T. (ed.) *Heidegger : The Man and the Thinker*, Chicago: Precedent Publishing, Inc. , 1981.

2.95　Taminiaux, J. *Heidegger and the Project of Fundamental Ontology* (1989), trans. M. Gendre, Albany: State University of New York Press, 1991.

　　2.96　Taminiaux, J. *La fille de Thrace et le penseur professionnel : Arendt et Hei-* 　73 *degger*, Paris: Payot, 1992.

　　2.97　Zimmerman, M. *Heidegger's Confrontation with Modernity*, Bloomington: Indiana University Press, 1990.

# 第三章
# 存在哲学 2：萨特

托马斯·R·弗林（Thomas R. Flynn）

　　让-保罗·萨特 1905 年 6 月 21 日生于巴黎，由寡居母亲的双亲（即外祖父母）在巴黎抚养长大。母亲再婚以后，萨特与母亲和继父在拉罗舍勒（La Rochelle）共同生活了几年，之后返回巴黎，继续他的教育，先是在声望很高的亨利四世中学和路易大帝中学，接着是在享有盛名的巴黎高等师范学校。萨特曾在几个不同的高中执教数年，其间还间或到柏林法兰西学院（the French Institute）做研究（1933—1934）。在假战期间（Phoney War，1939—1940），他被动员入伍，随后被拘禁于战俘营（1940—1941）。此后，他放弃了成为教师的想法，开始以作家和批评家为职业。他和梅洛-庞蒂、西蒙·德·波伏娃及他人联合创办了评论性杂志《现代》（*Les Temps Modernes*，1944），拒绝了法国荣誉军团勋章（Legion of Honour，1945）以及诺贝尔文学奖（1962），在其后半生，他越来越多地卷入"左"派的政治漩涡中。萨特收养了以前的学生阿尔列特·埃尔卡伊姆（Arlette Elkaïm，1965），后者成为他的文学继承人。1980 年 4 月 15 日，萨特在巴黎与世长辞。

　　在 20 世纪，或许没有人能比萨特更好地示范如何在哲学、文学和公共生活之间保持结合与创造性的张力。他的小说《恶心》（*Nausea*）和戏剧《密室》（*No Exit*）诞生于 20 世纪 40 年代，是"存在主义"作品的典范，而其代表作《存在与虚无》（*Being and Nothingness*）则为这些作品提供理论性支撑。就像对待达尔文（Darwin）的《物种起源》（*Origin of Species*）一样，对于《存在与虚无》这部著作，在那些流连于咖啡馆谈论存在主义而平静安宁的日子里，人们更多的是谈论它而不是阅读它。但是，它的基本观点以及极具影响力的现象学描述持续地吸引着许多同时代哲学家以及一般的大众读者。在他后来 30 年的职业生涯转变与调整期间，此著作的一些主题和论点一直指引着萨特哲学的方向。所以，我们不能认为他的后期著作是对前期著作的拒绝或者"转向"，就像我们常常在维特根斯坦和海德格尔那里所认为的那样。

本章将全面研究萨特哲学的发展；从八个领域来分析一些基本概念和原则，这些基本概念和原则是萨特对哲学的贡献；最后，反思萨特与近期哲学史的四个运动，也就是与存在主义现象学、马克思主义、结构主义以及后现代主义之间的关系。

## 哲学发展

萨特曾经表示，他的哲学灵感来自对柏格森（Bergson）《时间与自由意志》（*Time and Free Will*）的阅读。关于柏格森对其思想的影响，无论是积极的还是倒退的，都仍然需要进行深入的研究。不过，从一开始，在萨特已发表的哲学著作里出现的时间的向心性以及时间化的意识等思想中，这位令人钦佩的法国理论家的在场就已经十分明显。这些 20 世纪 30 年代的作品，在《想象心理学》（*Psychology of Imagination*，1940）一书中达到顶峰。它们展现了萨特将生活经验区别于实证科学的机械或量化现象的敏锐洞察力（众所周知，这是柏格森式的主题），也展现了他与索邦大学信奉新康德主义的教授们的观念论哲学的深刻对立。他的早期著作还曾试图让想象的意识（imaging consciousness）成为一般意识的范式。事实上，如果萨特在我们这个时代被称为自由的哲学家，那么他也应该以同样的理由被认为是想象的哲学家。下文中，我们会看到各种不同形式的想象的意识。

萨特的终身伴侣西蒙·德·波伏娃曾讲述过他们遇到雷蒙·阿隆

（Raymond Aron）的故事，那是在阿隆从柏林逗留一年后返回的时候。波伏娃说，当阿隆讲到埃德蒙德·胡塞尔的新哲学时，说它可以"现象学地"描述个别对象，比如他们面前的鸡尾酒杯时，萨特"激动得面容失色"。她还回忆道，他们离开咖啡馆后，萨特一定要找到一间夜晚还开着门的书店，去买一本列维纳斯的《胡塞尔现象学中的直观理论》（*The Theory of Intuition in Husserl's Phenomenology*）。

如果说现象学让萨特能够从哲学上来思索具体的、个别的实在，那么其核心概念——意向性——则让他逃离"内在性原则"，后者使观念论哲学家陷入指向心灵的世界。观念论哲学家认为，从本质上说，实在是精神的或指向心灵的。贝克莱（Berkeley）的名言"存在即感知或被感知"就说明了这个观点。萨特在 1939 年发表了一篇论文，用意向性原则来反对这种观念论者的主张，也就是说，他认为意识本质上是指向他者的："任何意识都是关于他者的意识。"他甚至严格地用这一胡塞尔哲学原则来反对胡塞尔本人，指责胡塞尔通过求助"先验的"自我而不知不觉地陷入了观念论。

多年来，萨特坚定的实在论持续地影响着他的认识论观点。他一直坚称，我们可以认识实在的世界本身，历史事实不是我们个体的或集体的创造，以及任何一种处境严酷的人为性（facticity）事实上都必然涉及以下这种情况：失败只是一种"自欺"（bad faith）。这使得他在 20 世纪 50 年代容易转而信奉唯物主义哲学，尽管他最初是不情愿的。当然，机械唯物论从来不具有诱惑性。他从一开始就反对机械唯物论的主张。但是，他在从辩证唯物主义的新特征中剔除马克思主义者"经济主义"（economism）的准机械式运用之后，便开始诉诸马克思主义者所遵守的"历史的物质条件"，并着手将这些社会—历史的因素纳入其个体的自由—责任的哲学。

第二次世界大战是作为现象学的存在主义者的萨特与作为马克思主义的存在主义者之化身的萨特之间的分界点。他曾在一次访谈中讲到，在那些年里，他的"社会经验"促使他从意识哲学转向实践哲学，这一实践哲学被大致理解为处于物质的、社会—历史的环境中的人的行动。如果说将早期萨特看成彻底的现象学家是错误的——他在《自我的超越性》（*The Transcendence of the Ego*，1937）里对胡塞尔哲学基础概念的拒绝即是明证，那么干脆将其解读为马克思主义者同样是错误的。事实上，在最后的 10 年中，他明确否认自己是一位马克思主义者。他坚持认为，如果人们一定要作出这种命名的话，那么"存在主义者"也许是更加合适的标签。在《方法问题》（*Search for a Method*，1958）和《辩证理性批判》卷一（*Critique of Dialectical Reason*，vol.1，1960）中，他大量使用了历史唯物主义的范畴和论点。即便是在他关于福楼拜（Flaubert）的研究的巨著《家庭白痴》（*The Family Idiot*，1971—1972）里，尽管存在主义和马克思主义的术语相互缠绕其中，但他似乎仍然认为体力劳动和人的需要是实在的标准。不过，萨特在 1968 年学生运动之后与毛主义者（*Les maos*，极左分子）的联合，以及他和贝尼·莱维（Benny Levy）合作而未发表的关于另一种伦理学的成果，最终还是证实了这种判断，即萨特曾经是而且一直是一个道德家。正是对在社会批评中为道德评价保留一席之地的渴望，吸引着萨特靠近这些年轻的激进分子。就像他以明显厌恶的口气所说的，"共产主义者根本不在乎正义，他们想要的只是权力"（[3.28]，76）。正是道德家的秉性要多于他所谓"笛卡尔哲学"的秉性，让他稳稳地位列法国哲学传统之中。

　　萨特与莱维的最后一次对话是非常有争议的。西蒙·德·波伏娃和雷蒙·阿隆认为，这个年轻人利用萨特年老和健康欠佳的特点，设计出一个虚假的形象，即一个不再激进尖刻的萨特，一个驯服的战士。事实上，这些对话读起来确实像柏拉图的对话集，而莱维则扮演着苏格拉底这样的操控对话的角色。尽管不参照萨特思想的总体发展就阅读这些内容可能是不对的，但是将其中一些有争议的段落与萨特去世后才发表的、在其职业生涯不同阶段写出的材料中的主张相比较，就可以看出，至少萨特对自己众所周知的立场所作的某些所谓的修正，其实是他在那些其他完全没有受到莱维的传说中的影响的著作中辩护过的观点。因此，我们会看到，他关于爱和"博爱"（fraternity）的评论是被预言过的，并最终在其《伦理学笔记》（*Notebooks for an Ethics*，写于 1948—1949）中得到详细阐释和完善。同样，这也并不意味着萨特在其最后的岁月中"声明放弃"他的存在主义哲学。绝对不是那么回事。但是，这确实揭示出萨特是一位活生生的不断发展着的思想家，不断地应对其生命中一直变化着的挑战。对萨特来讲，哲学化地生活就是他在世界中存在的方式。

## 哲学贡献

存在主义者被刻画成非系统化的甚至反系统化的思想家。无疑，这来源于克尔凯郭尔对黑格尔"系统"观念的出了名的敌意以及尼采对一般纯理论哲学的苛责。但是，除非"系统化"哲学意味着"公理演绎"，否则，像萨特、梅洛-庞蒂、海德格尔（他本人拒绝与存在主义联系在一起）以及其他经典的存在主义思想家则都是严格而始终如一的理论家，依据清晰的方法而专事于对基础原则和概念的研究。考虑到萨特思想具有互相联系以及逐渐累积的特点，我们最好用标准的哲学学科分支来作为我们阐述的顺序。这不仅有助于我们思考其恢宏的全部作品，而且也会展现其理论性著作的整体性和连贯性。

## 方法论和认识论

萨特具有非凡的心理学描述天分。他的小说、戏剧和短篇故事都充满了对人的境遇中出现的既典型又戏剧性的时刻引人而又深刻的描述。所以，这也就难怪他会被胡塞尔"本质还原"的现象学方法所吸引。通过"对各种范例作出自由的、富于想象的变化"，胡塞尔提出要专注于讨论本质、埃多斯（*eidos*）或任何一个"对象"的可理解的轮廓。在现象学家眼中，不仅物理的自然、数学的抽象概念或形而上学的范畴，甚至忘恩负义的行为或艺术的事件都是其可能对象。就像法庭上艺术家的合成照片一样，这些简化描述用来揭示对象的形式、形象或本质，不管这个对象是如"物质对象"那样的抽象存在者以及像"怨恨"那样的情感，还是类似"这个玻璃杯"那样的特殊现象。最极致的描述性分析可以揭示所谈对象的本质特征，这些本质特征能够经得起描述者对它们所作的各种富有想象的变化。描述的现象学是亚里士多德所说的关于"形式因"而不是"动力因"的"科学"。正如胡塞尔所写，"现象学不是试图解释……而只是让我们去看"。关于所讨论的问题，当现象学的方法不能产生胡塞尔所谓"本质直观"（*Wesensschau*）的时候，它必须满足于各种可能或极有可能的意见。所以，萨特《想象心理学》一书的前两部分分别以"确定的"和"可能的"为标题。

　　我们所说的"视觉"认识论，尽管是胡塞尔的遗产，但仍保持着萨特哲学方法的一贯特征。它解释了萨特哲学作品中某些最吸引人的段落，也有助于将其理论性著作中的某些最抽象的部分加以"具体化"。不过，胡塞尔方法的预设是笛卡尔主义的，而在萨特包括《存在与虚无》在内的作品里，其基本主张则认为，对任何一种能够超越可能性到达确定性的方法来说，我思的形式都是必不可少的。在此方法中，关于个体的反思的意识这一见解，可被视为哲学辩论时的最高权威。尽管萨特在晚年似乎修正了这个观点，但却从没抛弃它。从他以福楼拜为主题的最后作品中保留了《存在与虚无》的语言就可以很清晰地看出这一点。"视觉"认识论和与之重叠的"实践"认识论之间的张力，呈现出萨特后期问题重重的哲学。

　　第二次世界大战之后，萨特采用了一种辩证方法，这是他在那个时期从黑格尔和马克思的著作中学到的。如他所见，对这个方法来说，至关重要的是"决定性"、"否定性"和"时间"这样的概念。他坚称，承认"未来的某种行动本身"就是辩证推理的特征。自笛卡尔以来，关于亚里士多德的"目的"因的解释在哲学上不那么流行了。但是萨特提出，我们认为人的行动（实践）与机械的行为是有区别的，这有赖于支配行动者的目的本身。

　　他批判笛卡尔以来的哲学家，认为他们"不能将否定性想象成生产性的"，这也是他在《存在与虚无》中当然要避免的疏忽，在《存在与虚无》中，否定性作为意识的本质特征占据着最重要的位置。只要意识/实践支持萨特的辩证法，那么这个辩证法最不同于黑格尔辩证法的地方就在于，它在辩证的演进中强调个体行动的首要性，以及它对辩证过程的任何一种"结束"的否定。一个关键性的主张，即任何一种极权主义毁灭的原因，就是萨特的这样一个主题——一个"极权化的"意识/实践不可能将自身囊括其中，也就是说，它不能被完全吸纳进一个其极权化的行动是其中一部分的社会整体。这一在早期萨特中存在的意识的"虚无主义"特征，在后期萨特的实践理论中继续保持着，用来抑制其社会思想中的"有机主义的"（organicist）或极权主义的倾向。

　　后期萨特作为辩证的思想家更喜欢用"见解"（notions）而非"概念"

（concepts）来作为表达历史的可理解性的手段。萨特认为，仅仅凭借发展着的思想就可以使易变不居的实在成为可理解的，而且在这么做的时候，能动而富有活力的见解比固定不变的概念更具有优越性。概念如同亚里士多德和康德的"范畴"一样，是非时间性的，而见解则在其意义中包含一种与时间性之间的本质关系。我们可以将"见解"作为"辩证的概念"，将萨特《存在与虚无》之后的作品当作充满了这样的见解来加以解读。

萨特关于方法的著述是《方法问题》，它最初是以论文形式出版的，随后作为《辩证理性批判》的"序言"发表。它在方法上结合了现象学的和辩证的要素，这一方法是对世纪之交德国社会理论中的"理解（Verstehen）方法"的发展。该方法需要三个阶段或维度。第一步是对所研究的主题进行现象学的描述。本质还原的终点现在则构成了萨特哲学方法的开端。第二步是一种"后退的"运动，从研究对象后退到其可能性条件。这些可能性条件可能是纯粹"形式上"的，比如萨特在《辩证理性批判》第一卷中揭露的社会关系结构；也可能包含具体的内容，比如对年轻福楼拜的社会心理发展起决定作用的家庭内部关系。第三步被萨特称为"前进—逆溯"（progressive-regressive）法，即关于这些物质条件和形式条件的内部化/外部化的螺旋式发展，这个螺旋式发展是由行动者推动的，后者的"意义—指向"有待我们去揭露。如果能够成功，那么这个前进—逆溯法就可以使我们像他或她理解其自身那样地"理解"（而非"使其概念化"）行动者，甚至比他或她对自身的理解更好地理解行动者，这是自康德以来诠释学研究的理想。

### 心理学

80　　萨特最早出版的哲学著作都是关于心理学的：《想象》（*Imagination*，1936）、《情绪理论大纲》（*Sketch for a Theory of Emotions*，1939）以及《想象心理学》。并非巧合的是，这些著作都强调想象在我们精神生活中的作用，都深入地致力于胡塞尔的论点，即意向性是心理的决定性特征。这些著作都在萨特后来的著作中保持着影响力。

萨特关于想象的现象学分析揭示出其结构的三个特征：想象是一种意识；就像所有意识一样，它是意向性的；而且，在其"意指"它的对象，也即诸如不在场的、不存在的或不真实的对象这一点上，它有别于感知的意识。

萨特认为，说起来，"想象的意识"以及与其相对应的"影像"（images）要比"想象"（imagination）好一些。后者的表达形式倾向于将意识实体化，并将影像变成拟像（*simulacra*），变成某些"外在的"对象的"内在的"图像。这样的谈论是对萨特所称的"内在错觉"（illusion of immanence）的妥协，"内在错觉"同样是实在论者和观念论者的观点。更确切地说，想象的意识应被想成一种在世界中存在的方式，一种萨特所采用的胡塞尔哲学的术语。意向性避免了传统的内在—外在的认识论悖论，说明了意识的相关特征。想象的意识使感知的或回忆的对象"去真实化"（derealizing），在一种特有的想象的模式中与其发生联系。这种去真实化的行动需要物理的或精神的材料（例如，分别对美学对象或梦的对象来说的着色表面或光幻视），来充当想象的对象的类同物（analogue）。萨特的"典型类同物"（representative analogue）概念在其美学理论中可以算是非常独创的和很有意思的。对萨特所创作的关于波德莱尔（Baudelaire）、热内（Genet）、福楼拜以及马拉美（Mallarmé）这些"想象之王"们（lords of the imaginary）的存在主义的传记来说，它是必不可少的。每个人都以萨特特有的方式被描绘成这个样子，即将他所处的当代资产阶级世界"去真实化"，并用他的艺术来迷惑他者，让他者也这么做。一个概念上的瑕疵削弱了萨特的使用，那就是，他无法详细解释这些基本术语——"类比"（analogy）和"类同物"——意味着什么。

关于想象的意识，其特征可以被概括如下："想象是这样一种行动，它以物理的或精神的内涵的方式意指［按字面意义来说，即'瞄准'（*vise*）］从肉体性上来讲不在场的或不存在的对象，而且这种物理的或精神的内涵不是以其本身的方式被给予的，而只是作为被意指对象的'典型类同物'被给予的。"（［3.30］，25；法文原版，45）萨特在其写作的最初阶段就提出将想象的意识作为可能性、否定性和缺如（lack）的场所，并坚持认为，只有在想象的活动中对象的"虚无"才能被揭露出来（［3.30］，243—245；法文原版，360—361），这是很不简单的，因为在《存在与虚无》之中及其后，这些观点才作为一般意识的固有特征而出现。如果说萨特早期哲学如他所承认

*81*

的那样，是一种"意识哲学"，那么就此而言，它同样是一种想象的哲学。我们对他思想和著作的全面概述将证明，视他为想象的哲学家和视他为自由的哲学家（这是他通常被冠以的名号）是一样的。

萨特对情感的分析和他对想象的分析完全是同时进行的。如同想象一样，情感不是以某种方式与外在刺激保持一致的"内在的状态"。同样，情感也不能还原成某些人所认为的生理表现。情感意识是另一种在世界中存在的方式。在这种情况下，它需要一种生理学的改变，将其变成一种以"神奇的"方式与世界相联系的手段。情感意识是"失败的行为"（*la conduite d'échec*），是一种表达，它将在萨特关于福楼拜的传记中扮演非常重要的角色。行动者尽管不能通过理性的行动改变世界，但却可以改变他/她自身，来想象出一个不再让人沮丧的世界。因此，高尔夫球手会在他/她不能避开沙坑障碍时脸红。萨特将其读解为意识的行为，也即"意向性的"行为。其目的是，经由出汗、血压升高、情绪变激动等诸如此类——这些身体变化"意欲"帮助将球打到草坪上——的人身体上的变化，像被施了魔法一样地产生另一个世界。再一次，萨特的现象学描述力图逃避"内在生活"，并强调意识与世界、心理学与本体论之间的相互关系。

## 本体论

如果说萨特是一个道德家，那么从根本上说，他也是一个本体论者。萨特的伦理学与本体论之间的紧密联系，给他的思想增添了一种"传统的"特色，使其与法国近年来知识分子的思想格格不入。他的名著《存在与虚无》，其副标题是"关于现象学的本体论的论文"，详尽阐述了萨特关于存在（本体论）理论的基本范畴，并以伦理学的承诺作为结束，但后者在萨特的有生之年却从未出现。

尽管萨特受到黑格尔《精神现象学》中的分裂（divisions）的启发，但他一直依赖胡塞尔本质还原的"必然"证据，着手于对存在的基本形式的描述。他将其称为"自在的存在"（*être-en-soi*）、"自为的存在"（*être-pour-soi*）和"为他的存在"（*être-pour-autrui*）。每一类都具有与众不同的特点，82 不可化约为其他类。利用现象学与心理学、本体论以及文学"评论"之间的接近性，萨特依赖有力的证据和比喻修辞来表达其洞见。事实上，他的第一部成功的文学作品《恶心》（1938），就极富想象力地预先提出和"完成"了五年后才发表的《存在与虚无》的主题和论点。

自在的存在或非意识是充满惰性的。它是自我同一的，也没有一般属于实在论者的本体论中的存在的特性。例如，它既不是主动的也不是被动的，它超越了否定与肯定（除了"它是"以及"它是自我同一的"这样的判断之外），也不知道他性（otherness），不是处于时间性中的主体，它既不是从可能性中来的，也不会还原到必然性里去。"非创造性的、没有存在理由的、与其他存在也没有任何联系的所谓自在的存在，永远都是多余的（不必要的）。"（[3.2]，lxvi）萨特是从对所有存在现象进行初步的现象学研究中获得这些特征的。萨特证实这些特征，是通过求助某些像恶心和厌恶这样的经验，他相信这些经验对自在的存在的本体论性质具有启发性。

自为的存在或意识是与自在的存在相反的概念，它是其自身的内在否定性。它使得"他性"发挥作用，精确地说，它是非自我同一的，它被描述为一种"纯粹自发的增长"，一种萨特的概念与传统德国观念论中心灵的概念所共同具有的特征。自为将它以其意向性关系所构成的"世界""时间化"。正如我们在前面所提到的，意识是可能性、否定性和缺如的场所。在《存在与虚无》的开头部分，萨特着手对我们的考问活动进行分析，这无疑是一种从海德格尔的《存在与时间》中学来的策略，萨特的著作与《存在与时间》颇有一些密切关系。他的描述性分析最后论证出，从对象的脆弱性到朋友的缺乏，这种弥漫在我们生活中的否定性并不依赖判断的行为——从一般的观点来看——而是恰恰相反。我们"对非存在具有某种判断前的理解"（[3.2]，7）；而且，正是这种前判断的理解成为栖居于我们世界之中的否定的判断与实在（négativités）的牢固基础。萨特继续讨论道，意识与世界之间的"虚无"关系是可能的，仅仅因为，意识（自为）具有非物性（néant）以及"他者化"（othering）关系这种秉性，当意识与自在的存在一起构成存在主义的"处境"的时候，它也使得自在（"物性"）陷入绝境。

意识的本质是自在的存在的内在否定性或非物性，这一本质解释了萨特本体论中存在的众多悖论。其中，首要的悖论就是宣称"人的实在"（他对

海德格尔的 *Dasein* 的翻译），"不是它是什么……而是它不是什么"（[3.2]，123）。人的实在"是"它的自我，它的过去，它的"人为性"，是它的处境以非存在的方式所给予的东西，即自在的存在的内在否定性。从隐喻的意义上来讲，自为在它自身与任何希望归属于它的谓语之间"藏匿"了虚无（*le néant*）或他性。这些词语的缠绕意味着自为的短暂性，意味着一种传递性，一种与时间性的传递性相类似的传递性，一种自为所创造的传递性。

追随海德格尔，萨特将活生生的或绽出的（*ekstatic*）时间性与由精密计时器所衡量的"国际标准时间"区分开来。后者是定量的、均匀的；而前者是定性的、不均匀的。自为存在不是像手在手套中那样"在"时间之中，甚至不是手套"在"时间中那样地"在"时间之中。相反，它将它所构成的世界"时间化"。自为的存在"存在"于三种时间性的绽出之中：作为人为性的或"已然"的过去，作为可能性的或"未然"的未来，以及作为"呈现出来"的现在或作为立即联合在一起并将自为与存在区分开的"他者化"关系的现在。这是原始综合的二个结构性的时刻。萨特坚持认为，强调当前的绽出要强于像海德格尔那样强调未来，因为当前的呈现最佳地例证了自在的存在的内在性否定，而自在的存在的内在否定性是时间性的完全综合的形式。（[3.2]，142）

当人们从自在与自为的抽象概念转移到具体的个体行动者的时候，像自在的存在和自为的存在这些功能性的概念就分别承担着"人为性"和"超越性"的功能。每一个个体都存在于处境之中，而"处境"是关于已经给定的事实的模糊而不确定的混合，它包括人的物理环境和文化环境，也包括人的先前选择以及超越这些选择的谋划。这些已经给定的事实必须是被预料到的，但萨特也坚持认为，它们不是确定性的。"人总是能够做到超越他已经被铸成的样子"，这是萨特人文主义的箴言。他职业生涯的前半段用来解释这句话的第一部分；其职业生涯的剩余阶段则致力于阐述社会和历史在没有完全拿走我们的选择的情况下，是如何限制我们的选择的。

尽管萨特坚持主张"为他的存在"与"自在"和"自为"一样，都是根本性的，但很显然，为他的存在在本体论上依赖自在与自为。在《存在与虚无》的一个最著名段落中，他用将羞耻意识的本质还原为他人心灵的存在提出了他的"证据"。为什么我们怀有关于他者心灵存在的确定性？萨特对解释诸如此类问题的传统论调的充分性提出了批判，之后，他对这个例子作出了一个"想象的重构"，从而揭示在本质上这样的确定性是如何在我们的羞耻经验中出现的。

他假设某人正从钥匙孔看一对夫妇。如同所有萨特哲学意义上的意识一样，这对夫妇的意识正在一种相互的凝视中将彼此对象化。偷窥者是一种"纯粹的"意识，他在看却没有被看，正在对象化别人却没有被对象化，反之，这对夫妇却正处在看与被看的相互关系中，没有发觉第三方的存在。突然，偷窥者听到背后有声音。在完全相同的羞耻感的反应中，他感受到作为主体的他者以及作为被对象化的自身。换句话说，他的羞耻经验可以被分析为其可能性的条件，即他的被他人意识所感知的具身化。除非有其他的主体将其对象化，否则人是不可能被对象化的；同样，除非他是作为具身化的存在，否则他也不可能感到羞耻。即便最后证明这声音是一个错误的警报，比如仅仅是门帘的沙沙声，这个行动者也立即有了将他者作为主体的经验；他的/她的脸上也出现了红晕。这个关于他者心灵的"证据"是经验性的。不同于某些薄弱无力的类比的可能性，它能够产生本质直观的确定性。

在建立了他者心灵的存在之后——尽管是在"前数值化的"一般方式下建立的，这一方式为我的为他存在提供了一个我被任何一个特殊的主体对象化的前提（[3.2]，280-281）——萨特将他本体论的研究对准了这一经验的每一个条件，即身体和其他的主体。

身体性地在世界中存在具有三个维度，也就是说，作为自为的身体，作为为他的身体，以及作为以萨特所说的方式而存在的身体，即"我是一个身体被他者所知道的为我的存在"（[3.2]，351）。萨特认为，心灵—身体问题的荒谬之处来自我们不能在本体论的水平上凝视我们的身体，尤其来自我们对为他的身体的最开始的分析。后者的分析方式将身体看成事物中的事物，因而将身体与意识和其他身体的关系看成外在的。萨特则相反，他开始将身体看作自为的存在，也就是说，作为我在世界中存在的方式。就此而论，身体是（前—反思地）"活生生地存在着的"，而不是（反思地）"被认识的"，它是我是其所是的手段的绝对中心，而不是我所运用的工具，同时它还是我此时此刻的观点，我在世界中由此出发去行动的立脚点。因此，萨特可以宣称"自为的存在必须完完全全地是身体，它必须完完全全地是意识；它不能与身体相联合"（[3.2]，305）。萨特独特的"唯物主义"依赖对身体的辩护，将身体也看成完全意向性的，换句话说，身体并非仅仅与使行动者个体化的谋划保持外在的关系。因此，身体是存在的"处境"中必不可少的一部分，是一种手段，经由它，我们处境的其他"必然的偶然性"，比如我们的种族、我们的阶级以及我们的过去全都混合在一起。换句话说，作为自为存在的身体是我们人为性的最基本形式。

一旦我们现象学地描述了我们身体"存在的"方式，将为他的身体误读为事物中的事物这样的诱惑就不存在了。为他的身体现在是作为他者的肉身（flesh）出现的，这是被梅洛-庞蒂详尽说明的术语，而对萨特来说，它则意味着"（他者的）在场的纯粹偶然性"（[3.2]，343）。他所说的"肉身的纯粹直觉"在他者的脸上是尤其明显的（这一主张引起与列维纳斯观点的比较，后者关注他者的首要地位以及其所揭示的面孔的伦理学意义）。身体因此被揭示为"生命与行动的综合整体"（[3.2]，346）。

对萨特来说，身体的第三个本体论维度是"作为被他者知道的我的身体"。这意味着，我们在他者面前的在世之在中有着真实但无法掌控的一面——诗人所说的"就像他者在看我们"。如果说羞耻意识揭示了其他主体的存在，那么像害羞这样的情感结构则显示出关于我的身体的一种生动的认知，即我的身体不是为我的存在而是"为他"的存在。重要的是，萨特认为，语言抽象地显示出我们的为他的身体的主要结构。我们随后会注意到萨特将语言置于"实践—惰性"（practico-inert）之中。语言与为他的身体之间的这种关系是萨特本体论的暗示性的维度，尚须全面考察。

在萨特最典型的存在主义中，其社会维度详细阐明了我们的为他之在，也同样详尽阐明了我们在处境中存在的人为性。关于我们与他人之间的基本关系，比如试图通过虐待狂或受虐狂的策略来"将他者的自由同化"，萨特有过著名的分析，这一分析让公众既震惊又愤慨，并为他在20世纪40年代后期赢得了悲观厌世的名声。他的戏剧《密室》（1944）中一句广为人知的台词，"他人即地狱"（*l'enfer，c'est les autres*），更是强化了其悲观厌世的名声。

尽管他后来将这些评论融入《存在与虚无》的段落，在《存在与虚无》中组成一个注释，用来指涉在一个像我们这样"疏离的社会"中的人与人之间的关系，但是构建一个更令人满意的社会理论的困难和障碍从根源上说是本体论上的，而不是历史的：他的关于人际关系的看/被看模型。直到《辩证理性批判》，这一思想才被超越，萨特才勉强给我们提供了一个关于他者的更显而易见的理论，但严格说来，这一理论并不是社会哲学。

### 伦理学

现在将萨特的伦理学思想分成三个阶段已经很常见了：在其最典型的存在主义时期是关于本真性（authenticity）的伦理学，在 20 世纪 50 年代和 60 年代开始构想出的是辩证伦理学，在其去世之前的那段时期他与贝尼·莱维一起形成的是"我们的伦理学"（ethic of the we）。由于第一阶段的伦理学是他最广为人知的，也是阐述最详细的理论，所以我们将集中致力于分析其关于本真性的伦理学。

如前所述，如果说有什么存在主义者的"美德"，那么它就是本真性。恰当地讲，这个概念的基础是本体论上的："人是自由的，因为他不是自我而是面对自我在场（presence-to-self）。"（[3.2]，440）换句话说，人的实在是"距离的存在"——不管它是什么，它都具有以不—存在的方式存在的性质，也就是说，是有别于—那一个（Other-than-that）的存在。因此，在萨特所举的例子里，男性同性恋的朋友极力主张这位同性恋者"公开"身份并承认他是同性恋，实际上是要他成为非本真的，要他像"石头就是石头这样的方式"成为同性恋者，即以自在的存在的自我同一的方式成为同性恋者。但是，当然，这恰恰是他不能做的——因为，作为意识，他是作为一名同性恋者处于"处境中"的。以超越其人为性的方式，他才是同性恋者，是法国人，是勇敢的或其他什么。但尽管如此，这仍然是那个他所超越的人为性，是"虚无"，是"他者"。而"道德的"挑战，如果这个词合适的话，将会日复一日地存在于这样的紧张状态之中。就像已经改过的赌徒或酒鬼并不能在多年戒瘾成功之后就可以安然放心于他或她的"节制"一样，人们也同样不能甘心认同自己为完全的同性恋身份。被其他人看成悲观的东西，萨特却从中看出了希望：我们并不被我们的教养、品性或者过去的行为所判定；我们不受任何一种决定论的控制；我们总是能够做到超越我们已经被铸成的样子。

也许萨特在其有生之年出版的关于"本真性"的最好的描述出现在《反犹分子》（*Anti-Semite and Jew*，1946）中："本真性在于具有真实而清晰的关于处境的意识，在于承担本真性所牵涉的责任与危险，也在于不管是在骄傲中还是耻辱中，甚至有时是在恐惧中或憎恨中接受这种本真性。"（[3.1]，90）出现于一般的存在主义那里特别是萨特哲学里的，是一种具有伦理风格的本真性。它的元素包括：首先，是对人为性和可能性也即存在的处境的不断增强的感知；其次，是自我在这个存在的处境中所作出的创造性选择；最后，是拥有或占有这个选择的结果，即这个改变了的处境和改变了的自我的结果。如同他在在他去世后出版的《伦理学笔记》（1992）中所说的，"正是这一人类谋划的双重的、同时性的方面，这一与其核心无关并通过重复反思而使其神圣的方面，才使其成为本真的存在"（[3.26]，481）。这不是爱命运（*amor fati*）。将自身轻易地托付给他的人为性，这是一种谎言，因为它否定了存在处境的其他维度，否定了超越性和意识，后者必须承受这种顺从，从而给反抗留下一个持久的可能性。甚而，本真性是对"有勇气立即到达我们在两个方向上的极限"（[3.32]，599）的挑战。这是萨特从他的本真性的"英雄"——让·热内（Jean Genet）的传记中获得的道德。

"处境"的模棱两可，它的关于人为性和超越性的不确定的混合（*mélange*），反映了人类实在的非自我一致性。它使得"自欺"，也即萨特哲学中最著名的道德范畴，成为本体论上可能的。自欺有两种基本形式，这取决于个体是逃避他或她的自由—可能性的痛苦而去认同人为性（比如，一个彻底被"治好"的酗酒者），还是否认环境的力量而漂泊在纯粹可能性的王国之中［就像詹姆斯·瑟伯（James Thurber）小说中的沃尔特·密蒂（Walter Mitty）一样］。每一种形式都是"对自己撒谎"的一种，而对自己撒谎当然是不可能的，除非给人的实在性引进其他不同的他性或者内在的距离，也即影响意识自身的东西。

　　萨特在人的存在方式中发现了一种双重的二元性：本体论的（面对自我在场）和心理学的（意识层面上的）。前者解释了影响我们存在的他性；后者对我们的意识作出划分，以至我们能够在不"认识"它的情况下意识它。前者形成了分裂；后者使自我—欺骗成为可能。在《存在与虚无》中，萨特提出了"前反思的"意识和"反思的"意识。前者是我们对他者、对我们的在世界中存在的一种当即经验。它不是被逐渐接近的，而是当反思介入的时候就"已经在世界中"，在这个意义上说，它是绽出的和前个人的。伴随着反思的出现，（作为准反思对象的）自我，作为与源自前反思的"理解"术语有所区别的"知识"概念，以及他在"形成心灵"的时候致力于仔细思虑的对象，都随之而来。

　　十分重要的是，前—反思同时享有认识论上的和本体论上的首要地位。它是"基本谋划"这一级别的，为我们反思的时刻以及伴随着每一意识行动的"理解"所发生的场所确定方向。事实上，在萨特思想中，"前反思的理解"是以一种不同于弗洛伊德（Freud）的"无意识"（unconscious）的方式在起作用，而后者众所周知是萨特所反对的。对萨特来说，首要的和关键的区别在于求助前反思会增强而不是削弱责任感。在其引发争议的作品中，萨特让我们坚守的最大责任是对"前反思的理解"这一影响深远的概念的应用：我们都理解我们将要成为什么，即使我们并非反思性地知道它。意识和责任具有相同的外延。

　　考虑到道德责任的传统条件，即道德责任中知识这一要素以及道德责任的某些管辖范围，那么这种关于意识和责任的实质性同一将会给很多人一种夸张的印象。在一小节的短小篇幅里，我们不可能详细讨论这一问题，但有一点值得注意，作为一个"关于某事件或某对象的无可争辩的作者"（[3.2]，553），在这个意义上，萨特是关注"责任"的。我们称为意向活动的（noetic）责任的东西，即我们对构成"我们的世界"的意义的运用，是萨特所承认的关于责任的其他形式的基础。而在这里，宣称意识和责任在外延上是等同的，似乎并非难以置信。萨特偶尔拿出这张王牌作回应："好吧，<sub>88</sub>他或她总是能够自杀的"，这时候他就肯定了这一解释。关键在于，即使他们没有这样做，他们也已经在存在主义的意义上"选择了"这个他们生活于其中的"世界"。

根本性的"选择"或谋划既是存在主义本体论的个体化特征，即在意识之中又区别于意识的因素，也是使其彻底地为自身的处境负责的人类实在的整体化方面。尽管这概念是有问题的——萨特曾经将其与心理学意义上的"选择性注意"（selective attention）相比较——它却与他所宣称的始终保持一致，他宣称，自在不能对意识起作用，自为是"纯粹自发的增长"，而意识是使动机得以激发的东西。有些人将根本性选择与 R. M. 黑尔（R. M. Hare）的"原则决定"（decisions of principle）相比较，这是因为两者都处于人们在解决争论时所求助的原则之先。正如萨特所说，当人在决定面前犹豫不决的时候，"筹码（已经）落下来了"（［3.2］，451）。根本性选择是本质上的，不是选择性的。它与前反思意识紧密相连。正是这个我们"是/曾经是"的以及用来释义野蛮时代的"选择"，被萨特引进并用来表达生活时间的传递性以及严格的人为性。

因为在艾丽丝·默多克（Iris Murdoch）所谓萨特的"伟大而不精确的等式"（great inexact equations）中，意识、选择、自由、责任是在外延上大致等同的术语，所以对本真性的挑战和非本真性的结果是无所不包的。比如，存在一个"自欺的世界观（*Weltanschauung*）"；它构成了在世界中存在的一种方式。（［3.2］，68）

在 20 世纪 60 年代的一组未发表的演讲稿中，萨特开始详尽阐述另一种辩证的伦理学。比起 20 年前萨特极具个人主义特色的立场，它更加专注社会性的一面。这一理论建立在这些基础之上，即萨特关于处境的概念、关于道德选择的典范以及没有人能够在奴役状态下还是自由的这个论点——这些主题在其早期著作中曾被简单地讨论过。他的本体论范畴是《辩证理性批判》中的东西，而他的论述——其中绝大部分还是初步的和概略性的——则是关于道德经验的现象学描述，特别是关于如何追随道德规范以及在道德危机与创新之际对道德规范的违反等经验的现象学描述。理想的典范再也不是"本真的"个体，而是"完整的人"，他被大体上理解为这样一个人，即已经进入与他人的积极互惠的关系，其中，他人基本的动物性需求和人类需求都同样地得到了满足，以至于他们从物质匮乏的异化暴政以及由之引起的暴力行为中解放出来。萨特承认，这些必然是含混不清的概念，因为它们的精确性是从它们所反对的东西中得到的，也即从萨特所称的"次级的人"（sub-man）或当代社会里被压迫的和压迫的个体那里得到的。在当前我们社会存在的状态中，最应该被称为"完整的人"的是这样的人，通过坚持不懈地拒绝像次级的人那样活着，他或她有可能使自己成为完整的人。尽管萨特引用殖民者—原住民的关系来为次级的人性（sub-humanity）这一术语做例证，不过，他始终将次级的人视为更普遍的关系的例证，即具有中产阶级社会特征的压迫性实践与结构性剥削这样的更普遍关系的例证。

很显然，萨特并不满意这第二种伦理学的尝试，于是，在他最后的岁月里，他开始在与贝尼·莱维的讨论中进行第三种伦理学研究。第三种伦理学被萨特描述为"我们的伦理学"，关于它的叙述仍然湮没在归莱维所有的磁带录音中。从萨特多少有些夸张的描述中，我们可以知道，这本属于两个人的书（*livre à deux*），其成果将不会保留任何一个他早期哲学中的未受批判的主要论题。不过，正如我们在前面所指出的那样，业已出版的会谈已经表明，事实并非如此，它们确实显示某些早期著作诸如《伦理学笔记》中的更加"肯定的"主题的复活。不管怎样，如果这些磁带出版，几乎可以肯定的是它们将主要具有传记方面的价值，而不可能成为我们抛弃萨特盛年时期系统化思想的根据。

### 存在主义的精神分析

尽管"还没有发现它的弗洛伊德"（[3.2]，575），这一理解行动者之基本谋划的方法还是有越来越多的细节出现在萨特关于波德莱尔、热内和福楼拜的传记以及获得诺贝尔文学奖的自传《词语》（*The Words*）中。

这一方法是对《存在与虚无》中的本体论的应用，尽管并不依赖后者饱受怀疑的社会理论。它假设人类实在是一个总体化（totalization）而非一个总体（totality），而这一不断进行中的统一体是由存在的谋划所锻造的。如果说人的实在是有意识地与自身保持一致的"无用的激情"（useless passion），是成为"自在自为"（in-itself-for-itself）的"无用的激情"，也就是说，如果我们每个人都例证了渴望成为上帝这一著名的徒劳的欲望，那么精神分析则将诠释学运用在个体生活的符号上，来表明其在这种徒劳的欲望中生活的独特方式——例如，不管是本真的还是非本真的。因为前—反思的意识取代了弗洛伊德学说中的无意识，所以萨特认为，完全地理解一个个体，即在彻底透明的情况下揭露他或她的自我定义的谋划，基本上是可能的。就像在存在主义热情的鼎盛时期众多宣言所明确表达的那样，完全透明性的理想在萨特的后期著作中是被准许的，在那里周遭的力量（"也就是改变我们的东西"）限制了绝对的自由，而意识形态则笼罩在个体的意识之上。但是，

*90* 萨特忠于卢梭（Rousseauian）哲学中关于人与社会的透明性的概念，至少将其作为一个理想典范而忠于它。

萨特对弗洛伊德爱恨交织的关系仍然需要重新描述。一方面，他拒绝了弗洛伊德的无意识概念，认为其具有决定论的性质，并批判弗洛伊德的"稽查员"（censor）这一概念，认为它是处于自欺之中的（它既知道也不知道对意识来说什么是可接受的）。然而，他又以这样的方式来使用前—反思意识这个概念，即在一些重要的方面模仿弗洛伊德的无意识，并让精神分析师向接受精神分析的人揭示他或她迄今为止所并不知道的（从反思的意义上讲的）意义。为约翰·休斯顿（John Houston）的电影准备后来并未拍摄出来的剧本的过程——这一剧本后来以《弗洛伊德电影脚本》（*The Freud Scenario*）为名出版——迫使萨特重新思考其关于无意识的观点。他承认，他发现拉康的以语言建构的无意识理论会少些麻烦，但这个观点还不至于让他欣然接受。这个个体的自由—责任的概念一如既往地保持着非可协商性（non-negotiable）。

萨特关于存在主义精神分析的最具雄心的实践，以及对前进—逆溯法的最彻底的运用，就是他对福楼拜的著作与生活所做的大量研究——《家庭白痴》（1971—1972）。超过 3 000 页的原稿，构成了萨特智力活动的一种总结，包括从本体论和精神分析到文学和社会批判的所有方面。它提出这样的问题，"此时此刻，我们对于人类存在能知道什么？"（［3.15］，法文原版，vol. I，ix）存在主义精神分析与历史唯物主义的综合，即前进—逆溯法，试图发现福楼拜的根本谋划，也就是，通过接受"神经质的"生活方式而来的他的非真实的—想象中的"选择"。这种"神经质的"生活方式是资产阶级社

会强加给福楼拜那一代人中任何一个想要成为艺术家的人身上的。随着传记在萨特职业生涯的第二阶段变得很常见，其内容开始扩大到社会批判领域。在萨特的工作中，既平庸又深刻的东西是他的这种尝试，即通过福楼拜进步的"个性化"及作品与《包法利夫人》（*Madame Bovary*）的公众反应之间的辩证关系来理解福楼拜的生活与时代。在相互的阐明中来研究一个历史人物的"生活与时代"，这是老生常谈了。但是，萨特试图理解为什么福楼拜必须要写《包法利夫人》以及他是如何在最后宣称"我就是包法利夫人"的，这还是有着某些大胆的"理性主义的"色彩的。

### 哲学与文学

在我们这个世纪，没有哪个思想家比萨特能够更充分地将这两个学科紧密结合起来。他的长篇小说、短篇小说和戏剧使得他的读者拒绝接受大多数哲学家，而他的评论，即收集在十卷本《境况种种》（*Situations*）中的即兴篇章，则使他成为那个领域里的主要声音。这些评论因他在第二次世界大战后创立的观点与评论性杂志——《现代》而得到进一步推动。在最初发表在这个杂志上、后来以书的形式出版的文集《文学是什么？》（*What is Literature*? 1947）中，萨特为他的"介入文学"（*littérature engagée*）这一概念进行了辩护。有鉴于他关于基本谋划的本体论命题以及自欺的可能性，萨特从本真性和非本真性方面来考察文学艺术，不仅考察其内容方面（这多少有些社会主义批判的气息），而且更考察其形式方面。

萨特将散文从他一般所说的"诗"中区别了出来，并坚持认为后者不能是介入的。诗把它的"类同物"（词语、音乐的声响、画面以及诸如此类的东西）作为自身的结束。它们并非超越自身而指向我们的在世之在，而是通过为审美对象提供缺席的一在场，也即想象性地在场，为其自身绕开这一由内向外的运动。我们可以这样说，对萨特来讲，散文越过伸出的手指看到被指出的对象，而"诗歌"则仅仅聚焦指尖。尽管它并非正好是逃避现实的，这种艺术还是避免了危机时期的挑战。萨特认为第二次世界大战以后的岁月就恰好形成了这样的时期。因此，他提出这样的建议，艺术家应该专心探讨社会关注的问题，并且要以"赋予资产阶级一个坏良知"这样的方式来探讨。当萨特自己履行这个建议的时候——十分讽刺的是，此时正是诺贝尔委员会准备授予他诺贝尔文学奖的时候——这时的萨特除了改编欧里庇得斯（Euripides）的《特洛伊妇女》（*The Trojan Women*，1965）以及关于福楼拜的"真实的小说"以外，几乎完全放弃了想象类文学。然而，这种向介入文学的转变恰恰揭示出，归根结底，诗歌与散文之间的区别是功能性的，而不是实质性的，同时还揭示出，想象的"现实感缺失"甚至能够在萨特想要摒弃的"诗歌"体裁中建构一种社会行动的类型。事实上，他早期（1948）对法国黑人诗歌的赞美，将其赞为"我们时代仅有的伟大的革命诗歌"（[3.36]，vol.3，p.233），表明他已经理解了他从开始以一种功能性的方式所做的区分。

在此，我们应该总结一下萨特美学理论的诸元素。它的基础是在《想象心理学》中建立的想象的意识这一理论。它用意向性来构建"审美对象"，物理的人工制品充当这个审美对象的类似物（analogon）。认知的"意向"和情感的"意向"共同协力促成"当下化"（presentify），即想象性地为"缺席的—在场"提供以审美的方式存在的对象。在抽象艺术的例子中，人工制品充当自身的类似物。词语或它们的语法结构和句法结构组成了文学对象的类似物，也即一个具有自身特有的空间与时间的"世界"，它是关于我92 们实践的真实世界的"现实感缺失"。考虑到对萨特来说想象意识的范式性质以及"意识"和"自由"在外延上的等同性，当我们发现他将艺术作品看作"一个自由对另一个自由的邀请与吸引"，以及他将艺术创造力解释为慷慨的行为时，我们就不那么奇怪了。事实上，正如我们即将看到的，在萨特的"城市的终结"（city of ends）中，"邀请—回应"作为理想的社会关系模型取代了"命令—服从"模型。

## 社会哲学

在让·热奈的传记中，萨特公开承认："长时间以来，我们都相信18世纪遗赠给我们的社会原子论……事实是，'人的实在''是—在—社会中的'，就像它'是—在—世界中的'一样；它既不是一种禀性，也不是一种状态；它是被铸造出来的。"（[3.32]，590）正如我们前面所提到的，建立一种适当的社会理论的可能性，被萨特关于人际关系的看/被看模型所阻碍了。这一本体论充其量保证了方法论的个人主义，也即他昔日的朋友雷蒙·阿隆在社会领域向他描述过的。但是，通过将他的意识哲学纳入实践哲学，萨特从性质上增加了其思想中社会学的潜在可能性。不存在诸如复数的看这样的东西，除非仅仅作为心理学的经验（一种方法论的个人主义的基本主张），然而，当我的行动被合并进一个群体的行动的时候，却存在我的行动上的"综合的丰富性"。"我们"可以做很多对孤独的我来说不可能做的事情。

萨特对社会哲学最重要的贡献是在社会本体论层面上作出的，也即在关于个体和群体的同一性与行动这一理论层面上作出的。这需要两种概念形式，实践—惰性和第三者的中介（mediating third）。但是，不管解释哪一个，我们都必须首先阐明实践（*praxis*）的概念，这是他的社会理论运转的轴心。

实践意味着在其文化环境中的有目的的人类行动。它有别于直接从历史过程中而来的人类行动；其"世界"是一个意义的视域，这个意义的视域已经"在那里"了，不过仍然有可能根据不断进行中的谋划而被加以阐释。但是，虽然关于意向、意义和意向活动的责任等内容的胡塞尔哲学式的论述在《存在与虚无》中占据着支配地位，不过，在《辩证理性批判》中，萨特则显示出对历史唯物主义语言的显著偏爱。实践的基本形式是作为对物质需求的回应的劳动。这种最初的关系克服了萨特理论有可能产生的任何一种徘徊萦绕的观念论，并产生了否定的辩证法，否定的否定，以及根据黑格尔—马克思的传统而来的超越性（*dépassement*）。如果说早期的萨特给人留下了这样的印象，即一个人可以轻易地改变自身而不是改变世界，那么，由于这些 *93* 术语在任何情况下都是相互关联的，因而这种"斯多葛式的"自由会遭到后期的萨特的强烈反对，而人之处境的实际组成部分将最终得到其应有的评价。

自在的功能性继承者，即"实践—惰性"，指的是处在他性中的我们的社会处境的人为性，尤其是我们的文化环境中的物质性维度，同时也指重新回来萦绕着我们的那些沉淀下来的过去的实践。如果言说行动是实践的一个例子的话，那么语言就是实践—惰性的一种形式。这是"反终极目的性"的范畴，借此，预期的目标必须承担意想不到的结果。萨特所举的经典例子是被中国农民砍伐的森林，砍伐森林的后果是土地（他们希望耕作的）被洪水侵蚀。在阐述西班牙的贫困时，他也同样用了这个概念，西班牙囤积新开发的美洲矿山的黄金，从而引起通货膨胀，黄金最终造成了西班牙的贫困。在《存在与虚无》中，实践—惰性"中介"使人与人相互疏离，它用他者的"注视"来窃取人的活动，劫掠人的自由。而且，一旦物质匮乏，实践—惰性中介就会让人与人的关系变得激烈和暴力。萨特将暴力描述为"内在化的匮乏"。世界上没有足够的货物可供分配，这个事实会把人类历史渲染成充满暴力与恐怖的故事。在其生命快结束的时候，萨特对贝尼·莱维承认，他从来不曾让社会生活的基本特征，即博爱和暴力，达成一致，彼此调和。两者对他的社会思想都是必不可少的。

"博爱"是萨特用来表示相互依存和积极的互惠关系的术语，相互依存和积极的互惠关系构成了萨特的社会理想，并且是在自发形成的行动群体中已经得到实现的，尽管还是暂时性的。绝大部分关系是"连续的"，因为它们是被实践　惰性所中介的。对居住在我们这个世界的绝大多数个体来说，从看电视的大众到等同一辆巴士的人们，强加在他们身上的"虚假的"或"外部的"统一体通过电视播音员或被等待的巴士这样的共同对象，向他们提供这种连续性。在他们中间，他们自身的相互联系就像"他者"对"他者"一样——例如，就像有限空间里的竞争者，或者就像新闻广播员那样改变他们意见的人。萨特指出，这种"连续的无能"是由独裁者们培育出来的，独裁者们希望在他们的臣服者身上，在后者彻底的顺从之中，保持一种权力的错觉。

当"天启的"时刻到来，即当人们通过共同的谋划以一种实践的方式认识到，他们是"一样的"，不是"他者"，认识到每个人此时此刻所执行的任务，是当他者被这么要求的时候，他者也会去做的，此时，"我们"在融合的群体中出现了。关于这样的起源，萨特的一个理想化的例子是攻占巴士底狱。在源于外部的威胁下，聚集人群从连续的散布状态转变成实践性的统一体，从暴民转变成一个群体。在萨特关于此事件的想象性重建中，通过达到了它所描述的效果的行为性话语（performative utterance），"我们有100

人！"这样的呼喊创造出了一个崭新的存在体：融合的群体。第三者的中介是促成这个转变的本体论手段。不同于《存在与虚无》中的客体化的偷窥狂，群体形成过程中的第三者履行着一种中介的功能，而不是异化的功能。通过将纯粹个人的或引起分裂的关注服从于全体关注，他或她作为"共同的个体"（common individual）出现了。中介不再凭借实践—惰性而发挥作用，而是依靠"共同的"个体的实践来付诸行动。萨特接着认为，彻底组织化的整体是不可能的；某些他性一直存在着。但这是"被忽视"的，而不是被鼓励和促进的。他将其称为实践中的群体的"自由的他异性"（free alterity），来反对虚弱无力的集合体的连续的他性。

在萨特后期思想中，实践的三重首要性出现了。第一层是本体论上的首要性。即便是在社会整合的最高潮阶段，即在融合的群体中，也是有组织的实践在创造和维持这个群体。群体全部的"内在生活"是一个关于实践关系的循环圆圈，每一个实践借此将其余的多样性"内在化"。（任何一个成员都可以高呼"我们有 100 人！"）即便是实践—惰性，也不是让我们软弱无力的自发力量。毕竟，这是实践—惰性；它所接受或偏离的实践仍然是起作用的，尽管是一种异化的方式。萨特明确地采纳马克思主义的观点，"只存在个体以及他们之间的真实关系"（[3.35]，76）。如果说萨特的早期著作是对观念论的无情拒绝，那么他后期的社会理论则有意避免有机主义。而实践的本体论上的首要性是他在这场战役中的最重要武器。

在这个最初的首要性之上，萨特还建立了认识论上的首要性以及伦理学上的首要性。实践的认识论上的首要性起源于这样的事实，即"理解"是关于实践的意识，以及我们能够通过前进—逆溯法而领会他者的理解。这是狄尔泰（Dilthey）、韦伯（Weber）以及其他人的理解的社会学（Verstehende sociology）所精心阐释的成果，用来服务于关于社会变革的历史唯物主义概念。但是，不同于马克思主义的"经济主义"，萨特所追求的理解停留在有组织的个体的实践—谋划上。萨特以一种令人难忘的方式概括其区别："瓦莱里（Valéry）是一个小资产阶级知识分子，但并不是所有的小资产阶级知识分子都是瓦莱里。"（[3.35]，56）

因为个体的实践支撑着最冷漠非人的经济规律，比如"工资铁律"，支撑着最"必然的"实践—惰性过程，比如殖民主义体系，因而人们就能够将存在主义的—道德的责任归属于连续化的"行动者"，这些行动者被动的行动使他们得以实现自身。换句话说，人不能通过求助人为性而逃避责任。对道德家萨特来讲，人类自由—责任的火花是无法遏制的：你总是能够做到超越你已经被铸成的样子。

95

## 历史哲学

萨特去世后出版的《战时日记》（*War Diaries*）是其在 1939—1940 年的假战时期①保留下来的。对《战时日记》的简略浏览可以揭示出，二战后，他的论题兴趣不在他所说的向马克思主义转变这一结果上。他的确在《存在与虚无》中将这个问题放在一边。同时，在他的《伦理学笔记》——这部同样是他生前未出版的著作——中保留了很长的篇幅来探讨道德和历史。在《战时日记》中，他的谈话对象主要是雷蒙·阿隆，后者两卷本的历史哲学论著刚刚出版。在对阿隆的批判中，萨特阐述了此后构成其研究历史的存在主义方法的观点：达到历史统一的唯一途径是研究个体行动者对历史事件的活生生的占有。在早期阶段仅被简略论述的东西却在下一个 10 年里成为他的存在主义精神分析的基本原理。如果历史不只是一连串事实和资料的实证主义联结，那么它必然会在历史行动者的谋划中苏醒过来。这不只是心理历史学（psychohistory），尽管由于萨特所特有的道德关注以及他在战后提出的历史唯物主义维度，它已经表现出了与心理历史学的明显相似性。

在《伦理学笔记》中，萨特指出，关于历史的存在主义理论必须尊重道德责任的悖论。在这一阶段，对话的对象是黑格尔以及法国的黑格尔主义者科耶夫（Kojève）和伊波利特（Hyppolite）。存在主义的个体让历史不可思议地"结束"：任何一个"意识是其中一部分的"总体都将是"去总体化的"总体。尽管萨特谈到了积极的互惠关系，即慷慨—礼物关系以及诚实（good faith），并且他是以纠正在《存在与虚无》中表达出的对人际关系的

---

① Phoney War，指 1939 年 9 月—1940 年 5 月，德法两军各守防线，按兵不动，被称为假战争。——译者注

片面而悲观的看法这样的方式探讨的，但是这些观点仍然被束缚在看/被看的社会模式中。相应地，如果历史的理论试图使个体与社会、道德与历史相互关联，那么就要面对似乎无法克服的困难。

　　两卷本的《辩证理性批判》中的对话与梅洛-庞蒂在其著作《辩证法的冒险》（*The Adventures of Dialectic*）中对萨特社会思想的批判相关，正是在《辩证理性批判》中，萨特系统地阐述了实践哲学以及与其伴随的社会本体论，这让他得以构建一种历史理论，这种历史理论阐释了共同行动和反终极性（counterfinality），认识到了社会历史学的特殊性，并在有组织的个体那里为存在主义的—道德的责任保留了最重要的位置。从他的《战时日记》开始，有一点已经很清楚，即存在主义理论的根本问题是传记文学与历史之间的关系。在其去世后出版的关于《辩证理性批判》第二卷的笔记中，有关于 20 世纪 30 年代的约瑟夫·斯大林（Joseph Stalin）和苏联的论述，萨特是在这时候探讨传记文学与历史的关系的，但却在《家庭白痴》（尤其是法文版的第 3 卷）中对这一问题进行了最持久的思考。

## 萨特与 20 世纪大陆哲学

　　尽管是 20 世纪少数几位在其职业生涯绝大部分时间里都不与学院相联系的重要哲学家之一，但萨特还是接受过专业训练，并在整个一生中都与学院派哲学保持对话。任何对其思想的评价都应该提到他与他那个时代的主要哲学运动之间的关系。

### 存在主义现象学

首先将萨特称为"存在主义者"的是加布里埃尔·马塞尔（Gabriel Marcel）。在著名的公开演讲《存在主义是一种人道主义》（*Existentialism is a Humanism*，1945）之后，萨特的名字就成了这一运动的同义词。事实上，正是因为要在某种程度上断绝自己与萨特式的存在主义的联系，海德格尔才否认自己是一位存在主义者，并写出了他的开创性作品《关于人道主义

*96*

的信》（1947）来解释其原因。我们在本章到处都能看到萨特得益于胡塞尔的现象学。在《存在与虚无》中，他多次批判黑格尔、胡塞尔和海德格尔，但是很显然，他又从每一位那里接受了很多概念。虽然将萨特的杰作描述为"翻译成法文的《存在与时间》"是严重夸张了，但当我们比较这两部著作的时候，在强调这两位思想家之间的相似性的同时，也应该强调两者间的深刻差异。海德格尔在 1930 年的演讲《论真理的本质》（*The Essence of Truth*）的法文译本（1948）刚刚出现，萨特就写了一篇长长的回应文章。此文以《真理与存在》（*Truth and Existence*，1989）为题，在萨特去世后出版。

　　萨特与西蒙·德·波伏娃是亲密的合作者，他们在对方的作品出版之先互相阅读对方的作品，并且在 20 世纪 40 年代中期，她用她的《模棱两可的伦理学》（*The Ethics of Ambiguity*）填补了他社会伦理学的多处缺漏。在梅洛-庞蒂的《知觉现象学》（*The Phenomenology of Perception*）中，抛开其明显的独创性不谈，这部著作显示出很多萨特影响的痕迹，甚至在他批

97　判萨特的笛卡尔主义的时候。但是，我们注意到，梅洛-庞蒂在他的《辩证法的冒险》中针对萨特式的社会哲学作出了尖锐批判，而《辩证理性批判》似乎是对这一批判的回应。在萨特怀着敬意写作的两篇纪念性文章《梅洛-庞蒂永生》（Merleau-Ponty Alive，1961）以及《克尔凯郭尔：普遍的单数》（Kierkegaard：The Singular Universal，1966）中，他讲述了自己对梅洛-庞蒂与克尔凯郭尔的感激之情。

　　如果说由胡塞尔的现象学运动作出的"生存论的转向"（existential turn）最初是由海德格尔开始的，那么完成它的则是萨特。这样的现象学越来越向人类学和伦理学的方向发展，正是在这种程度上，它开始与它法国的践行者们相结合。现象学的方法得到了丰富，而其在历史方法上的局限也被前进—逆溯法所弥补。正如我们前面提到的，前进—逆溯法是存在主义精神分析和历史唯物主义的综合。其中，前者，即存在主义精神分析，与诠释符号行动的诠释学传统有着直接的联系；而后者，即历史唯物主义，则将萨特的方法与关于历史的可理解性的更"科学的"（在黑格尔哲学的意义上讲）方法联系起来。

## 马克思主义

萨特的"马克思主义"一直是其存在主义的形容词。20 世纪 40 年代后期，他在没有更好选择的情况下，不得已而求其次，建议工人支持共产党，但他自己却拒绝入党。在《方法问题》中，他宣称马克思主义是"我们时代的哲学"，甚至使其与"知识"（savoir）一词同义。但是，到了《辩证理性批判》这里——《方法问题》只是《辩证理性批判》的一种前言性的作品——他这样描述，《辩证理性批判》是"反共产主义的著作"，甚至在其生命的最后几年，他明确地否认自己是一名马克思主义者。然而，尽管如此，在《家庭白痴》以及 20 世纪 50 年代后期以后的其他著作中，历史唯物主义（马克思主义的历史理论）仍然是有影响力的。

萨特加入的马克思主义组织以"修正主义"闻名，这个组织质疑甚至完全拒绝马克思主义的自然辩证法（即 DIAMAT，辩证唯物主义），并强调马克思著作中的人道主义维度。在《方法问题》中，萨特宣称，就此而言，他的使命就是"攻克马克思主义中的人的问题"（[3.35]，83）。正是由于他们不能尊重人类行动的道德维度，所以在 1968 年巴黎事件之后，萨特甚至抛弃了毛主义者同道。在萨特与该组织的两名成员所进行的讨论中，这一漫长的冒险历程得到详细描述，并以《造反有理》（On a raison de se révolter）为题出版（1974）。

## 结构主义

人们通常认为，以 20 世纪 60 年代阿尔都塞、拉康、列维-斯特劳斯、巴特以及其他人的成果为代表的法国结构主义运动，已经取代存在主义成为占统治地位的巴黎"哲学"。这一点在很大程度上是正确的，尽管这一思想流派随后即因后结构主义作者而黯然失色。萨特曾偶尔批评结构主义者，认为他们忽视一般的历史特别是人的能动作用——存在主义者的根本关注点。但是，即便对《辩证理性批判》的粗略阅读，也可以揭示萨特在其论述中为结构的要素保留了重要位置。可以说，由前进—逆溯法中的回溯运动所揭示的"形式条件"即是结构性的。事实上，《辩证理性批判》第一卷的主要部分就是共时性的和结构性的。而它是否因此就是"结构主义的"，这取决于术语的意义。很显然，萨特是将结构主义作为一个体系来反对的，因为对存在的经验来说，它是远远不够的。而且，关于结构主义的二元关系，萨特只能将其接受为他在《辩证理性批判》中阐明的辩证的、整体化的"理性"的补充。

在他的社会学本体论中，结构性关系所在的本体论场所就是实践—惰性。对他来说，回忆起那样的语言，这本身就是实践—惰性。因此，有别于辩证的理性，理性同样是分析性的。因而，萨特谈论实践—惰性，也谈论作为非历史的甚至"反辩证的"结构。但是，这必须被置于实践的整体化行动的背景中，后者使得这些结构成为与历史相关的结构。萨特"辩证的唯名论"（dialectical nominalism）缓和了结构主义思想中的"柏拉图主义的"倾向，萨特"辩证的唯名论"是本体论的以及认识论的方法，它在坚持自由的结构化的实践的三重首要性的同时，重视个体现象与集体现象在质上的区分，也重视后者到前者的不可还原性。在社会科学的方法论中，辩证的唯名论是居于整体论和个人主义之间的中间道路。

## 后现代主义

福柯曾经指出，萨特是 19 世纪的最后一位哲学家。他之所以有这样的评论，不仅因为他喜欢以黑格尔哲学（Hegelian）的"H"来替换历史（History）一词的"H"，还因为他貌似对福楼拜的依恋。同样，也正是萨特关于主体的哲学、关于自由的哲学以及关于道德义愤的哲学，掩藏在福柯的文字背后。然而，在萨特的作品中，人们仍然能够发现多个显而易见的
*99* "后现代的"论题。这些论题将会对当前的哲学对话产生有价值的贡献，并理应得到当代思想家更为深入的详细考察。让我们思考三点来作为此章的结束。

后现代思想是以从当前话语中的"主体的撤离"（evacuation of the subject）而著称的。就此处所说的"主体"是笛卡尔哲学中的思维的东西（*res cogitans*）而言，萨特从来也不曾持有这样的立场。他的"面对自我在场"概念取代了实体的自我（substantial self）以及自我（ego），这个"面对自我在场"与伴随它而来的"自我的圆圈"（circuit of selfness）而非外在的

时—空平面一起，让萨特可以自由地思考主观主义话语的任意性，可以谈论作为一个完成的自我而非作为一个起源的自我。道德"自我"的构成，即福柯在最后几年专心致力于此的东西，可能本来就是萨特哲学论述的主题。

萨特思想中有一种美学气质，这是因为他赋予想象的意识一种范式的地位。从利奥塔到福柯，后现代批评者同样表现出对美学范畴的显著偏爱，甚至到了倡导尼采式的唯美主义训谕——"让生活变成艺术"（make one's life a work of art）这样的程度。这并不是说萨特应该被指控为唯美主义。但他对历史的阅读确实是"诗化"的，而他作为"真实的小说"的存在主义传记开启了一个与后现代作者进行未来的探询和对话的富有成果的领域。

尼采哲学对萨特思想的启发还没有得到应有的关注，特别是当"后现代的"尼采出现之后。萨特写于 1929 年的文章《关于真理的传说》（The Legend of Truth）在内容上和语气上都具有浓厚的尼采哲学风格。福柯希望再次导入的、后现代史学中的一般性问题——偶然性和机会——也是萨特存在主义思想持久不变的主题。这在萨特去世后出版的《伦理学笔记》中再次呈现出来。对尼采哲学的诠释这一经历构成了萨特与后现代思想家之间的另一种联系。

然而，将萨特归于"后现代"终究是不合适的。他是一个关于整体的思想家，而不是关于碎片的思想家。他对意向性意识的强调以及后来对整体化的实践的强调意味着对雷蒙·阿隆的历史多元论的反击，以及对实证主义的原生性事实（brute facts）的反击。而他相应的承诺则意在引起社会—经济的改变，这种改变使得人与人之间互相认识的"自由"成为可能。他还分享了新斯多葛哲学的后现代信条，即人应该尽力让其自由最大化，即便没有彻底解放的希望。但是，他坚持不懈地希望，这样一个"城市的终结"是可能的，并极力鼓动人们努力让它的出现成为现实。在产生对历史的意义—指向中，我们又一次与想象的不可或缺作用不期而遇。

如果说萨特是作为一位 20 世纪重要的以及有影响力的哲学家而被人所铭记，那么原因应该在于他对个体自由的承诺的一贯性，在于他的现象学描 *100* 述的洞见，同样，也在于他的范畴（自欺、本真性、实践—惰性诸如此类）的影响力。当他去世的时候，新闻舆论将他比作伏尔泰，并宣称失去了那个时代的良知。正是作为道德家、自由的哲学家以及想象的哲学家，他作出了最令人难忘的贡献。尽管他的句子很冗长，尤其在其后期著作中，但除去这一点，他仍是一位最典型的高卢哲学家。

# 参考书目

本章所引的法文文献是由作者翻译的，而且不是来自已经出版的版本。

### 翻译本

3.1　*Anti-Semite and Jew*，trans. G. J. Becker，New York：Schocken，1946.

3.2　*Being and Nothingness*，trans. H. E. Barnes，New York：Philosophical library，1956.

3.3　*Between Existentialism and Marxism*，trans. J. Mathews，New York：William Morrow，1974.

3.4　"Cartesian Freedom"，in［3.18］，180-197.

3.5　*The Communists and Peace with A Reply to Claude Lefort*，trans. M. H. Fletcher and P. R. Berk respectively，New York：Braziller，1968.

3.6　*The Condemned of Altona*，trans. S. and G. Leeson，New York：Random House，Vintage Books，1961.

3.7　"Consciousness od Self and Knowledge of Self"，in N. Lawrence and D. O' Connor（eds），*Readings in Existential Phenomenology*，Englewood Cliffs：Prentice-Hall，1967.

3.8　*Critique of Dialectical Reason*，2 vols：vol. 1，*Theory of Practical Ensembles*，trans. A. Sheridan-Smith，London：NLB，1976；vol 2，*The Intelligibility of History*，trans. Q. Hoare，London：Verso，1991. 第一卷的校订版即 *Critique de la raison dialectique précédé de Questions de méthode*，vol. 1，*Théorie des ensembles pratiques*（Paris：Gallimard，1985）由 A. Elkam-Sartre 完成。

3.9　*The Devil and the Good Lord*，trans. K. Black，New York：Random House，Vintage Books，1960.

3.10　*Ecrits de Jeunesse*，ed. M. Contat and M. Rybalka，Paris：Gallimard，1990.

3. 11 *The Emotions: Outline of a Theory*, trans. B. Frechtman, New York: Philosophical Library, 1948.

3. 12 *Entretiens sur la politique*, with D. Rousset and G. Rosenthal, Paris: Gallimard, 1949.

3. 13 "Existentialism is a Humanism", in *Existentialism from Dostoevsky to Sartre*, selected and intro. W. Kaufmann, Cleveland: World Publishing, Meridian Books, 1956.

3. 14 "Hope, Now… Sartre's Last Interview", *Dissent*, 27 (1980): 397−422.      *101*

3. 15 *L'Idiot de la famille*, 3 vols, Paris: Gallimard, 1971−1972; vols 1 and 2 trans. C. Cosman as *The Family Idiot*, 4 vols, Chicago: University Chicago Press, 1981−1991.

3. 16 "Intentionality: A Fundamental Idea of Husserl's Phenomenology", *Journal of the British Society for Phenomenology*, 1: 2 (1970): 4−5.

3. 17 "Introducing *Les Temps modernes*", in [3. 41], 247−267.

3. 18 *Life/Situations: Essays Written and Spoken*, trans. P. Auster and L. Davis, New York: Pantheon, 1977.

3. 19 *Literary and Philosophical Essays*, trans. A. Michelson, New York: Crowell-Collier, Collier Books, 1962.

3. 20 "A Long, Bitter, Sweet Madness", *Encounter*, 22 (1964): 61−63.

3. 21 *Marxisme et existentialisme: Controverse sur la dialectique*, with R. Garaudy, J. Hyppolite, J. P. Vigier, and J. Orcel, Paris: Plon, 1962.

3. 22 "Materialism and Revolution", in [3. 18], pp. 198−256.

3. 23 "Merleau-Ponty", in [3. 36], vol. 4, pp. 189−287.

3. 24 *Nausea*, trans. L. Alexander, New York: New Directions, 1959.

3. 25 *"No Exit" and Three Other Plays*, trans. L. Abel, New York: Random House, Vintage Books, 1955.

3. 26 *Notebooks for an Ethics*, trans. D. Pellauer, Chicago: University of Chicago Press, 1992.

3. 27 *Oeuvres Romanesques*, ed. M. Contat and M. Rybalka with G. Idt and G. H. Bauer, Paris: Gallimard, 1981.

3. 28 *On a raison de se révolter*, with P. Gavi and P. Victor, Paris: Gallimard, 1974.

3.29　*On Genocide*，intro. A. Elkaïm-Sartre，Boston：Beacon，1968.

3.30　*The Psychology of Imagination*，trans. B. Frechtman，New York：Washington Square Press，1966；*L'Imaginaire*，Paris：Gallimard，1940.

3.31　"The Responsibility of the Writer"，in *Reflections on Our Age*，intro. D. Hardiman，New York：Columbia University Press，1949.

3.32　*Saint Genet*，*Actor and Martyr*，trans. B. Frechtman，New York：Braziller，1963.

3.33　*Sartre on Theater*，ed. M. Contat and M. Rybalka，trans. F. Jellinek，New York：Pantheon，1976.

3.34　*Sartre*，*un film*，produced by A. Astruc and M. Contat，Paris：Gallimard，1977.

3.35　*Search for a Method*，trans. H. E. Barnes，New York：Random House，Vintage Books，1968.

3.36　*Situations*，10 vols，Paris：Gallimard，1947-1946.

3.37　*The Transcendence of the Ego*，trans. F. Williams and R. Kirkpatrick，New York：Noonday Press，1957.

3.38　*Truth and Existence*，trans. A. van den Hoven，Chicago：University of Chicago Press，1992.

3.39　"L'Universel singulier"，in [3.36]，vol.9，pp.152 – 190；"Kierkegaard：The Singular Universal"，in [3.2]，pp.141-169.

3.40　*War Crimes in Vietnam*，with V. Dedier，Nottingham：The Bertrand Russell Peace Foundation，1971.

3.41　*The War Diaries*，trans. Q. Hoare，New York：Pantheon，1984.

3.42　*What is Literature? and Other Essays*，trans. B. Frechtman *et al.*，intro. S. Ungar，Cambridge，Mass.：Harvard University Press，1988.

3.43　*The Words*，trans. B. Frechtman，New York：Braziller，1964.

3.44　Preface to *The Wretched of the Earth* by F. Fanon，trans. C. Farrington，New York：Grove Press，1968.

## 书目

3.45　Contat，M. and Rybalka，M. *The Writings of Jean-Paul Sartre*，2 vols，

Evanston: Northwestern University Press, 1974. Updated in *Magazine Littéraire*, no. 103-104 (1975): 9-49; and in *Obliques*, 18-19 (1979): 331-347.

3.46  Contat, M. and Rybalka, M. *Sartre: Bibliographie 1980-1992*, Paris: CNRS, 1993.

3.47  Lapoint, F. and C. *Jean-Paul Sartre and His Critics: An International Bibliography (1938-1980)*, 2<sup>nd</sup> edn, rev. , Bowling Green: Philosophy Documentation Center, 1981.

3.48  Wilcocks, R. *Jean-Paul Sartre: A Bibliography of International Criticism*, Edmonton: University of Alberta Press, 1975.


**评论**

3.49  Anderson, T. C. *The Foundation and Structure of Sartrean Ethics*, Lawrence: Regens Press of Kansas, 1979.

3.50  Aron, R. *History and the Dialectic of Violence*, trans. B. Cooper, Oxford: Basil Blackwell, 1975.

3.51  Aronson, R. *Jean-Paul Sartre*, New York: New left Books, 1980.

3.52  Aronson, R. *Sartre's Second Critique*, Chicago: University of Chicago Press, 1987.

3.53  Aronson, R. and van den Hoven, A. (eds), *Sartre Alive*, Detroit: Wayne State University Press, 1991.

3.54  Barnes, H. E. *Sartre*, New York: Lippincott, 1973.

3.55  Barnes, H. E. *Sartre and Flaubert*, Chicago: University of Chicago Press, 1981.

3.56  Bell, L. A. *Sartre's Ethics of Authenticity*, Tuscaloosa: University of Alabama Press, 1989.

3.57  Burnier, M. A. *Choice of Action*, trans. B. Murchland, New York: Random House, 1968.

3.58  Busch, T. W. *The Power of Consciousness and the Force of Circumstances in Sartre's Philosophy*, Bloomington: Indiana University Press, 1990.

3.59  Cannon, B. *Sartre and Psychoanalysis*, Lawrence: University Press of Kansas, 1991.

3.60  Catalano, J. S. *A Commentary on Jean-Paul Sartre's "Being and Nothing-*

ness", Chicago: University of Chicago Press, 1980.

 3. 61 Catalano, J. S. *A Commentary on Jean-Paul Sartre's* "*Critique of Dialectical Reason*", Volume 1, Chicago: University of Chicago Press, 1986.

 3. 62 Caws, P. *Sartre*, London: Routledge, 1979.

 3. 63 Collins, D. *Sartre as Biographer*, Cambridge, Mass. : Harvard University Press, 1980.

 3. 64 Danto, A. C. *Jean-Paul Sartre*, New York: Viking Press, 1975.

 3. 65 de Beauvoir, S. *Adieux : A Farewell to Sartre*, trans. P. O' Brian, New York: Pantheon, 1984.

 3. 66 de Beauvoir, S. *Letters to Sartre*, trans. and ed. Q. Hoare, New York: Arcade, 1991.

 3. 67 Desan, W. *The Marxism of Jean-Paul Sartre*, Garden City: Doubleday Anchor Books, 1965.

 3. 68 Detmer, D. *Freedom as Value*, La Salle: Open Court, 1986.

 3. 69 Fell, J. *Emotion in the Thought of Sartre*, New York: Columbia University Press, 1965.

 3. 70 Fell, J. *Heidegger and Sartre : An Essay on Being and Place*, New York: Columbia University Press, 1979.

 3. 71 Flynn, T. R. "*L'Imagination au Pouvoir*: The Evolution of Sartre's Political and Social Thought", *Political Theory*, 7: 2 (1979): 175-180.

 3. 72 Flynn, T. R. "Mediated Reciprocity and the Genius of the Third", in [3. 83], 345-370.

 3. 73 Flynn, T. R. *Sartre and Marxist Existentialism : The Test Case of Collective Responsibility*, Chicago: University of Chicago Press, 1984.

 3. 74 Hollier, D. *The Politics of Prose*, trans. J. Mehlman, Minneapolis: University of Minnesota Press, 1986.

 3. 75 Howells, C. (ed. ) *The Cambridge Companion to Sartre*, Cambridge: Cambridge University Press, 1992.

 3. 76 Jameson, F. *Marxism and Form*, Princeton: Princeton University Press, 1971.

 3. 77 Jeanson, F. *Sartre and the Problem of Morality*, trans. and intro, R. V. Stone, Bloomington: Indiana University Press, 1981.

3.78　McBride，W. L. *Fundamental Change in Law and Society：Hart and Sartre on Revolution*，The Hague：Mouton，1970.

3.79　McBride，W. L. *Sartre's Political Theory*，Bloomington：Indiana University Press，1991.

3.80　Merleau-Ponty，M. *Adventures of the Dialectic*，trans J. Bien，Evanston：Northwestern University Press，1973.

3.81　Murdoch，I. *Sartre, Romantic Rationalist*，New Haven：Yale University Press，1953.

3.82　Poster，Mark，*Sartre's Marxism*，London：Pluto Press，1979.

3.83　Schilpp，P. A.（ed.）*The Philosophy of Jean-Paul Sartre*，La Salle：Open Court，1981.

3.84　Silverman，H. J. *Inscriptions：Between Phenomenology and Structuralism*，London：Routledge，1987.

3.85　Silverman，H. J. and Elliston，F. A.（eds）*Jean-Paul Sartre：Contemporary Approaches to His Philosophy*，Pittsburgh：Duquesne University Press，1980.

3.86　Verstraaten，P. *et al. Sur les écrits posthumes de Sartre*，Bruxelles：Editions de l'université de Bruxelles，1987. *104*

### 关于萨特的期刊

3.87　*L'Arc*，30（1966）.

3.88　*Journal of the British Society for Phenomenology*，12（1970）.

3.89　*Magazine Littéraire*，55−56（1971）and 103−104（1975）.

3.90　*Obliques*，18−19（1979）and 24−25（1981）.

3.91　*Les Temps modernes*，2 vols，nos 531−533（1990）.

# 第四章
# 存在哲学 3：梅洛-庞蒂

伯纳德·卡伦（Bernard Cullen）

## 生平与著作

　　莫里斯·梅洛-庞蒂 1908 年 3 月 14 日生于法国西海岸的滨海罗什福尔市（Rochefort-sur-Mer）的一个小资产阶级天主教家庭。1961 年 5 月 3 日，梅洛-庞蒂在书桌前猝然辞世的时候，已经被广泛认为是法国最杰出、思想最深邃的哲学家。

　　身为炮兵团军官的父亲于 1913 年去世以后，小莫里斯就与他的母亲、哥哥和妹妹一起做伴，在巴黎长大。梅洛-庞蒂在 1947 年曾告诉让-保罗·萨特，他从来也没有从他那无与伦比的幸福童年中恢复过来。（[4.99]，230）和那些同时代的所有哲学学生一样，梅洛-庞蒂受到了由笛卡尔主义所主导的独特的法国哲学传统的训练。1926 年他进入法国哲学研究的精英机构——巴黎高等师范学校。正是在那里他与萨特初次相识，20 年之后，在以那篇充满感情的"丑闻作者"（scandalous author）的文章抵御左右派诋毁者的过程中，他讲述道："由于我们对因太肤浅而让我们不中意的传统调调发出嘘声，高等师范学校在我的一个同学和我身上发泄它的狂怒。他在我们和我们的迫害者之间挣脱出来，为我们想出了办法，让我们能够毫不妥协又没有损害地摆脱我们既英雄又滑稽的处境。"（［4.22］，41）西蒙·德·波伏娃在用虚构的名字普拉代勒（Pradelle）写作的自传体小说《闺中淑女回忆录》（*Memoirs of a Dutiful Daughter*）中这样描述她的朋友和同窗梅洛-庞蒂，即他是一个仍然在做弥撒的、特别严肃而乐观的、追求真理的年轻研究者。

梅洛-庞蒂在高等师范学校的主要老师是观念论者莱昂·布伦茨威格（Léon Brunschvicg）。1928—1929 年，他在埃米尔·布雷耶（Emile Bréhier）的指导下撰写关于普罗提诺（Plotinus）的论文。1928—1930 年，他参加了由乔治·古尔维奇（Georges Gurvitch）在索邦开设的关于当代德国现象学，尤其关于胡塞尔、舍勒（Scheler）和海德格尔三人著作的一系列讲座；而 1929 年 2 月，他更是参加了胡塞尔本人在索邦的讲座，讲座内容经过修订，两年之后以《笛卡尔式的沉思》为名出版。这些讲座中的一句话作为主旋律一直反复出现在梅洛-庞蒂的著作中："正是这'纯粹的，而且在某种意义上仍然缄默的经验，才带来纯粹地表达出自身意义的问题'。"（［4.18］，219；参见［4.24］，129；［4.21］，188）在巴黎哲学圈子里正在增长的对德国哲学的兴趣并没有只局限于现象学。1929 年，人们还看到了让·瓦尔（Jean Wahl）具有首创性的著作，即《黑格尔哲学中的苦恼意识》（*Le Malheur de la conscience dans la philosophie de Hegel*）一书的出版。

在 1930 年以第二名的成绩通过中学大学哲学教师资格考试（此为申请从事中学教育的必备资格），并履行了一年的义务兵役之后，梅洛-庞蒂在波维和夏特尔的公立高中讲授哲学。他还自学了德文。（据他对自己研究工作的描述，在此期间他开始进入对知觉本性的研究，这一事实以及他在 1933—1934 年所阅读的书目，参见［4.60］，188-199。）1935 年，梅洛-庞蒂被任命为巴黎高等师范学校的辅导教师，并在这个职位上一直工作到1939 年才调离。他公开发表的最早作品是在天主教性质的杂志《理智生活》（*La Vie intellectuelle*）上刊出的两篇富于同情的批判性评论文章，一篇是对马克斯·舍勒讨论"怨恨"（*ressentiment*）问题的著作的法文译本（1935）的评论，一篇是对马塞尔的著作《在与有》（*Etre et avoir*，1936）的评论。（关于这两篇文章的简介，参见［4.60］，13-24。）

　　20 世纪 30 年代中期，梅洛-庞蒂开始更加深入地研究马克思，尤其是研究青年马克思的著作。从 1935 年开始，他参加了亚历山大·科耶夫在高等研究实践学院（Ecole Pratique des Hautes Etudes）开设的关于黑格尔《精神现象学》一书的极具影响力的讲座——该讲座是对黑格尔进行深受青年马克思著作影响的阅读，后来以《黑格尔导读》（Introduction à la lecture de Hegel）之名出版。但在这段时间（直到 1937 年年末），他依然与左倾的天主教性质的杂志《精神》（Esprit）和《氏族》（Sept）联系紧密。《七》按照梵蒂冈的命令而关闭，它的关闭有可能是对梅洛-庞蒂宗教信仰的最后一击。同样，在 1939 年，关于上一年对布哈林（Bukharin）以及其他 20 人的莫斯科审判报道的出版，也影响他作出了不让自己成为法国共产党员的决定。

　　他博士论文的副论文《行为的结构》（The Structure of Behavior）完成
107 于 1938 年（尽管直到 1942 年才以书的形式出版）。在 1939 年的早些时候，梅洛-庞蒂开始了解到《国际哲学杂志》（Revue internationale de philosophie）献给胡塞尔（已于 1938 年 4 月辞世）的特刊。在这份特刊中，欧根·芬克（Eugen Fink）对胡塞尔最后的著作《欧洲科学的危机和先验现象学》的提及，尤其激起了梅洛-庞蒂的兴趣，使其想对这部著作进行更深入的研究，当时这部著作只有第一部分印刷出来。4 月初，梅洛-庞蒂作为第一位参观者，前往比利时鲁汶的胡塞尔档案馆（胡塞尔的手稿被匆忙运送到这里），正是在这里，他阅读了《欧洲科学的危机和先验现象学》一书的全部、《观念Ⅱ》（Ideas Ⅱ）以及大量的未刊稿。（[4.110]）这一短暂的邂逅无疑对梅洛-庞蒂如何借用胡塞尔后期的思想并将其融入自己哲学的核心产生了决定性的影响。

　　战争的爆发迫使梅洛-庞蒂中断了他的研究。做了一年的陆军少尉之后，他被委派到加尔诺高中任职，直到 1944 年接替萨特成为孔多塞高中的哲学教师之时才离开。在此期间，即 1941 年，他重遇萨特，此时他加入了名为"社会主义与自由"（Socialism and Liberty）的组织，这是众多组织中的一个，按萨特的说法，"是一个宣称抵抗侵略者的组织"（[4.99]，231）。正如萨特在其著名的感人肺腑的长篇悼词中所说，这两个人立刻认识到了他们的共同兴趣："关键的词语已经讲出来了：现象学、存在主义。我们发现了我们真正关注的东西。由于两个人都过于个人主义、我行我素，不能把我们的研究集中起来，所以我们既相互受益，也保持分离……胡塞尔成为我们之间的纽带，同时也是我们之间的分歧之所在。"（[4.99]，231）

贯穿这一时期始终，梅洛-庞蒂一直致力于他博士论文的主论文也是他的哲学代表作《知觉现象学》的写作，该著作于 1945 年出版。他被任命为里昂大学的哲学讲师，并于 1948 年成为教授。他还承担着左翼的反殖民主义杂志《现代》的编辑职责，该杂志是他与萨特、西蒙·德·波伏娃在解放后不久创办的。（[4.99]，247-253）他是这本杂志的主编以及（匿名的）政治编辑，撰写了绝大部分社论（未署名的）和大量的长篇论文（署名的），其中的多篇文章随后被收入 1947 年出版的著作《人道主义与恐怖：论共产主义问题》（*Humanism and Terror：An Essay On the Communist Problem*）。其他的文章则被汇集在 1948 年出版的《有意义和无意义》（*Sense and Non-Sense*）一书中。据萨特的回忆，"梅洛-庞蒂负责评论。他确定杂志的政治方向，我则跟随他"（[4.99]，283）。1949—1952 年，他在索邦大学担任儿童心理学和教育学教授；1952 年，他在仅仅 44 岁、极其年轻的时候，就被委以对一个法国的纯理论哲学家来说最具声望的职位——法兰西学院（Collège de France）的哲学教授席位。1953 年 1 月 15 日，他在法兰西学院做了题名为《哲学赞词》（*In Praise of Philosophy*）的就职演讲。 *108*

他与萨特的关系曾经一度陷入冷淡：在共产党的角色、朝鲜战争之前和期间苏联的行动等问题上，他们有着深刻的分歧。梅洛-庞蒂于 1952 年辞去了《现代》杂志的主编职位。在 1955 年出版的《辩证法的冒险》中，梅洛-庞蒂声明放弃对马克思主义的追随，这本书近一半的内容都在致力于无情地批判"萨特和极端布尔什维克主义"。此外，另一部作品集在 1960 年以《符号》（*Sign*）为名出版。1961 年 5 月 3 日，梅洛-庞蒂在享年 53 岁因中风突然离世之时，他最后出版的作品《眼与心》（*Eye and Mind*）刚好出现在杂志《法兰西艺术》（*Art de France*）上。他与萨特的分歧在后来逐渐趋于缓和。梅洛-庞蒂利用《符号》一书的"前言"，以印刷出版的形式记载了他对萨特充满感情的赞赏。他以这样的评论来反驳萨特严厉苛刻的自我批判

［出现在萨特为他们双方共同的朋友保罗·尼赞（Paul Nizan）的著作《亚丁阿拉伯》（*Aden Arabie*）所写的"序言"中］："他那该死的清晰明澈的头脑在照亮反叛和革命的迷宫之时，也记下了除他自己以外的所有我们需要原谅他的东西。"（［4.23］，24）萨特则记录下梅洛-庞蒂去世前不久，当他在巴黎高等师范学校做一个演讲时，梅洛-庞蒂的意外出现带给他的惊奇和喜悦。在梅洛-庞蒂的大量于去世后出版的出版物中，最重要的两部当属《世界的散文》（*The Prose of the World*）（笔记的日期为 1950—1952 年），以及他在去世的时候正在写作但未完成的书稿《可见的与不可见的》（*The Visible and the Invisible*）。

## 知觉的首要性

在写于 1952 年用来获得法兰西学院哲学教授候选人资格的文章中，梅洛 庞蒂在开始概述其未来研究计划之前，对他迄今为止的研究主题进行了简要总结。一开始，他谈到，"被感知的世界，它只是简单地在我们面前，在已被证实的真与假之下"。接着，梅洛-庞蒂继续说到，他最初的两部著作"试图恢复知觉的世界"（［4.21］，3）。感知着的心灵是肉身化的心灵，正是开始于这样的洞见，他的著作试图证实和说明行为主义与观念论的不足，并通过求助感知着的身体—主体的根本性实在来克服这个二元论。

在《行为的结构》一书"导论"的开篇第一句，他已经宣告这一研究计 划："我们的目标是理解意识和自然之间的关系。"梅洛-庞蒂拒绝接受那种要么强调知觉客体的"纯粹外在性"要么强调感知主体的"纯粹内在性"的哲学方法。他认为，被感知的世界并不是我们知觉对象的总和，而我们与世界的关系也不是一个没有身体的思想者与思想对象之间的关系。绝不要忘记"心灵在肉体中的嵌入，这种我们与我们的身体及相应的被认知对象之间的模糊暧昧关系"（［4.21］，4）。

这意味着经典的亚里士多德式的/康德式的关于形式和质料之间的区分是错误的。我们无法这样构想世界，将其感知为杂乱无序的"质料"，而感

*109*

知的心灵（或意识）或者通过理性的作用将"形式"强加于其上，或者在其中破译出"意义"来。"质料'孕育'它的形式，也就是说，归根结底任何知觉都是在某个视域以及最终的'世界'中发生的。"（[4.21]，12）对梅洛-庞蒂来说，知觉不是心灵的意识行动：知觉是身体—主体在前意识水平上的一种存在方式，是意识所假定的身体—主体与它的世界之间的对话。同时，"被感知的世界常常是所有理性能力、所有价值和所有存在的预先假定的基础"（[4.21]，13）。

在他最早出版的著作《行为的结构》中，梅洛-庞蒂通过对某种生理学和心理学理论的考察，最主要是对行为主义和格式塔心理学的考察来思考这一主题，即感知的人与他们所生活和感知的世界之间的关系。他通过自动的机械方式——其前定的机制通过对外在刺激的反应而被唤醒——对感知的有机体与其周围环境之间的关系加以概念化，来显示我们不可能解释知觉的生命的真相，从而揭露行为主义的缺陷与不足。"真正的刺激不是被物理学和化学所界定的刺激；反应也不是这一系列或那一系列的特殊运动；而两者之间的连接也不是两个连续事件之间简单的巧合。"（[4.20]，99）换句话说，作为一种知觉的行为模型，行为主义是错误的。

观念论同样如此。它不是一个将纯粹思维意识叠加在毫无理性的、像物一样的身体上的问题。在物理学或力学的王国中，身体可以被合法地看作诸多东西中的一个。但是，科学的观点本身是抽象的。"在生命的状态下……有机体对某种单独的物理因和化学因的敏感性要低于对这些物理因和化学因组成的一群因子的敏感性，也低于对它们所规定的整个环境的敏感性。"（[4.21]，4）甚而，行为的有机体显示出一种"可能的行动"，仿佛它指向某种基础情境的意义；"仿佛它怀有与这些情境的亲密关系，仿佛有'一个先天的有机体'，其享有特权的内在平衡的条件和法则，使有机体易于与其周围环境发生某些关系"（[4.21]，4）。与行为主体的意义赋予活动相关联，更高级的行为带来新的环境类型或模式。从与情境的关系中、与并非纯粹感知的主体所在的环境的关系中，知觉的行为显现出来。

在他的主要出版著作《知觉现象学》中，梅洛-庞蒂认为，知觉行为的出现是理所当然的，并将他自己置身其中，"以便继续对主体与其身体以及

*110*

其世界之间的独特关系进行分析"。这部著作试图说明，身体不是"一个在世界之中的客体，处于一个与之分离的精神的视野之下……它是我们看世界的视角，是精神在某种物理的和历史的情境中得以呈现的场"（[4.21]，4-5）。尽管篇幅有限，只能对这一行文密致的长篇专著粗略一瞥，但是仔细揣摩其"前言"部分——这个现象学历史中的经典文本——仍然是值得的。

这是梅洛-庞蒂的现象学宣言，此宣言很显然要感谢胡塞尔未出版的作品，即梅洛-庞蒂于1939年首次在鲁汶查看的未刊稿。是胡塞尔强调了生活世界（*Lebenswelt*），即所有思维、感知和行动都发生于此的世界。对梅洛-庞蒂来说，现象学是

> 将本质放回存在，并且如果不以其"实际性"为出发点，则不能期待对人和世界达到任何理解的哲学……它也同样是这样的哲学，其中，世界在反思开始以前——作为不可分离的在场，总是"已经在那里了"；而它的所有努力都是专注重新获得与世界的直接而原始的联系，并赋予这种联系一种哲学的地位。（[4.18]，vii）

这种现象学的首要特点就是对科学的弃绝："我不是决定着我的身体构成或心理构成的众多动因的结果或交汇点。"我不可能将我自己想象成"仅仅是一个生物学、心理学或者社会学的调查对象……全部科学都是以世界是直接被经验到的这一点为基础而建立起来的，如果我们想要科学自身服从于严格的审查，并且对其意义和范围达到精确的评价，我们就必须从重新唤醒关于世界的最基础的经验开始，而科学只是世界的第二级的表达"（[4.18]，viii）。如果世界像现象学所理解的那样，"总是'已经在那里了'"，那么它就不是作为动物学、社会解剖学以及归纳心理学的"客观的"世界，这是由于"我是绝对的起源，我的经验不是起源于我的既往经历，起源于我的物理的和社会的周遭环境；而是，我的存在走向它们并支撑着它们，因为我独自为我自己带来……我选择继续下去的传统"（[4.18]，ix）。返回到"事物本身"（胡塞尔现象学的早期口号），就是返回到"在知识之先的世界"，返回

到科学一直在说的世界。在与这个原初世界的关系中，科学是抽象的和派生的符号—语言，就像地理学之于我们已经认识的森林、草地或河流所在的乡野之间的关系。现象学的目的是分析这些在知识之先以及我们的知识建筑于其上的知觉的基础。（［4.18］，ix）

在《知觉现象学》的"前言"中，梅洛-庞蒂还提出了对胡塞尔"现象学还原"——一个能够让我们看到我们实际上是如何嵌入世界的看世界的方法——的一个修改："正是因为我们完全是由我们与世界的关系构成的，所以对我们来讲，了解事实的唯一方法就是悬置最终的行动，拒绝向世界提供我们的共谋。"正是因为常识的确定性和对待事物的"自然态度"是任何思维的预设前提，所以它们才会被视为理所当然，也才会不被人注意。只有运用现象学还原，通过暂时悬搁我们的认知，我们才能将它们带入视野。反思"从（世界）中后退，是为了看到像火花从火中飞出一样的超越性的喷涌；它放松了连接我们与世界的意向之线，却正是因此而使意向之线引起我们的注意；唯有它才是世界的意识，因为它揭示了世界是陌生的和自相矛盾的"。不仅哲学家是永远的初学者，而且"哲学完全在于对其自身开端的描述"。正是在这个意义上说，现象学"属于存在哲学"，一种考问海德格尔的"在世之在"的哲学。（［4.18］，xiii）

在对现象学原则进行个人化的重述过程中，梅洛-庞蒂一边概略讲述他自己对历史的理解，一边思考意向性这个概念。在与可能对象的关系上，不同于康德哲学，现象学的意向性假设这个已经在那里存在的统一世界就是我"生活"于其中的世界。胡塞尔所说的"作用意向性"（operative intentionality）是指意识知道自身是世界的计划的方式，"一个它既不包含也不拥有但却永远指向的世界"。作用意向性"形成世界和我们生活的自然的和前断言的统一性，它在我们的愿望、评价以及我们所见到的景象中的显现比在客观认识中的显现更清晰，这种意向性提供了我们的认识试图将其译成精确译文的原文"（［4.18］，xviii）。

*112*

这是历史的维度，是从来也没有失去意义的事件。在试图理解一个学说的过程中，这个学说必须从意识形态、政治、宗教、经济和心理学的观点来检验——所有这些观点的检验要同时进行！"所有这些观点都是正确的：它们不是孤立的；我们深入探究历史，达到在每一个观点中都出现的存在意义的唯一核心。正如马克思所言，历史不是以头在走路，这是正确的，但是它也不是用脚在思维，这也是正确的。"当然，不管是头还是脚，都不是至关重要的；生命的所有方面都被捕获进"身体"之中。在显然是对萨特有名的宣言"我们是被判定为自由的"这句话的参考中，梅洛-庞蒂以这样的思考总结了关于意向性和历史的讨论，"因为我们在世界之中，我们是被判定为有意义的，并且，没有在历史中获得名字之前，我们不能做或说任何事"（[4.18]，xix）。

以上讨论顺理成章地会引向对个人与他人关系的讨论。现象学在其关于理性能力的观点中将极端主观主义和极端客观主义联合在一起，正是在这一程度上，它透露出"诸多观点相混合、各种知觉互相肯定以及意义诞生"的方式。现象学的理性能力既不存在于为绝对精神所特有的理想世界，也不存在于科学观察和知识的真实世界。现象学的世界是个体的各种经验途径相互交叉于其中的、感觉或意义（sens）被揭示出来的世界；也是"我自己和他人像齿轮一样相互交叉和啮合"的世界。通过这种齿轮（l'engrenage）啮合的想象，梅洛-庞蒂试图同时捕捉到主体性和主体间性，"当我在那些当下的时刻继续我过去的经验时，或者在我自己的经验中继续他人的经验时，会发现它们的统一性"（[4.18]，xx）。

## 言语、语言和艺术的现象学

《知觉现象学》主要由讨论身体和知觉的地位与作用的一系列研究构成，这些研究是从社会经验和文化经验的各个方面进行的：言语和语言、表达、性、艺术和文学、时间、自由以及历史。由于篇幅所限，我们只能在这些方面粗略一瞥，无法进行更深入的研究。当我在我的世界中感知诸如道路、教堂等形形色色的文化产物的时候，或者我在我的世界中感知诸如铃铛、汤匙或烟斗等工具的时候，"我感受到在匿名的面纱的遮掩下他者的亲密存在"。113 需要质疑的地方在于："我"这个词如何才能被带入复数中？一旦它达到了

"其他的自我"，接触就通过我对他者身体的知觉而建立起来。"的确是我的身体在感知他者的身体，并在这个他者的身体中发现了我自己意向不可思议的延伸，一种与世界打交道的熟悉方式。从此以后，由于我身体的各个部分共同构成了一个系统，所以我的身体和他者的身体就是一个整体，是同一现象的两面。"（[4.18]，354）

但是，身体只是建立最初的（主要是视觉的）接触。在将他人知觉为（区别于简单的生命存在的）人的过程中，最重要的文化现象是语言（le langage）。在对话的经验中，共有的基础是在他人和我自身之间建立起来的。"我的思想和他者的思想被交织进唯一的结构中。"我和我的对话者都没有创造出使我们的交流得以进行的语言："我们的话语被插入一个共享的行动中，我们谁都不是这个行动的创造者……我们的观点相互融合，我们通过一个共有的世界而共同存在。"（[4.18]，354）共同存在并不会消除孤独，但孤独和交流是"同一现象的两个'时刻'，因为事实上他者确实是为我而存在的"（[4.18]，359）。实际上，如果我没有关于他者的经验，那么我甚至没有资格来谈论孤独，更不用说宣告他者无法接触我了。

因此，语言在我的现象场中被我发现，并且在共享的和前断言的世界中，被我用来表达，用来与他者进行交流。对语言的一种使用，就是文学；而在梅洛-庞蒂看来，文学是牢牢地植根于政治的和经济的活生生的世界之中的。在《知觉现象学》的"作为性存在的身体"一章（[4.18]，171-173）后面，附加着一个对历史唯物主义进行存在论阐释的长注，其中梅洛-庞蒂写道，"历史的存在概念"拒绝认为我们的行动是由我们处境中的社会—经济的因素所决定的。然而，这并不是否定我们的行动由这些因素所激发。"如果存在是人为自身的目的所承担的并造成他某种实际处境的持久行动，那么人的任何思想都将不能与人所生活于其中的历史内容相分离，尤其不能与人的经济处境相分离。"

这适用于哲学家，也适用于革命者和艺术家。梅洛-庞蒂写到，将保罗·瓦莱里的诗歌仅仅看成他经济环境的产物，这是荒谬的。但是，"在社会和经济的戏剧中，在我们共在（Mitsein）的世界中，寻找这一意识觉醒的动机"，这却不是荒诞的。艺术家（或者哲学家）的行动是一种自由的行

动，但却不是无目的的行动。艺术家的自由不是在真空中行使，与共有的经
验世界彻底脱离；"它存在于对一个实际处境的占有中，通过赋予其本义之
外的比喻义而实现"。

我们生活的任何一个方面都"呼吸着一种性感的气息"（就像弗洛伊德
所显示的那样），而我们却始终没能确定或者是"纯粹性感的"或者是毫无
性感的这种单一的意识内容。以同样的方式，我们所有的生活都遍布着"社
会的和经济的戏剧"。这"社会的和经济的戏剧"为我们每个人（艺术家以
及其他所有人）提供了充塞于我们存在的无可回避的要素。我们各自以独特
的方式着手解释和再占有它们。

> 因此，瓦莱里将他人不会在意的忧虑与孤独变成了纯粹的诗。
> 思想就是当它自己理解自己、自己诠释自己时的人际关系的生活。
> 在这种自愿的发扬中，在这种从客观到主观的推进中，不可能断言
> 历史的力量在哪里结束而我们的力量在哪里开始，而且严格来讲，
> 这个问题是无意义的，因为历史只是给那些生活于其中的主体的，
> 主体总是历史性地处身于世的。（[4.18]，172-173）

我们到现在为止仅仅零散地触及了梅洛-庞蒂令人赞叹的关于表达的现
象学。他在语言、文学、文化和艺术方面的更加重要的研究——他将其定义
为"对我们与他者和世界的多种多样的关系的不断发展的领悟"（[4.22]，
152）——绝大部分都被聚集在论文集《意义与无意义》以及（特别是）《符
号》里。在后一本著作中，他写了有助于将这些研究置于其逐渐发展的哲学
计划之内的"前言"（1960）。《眼与心》（[4.21]，159-190）是他后期讨论
绘画的重要论文。1952年就放弃的并于去世后以《世界的散文》为名出版
的未完成手稿，则被认为至少在写作灵感上是对萨特《文学是什么？》的回
应。可以这么说，语言现象以各种方式成为梅洛-庞蒂所有后期著作的主要
关注点。在这方面，他位于20世纪无论大陆学派还是分析学派的伟大哲学
家之列——人们能想到的这样的人物包括海德格尔、维特根斯坦、伽达默
尔、利科（Ricoeur）、奥斯汀（Austin）和塞尔（Searle）。在梅洛-庞蒂看

来，语言是进入对人类相互关系的更深入理解的切入点——也即，如他在
1952 年所写，"是我后期研究的主要问题"（[4.21]，9）。语言的意义在于
由其构成元素所组成的"共同意向"；"只有当听者跟随'文字链'，在这些文
字链一起命名的方向上到达每一个链条之外的时候，说出的句子才能被理解"
（[4.21]，8）。在那个方向上（就像我们将会在后面看到的），存在展现于其
中。（对梅洛-庞蒂在这些论题上的观点的精彩总结，参见 [4.74]，78—86。
对梅洛-庞蒂关于存在的表达与交流的理论的扩展性讨论，参见 [4.82]。）

## 存在的自由、历史和政治

　　法国一解放，通过研究战争及占领期间的经验，梅洛-庞蒂声称，在战
争中"我们学到了历史，而且我们宣称这段历史必然不能被忘记"（[4.22]，
150）。毫不奇怪的是，他的历史概念以及个人在历史中的角色等问题都锻造
于他的战时经验这一熔炉。作为比《存在与虚无》仅仅早一两年问世的《知
觉现象学》（写于此时），其最后一章正致力于与萨特声名狼藉的"绝对自
由"理论［及其对我们关于历史和历史实践（*praxis*）的理解的启示］的辩
证论战。

　　最后一章的前三页粗略地勾勒出萨特哲学的立场和观点。不过，梅洛-
庞蒂指出，萨特在野蛮的自在的决定论（因果性的科学主义概念）和意识的
自为的绝对自由（与外部相分离）之间树立彻底的对立，其产生的问题是，
这似乎会将自由的可能性也一起排除掉。如果这一点是正确的，即如果我们
无论做什么事都拥有同样的自由，如果一直生活在恐惧中的奴隶和打破他或
她的锁链的人（或者更确切地说，其他任何人）的自由是一样的，那么也就
无所谓自由的行动了，因为在这里，很明显自由和行动毫无关系。再者，
"为了便于辨认和觉察，自由的行动必须凸显在其完全或几乎完全缺席的生
活背景下"（[4.18]，437）。如果自由无处不在（既然它仅仅是人类存在或
自为存在的标志），那么梅洛-庞蒂认为，它也就无处存在。于是，这个行
动的概念、这个选择的概念就消失了，"因为选择就是选择某物，自由在这

个某物中至少有一瞬间看见自身的一个符号"。自由意味着一场奋斗，自由必须被努力地争取，自由必须作出决定。如果自由不凭借自由的行动就已然获得，就像在萨特的世界中那样，那么自由的行动就成了多余的。（[4.18]，437）因而，需要有这样一种关于自由的理论来取而代之，即"允许它某些东西，却不给予它任何东西"（[4.22]，77）。

通过继续分析意义给予（*Sinngebung*）——阐释，或按字面意义来讲，赋予情境以意义——梅洛-庞蒂努力寻找前面所说的"某些东西"是什么。如果我们接受"没有自由不伴随着一个场"的观点，如果我们将关于意识的康德式哲学观点（这似乎也是萨特常常采纳的观点）作为非现象学的观点——该观点认为"意识在事物中发现的东西只是意识已经加诸事物的东西"——而抛弃，那么我们对意义给予的理解必然要牵涉知觉（身体—主体）的可能性条件以及知觉（我于其中发现我自身的处境的世界）的实在的条件这两者之间的紧密啮合。

说一块岩石是不可攀登的，只有当我心怀要攀登它的计划的时候，这么说才有意义；"不可攀登的"属性（正如所有属性一样）只能被"在场的人"赋予岩石。"因而，正是自由使障碍产生于自由面前，所以障碍能够作为对自由的限制而置于自由的对面。"（[4.18]，439）但是，考虑到我具有从 A 到 B 的计划，不是所有的岩石对我来说都是不可攀登的。我的自由并不是设想出这条路有阻碍我行进的障碍，那条路则是一条可以通行的路，而是在大体上为有可能出现的障碍和可以通行的路做准备。不过，至关重要的区别在于：我的自由"不是勾勒出世界的细致的轮廓，而是仅仅制定出其大体的结构"（[4.18]，439）。

规定哪些山峰可攀或不可攀的世界总的结构不是作为自在的存在从外面被发现，不是在其本身，而是在我内心。与我"明确的意向"（例如，我打算下周去攀登那些山峰的计划）无关，我的"一般的意向"评估着我周围环境的潜在可能性：例如这样的事实，即它们超过我的体能，使我不能轻松应付。这让我们回到梅洛-庞蒂关于身体—主体"嵌入于世"的基本观点：在一个作为思想的和决定的主体的我自身之下，有"一个不能离开其地球环境的自然的自我"（[4.18]，440）。世界上所有"自由的"选择都不会消除这一根本的关系："只要我有手、脚和身体，我就在我周围保持着不依赖我的决定、以某种我无法选择的方式影响我的周遭的意向"（[4.18]，440）。

用梅洛-庞蒂的术语（借用格式塔心理学），这些"一般的意向"是一直在场的"基础"，而我的决定是倚在其上的"图形"。这一基础是"一般性的"，是指它组成了一个系统，所有可能的对象都同时被包括其中；也指它不仅是我的，而且是我与"所有像我一样被组织起来的心理—物理主体"共同分享的东西。因为我们事实上都是"与事物相混合的"。既然这是正确的，即除非我们使其如此，否则这些事物都没有构成障碍，那么

> 让它们获得障碍资格的自我就不是某种无宇宙论的主体……世界  *117*
> 具有一种原住地的重要意义，它是在我们肉身化的存在与世界的交往
> 中构成的，并为每一个审慎的意义给予提供根据。（[4.18]，441）

构成障碍的山峰是"我的障碍"，同理，让我"说出我本该墨守的东西"的疼痛是"我的疼痛"，而让我中断旅行的疲惫也是"我的疲惫"。根据萨特所言，我可以自由改变我在世界中的存在，包括我是选择忍受疼痛还是选择忍受疲惫。但是，梅洛-庞蒂则关注这样的事实，即这种改变的自为是不可能实施的，就像我们没有昨天一样。梅洛-庞蒂拒绝萨特著名的"存在先于本质"（existence precedes essence）的观点，坚称自由的理论必须认识到"我们生活的一种沉积：一种看世界的态度屡屡受到肯定，对我们而言它就获得了更偏爱的地位"（[4.18]，441）。虽然这么说很容易，即自我总是可以随意地改变一生的习惯，但梅洛-庞蒂坚持认为，"当我们的生活建立在已经持续 20 年之久的自卑情结上的时候，我们会有所改变的可能是没有的"（[4.18]，442）。

对于理性主义者（例如萨特）的反对意见，即我的改变的自由要么是绝对的要么是非—存在的，以及就像不存在可能性的程度一样，也不存在自由的程度，梅洛-庞蒂反驳道，"普遍性和或然性不是虚构的东西，而是现象；因而我们必须为统计思维找到一个现象学的基础"（[4.18]，442）。统计思维只是简单地处理这样的事实，即我有一个过去，"尽管不是一种命运"（既然我的过去不会完全决定我的未来），"但这个过去至少具有特殊的价值，它不

是一组放在那里的、离我有一段距离的事件，而是我当下的氛围"。再一次凭借齿轮的比喻，梅洛-庞蒂总结道，"我们的自由不会破坏我们的处境，而是使自身与其相啮合"（[4.18]，442）。[梅洛-庞蒂在阐述"个人时间"和"在世界中存在的模糊性"时对弗洛伊德的压抑（repression）概念和固着（fixation）概念的运用，参见 [4.18]，83-85。对这方面的探讨，参见 [4.49]。]

因此，过去不会决定我的未来，但我的历史并不是无关紧要的。历史——我自己的个人历史以及我生活于其中的更广阔的社会历史——提供了我于其中做自我选择的背景。而且，梅洛-庞蒂通过谈论阶级意识的发展问题以及做一个改革者的决定，阐明了有条件的自由这一概念。他再一次试图在两种传统的抽象化之间发现第三条道路。客观的（马克思主义的）思维从客观的物质条件中获得阶级意识；而观念论者的沉思则将成为一个无产阶级的条件降低到个体对其意识这个程度上。但是"无论在哪种情况下，我们都处于抽象化的王国中，因为我们仍然使自在与自为之间的撕裂继续存在"。因而，返回现象，返回到"事物自身"，就成为必然：取代抽象化，我们必须使用"一种真正的存在的方法"。

人在生产过程中的客观身份永远不会从阶级意识中自在地产生；甚而，是个体想成为改革者的决定才促使其将自己当作无产阶级。"使我成为一个无产阶级的，不是作为非人力量系统的经济体系或社会，而是我在内心承载的和经验到的风俗与制度；它不是一种没有动因的理智活动，而是我在这个制度框架中存在于世的方式。"（[4.18]，443）从个体的自我描述到与他者的阶级团结，这一转变是通过一种"所有人都休戚与共"（[4.18]，444）的、不断成长的意识而发生的。"社会空间开始获得磁场，可以看到一个被剥削的地带正在出现。"（[4.18]，445）不管是现状还是颠覆现状的自由革命者的行动，它们都不是抽象化；"它们是在暧昧含混中被经历到的"（[4.18]，445）。要成为社会阶级中的一员，不是仅仅在理智上明白这个事实就行了；而是"通过隐含的和存在主义的计划，也即通过融入我们仿效世界的以及与他人共在的方式中的计划"（[4.18]，447）来使其与团体认同。

这并不是说人不能随时修改他的存在计划。人不能做的是假装为无（néant），并从无中选择自身。"我真实的自由不是在我的存在附近，而是在我的面前，在事物之中。"容易引起歧义的是（正如萨特所言），我不断地进行选择，以及选择不做选择仍然是一种选择。"不拒绝和选择不是一回事。"（[4.18]，452）在活生生的世界中，从来没有决定论，也从来没有绝对的选择；我从来不是一个"存在"，也从来不是一个"无"。我们被牵扯进世界之中，牵扯进与他者的"无法分开的缠结之中"（[4.18]，454）。这种意义深长的生活，这种使我成为我所是的自然与历史的某种意义，它完全不让我与世界的剩余部分相分离，而是使我与世界的剩余部分保持交流成为可能。教导我们从世界和历史中看事物，看出事物所有的明晰性和所有的含混，这样的哲学通过不复成为（理智化的）哲学而最出色地完成了它的任务。梅洛-庞蒂引用圣埃克絮佩里（Saint-Exupéry）的话来结束《知觉现象学》："人只是关系的纽结，且关系只对人来说才是重要的。"（[4.18]，456）

（关于历史和政治中个体的角色、马克思主义的多样性、共产党的作用以及苏联问题等，梅洛-庞蒂发表了广泛的论文。这些文章的绝大部分都收在《意义与无意义》、《符号》、《人道主义与恐怖》［作为对阿瑟·库斯勒（Arthur Koestler）《正午的黑暗》（*Darkness at Noon*）一书的回应］以及《辩证法的冒险》之中。关于梅洛-庞蒂哲学政治观的最好的扩展性研究，参见［4.119］，［4.130］。）

*119*

## 肉的超辩证法

在 1952 年所写的未来著作计划中，梅洛-庞蒂说道："我最早的两本著作试图重新恢复知觉的世界。"我们已经看到，我们生活的所有方面都被前断言的知觉所支撑，即被内在于我们所有人都生活于其中的世界的具体人类风格所支撑。展望未来，他继续写道："我的准备工作旨在显示出与他者的沟通以及思想是如何开始的，是如何超越使我们通达真理的知觉王国的。"（[4.21]，3）他希望超越他已经发表的作品中的"坏的含混性"，清晰地表达出一种"好的含混性"，"一种将大量的单子、过去和现在、自然和文化集中在单一整体中的自发性。创立这一奇迹只能是形而上学本身"（[4.21]，

11）。他将自己显赫的哲学成就，即到目前为止我们在本章一直分析的这些作品所代表的哲学成就，仅仅视作给即将成为其盛年时期作品主题的本体论提供基础而已。对"肉"的本体论的详细阐述包含在他去世后发表的大量作品中，尤其包含在《可见的与不可见的》这部未完成的手稿中。

梅洛-庞蒂的成熟计划是极其雄心勃勃的。他打算超越（也可以说到其下面，鉴于他经常返回到考古学的隐喻中）实在论与观念论、主体与客体、意识与世界、自在与自为、存在与虚无、认识者与被认识者这些传统的哲学范畴，并在这个几乎无法穿透的领域里去发现他称之为"世界之肉"的东西，去发现我们所有人都内在于其中的、作为所有人类经验最终基础的那个原初的材料。给这部难懂而神秘的文本总结出一个特色，这同样是不可能的，因为它给我们的是 160 页很明显已完成的方法论上的介绍，接着是引人注目的标以"交织—交错"（*L'entrelacs-le chiasme*）标题的章节，以及 110 页的研究手稿。在这里，我将仅把注意力放在梅洛-庞蒂在这些章节里所介绍的少数几个关键性术语上："超辩证法"（hyperdialectic）的概念，以及相关的"肉"（the flesh）和"交错"（the chiasm）等概念。

梅洛-庞蒂在《可见的与不可见的》中提到辩证法理论的时候，他是在 *120* 用他的视角来看待萨特《存在与虚无》中的辩证法。萨特的辩证法是一种"坏的辩证法"。它是一种固定不变的对立，以命题的形式出现，其中，反思将一个外部的法则和框架强加到经验的内容上。

> 正是由于将存在看成绝对充足的和绝对确实的这一直觉，以及对我们夹杂于其中的所有存在进行纯化这一虚无的观点，萨特希望说明我们与事物的最原初的接触……从我将自身想象成否定性的存在而将世界想象成确定性的存在那一刻开始，互相影响就不再存在了……我们处于而且保持着严格的对立。（[4.24]，52）

而另外，只有"好的辩证法"才是他所说的"超辩证法"。好的辩证法是"没有综合的辩证法"，它必须始终明白任何一个命题都只是从活生生的经验世界中来的观念化和抽象化。"我们所说的超辩证法是指一种……能够到达真理的思维，这是因为它能够没有限制地想象关系的多样性以及人们称之为含混性的东西。"（[4.24]，94）梅洛-庞蒂要研究的是"关于存在的辩证的定义，它既不能是自在的存在，也不能是自为的存在……它必须在反思造成的断裂之前，在存在的周围、在存在的视域中，既不外在于我们也不内在于我们，而是在两种运动交织的地方，在'有着'某物的地方，去重新发现存在"（[4.24]，95）。

当然，这两种运动交织之处就是身体。身体是由事物组成的世界的一部分，同时也是看到和感觉到事物的事物。身体（其本身是可见的）可以看见事物，这不是因为事物是意识的对象，与身体有一段距离，而是因为这些事物恰恰是正在看的身体存在于其中的周遭环境。身体的这两个方面（被看者和观看者、可见的和不可见的）不可分割地交织在一起："我身体的经验和他者的经验是同一个存在的两面。"（[4.24]，225）这种最根本和最原初意义上的交织，这种可见的和我自身的匿名的普遍性，就是梅洛-庞蒂所说的"肉"（la chair）。

"在传统哲学中还没有什么名字命名它。"（[4.24]，139）肉不是质料，不是心灵，它也不是实体。以一种能让人回想起海德格尔的方式，梅洛-庞蒂返回到前苏格拉底的思想家那里，来表达他的意思：

> 为了命名它，我们需要"元素"这一古老的术语，在其曾经用来说水、气、土和火的意义上，也就是说，在其说普遍之物的意义上，它位于时—空个体与观念之间，是一种肉身化的原则，给有存在碎片的地方带来一种存在风格。肉正是在此意义上的存在的"元素"。（[4.24]，139）

*121*

为了强调这一原始存在元素的单一性，梅洛-庞蒂将其命名为"世界之肉"："我的身体和世界一样，是由同样的肉组成的……我身体之肉是和世界分享的，世界反映它，侵占它，它也侵占世界……它们是一种侵越或交叠的关系。"（[4.24]，248）在广延与思想之间的、可见的与不可见的之间的虚假的区别之下得到的实在，为这样的实在提出一个现象学的描述，这是梅洛-庞蒂首要关注的，也是贯穿其整个哲学生涯的。他并不是假设思想和广延的同一；主要的描述是这样的，即"它们互为彼此的正反面"（[4.24]，152）。但是，我们都是同一"世界之肉"的一部分。"通过一种交错，在我们成为他者和我们成为世界的地方"（[4.24]，160），我们将自己置身于我们本人和事物之中，置身于我们本人和他者之中。交错（*le chiasme*）这个词可以让人想到像古希腊字母 *chi*（χ）那样的线条的交叉，它强调的是存在诸方面的、感知者和被感知者的、可见的和不可见的无法分开的联结。

在对《可见的与不可见的》一书的简短考察中，最后有一个主题必须被提及，这就是语言的战略性地位。"语言是生活，是我们的生活以及事物的生活。"（[4.24]，125）与可见的和不可见的这一反面/正面的关系相对应，梅洛-庞蒂思考语言时总是让语言以沉默为背景："语言只能生活于沉默中；我们抛给他者的任何东西都已经在这我们从不曾离开的伟大而沉默的土地上萌芽生长。"（[4.24]，126）由于他们已经在自身中体验到"言语的（*la parole*）诞生就像从（他们的）沉默的经验底下冒出气泡来一样"，所以，没有人可以比哲学家更能知道"所谓体验也就是言说的体验（*vécu-parlé*）"。

语言是"存在的最有价值的见证"（[4.24]，126）。甚而，语言还是没有打断存在整体的存在的见证，因为"就像有人（拉康）曾说过的，视觉本身、思维本身是'以语言的方式构造起来的'，是字母之前的关联，是在没有任何东西或有些其他东西的地方的某物的幻影"（[4.24]，126）。谈说的言辞（*la parole parlante*）将其在活生生的经验中逐渐形成的所有根深错节的关系带到表面，将生活和行动的语言以及文学和诗歌的语言带到表面，这个谈说的言辞正是哲学的主题。当然，哲学是"这样的语言，它只能从内部并通过它的运用而被认知，它向事物开放，被沉默的声音召唤，并继续为作为所有存在之存在的关联而努力"（[4.24]，126）。

# 结　语

在我们即将结束对梅洛-庞蒂全部著作（*œuvre*）的简短概述的时候，

我们必须作出评价。在我看来，梅洛-庞蒂是 20 世纪哲学史上的伟大人物之一，是世纪中叶的枢纽性关键人物：他深深地吸收了以及创造性地再利用了在他之前的大师们的思想，如索绪尔、胡塞尔和海德格尔，而紧随其后出现的那一代，即在那些结构主义、后结构主义和解构主义思想家的思想中，他强大而显著的在场也是十分明显的（尽管不是直接的）。

梅洛-庞蒂本人总是高声宣告他对胡塞尔特别是《危机》时期的胡塞尔及其生活世界这一观点的拥护。现在可以说，梅洛-庞蒂的现象学最初无疑受到了胡塞尔的启发。而且，在梅洛-庞蒂的著作中，胡塞尔（如同被梅洛-庞蒂独一无二地以及创造性地诠释的那样）始终保持着活生生的在场。不过，有争议的是，在梅洛-庞蒂的哲学中，海德格尔的东西要多于胡塞尔的东西。第一，是时间中心论的问题：对梅洛-庞蒂来说，如同对海德格尔一样，人类存在根本上是时间性的存在。第二，本文上一节已经说明，两者思想都强调语言的特权。《关于人道主义的信》中有一句著名的话，海德格尔宣称"语言是存在的家"（*die Sprache ist das Haus des Seins*）。而在《可见的与不可见的》中，梅洛-庞蒂写到，语言是"存在的最有价值的见证"（[4.24]，126）。第三，梅洛-庞蒂意图——像海德格尔那样——为存在提供一个全面描述。然而，不得不说，海德格尔的存在（*Sein*）在本体论上区别于存在者（*Seiendes*），而梅洛-庞蒂的存在却同时包括了存在和存在者。

某些在梅洛-庞蒂哲学中反复出现的主题还预示着大陆哲学后来的主导性趋向。他的第一本著作被冠以《行为的结构》之名，这并不是偶然的。他对格式塔心理学和索绪尔的结构主义语言学进行了详细的研究，并在 1949 年讲授索绪尔思想。对于他所出版的最后一部著作，他起名为《符号》。梅洛-庞蒂无疑处于正在出现的被称为结构主义和符号学的哲学流派的中心。他对萨特有选择特权的主体的持续而不断深化的论辩，反映了他自己著作中不断发展的主体的去中心化，这成为后来解构主义哲学的核心主题。（梅洛-庞蒂关于"从哲学到非哲学"的有趣的探讨，参见 [4.103]，123-151。）

那么，梅洛-庞蒂对 20 世纪大陆哲学的主要贡献是什么？也许，梅洛-庞蒂比其他哲学家有更多的决心克服心与物、主体与客体之间的二元论，这

*123*

个自笛卡尔以来就占据欧洲哲学主要位置的问题。当然,笛卡尔传统在当代的最杰出代表,就是梅洛-庞蒂的朋友/敌对者——萨特。我们从上文已经看到梅洛-庞蒂是如何不断地抛出他自己的哲学方法,来批判萨特在自为存在与作为思维对象的自在存在之间进行思考和选择时的极端二元论。梅洛-庞蒂始终是一个现象学家。他最主要的哲学冲动一直是描述"事物本身";而且,他之所以反对二元论,仅仅是因为二元论不能提供关于现象的充足的描述。

曾有人认为,梅洛-庞蒂的后期哲学表现出与早期的知觉现象学之间有一个彻底的断裂。我不同意这种观点。尽管他在 20 世纪 50 年代创造了新的术语,但他的哲学著作实际上仍是一个整体;而且,他后期关于新的基础存在论的研究可以在《知觉现象学》中找到萌芽(有的地方甚至不只是萌芽),例如,关于"我思"的一章。尽管他在最后几年里的确认为《知觉现象学》中的基本术语(感知和被感知)保留了以往的二元论残余,但是他决心走得更远以及将"世界之肉"作为知觉现象学的基础这一事实,却绝非暗示着对其早期著作的基本要旨和成就(就其本身而言)的拒绝。

更确切地讲,就像他在 1959 年 1 月的研究笔记中所表达的那样,梅洛-庞蒂关注的是,希望用能够最终消除主/客对立的本体论的观点来"深化"他最早的两部著作。这恰恰暗示着,最早的两部著作构成了他哲学计划的不可或缺的起点,而不是终点。他持久不渝地关注的是,要为世界提供完全的描述。他新的本体论超越了其早期现象学,为这样的描述提供了一个彻底崭新的基础。在《可见的与不可见的》中,他使这一点变得很清晰,即根本的哲学立场是一种"质询"。梅洛-庞蒂所提出的深刻的哲学问题至今尚未得到满意的回答。

## 参考书目

### 原始文本

124      4.1    *La Structure du comportement*,Paris:Presses Universitaires de France,1942.

4. 2　*Phénoménologie de la perception*，Paris：Gallimard，1945.

4. 3　*Humanisme et terreur：Essai sur le problème communiste*，Paris：Gallimard，1947.

4. 4　"Le Primat de la perception et ses conséquences philosophiques"，*Bulletin de la Société Française de Philosophie*，41（1947）：119−135 and discussion 135−153.

4. 5　*Sens et non-sens*，Paris：Nagel，1948.

4. 6　*Eloge de la philosophie*，Paris：Gallimard，1953.

4. 7　*Les Aventures de la dialectique*，Paris：Gallimard，1955.

4. 8　*Signes*，Paris：Gallimard，1960.

4. 9　"Préface" to A. Hesnard，*L' Œuvre de Freud et son importance pour le monde moderne*，Paris：Payot，1960，5−10.

4. 10　"Un Inédit de Maurice Merleau-Ponty" [1952]，*Revue de métaphysique et de morale*，67（1962）：401−409.

4. 11　*Le Visible et l'Invisible，suivi de notes de travail* [1959−1961]，ed. C. Lefort，Paris：Gallimard，1964.

4. 12　*L'Œil et l'esprit* [1961]，Paris：Gallimard，1964.

4. 13　"Pages d' 'Introduction à la prose du monde'" [1950−1951]，ed. C. Lefort，*Revue de métaphysique et de morale*，72（1967）：137−153.

4. 14　*Résumés de cours，Collège de France*，1952−1960，ed. C. Lefort，Paris：Gallimard，1968.

4. 15　*L'Union de L' âme et du corps chez Malebranche，Biran et Bergson：prises au cours à L' Ecole Normale Supérieure（1947−1948）*，ed. J. Deprun，Paris：Vrin，1968.

4. 16　*La Prose du monde* [1950−1951]，ed. C. Lefort，Paris：Gallimard，1969.

4. 17　"Philosophie et non-philosophie depuis Hegel" [spring 1961]，ed. C. Lefort，*Textures*，8−9（1974）：83−129 and 10−11（1975）：145−173.

**翻译本**

4. 18　*Phenomenology of Perception*，trans. C. Smith，London：Routledge & Kegan Paul and Atlantic Highlands：Humanities Press，1962.

4. 19　*In Praise of Philosophy*，trans. J. Wild and J. M. Edie，Evanston：North-

western University Press，1963.

4.20　*The Structure of Behavior*，trans. A. L. Fisher，Boston：Beacon Press，1963.

4.21　*The Primacy of Perception and Other Essays on Phenomenological Psychology*，*the Philosophy of Art*，*History and Politics*，ed. J. M. Edie，Evanston：Northwestern University Press，1964. Includes（pp. 3-11）"An Unpublished Text by Maurice Merleau-Ponty：A Prospectus of his Work"，trans. A. B. Dallery，a translation of [4.10] above；and（pp. 159-190）"Eye and Mind"，trans. C. Dallery，a translation of [4.12] above.

4.22　*Sense and Non-Sense*，trans. H. L. Dreyfus and P. Allen Dreyfus，Evanston：Northwestern University Press，1964.

4.23　*Signs*，trans. R. C. McCleary，Evanston：Northwestern University Press，1964.

4.24　*The Visible and the Invisible*，*Followed by Working Notes*，ed. C. Lefort，trans. A. Lingis，Evanston：Northwestern University Press，1968.

4.25　"Phenomenology and Psychoanalysis：Preface to Hesnard's *L' Œuvre de Freud*"，trans. A. L. Fisher（ed.），*The Essential Writings of Merleau-Ponty*，New York：Harcourt，Brace & World，1969，pp. 81-87.

4.26　*Humanism and Terror*：*An Essay on the Communist Problem*，trans. with notes by J. O'Neill，Boston：Beacon Press，1969.

4.27　*Themes from the Lectures at the Collège de France 1952-1960*，trans. J. O'Neill，Evanston：Northwestern University Press，1970.

4.28　*The Prose of the World*，trans. J. O'Neill，Evanston：Northwestern University Press，1973.

4.29　*Adventures of the Dialectic*，trans. J. Bien，Evanston：Northwestern University Press，1973.

4.30　*Consciousness and the Acquisition of Language*，trans. H. J. Silverman，Evanston：Northwestern University Press，1973.

4.31　*Phenomenology*，*Language and Sociology*：*Selected Essays of Maurice Merleau-Ponty*，ed. J. O'Neill，London：Heinemann，1974.（Contains articles already available elsewhere.）

4.32　"Philosophy and Non-Philosophy since Hegel"，trans. H. J. Silverman，*Telos*，29（1976）：39-105；reprinted in H. J. Silverman（ed.），*Philosophy and Non-Phi-*

*losophy since Merleau-Ponty*，New York and London：Routledge，1988，pp. 9–83.

## 书目

4.33　lanigan，R. L. "Maurice Merleau-Ponty Bibliography"，*Man and World*，3 (1970)：289–319.

4.34　Métraux，A. "Bibliographie de Maurice Merleau-Ponty"，in X. Tilliette [4.109 below]，173–186.

4.35　Geraets，T. F. [4.60 below]，200–209.

4.36　Lanigan，R. L. "Bibliography" [annotated]，in [4.82 below]，210–243.

4.37　Lapointe，F. H. "The Phenomenological Psychology of Sartre and Merleau-Ponty：A Bibliographical Essay"，*Dialogos*，8 (1972)：161–182.

4.38　Lapointe，F. and Lapointe，C. C. *Maurice Merleau-Ponty and His Critics：An Internatianal Bibliography* (*1942–1976*)，New York：Garland，1976.

4.39　Whiteside，K. "The Merleau-Ponty Bibliography：Additions and Corrections"，*Journal of the History of Philosophy*，21 (1983)：195–201.

## 评论：综合研究

4.40　Alquié，F. "Une philosophie de l'ambiguïté：L'existentialism de Maurice　*126* Merleau-Ponty"，*Fontaine*，59 (1947)：47–70.

4.41　Ballard，E. G. "The Philosophy of Merleau-Ponty"，*Tulane Studies in Philosophy*，9 (1960)：165–187.

4.42　Bannan，J. F. "The 'Later' Thought of Merleau-Ponty"，*Dialogues*，5 (1966)：383–403.

4.43　Bannan，J. F. "Merleau-Ponty on God"，*International Philosophical Quarterly*，6 (1966)：341–365.

4.44　Bannan，J. F. *The Philosophy of Merleau-Ponty*，New York：Harcourt，Brace & World，1967.

4.45　Barral，M. R. *Merleau-Ponty：The Role of the Body-Subject in Interpersonal Relations*，Pittsburgh：Duquesne University Press，1965.

4.46　Bayer，R. *Merleau-Ponty's Existentialism*，Buffalo：University of Buffalo Press，1951.

4. 47　Caillois, R. "De la perception à l'histoire: la philosophie de Maurice Merleau-Ponty", *Deucalion*, 2 (1947): 57−85.

4. 48　Carr, D. "Maurice Merleau-Ponty: Incarnate Consciousness", in G. A. Schrader, Jr (ed.), *Existential Philosophers: Kierkegaard to Merleau-Ponty*, New York: McGraw-Hill, 1967, pp. 369−429.

4. 49　Cullen, B. "'Repression' and 'Fixation' in Merleau-Ponty's Account of Time", *Journal of the British Society for Phenomenology*, forthcoming.

4. 50　Daly, J. "Merleau-Ponty's Concept of Phenomenology", *Philosophical Studies (Ireland)*, 16 (1967): 137−164.

4. 51　Daly, J. "Merleau-Ponty": A Bridge between Phenomenology and Structuralism, *Journal of the British Society for Phenomenology*, 2 (1971): 53−58.

4. 52　de Waehlens, A. *Une philosophie de l'ambiguïté: L'existentialisme de Maurice Merleau-Ponty*, Louvain: Publications Universitaires de Louvain, 1951.

4. 53　Dillon, M. C. *Merleau-Ponty's Ontology*, Bloomington: Indiana University Press, 1988.

4. 54　Dufrenne, M. "Maurice Merleau-Ponty", *Les études philosophiques*, 36 (1962): 81−92.

4. 55　Edie, J. M. *Merleau-Ponty's Philosophy of Language: Structuralism and Dialectics*, Lanham: University Press of America, 1987.

4. 56　Fressin, A. *La Perception chez Bergson et chez Merleau-Ponty*, Paris: Société d'éditions d'enseignement supérieur, 1967.

4. 57　Friedman, R. M. "The Formation of Merleau-Ponty's Philosophy", *Philosophy Today*, 17 (1973): 272−278.

4. 58　Friedman, R. M. "Merleau-Ponty's Theory of Intersubjectivity", *Philosophy Today*, 19 (1975): 228−242.

4. 59　Gans, S. "Schematism and Embodiment", *Journal of the British Society for Phenomenology*, 13 (1982): 237−245.

4. 60　Geraets, T. F. *Vers une nouvelle philosophie transcendantale: La Genèse de la philosophie de Maurice Merleau-Ponty jusqu'à la Phénoménologie de la perception*, The Hague: Martinus Nijhoff, 1971.

*127*　　4. 61　Gerber, R. J. "Merleau-Ponty: The Dialectic of Consciousness and World",

*Man and World*, 2 (1969): 83-107.

4.62　Gill, J. H. *Merleau-Ponty and Metaphor*, Atlantic Highlands: Humanities Press, 1991.

4.63　Gillan, G. (ed.) *The Horizons of the Flesh : Critical Perspectives on the Thought of Merleau-Ponty*, Carbondale and Edwardsville: Southern Illinois University Press, 1973.

4.64　Grene, M. "Merleau-Ponty and the Renewal of Ontology", *Review of Metaphysics*, 29 (1976): 605-625.

4.65　Hadreas, P. J. *In Place of the Flawed Diamond : An Investigation of Merleau-Ponty's Philosophy*, New York: Lang, 1986.

4.66　Halda, B. *Merleau-Ponty ou la philosophie de l'ambiguïté*, Paris: Les Letters Modernes, 1966.

4.67　Hall, H. "The Continuity of Merleau-Ponty's Philosophy of Perception", *Man and World*, 10 (1977): 435-447.

4.68　Heidsieck, F. *L'Ontologie de Merleau-Ponty*, Paris: Presses Universitaires de France, 1971.

4.69　Hyppolite, J. *Sens et existence dans la philosophie de Maurice Merleau-Ponty*, Oxford: The Clarendon Press, 1963.

4.70　Johnson, G. A. (ed.) *Ontology and Alterity in Merleau-Ponty*, Evanston: Northwestern University Press, 1991.

4.71　Jolivet, R. "The Problem of God in the Philosophy of Merleau-Ponty", *Philosophy Today*, 7 (1963): 150-164.

4.72　Kaelin, E. F. *An Existential Aesthetic : The Theories of Sartre and Merleau-Ponty*, Madison: The University of Wisconsin Press, 1962.

4.73　Kaelin, E. F. "Merleau-Ponty, Fundamental Ontologist", *Man and World*, 3 (1970): 102-115.

4.74　Kearney, R. "Maurice Merleau-Ponty", in *Modern Movements in European Philosophy*, Manchester and Dover, NH: Manchester University Press, 1986, pp. 73-90.

4.75　Kockelmans, J. J. "Merleau-Ponty on Sexuality", *Journal of Existentialism*, 6 (1965): 9-30.

4.76 Krell, D. F. "Merleau-Ponty on 'eros' and 'logos'", *Man and World*, 7 (1974): 37-51.

4.77 Kwant, R. C. *The Phenomenological Philosophy of Merleau-Ponty*, Pittsburgh: Duquesne University Press, 1963.

4.78 Kwant, R. C. *From Phenomenology to Metaphysics : An Inquiry into the Last Period of Merleau-Ponty's Philosophical Life*, Pittsburgh: Duquesne University Press, 1966.

4.79 Lacan, J. "Maurice Merleau-Ponty", *Les Temps modernes*, 184-185 (October 1961): 245-254.

4.80 Langan, T. *Merleau-Ponty's Critique of Reason*, New Haven and London: Yale University Press, 1966.

4.81 Langer, M. M. *Merleau-Ponty's Phenomenology of Perception : A Guide and Commentary*, Basingstoke: Macmillan, 1989.

4.82 Lanigan, R. L. *Speaking and Semiology : Maurice Merleau-Ponty's Phenomenological Theory of Existential Communication*, The Hague and Paris: Mouton, 1972.

4.83 Lefort, C. "Maurice Merleau-Ponty", in R. Klibansky (ed.), *Contemporary Philosophy : A Survey*, vol. 3, *Metaphysics, Phenomenology, Language and Structure*, Firenze: La Nuova Italia Editrice, 1969, pp. 206-214.

4.84 Levine, S. K. "Merleau-Ponty's Philosophy of Art", *Man and World*, 2 (1969): 438-452.

4.85 Lévi-Strauss, C. "On Merleau-Ponty", trans C. Gross, *Graduate Faculty Philosophy Journal*, 7 (1978): 179-188.

4.86 Madison, G. B. *The Phenomenology of Merleau-Ponty : A Search for the Limits of Consciousness*, Athens: Ohio University Press, 1981.

4.87 Mallin, S. B. *Merleau-Ponty's Philosophy*, New Haven and London: Yale University Press, 1979.

4.88 Natanson, M. "The Fabric of Expression", *Review of Metaphysics*, 21 (1968): 491-505.

4.89 O'Neill, J. *The Communicative Body : Studies in Communicative Philosophy, Politics, and Sociology*, Evanston: Northwestern University Press, 1989.

4.90 Rabil, A. *Merleau-Ponty : Existentialist of the Social World*, New York:

Columbia University Press，1967.

4.91　Rauch，L. "Sartre，Merleau-Ponty and Hole in Being"，*Philosophical Studies (Ireland)*，18（1969）：119—132.

4.92　*Review of Existential Psychology and Psychiatry*，18（1982—1983），a special issue devoted by Merleau-Ponty，including translations of several short pieces by Merleau-Ponty on phenomenological psychology，sexuality and the relations between phenomenology and psychoanalysis.

4.93　Ricoeur，P. "Hommage à Merleau-Ponty"，*Esprit*，29（1961）：1115—1120.

4.94　Robinet，A. *Merleau-Ponty，sa vie，son œuvre，avec un exposé de sa philosophie*，Paris：Presses Universitaires de France，1963.

4.95　Roman，J. "Une amitié existentialiste：Sartre et Merleau-Ponty"，*Revue internationale de philosophie*，39（1985）：30—55.

4.96　Sallis，J. "Time，Subjectivity，and *The Phenomenology of Perception*"，*Modern Schoolman*，48（1971）：343—358.

4.97　Sallis，J. *Phenomenology and the Return to Beginnings*，Pittsburgh：Duquesne University Press，1973.

4.98　Sallis，J.（ed.）*Merleau-Ponty：Perception，Structure，Language*，Atlantic Highlands：Humanities Press，1981.

4.99　Sartre，J.-P. "Merleau-Ponty vivant"，*Les Temps modernes*，184—185（1961）：304—376；translated as "Merleau-Ponty"，in J.-P. Sartre，*Situations*，trans. B. Eisler，London：Hamish Hamilton，1965，pp.225—326.

4.100　Sartre，J.-P. "Merleau-Ponty [1]"，trans. W. Hamrick，*Journal of the British Society for Phenomenology*，15（1984）：128—154.　［An earlier version of the previous entry.］

4.101　Schmidt，J. *Maurice Merleau-Ponty：Between Phenomenology and Structuralism*，New York：St Martin's Press，1985.

4.102　Silverman，H. J. "Re-reading Merleau-Ponty"，*Telos*，29（1976）：106—129；reprinted，with several other chapters on the philosophy of Merleau-Ponty，in［4.103］.

4.103　Silverman，H. J. *Inscriptions：Between Phenomenology and Structuralism*，New York and London：Routledge & Kegan Paul，1987.

*129*    4. 104    Silverman, H. J. *et al.* (eds) *The Horizons of Continental Philosophy : Essays on Husserl, Heigegger, and Merleau-Ponty*, Dordrecht: Kluwer, 1988.

4. 105    Smith, C. "Sartre and Merleau-Ponty: The Case for a Modified Essentialism", *Journal of the British Society for Phenomenology*, 1 (1970): 73-79.

4. 106    Smyth, D. P. "Merleau-Ponty's Late Ontology: New Nature and the Hyperdialectic", unpublished Ph. D. thesis, The Queen's University of Belfast, 1988.

4. 107    Taminiaux, J. "Merleau-Ponty: de la dialectique à l'hyperdialectique", *Tijdschrift voor Filosofie*, 40 (1978): 34-55.

4. 108    Tilliette, X. *Merleau-Ponty ou la mesure de l'homme*, Paris: Seghers, 1970.

4. 109    Thévenaz, P. *De Husserl à Merleau-Ponty : Ou'est-ce que la phénoménologie*, Neuchâtel: Editions de la Baconnière, 1966.

4. 110    Van Breda, H. L. "Maurice Merleau-Ponty et les Archives-Husserl à Louvain", *Revue de métaphysique et de morale*, 67 (1962): 410-430.

4. 111    Waldenfels, B. "Das Problem der Leiblichkeit bei Merleau-Ponty", *Philosophisches Jahrbuch*, 75 (1967-1968): 345-365.

### 评论：自由、历史和政治

4. 112    Archard, D. *Marxism and Existentialism : The Political Philosophy of Sartre and Merleau-Ponty*, Belfast: Blackstaff Press, 1980.

4. 113    Aron, R. *Marxism and Existentialists*, New York: Harper & Row, 1969.

4. 114    Bien, J. "Man and the Economic: Merleau-Ponty's Interpretation of Historical Materialism", *Southwestern Journal of Philosophy*, 3 (1972): 121-127.

4. 115    Borg, J. L. "Le Marxisme dans la philosophie socio-politique de Merleau-Ponty", *Revue philosophique de Louvain*, 73 (1975): 481-510.

4. 116    Capalbo, C. "L'historicité chez Merleau-Ponty", *Revue philosophique de Louvain*, 73 (1975): 511-535.

4. 117    Compton, J. "Sartre, Merleau-Ponty, and Human Freedom", *Journal of philosophy*, 79 (1982): 577-588.

4. 118    Coole, D. "Phenomenology and Ideology in the Work of Merleau-Ponty", in N. O'Sullivan (ed.), *The Structure of Modern Ideology*, Cheltenham: Elgar, 1989, 122-150.

4.119　Cooper, B. *Merleau-Ponty and Marxism : From Terror to Reform*, Toronto: University of Toronto Press, 1979.

4.120　Dauenhauer, B. P. *The Politics of Hope*, London: Routledge, 1986.

4.121　de Beauvoir, S. "Merleau-Ponty et le pseudo-Sartrisme", *Les Temps modernes*, 10 (1955): 2072-2122.

4.122　de Beauvoir, S. *J.-P. Sartre versus Merleau-Ponty (Merleau-Ponty ou l'antisartrisme)*, trans. A. Leal, Buenos Aires: Siglo Veints, 1963.

4.123　Kruks, S. *The Political Philosophy of Merleau-Ponty*, Brighton: Harvester and Atlantic Highlands: Humanities Press, 1981.

4.124　Miller, J. "Merleau-Ponty's Marxism: Between Phenomenology and the Hegelian Absolute", *History and Theory*, 15 (1976): 109-132.

4.125　O'Neill, J. *Perception, Expression, and History : The Social Phenomenology of Maurice Merleau-Ponty*, Evanston: Northwestern University Press, 1970.

4.126　Pax, C. "Merleau-Ponty and the Truth of History", *Man and World*, 6 *130* (1973): 270-279.

4.127　Ricoeur, P. "La Pensée engagée: Merleau-Ponty", *Esprit*, 16 (1948): 911-916.

4.128　Schmidt, J. "Maurice Merleau-Ponty: Politics, Phenomenology, and Ontology", *Human Studies*, 6 (1983): 295-308.

4.129　Spurling, L. *Phenomenology and the Social World : The Philosophy of Merleau-Ponty and Its Relation to the Social Sciences*, London: Routledge & Kegan Paul, 1972.

4.130　Whiteside, K. H. *Merleau-Ponty and the Foundation of an Existential Politics*, Princeton: Princeton University Press, 1988.

4.131　Whiteside, K. H. "Universality and Violence: Merleau-Ponty, Malraux, and the Moral Logic of Liberalism", *Philosophy Today*, 35 (1991): 372-389.

4.132　Wiggins, O. P. "Political Responsibility in Merleau-Ponty's *Humanism and Terror*", *Man and World*, 19 (1986): 275-291.

4.133　Wolin, R. "Merleau-Ponty and the Birth of Weberian Marxism", *Praxis International*, 5 (1985): 115-130.

# 第五章

# 宗教哲学：马塞尔、雅斯贝尔斯、列维纳斯

威廉·德斯蒙（William Desmond）

加布里埃尔·马塞尔（1889—1973）、卡尔·雅斯贝尔斯（Karl Jaspers，1883—1969）和伊曼纽尔·列维纳斯（生于 1906 年）恰似一个思想家的集合。雅斯贝尔斯，这位创造"生存哲学"（*Existenz Philosophie*）一词的思想家，其重要影响力在于让世人知道了克尔凯郭尔的重要性。马塞尔是一个酷爱音乐的法国戏剧家，其走进哲学的背景是对唯心主义的反抗。但是，比如罗伊斯（Royce）——马塞尔笔下的第一个人——对他的影响也相当大。柏格森，这位迄今还被忽视的思想家，也是上述背景的一部分。天主教身份对马塞尔有着重要的意义，他甚至被贴上了"基督教的存在主义者"的标签。他既是一个哲学家，同时刚好又是一个天主教徒。列维纳斯在把现象学引入法国的过程中起了重要作用。1930 年，他出版了论胡塞尔直观理论的著作，其中引用了萨特的一句话：这便是我想要的哲学方法。但是，列维纳斯始终以一种与现象学传统尤其是它的变种即海德格尔的基础存在论紧张的方式进行思考。

这三位思想家都受到多方关注。雅斯贝尔斯在海德格尔的阴影下工作，他自己好像也意识到了这一点。他们曾经是朋友，雅斯贝尔斯也曾认为，唯有海德格尔才能与自己相媲美。不过，海德格尔的巨大影响力使得雅斯贝尔斯变得相对暗淡。雅斯贝尔斯反对纳粹，而海德格尔则没有，但这并未妨碍他承认海德格尔的才干。雅斯贝尔斯对海德格尔的关注的确远比海德格尔对

雅斯贝尔斯的关注要多得多。雅斯贝尔斯也敬重哲学传统，同时也尊重科学的成就。他不会为了到达所谓前所未有的原创性，而与千年之久的传统较上劲，从他直接针对悠久的哲学传统所做的修补性工作来看，在他的思想中没有迷信，但这不否认他对传统的敬重而且是深深的敬重。

马塞尔是一个极富洞见的存在主义思想家，但是在很大程度上，存在主义一直被当作无神论的标志，尤其是萨特的存在主义。由于马塞尔坦然地拒绝闭口不谈寻找上帝，因此，那些不太接受宗教的职业哲学家就不会听马塞尔说了些什么，他们没有足够的耐心去倾听马塞尔那些有时令人难以捉摸的主题——身体、家庭、没有任何对象化的神秘感，对所谓存在之亲密（intimacy of being）的沉思。

尽管马塞尔理论中那些常见的主题可以概括为：存在和有，问题和神秘，主体间性和具体化，但是也很难对其一揽包收。出于对其主题的尊重，他的哲学风格拒绝被一揽包收，哪怕是简单的系统性叙述。尽管有时他的写作方式稍嫌冗长，但在其思想历程中，他偶尔也有某些绝对重要的洞见。存在的亲密性始终不同于技术性思维，避开了完全系统性的要求，因而，它几乎是一个完全明晰的概念。哲学往往集中于这样一些主题：可用一种更中性的、公共的、普遍化的语言进行叙述的主题。我们依赖语言，但是语言必须与思维方式（可向艺术借鉴）相互影响和相互补充，我们的确需要被某种存在的音乐所塑造的语言。

列维纳斯直到最近才被英语哲学界广泛了解。他的工作以对胡塞尔和海德格尔现象学的熟练把握为前提，也以 19 世纪 30 年代以来充斥于法国思想界的、围绕黑格尔哲学的一些争论为前提。列维纳斯把自己的哲学写作与其宗教研究严格区分开来，但毋庸置疑的是，在他那里，宗教与哲学彼此之间并不是完全绝缘的。他的主要著作如《整体与无限》（*Totality and Infinity*）中的许多主题，如果撇开上帝的在场或不在场的意义，那么就无法理解。如今，列维纳斯的才华不仅被法国而且被其他国家广为认可，这部分归功于解构主义的影响。解构主义的高级精神导师德里达曾从列维纳斯那里获益匪浅。这种影响对列维纳斯则是模棱两可的，列维纳斯始终显示出一种精神上的严肃性，这种严肃性因后现代主义轻佻之举（解构主义常常有这种倾向）而变得不太健康。

他们三个思想家每一个都值得全面研究，他们都是多产的作家。列维纳斯的著作稍稍少些，但马塞尔和雅斯贝尔斯的著作却卷帙浩繁。为了让问题变得清晰且易于讨论，我将集中在三个主题上，由此也确定了我将提到一些相关的观念，我不会详细地阐释那些值得另作研究的东西。这三个主题如下：哲学的本质、他者问题、超越论或上帝问题。

*133*

# 加布里埃尔·马塞尔

对 19 世纪末唯心主义的反动决定了马塞尔对哲学的理解。他研究过罗伊斯和谢林早期的著作，他们的主题贯穿于马塞尔所有的作品。通过马塞尔对其所谓创造性的忠诚（creative fidelity）概念别出心裁的解释，罗伊斯的忠诚（loyalty）主题变成了一种主体间性的本体论。我谈到过谢林曾努力摆脱他自己早期的逻辑主义和黑格尔唯心主义，这种努力的结果使得谢林的积极哲学（positive philosophy）成了全部存在主义思想的先驱，包括克尔凯郭尔。谢林曾试图把恶看成完全有别于理性的东西。马塞尔后来偶尔提及谢林和康德在这一方面的观点，但其重点总体上是关于哲学的概念。作为一个哲学难题，"恶"使得唯心论的理性临近自己的界限，正如理想主义所认为的那样，面对这条界限，哲学家不得不思考位于理性界限之外的东西。

使哲学成为一个体系的愿望始于康德、费希特、黑格尔，然后延续至其后的唯心主义和后唯心主义哲学。马塞尔早期也曾试图用建立体系的方式来阐述自己的思想。他发现自己不得不把思想变成一种有碍于内容的形式，否则就无法清楚地表达。最后，他出版的《形而上学日志》（*Metaphysical Journal*，1927）一书，不仅其内容而且其文学形式都是开创性的。

马塞尔的使命是建立一种有别于体系的东西，这截然对立于那种所谓思想的形成和表述应当具有某些体系性特点及恰当秩序的观点。他在吉福德（Gifford）的演讲稿，后来以《存在的奥秘》（*The Mystery of Being*）为名出版，这是马塞尔最系统性的著作，不过他从不承认体系这样的东西。哲学原本是一种冒险和探索的活动，体系只是一个后来者，体系不应当支配理所当然的东西。思考对所有的主题敞开，即使是那些以一种不可逾越的阻力阻挡我们范畴入侵的主题。马塞尔的主要思想不能被塞进某种形式，可以说，形式背离了它即兴的性质。马塞尔的哲学与克尔凯郭尔的哲学、尼采的哲学有不少共同之处，尽管马塞尔没有把他们列入影响他早期思想的名单。即使人们会谈到舍斯托夫（Shestov）和后期维特根斯坦所开辟的非系统的形式，人们研究得更多的还是克尔凯郭尔和尼采所采用的多元文学形式。

*134*

马塞尔的哲学既是现象学的又是存在论的，但他并不是胡塞尔的信徒，当他认为思想应该开端于一种意向行为，即对向我们显现之物进行意向时，他的哲学思想便是现象学的。我们要尽可能地使事物以其形式和条件显现其所是。哲学思考活动首先要认真关注现象、显现和事件，包括它们的细微之处和令人意想不到的方面，这种哲学思考活动必然使得他持续拒斥唯心主义。唯心主义强调人的能动性思想诱使哲学家把自己的范畴套在显现的存在上，以至于哲学家把思想本身当成思想。康德自己就曾谈到，心灵在自然中之所见只是心灵在自然上的投影。康德并不是绝对的唯心主义，但是他的一些论断则是模棱两可的。如上所述，这导致他的唯心主义子嗣们更加坚定，因而也更加一致。

但是，唯心主义的完全一致性也导致了其自身的解体，因为任何异于思想的东西最终会导致范畴的建立。马塞尔不能接受这种情况，因为在一些关键之处，范畴的建立使得范畴自身变得无意义。因此，马塞尔对现象学的精确性要求使得重申实在论成为必要。这要求思想者应该让事物自身显现，不受理智的干扰，马塞尔不否认这是哲学至关重要的方面。相反，歧义（必须得以解释和评价）可导致事物的显现变得毫无希望。使歧义变得明确，是哲学现象学的必然要求。未经思考就屈从于歧义的情况是没有的，存在的歧义都必须经过详细的审查。

这就是马塞尔思想中有关存在的一面。在某种程度上，马塞尔是个存在主义者，他主要关注的是人和有关存在的困惑，尤其是存在本身。在"存在"一词因萨特而变得流行起来之前，马塞尔就已经在使用它了。正像在歧义丛生的事物之中寻找事物一样，人类寻求事物的真理，尤其是事物自身的真理。事物被各种可能性所诱惑：遮蔽、歪曲或者破坏它自己的真相以及其他事物的真相，因而存在主义哲学家就得反复探求和旅行。毫不奇怪的是，马塞尔会不遗余力地讨论"途中人"（*homo viator*），即旅行者（这是他一部著作的名称）。

我们都在旅途，途中笼罩着不确定性，也充满了忧伤，我们无从知晓自己从何而来，往何处去。马塞尔没有帕斯卡（Pascal）那样激情洋溢，不过，他们却都关注存在的偶然性之谜。我们既不能偏离旅途，也不能整体审视自己的旅途。体系性的唯心主义的缺陷是错误地假定我们具备这样一个阿基米德点，立足于该点我们便能建构范畴体系，使得所有的存在能够清楚明白地解释。如此，体系对我们所参与的存在尤其对正在途中的哲学家独特的存在而言，是虚假的。即使是在形而上学上的无家可归的意义上，我们也需要多种多样的思考，以确认我们与旅途中的存在之间的亲密性。哲学上努力的结果，使我们与存在之间产生了某种反思性距离（reflective distance），这是一种不至于损害我们与旅途中的存在之间的亲密性的距离。思考必须在它的源头和过程中，以步履蹒跚和风驰电掣的形式，以其瓜熟蒂落和未曾吐露建议的形式展现出来。

马塞尔区分了其所谓的第一反思和第二反思。第一反思表示了一种对对象存在和人的存在的倾向。它试图站在对象之外对事物进行考察，或者深入对象之中，好像对象是一个可掌控和超越的、异化的事物。笛卡尔的二元论是这种思考的主要源头，这种二元论假定认识者与被认识者、心灵与自然、自我和他人之间是相互对立的。这种思考模式弱化了思考者对存在的参与，是一种相当于把存在当作一个问题来对待的思考。

第二反思是指，事物的存在被看作不可避免地进入了思考者的思考活动。思考者不能不参与被思考着事物的存在，这对于那种对象化的思考和导致思考者"忘我"的思考就不是如此。第二反思不是思考者蜕变为一个感伤的主观主义者，放弃清晰明白的客观主义的严格的精确性而轻易地屈从于含混不清。马塞尔认为，第二反思是一种恢复性的思考（recuperative thinking）。一旦经历过或被一段生活经历抓获甚或拖着走过，人们就努力与自己的经历保持一段沉思的距离，为的是将其意义内化于心灵之中。

人的存在总是伴随着某种形式的第二反思，但它并不一定是存在论的哲学家所培育的那种突出的形式。正如克尔凯郭尔所说："生活总是向前，而思想总是向后。"因此，第二思考是一种回忆式的，本质上它并不是一种怀乡式的思考；因为，要对一个人的现在与过去有一个清楚的理解，就必须对未来开放一个更真实的通道。第二反思一定伴随着希望，希望是马塞尔的重要主题。我们的确可以说马塞尔很认真地接过了康德的问题：我们能希望什么？

第一反思和第二反思的差异与马塞尔对问题和神秘概念的区分相关，而且这反过来又影响了他对现代无约束的技术统治，即真正的技术崇拜所导致的精神颓废的批判。像其他许多思想家一样，马塞尔清楚现代科学方法所处的支配地位以及它构想世界的方式。他不否认这种方式的优点，但是这种方式的局限在于它对任何超出其界限问题的忽略不计。科学方法把所有的一切当作问题来发问：通过客观的试验和计算的方法来解决难题。这种方法占统治的结果是人们对存在的形而上学之谜的困惑感消失殆尽。

再看绝望与拯救的问题。它们变成了一个心理调适的问题，因为自我失调了。即便不是想当然，绝望的结果也是背叛。我们要应对神秘、超越性、苦难、无处不在的恶和终究一死的问题。这些困惑缠绕着我们，使我们心绪不宁，让我们寝食不安。我们受其威胁、挑战和审判。这些问题永远没有一个清晰的答案，实际上它们不能作为意义明确的问题而被恰当地表述。它们仍然具有构成的开放性（constitutive openness）和模棱两可性。我们不得不一而再再而三地掉进这种困惑中，我们永远不能一劳永逸地掌握它们。

马塞尔并不提倡放弃理性，除非这些神秘的东西是荒诞的。它们需要深思熟虑，不能化约为科学知识，这就使得哲学家青睐诗和宗教。对此问题的掌控使我们想当然地认为事物和我们自身的存在。相比之下，对马塞尔而言，哲学家惊讶于存在的事实，惊讶于事物原来如此奇妙。整个世界根本上就是一种奇迹，世界上的神秘东西遍布于我们的四周，尽管我们从来没有注意过它们，对这种奇迹，我们可谓是视而不见、听而不闻。

对神秘的无视和对此问题的掌控（顶多也只是一些零星的、尚无结论的争论），导致一个技术主宰的世界。技术的匿名性与存在的特殊性是相对立的。技术是一种能被所有人应用的指导性规范，但是这种技术指导性规范并不是由使用者自己制定的，如果我们指望结果能成功，那么就必须遵从这些指导性规范。因此，技术培养了顺从主义，人的存在被标准化、平均化，唯一性和独特性被拉平。

这曾是克尔凯郭尔和尼采大声疾呼过的主题，我们也许因听得太多而感到厌倦，但是厌倦它并不意味着问题就被解决了。技术在行动中显示了它善于计算的一面。但是，不存在全人类的技术或完善的技术，不存在任何道德责任的技术，也不存在忠实和真诚的技术。技术主义回避了不可预见性和不可控制性。对我们在不可预测的存在之偶然性面前所表现出的脆弱性来说，技术崇拜是真正的形而上学式的敌视。技术的暴政把人类拖入效率的阴谋和疯狂的勤奋中。技术能为我们建造一栋房子，但不能为我们提供一个家。

马塞尔的哲学极力反对技术，值得一提的是，马塞尔的哲学思考源自他的两个挚爱：音乐和戏剧。他反复使用音乐隐喻，他是一个天才的创作者和演奏者。即兴创作的概念非常重要，如果应用到哲学和生活中就意味着：演奏之前，乐谱没有准备；演奏时，演奏者可以自由发挥。这并不是无处不在的、关注系统哲学的局限性的后黑格尔主义的必然结果。在 19 世纪，两个认为音乐是形而上学艺术的主要人物是叔本华（Schopenhauer）和尼采。阿多诺则是 20 世纪赋予音乐特殊地位的最有名的人。哲学，尤其是它的逻辑形式，盛气凌人地对待存在之精妙性和亲密性。但音乐能歌唱这些主题，其方式可谓是迫使哲学去关注那些无法言说的问题，无法言说的就是音乐所歌唱的，因此音乐也是某种形式的言说。

如果在形而上学的意义上而言音乐触及了哲学的局限性，那么马塞尔并不想屈从于黑色浪漫主义。他也没有专门关注那些音乐形而上学的主题，而是一次又一次用音乐的隐喻和比喻来阐述他那些难以理解的概念。也许有人说，在他的思想与音乐之间必定有共同之处。我们再来看看他哲学思考中的某些即兴方式：对一个主题进行叙述、发挥、放弃；然后再重复、再叙述，这样来来回回地反复多次；尽管他多次表明自己的观点，但是马塞尔也从不作出某些简单化的结论。他的思想能进行歌唱吗？他的哲学到达了音乐的状态吗？分析哲学家对此可能觉得不可理喻，但是分析哲学家无须质疑马塞尔思想的严肃性和规范性，同样也无须质疑其音乐的严肃性和规范性，甚至是鲁道夫·卡尔纳普（Rudolp Carnap），这位分析哲学的化身，也曾意识到形而上学与音乐之间的联系，虽然他的判断毫无疑问是颠倒的：形而上学只是拙劣的音乐。

戏剧的影响与马塞尔对"他者"（the other）的关注有关。马塞尔自身是一个成功的戏剧作家，一生都保持着对戏剧的兴趣。戏剧能表现人生各种 *138* 具体的窘境：他性、异化、孤独。戏剧能在想象之中上演自我和他者之间的对立和相互交往，它能使我们回到先于抽象思考的意义源生点。马塞尔曾表示，他的兴趣不是孤独的"我是"而是具体的"我们是"，存在体现在这种孤独的自我中。当然，戏剧是借助语言来表现我们与他者之间的遭遇的。表面上看，普普通通的词汇能揭示他者的意义世界，揭示他者的创伤、自负、热情。语言可以做到话中有话，话外有音。哲学像戏剧一样应该警惕这种"话外之音"。

人们有时会觉得马塞尔的戏剧比他的哲学更重要。他倾心专注的是那些质朴的戏剧，而不是那些阐释他哲学理论的戏剧。戏剧所引发的正是随后哲学所进行的反思。看起来，戏剧更靠近存在的现象学源头，在那里，根本性的困惑显现在"原初状态"（*statu nascendi*）中，即一种比概念概括更具体的形式。

有些读者对马塞尔引述他自己的戏剧感到乏味，我将它理解为一种表达上的策略。在哲学中，我们总是遇到如何表达有关个人的、有关存在之亲密性的事务的问题。我们会拒绝成为忏悔式的，然而我们不得不找到忏悔的方式，找到用一种原初的、诚实的形式来表达"我"的方式。在他对戏剧的引述中，马塞尔坦然地进行忏悔。引述不仅能使得主题更贴近现象学的源头，而且维持着某种恰当的距离。我们没有必要改变这个主题，它为第二反思奠定了基础。因而，马塞尔的戏剧与哲学著作是相互补充的。

在这种意义上，马塞尔可以被称为"多声的"（plurivocal）哲学家。他不是用尼采那种方式把自己的哲学戏剧化——尼采既是诗人又是哲学家，也不是像柏拉图那样用那种不朽的哲学写作形式——柏拉图对话，而是在他的戏剧和哲学之间、在哲学本身之中产生对话。他本来有机会像尼采和柏拉图那样消除戏剧与哲学之间的隔阂。也许他这么做不是因为哲学，而是出于对戏剧的尊重。可以看得出，马塞尔希望他的戏剧艺术免遭抽象哲学范畴的侵害而失去生命力。

消除隔阂需要的不是激发那些失去了生命力的东西，而是赋予哲学思考更旺盛的生命力。应当承认，哲学与诗之间官僚式的分离已经很严重了。依照马塞尔的观点，我们应该听任这种分离，因为功能化的思维、官僚式的思维本质上都是技术性思维。如果马塞尔强烈坚持戏剧与哲学的作用各不相同的话，那么他应表明自己如何着迷于这种被他如此理所当然地予以贬低的、浅显的思维。但是，为了自己的声誉，他没有这样做。除了诗歌、哲学和宗教的功能化之外，另一件必须做的事情是诚实的培养，即通过精神上的严肃性来培养。不论我们给它贴上艺术的还是哲学的或者是宗教的标签，这都不重要。戏剧与哲学的对话指明了那种有别于体系的哲学思考模式，这对那些热衷清晰的、意义明确的写作风格的分析哲学家来说是无法理解的。

他者问题还与马塞尔对身体的思考有关，他强调的是具体化的人。身体是我们与任何他人（无论自然的还是人类的）首先接触的地方。存在的确证发生在自我的存在与他者的存在连成一体时。似乎这种具体的自我一开始就与"我们是"不相关。显而易见，马塞尔反对任何形式的笛卡尔主义和二元论。由于他对现象学精确性的追求，所以他和经验主义就存在一种亲缘关系。所以，他与经验主义的区别体现在他对经验的解释上。经验主义的经验是从丰富的原初的身体体验中抽象出来的，从身体的角度看，这种经验如同笛卡尔的二元论一样与具体的存在相异化了，是一种反思的理性。

主体通过主体间性被定义为肉身化的自我，"在……之间"（inter），即主体间性，并不否认身体。此关系通过精神在人肉体中的具体化得以强调。我们与他者的亲密关系相当于我们的存在与我们的身体的亲密关系。马塞尔喜欢批评如下一种观点：我们拥有身体。身体与自我的联系不是外在的，马塞尔想表明：我们就是我们的身体。

这里就涉及他关于存在和有的关系问题。如同马克思和许多其他现代思想家一样，马塞尔关注财产问题、所有权问题、有的本质问题。他否认人就是人所拥有的东西。我对自己的财产拥有各种权力，如果我高兴，我可以舍弃财产，但我们不能舍弃自己的身体，在没有根本上违反我们和他者的本性条件下，我们也不能舍弃自己的同伴。这并不是说我们不应该关注事物。马塞尔非常清楚，我们能够用一种改变事物、展露事物可能性的关注方式将事物变成我们的附属物。我们的所有物与我们的个性更加亲密相连，但是真正的所有物并不是简单地与统治力相连，我们人类共同体的所有物更是如此。

他者的所有物也是现代欧洲哲学关注的一个主题，尤其是在对黑格尔的主奴关系不同的解释中。权力与统治已经被用来定义人际关系的本质，这个话题已经被反复讨论过，但马塞尔说，它还有些绕不过去的东西。这就要提到马塞尔对萨特他者的迷恋。本质上说，萨特的相关观点降低了其本人的身价。在萨特那里，主奴辩证法是施虐狂者与受虐狂者之间辩证法的具体化，统治与被统治概念贯穿了萨特的整个作品。尽管马塞尔很迷恋萨特的"他人即地狱"，但也无情地批评这种观点。萨特的目光是戈耳工（Gorgon）① 式的目光，即把他者变成石头的目光。这种"看"需要有他者存在，需要把他者对象化，并且通过先发制人的暴力化解那些对自我之自由构成威胁的嫌疑。

萨特意义上的人的身体与他把我们理解为对他者开放的观点有关，萨特的身体是消极的，是虚无，这就决定了我们的自由只是一种否定的权力，如同一个孩童通过反复说"不"来表达自己的想法。如果身体以确保自我与他者之间的一致性的方式具体化为"我们是"，那么我们就不是萨特意义上的身体，不是萨特意义上的他者，不是作为自由的否定的典范。与萨特的堕落相反，马塞尔提倡"不可能"（*disponabilité*）的可能性。这种对他人的有用性不是让他者施威，也不是卷入这种威胁，它表示了一种对正常的自为存在，例如斯宾诺莎（Spinoza）的"存在意向"（*conatus essendi*）的颠倒。这是神对世人之爱的迹象，而不是控制他者的欲望的驱动力。

与"有"相反，礼物（gift）表明了我们与他人相互关联。礼物的赠与

① 戈耳工（Gorgon），希腊神话中的蛇发三姐妹，海神福尔库斯的女儿，因得罪了雅典娜而遭惩罚，变得奇丑无比：以毒蛇为头发，一口野猪的獠牙，她们目光所及对象无不立即变成石头。——译者注

绝不可能是中立的，也绝不是物品从一人手里转到另一人手里。送礼物是对他人的慷慨之举，如果人的存在被权力意志或自我控制的意志所困扰，那么礼物就成了为自身而利用他人的手段。只有仅仅是出于对他者的爱，而不是出于自身目的，才有自我对他者的真正馈赠，赠送者若非以这种方式相赠，其礼物则非真正的礼物。

同理，礼物的接受也不是接受者的所有物清单在数目上冷冰冰的增加。一方面，送礼与受礼是自我间的交流。当然，另一方面，送礼也可能遭到拒绝，有人可能不相信赠与者的善意而拒绝接受，或者满腹狐疑地打量赠与者的隐秘动机。萨特理论中的自我生活在对他人善意的怀疑之中。一件真正的礼物会受到热情的欢迎，礼物感动一个人的不是这件礼物本身，也不是接受者拥有了它。它展示的是他人慷慨的自由而不是它本身。表达感谢与一个人在他/她的债主面前所表现出来的卑下毫无关联。感谢是单纯的，是因为赠与者的善举而超越了自我执着的、自发的感激。

马塞尔在《途中人》（*Homo Viator*）中对家庭和父权问题提出了一些重要的思想。他集中关注那种超越了一切客观化的精神共同体。由家庭所决定的独特的命运中存在一个至关重要的本体论问题。可能有人会把马塞尔对父权和家庭的尊重与萨特对《词语》中的父亲和资产阶级家庭中未成年的虐待者的蔑视进行比较，当然，表现过这种孩子气的轻蔑的不只是萨特。马塞尔与一种普遍存在于后浪漫主义现代性中的观点即父亲始终是专制者的观点保持距离。列维纳斯在讨论家庭时也回避了封闭的主奴辩证法。

慷慨是超越有（having）即证明人之奉献力的存在的条件，奉献的字面意思是牺牲（*sacer facere*）。在此，对涉及他者的慷慨问题的关注成了马塞尔《神圣的他者》（*the divine other*）的主题。例如，马塞尔注意到自杀与殉道的差异。自杀者认为他们的身体归自己所有，他们因此可以随心所欲地处理自己的身体，他们要求那种对自己身体尝试最大暴力的自由。殉道看起来是自杀，但是与自杀完全不同。殉道者舍弃自己的身体和性命，是因为这两者皆非他们所有。他们属于那些高于他们自身的东西，他们的死无疑证明了这一点。自杀只不过表明了他们的绝望。殉道者被自己之外的人视为中心，而自杀者却不会被他们之外的人，甚至不会被他们自己视为中心。

真正的殉道是对更高的存在与价值的确证，我们的存在不是我们的所有，而是这种存在秩序的礼品，即使殉道者的死是出于他/她自身克服这种存在秩序的目的，或出于对这种存在秩序的礼品的感恩，牺牲也使得死具有神圣性。

作为哲学家的马塞尔对传统自然神学问题兴趣不大，他所关注的是，在人的存在经验中，神向我们显现的重要时刻的存在现象学。尽管皈依天主教对他的影响很大，但是他努力思考神学中的哲学问题。他不太轻易表露自己深思熟虑过的神学思想。当对非天主教徒宣传他的思想时，他表现出一种心满意足的样子。他的哲学沉思只是神学可能性的一种建议，而不是武断地宣称接近上帝的系统观念。

我觉得，正是出于宗教虔诚，马塞尔最大的担忧是我们上帝观念的淡化 *142*
（reduction）。显而易见，他的宗教信仰是培育他独特的哲学思考的母体。对苦难与恶的奥秘的思考，对长生不死的热爱，反反复复占据着他的头脑，成为他宗教信仰的内容。

马塞尔反对将上帝对象化的传统论证，上帝绝不应该被对象化。证明上帝存在的观念是错误的，如果活生生的上帝沦为仅仅是一个概念游戏中的玩偶，那么这种错误的观念就是一种近乎理性主义的亵渎神的观念。上帝永远不是一个对象，始终是拒绝物化的、大写的"你"。马塞尔还对西方天神的现代性深感不安。无神的现代性与一种普罗米修斯式的技术主义的狂妄结合在一起就会导致一种精神的荒芜感，这种精神的荒芜感在马塞尔的著作中不断增长。他与海德格尔晚年对现代性祛魅问题的思考有异曲同工之妙。

马塞尔并不赞同存在主义那种要探究一个已经把上帝排除在外的世界的一般观点。在萨特那里，无神论的存在主义者变得近乎滑稽。他们在没有上帝的世界里束手无策，成为多愁善感的懦夫，避而不谈对希望和终极意义的追求。这种存在主义谋划以不屈服开头，但最终以各不相同的顺从主义而终结，对旧教条的反抗变成了他们的新教条。马塞尔自信，他不会满足于对消极性的顺从。他愿意打破时代的窠臼，把爱、忠贞、希望和超越性作为自己的主题。

他不太相信传统哲学的上帝概念，这使得他成了帕斯卡的继承者，也促使他选择了亚伯拉罕（Abraham）、以撒（Isaac）和雅各布（Jacob）。他也不接受所谓信仰排斥理性的说法。信仰主义有时可归罪于帕斯卡和克尔凯郭尔，他们两人与其说对信仰与理性二元论着迷，不如说是思想家老谋深算的表现。信仰与求真精神可以结合在一起，理性也可以与求真精神结合在一起。

马塞尔对人之忠诚的思考把我们引入了宗教信仰的领域，因而他对不朽及死亡的讨论与对灵魂不朽的证明几乎没有关联。它们是关于生者与其他死者之间忠诚的沉思，这种忠诚超越了生者与死者的区分。死也不仅仅是我的死的问题；它更多的是他人的死的问题，激起仍旧活着的人对超越死亡忠诚的希望。这种忠诚不存在所谓客观确定性，也无涉信仰上帝的问题。旅居在这个世界就是始终接受审判的过程。忠诚关联着希望，存在的希望并不能由完全的确定性来保证。忠诚自身可以化为证明与誓言。这种存在论的现实——苦难、忠诚、希望，慷慨、爱、誓言——是我们神圣感形成的奥秘，也是哲学家必须思考的奥秘。马塞尔与克尔凯郭尔的亲缘关系值得注意：信仰与忠诚的客观确定性是不可能的。我们处理的是超客观的秩序，对马塞尔而言，这种超客观的秩序不仅仅是主观的。

*143*

像尼采一样，他也承认现代人不信神的状况。但与尼采不同的是，他没有把这种状况看作获得自由的条件，而是看作灾难性损失的标志。马塞尔钦佩尼采对我们时代不信神的忠实诊断，但是不赞成其用超人来解决问题的设想。当尼采陈述"我爱那些创造自己身外的一切然后牺牲的人"时，他提出了英雄献身的观点。但对尼采来说，既然所有的超越都化作了人自身的超越，那么最终没有天才能做到。缺少了对人自身超越的超越，我们的牺牲只能见证虚无，也许除了我们自己之外，荒芜之地仍有生生不息的生命。

普罗米修斯的人类可以盗取圣火，可是却滥用了他们的力量，他们用那种超群的力量背叛了自己的共同体，超越性的愿望被扭曲。它深深植根于神圣的地面，生长于这片土地，一旦离开这片土地，它的超越性愿望就会枯竭。马塞尔听到了尼采疯狂式的呐喊，但是他也听到了不同的音乐。既不是马塞尔也不是尼采把这些恐怖的呐喊贬值为后现代的庸俗作品，它们是由不断啸嚷的虚无主义者完成的，他们欣欣鼓舞地宣称在荒芜之地找到了家园。

# 卡尔·雅斯贝尔斯

卡尔·雅斯贝尔斯通常被认为是一位德国的存在主义者，原因在于他主张哲学的使命就是解释存在。他区分了经验的此在（*Dasein*）与人所特有的生存（*Existenz*）。研究者已经注意到了雅斯贝尔斯试图让自己的思想区别于海德格尔的此在——在海德格尔的意义上指人的存在——的愿望。雅斯贝尔斯与海德格尔之间的关系本身值得研究。在 20 世纪，他们都是有助于人们理解克尔凯郭尔存在哲学的中介。存在哲学常常以一种反抗把单个的人禁锢在概念体系的方式来强调单个的人的存在。雅斯贝尔斯也持这种观念，但是出于尊重体系的念头，他从几个不同方面来限定它，而且的确是弱于那种始于德国唯心主义占主流地位的封闭体系。存在和体系之间的紧张、必然性与体系的局限性之间的紧张、存在与超越所有体系的局限之间的关系，都是他关注的焦点。

雅斯贝尔斯从年轻时开始就饱受疾病困扰，他通过把精力集中在思考上，从而转变自己身体上的弱势。他的哲学绝非那种学院式的循规蹈矩，而是那种庄严的呐喊。他生活在纳粹肆虐的时代，但是在战后，他因为道德上的诚实而再度成为公众人物并赢得了尊重。他主动地承担讨论德国罪责问题的公共任务，并且始终关注时代精神状况问题、大学状况问题、政治问题、（尤其核时代的）国家的与国际的问题、大众交流时代的世界宗教问题。

雅斯贝尔斯快 40 岁时才投身哲学。他是学医学和心理学出身。他的第一部著作是《普通心理学》（*General Psychopathology*，1913），紧接着是《世界观的心理学》（*Psychology of Weltanschauungen*，1919）。他后来回忆说，虽然这些著作明显与其后期著作不一致，但是其中的哲学思想却是始终如一的。他出于对哲学的尊重而不愿意披上哲学的外衣，尤其是职业哲学家还达不到这种职业声望时。他的第一部专著《哲学》（*Philosophie*）在1931 年问世，这部著作使他在哲学领域有了发言权。1927 年问世的海德格尔的《存在与时间》抢走了他的存在论方面的一些风头，并且使他的光彩暗淡了许多。

雅斯贝尔斯的"生存"一词是与海德格尔的"此在"相对应的概念。对这两者来说，人的真正的存在是独一无二的：只有人的存在本身是值得追问的。"生存"的标志是人的存在的独特性；我们是自为的存在（being for self），这是一种自由自决的可能性。尽管克尔凯郭尔对雅斯贝尔斯和海德格尔都有影响，但是在雅斯贝尔斯这里，我们可以发现对科学明显的尊敬，这都源自他早期接受的科学训练。这种尊敬从未动摇。雅斯贝尔斯与那种恶毒攻击科学的存在主义大异其趣，他不厌其烦地坚持认为科学是人类精神的伟大成果。而且，任何严肃的现代哲学思想若要名副其实，就必须认识到科学在现代世界中无处不在的作用。

也就是说，哲学家的任务不单单是成为一个科学方法论者。在反思科学的意义时，哲学家不可避免地要探究科学真理的确切地位和科学在人的所有经济生活方面的角色。有人甚至认为，在这种一般意义上雅斯贝尔斯是一位科学哲学家，只是直到最近还不为英美风格的科学分析圈所了解而已：科学被视作人的成就，因此它被置于更广泛的历史和文化之中和真正的精神世界之中。对科学的反思并不是用一种虚假的、非历史的分析来抽象它的方法论本质，而是去思考它的真理概念。在雅斯贝尔斯这里，科学真理建立于一种更为根本的真理意义的背景之中。

雅斯贝尔斯的哲学观念是回顾和重建康德的方案。许多解释者都注意到康德对他的影响，而且雅斯贝尔斯也承认这种深刻的影响。在英美哲学中，认识康德的哲学主要是通过《纯粹理性批判》，它被解释为反形而上学的著作，也充满了认识论的洞见。在英美分析哲学之外，人们乐意并广泛地认识到康德更加全面的抱负。康德说过这些抱负是一些建构方面的冲动。这就意味着对科学的反思必定带有这样一种视角：在一个精确划界的领域里区分认识的有效性。但是，正是在此处，更宽泛意义上的科学哲学与划界相关，即界限并不必然归因于单纯对其他不同于科学模式的意义的否定性判断。人们认为，科学的界限就是要清楚它在处理那些超越了科学本身的、仍旧紧迫的难题时的优缺点。承认存在科学无法解答的难题一点也不贬低科学的价值。

这也就是说，科学不是万能的。哲学家在思考科学之伟大的同时也思考科学之外的东西。

仔细阅读康德的著作将会发现，他哲学的核心部分不在"第一批判"（*First Critique*），而在"第二批判"（*Second Critique*），也许在某种程度上（这有力地表明了康德是德国哲学的继承者）是在"第三批判"（*Third Critique*）。德国思想家拥有闻名于世的能力去聆听康德著作中那些德国以外的人听不出来的话外之音。在康德建构上的学术扭转或转向中，他们觉得康德是一位考问性的思想家。思想之考问性的困惑不停地在学术概念下面或背后起作用，康德曾为此不懈地探索过。雅斯贝尔斯挑选出许多伟大的思想家——柏拉图、普罗提诺、库萨（Cusa）、斯宾诺莎、黑格尔——但显而易见的是，他在康德那里听到了在其他人那里所没有的东西。康德常常被看作一个超越论的破坏者。我怀疑，雅斯贝尔斯是把康德作为一个试图寻找一条从有限到超越之路的思想家来尊敬的。

康德这种体系建构意义上的哲学与作为实存（Existenz）人的单一性之间是紧张的。尽管科学被认为具有巨大的力量，但仍有一些它无法解决的问题。我强调这样一个事实，即重点必须首先放在提问上。这里，我们不讨论有关学究式的教科书上的难题。我们要讨论的是质问科学理性之界限的、有思考能力的人。这样的提问无所谓匿名的和中性的，这也是为什么哲学家的独特个性尤为重要，而这在科学中永远不会出现。哲学中的难题是不相同的，因为表现出来的提问方式不是唯一具体化的。

科学提问的关键之处在于把自己从自我的独特个性中摆脱出来，尽可能提出单义而确定性的问题。"存在"的单一的我总体而言变成不再具名的、单一的精神和意识。在追寻单一性好奇心的单一性答案中，"一"表示的是单一的精神，对每一个理性意识而言都具有匿名的同一性。这个问题与马塞尔的概念有关联。但在哲学中，人格的转变需要激发一种新的复杂性模型，它不能被这个客体或那个客体的信息所终止。复杂性不是一种对这个事物或那个事物之单一性的好奇，它是一种不确定性的好奇，既有对整体是什么这样的问题的好奇，也有对虚无之可能性的好奇。哲学复杂性的"对象"就在于，它不是单一的、确定性的、对象化的主题，哲学思考的"结果"也不能

*146*

被如此对待和包装。这样做将扭曲活生生的哲学思考的真正动力。这种不确定的复杂性是人的思考力的自我超越。这种思考一直困惑着康德，即便在他最终已经诉诸体系和范畴的时候。

我用雅斯贝尔斯并未使用过的术语提出这个问题，但并未违背他的初衷。当哲学要应对那种被雅斯贝尔斯称为"边界状况"（*Grenzsituationen*）的问题的时候，哲学的复杂性就产生了。边界状况问题不仅仅是有关科学的有限性问题，尽管它们属于这类问题。它们是有关有限、边界、绝对（*simpliciter*）这样的问题。最显著的边界状况是死亡。不存在关于死亡之意义的答案，因为不存在将死亡这件事放在一种客观的理性的整体内来解释的确定性的单一的概念。相反，死亡这件事使所有客观的理性的整体都成了问题。然而，真正的哲学家，尽管会心力交瘁，但仍不得不满怀理性完整性的理想继续思考。雅斯贝尔斯在《哲学》中思考的边界状况有：我肯定有一死，我不能生活在没有矛盾和痛苦之中，我不能逃避罪责。

边界状况与马塞尔的"后问题的"（meta-problematic）或"神秘性"概念有关联。它们突破了科学理性的体系性，然而哲学并不满足于这种突破，一种更可靠的哲学思想才刚刚开始。就康德而言，他曾为怎样把形而上学变成牢靠的科学而颇费心思，并把过去所有的"自由探索"都抛诸脑后。然而，康德把形而上学变成科学了吗？答案必定是否定的，且永远如此。形而上学没有被沃尔夫学派（Wolffian school）理性主义的烦琐哲学所摧毁。雅斯贝尔斯用一种康德抨击理性主义存在科学的隐秘方式批判形而上学，但是形而上学思考依赖不确定的复杂性，这种复杂性把我们带入边界，而且更激烈地遭遇边界。科学的有限之处正是形而上学之意义的开始之处。尽管雅斯贝尔斯以一种康德式的方式批判形而上学，但我认为，雅斯贝尔斯同时也在康德那里听到：旧的理性主义形而上学也许可以各得其所；但是在边限处，旧的甚至新的疑问在向新的生活招手。一种不同的思考必须在边界处产生。雅斯贝尔斯把这种思想标题为"大全本体论"（periechontology），以区别于以往的"本体论"。

雅斯贝尔斯主张真理不能归结为正确性，他无非指：科学真理不能被作为正确概念来对待。如果撇开当今科学哲学的错综复杂的分歧，正确概念是基于这样的假设，即确定的可理解性概念是基本的。一个科学的命题、理论、假说，如果以某种方式与它所描绘的确定事件相符合，那么它就是正确的。科学命题（理论、假说）的表述必须尽可能的精确。精确的标准是数学上的清晰，即一种完全确定性的表达，没有任何模棱两可、含糊不清或飘忽不定。而且，命题上确定性的现实本身就或多或少地被当作存在的确定性显现。要实现科学上的客观性，就得概括与现实相关的思想的客观模式。这种现实是客观化的，其中，存在的意义是完全确定的。科学的正确客观性排斥了存在的模棱两可。不存在模棱两可的客观的数学，只有化解模棱两可的数学。

雅斯贝尔斯承认在科学领域正确性是关键。但是，哲学思考却处于这个领域之外，在这个领域，正确性被当作真理概念，而且其内含一种追求客观知识的愿望。哲学则是一种非客观化的思想。雅斯贝尔斯这样探索这个与正确性真理有关的问题，即他表示，确定性对象不会作为确定的和（进而）在科学上可理解的对象而显现，假如它们的显现不是出于或相对于一个自身并非对象的背景的话。这是一种可理解性的视域，在这种视域中，作为确定的确定性对象的显现成为可能。与科学真理显现有关的背景视域不是它自身的一个确定性真理。不存在有关这种视域的正确性真理的可能性。在某种意义上，视域是一种不能确定的或不能客体化的真理。 *148*

同样，人们很难忘记海德格尔对作为正确性（*orthotes*）或符合论（*adaequatio*）真理的"去蔽"的原初性分析。我们可能会说，这种非确定性真理是非客观的，是不同于促使自我超越的哲学思考的不确定的复杂性。有人会问，如果以他自己的方式，康德肯定知道这种最终非确定性意义的真理。在《纯粹理性批判》中，一个最具有说服力的语词是"无目的的目的"（*Zweckmässigkeit ohne Zweck*）。康德没有把该词的意义扩展至美学之外，但是它的含义在于：正是人对真理具有自我超越的一面从而超越了确定性真理。这是作为科学真理之根本视域的真理，是一种它所展示出来的确定的可理解性。当然，毫无疑问的是，康德试图限制科学真理的有效性，雅斯贝尔斯同样如此。即使在实践中，扩展真理概念也完全超出了科学的正确性范围。雅斯贝尔斯把这种真理的视域称作为"大全"（the Encompassing，*Das*

*Umgreifende*），这是他整个哲学的一个主要概念。

　　大全（*Das Umgreifende*）这个词意指一种由某些东西围成的大圆圈，而这些东西又不是地球上即大圆圈里的任何确切的对象。这是否就是巴门尼德所谓的圆满的真理（well-rounded truth）的另一种说辞呢？但是，任何一个封闭的总体性都是雅斯贝尔斯所反对的。似乎凡是语言几乎都不可避免地内含了这种封闭的圆圈，但是如果真是如此，那么这就不是雅斯贝尔斯想要的。要使圆圈封闭起来，则必将使不可确定的东西变得确定，使不能客观化的东西超越客观化。雅斯贝尔斯也主张，有一种复数的大全模式，这是巴门尼德的一元论永远做不到的。这种复数模式包括：我们周围的一切存在本身具体可分为世界和超越两种样式；我们自身所是的存在，它又进一步分为经验的此在（*Dasein*）、意识和精神（*Geist*）；最后是作为生存（*Existenz*）和理性（*Vernunft*）的大全。

　　雅斯贝尔斯的哲学在这里表现出一种后康德主义的康德式的局限性：生存的独特性被不恰当地置于康德体系论的歧义中。雅斯贝尔斯再次表现为康德主义，是因为大全的根本不确定性使得它不可能统摄总体。黑格尔的唯心主义制造了总体概念，对雅斯贝尔斯而言，这纯属妄言。总体的断言暗指一种外在于大全的立场以及这种立场的不可能性。每一个确定的立场都与一个确定的、对象化的东西相关联，而这个确定的立场自身只有处于包罗万象的大全中才有可能。

*149*

　　我们人类不是无所不包的大全。尽管如此，对雅斯贝尔斯来说，在某种意义上，我们人类仍是一种大全；我们自身超越性的思想以某种方式参与了大全的形成。我们不是确定性事物，而是一种更根本意义上的、作为真理参与者的生存。在某种意义上，我们自身是一种真理的视域，这种真理不能归约为客观的正确性。雅斯贝尔斯的"康德主义"再一次把我们带回到思想的，甚至是非确定性的、自我超越的思想的界限。对总体性的拒斥使雅斯贝尔斯与拒斥黑格尔唯心主义思辨整体性的马塞尔走到了一起。马塞尔毫不含糊地说过，总体性概念完全不适合精神概念。

　　在我看来，雅斯贝尔斯从黑格尔那里学到的比他自己明确承认的要多得多。只是在其晚年，他才愿意明确地承认这一点。但是，在他早年的著作中，黑格尔不是被看作一个受人尊敬的对话者，而是一个试图打倒的对象。不过，因为对总体性的拒斥，雅斯贝尔斯是一个十足的后黑格尔主义哲学家，这点与海德格尔相同。我们将会在列维纳斯那里看到，每一种总体性与无限性都是断裂的，其中无限性破坏每一种总体性，而不是再生出任何更高的总体性。

我们无法确定大全的不确定性，但是这并不意味着我们将听任这种不确定性。他者在客观思想的边界处进行的思考必须通过对生存的阐明获得补充。雅斯贝尔斯着重思考了所谓"创立"（Scheitern）和"毁灭"（Schiff-bruch）的概念。哲学的创立者太多，但是在它的创立过程中，应该有创新性的东西。我在这里不能对创立详加阐释，但是可以适当地把雅斯贝尔斯与他特别提及的两位前辈进行比较：尼采和克尔凯郭尔。这两位可以说都是哲学的创立者，都对后世的哲学思想产生了重要影响。

雅斯贝尔斯的著作清楚表明了这样一种观点：这两个人标志了一个时代的结束，即现代性的结束。无须夸大其词，人们就可以这样说：在一定程度上，雅斯贝尔斯沾了他们俩的光，雅斯贝尔斯自己是一位后现代哲学家。我是犹疑不定地使用"后现代"一词，既然当今的后现代主义以一种学院反对学院的轻薄之举去糟蹋自己，那么怀疑的诠释学就变得时髦了，即一种没有精神内容的学究式的怀疑。在真正意义上，后现代哲学家是能够认识现代性之精神病症的哲学家。当然，一个病患的存在并不是一种无生命的存在，一个病患的存在可以继续活着，因此它在某些方面必定是健康的。认为现代性患了病的观点是有歧义的。克尔凯郭尔和尼采不仅诊断出这种病症，而且他们自身以这种方式生活着。他们是开拓性的思想家，都经历了他们试图治愈的病症，虚无主义的病症。

克尔凯郭尔的基督教式疗法与尼采的酒神的药丸互不相同。雅斯贝尔斯认为，在克尔凯郭尔和尼采之后，哲学永远不会同一。他们代表了与唯心主义总体性彻底的决裂。作为经历了现代性精神病症的杰出思想家，他们两位远远超出了我们的时代。对雅斯贝尔斯而言，他们两位是创立者。但是，这种经历和创立是通过它自己伟大的精神而实现的。这种伟大使得人们不情愿使自己完全与"后现代主义"亲近。在后现代主义那里，如果不是终极性

*150*

的，那么追求精神上的严肃性或伟大性的愿望就显得不够强烈。尼采和克尔凯郭尔也会震惊于自己居然成了现行的后现代的鼻祖。尼采看到末人（the last men）装腔作势地吟唱，且难听无比。克尔凯郭尔对自己著作的审美化颇感沮丧，好像他不是召唤我们去接近上帝——上帝、上帝且只有上帝。读者可以扪心自问，我反复呼喊着"上帝"一词是否制造了一种令他们心神不宁的、焦躁不安的恐惧。只要完全理解了尼采和克尔凯郭尔，我们就会发现，他们是令我们汗颜的思想家，让我们感到无地自容的思想家。

他们质疑理性的传统的自负，雅斯贝尔斯非常清楚这一点。他们终结了哲学吗？也许终结的是总体性哲学，但是哲学却没有被终结。雅斯贝尔斯本身是这种哲学终结的思想家，但与其说他是哲学终结的新潮宣告者，不如说他具有敏锐的历史感。历史是公平的。他不会为谴责哲学传统而将哲学传统总体化，因为总体化思想是一种显著的模棱两可的思想，它未能逃脱来自反总体化的总体化思想家如阿多诺、德里达、海德格尔、尼采的批判。尽管雅斯贝尔斯不是一位黑格尔主义者，但他并不是完全反黑格尔的。他承认，在相当长的一段时间内，为了自己的讲课，他从黑格尔那里吸取了丰富的营养。正是黑格尔的伟大，其思想总体化对他而言才会最终显得"古怪"。我再一次提到他与黑格尔的关系，是因为他们两位对待哲学传统的态度要比几乎其他所有后黑格尔哲学家都更加宽容。

黑格尔、雅斯贝尔斯和海德格尔也许是最近 150 年里最伟大的三位哲学家，虽然他们方式各异，但都努力继承传统。雅斯贝尔斯因宽待传统而最终与克尔凯郭尔和尼采分道扬镳。他们对理性的挑衅被理性的伟大所化解，正如我们从对以往伟大思想家们的恰当把握中看到的那样。反叛现代性将是史无前例的原创性，这影响了尼采和海德格尔，雅斯贝尔斯想重申永恒哲学（*philosophia perennis*）的理念。

*151*

撰写一部哲学通史是雅斯贝尔斯的一项主要任务，但这项任务最终没能完成。雅斯贝尔斯感兴趣的不是观念史，而是通过真正的哲学与伟大哲学家对话。尽管真理要历经时代的考验，但真理能经得起这种考验。雅斯贝尔斯不是不愿意追求永恒，当然，他也承认谨慎和资格对任何此类形式的追求都是必要的，但是真理并不等同于海德格尔的存在的历史。哲学传统是伟大思想家的隐秘对话。雅斯贝尔斯把自己看作这种对话的参与者。即使历经若干世纪，一个伟大的思想家仍然吸引着其他思想家。我们这些后辈思想家必须复兴以往思想家的伟大思想，而绝不能为了装模作样地把我们自己提升至一种虚假的原创性位置而一味地驳斥他们。伟大哲学家都有一个共同之处，即在哲学上笃实于精神真理，都试图具体化自我超越的思想的超越性，使面对终极性时极端的复杂性人格化。

由于雅斯贝尔斯以宽容的态度尊重传统，因此他不像尼采和海德格尔那样时尚。在现代性那里，我们对未来是如此着迷以至于我们对过去的伟大精神大打折扣。在未来，它将会是伟大的、新颖的、史无前例的。原创性口号隐藏着许多理智上的自负，连尼采和海德格尔也免不了妄自尊大。好像一个哲学家必须要炫耀、洋洋自得和自鸣得意：我是多么卓尔不群，多么时尚！鸡鸣（正如尼采所说）：不，不是黎明，而是喧哗，是后现代公鸡的喧哗。

雅斯贝尔斯也谈到"他者"这个主题，因为哲学对他而言是一种不可或缺的交流方式。与传统对话是一种交流方式。交流理性不是一元性思维而是朝向两个目标：过去和未来。雅斯贝尔斯也不否认哲学的交流理性有责任塑造时代精神。再者，从唯心主义的总体性考虑，不同地方的他者在思想上必须保持一致。生存的理性始终代表了一种无限交流的意志，人们在哈贝马斯的预言中也能看到这一点。与他者交流是理性的建构性活动。的确，生存根本不是把自己同他者隔离开来。与他人交流的需要必须满足生存是其所是。同样，如果我们能合理地满足交流的需要，那么我们必须意识到自己生存着。

雅斯贝尔斯坦承年轻时候的自己是孤独的，且缺乏交流能力，这种状况因他的疾病所导致的孤独而变得更糟。正如生存不能被客观化，所以我们与他者的关系绝不能被归约为一种客观的关系，就像事物之间相互作用的"力"。雅斯贝尔斯首先要强调的是人与人之间的相互交流。他是一个对现代大众社会取代真正共同体而严加批判的思想家。在大众社会，人被扁平化为平均状态，因而缺乏独特性，即使不变畸形，至少也是退化，而人的独特性对真正共同体而言是至关重要的。生存的独特性始终向其他封闭的主观性敞开。

正如克尔凯郭尔和马塞尔一样，雅斯贝尔斯也对人的功能化和社会的大众化提出了批评，牺牲生存的独特性是极权主义的污点。但是，这种污点是资本主义争强好胜式个人主义的标志。因为在这种个人主义那里，人的独特性纯粹被原子化，而原子化个体之间就没有共同体中的那种人与人之间的深厚关系。雅斯贝尔斯并不主张那种尼采式的藐视大众的精英主义。韦伯对他的影响可谓是根深蒂固。在许多方面，他也分享了克尔凯郭尔的"共同体"概念，雅斯贝尔斯把它用在克尔凯郭尔曾忽略的社会批判中：我们每一个人都是绝对的、独特的。这种独特性存在于共同体之中，但是真正的共同体，从根本上来说，是上帝之下的精神共同体。生存的意志就是要与超越的、绝对的他者进行交流。

雅斯贝尔斯也不否认在一个彼此隔阂的社区中会存在冲突。正如上文所述，罪责和冲突是作为《哲学》中的"边界状况"被讨论的。他遭受纳粹所致的苦难本身就说明了这种恶。雅斯贝尔斯强调"爱"的奋斗形式的可能性，爱不是冲突的缺乏，但是冲突是一种创造性的战争（polemos）。交流可以是一种论争，即一种针对真正的生存的相互驳斥。雅斯贝尔斯深爱他的妻子葛笃德（Gertrude），这似乎是他的创造性论争的一个缩影。这类似于马塞尔的创造性的忠诚，当然不是萨特尤为关注的性变态：施虐狂和受虐狂。

交流是雅斯贝尔斯理性和真理观念的中心概念。理性是指向普遍的，但是真正的普遍不是吞噬了个体性的匿名的普遍性。所以，对雅斯贝尔斯而言，如果真理不体现为一种全体性的交流，那么它就是不完整的。真理不是封闭的、永恒的和非历史的。雅斯贝尔斯甚至表示，真理在交流活动中实现自己，真理在交流的过程中逐渐完善自己。

153 此处，我们再次看到了康德的影子，我们想起康德的进步（progressus）概念，规范性理念的无限事业。当雅斯贝尔斯指出交流中自我改变的主张时，依我之见，他是在谈论独特性以及共同性的真(truthfulness)。显而易见，这种真是自我和共同体一起构成的真实。它是一种生成性的真(becoming truthful)，这种生成性的真不可能是一种孤独的自我交流的思想，即思考自身的思想。交流过程中生成的真形成不了真理的意义，但是真理的意义能使生成过程变为社会性的真实吗？这种真理的意义使真实成为可能，但是其自身却不由真实构成。这种真理是一种交流过程的展开或展现，而不是创造或建立。

此处，在雅斯贝尔斯的思想中，康德式唯心主义的构成性语言的残余清晰可见。真理的他者自身是这种构成性语言的折中物。雅斯贝尔斯不想否定这个他者，但是他对康德式思考方式的遵从限制了他对超越的讨论。就形而上学超越方面而言，雅斯贝尔斯的方式是适当的，而且就神显现的可能性而言，雅斯贝尔斯的方式也是适当的。即使在关于真理性的交流中，我们的超越活动也与和我们交流的"超越者"（Transcendence）交融在一起而不超出它自己的整体的他者，以至我们并不知道是否真正存在这一他性的他者。我们所要实现的即生成性的真，似乎难以区别于我们已经实现的即对真理的坚持。我们所实现的是否蜕变为我们所要实现的？那么，我们如何避免错误地对待他者？

在雅斯贝尔斯交流理性中存在一种宽容原则。他清楚面对面的生存（vis-à-vis Existenz），我们不能就此说只有唯一的真理。在每一个独特生存的具体的真之中，真理被格外地折射出来。理性必须忠实地警惕那种单个折射出的特殊性。交流就是这种警惕，并且这种警惕尊重作为他者的他者。我用"折射"一词，它不是构成性唯心主义的用词，甚至在雅斯贝尔斯那里，它还是准构成性语言。该词的创造者一定预先划定了它的界限，而且间接地开启了它完全被接受的时刻。在此时刻，我们不是与他者交流，而是他者正在与我们交流。雅斯贝尔斯采用一种列维纳斯曾使用过的方式讨论对称与不对称的相关性问题，但他对此没有给予清楚的解释。

自始至终我都提到了超越者，此处我们面临"上帝"这样的问题。对雅斯贝尔斯而言，超越者是人类的生存和自由的根基。在《哲学》的第三卷，雅斯贝尔斯把超越问题置于"形而上学"这个标题下。以他从大全论的观点对本体论所展开的批判来看，这种标题是没有意义的。即使没有忘记康德对形而上学的所有诘难，对形而上学的超越的意义的恢复也是不可避免的。超越者是绝对的他者。对雅斯贝尔斯来说，康德的调和观点是：超越者不能以认知方式被认知，而是通过存在而实现。不存在关于超越者的实证知识。而且，超越者无偿地奉献自己。当然，如果这是真实的，那么就违背了理性的

*154*

自主，而且任何唯心主义，包括康德的唯心主义，都不得不被重新审查。

雅斯贝尔斯所说的超越者是一种绝对的大全，是统摄一切的大全。尽管雅斯贝尔斯声称超越者仅仅对生存显示自身，但是超越者不等于整个世界，也不是空无。超越者是绝对的他者，是生存之根基。尽管生存是真正的存在，但它不能全凭自己实现。人类的存在不是创造自身。相对于超越者，我知道我自己是被给予的。生存越是断然地认识到自己是自由的，它就越能意识到自己与超越者的关联。

我饶有兴趣地对奥古斯丁和克尔凯郭尔进行比较研究。奥古斯丁曾说存在只关涉灵魂和上帝，除此之外没有别的。奥古斯丁的主题听起来与生存和超越者有关，而且奥古斯丁还说，上帝比我们内心最深处还深（*intimior intimo meo*）；上帝与我们之间的亲密要比我们与自身之间的亲密更亲密。这种亲密的关系超越了客观世界；它发生在非客观化的生存的内心最深处，即自我的最深处。对克尔凯郭尔来说，真理是主观的：超越者的真理永远不会变成一套普遍的、公共的概念。也许这就是为什么雅斯贝尔斯以康德的方式坚持认为，我们与超越者的关系是非认知型的。为什么不用一种不同的、非客观化的意义即愚蠢的智慧，也就是存在的亲密性的愚蠢的智慧来谈论认知（knowing）？为什么要固执地坚持认为有效的认识只限于客观的科学？

我们的确能扩展认知概念而无须求助黑格尔成熟的理性吗？就此而论，没有这个扩展，雅斯贝尔斯的讨论方式就不会与黑格尔批判康德的不可知论的方式相抵触。黑格尔批判康德的不可知论的方式为：如果它是不可知，那么你只能说它是无；甚至你不能知道它是不可知；但是，如果你在谈论它，那么它就必定不是不可知的。我是在取消黑格尔的问题，不赞同他用一种超越者的辩证法知识来回答康德的问题。黑格尔的回答是错误地从认知角度把超越者颠倒为内在性。我们需要一种认知，但不是黑格尔的认知；我们也需要一种非认知，但不是康德的不可知论。

超越者会在现象中显现自己，但永远不会完全显现自己。如果我们试图
*155* 把它作为一个确定的对象来思考它，它就会躲避一切思考。以否定的方式称呼它似乎比以肯定的方式说出它是什么更容易。在某种意义上，我们找不到一个最终牢靠的点，以此立足来试图言说它，不管是否定性的言说还是肯定

性的言说。雅斯贝尔斯承认，超越者有多个名称，我们可以称之为大在、实在、神、上帝。相对于思考，他说我们可以称它为大在；相对于生活，它可以被称为真正的实在；作为命令者和支配者，它可以被称为神；当我们作为独立的人格与它遭遇时，它可以被称为上帝。

为了命名存在的经验，我们再次发现否定性认知内容。自我改变是在与超越者遭遇的过程中发生的；超越者成了我的生之所源和死之所归。上帝之爱（*Amor Dei*）会改变我们对世界的爱与恨。雅斯贝尔斯提到中国人对世界的酷爱以及灵智派思想中对生活的厌憎。后者终究是一种虚无主义和绝望：创造世界的不是神而是撒旦。撒旦这个恶魔的创造是对抗上帝的创造。如果世界是上帝的创造，世界就会被人类爱，上帝因创造世界而被人类爱；人类存在的诸言就会实现。

我们始终在世，因此我们与超越者的关系就是有限的和沉沦的。我们需要符号和密码来表达所有最终无法表达的。在其晚年，与宗教信仰对话成了雅斯贝尔斯的主要活动。他自己声称这就是他所谓的哲学信仰的立场。哲学与宗教之间的关系常常是紧张的，但是它们探寻的终极问题是类似的。像黑格尔一样，雅斯贝尔斯坚持哲学的独立性，有时他还表现出一种鄙视启示宗教（revealed religion）的启蒙思想残余。黑格尔和雅斯贝尔斯面临同样的问题：在何种程度上哲学理念是宗教主题理性化的变换，因此它们不是自主的？而是受外界支配的？哲学信仰是宗教信仰的理性化吗？

当然，对黑格尔来说，不存在哲学信仰，哲学就是知识。雅斯贝尔斯再次和康德站在一起，他的哲学信仰试图使"信仰"在诸事物中得以清晰的表达，赞成康德所谓意志否定知识的观点。这种哲学信仰不能被同化为诗、科学或宗教。如果哲学异于宗教，那么它是一种批判的自我意识，而不是任何黑格尔式的思辨知识，其中宗教被辩证法扬弃（*aufgehoben*）。界限的这种批判的自我意识滋长了对偶像崇拜的警觉性，不管这种偶像崇拜是信仰主义的还是理性主义的，它都错误地把超越者的密码当作了超越者本身。宗教和哲学是不同的，但不是对立的，它们是接近超越者的两极。这两极组成了一种终极性的共同体，即它们是永远彼此论争和挑战的一对。

# 伊曼纽尔·列维纳斯

*156*     伊曼纽尔·列维纳斯出生在立陶宛（Lithuania）的一个传统犹太家庭，但是他一生的大部分时间是在法国度过的。他有关第二次世界大战的经历决定了他的思想。他的思想常被认为是对《塔木德》（*Talmud*）的研究，尽管他宣称自己的哲学并非如此，而是属于其他类型。胡塞尔的现象学和海德格尔的基础存在论影响了他最初的哲学研究。这种影响是双重的：既促使他思考，也刺激了他努力反抗这种影响。他成熟的思想主要表述在《整体与无限》（1961）中。随后，他出版了论文集《外在存在或超本质》（*Otherwise than Being or Beyond Essence*，1973）。接着，他又以一种更严肃的宗教毅力继续研究《塔木德》。从现象学出发，他朝着复兴形而上学超越性和论证他所谓的第一哲学"伦理学"的方向努力。

    20 世纪 80 年代始，列维纳斯越来越被英语哲学界所了解，其部分是由于解构主义的影响。英语读者发现，缺少对列维纳斯著作之写作背景的了解，就难以读懂它们。许多人把《整体与无限》看作列维纳斯的巨著，这部巨著艰涩难懂，对非专业的读者甚至哲学家都是如此。列维纳斯的思想时常被一大群哲学的幽灵纠缠。我所说的幽灵，是就他的影响和观点而言的，是从他哲学思考的独特性的意义上而言的。

    列维纳斯承继了笛卡尔的东西，即在"我思"（*cogito*）的基础上寻求认识的确定性。列维纳斯对笛卡尔特别尊重，这种令人吃惊的尊重是由于笛卡尔常常被指责为是对"心灵"进行如下这种认识的始作俑者，即心灵把思想囚禁在自身之内，在它自己内部。列维纳斯企图在保持主体的某种内在完整性的情况下，突破这种封闭的内在性的圈子。

    这里面存在一种现象学的传统，是一种被解释为笛卡尔遗产的似是而非的延续。列维纳斯的第一部著作是关于胡塞尔的直观理论的，而且他的现象学实践也无疑得益于胡塞尔。他对有关意识之意向性的现象学理论提出了质疑。他指出，意识的模式，即对对象的意向性并不是确定性的描述。他以快乐为例：快乐表明了意识的一种参与性，它不能被归约为对对象的意向。意向性的结构似乎指向某种对对象的控制；但是，如果存在超越意向性的主体模式，那么客观化进而支配性的意识就没有定论了。

海德格尔的出现遮挡了列维纳斯的光芒，但他并未因此而否定海德格尔 157 的地位，不过他指责海德格尔的存在是一种匿名的力量，它最终导致海德格尔把历史解释为一种非人格的命运。人的独特性葬送在一种具有匿名权力的本体论之下。海德格尔的思想将本体论概括为一种权力哲学。列维纳斯以一种善的形而上学反对这种本体论，在这种善的形而上学之中，匿名的、普遍的存在不具备最终的支配权。海德格尔提出了一种中性本体论，但这种中性本体论没有伦理学的立足之地。

列维纳斯反对存在的中性化，他倾向于将之与他视为存在之要素（element）的匿名和恐怖等同起来。人们可能对要素持有不同的观点，但对列维纳斯而言，这是一种无个性的、无限性的第一要素（*prima materia*）〔有时他也错误地把它等同于不定（*apeiron*）〕。正如他所说，他对"存在"非人格化的解释令我们想起萨特对自为存在的解释，例如，在他关于"黏滞"（*viscous*）的现象学的解释中，黏滞始终威胁个人的完整性，威胁作为内在完整性的自我。列维纳斯拒斥"人是被抛入的存在"的观点以及萨特所谓的"人是虚无的、被异化的"的观点。海德格尔被抛的观点是与快乐现象学相抵触的，快乐作为一种与存在先验一致的东西，是基本存在的一种更原始的状况。

对列维纳斯，如同对雅斯贝尔斯一样，海德格尔为什么会成为一个狂热的纳粹分子是个重要问题。列维纳斯曾在战俘营度过一段岁月。纳粹哲学被解释为德意志人所代表的一种世界历史的命运。其他的民族和人民最终都被忽略，权力意志把所有的伦理关怀都屈从于超人的胜利。

这与法国哲学家科耶夫对黑格尔《精神现象学》中的主奴辩证法的理解不无关联。黑格尔主义在这里成了一种吞噬一切的统治和奴役的逻辑。对此，萨特的解释可谓妇孺皆知：他人即地狱。列维纳斯反对萨特的"看"的暴力，他在没有防备的眼光中看到的是毫无戒备的他者。不过，软弱的状况会发出一种伦理的命令：你不应该杀人。科耶夫的海德格尔—马克思主义式的黑格尔主义将死亡界定为统治，这种界定被列维纳斯所抛弃。与主奴辩证法以及它的暴力相反，存在一种与他人的和平关系，列维纳斯强调说，这种关系就潜藏在整个住所和劳动的经济中，并且也与女性相关联。女性的仁爱建立了家庭和住所，从此出发，劳动的自我得以描述，并与经济、政治和历史的存在的整个领域相衔接。事物之起源各异。这些起源与伦理关系的圆满性虽然不能等同，但是在某种程度上它们又与伦理相符合，而主奴辩证法就不是如此。

科耶夫的马克思主义式的黑格尔主义也代表了一种历史哲学。这种历史哲学，作为绝对的世俗化身，在现代国家中达到了顶峰。世界—历史的整体性把人的独特性牺牲给了国家的莫洛克（Moloch）①。作为世界—历史的普遍性，国家和历史是最终被崇拜的"绝对"。黑格尔的哲学，像海德格尔的本体论一样，被列维纳斯视作一种权力本体论，这种本体论总是被诱使以谋杀的方式同他者发生联系。古往今来的阶级斗争都是主奴辩证法的具体体现。历史的进程是战争，历史的目的是同质性的国家。在这种国家中，他者，持不同意见的他者，被普遍的同一性所压制。虽然列维纳斯厌恶这些，但是他依旧关注劳动、财产和所有权，这让我们想起了马塞尔有关存在和有的讨论。

存在哲学被列维纳斯反复提及和捍卫，他在捍卫人的属己性（ipseity）和独特性方面与某些存在主义者如克尔凯郭尔有许多相同之处。列维纳斯的现象学背景以及现象学所提出的"哲学必须是严格的、真正的科学"的主张，使他与那种所谓"非理性"的存在主义者无法融洽相处。他与那种仅仅反对理想主义者和理性主义者的客观理性的哲学保持距离。他想要捍卫一种反对个人主义的非理性主义的不同意义上的理性。这种意义上的理性将保护同类和他者的伦理共同体。尽管列维纳斯避而不谈孤独的天才，但是他所理解的人的独特性与存在哲学的核心是一致的。这就是我所说的马塞尔的存在的亲密性。我发现马塞尔对列维纳斯所论述的一些主题，如家庭、父权、子

---

① 莫洛克（Moloch），《旧约》中迦南地区与巴比伦地区闪米特人的信仰。人们为祭祀它而烧死自己的儿女，被摩西斥为假神。——译者注

女、家、快乐，都进行了有力的回应。

列维纳斯的犹太背景对他的思想影响深远，这一点清楚地体现在他对罗森茨维格（Rosenzweig）的《救赎之星》（*The Star of Redemption*）一书赞赏有加的引用上。罗森茨维格最初是一位黑格尔主义者，曾写过关于黑格尔国家理论方面的书，后来他实现了快速而惊人的转变，真正地返回犹太教。《救赎之星》便源于此，这本书被看作现代犹太思想里程碑式的著作。他抵制了黑格尔的整体性的诱惑，而致力于了一种创造形而上学（meta-physics of creation），并对作为总体性的反叛者——独特性予以肯定。虽然在《整体与无限》一书中，列维纳斯表示他的工作是纯哲学的，但其哲学话语的独特性在很大程度上要归功于犹太遗产的潜移默化的作用。

与少数后结构主义者不同，列维纳斯的哲学始终展现了一种精神上的严肃性，这种严肃性拒绝假设物自体。列维纳斯向神圣他者的回归，使我们不免想到舍斯托夫所描述的雅典与耶路撒冷之间的对立。舍斯托夫今天受到了不公正的忽视，但是他在与（作为他者的）宗教相关的哲学的有限性问题上是一位深刻而激进的思想家。就思辨的形而上学传统而言，他在某些方面甚至比列维纳斯深刻。

与海德格尔和许多后结构主义者一样，列维纳斯倾向于把传统哲学总体化。所有哲学仅仅被视作一致性或同一性的帝国主义。列维纳斯认为哲学厌恶他者，这种厌恶感在黑格尔那里达到了它的顶峰。总体上看，哲学传统并非如此，列维纳斯后来也收回了自己的话。事实表明：有些哲学也承认他者，例如柏拉图超越存在的善的理论。

列维纳斯的策略是：把传统总体化为同一的帝国主义；提出一种前所未有的、与众不同的他者的思想；然后，偷偷地以某些方式塞进一些传统的观念；最后，承认这些观念是传统的。当然，大多数读者都是到了最后阶段，却又忘了第一个阶段。实际上，在第一个阶段得出的总体看法现在又被废除了。为什么在开端不承认最后阶段？但是，如果一个人要想断言"超越传统"，但又实现不了，那么这种断言就是无效的；怀疑将被置于怀疑的诠释学之上。首先实现最后阶段，这要求一种慷慨的诠释学，同时或许还要求一种对传统哲学的与众不同的解释。

列维纳斯不能被混同于德里达和海德格尔，他极力批判海德格尔，而且他的著作表现出来的精神上的严肃性是德里达所缺乏的。他区分了他所谓的"本体论"和"形而上学"。在这种区分中，他把哲学传统中的慷慨和怀疑搅在一起。本体论是存在哲学的标志，这种哲学最后总是将他者归约为同一。本体论是一种中性哲学，这种哲学不能公正地对待他者，尤其不能公正地对待伦理的他者。它建立在一种从同一到他者的运动逻辑上，这种他者始终为了同一，并且总是返回到同一。人们会想到，在这个传统主线中，思想思考自身总是享有特权的。

列维纳斯通过其形而上学暗示了一种思想运动，此思想运动尤其以一种剩余的方式超出了总体性而达及无限性理念的思想和面孔与面孔间的伦理关系。形而上学思想从同一过渡到他者，但并非为了返回到自我。这种精神的形而上学运动始终是一种哲学上的可能性，列维纳斯自己对柏拉图"善"的理论的引用就是例证。思想除了思考自身之外，还要思考自身之外的东西。

160

列维纳斯倾向于把笛卡尔的分析与推断和先验唯心主义看成非常重要的哲学可能性。就笛卡尔主义的遗产而言，"我思"是一切严肃的哲学思考的出发点，即使萨特的笛卡尔主义也是如此：意识对自身的作用似乎是哲学思考的预演，它俨然拥有自己的程序和内容。因为没有思想能逃出自身的内在性，因此也不能去除自身的确定性和必然性。列维纳斯与众不同地看重笛卡尔的无限概念，企图找到一条通向超越了一切支配思想的他者的崭新路径。显而易见，现象学提供了比传统笛卡尔主义更加宽泛的哲学观念，但是它们的基本前提显然是重叠的：意识的内在性是现象学的根基。现象学中的"现象"是被如此定义的：它并非"事情"（Sache）本身，而是被给予意识的"事物"。不过，从现象学的前提和方法出发：列维纳斯最后完成了对现象学的内在性以及传统唯心主义观念的颠覆。

我们来看一个重要的例子：《整体与无限》中有关表象（representation）的讨论。列维纳斯在书中长篇大论地解释胡塞尔的表象概念：表象是意识的表象，他者的内在性作为同一的一个表象被对象化了。这种表象概念也遭到了海德格尔、德里达、福柯等人的责难。但是，将这作为对表象的分析是成问题的。表象和可理解性的分析看起来覆盖了整个领域，但是实际上完全不是如此，这种解释与胡塞尔的观点也不相吻合。列维纳斯自己对此类问题进行了分析，并认为胡塞尔赋予理论意识以优先性的分析是一种无根基的分析。列维纳斯转向对快乐的现象学分析。他发现在表象的源头还有一个更原始的地带，它能克服这种无根基的分析。快乐的"意向性"并不像表象所宣称的那样：自我建构具有优先性，同一比他者更优先。

人们无须对这第二个主题进行挑剔，但是列维纳斯的解释削弱了表象和可理解性的哲学首要性。实际上，他从根本上批判了胡塞尔通过先验方法所界定的表象和可理解性。人们可以对表象作出解释：着重强调他者对自我的优先性。表象不再是因为自我要对自身有所指示以便显现于自我之前而对他者简单的强占，而是一种对他者的开放性。这种开放性意味着，表象的真理是一种对异质性的顺从，是一种表象要努力接近和尊重他者的谦卑。

试想：假如你请我作为你的代言人出席会议，并且假如我确实愿意代表你，那么我就必须使自己的观点服从你以及你的观点；我，作为代表，必须为你这个他者发言；我不能使你这个他者替我代言，但又真诚地宣称我代表你这个他者。作为你的代表，我是为着你的。因此，代表是为他的存在（being-for-the-other），这样，自我使其自身的自我主义的"为我"（for-self）屈从于他者的真理，因为自我是为着他者的。列维纳斯将表象还原为一种"本质"，这完全走到了此种本质的反面。胡塞尔的现象学是一种哲学；但又不是哲学，不是哲学的本质。它也不是所有类似描述的标准。实际上，就表象真理而言，它的说法并不正确：作为他者，代表他者的真理。

我反复琢磨这一范例，因为包括德里达在内的不少后结构主义思想家的标志性进展都已经被包含在列维纳斯有关表象的解释中。但是，如果胡塞尔的先验论成了其他观点都反对的哲学标准，那么所有这些观点就都走歪了。这其中存在某种历史的、诠释学的短视。从马塞尔或雅斯贝尔斯对唯心主义的批判中，我们找不到任何对诠释学上的特殊诉求的倾向。他们并没有总体化哲学及其传统。他们更加明智和审慎，然而他们也想超越思考自身的思想，从而通达就思想而言思考何为他者的思想。

我们不太可能把列维纳斯的"他者"哲学与他的无限观念因此也是神圣他者的观念分离开来。与把世界看成从"太一"流射出来或堕落而成的和把世界看成一种构建性主体的工程相反，列维纳斯对无限概念的反思意味着重建一种创造的形而上学。这里，形而上学又一次意味着这样一种思想方式，即针对作为他者的他者，而不只是同一者。创造是一种完全的原创性行动，每个独特的创造物凭这种原创性行动成为自为的存在，而且是一种被赋予了无限性的自为的存在。造物主使他的创造物脱离自身，成为有限的、自由的他者。在这种意义上，上帝是终极的他者，是所有他性——包括那种为其自身的激进的他性——的赋予者，也绝不会回到让部分屈从于吞噬性的整体的老路上去。

列维纳斯把自为的自我描述为无神论者，这是一种模棱两可的策略。初读此书，人们可能倾向于认为列维纳斯支持无神论。依我之见，他是在说，在创造中被给定的有限的存在是无神论者；从最直接的字面意义——它是非上帝（not-God）——上来看，它是非有神论者（a-theist）。正如黑格尔和斯宾诺莎所说，上帝在创造世界时没有创造自己。上帝所创造出来的在根本上异于上帝本身，根本上是非上帝的；这个"非"是造物主与被造物之间不可比较性的一种尺度。这种不可比较性不仅仅是消极性的或令人沮丧的不相称；"非有神论"（a-theism）的"非"是一种超越性的空间，在其中，创造的自由能够被通过和产生。自我的无神论承诺了自为存在的可能性，也意味着这种自为存在中的一种自由关系的可能性，即跨越不可通约性的差异而到达神圣原始的自身的可能性。因此，无神论的存在是神的慷慨的结果；无神论是人与神之间的一种不同的关联的先决条件，这种关联消除了统治与暴力相互勾结的纽带。

列维纳斯在这里表现的是否有点不太真诚？《整体与无限》写作之时，正是无神论的存在主义和马克思主义的鼎盛之际。无神论一度成了时尚必不可少的（de rigueur）元素，它主宰欧洲的精神风貌长达一个半多的世纪，其中再好不过的典型就是萨特存在主义的流行。列维纳斯是一个机智的作家：他把无神论的真理整合在一种旨在确立上帝作为超越者的形而上学方案中。在这种模棱两可的创造中，作为自为存在的人是一种无神论的存在，但是无神论的存在能认识到自己与最终的超越者之间的差异。因此，从无神论的存在转向他者，并不是作为部分回归整体，也不是作为特殊服从普遍，而是作为自由的伦理存在的意志中心，去实现造物主之善、被造物之善和邻人之善。这种伦理上的确证是一个哨兵，它防止滑向恶魔般的普遍性，世界—历史的普遍性，不管这种世界—历史的普遍性是被当作偶像崇拜的马克思主义还是纳粹主义。在后者中，我们变成了中介，那种匿名的普遍性的工具。当我们成了那些在我们残忍的、严厉的偶像前不愿意卑躬屈膝的人的判官和刽子手之时，我们就是这种无比邪恶的工具。无神论存在的邪恶就在于此，这点本应该但却没有在《整体与无限》中得到应有的说明和解释。

列维纳斯对无限的强调援引了一个故事，它在整个思辨形而上学的历史上流传，从前苏格拉底时期一直到我们这个时代。列维纳斯直截了当地采用了笛卡尔的无限观念，我想这种采用也许连笛卡尔本人也会感到吃惊。帕斯卡对笛卡尔的评价是正确的。他说："我不能宽恕笛卡尔；在他的整个哲学中，他很想不用上帝，但是他又禁不住借用上帝之手轻轻一按，让世界运转，之后他就再也没有用过。"列维纳斯常常以一种赞许的口吻引用帕斯卡的观点，似乎从不怀疑笛卡尔主义的无神论的可能性。

笛卡尔的感性理论居然也得到了认可和推崇，因为感性被看作在本质上不同于思想和概念。康德也因同样的理由受到称赞，因为他坚持感性和知性是异质的。有人看到了这一点，无论在莱布尼茨那里还是在黑格尔那里，感性与思想之间的联结都被切断了，以确保感性与思想之间的异质性，而不把它们都归入理性概念之下。但是，有一种这样的感觉，在这种感觉中没有笛卡尔的感性。在笛卡尔那里有一个可感觉的身体，但它不是肉体之身；它不是身体本身；它是一种无生命的广延物（res extensa）。既然这种无生命的广延物是死的，那么它如何享受生活呢？而且，笛卡尔的广延物没有面孔，那么它又从哪里取得一副面孔呢？笛卡尔的身体好像是以他自己为样板的、一尊毫无特征的蜡像，完全没有面孔，只是一部自动运转的机器。但是，正如列维纳斯所主张的，人的肉身是有面孔的。

另外，就教导而言，笛卡尔的命令被认为先于苏格拉底的命令，但是广延物能教给他人或他自己什么呢？无限的概念又能教给什么呢？上帝的存在？但这便是它所能教的一切。笛卡尔完全缺乏那种比如我们在奥古斯丁、帕斯卡和克尔凯郭尔那里看到的宗教热情。实际上，对笛卡尔来说，自我和上帝是两个最容易认识的事物，一旦笛卡尔在方法论上把它们当作基本的概念用以证明理性知识之后，他就开始端起真正属于他自己的老本行：数学化的自然科学。笛卡尔客观的数学命令证明了一切，但却忽略了自我的内在的他者以及神圣超越的至高无上的他者。在笛卡尔那里，这些都变成了达到某个目的的方法论手段，而不再是神秘莫测的实在。后者使彻底而真正地击溃关于概念神秘性的所有主张的思考疲于应付，正如笛卡尔那样。

苏格拉底的对话是何等美妙，这种对话的开端之处就有一种向他者开放的可能。列维纳斯闭口不谈苏格拉底的对话，灵魂的概念已经在对话中被阐明：其存在本质上是理性的；思想永远不是那种排斥了相对性的"物自身的自我表达"（kath' auto），因为这种物自身的自我表达排斥了"面对面"的可能性。苏格拉底的对话是一种哲学上面对面的言谈，其中隐含了一种苏格拉底意义上的身体化言语——这种语言处于看见之中，处于听见之中，处于与他者的触摸之中。在苏格拉底的对话中，言说在同等程度上既是一个自我在言说，又是被说出的某个东西。

此处应该注意列维纳斯的"面对面"这一主题，这是他对"主体间性"研究的独特贡献。德国唯心主义和现象学遗留下一个他者问题：我们从主体性出发，如何真正地建立与作为他者的他者的关联性？他者仅仅是我们认识自身并返回自身的手段吗？从主体的优先地位来看，他者只是一面自我实际上能在其中看见自身的镜子，所以难道不能保持一个完全的他者？作为现象学的而不是德国唯心主义的继承者，列维纳斯在这一主题上沿袭了现象学同样的起点。列维纳斯也从自我出发，因为《整体与无限》的前面部分明显致力于向我们表达一种足够强烈的意识，即自为的自我的分离（separation）。自为的自我是一种不能化约的"属己性"，这种属己性不能被归为一种非个人的理性，或者被归为一种抽象普遍性的事例。然而，在这种激进的分离性中的自为不是一个超越的自我。它在其最初的存在的欢乐中，被赋予了"我"的存在的具体性。

然而，"在……之间"的问题又如何解决呢？自我表达自己并加入对话和语言中。对列维纳斯而言，表达是言谈的主体始终致力于他或她的表达。他或她不是放弃表达，而是好像乐意为表达辩护那样致力于表达，或者真正地为他自己或她自己辩护，换句话说即道歉。道歉在这里并不意味着简单地请求原谅，它意味着一个人维护自己，坦率地解释自己是什么或做什么。道歉，比如苏格拉底的道歉，是一种自我申辩；就个人的特殊性来说，自我的申辩非常困难。但是，一个人总是在他者面前道歉。一个人是在另一个人的注视中进行自我表达。因此，自我表达和自我为着表达的道歉是一个融入社会关系的入口，是社会联系。

这种在他者注视下的辩护、申辩、道歉、自我的关注成了一种面对面的表达。我碰见他者的脸，他者也看着我，这不同于萨特的他者，萨特的他者会把我吓呆，而且把内在化的自由贬低为一种对象化的事物。他者的面孔迫使我进行辩护、申辩。面孔以一种赤裸裸的和无掩饰的形式呈现自己，这就超越了一切概念化。面孔不能被总体化，因为无限在此显现。我不能从概念上判断他者的面孔；他者是用一种毫无戒备的、柔弱的眼光看我，其促使我作出一种没有强制力的反应。他者的这种毫无戒备的、柔弱的眼光与萨特的"看"完全不同。假如"看"能够杀人，那么萨特的主体必定是大杀人犯。在列维纳斯那里，"看"表现自身就像他者以一种毫无戒备的、坦率的方式表现自身一样，因为"看"好似发出命令："你不应该杀人。"

尼采、萨特和霍布斯那里的权力意志的自我签订了一种工具性契约，用以保护自己不受他者的侵犯并扩展自己以侵害他者的自由。伦理不是这种工具性契约。毫无戒备的面孔超越一切工具性，在一定的意义上它没有任何结果，它并不形成任何能够确实被理解、被掌握或者被接纳的确定性的目标或目的。他者脸上流露出的是一种无限，这种无限支配着善恶。无限流露在两者之间，即"在……之间"，它被称为与他者处于分离之中的主体，当然他者并不能容忍这种分离，因为伦理的正义正寓于这两者即自我与他者之间。

列维纳斯发现，面孔绝对是不可还原的、始源性的。人们不可能把它再拆成更基本的成分。它就是基本元素，即使不是列维纳斯意义上的。它不能被包含在古典的主观性经济中，不管是唯心主义的还是超越论的即现象学的主观性。后两者最终导致了同一对他者的统治。尽管列维纳斯捍卫主体的分离，但是"面对面"和他者之无限的流露颠倒了自律的作用。他律比自律更为根本。自我为着他者；即使他者是卑劣者、穷人、寡妇和孤儿，他者也是来自高位。

列维纳斯试图超越主奴辩证法。但是，在有些场合，他者被视作主人；在另一些场合，同一和他者之间的不对称性似乎处于另一种形式的主奴辩证法的边缘。我们发现了一种成分复杂的特殊混合物：主体的彻底分离，但这个主体并不是真正的分离，因为他或她通过自己的表达把自身置于"在……之间"；"在……之间"的主体遭遇到他者的面孔，这个他者以一种完完全全的柔弱的眼神反对谋杀；分离中的自我，这种自我的不可抗拒的命运似乎是社会性的。然而，他者根本上是他者而且自我仍处分裂状态，这如何可能？因为似乎最重要的是它们的共涉关系（co-implication）和无限责任。这只是一个语词上的问题吗？列维纳斯坚持自我在其个人的独特性方面是不可还原的，因此他反对启蒙现代性而重提一种他律性伦理，在他律性伦理中，假设在一种无限责任中，他者的正义是绝对的核心。

对列维纳斯而言，爱欲（eros）在突破一元论和"自我中心的困境"方面具有重要作用，这点与他对生育力的强调有关。人们可能想起苏格拉底和狄奥蒂玛（Diotima）之间有关爱欲产生美和善的对话。爱欲产生的美和善
166  超越其自身，这种说法多少有点不可思议。我把它理解为：爱欲的最高目的，实际上不是那种如同缺乏得以满足的顺从中的性欲，因此也不是在最终的自我关联中达到自我满足的顶点。情欲似乎在缺乏中发动，并在最终的满足中通过克服这种缺乏使情欲之人再次自足。然而这还不够，事实更在于，自我是在超出自身之外的善之中生成的。自我的超越能超越最大的自我满足和自我相对性。

生育力是自我生育另一个我的能力，我宁可把它称为圣爱（agape）的允诺而不是爱欲的允诺，因为它并没有使缺乏得到满足而是以一种存在的流溢即充满、过剩的方式超越了自身。作为自身已经充满的自我圣爱式地产生作为他者的他者；在这种情况下，它产生一个作为他者的儿童，但这个作为他者的儿童仍然不是作为这一个而被认识，他是未来的希望，是一种延续同时又是一种断裂，是一种关联同时又是一种根本的分离。

这里值得注意的是，列维纳斯强调了父子关系，而不是父女关系或母子关系。父亲身份和子女身份成为了生育力的表现方式，是繁殖能力在时间上

无限延续的表现。女性导致某种模棱两可的存在形式，父子关系中也存在模棱两可的情况：我作为一名父亲但同时又是我父亲的儿子，我作为父亲的身份又根本不能等同于作为儿子的身份。

列维纳斯尤为重视时间的无限性，反对那种在他看来永恒的嫉妒的自我封闭。无限延续的生育力似乎能宽恕一切，我认为这与列维纳斯想要强调的独特性和社会性不相关。时间，甚至无限的时间，根本不会宽恕根本的恶（radical evil）。后代的人们不会为当代的人们所遭遇的根本的恶提供辩护。列维纳斯不想使现代的恶工具化。但是，无限的时间足以防止时间沦为世界历史的工具性的辩护吗？对根本的恶的宽恕只有从一个完全不同的维度才能实现，这是列维纳斯所戏称的另一层意义上的永恒，即绝对的紧张症的同一，它与他者毫不相干。列维纳斯在《整体与无限》的末尾提到了弥赛亚时期，这表明这部著作是一部经过删减的著作，其真正的重要性却在别处。

对所有关于面孔之真实性的探讨以及听从其解释的人而言，列维纳斯或许是一个善于掩饰的作家。整部《整体与无限》超越了自身而指向上帝，但是在全书中上帝被狡猾地讨论着。这使人想起某些犹太思想家含糊其辞的言论，例如斯宾诺莎、德里达就是如此。在此情况下，一个人说着无神论的语言，但背后却使用自然神论的语言。尽管在思想史上的大部分时期是无神论者不得不躲避有神论的信仰者的审讯，但是今天的形而上学家和神学家却不得不躲避无神论者的审讯。

列维纳斯晚期的著作更进一步地强调对他者的责任感，那种所谓伦理学是第一哲学的观点得到了充分发挥。其核心著作《外在存在或超本质》被冠以"替换"标题，列维纳斯在这里发展了一种先于所有主题化的无政府主义式的主体性观念。这不免让人想起萨特的非位置意识（non-positional consciousness），可惜在列维纳斯那里，受他者召唤的存在的意义才处于显著地位；先于自我（the ego）的自身（the self）以受他人的困扰为标记。列维纳斯把这种纠缠与人的存在联系起来，对绝对他者的追寻贯穿其中。

"替换"是一种大胆的和挑战性的沉思，这种沉思在许多方面是深刻的和不同凡响的，我在此不能既为其观点辩护又挑它的毛病。列维纳斯认为，甚至在绝对的优先性之前也要求超越的自我，无限责任中的他者的要求起了

*167*

作用。"替换"的概念指涉这样一种方式：无政府主义式的自我是他者的人质。这种自我处于他者的位置；处于他者位置的权力是所有他者独特的社会活动的根基。自我是一个主体，是被无限责任中的他者支配的主体。

列维纳斯喜欢引用陀思妥耶夫斯基（Dostoevsky）笔下的阿廖莎·卡拉马佐夫（Alyosha-Karamazov）的话："我们所有人都对他人负有责任，但我比其他所有的人更负责。"有些批评者认为这是一种夸大责任的主张，这也可能是讽刺性地暗示了一种伦理的傲慢：我把自己置于绝对的位置，把上帝置换成我自己。唯有上帝才能为此负责，不朽的生命才能如此。然而，列维纳斯却想坚持这样一种观点：无限责任的命令使人类这种创造物焦躁不安。许多模棱两可之处因过于复杂以至无法使人弄清楚特定空间里的责任，因为替换是一种神圣的责任，替换甚至是死亡和牺牲。列维纳斯常常被说成一个前无古人的开创者，其独特的风格促成了这种印象。但是，我禁不住提醒读者，别忘了马塞尔对证明、见证和牺牲的强调。从某种角度来理解，马塞尔的天主教和列维纳斯的犹太教有很深的亲缘关系。

在这里，列维纳斯反对超越论现象学和它返回始源性自我的基础。他强调对形成我之前的他者的被动性、忍耐性。但是，他的这种思考模式总体上像超越论哲学一样，是倒退式的，两种方式都可被称为"还原"。那么，这种思考模式中究竟有没有一种令人陌生的"超越论主义"？它是一种被动性而不是主动性超越论主义？或者是先于主动性和被动性的对他者的忍耐力？这必定是一种先于超越论唯心主义的"先验"（priori）。替换是所有意义、语言、认知、实用以及伦理得以可能的条件。伦理作为第一哲学可以是一种超越论哲学，尽管它不把超越自我作为最终的、原初性的在场，但它也可以被称为超越论伦理学（atranscendental ethics）或者消极的超越论主义（negative transcendentalism），类似于消极神学。

列维纳斯许多表达方式是一种浓厚的消极神学的怀旧方式：它不是这个，不是那个……它好像是，犹如……它既不是这个，也不是那个……在某种意义上，我们不得不跳过现象学。如果列维纳斯从人的关系角度举一些现象学的例子，那么读者就能更好地理解这种跳跃。比如，在叙述方式上，马塞尔引用他自己戏剧作品中的例子，富有想象地提出了非客观化。

列维纳斯的思想总体上存在一种二元论倾向，例如，本体论对形而上学，存在对善。这种倾向可能导致严重的模棱两可。我将以相关的例子和问题来进行个总结。对于"替换"（substitution）概念，列维纳斯坚决主张负有伦理责任的自我的不可替代性（irreplaceability）。但是，这种不可替代的东西如何能被替换呢？不可能存在一种对不可替换的东西的替代，也不可能存在对不可替代的东西的替换。人质的概念蕴含一种等价（equivalence）的观念：一个人等价于他者、牙等价于牙。但是，如果没有同一性观念，就不可能有等价概念。因而，列维纳斯所有关于不可替代性的讨论都要求先于同一性观念以及它的同类观念如等价观念的讨论。

这是一个与替换相关的逻辑问题，然而它所表明的不单单是逻辑上的矛盾。假如我们赋予不可替代（the irreplaceable）优先权，那么必定存在对人的替换的限制；反之，假如我们赋予替换优先权，那么我们就对不可替代的绝对的独特性作出让步。既然如此，我们如何同时肯定替换和不可替代？这么说吧：约伯的第二个孩子似乎是替代（replacement）了他的第一个死去的孩子，他们似乎是在替换。但是，列维纳斯思想的全部要义在于：不存在对第一个不可替代的孩子的替换，没有人能替代。

我们实现了对人的替换的限制吗？实现了对无限时间中的生育力的限制吗？是否存在一种神圣的替换，它将从根本上改变不可替代的自我概念？相对于我们积聚在第一次创造时的恐惧以及它表面上的毫无感觉的死亡，我们是否需要一种再创造，即一种应对第一次创造之不可替代的新创造的概念？

# 参考书目

**马塞尔**

原始文本

5.1 "La Métaphysique de Josiah Royce", *Revue de métaphysique et de morale*, *169* January-April 1919. Reprint：*La Métaphysique de Royce*, Paris：Aubier, 1945.

5.2 *Journal Métaphysique*, Paris：Gallimard, 1927. Reprint：1935.

5.3 *Etre et avoir*, Paris：Aubier, 1935.

5.4　*Du refus à l'invocation*，Paris：Gallimard，1940. Reprint：Paris：Aubier，1945.

5.5　*Homo Viator：Prolégomènes à une métaphysique de l'espérance*，Paris：Aubier，Editions Montaigne，1944.

5.6　*Les Hommes contre l'humain*，Paris：La Colombe，1951. Reprint：Paris：Fayard，1968.

5.7　*Le Mysterè de l'être*，vol. 1，*Réflexion et mystère*，Paris：Aubier，1951. Contains the Gifford Lectures of 1949.

5.8　*Le Mysterè de l'être*，vol. 2，*Foi et réalité*，Paris：Aubier，1951.

5.9　*Le Déclin de la sagesse*，Paris：Plon，1954.

5.10　*Fragments philosophiques*，*1909−1914*，Philosophes contemporains：Textes et études 11，Louvain：Nauwelaerts，1962.

5.11　*La Dignité humaine et ses assises existentialles*，Collections Présence et pensée，Paris：Aubier，Editions Montaigne，1964.

5.12　*Pour une sagesse tragique et son au-delà*，Paris：Plon，1968.

5.13　*Coleridge et Schelling*，Paris：Aubier-Montaigne，1971.

翻译本

5.14　*Royce's Metaphysics*，trans. V. and G. Ringer，Chicago：Henry Regnery Co.，1956.

5.15　*Metaphysical Journal*，trans. B. Wall，Chicago：Henry Regnery Co.，1950. Reprints：1952，1967. London：Barrie & Rockliff，1952.

5.16　*Being and Having*，trans. K. Farrer，Westminster：Dacre Press；Glasgow：University Press，1949；Boston：Beacon Press，1951. Reprinted under the expanded title *Being and Having：An Existentialist Diary*，London：Fontana Library and New York：Harper & Row，Harper Torchbooks，1965.

5.17　*Creative Fidelity*，trans. R. Rosthal，New York：Farrar，Strauss，Cudahy，Noonday Press，1964.

5.18　*Homo Viator：Introduction to a Metaphysic of Hope*，trans. E. Crauford，London：Victor Gollancz and Chicago：Henry Regnery Co.，1951. New York：Harper and Row，Harper Torchbooks，1962.

5.19　*Men Against Humanity*，trans. G. S. Fraser，London：Harvill Press，1952.

5.20　*Man Against Mass Society*，trans. G. S. Fraser，foreword by D. MacKinnon.

Chicago： Henry Regnery Co. ， 1952. Reprint： Chicago： Henry Regnery Co. ， Gateway，1962.

5. 21 *The Mystery of Being*， vol. 1， *Reflection and Mystery*， trans. G. S. Fraser，　*170*
London： Harvill Press and Chicago： Henry Regnery Co. ， 1950. Reprint： Chicago：
Henry Regnery Co. ， Gateway， 1960.

5. 22 *The Mystery of Being*， vol. 2， *Faith and Reality*， trans. R. Hague， London： Harvill Press and Chicago： Henry Regnery Co. ， 1951. Reprint： Chicago： Henry Regnery Co. ， Gateway， 1960.

5. 23 *The Decline of Wisdom*， trans. M. Harari， London： Harvill Press and Toronto： Collins， 1954. New York： Philosophical Library， 1955.

5. 24 *The Influence of Psychic Phenomena on My Philosophy*， London： London Society for Psychical Research， 1956. The Frederic W. H. Myers Memorial Lecture， December 1955.

5. 25 *Philosophical Fragments*， *1909-1914*， trans. L. A. Blain， published together with *The Philosopher and Peace*， trans. V. H. Drath， Notre Dame： University of Notre Dame Press， 1965.

5. 26 *The Existential Background of Human Dignity*， Harvard University： The William James Lectures， 1961 - 1962， Cambridge， Mass. ： Harvard University Press， 1963.

5. 27 *Philosophical Fragments*， *1909 - 1914*， trans. L. A. Blain. Notre Dame： University of Notre Dame Press， 1965.

5. 28 *Tragic Wisdom and Beyond*， trans. S. Jolin and P. McCormick， Northwestern University Studies in Phenomenology and Existential Philosophy， Evanston： Northwestern University Press， 1973.

评论

5. 29 Appelbaum， D. *Contact and Attention* ： *The Anatomy of Gabriel Marcel's*　*171*
*Metaphysical Method*， Lanham： University Press of America， 1986.

5. 30 Davy， M. M. *Un Philosophe itinérant* ： *Gabriel Marcel*， Paris： Flammarion，1959.

5. 31 Gallagher， K. T. *The Philosophy of Gabriel Marcel*， New York： Fordham University Press， 1962.

5. 32　Hocking, W. E. "Marcel and the Ground Issues of Metaphysics", *Philosophy and Phenomenological Research*, 14: 4 (June 1954): 439-469.

5. 33　O'Malley, J. B. *The Fellowship of Being*, The Hague: Nijhoff, 1966.

5. 34　Peccorini, F. *Selfhood as Thinking in the Work of Gabriel Marcel*, Lewiston: Mellen Press, 1987.

5. 35　Prini, P. *Gabriel Marcel et la méthodologie de l'invérifiable*, Paris: Desclée de Brouwer, 1953.

5. 36　Ricoeur, P. *Gabriel Marcel et Karl Jaspers : Philosophie du mystère et philosophie du paradoxe*, Paris: Editions du temps présent, 1948.

5. 37　Schilpp, P. and Hahn, L. (eds), *The Philosophy of Gabriel Marcel*, The Library of Living Philosophers, vol. XVII, La Salle: Open Court, 1983.

## 雅斯贝尔斯

原始文本

5. 38　*Allgemeine Psychopathologie*, Berlin: Springer Verlag, 1913; 4th completely rev. edn, Berlin, Göttingen and Heidelberg: Springer Verlag, 1946; 8th edn, 1965.

5. 39　*Psychologie der Weltanschauungen*, Berlin: Springer Verlag, 1919: 5th edn, Berlin, Göttingen, Heidelberg: Springer Verlag, 1960.

5. 40　*Philosophie*, 3 vols, Berlin: Springer Verlag, 1932.

5. 41　*Vernunft und Existenz : Fünf Vorlesungen*. Gröningen: J. B. Welters, 1935; 4th edn, München: R. Piper, 1960.

5. 42　*Die Schuldfrage*, Heidelberg: L. Schneider Verlag, and Zürich: Artemis Verlag, 1946.

5. 43　*Von der Wahrheit : Philosophische Logik, Enter Band*. München: R. Piper, 1947; 3rd edn, 1980.

5. 44　*Der philosophische Glaube : Gastvorlesungen*, Zürich: Artemis Verlag and München: R. Piper & Co. , 1948; 7th edn, München: R. Piper, 1981.

5. 45　*Vom Ursprung und Ziel der Geschichte*, Zürich: Artemis Verlag and München: R. Piper, 1949; 4th edn, München: 1963.

5. 46　*Die grossen Philosophen : Enter Band*, München: R. Piper, 1957; 3rd edn, 1981.

5.47　*Die grossen Philosophen*，*Nachlass 1*，ed. H. Saner，München and Zurich：R. Piper，1981.

5.48　*Die grossen Philosophen*，*Nachlass 2*，ed. H. Saner，München and Zürich：R. Piper，1981.

5.49　*Der philosophische Glaube angesichts der Offenbarung*，München：R. Piper，1962；3rd edn，1980.

5.50　*Weltgeschichte der Philosophie：Einleitung*，ed. H. Saner，München and Zürich：R. Piper，1982.

### 翻译本

5.51　*General Psychopathology*，trans. J. Hoening and M. W. Hamilton，Chicago：University of Chicago Press，1963.

5.52　*Philosophy*，3 vols，trans. E. B. Ashton，Chicago and London：University of Chicago Press，1969−1971.

5.53　*Reason and Existenz*，trans. W. Earle，London，Toronto and New York，1955.

5.54　*The Question of German Guilt*，trans. E. B. Ashton，New York：Dial Press，1947.

5.55　*Tragedy is not Enough*，（excerpt from *Von der Wahrheit*），trans. H. A. T. Reiche，H. T. Moore and K. W. Deutsch，Boston：Beacon Press，1952 and London：V. Gollancz，1953.

5.56　*Truth and Symbol*（excerpt from *Von der Wahrheit*），trans. J. T. Wilde，W. Kluback and W. Kimmel，New York：Twayne Publishers and London：Vision Press，1959.

5.57　*The Perennial Scope of Philosophy*，trans. R. Manheim，New York：Philosophical Library，1949 and London：Routledge & Kegan Paul，1950.

5.58　*The Origin and Goal of History*，trans. M. Bullock，New Haven：Yale University Press and London：Routledge & Kegan Paul，1953.

5.59　*Philosophical Faith and Revelation*，trans. E. B. Ashton，Chicago：University of Chicago Press，1967.

5.60　*Anaximander*，*Heraclitus*，*Parmenides*，*Plotinus*，*Lao-tzu*，*Nagarjuna*，New York：Harcourt Brace Jovanovich，n. d.（excerpt from *The Great Philosophers：*

*The Original Thinkers*).

5. 61　*Anselm and Nicholas of Cusa*，New York：Harcourt Brace Jovanovich，n. d. (excerpt from *The Great Philosophers* ： *The Original Thinkers*).

5. 62　*The Great Philosophers* ： *The Foundations*，*The Paradigmatic Individuals*： *Socrates*，*Buddha*，*Confucius*，*Jesus*；*The Seminal Founders of Philosophical Thought*：*Plato*，*Augustine*，*Kant*，ed. H. Arendt，trans. R. Manheim，New York：Harcourt，Brace & World，1962.

5. 63　*The Great Philosophers* ： *The Original Thinkers* ： *Anaximander*，*Heraclitus*，*Parmenides*，*Plotinus*，*Anselm*，*Nicholas of Cusa*，*Spinoza*，*Lao-Tzu*，*Nagarjuna*，ed. H. Arendt，trans. R. Manheim，New York：Harcourt，Brace & World，1966.

5. 64　*Kant*，New York：Harcourt，Brace & World，n. d. (excerpt from *The Great Philosophers* ： *The Foundations*).

5. 65　*Plato and Augustine*，New York：Harcourt，Brace & World，n. d. (excerpt from *The Great Philosophers* ： *The Foundations*).

5. 66　*Socrates*，*Buddha*，*Confucius*，*Jesus*，New York：Harcourt，Brace & World，n. d. (excerpt from *The Great Philosophers* ： *The Foundations*).

5. 67　*Spinoza*，New York：Harcourt Brace Jovanovich，n. d. (excerpt from *The Great Philosophers* ： *The Original Thinkers*).

评论

5. 68　Allen，E. L. *The Self and Its Hazards* ： *A Guide to the Thought of Karl Jaspers*，New York：Philosophical Library，1951.

5. 69　Ehrlich，L. H. *Karl Jaspers* ： *Philosophy as Faith*，Amherst：University of Massachusetts Press，1975.

5. 70　Kane，J. F. *Pluralism and Truth in Religion* ： *Karl Jaspers on Existentialist Truth*，Chico：Scholars Press，1981.

5. 71　Lichtigfeld，A. *Jaspers' Metaphysics*，London：Colibri Press，1954.

5. 72　Olson，A. M. *Transcendence and Hermeneutics* ： *An Interpretation of Karl Jaspers*，The Hague：Nijhoff，1979.

5. 73　Ricoeur，P. *Gabriel Marcel et Karl Jaspers*，Paris：Editions du Temps Présent，1948.

5. 74　Samay，S. *Reason Revisited*，Notre Dame：University of Notre Dame Press，1971.

5.75 Schilpp, P. (ed.) *The Philosophy of Karl Jaspers*, 2nd edn, Lasalle: Open Court, 1981. Contains Jaspers's "Philosophical Autobiography" (including chapter: "Heidegger"), critical contributions by twenty-four authors, and Jaspers's "Reply to His Critics".

5.76 Schrag, O. O. *Existence, Existenz, and Transcendence*, Pittsburgh: Duquesne University Press, 1971.

5.77 Wallraff, C. F. *Karl Jaspers: An Introduction to His Philosophy*, Princeton: Princeton University Press, 1970.

5.78 Young-Bruehl, E. *Freedom and Karl Jaspers's Philosophy*, New Haven: Yale University Press, 1971.

## 列维纳斯

原始文本

5.79 *La théorie de l'intuition dans la phénoménologie de Husserl*, Paris: Alcan, 1930 (Vrin, 1963).

5.80 *De l'existence à l'existant*, Paris: Fontaine, 1947 (Vrin, 1973).

5.81 *En découvrant l'existence avec Husserl et Heidegger*, Paris: Vrin, 1967.

5.82 *Totalité et infini: Essai sur l'extériorité*, The Hague: Martinus Nijhoff, 1961.

5.83 *Difficile liberté*, Paris: Albin Michel, 1963 (2nd edn, 1976).

5.84 *Quatre lectures talmudiques*, Paris: Editions de Minuit, 1968.

5.85 *Humanisme de l-autre homme*, Montpellier: Fata Morgana, 1972.

5.86 *Autrement qu'être, ou au-delà de l'essence*, The Hague: Martinus Nijhoff, 1974.

5.87 *Sur Maurice Blanchot*, Montpellier: Fata Morgana, 1975.

5.88 *Noms propres*, Montpellier: Fata Morgana, 1976.

5.89 *Du sacré au saint*, Paris: Editions de Minuit, 1977.

5.90 *Le Temps et l'autre*, Montpellier: Fata Morgana, 1947 (Paris: Presses Universitaires de France, 1983).

5.91 *L'Au-delà du verset*, Paris: Editions de Minuit, 1982.

5.92 *De Dieu qui vient a l'idée*, Paris: Vrin, 1982.

5.93 *De l'evasion*, Paris: Fata Morgana, 1982.

5. 94　*Ethique et infini*，Paris：Fayard，1982.

5. 95　*Transcendance et intelligibilité*，Genève：Labor et Fides，1984.

翻译本

5. 96　*The Theory of Intuition in Husserl's Phenomenology*，trans. A. Orianne，Evanston：Northwestern University Press，1973.

5. 97　*Existence and Existents*，trans. A. Lingis，The Hague：Martinus Nijhoff，1978.

5. 98　*Difficult Freedom*，trans. S. Hand，London：Athlone，forthcoming.

5. 99　*Otherwise than Being or Beyond Essence*，trans. A. Lingis，The Hague，Martinus Nijhoff，1981.

5. 100　*Time and the Other*，trans. R. Cohen，Pittsburgh：Duquesne University Press，1987.

5. 101　*Ethics and Infinity*，trans. R. Cohen，Pittsburgh：Duquesne University Press，1985.

174　　5. 102　*Collected Philosophical Papers*，trans. A. Lingis，Dordrecht：Martinus Nijhoff，1987.

评论

5. 103　Bernasconi，R.，and Wood，D.（eds）*The Provocation of Levinas：Rethinking the Other*，London and New York：Routledge，1988.

5. 104　Burggraeve，R. *From Self-Development to Solidarity：An Ethical Reading of Human Desire in its Socio-Political Relevance according to Emmanuel Levinas*，trans. C. Vanhove-Romanik，Leuven：The Centre for Metaphysics and Philosophy of God，1985.

5. 105　Cohen，R.（ed.）*Face to Face with Levinas*，Albany：State University of New York Press，1986.

5. 106　Derrida，J. "Violence and Metaphysics"，in *Writing and Difference*，trans. A. Bass，London：Routledge & Kegan Paul and Chicago：Chicago University Press，1978，pp. 79–153.

5. 107　Libertson，J. *Proximity，Levinas，Blanchot，Bataille and Communication*，Phaenomenologica 87，The Hague：Martinus Nijhoff，1982.

5. 108　Lingis，A. *Libido：The French Existential Theories*，Bloomington：Indiana University Press，1985.

# 第六章
## 科学哲学：马赫、迪昂、巴什拉

巴贝特·E·芭比（Babette E. Babich）

## 大陆的科学哲学传统

尽管科学哲学并非"大陆"哲学的代表性学科，但从历史的角度讲，它<sup>175</sup>仍然根植于大陆的思想传统。恩斯特·马赫（Ernst Mach）、皮埃尔·迪昂①（Pierre Duhem）和加斯东·巴什拉（Gaston Bachelard）三人著作中所表现出的科学哲学的不同路径说明了这一根源的影响程度。需要强调的是，就讨论大陆科学哲学传统——"大陆的"，这一术语表明了一种当代哲学风格——而言，虽然历史地看马赫、迪昂以及巴什拉是"大陆的"，但是他们中没有一个人可以配得上真正的科学哲学的大陆风格。当代科学哲学所追求的主要是分析的或者说英美哲学传统，而马赫、迪昂以及巴什拉在科学哲学上赖以成名的积极贡献正是在这种典型的分析哲学框架内进行的。[1]

不过，这种历史界定也非常必要，它见证了科学哲学主线的不断变迁。虽然大陆哲学在专业哲学领域总的来说已经被边缘化，而且这种边缘化对科学哲学而言也许最为显著，但是中心本身似乎也发生了转变。近几年，传统

---

① 在列宁《唯物主义和经验批判主义》中被译为杜恒，按法语发音译为迪昂为妥。——译者注

的科学哲学家开始扩大他们科学哲学的分析概念，以便包括那些与大陆风格相容的，甚至直接源自大陆风格的研究路径。这些路径反映了大陆重要思想

*176* 家的传统对科学的哲学反思，包括埃德蒙德·胡塞尔［戈特曼（Gethmann）、希伦（Heelan）、奥尔特（Orth）、让（Rang）、西波姆（Seebohm）等］和马丁·海德格尔［伽达默尔、希伦、克兹尔（Kisiel）、考克尔曼（Kockelmans）等］一派，哈贝马斯和福柯［雷德（Radder）、洛兹（Rouse）、古廷（Gutting）］一派，甚至弗里德里希·尼采［芭比、莫勒（Maurer）、斯皮克尔曼（Spiekermann）］一派。这一章，我们将从马赫、迪昂以及巴什拉对科学的哲学反思中挖掘出丰富的历史根据，说明大陆风格和分析风格这两个传统关注于同一焦点。一旦这一共同的焦点被举证，那么科学哲学如果说显然不是大陆风格的，那么它也不必然地或内在地是分析风格的。

大陆风格与分析风格的关联问题如此复杂，因而我们有必要在分析之前，对其作出进一步的准备性阐释。鉴于有可能出现的地理混淆，有一点必须强调，在科学哲学语境中，除了从历史的或细根究底的角度而言外，通常意义上"大陆的"并不是指欧洲大陆地理上的位置。尽管在当代欧洲哲学中，德法学者乐于从特定的大陆路径探讨科学哲学，但科学哲学的特征无疑仍然是分析的。沃尔夫冈·施太格缪勒（Wolfgang Stegmüller）在这一点上是个有力的说明。根据我们对他的了解，他发现对一个致力科学理论的形式主义者和基础主义者而言，诉诸分析哲学是个鼓舞人心的途径，以至他穷其一生去传播它。在他的影响下，哲学的分析风格成为现在德国科学哲学的主导角色。这说明，大陆哲学（包括科学哲学）在"大陆"仍然处于专业的边缘地带，如同在英语区的学术界一般。

但是，即使大陆哲学（尤其就科学的哲学反思而言）不是哲学的主要传统，也不是指地理上的对应那么回事，它也仍然是多样化的，而不是一种单一风格或学派。正如罗姆·哈瑞（Rom Harré）可以说科学的"诸哲学"（"philosophies" of science）[2]一样，我们最好说"大陆的诸哲学"（continental philosophies）以及"大陆的诸科学哲学"（continental philosophies of science）。它们并不必然具有家族相似性，比如，胡塞尔有影响的思想与哈贝马斯或福柯的社会批判理论几乎没有任何相似性。所谓的"大陆哲学"

由几种观念传统所组成，反映了不同哲学风格的诸多方面以及对交叉学科的影响及应用。但一个总的特征可以说是一种强烈的历史意识。这种历史意识将它与哲学的分析风格（这种发展定向经常是一种无历史的表达，有时甚至是反历史的表达）区分开来。一个明确诉诸生活经验——胡塞尔和狄尔泰意义上的生活世界——的批判性和反思性的历史意识意味着，大陆哲学风格赋予了对科学进行更加宽泛的哲学反思的诸多优势。

正是这一历史维度和生活指向（实践、经验等）使哲学的大陆风格在当今对科学哲学如此重要。在汉森（N. R. Hanson）、托马斯·库恩（Thomas Kuhn）和保罗·费耶阿本德（Paul Feyerabend）对现代科学哲学公认的分析风格提出激烈的批评之后，当代科学哲学已经越来越意识到对现实的科学实践进行历史研究和社会学研究的重要性，这种被不断强化、现在已经获得支配性的意识使得当代科学哲学也在发生改变。历史转向开始被认为是科学哲学不可或缺的组成部分，而这是迪昂有关科学的哲学著作的典型特征，马赫也同样如此，他们对科学史的杰出贡献证明了这一点。这一转向同样也含蓄地体现在巴什拉对科学文化的解读中。大陆哲学这一反思历史的传统似乎已经超越了风格上的分歧为科学哲学的实践提供着越来越必不可少的资源。

就起源而言，大陆哲学和分析哲学共同的源头和命运在最近重新思考胡塞尔和弗雷格关联性的思潮［希尔（Hill）、威纳（Wiener）、科布-史蒂文斯、达米特］中显现出来。这表明胡塞尔风格的科学哲学最有可能在分析哲学和大陆哲学的风格鸿沟之间架起桥梁。同样，有一点也很重要，即鉴于其对于反思实验科学的重要性，与科学哲学相关的技术科学不仅扮演着大陆风格的实践者［雅克·埃吕尔（Ellul）、伊德（Ihde）、汉斯·尤纳斯、希耳马赫（Schirmacher）、温纳（Winner）、齐默曼（Zimmerman）］的角色，而且严格就哲学方面而言，它也是这一传统的直接后果（这不仅在海德格尔而且在利科和伽达默尔的著作中都有描述）。

虽然马赫（迪昂也是如此）的实证主义后继者们聚焦于形式分析和逻辑建构——这是理论构成和论证的假说—演绎性说明的特征，并且已经以其最成熟的形式作为公认的观点被广泛熟知——而最终忽视了他对历史的关注，但是最近对马赫的评论试图根据其科学哲学的自身反思性的科学要点和哲学方案［费耶阿本德、哈勒（Haller）］，而不是仅仅根据其科学哲学对逻辑经验主义传统的影响［开始于弗兰克（Frank）］来考察他。因此，有的对马赫科学哲学的重估侧重于其历史兴趣，而费耶阿本德在其著作中则强调了另

*178* 一些东西，这些东西预示了汉森和库恩［还包括米歇尔·波兰尼（Michael Polanyi），根据阿拉斯代尔·麦金太尔（Alasdair MacIntyre），在这个关联中，他也是被公认的[3]］对马赫敏感性（finesse）要素的认识［波兰尼称为"默示知识"（tacit knowledge）］。关于默示知识或敏感性的讨论，体现了研究者的"技艺"，用马赫的话说，它是不可教得的（unteachable），它对于程式化的培根主义方案天生就不上心。相反，培根（Bacon）坚持认为，他的方案有其独特的优点，即小工——字面上讲也就是技工——也能完成，用培根的话说，它不需要什么"才智"。但对马赫而言，如此精确的程序（自动化、工业化）即使是可能的，也是不可取的。我们说明一下，德瑞克·德·索拉·普赖斯（Derek de Solla Price）所谓"大科学"的现实性已经说明，这种"程序化"是可能的，而且休·雷德纳（Hugh Redner）在其关于超大型工业科学的研究中也详细说明了这一点。[4]与尤须技艺的科学的程序化相反，马赫认为不可教得的"技艺"对实验科学的实践而言是必不可少的，因为在马赫的科学探索概念中，这是创造和发现的必要条件。

历史转向和实验者的技艺并不是大陆科学哲学对传统的分析路径仅有的启示：还有其他共鸣。尽管大陆哲学与分析哲学风格迥异，但是作为科学哲学的互补路径，它们是共同的，两种风格能够相互促进。然而，就学术层面而言，必然有比风格上的互补更为重要的东西。指导科学哲学的分析视角不可能对诠释学转向——分析家们［希利（Hiley）等人］更愿意称之为解释学转向——一无所知，这在现在看来非常明显。与现象学转向一起，解释学或诠释学转向反映了大陆思想的基础。而且，不言而喻，解释学转向或者说诠释学转向也是一种思想转向，它像历史转向一样，大陆哲学反思性的优点由此脱颖而出。

大陆科学哲学提供了诸多现实的或可能的研究路径，它们来源于更宽泛的现象学传统（该传统体现在黑格尔、胡塞尔、海德格尔和梅洛-庞蒂的著作中）和诠释学传统［有人说该传统始于维柯（Vico），但肯定包括施莱尔

马赫（Schleiermacher）和狄尔泰，也包括海德格尔、伽达默尔、贝蒂（Betti）、葛兰西（Gramsci）、利科］。大陆哲学也体现了结构主义在语言学、符号学、文艺批评和心理学中的影响，也包括对海德格尔的此在分析和存在论的心理学分析［主要代表人物有：皮亚杰（Piaget）、宾斯万格（Binswanger）、博斯（Boss）、弗洛姆（Fromm）、梅洛-庞蒂、萨特和拉康］的影响。与诠释学［主要代表人物有：希伦、考克尔曼、基谢尔（Kisiel）、哈金（Hacking）、博梅（Böhme）、伽达默尔、布勃纳（Bubner）］视角一致，相关的解构哲学风格和最近后现代哲学［主要代表人物有：福柯、德里达、利奥塔、鲍德里亚（Baudrillard）］的概念对 20 世纪后期哲学对科学的反思也产生了建设性影响。就具体的社会科学哲学而言，尤其是法兰克福学派往往将其与分析风格的差异作为语言和言语等主题的论述焦点，典型的"大陆"影响可以追溯到从黑格尔或施莱尔马赫到马克思或费尔巴哈［阿尔都塞、巴斯卡（Bhaskar）、勒考特（LeCourt）］，再到克尔凯郭尔或狄尔泰、海德格尔、韦伯、齐美尔（Simmel）等这样一个多样化的谱系。

　　作为 19 世纪及 20 世纪早期经验主义和实证主义的代表，恩斯特·马赫（1838—1916）、皮埃尔·迪昂（1861—1916）以及加斯东·巴什拉（1884—1962），这些名字当然地并且事实上已经远远超出了它们所具有的历史意义。在分析的科学哲学中，对他们的著作不断进行重新解释的传统正在影响着分析哲学和科学理论的符号学／语义学的语言学危机或理论危机，同时也影响着反绝对论者的历史（或历史编纂学的）转向对实验的强调，影响着科学哲学中的科学实践［具体而言，对马赫的重新解读以费耶阿本德及其他一些人为代表，对巴什拉的重新解读——通常与对米歇尔·福柯的分析联系在一起——以布鲁诺·拉图尔（Bruno Latour）、伊恩·哈金、玛丽·蒂勒斯（Mary Tiles）、加里·古廷为代表］。

## 马赫和实证主义的关联：从要素论到现象学

恩斯特·马赫于 1838 年出生在图拉斯（Turas）。该地之前属于波希美亚（Bohemia）、西里西亚（Silesia）和下奥地利（lower Austria）间的摩拉维亚（Moravia），后来成为捷克斯洛伐克共和国的一部分，现在则是捷克共和国的一部分。他求学于维也纳，1861 年在那儿教授物理学，1864 年在格拉茨（Graz）取得教授职位，1867 年在布拉格（Prague）取得教授职位，最后 1895 年又回到维也纳取得教授职位。1901 年，由于接到奥地利上议院的任命，马赫放弃了维也纳归纳科学历史和理论的讲座教授席位。他生命中的最后三年和儿子路德维希·马赫（Ludwig Mach）一起度过，并于 1916 年在慕尼黑附近的哈尔（Haar）逝世。

180　　冒着被历史混乱分散注意力的风险，我们上述关于马赫国籍以及出生地的历史名称——诸如摩拉维亚、波希美亚、西里西亚、下奥地利，或者捷克斯洛伐克等这些名称在现今的欧洲并不是合法的称呼——变迁的罗列生动地描述了奥匈帝国和东欧以及科学哲学的命运。科学哲学诞生于广大的欧洲自然哲学传统中。尽管伽利略的功绩在科学史中已有交代，但总还是有人声称，自然哲学的传统是经由牛顿自己转向现代物理科学的。不过，这也只是说（自然）科学的实践逐渐被认为等同于更加思辨、更加明晰的形而上学传统的实践，该传统通常被称为自然哲学。同时，相反地，这也只是说，自然哲学等同于自然科学的实践。直到上个世纪之交，自然哲学的项目仍然被视为自然科学的项目。迪昂以及更近的贾丁（Jardine）和克龙比（Crombie）已经表明，无论就理论的还是就实验的表现形式而言，在马赫的时代及此前很长一段时间，哲学（包括科学哲学或自然哲学）并不认为有必要与物理科学或自然科学相分离并区别开来（进而把它理解为一种需要反思、解释或者思考的事情，无论它们是前后相继的还是彼此独立的）。正如库尔特·许布纳（Kurt Hübner）所说："世纪之交，日渐突出的科学理论仍然与科学史研究紧密相连。像马赫、彭加勒（Poincaré）、拉·罗伊（La Roy），特别是迪昂都对此有切身感受。然而，这种发展并没有紧随这些人所开拓的道路继续前进。"[5]这里我们可以补充一句，哲学和科学的区分以及科学哲学和哲学其他门类之间的区分不总是相同的。因此，霍布斯（一个思考型哲学家而不仅仅是一个理论家）和波义耳（Boyle）（一个实验主义者而不仅仅是一个物理科学家）之间的争论，或者贝克莱和牛顿之间的争论，无论在参与者本人还是在同代人看来，他们都不认为达成了一致，更不用说进行融合和分类（把思考或假说归给哲学，把实验和理论归给科学）。对马赫和迪昂而言，哲学反思的重要性将根据它对科学进步的贡献而被评估。因此，要保留与作为自然哲学之自然科学的明确的参照甚至等同，自然哲学需要方法论的、历史的和认识论的考量，这些后来都成了当代科学哲学的不同侧面。19 世纪与 20 世纪之交，通过亨利·彭加勒和迪昂的努力，科学哲学拥有了科学批判（*critique des sciences*）的名称，并且他们共同的重点（即，为了科学的发展和进步而进行的哲学批判）在马赫的经验批判主义中引起了共鸣。在维特根斯坦、卡尔纳普和施利克（Schlick）的影响下，亨佩尔（Hempel）关于科学哲学的公认观点的成熟表述，或者说亨佩尔关于专业的分析风格的科学哲学的假说—演绎性表达，意味着与 19 世纪末明确诉诸科学实践的科学批判传统的彻底决裂。

科学哲学的分析传统几乎从其开端起就没有参照现实的科学探索的历史命运或历史背景。如果说 17 世纪的"新科学"已经卷入了实验转向〔无论如柯伊雷（Koyré）所认为的，它是革命性的或席卷世界的，还是如迪昂和克龙比所认为的，它是渐进的因而不够彻底的〕，那么分析的科学哲学发现自己到现在也无力完成这一转向。正如伽利略研究专家所指出的，如果说问题在于，是遵循柏拉图式的（形式的）思考，还是接受亚里士多德式的（功能的）数学科学，那么科学哲学家们已经倾向于柏拉图主义了。与逻辑实证主义的历史特征背道而驰的这一转向只是表达了这一理想化的分析趋势而已。

虽然马赫非常专注实验及其科学史背景，但许多分析者仍然坚持认为马赫要对传统的哲学（形而上学）关切与科学实践哲学反思中的历史感的分离负责。这是一个令人震惊的误会，但却是建设性的：它对分析风格的科学哲学的专业发展产生了巨大影响。[6]哲学言说与生活世界的分离，这不仅是逻辑实证主义的特征，也是哲学的大陆风格与分析风格之间的区分性特征。这一分离，无论在地域上还是在旨趣上，都绝不是偶然的，这正是"风格"的意义所在。相反，现代科学（这区别于中世纪和古代的科学）自我界定的必然结果即理论与实践的鸿沟已经塑造了科学哲学的分析传统，但同时又使得科学哲学作为一门理论形态的学科（作为哲学）诉诸特殊的理论实践（科学），而这种特殊的理论实践尤其不支持理论与历史实践相分离的断裂后果。

尽管马赫的思想是一种"物理主义"或"现象学"，但是用评论者的话说，维也纳学派的成员"还是相信科学本质上是一种语言现象"[7]。因此，分析"语言"的这一倾向（无论日常语言还是逻辑语言）与直接观察（语句观察）的（非历史的、非诠释的、非空想的）素朴观点一起将科学哲学的分析关注有效地限制为理论分析，而这成为科学（理论）的公认观点或假说——演绎推理的原则。

这种对语言元素——而不是根据马赫物理学—生理学—心理学的概念解释的元素——的关注将语言和世界分离开来。这一关注点的明显优点是它的确定性。但是，为了改造马赫——事实也经常如此，这既是它的长处也是它的弱点。作为维也纳学派的发起者之一，菲利普·弗兰克描述了科学分析性的优点，他结合马赫对迪昂的康德式约定的理解解释说："纯粹科学的原则——其中最重要的原则是因果律——是确定的，因为它们仅仅是包装过的定义。"[8]如果说，当分析内容是语言的使用（游戏或其规则）时，重言式或逻辑语言的自我指涉是毫无问题的，那么当分析内容必须对应科学事实或经验事实时，同样的重言表达就会出现问题。哈瑞已经注意到，"科学哲学必须联系科学家的现实所为、现实所想"[9]。面对紧随语言学转向之后的社会历史转向的压力，科学哲学与科学实践必须联系起来，这反映了科学哲学的当务之急。

科学哲学分析传统中的革命性转变、颠覆和范式之争对应于物理科学中的革命性转变、颠覆和范式之争。这证明，为了适应"新科学"的需要，必须发展出一种"新"的科学哲学。但是，科学史告诉我们，新颖性本身是相对的，因为科学史就是一个"新"科学的记录。伽利略和牛顿［以及胡克（Hooke）和波义耳］发展起来的第一个"新科学"开创了一个传统，即学科的发展总是超出最初的设计。这是现代性的传统（一种新的狂热崇拜），而且如果现在有人提到后现代科学，那只是因为现代性的方案不再被认为是毫无问题的了。"新"科学的命运和文明反映了现代性和后现代性的问题，反映了科学和社会的宏大叙事与贯穿整个现代时期的这种宏大叙事之承诺的崩溃之间的冲突问题。这与对科学的哲学思考中的新的历史和社会转向不无关联。这些转向与其说是时代的标志，不如说反映了后伽利略科学内部的一

种紧张关系。正如玛丽·蒂勒斯解释这种后伽利略科学（"新"科学）内部　*183*
的紧张关系的动力时说："新科学将是抽象的和数学的，同时也是实验的；
它既生产思想，也精通自然。它将致力于一种客观的、纯理智的、价值中立
的世界观，以便通过可能的技术革新推进人类的进步。"[10] 但是，在物质
的、实践的过程和理想的、客观的知识的并列中存在内在冲突。这一冲突的
后果显然需要如今的后分析的或"新的"科学哲学描述出来。

　　这里有一点必须注意，根据马赫自己特定的历史背景，马赫所宣称的对
哲学的反对——在当时如果以帕斯卡的观点来看，这种反对被认为是最优哲
学的最好的情感前提——如果从字面上应用于现在的哲学，这是不合时宜
的。马赫想回避被等同于更加形而上学的风格，而这正与哲学相关联，或者
是哲学的特征。但是，他对科学的反思除了是哲学（尽管自然哲学），还能
是什么呢？这一点突出了历史转向的价值，因为它强化了背景的意义。而
且，历史转向代表了马赫自己的现象学版本，而胡塞尔的现象学宣称"回到
事物本身"，因此，对科学哲学之逻辑化负责的人不可能是马赫。

　　总之，现代科学哲学的历史可以说开始于以马赫的一生为缩影的时代；
与分析风格的科学哲学的兴起相联系，经验批判主义或批判实证主义不断增
长的逻辑化引起了理论和实验之间的断裂，但这种断裂在马赫那里没有任何
先例。如果有人要理解马赫对历史的强调正在引起越来越多的关注，那么这
一点是必不可少的，当然除此之外，对研究者的技艺、技术和社交天赋的重
要性还要有先见之明，因为这些东西对科学的实验生活实践都是必需的。

　　马赫受到贝克莱和费希纳（Fechner）的影响很大，也包括康德和休谟。
他关于思想的逻辑"经济"的思考也为理查德·阿芬那留斯（Richard Ave-
narius）所共享，而他关于科学本性的观点不仅引起了科学家赫尔姆霍茨
（Helmholtz）、基尔霍夫（Kirchhoff）、玻尔兹曼（Boltzmann）、爱因斯坦
（Einstein）以及薛定谔（Schrödinger）的兴趣，而且也吸引了美国实用主
义哲学家詹姆士（James）和皮尔士（Pierce）。马赫的关注点是对经验的理
解。但是，他这种对经验的关注与那种英语区专注于感觉的倾向不同。上面
已经提到，许多作者倾向于将实证主义对世界的疏远或异化特征与马赫的怀
疑论挂钩。只要马赫同情地对待贝克莱和休谟，这种认定就毫不奇怪。马赫　*184*

的科学哲学通常被描述为"感觉主义"或"现象学",表达了一种理念论观点,他被贴上了实证主义者、经验主义者和反形而上学的标签。像马赫这样一个工作卓有成效的科学家被贴上激进怀疑论的头衔,加上他的感觉主义并没有表达一种本体论思想,所以最好把他的观点看作一种基础性的甚至是预备性的启发(*heuristic*)。因此,无论马赫有什么样的形而上学兴趣,它们都不是建议,而是反映了他表达费耶阿本德称之为无根的认识论的一种方案。这种认识论不仅本质上是科学的,而且体现出此类认识论的哲学精神。同样,就追求节约的简单化的概念或者思维经济原则(*Denkökonomie*)而言,将它与本体论联系在一起,也是一种误解。而且,如果这一点得不到强调,如果马赫的哲学兴趣在今天看来非比寻常的广泛性得不到强调,那么他在《感觉的分析》(*Analysis of Sensations*,1886)中关于"世界仅仅由我们的感觉构成"的声明也必然难以理解。另外,与其说他把世界缩小为感觉,不如说他只是发现了被给予的和通过感觉可知的——迪昂和巴什拉也强调这一点——世界。他在《通俗科学演讲》(*Popular Scientific Lectures*)中说:"科学家并不是从事实创造事实,而只是规范已知的事实。"正是这样一种关联暗示了马赫的要素论现象学与胡塞尔现象学之间天然的亲和力,后者产生于马赫最初(具体到欧洲大陆)的接受〔布伦塔诺、穆西尔(Musil)和丁格勒(Dingler)〕。而且,马赫的要素论现象学不止一次地被重新思考,不仅在与胡塞尔的关联中,甚至也包括在与尼采〔萨默(Sommer)和格布哈特(Gebhard)〕的关联中。

马赫试图使自己与传统哲学的形而上学自负保持距离,也努力与科学名下的自负(这种自负有时来自科学家)保持距离。像迪昂一样,马赫不追求确定性,它是传统科学表达的特征,也是逻辑实证主义传统现今分析风格继承物的标识。对马赫而言,迪昂和巴什拉同样如此,通过实验获得确证的探索是科学事业的标准,而经典的但并非必然是皮罗主义的怀疑论能够为这种探索或开放态度提供最好的担保。当然,这种怀疑论并不意味着马赫放弃为科学认知事业提供说明,无论关于认知实践还是关于知识进步。所以,威廉·詹姆士才会就 1882 年与马赫的会面写到他"无所不知"、"无所不晓"。詹姆士对马赫印象深刻,不仅是因为他超乎寻常的博学,也因为他的实用主义转向，这是理解马赫之所以接受逻辑经济原则的路径之一，当然这只是一种现实的而不是本体论的必要导向。这样，马赫就把求真意义上的质疑阐明为大陆哲学精神，它是马丁·海德格尔所谓思考的特征，而尼采也评判性地称它为最高的科学德性：对智力的守信或忠诚。在马赫的《通俗科学演讲》（1882）中——以"物理学是按经济秩序安排的经验"这一公理为起点，这种质疑或者开放性反思意味着科学目标的哲学关切以服从经济价值秩序为思想原则，它不打算也不主张建构终极的体系："经济的科学系统既有其长，也有其短。事实总是以牺牲其完整性而显现，并且从不比适应时代需要的时候更精确。"这种非常亚里士多德式的实用性——伽达默尔在另一篇文章中将其表述为诠释学判断的重要内核——使马赫排除了一切诸如"绝对预见性"的东西。

　　用马赫自己的术语，他的观点是一种要素感觉论，一种源自事实的亦即绝非人为的经验（批判）主义。马赫的思维方式则是一种激进的怀疑论。它是一种约定论，像迪昂和彭加勒的思维方式一样，它影响了丁格勒实证主义的元物理学，洛伦琛（Lorenzen）建构主义的爱尔兰根学派以及它在进化认识论［伍奇蒂斯（Wuketis）］中的相关发展。但是，马赫"事实的精神性掌握"非但不是将世界缩小为事实的那种低级实证主义，反而提供了理解相同事实的唯一途径，在那里，对秩序的质疑和对任何事实的掌握都是有待证实的，需要随时修订。这一观点在历史中的延伸说明了马赫的实证主义诉求，而对这种"掌握事实"的要素之精神性的关注也表明其对当时的议题是富有成效的。这在库恩和费耶阿本德之后的当代分析的科学哲学中显而易见。

　　因此，马赫提出，如果科学的前景本身就是不可预知的（否则将放弃科学的开放事业），那么它的非绝对性也只不过一种揣测。由此，他建议，以一种尼采式的激进的、多元论的风格反思今日所谓"新物理学"——同样也可以称为"新生物学"或"新生态学"——的精神，这样，"割裂人与世界的坚硬墙壁就将逐渐消失，人类将不仅相互面对，而且整个有机界和所谓的生活世界都将少一份自私，而多一份同情"[11]。

　　上面已经提到，马赫试图根据科学的历史及其现实起作用的功能来阐述科学方案。但马赫独特的历史主义是哲学家式的——尽管他抗议这样的身份

186　界定，而这些抗议本身也必须根据马赫自己的、历史的、详尽的背景加以解释。作为一个哲学家，马赫对历史的关注表明，他是一个原初的、未受其他任何思想干扰的孔德意义上的实证主义者。[12]伊恩·哈金根据奥古斯特·孔德（August Comte）的原初用法，即时扩大了现在对"实证主义"已经僵化的、消极的解读，把实证性（positivity）定义为"为了作出真或假的真值判断，有一个源自事实或经验的方式"[13]。那么，实证主义在这个意义上意味着，马赫不仅是一个哲学家，而且是一个准分析风格的——当然我们也可以把他看作准现象学的或准诠释学的——哲学家。而且，在描述科学的逻辑和哲学基础的努力上，马赫是始终如一的，像恩斯特·马赫协会（这是真的，而且作为维也纳学派的最初名称，这无疑是很有深意的）的任何成员或分析的科学哲学中逻辑经验主义传统的现代继承人一样。

　　再次重申，马赫致力于科学的实证主义理想，是哈金的孔德意义上的实证性，而不是它的纯粹逻辑表达。因此，正如我们后面将要看到的，与迪昂一样，马赫的批判的分析转向远远超出了把对科学方法或理论的描述或阐释本身作为目的的排他性承诺，正是在此意义上，马赫批判了后者的功能性。比康德走得更远，马赫认为先验知识就其本身而言没有任何可能性：所有知识的基础都是感觉经验。马赫的要素论（elementalism）——像他的感觉主义最好被描述为如上所概括的那样，而且根据马赫自己说明时的用语——拒绝接受"武断的、片面的理论"，这种理论暗含在对"感觉"或"现象"的讨论中。这很重要，因为马赫在关注感觉或事实中所拒绝接受的"武断的、片面的理论"反映了自我或主体的思想，它与感觉是分离的，或者是作为感觉的支撑物。这样，马赫的要素论反映了对大陆学者们所熟悉的主体的批判，了解尼采、弗洛伊德以及海德格尔、拉康和维特根斯坦著作的学者对这种主体也了如指掌。作为马赫心理学的中心原则，自我是一个要素集，它不是如洛克或贝克莱所理解的那种表达，而是暗示了一种存在于感觉自我或生理（元素）主体与心理（元素）认知和物理（元素）世界的精神材料之间的基本连续性的表达。物理的、生理的和心理的要素，马赫的这些可以相互转化的要素构成了他的要素论。这种连续性暗示了意向的（intentional）共同特征，如果要沿着胡塞尔对马赫的感觉论进行现象学解读，那么它是必不可

少的。这一连续性也表明了用马赫的思想来解释量子物理学的合理性。马赫 *187*
的原则对爱因斯坦说明自己的相对论非常重要，它暗示一切事物之间都是相
互依赖的，也就是说暗示了相对性。因此，绝对参照系没有任何必要（无论
牛顿的空间还是时间），只有相对参照系才是必要的。牛顿陈述的惯性定
律既可以从静态或动态的物体视角来理解，也可以从外力的影响视角来
理解。

科学规律对马赫来说是抽象的、一般的，而且总的来说，我们可以说，
是对现象的简化（abbreviated）描述。这些规律的价值，或者说它们的"意
义"，对马赫而言，就像对尼采和维特根斯坦一样，隐藏于它们的使用中：
它们对谓述的作用。这也不是一个本体论陈述。因为马赫并不关心绝对真
理，只有那些更具形而上学倾向的科学哲学家才热衷于此，所以他很自由地
分享着物理学家对现实效用的关注。正是这种理论追求，作为物理学和化学
中原子理论的解释成分，导致了马赫对无法观察的（无用的—不可检测的）
东西的声名狼藉的拒斥。当然不用说，这种偏见像他在《知识与谬误》
（*Knowledge and Error*）中对研究者的"不可教的"技艺的强调一样，已
经取得了先见性的成功。这是与当代科学相结合的成果，因为今天的原子理
论家已经放弃了 19 世纪原子论的机械论观点。

## 皮埃尔·迪昂和宗教的诅咒：复兴分析的限度

皮埃尔·莫里斯·玛丽·迪昂 1861 年出生于巴黎，是一个有弗兰德血
统的商人的儿子。迪昂的母亲可以把她的出身追溯到法国南部和卡尔卡松
（Carcassonae）附近一个名叫卡布雷斯潘（Cabrespine）的小村庄，追溯到
迪昂去世时的那座房子。迪昂去世时 54 岁。1882 年，迪昂以当年入学考试
头名身份进入高等师范学院。为兑现他最初的承诺，迪昂只用三年就完成了
他在热力物理学方面的学位论文。但是，尽管论文本身没有任何明显的错
误，但还是被以加百利·李普曼（Gabriel Lippman）为首的答辩小组拒绝
而未获通过。两年后，迪昂成功地递交了另一篇热力学论文，并取得（数

学）博士学位。迪昂被拒绝的第一篇论文后来不仅被出版，而且获得了广泛的、经得起考验的学术声誉。后面我们将提到，这次拒绝的复杂背景对理解杜恒的智力和学术生涯至关重要。1887 年，迪昂成为里尔大学的讲座教师，教授物理力学。在里尔（Lille）的一场教学法争论之后，迪昂于 1893 年去了雷恩（Rennes），但随后于 1895 年在波尔多（Bordeaux）取得大学教授席位，在那里一直工作到 1961 年逝世。

迪昂在科学理论方面的哲学兴趣反映在他的《物理学理论的目的与结构》（*La Théorie physique：son objet，sa structure*）一书中，该书于 1906 出版，影响至今。和马赫一样，迪昂也坚信历史对科学进步至关重要。凭借《静力学的起源》（*Les Origines de la statique*，1905—1906）以及研究中世纪宇宙论的多卷本著作《世界的体系》（*Le Système du monde*，1913—1958）——大部分为迪昂去世后出版，最近出版了高度压缩的英文版一卷本《中世纪宇宙论》（*Le Système du monde*），他对科学史也作出了重大的实质性贡献。

如果对某个地名的讨论能够说明某些变化，而这些变化对理解自然哲学向现在大家所熟悉的科学哲学的转变又是必需的，那么巴黎这个对迪昂而言缺席的地名对理解他在同一个科学批判传统中的学界地位就非常重要。所有的迹象都表明，迪昂提交的第一篇学位论文遭到了学术带头人马塞兰·贝特洛（Marcellin Berthelot）的反对。[14]迪昂的传记作家们大多相信，评审委员会否决其论文的原因根源于他对贝特洛的冒犯。迪昂对贝特洛关于最大功的热力学观点提出了理论反驳。的确，不止一个动机暗示了贝特洛主观的而非客观的理由，我们对此也持默认态度。为了获得对迪昂《世界的体系》剩余几卷之编辑和出版项目的支持，迪昂的女儿海莱娜（Hélène）在 1936 年的一本传记中透露了贝特洛常常挂在嘴边的命令："这个年轻人永远别想在巴黎任教。"[15]

但是，把迪昂第一篇学位论文的价值问题放在一边，也把冒犯学术带头人的策略性智慧的相关问题放在一边〔迪昂生平及著作的新近传记作者马丁（R. N. D. Martin）提出，这两个问题指向迪昂在巴黎高师的老师比指向迪昂自己更为合适〕，我要指出的是，贝特洛对迪昂的敌意还是给他保留了回应的空间，这超出了一个巴黎首席科学家被冒犯的自负所激起的偏见的程度。因为贝特洛所暴露的不只是个性问题，他的观点在接受迪昂哲学的总方向上引起了共鸣。在这一点上，无论当时还是现在，至少在我们的时代而言，可以设想，专业信仰问题和个人问题并不具有相似的相关性。尽管如此，从宽泛的意义上讲，对迪昂这一个案而言，个性问题及心理上的忏悔意识还是扮演了关键角色。因此，我们被反复提醒，迪昂是一位天主教徒，这并非无关紧要。所以，迪昂学新近出版的成果以《科学家和天主教徒》(*Scientist and Catholic*) 为标题，该书的作者是迪昂最著名的英文评注者斯坦利·L·加奇 (Stanley L. Jaki)。他自己是一位牧师。可以肯定的是，他在打算强调这一关联时并不是无动于衷的。但是，迪昂的宗教信仰从他哲学成果看来只是个普通股。而且，要在迪昂的历史背景下对迪昂宗教信仰的客观重要性作出评价也并非易事。而马丁对迪昂学术思想评传的研究——该书恰当地以《有着宗教信仰的物理学家的哲学和历史》(*Philosophy and History in the Work of a Believing Physicist*) 为标题——也从考察迪昂获得学术认可的特殊际遇的重要性开始。马丁指出，迪昂的著作是在大量持续不断的批评声中开始的。因此，有必要强调这一事实，一个重要性如迪昂的法国学者毫无疑问依然会像迪昂一样难在巴黎获得教授席位。相比之下，巴什拉出生于外省，但并没有被剥夺这种身份象征。迪昂这里的难题在于，作为顶级的哲学家，恰当地说是顶级的科学家，我们需要追溯其中的直接原因。

与贝特洛的冲突使得对迪昂学术成就的质疑笼罩了其整个科学和学术生涯。马丁总结了对迪昂历史地位的学术评价，它是令人瞩目的、模糊的、刻意轻描淡写的，一句话是"成问题的"。马丁写道，"对于许多人来说，迪昂是个才华横溢而又标新立异的人，总是在犯一些让人沮丧的错误：反对物理学和化学中对原子的解释，提出科学哲学中混乱不清的工具主义，集成对中世纪经院哲学的误读"（[6.50]，194）。总之，对迪昂的传记评注者和解释者而言，也就是对马丁、加奇、罗伯特·马约基 (Roberto Maiocchi) 等而言，迪昂的问题主要地且本质上是一个宗教问题，像多数告解一样，这要从两方面看。迪昂的基督教信仰不仅阻碍了大量新教徒的现代科学理想，而且他对新经院哲学的现代式（天主教称为"现代学派"）批判也让天主教徒坐立不安。从迪昂的角度而言，他是一个攻击传统观念的人，而他的外省人身份更让他肆无忌惮（不要忘记，迪昂是一个地道的巴黎人，尽管没有取得巴黎教席）。[16]他尤其不能容忍当时的新托马斯主义，特别是雅克·马利坦（Jacques Maritain）的著作对科学所作的准亚里士多德主义的分类。从长远来看，迪昂可能会被非天主教徒作为天主教的辩护者而抛弃，同时也会因被法国天主教精英阶层作为"现代派"而受到指责。[17]这两方面的排斥都不是因为对另一方未经考虑的偏见，而是至少在某种程度上基于两个事实的结果。因为很明显，新经验哲学运动的实在论形而上学和权威主义的目标正在被迪昂思想的主旨所削弱。相反，迪昂的非基督徒阅读者会把迪昂对中世纪科学的历史兴趣看作代表了新经院哲学的另一种版本。克龙比和其他人的历史研究表明，这个问题需要对不同历史时期之间的差异作出更加清晰的理解，而不是只关乎宗教信仰，但是马丁对"迪昂似乎两头都落空了"的考语至少说明了一点，这句话不仅适用于迪昂，而且也适用于对迪昂所作出的那些评价。对历史的新阐述体现了巴特菲尔德（Butterfield）的价值，他认为，"历史的辉格解释"（也称为"现代主义"）——从自己时代的眼光去解释其他的时代——仅仅说明了自己的个人偏见（而且那仅仅是事后史料编纂者的观点），而没有阐明时代的问题。没有诠释的历史是盲目的。

柯伊雷支持对迪昂反动的经院哲学进行非基督或反基督的阅读，他的阅读方式经历了从中世纪向现代世界观的革命性转变。与柯伊雷不同，加奇认为，迪昂赞同经院哲学对自然空间的亚里士多德主义哲学的反对说明这种中世纪视角促进而不是阻碍了现代科学的转向，比如伽利略对推力的思考。其他学者像威廉姆·华莱士（William Wallace）提供了对"伽利略事件"的支持性阅读，表明把伽利略的术语不是放在一个推断的现代背景下（追随伽利略卓越天赋的坚定信仰），而是放在更加明显的、对现代读者而言也更加不言而喻的历史即中世纪的背景下的重要性。[18]华莱士对伽利略关于拉丁术语"按指代"（*ex suppositions*）使用的讨论说明了这一点。[19]问题是，不仅从现代（分析）科学哲学出发的读者倾向于将"按指代"翻译成"按假设"（*ex hypothesi*），而且天主教的视角也不自觉地将它视为一种反现代的、阻碍进步的影响。从宗教与科学之间的斗争来看，这表明了历史的辉格解释

的顽固性。基于此，巴特菲尔德写道："如何开始我们的工作很重要——比 *191*
如，我们是把 16 世纪的新教徒看成为现代世界的涌现而奋斗的人，尽管天
主教徒还在为维持中世纪而努力，还是把整个现代看成整个过去的孩子，而
不是看成从天主教和新教的碰撞中涌现出的现代世界。"[20]对巴特菲尔德而
言，关键是这样一种倾向，它把问题缩小为天主教徒和新教徒之间的问题，
缩小为开明的辉格党和黑暗时代的传统主义者之间的问题。要理解迪昂，我
们就必须超越宗教偏见。

　　事实上，正如马丁所尽力说明的那样，迪昂对于反复说明从中世纪科学
向现代科学的过渡必然是不情愿的。尽管迪昂自己原创性的观点（作为一个
科学家的观点）恰逢科学的现代的自我理解的最顶峰时期，即恰逢上个世纪
之交的典型的科学（高度现代的或科学的）形式，迪昂还是朝向这个观点前
进。现在的科学家仍然认为，这种科学本身的自我理解在某种程度上是正确
的，根据这种观点，从中世纪世界观向现代世界观的转变（柯伊雷称为"接
近"）——就像满身盔甲的雅典娜从她父亲宙斯的头颅中出身一样——是一
个从古典的和希腊的向羽翼丰满的现代科学的突然的、完全不连续的或者说
瞬间的激进跳跃。在迪昂的时代，掩盖中世纪的科学价值对一般科学家而言
是典型的立场，正如现在仍然有许多科学家和哲学家认为那是真的一样。与
这种形式的偏见不同，与其说是迪昂的宗教信仰不如说是他所受的严格教育
（作为一个逻辑学家）培养他，确切地说是迫使他去重新检视历史记录。根
据加奇的一种观点（这种观点现在获得了相当大的史学研究的支持），除了
迪昂不证自明的严格性之外，大量的历史图像资料也证明，中世纪宇宙论并
没有有效阻碍通向现代科学的路径，在那里，甚至伽利略的术语"冲力"
（*impeto*）也可以追溯到 14 世纪的让·布利丹（Jean Buridan），甚至更早。
迪昂关于中世纪科学的解读反映了一场革命，它成为古典科学与由伽利略开
创、牛顿规划的现代科学思想之间的必要桥梁。但对迪昂而言，这个革命体
现在自己的思考之中，它与迪昂作为现代科学家的那种根深蒂固的思想风格
相反，而是出于他所受到的教育，即对第一原理和逻辑连贯性之重要性的不
言自明的忠诚。

　　迪昂的论证细致而复杂，但是很明显，对他来说，任何理论和假说的关

键问题是它在"容纳"现象中的有用性。当然，根据这一考量，伽利略不仅是他那个时代的宠儿，他受惠于奥雷斯姆（Oresme）和布利丹的经院哲学，*192* 而且伽利略的说明并不比托勒密（Ptolemy）的更成功。就此而言，红衣主教贝拉明（Cardinal Bellarmine）深谋远虑的警告与其被解读为别有用心，不如说是一种法国常识或帕斯卡所说的"良好的洞见力"（*bons sens*）。这种良好的洞见力是几何学精神与敏感性精神的交汇，而且正如马丁和早几年的桃乐茜·伊斯特伍德（Dorothy Eastwood）所说，因为它，迪昂有一种引人注目的亲和力。然而，不用去考虑悬而未决的迪昂的个人接受问题，只要照例列出那些受迪昂影响的哲学家——最杰出的是波普（Popper）和奎因（Quine）——的杰出成就，他对分析的科学哲学的重要性事实上就不是一个需要过多辩论的话题。

迪昂对关键性实验的否定性说明，也是我们打开他对公理系统理论的理解和他对这些系统本质的评价的关键。对迪昂而言，物理实验不可能推翻孤立的理论。旨在使实验者在几个可供选择的理论之间能够作出选择的实验只是对它们进行了测试，并证明了其中的某个假说而已。但是，当一个实验证明或反驳了这个理论而不是这个理论体系时，这个结果是非决定性的，因为随后的实验不仅可能无法证实这个理论，而且相关的实验还有可能反驳其中相关的理论；实验者可以自由进行临时调整，而所谓观察的"理论负荷"意味着这些调整也许已经或者即将"融进"实验结果的解释，而实验者并非必然有意为之。撇开诸如相关背景和解释之类的这些现象学的诠释学问题，理论的重要性还只是在部分的理论复杂性中被描述出来。正如没有孤立的现象一样，也没有孤立的理论，只有理论体系。这种相互依赖性道出了为什么迪昂（马赫也一样）对历史重要性会有如此坚定的信念。调整理论可以维持系统，反之亦然，而理解系统需要理解其术语的原初意义。对迪昂而言，实验至关重要，但证伪和证实都不能为永恒的，不变的真理提供确定的实验。在这一点上，科学史可以为迪昂作证。

除了历史观之外，迪昂还持有一种工具主义的观点，这与他认为理论不具有判定性的观点相关。不仅马赫、彭加勒，而且基尔霍夫、赫兹（Hertz）、布里奇曼（Bridgman）、爱丁顿（Eddington）和量子物理的哥本

哈根学派也都持有这种工具主义的观点。对迪昂而言，理论必须区分解释的
方面和描述的方面。虽然实在论的科学家和科学哲学家把理论歪曲为解释，　*193*
但理论终归有其工具性的和约定性的价值。卡尔·波普说过，工具主义是一
种由"欧西安德（Osiander）、红衣主教贝拉明和贝克莱大主教"[21]所创立
的科学理论。正如大多数理论家在这场戏中的角色一样，它将欧西安德和红
衣主教贝拉明联系在一起，对波普和其他人而言，这种工具主义的最大对手
是伽利略。而且，伊恩·哈金指出："伽利略是每个人都喜欢的英雄，不仅
包括乔姆斯基（Chomsky）和温柏格（Weinberg），也包括胡塞尔。"[22]说
伽利略不是如我们所想的那样激进或者先于自己的时代，就是反对把伽利略
看作正规科学英雄（圣徒）的一般观念。这让我们想到了麦金太尔（虽然讨
论的东西并不相同），当他把费耶阿本德的"无政府主义"说成精神的艾默
生（Emerson）时，他说"不是'每个人都有自己的耶稣，而是每个人都有
自己的伽利略'"[23]。如果迪昂是一位工具主义者，那么他也反对伽利略，
绝无例外。因此，当迪昂声称"物理学的规律在于它的方式，而不在于真
假"（《物理学理论的目的与结构》）时，他不仅是波普物理学理论的实在
论—证伪主义的最重要的对手，而且是所有科学实在论的最重要的对手。

　　对英语世界科学哲学的当前轮廓而言，迪昂的工具主义仍然是重要的。
对迪昂而言，同一个物理定律根据其历史发展和在实验性实践中的表现，在
不同时期可能会有不同的外延。一个物理定律的意义归根结底是由科学实践
的环境和卷入其中的相关定律的配置决定的。这一原则为实验证据和理论之
间非完全决定性关系的观点提供了基础，相关理论由此风起云涌。通过奎因
和戴维森的工作，非完全决定论的概念导致了理论的不可判定性的当前地
位。它将分析哲学带进了（理论的）死胡同，此外，如果还有的话，也间接
引起了分析的科学哲学的讨论中对实验重要性的强调。

　　迪昂和马赫的思想具有种子般的重要特征，现在必须回到他们对科学实
践（作为理论和实验或实践）的那种哲学理解就是明证。不是因为他们的观
点多么一致，而是在于他们截然不同的洞察力，但在随后的论战中，他们的
洞察力都没有得到传播。因此，很明显，自汉森、库恩和费耶阿本德的工作
之后，当前科学哲学中历史转向的紧迫性不仅仅是因为主流的或分析的科学　*194*

哲学中对历史的拒绝。

## 加斯东·巴什拉：有着人性面孔的科学至上主义

加斯东·巴什拉于 1884 年在奥布河畔巴尔（Bar-sur-Aube）出生。用他自己的话说，他的学习始终被耽搁。他作为一名法国邮电业的业余机械技工，一直工作到 1913 年。在那一年，他取得数学和科学方面的教学许可，成为奥布河畔巴尔学院的一名教师。1927 年取得博士学位后，他获得了第戎（Dijon）的哲学教席，随后 1940 年在索邦大学担任科学史和科学哲学讲座教授。在那儿，他一直工作到 1954 年退休。1962 年，巴什拉在巴黎去世。

巴什拉的科学哲学可以表述为"辩证理性主义"（dialectical rationalism）或"辩证自然主义"（dialectical naturalism）。正如迪昂的反唯心主义的保守主义被认为有助于导向唯物主义的目标——尽管他是一位工具主义者，因而本质上也是一位反实在论者——一样，马克思主义作家如路易斯·阿尔都塞和罗伊·巴斯卡也把巴什拉的自然主义理解为一种反对科学意识形态化的辩证唯物主义。虽然当前对巴什拉的认识论并因此对其科学哲学的兴趣大量受惠于阿尔都塞，即使没有诋毁阿尔都塞对马克思主义或唯物主义的认识论的解读的价值，但如果局限于从阿尔都塞的框架出发，那么马克思主义者对巴什拉作品和"辩证的"一词的接受也还是可能被勒考特误解。但仍然应当强调的是，为了其中的认识论部分，从马克思主义出发的那些作品已经仔仔细细地检查了巴什拉的哲学，而传统的分析的科学哲学家（巴斯卡）在这方面的工作还差得很远。

巴什拉强调"对话式交流"（dialogical exchange），即认识者与认识对象之间的对话，是诗性话语与科学话语之间的对话。就其本性而言，对话式交流不能被解释为适当的诗与适当的科学之间的对话。相反，它主要指科学家和造梦的科学家自身[24]之间的对话：科学家和他诗意的自身或规划（所以称为"造梦的"或有效地组建或严密地建构）着科学本性之世界蓝图的自

身之间的对话。因此，巴什拉将火的发现史的精神分析写成精神分析和发现
其精神分析的历史——隐喻于并成为性欲史——之间的对话。火（和电）的　　　*195*
来源与情欲的火（和电）之间换喻的结合意味着（火的发现的）图像与该发
现的人类反思或投射之间的对话。同样，否的哲学——巴什拉通过这一表述
试图描述科学态度的开放性——也是科学实践的一种对话式哲学，或者更确
切地说，是科学实践的一种对话式说明。说科学家建构现象即科学的对象，
不是说描绘一种单方面的建构；相反，这种建构是发展的、有益的和互惠的
创造，是科学家自身的建构，正如科学家的世界的建构（投射或构造）一
样。与科学经验的世界或技术经验的世界的这种交流表现了科学家特有的一
种能力，即事先对科学现象保持开放，面对遭遇的新现象随时作出可能的修
订的态度。这种“否”就其功能而言是启发式的，而不是破坏性的或毁灭性
的：它描述了对巴什拉而言开启科学新颖性之可能性的条件。科学家由此被
感召来作出更富革新性和创造性的努力，重新建构一个包含新经验的新框架。

　　巴什拉试图超越现象学，并就胡塞尔的几点贡献公然提出挑衅式的回
应。这样，巴什拉就能够说，为了反思人类所扮演的观察者角色和人类观察
下的世界，“现象学的技术学”（phenomeno-technology）是必要的。对诠释
学和现象学比较敏感的读者已经注意到，这种观点与（解读）科学方法的诠
释学的现象学（hermeneutic phenomenology）是相容的。[25]但是，与巴什
拉在诗性科学和科学文化的现象学的诠释学之间宽容性的合并不同，巴什拉
这里对内在对抗性的强调比其在原初背景下要明显得多。基于对科学灵感的
兴趣并受其鼓舞，巴什拉力图纠正现象学。正如巴什拉“否”的哲学一样，
由于隐藏于科学活动中的科学现象学，“观察总是挑衅式的；它要么肯定，
要么否定先前的命题、现有的模型、观测的约定”。对巴什拉而言，对科学
的哲学反思必须准备由科学实践来进行。“一个真正的科学现象学因此必然
是一种现象学的技术学。”他在《新科学精神》（*The New Scientific Spirit*）
中说：这一视角的结果不只是人们可以预料到的实用主义的陈词滥调。因为
巴什拉期望科学的首要经验是一种数学经验，而且因为“数学工具影响使用
它的人”，所以不仅说“数学人（*Homo mathematicus*）正在代替工匠人
（*homo faber*）”是安全的，而且说“正是数学开启了经验的新的林荫大道”

196 基本上也是安全的。这个观点与胡塞尔相近，但隔膜仍然存在，并且被胡塞尔的危机意识扩大了，而除了数学的知识理念或自明的确定性外，海德格尔的诠释学的技术学批判使得这个分离甚至更糟。

如果比巴什拉更加消极而又更为坚决地专注于由幸福或快乐构成的科学的、启蒙理想的图景，那么巴什拉发现，存在主义者的世界观尤其有害，因为在他的观点中，在探索主体（诗性的诗人或诗性科学家——因为他们是或至少本质上能够被认为相同）和世界客体（被创造的或被认知的世界）之间存在一种虚假的对立。巴什拉反对在现实的主体和僵死的或外来的或毫无意义的世界之间作出区分。人类意义上的诗意世界与科学世界——对巴什拉来说，它承载了人类投射的影像的明显印记——是连续的。相应地，巴什拉的实证主义作为一种乐观的观点，或者用巴什拉的话说，一种"幸福"的观点，保持了"实证的"这一词的非正式的口语化意义。这种肯定的和必需的科学人类主义在巴什拉那里被表述为"科学呼唤一个包含人类的世界，不是通过内含于实在中的某种魔力，而是通过一种内含于心灵中的理性力量……科学工作使理性实体实在化，在这个词的完整意义上"。

巴什拉的著作被广泛引用，也成为大量评论的主题，但科学哲学背景下的讨论要少于从文学和哲学视角对巴什拉诗学的的分析。除了英语地区由于对大陆哲学的兴趣引起的关注外，巴什拉对文学和科学兼收并蓄的风格在法国和德国也有重要影响，这部分地是由于文学理论家（比如巴特的介绍）的传统的努力。在科学史和科学哲学方面，这种接受（尤其在法国）要归功于巴什拉的学生生理科学史家乔治·康吉扬（Georges Canguilhem）和卡瓦耶（R. Cavailles）的影响。在这群人中，米歇尔·福柯也被认为属于巴什拉的学术圈子。但是，如果福柯的价值可以追溯到巴什拉的影响（比较：蒂勒斯在自己研究的序言中声称，她对巴什拉的描述"是理性的建构"[26]；古廷把巴什拉和康吉扬作为理解福柯的背景；而巴斯卡不是从巴什拉自身或其术语出发，而是将巴什拉置于费耶阿本德的反面并因此不可避免地在这种对比中来定义巴什拉），那么巴什拉哲学对科学哲学何以产生持久影响力的本质问

197 题就更加难以捉摸了。这里的困难不在于宗教和现代科学敏感性之间的冲突问题——像迪昂，而毫无疑问是在于巴什拉的风格。这种风格有点过时而又

不失神秘，对法国文学而言又相当具体，至少根据乔纳森·卡勒（Jonathan Culler）似乎可信而又颇富同情性的说明而言是如此。卡勒暗示，在对巴什拉著作作出回应的科学哲学家或哲学家中缺乏观念性的共鸣（非法语区的文学理论家也有这样的局限）是由于巴什拉的 19 世纪风格，其引文言词华丽且极具想象力。这种风格充斥着比喻和寓言，像雅克·拉康一样。在卡勒看来，巴什拉的风格与当时的表达模式非常不合拍，与今日浮躁的阅读风格也极不相称。[27]后来 20 世纪的读者缺乏耐心，根本无法体会这种感觉，无法推断并理解巴什拉比喻的全部价值。一个含蓄的、寓言的或比喻的——用巴什拉的话说诗意的——风格，假定并且必然依赖读者对这些习惯用法的适应性和熟悉程度。

注明巴什拉著作中这些典故的能力不仅对巴什拉科学哲学的读者而言是必要的，而且对其文学批评理论的读者而言也是必要的。正因为如此，文学理论家拉尔夫·史密斯（Ralph Smith）指出，"为了真正体会巴什拉关于想象的论文的全部价值并恰当评价他对文学批评理论的贡献，巴什拉的科学哲学必须被理解"[28]。对巴什拉来说，"科学实际上创造了哲学"。要在巴什拉的文学批评价值和科学价值之间作出明确的区分，必然是困难重重。而价值属性主要是通过文学批评理论研究所体现的。巴什拉对想象的强调还在继续吸引着痴迷于空想、幻想和诗意的创造的法国人，就此而言，除了古廷对巴什拉科学哲学著作的背景性参考以及蒂勒斯的相关讨论，巴什拉更多地以其文学贡献而为人熟知。

玛丽·麦卡莱斯特·琼斯（Mary McAllester Jones）最近的研究[6.76]认为，巴什拉对文学和想象的偏好是"颠覆性的"（subversive），它不是人本主义，而是一种"错乱的"（unhinging）人本主义。[29]这一相反的、"颠覆性的"强调与对后现代时髦的赞歌相一致，也证明它与科学至上主义的晦涩的和不可改变的人本主义达成了妥协。巴什拉关注挑战、灵活性和革新的精神性价值。他说："人的存在是一种不确定的存在。所有的表达都使他不确定。"（[6.76]，193）琼斯通过巴什拉的这一声明注意到了这种"不确定性"。这样，在琼斯的"错乱的人本主义"（unhinged humanism）这一表述中，运动或表达的流动性是主要的："人类通过语言而不确定，但

*198*

并不是去中心的。"（［6.76］，193）

做一点补充，这种开放性就字面上的灵活性而言类似于瓦莱里对上帝的反柏拉图式的赞美。神不是通过否定的或间接的证明，即证明它毫无失手或失败，而是说，当我们当面对美而哑口无言时，它能够准确地言说。[30]面对美时的这种敬畏或无声的表达而不是暴露人类的无能（这种沉默在人类面对美时无法保持稳定的关注中表现出来，证明了如柏拉图所说的身体的反神圣性）只是一种短暂的停顿，是一个粗略的间隔，它宣称并由此确认、看到和赞颂我们的所见，甚至将所见奉若神明。巴什拉引用了瓦莱里的话，"在不置可否中发现的瞬时结构能帮助我们理顺声音产生的韵律……我们已经开始认识到，正是这种思想颂其所思之歌，复杂的思想碰撞有自身独特的声调，一种能够深深地在我们所有人中唤起轻柔和音的声调"（［6.76］，73）。因此，沉默证明了影响力或动力对巴什拉而言是多么重要，他当然是瓦莱里诗学和理论的读者，也是中学的化学教师，又是大学的认识论教授。因为巴什拉持久的目标是要表明，科学家的工作不仅比得上诗人的工作，而且就其本身和完全的意义来说就是诗学。如果正如上面所引，"科学实际上创造了哲学"，那么对巴什拉而言，也正是科学能够最恰当地在与诗的学科相当的意义上创造了诗。

在诗人和科学家的创造过程中，思想的运动对其中的一切产生共鸣和回应。这就是巴什拉所要表达的东西，"科学将世界带给人类，不是通过某种内在于实在的魔力，而是通过内在于心灵的理性的力量"。而且，正是通过这种创造性的、反思的方式，巴什拉声称，"科学实际上创造了哲学"。但这也就是说，哲学是科学对自身的反思。科学家是创造者（诗人）和哲学家，是"将世界带给人类"的现代普罗米修斯。这里，在英语文学背景下［玛丽·雪莱（Mary Shelley）的《弗兰肯斯坦》（*Frankenstein*）］和在大陆背景下［被浪漫化的泰坦主义（Titanism）］通过一个"现代普罗米修斯"的思想激起的不同感受是显而易见的，并由此证明要消化吸收如巴什拉这样难以捉摸和充满隐喻的作者是何其困难。

深谙大陆传统的当代物理学家和科学哲学家伯纳德·阿斯派特（Bernard d'Espagnat）将巴什拉对瓦莱里的引用又推进了一步。对阿斯派特而

言，瓦莱里比较心物划分时所使用的精神价值概念表达了一种模糊的而不是 _199_
明显的神秘主义。阿斯派特指出，其中需要掌握的微妙之处是介于没有上帝
（无神论者）的精神生活和人类的（在这里，公允地说，阿斯派特也许并不
必然是人本主义者）精神生活之间的东西。这种差异并不是必然的脱节。

　　然而，与神秘主义的关联或许应当被有限地强调。而且，严格来说，巴
什拉人本主义的科学至上主义仅仅在其最富想象的神秘水平上而言能够被认
为是对科学至上主义的颠覆，何况这种神秘水平由于对人本主义的坚持变得
感情复杂而问题重重。巴什拉的方案必须被构想为一种颠覆性的人本主义，
而不是琼斯所主张的那种人本主义的后现代风格版本。如果最终它没有产生
主体的缺席，那么这种颠覆性的人本主义就必须被重新思考。当然，要说的
是，一种颠覆性的人本主义仍然是人本主义。这种微妙的人本主义如同阿斯
派特在瓦莱里那里发现的人本主义。因为它需要神秘主义和阿斯派特所说的
瓦莱里的"原则的实证主义"[31] 的关联，所以它是难以捉摸的。作为在人
类中同时间、同空间的神秘主义的支持者，瓦莱里作为诗人模棱两可的态度
是正当的。巴什拉的科学诗学能够阐明，像阿斯派特这样的当代科学家为什
么会转向瓦莱里，转向指导科学进行思想的诗人。巴什拉的科学哲学作为人
类文化的制高点（因为它是最有益的和最进步的表达），代表了一种科学
（或一种对科学的态度）。但是，这种科学认可的观点提供了对科学回应的评
价，不仅评价巴什拉多产而保守的文化观点，而且超乎寻常地回应了"两种
文化"的辩论（和它们相互作用）的精神，该辩论通过斯诺（C. P. Snow）
的《两种文化》（_The Two Cultures_）为英语地区和传统科学哲学的读者所
熟知。

　　在巴什拉和斯诺探讨人类科学成就的路径中，科学保持了一种理想的价
值（也包括后期的福柯，我们能够发现这个价值也是科学的力量，一种尼采
和拉康想要告诉我们的、或者开启文明或者导向恐怖统治的力量）。在斯诺
所粉饰的科学那里，巴什拉把科学看成一种作诗及其产品，看成"现象学的
技术学"，看成一种诗。实际上，科学变成了神话。但是，这并不能解决逻
各斯（_logos_）和神话（_mythos_）之间的对立，一种自从苏格拉底哲学以来
便开始的传统对立。因为对科学的粉饰是我们当代高度工业化文化的一部

分，所以巴什拉对科学的神话，作为一种诗意的冒险，远非一种革命性的编
码（更不用说一种双重的或颠覆性的编码），而只是强调了科学规则的神秘
性。在神话被逻各斯取代的过程中，神话并没有被淘汰，而是被吸收或并入
了逻各斯。神话变成了（是；而且总是如其命名）逻各斯的一种功能。巴什
拉以一种远胜马赫或迪昂的文化预设维护了科学的诗意功能。他满怀激情地
说明，从科学家的角度——借助神化逻辑的转换，也是诗意化的角度——而
言，科学在其最好的状态事实上是诗学。

在科学的理论和实验中，科学家被要求构造明晰的科学（巴什拉称为作
诗）实体（不仅仅是影像），而巴什拉对科学实践和方法的准确界定鼓舞了
社会学转向的结构，该转向对新的科学哲学的发展至关重要，它不再是那种
过去被接受的假说－演绎的或重构论的观点［持这种观点的思想家有拉图
尔、布卢尔（Bloor）、伍尔加（Woolgar）］。科学世界的、被文学地建构的
诗意方案，对知识和科学实践的社会学而言，或者在巴什拉所神秘创造的科
学的精神分析中，是一个合适的对象。

## 大陆科学哲学史

从英美分析哲学的视角而言，大陆哲学或许还可以被视为一种哲学传
统，它致力于在哲学传统中思考，致力于清晰地重构哲学史中的那些永恒价
值。但在某种程度上讲，分析哲学并不关注哲学史，尽管它确实根植于哲学
史。正如米勒（Müller）和哈尔德（Halder）的界定，分析哲学也不关注哲
学探索中的传统对象诸如物、关系或事件，而关注"表达、概念、公理和原
则"[32]。根据大陆哲学和分析哲学所关注对象的这种不同区分，胡塞尔这
种公认的另类的实在论"回到事物本身"明确表达了一个不仅在风格上而且
在构成上与分析哲学正相反的旨趣。

帕特里克·A·希伦根据下述两个兴趣来描述大陆哲学的特征："（1）知
识'构成'的问题是大陆哲学的当务之急，以及（2）科学的历史背景和文化
背景对科学知识的'社会构成'的影响。"[33]虽然"构成"一词在这个定义

中出现了两次，但是最近对科学理论和实践的大陆哲学的说明开始强调诠释学的解释转向［代表这种转向的有希利和鲍曼（Bohman）等人］，而不是聚 *201* 焦于这种构成的现象学说明。这种诠释学转向被罗蒂（Rorty）之后的许多分析哲学家所接受，而且如上所说，在解释转向的范围内，它必然是一种历史转向，为库恩之后的分析的科学哲学家所熟悉。因此，被称为诠释学转向的解释转向和历史转向代表了大陆哲学和分析哲学之间最显著的交叉。但是，正如吕迪格·布勒纳在一个对诠释学和批判理论更大范围的反思中所陈述的那样，要准备对这一交叉点作出任何严格而详细的描述，对诠释学转向而言，必须在其技术的和（那也意味着）历史的背景下进行适当的构想。[34]这个背景的批判语境（以及相关焦点的提炼）仍然没有把被接收的科学哲学的接受路径作为特征。布勒纳的准确性对科学哲学的诠释学路径的未来是最重要的。在最近的科学史研究（代表人物有哈金、贾丁和克龙比）中，一个重要的关注点是更加宽泛意义上的诠释学概念，而不是胡塞尔和海德格尔的具体的现象学哲学。像伽达默尔甚至尼采这样的作家都会被利科援引和参考，但我认为思虑布勒纳的保留态度——他认为对批判的诠释学的真正精通（在它理论的和历史的背景下）往往是缺乏的——所导致的后果是重要的。

比解释的和历史的能力的缺乏更为紧要的是，科学哲学的优势要通过"大陆的"转向来获得这个问题，可以说，这是一个更为狭隘的历史转向或更为激进的诠释学转向。这样的转向将更加使得当前科学哲学（如后库恩哲学、后科学或知识社会学）停滞不前？很久之前，康德就注意到，如果与自然的、形式的或数学的科学相比较，哲学本身几乎毫无进步。对康德而言，在第一批判和其"前言"中，为了说明哲学与科学的不同，科学表现出累积的和加速发展的清晰标志，而哲学则与之相反，是放纵的、疑难重重的：没有议题，没有进步，没有一致，甚至关于进步也没有一个统一的视角或标准。今天，分析哲学把求真作为哲学进步的科学标准，正如康德批判理论所暗示的那样，而且寻求绝对的或累积的理解，包括形式的准确性和一致性，它构成了或者至少接近于科学探究的专业风格。

如果科学的理想仍然是我们时代的理想，而且科学，回应康德的参照，被提供为哲学的标准，那么很显然，只有一个理解科学方案的科学的（这里 *202*

是分析的）方案能够获得我们的关注，而且分析哲学，通过合法的和适当的区分，也应当把其他不相关的风格排除在外。所以，如我们所见，马赫，一个已经从属于高级（如他所认为）思想风格的科学家，总是回避哲学家的头衔。如果科学表现出具体的或实在的进步，而哲学还处于毫无进展的困惑或搜肠刮肚的争吵之中，那么相比之下科学就表现出了最大的进步。

但科学史表明，即使在科学中进步的观念也不过是一个概念的陈词滥调。正如库恩指出，一个时代的进步观念就是一个错误"范式"被另一个范式产生的革命所推翻。甚至对渐进的进步的前库恩式方案而言，科学哲学即使没有达到它的理想，（在追随康德的疑难解释的程度上）也比马赫的理想科学更"哲学"。科学哲学，即使分析地解释甚至模仿科学，也不是科学本身。它也不是科学学：如果科学哲学是一种科学的科学，包含具体的进步和可见的结果，那么它不会很成功。分析的科学哲学通过提供一系列的（无止境的）逻辑说明，解释科学著作和提供对科学著作的理解，就像它对它们所做的构想一样。正是这种形式上的结合，与科学实践的类比必须终止。因为科学必须处理现实的事务，无论理论的解释还是实验性的建构；因为科学是预言性的，并因此要经得起证实或证伪；因为相关的理论和试点实验会激增，而科学哲学在它解释科学的方案中并不做相关实验或检查它的解释是否违反了现实科学的实体或"事实"。因此，历史的、解释的或诠释的和社会学的转向在科学哲学中才是令人震惊的。科学哲学远非作为事实的科学批判，它从科学出发，正如它所发现的那样：作为一个事实，一个给定的、根据科学家自己的术语被接受的事实。无论马赫还是迪昂，他们都没有捍卫这个观点，因为他们对科学方案的承诺。而巴什拉过于把自己看作一个科学家，他对科学的赞美让人肉麻。因此，如果把科学事务定义为对世界是什么的解释和世界（真实地，现实地，实践地—实用地）如其所是的解释的最起码要求是在某种程度上"拯救现象"，无论直接的（观察的）还是理论的，那么科学哲学（以假装科学的科学的身份）的事务将需要做与科学同样的事情。但是，那意味着，尽管科学哲学有自己的科学抱负，但它也不能变成科学，因为这种说明属于哲学的图景。

203

# 分析的科学哲学在大陆的趋势

分析哲学的名称已经表明，它所关注的是对语言的逻辑分析。我们甚至可以说，正是由于这一特征，分析哲学致力于通过这种净化处理来分解（即如字面所说的"分析"）哲学问题。一旦根据诸如世界中的事物、因果关系或自由等传统问题的含义和指称来分析它们，我们就发现，我们不得不对这个世界（包括陈述、声明和主张）进行逻辑说明或推导。

科学哲学的分析传统以关注与科学解释的结构和理论创造的结构相关的问题为特征。如果科学以理论和实验的互动为特征，那么分析模式的科学哲学则更加侧重理论而非实验。相反，与实验程序相比，在理论设置上，无论科学的历史学家（库恩、克龙比）还是科学的社会学家［巴恩斯（Barnes）、夏宾（Shapin）、布卢尔、拉图尔、伍尔加、诺尔·塞蒂纳（Knorr-Cetina）］所进行的历史研究都已经扰乱了分析方案。对分析模式的研究者而言，历史研究通常以标准的历史重构为特征。费耶阿本德的工作提供了这种重构的典范。他努力恢复马赫在建立科学哲学中的意义和重要性，这应当被看作马赫的科学逻辑在历史的和规则的进展中的一部分。

需要说明的是，对分析风格的科学哲学的批判并非基于大陆哲学对分析风格的科学哲学的抱怨。这些批判伴随着科学哲学的发展而存在，自其开端以来一直存在，开始于马赫和迪昂，并由哲学家和跨文化的科学史家呈现出历史反思的各种不同风格，从巴什拉和康吉扬到汉森、库恩和费耶阿本德。这些人中没有一个可以被称为典型的大陆哲学家，不排除巴什拉和康吉扬（或今天的法国科学哲学，它仍然沉溺于分析路径如同沉溺于大陆路径一样）。

马赫、迪昂和巴什拉与其他许多学者一起认为，科学自身比哲学更具批判性，也内在地更"诠释"。但是，这一点也有问题，不仅因为它反直觉的内容——由此，科学以比诠释学还要更诠释的优点而告终。但是，这样就得出结论说科学家是他们自己实践的最好审判官，或科学为自己提供了最好的哲学，这也过于草率，马赫就这样主张，迪昂和巴什拉对此也有共鸣。

费耶阿本德已经在《反对方法》（*Against Method*）和其他近著中很好地反对了这种观点。但是，我们不需要费耶阿本德的提醒，如果科学不是内在地为社会尽责的事业，那么科学就既不是摩洛神也不是文化的救世主，它作为一种需要投入的实务实际上是一种社会上的回应（responsive）。[35] 我们需要补充的是，由于费耶阿本德的尽责方案需要科学对社会利益和社会需要作出回应，如果不打算投入公民道德的陈词滥调中，不只是如尼采所设想的那样，那么我们强烈需要一种批判的批判、一种理性的批判、一种真理的批判和一种道德的批判。

如果分析哲学的观点代表了这种观念，即（自然的或客观的）科学是人类追求真理最成功的事业，那么如希伦所指出的那样，大陆路径拒绝了这一理想的辉格主义暗示。然而，这正是狡诈之处，因为如今没有任何一种科学哲学的路径，无论分析的还是其他，愿意主张一种过时的辉格主义的理想。而且，如果科学哲学的大陆路径因为反科学——从它将科学知识当作一种"特权类型"而明确地加以拒绝可以读出——而天生就是有问题的，那么对大陆哲学的多元主义就需要进行重新思考。事实上，对大陆科学哲学的这种评论已经开始了。

以胡塞尔的基础数学和物理学方案为开端的现象学传统开始于他关于算术的著作，并延续到他的《逻辑研究》和《观念》。随后与胡塞尔传统相关的是梅洛-庞蒂的《知觉的首要地位》（*The Primacy of Perception*）。胡塞尔的兴趣产生于这种现象学传统，这种现象学传统与分析哲学传统（代表人物有科布-史蒂文斯）分庭抗礼。考虑到分析哲学和大陆哲学共同的起源，即同是对迈农（Meinong）和布伦塔诺心理主义的回应（胡塞尔和弗雷格的不同表达），可以如米歇尔·达米特提议的那样，在大陆—分析区分之间架起桥梁的基本标准应当是对胡塞尔和弗雷格都同样精通。这样，丁格勒，作为一个实证主义者和分析哲学思想家，也许可以被看作胡塞尔的学生。的确，作为学生，他记得老师的影响的价值（戈特曼、丁格勒）。最近对维也纳学派历史的回顾指出，要对现象学和逻辑实证主义之间的历史关系进行重新评估。与这种分析的/大陆的连接相一致，斯特勒克（Ströker）、奥尔特、戈特曼和哈勒被误认为提供了对开始于胡塞尔的现象学的深入探

205

讨，而戈特曼特别强调该传统在洛伦琛和爱尔兰根学派的发展，以及它在进化认识论［代表人物有伍奇蒂斯、勒夫（Löw）、马图拉纳（Maturana）］中的进一步发展和建构主义主题的延续。戈特曼认为，与胡塞尔的先验现象学不同，海德格尔诠释学的现象学的具体招牌可以被认为是它对爱尔兰根学派发展的间接影响。如果把福柯包括进来，那么从胡塞尔到海德格尔甚至以外的这条脉络可以被明显地看成与爱尔兰根学派强烈的科学社会学（代表人物有洛兹、拉图尔）的共鸣。

约瑟夫·考克尔曼捍卫了科学哲学的诠释学的大陆路径的重在分析的实在论视角。对考克尔曼而言，诠释学的科学哲学需要一个真理的"新概念"，如海德格尔的术语去蔽（alētheic）（真理就是解蔽）、视野（horizonal），或尼采的术语透视的（perspectival）真理（考克尔曼、海德格尔、伽达默尔、芭比）。但是，根据伽达默尔的诠释学而不是晚期海德格尔的真理和模糊性的概念来看，考克尔曼关注的是含义（meaning），他对真理和科学的解读更接近于弗雷格的感官意义（Sinn），更接近于传统的狄尔泰的生活世界（Lebenswelt）。

希伦的兴趣仍然是建构的（清晰的、先验的和遗传的）现象学中的形式的真，它是胡塞尔要把哲学创建成严格科学的方案，而不是根据其后期作品中所谓的"危机"。希伦诠释学的现象学表述一种实在论，他称之为视野实在论（horizonal realism），把实验的现象学基础描述为对科学的理论表达的融合。希伦的现象学用胡塞尔的清晰方案通过连续的侧面抓住了接近科学对象的本质的可能性。这个诠释学的维度反映了考虑研究者的历史的、社会的和专业状况的必要性。理论描述命名了实验的方面——它们本该在标准的实验条件下被认知，而且以实验工作的诠释学把实验中明确认知为真的东西变成了真描述。希伦的观点与实验科学强大或健全的实在论的阅读相一致，但是他的视角比以诠释学的现象学表达为视角的多数人的视角更有前途，因为这种实在论视角不再是一种信仰，而成为一种认知。 *206*

在当前的英语出版物中，所谓科学哲学"大陆"路径的最主要代表除了希伦和考克尔曼，还包括西奥多·克兹尔和托马斯·西波姆。老一辈的大陆学者似乎更加关注具体的现象学问题（直觉、形式逻辑、超验的意义等）而不是明确的科学哲学的问题，而年轻学者更多是从历史的而不是理论的角度来理解胡塞尔和海德格尔的科学思想的价值。相对来说，最近的研究［代表人物有戈特曼、奥尔特、哈维（Harvey）、洛兹、克里斯（Crease）］倾向于说明现象学的历史影响而不是其当前价值，倾向于说明科学哲学之表达的诠释学的重新概念化。

总之，这意味着希伦、考克尔曼、克兹尔和西波姆等人（所有大陆学者，多数是来自地理上的大陆国家而工作在美国科学哲学的传统的分析的学术界）的著作必须被看作现象学和诠释学传统对包括自然科学在内的科学的理解所进行的哲学发展和应用的突出代表。而且，考虑到专业科学哲学实际的分析的方面，科学哲学历史的和诠释的表达的大陆转向自有必不可少的价值，而对此作出最大贡献的必然是传统的分析的科学哲学家，他们弥补了希伦等人非直接认知的作品。这不是因为分析传统中的学者更加敏锐：那只是其范式（和专业的）优势的作用。因此，比如哈金最近关于统计学的专著《驯服机遇》（*The Taming of Chance*）以及他最近的论文都不以历史转向而必须以更合适的名称诠释学的转向（虽然哈金并没有用这一术语）为特征。在最近许多科学的历史研究（贾丁、克龙比）中，对诠释学的运用同样不是直接的，而是含蓄的。而且，受科学知识社会学［代表人物有希利、福勒（Fuller）、拉图尔、麦克马伦（McMullin）、夏宾/谢弗勒（Scheffler）］的鼓舞，在科学的社会用以前的术语，即生活世界维度的转向中正在出现一种科学哲学的新风格。如果科学哲学在所有这些变革中不打算回到它历史的大陆根源，那么有关这些根源的评论对科学哲学更大的学科生命、对它的风格跨度和多元性就必然是有益的。

## 【注释】

207 ［1］科学哲学的大陆路径之本质，这一主题听起来肯定不那么正常，令人费解。大陆思想和科学哲学的交汇在专业哲学领域还远没有被界定清楚。而且，把马赫、迪昂和巴什拉作为焦点对他们而言也不太公平，在传统的分析的科学哲学领域，他们很可能被描绘成先驱。事实上，无论对于科学哲学的分析风格还是对于科学哲学的大陆风格，他们都具有这种先驱性地位。因此，本章的主题既适用于大陆哲学史、科学哲学史，也适用于它们的交汇及其研究现状。因为最后一个方面总是在不断变化，所以我们提供了更加详细的参考书目，希望对进一步的研究能有所帮助。

〔2〕R. Harré，*Philosophies of Science*（Oxford：Oxford University Press，1976）.

〔3〕A. MacIntyre，"Epistemological Crises，Dramatic Narrative，and the Philosophy of Science"，in G. Gutting（ed.），*Paradigms and Revolutions：Appraisals and Applications of Thomas Kuhn's Philosophy of Science*（Notre Dame：University of Notre Dame Press，1980），pp. 54-74.

〔4〕H. Redner，*The Ends of Science*（Boulder：Westview Press，1987）.

〔5〕K. Hübner，*Critique of Scientific Reason*（Chicago：University of Chicago Press，1983），p. 35.

〔6〕参见 G. Holton，"Ernst Mach and the Fortunes of Positivism in America"，*Isis*，83：1（1992）：27-60。该文是对这一观点及相关争论的最新的全面考察，也是基于科学哲学的北美背景对维也纳学派史的整体描述。

〔7〕C. Dilworth，"Empiricism vs. Realism：High Points in the Debate during the Past 150 Years"，*Studies in the History and Philosophy of Science*，21（3）：431-462（447）.

〔8〕P. Frank，"Kausalgesetz und Erfahrung"，*Annalen der Naturphilosophie*，6（1906）：443-450.

〔9〕Harré（note 1），p. 29.

〔10〕M. Tiles〔6.245〕，227.

〔11〕布莱克莫尔（Blackmore）引用了汉斯·克莱茵佩特（Hans Kleinpeter）1912年写给马赫的信，上面提到，"尼采在一本科学杂志中读到您的一篇文章，对它赞赏不已"（〔6.8〕，123）。根据阿尔温·米塔施（Alwin Mittasch）的研究，马赫自己也曾赠送过一篇文章给尼采，并手写题词"献给尊敬的教授先生，尼采博士，您忠诚的恩斯特·马赫"（Mittasch〔6.151〕，367）。马赫的观点在某些问题上与尼采有一致之处，比如尼采反对将有机界与无机界作为一种断裂而区分开来（事实确非如此）。对尼采而言，生和死都是非间断性秩序的表征。

〔12〕不用说，实证主义几乎完全是一种消极的内涵。这种负面的评价并不只限于我们的时代。林格（F. Ringer）指出，在 19 世纪 90 年代至 20 世纪 30 年代的魏玛时期，*208* "'实证主义者'的标签几乎总是在鄙损的意义上使用"（"The Origins of Mannheim's Sociology of Knowledge"，in McMullin〔6.202〕，55）。这与当代实证主义消极的内涵相类

似，后者引起了这样一种评论，即它正与历史的转向、解释学的或诠释学的转向和社会转向相适应。林格则认为，对实证主义的批判需要依赖其自有的思想体系：“实证主义被看成一种酸性才智，一种对整体性概念、传统信念和社会一体化的确信具有潜在破坏性的溶剂。要‘克服’由具体化和实证主义引起的这些问题……急需哲学唯心主义的复兴，它能修复科学体系（Wissenschaft），从而建立起标准的完整世界观或其一部分。”

[13] I. Hacking, "'Style' for Historians and Philosophers", *Studies in the History and Philosophy of Science*, 23：1 (1992)：1–20 (12).

[14] 迪昂的研究者似乎很高兴看到，贝特洛自己现在几乎被人遗忘了，肯定比迪昂更暗淡无名。

[15] 这个话题有其社会的和历史的复杂性，背景信息参见 M. J. Nye [6.51]。有关海莱娜·迪昂为其父亲未出版著作所做努力的具体情况更完整的讨论，参见 R. N. D. Martin [6.50]。

[16] 巴黎人——还有纽约人——能理解这种情况的深层暗示。尽管迪昂是典型的脾气暴躁的（对自己的暴力）波尔多人，但我们还是不难想象这一认识的外省人立场的后果。

[17] 今天我们可以把这种观点理解成对科学至上主义的反抗，雅克·埃吕尔和勒内·杜博（René Dubos）是这种观点的代表。在科学信条和宗教信仰的历史图景方面，对相关法国知识分子的讨论参见 H. W. Paul [6.52]，其中也包括了对杜博的讨论，他被认为属于这一图景。

[18] W. A. Wallace, *Prelude to Galileo：Essays on Medieval and Sixteenth Century Sources of Galileo's Thought* (Dordrecht：Reidel, 1981).

[19] 参见 Wallace, *Prelude to Galileo*, "Galileo and Reasoning *Ex Suppositione*", pp. 124–159；M. Clavelin, *The Natural Philosophy of Galileo：Essay on the Origins and Formation of Classical Mechanics* (Cambridge, Mass.：MIT Press 1974) and R. E. Butts and J. Pitt (eds), *New Perspective on Galileo* (Dordrecht：Reidel, 1978)。

[20] Butterfield [6.212], 27.

[21] K. A. Popper, *Conjectures and Refutations：The Growth of Scientific Knowledge* (New York：Harper & Row, 1963), p. 99.

[22] Hacking (note 13), p. 7. 由于某种我不敢猜测的理由，哈金的补充有一种被强迫的感觉，因为哈金"……也包括斯宾格勒（Spengler）"并没有对这一补充提供说明。

[23] A. MacIntyre, "Epistemological Crises, Dramatic Narrative, and the Philoso-

phy of Science"，in Gutting（ed.）（note 3），p. 67.

［24］很难想象巴什拉认为科学家是个女人，因此，我在下文都有意用阳性代词。

［25］P. A. Heelan，"Preface" to the English translation of Bachelard's *The New Scientific Spirit*［6.54］，xiii.

［26］Tiles［6.83］，xv.

［27］参见 J. Culler，*Framing the Sign：Criticism and Its Institutions*（Oxford：Blackwell，1988）；J. Llewellyn，*Beyond Metaphysics：The Hermeneutic Circle in Contemporary Continental Philosophy*（Atlantic Highlands：Humanities Press，1985）。这种自相矛盾的接受也说明了巴什拉周期性的魅力。

［28］R. Smith［6.82］，preface.

［29］德里达对 "hinge"（*brisure*）的讨论，参见 *Of Grammatology*，trans. G. Spivak（Baltimore：Johns Hopkins University Press，1974），pp. 65ff。

［30］保罗·瓦莱里（1871—1945），法国诗人、文学理论家和评论家。

［31］B. d'Espagnat，*Penser la science ou les enjeux du savoir*（Paris：Bordas，1990），p. 223.

［32］M. Müller and A. Halder，"*Analytische Philosophie*"，*Kleines Philosophisches Wörterbuch*（Freiburg im Breisgau：Herder，1971），p. 19.

［33］P. A. Heelan，"Hermeneutical Phenomenology and the Philosophy of Science"，in H. Silverman，*Gadamer and Hermeneutics：Science，Culture，Literature*（New York：Routledge，1991），p. 213.

［34］参见 R. Bubner［6.131］，尤其参见 Bubner［6.132］。

［35］参见 Feyerabend［6.218，6.219，6.220］。

# 参考书目

## 马赫
### 翻译本

6.1 "On the Definition of Mass"，*History and Root of the Principle of the Conservation of Energy*，trans. P. E. B. Jourdain，Chicago：Open Court，1872，1911.

6.2 *The Science of Mechanics*，trans. T. J. McCormack，Chicago：Open Court，

1893，1960.

6.3　*The Analysis of Sensations and the Relation of the Physical to the Psychical*, trans. C. M. Williams and S. Waterlow, Chicago: Open Court, 1914; New York: Dover, 1959.

6.4　*Popular Scientific Lectures*, trans. T. J. McCormack, with additional lectures from 1865 and 1897, La Salle: Open Court, 1894, 1943.

6.5　*Knowledge and Error : Sketches on the Psychology of Erring*, trans. T. J. McCormack (chaps xxi and xxii) and P. Foulkes, ed. B. McGuiness, Dordrecht and Boston: D. Reidel, 1976.

6.6　*Space and Geometry : In the Light of Physiological, Psychological, and Physical Inquiry*, trans. T. J. McCormack (three essays originally published in *The Monist*, 1901-1903) La Salle: Open Court, 1906, 1960.

评论

6.7　Adler, F. *Ernst Machs Überwindung des mechanischen Materialismus*, Vienna, 1918.

*210*　6.8　Blackmore, J. T. *Ernst Mach : His Work, Life and Influence*, Berkeley: University of California Press, 1972.

6.9　Blackmore, J. T. *Ernst Mach – A Deeper Look : Documents and New Perspectives*, Dordrecht, Boston: Kluwer, 1992.

6.10　Bradley, J. *Mach's Philosophy of Science*, London: Athlone Press, 1971.

6.11　Brentano, F. *Über Ernst Machs "Erkenntnis und Irrtum"*, Amsterdam: Rodopi, 1981.

6.12　Dingler, H. *Die Grundgedanken der Machschen Philosophie*, Leipzig: Barth, 1924.

6.13　Duhem, P. "Analyse de l'ouvrage de Ernst Mach: La mécanique, étude historique et critique de son développement", *Bulletin des sciences mathématiques*, 1.26 (1903): 261-283.

6.14　Forman, P. "Weimar Culture, Causality, and Quantum Theory, 1918-1927", *Historical Studies in the Physical Sciences*, 3 (1971): 1-11.

6.15　Frank, P. *Modern Science and its Philosophy*, Cambridge, Mass. : Harvard University Press, 1949, 1961, pp. 13-62 and 69-95.

6. 16 Haller, R. and Stadler, F. (eds) *Ernst Mach : Werk und Wirkung*, Wien: Holder-Pichler-Tempsky, 1988.

6. 17 Hentschel, K. "Die Korrespondenz Duhem-Mach, zur 'Modellbeladenheit' von Wissenschaftsgeschichte", *Annals of Science*, 14 (1988): 73−91.

6. 18 Holton, G. "Ernst Mach and the Fortunes of Positivism in America", *Isis*, 83: 1 (1992): 27−60.

6. 19 Janik, A. and Toulmin, S. *Wittgenstein's Vienna*, New York: Simon & Schuster, 1973.

6. 20 Jensen, K. M. *Beyond Marx and Mach : Aleksandr Bogdanov's Philosophy of Living Experience*, Dordrecht: Reidel, 1978.

6. 21 Kaulbach, F. "Das anthropologische Interesse in Ernst Mach's Positivismus", in J. Blühdorn and J. Ritter (eds), *Positivismus im 19 Jahrhundert*, Frankfurt: Klostermann, 1971.

6. 22 Kraft, V. *The Vienna Circle*, New York: Greenwood Press, 1953.

6. 23 Lenin, V. I. *Materialism and Empirio-Criticism*, trans. A. Fineberg, London, Peking, Moscow: Foreign Languages Publishers' House, 1952, 1972, (1930).

6. 24 Losee, J. *A Historical Introduction to the Philosophy of Science*, Oxford: Oxford University Press, 1972, chapter 11.

6. 25 Mises, R. von, *Ernst Mach und die empirische Wissenschaftsauffassung*, The Hague: Nijhoff, 1938.

6. 26 Mises, R. von , *Positivism : A Study in Human Understanding*, trans. J. Bernstein and R. G. Newton, Cambridge, Mass. : Harvard University Press, 1951.

6. 27 Musil, R. *On Mach's Theories*, Washington, D. C. : University of America Press and München: Philosophia Verlag, 1982.

6. 28 Schlick, M. *Gesammelte Aufsätze*, Wien: Gerold, 1938; Hildesheim: G. Olms, 1969.

6. 29 Smith, B. "Austrian Origins of Logical Positivism", in B. Gower (ed.), *Logical Positivism in Perspective : Essays on Language, Truth, and Logic*, Totowa: Barnes & Noble, 1987, pp. 35−68.

6. 30 Sommer, M. *Evidenz im Augenblick. Eine Phänomenologie der reinen Empfindung*, Frankfurt: Suhrkamp, 1987.

211

6.31　Stadler, F. *Vom Positivismus zur "Wissenschaftlichen Weltfassung" am Beispiel der Wirkungsgeschichte von Ernst Mach in Österreich von 1895 bis 1934*, München（with bibliography）, Wien: Locker, 1982.

6.32　Weinberg, C. B. *Mach's Empirio-Pragmatism in Physical Science*, New York: Albee Press, 1937.

### 迪昂

#### 翻译本

6.33　*The Aim and Structure of Physical Theory*, trans. P. Wiener, Princeton: Princeton University Press, 1954.

6.34　*Mediaeval Cosmology*, trans. and selection R. Ariew, Chicago: University of Chicago Press, 1985.

6.35　*To Save the Phenomena : An Essay on the Idea of Physical Theory from Plato to Galileo*, trans. E. Dolan and C. Maschier, Chicago: University of Chicago Press, 1969.

6.36　*The Origins of Statics : The Sources of Physical Theory*, trans. G. Leneaux, V. Vagliente and G. Wagener, Boston and Dordrecht: Kluwer, 1991.

#### 评论

6.37　Brenner, A. *Duhem, science, realité et apparence, mathesis*, Paris: J. Vrin, 1990.

6.38　Eastwood, D. M. *The Revival of Pascal : A Study of His Relation to Modern French Thought*, Oxford: Clarendon Press, 1936.

6.39　Frank, P. *Modern Science and Its Philosophy*, Cambridge, Mass. : Harvard University Press, 1949.

6.40　Harding, S. *Can Theories Be Refuted? Essays on the Duhem-Quine Thesis*, Dordrecht and Boston: Reidel, 1976.

6.41　Hentschel, K. "Die Korrespondenz Duhem-Mach, zur 'Modellbeladenheit' von Wissenschaftsgeschichte", *Annals of Science*, 14（1988）: 73−91.

6.42　Losee, J. *A Historical Introduction to the Philosophy of Science*, Oxford: Oxford University Press, 1972, chapter 11.

6.43　Lowinger, A. *The Methodology of Pierre Duhem*, New York: Columbia

University Press, 1941.

6.44 Jaki, S. L. *Uneasy Genius : The Life and Work of Pierre Duhem*, The Hague: Kluwer, 1984.

6.45 Jaki, S. L. *Scientist and Catholic : An Essay on Pierre Duhem*, Front Royal: Christendom Press, 1991.

6.46 Maiocchi, R. *Chimica e filosofia, scienza, epistemologia, storia e religions nell' opera di Pierre Duhem*, Firenze: Le Lettre, 1985.

6.47 Martin, R. N. D. "Darwin and Duhem", *History of Science*, 20 (1982): 64–74.

6.48 Martin, R. N. D. "Saving Duhem and Galileo: Duhemian Methodology and the Saving of the Phenomena", *History of Science*, 25 (1987): 301–319.

6.49 Martin, R. N. D. "The Trouble with Authority: The Galileo Affair and One of its Historians", *The Bulletin of Science, Technology, and Society*, 9: 5 (1989): 294–301.

6.50 Martin, R. N. D. Pierre Duhem, *Philosophy and History in the Work of a Believing Physicist*, La Salle: Open Court, 1991.

6.51 Nye, M. J. *Science in the Provinces : Scientific Communities and Provincial Leadership in France, 1860 – 1930*, Berkeley: University of California Press, 1986, chapter 6: "Bordeaux: Catholicism, Conservativism, and the Influence of Pierre Duhem".

6.52 Paul, H. W. *The Edge of Contingency : French Catholic Reaction to Scientific Change from Darwin to Duhem*, Gainesville: University of Florida Press, 1979.

6.53 Rey, A. "La Philosophie scientifique de M. Duhem", *Revue de métaphysique et de morale*, 12 (1904): 699–744.

## 巴什拉

### 翻译本

6.54 *The New Scientific Spirit*, trans. A. Goldhammer, Boston: Beacon Press, 1985.

6.55 *The Philosophy of No : A Philosophy of the New Scientific Mind*, trans. G. C. Waterston, New York: Orion Press, 1969.

6.56 *The Psychoanalysis of Fire*, trans. A. Ross, Boston: Beacon Press and London:

Routledge & Kegan Paul，1964.

 6. 57 *The Poetics of Space*，trans. M. Jolas，New York：Orion Press，1964.

 6. 58 *The Poetics of Reverie*，trans. D. Russell，New York：Orion Press，1969.

评论

 6. 59 *Présence de Gaston Bachelard ：Epistémologie pour une anthropologie complète*，Aix-en-Provence：Librarie de l'Université，1988.

 6. 60 *Gaston Bachelard ：Profils epistémologiques*，Philosophica，32，Ottawa：Presses de l'Université d'Ottowa，1987.

 6. 61 *Hommage à Bachelard：Etudes de philosophie et d'histoire des sciences*，Paris. 1957.

 6. 62 Bhaskar，R. "Feyerabend and Bachelard：Two Philosophers of Science"，*New Left Review*，94（1975）：31-55.

 6. 63 Canguilhem，G. "Sur une épistémologie concordataire"，in [6. 61].

 6. 64 Canguilhem，G. *Ideology and Rationality in the Hisory of the Life Sciences*，trans. A. Goldhammer，Cambridge，Mass. ：MIT Press，1988.

 6. 65 Caws，P. *Yorick's World ：Science and the Knowing Subject*，Berkeley：University of California Press，1993.

*213* 6. 66 Dubrulle，G. *Philosophie zwischen Tag und Nacht ：Ein Studie zur Epistemologie Gaston Bachelards*，Frankfurt：Peter Lang，1983.

 6. 67 Gaukroger，S. W. "Bachelard and the Problem of Epistemological Analysis"，*Studies in the History and Philosophy of Science*，7（1976）：189-244.

 6. 68 Grieder，A. "Gaston Bachelard：'Phénoménologue' of Modern Science"，*Journal of the British Society for Phenomenology*，17：2（1986）：107-123.

 6. 69 Gutting，G. Chapter 1 in [6. 167].

 6. 70 LaLonde，M. *La Théorie de la connaissance scientifique de Gaston Bachelard*，Montréal：Fidés 1966.

 6. 71 Lecourt，D. *Bachelard ou le jour et le nuit（un essai de matérialisme dialectique）*，Paris：Grasset，1974.

 6. 72 Lecourt，D. *L'epistémologie historique de Gaston Bachelard*，Paris：Vrin，1978.

 6. 73 Lecourt，D. *Marxism and Epistemology ：Bachelard，Canguilhem，and Foucault*，trans. B. Brewster，London：NLB，1979.

6.74　McAllester Jones M.（ed.）*The Philosophy and Poetics of Gaston Bachelard*，Washington，D. C.：University of America Press，1989.

6.75　McAllester Jones，M.　"Unfixing the Subject：Gaston Bachelard and Reading"，in [6.74]，149-161.

6.76　McAllester Jones，M.　"On Science，Poetry and the 'Honey of Being'：Bachelard's Shelley"，in D. Wood（ed.），*Philosopher's Poets*，London：Routledge，1990，pp. 153-176.

6.77　McAllester Jones，M. *Gaston Bachelard：Subversive Humanist*，Madison：University of Wisconsin Press，1991.

6.78　Parker，N.　"Science and Poetry in the Ontology of Human Freedom：Bachelard's Account of the Poetic and the Scientific Imagination"，in [6.74]，75-100.

6.79　Schaettel，M. *Bachelard critique ou l'achèmie du rêve：Un art de lire et de rêver*，Lyon：L'Hermes，1977.

6.80　Schaettel，M. *Gaston Bachelard：le rêve et la raison*，Saint-Seine-L'Abbaye：Editions Saint-Seine-L'Abbaye，1984.

6.81　Smith，C.　"Bachelard in the Context of a Century of Philosophy of Science"，in [6.74]，13-26.

6.82　Smith，R. C. *Gaston Bachelard*，Boston：Twayne Publishers，1982.

6.83　Tiles，M. *Bachelard：Science and Objectivity*，Cambridge：Cambridge University Press，1984.

6.84　Vadée，M. *Bachelard ou le nouvel idéalisme épistémologique*，Paris：Editions Sociales，1975.

## 建构主义或进化认识论

6.85　Delbrück，M. *Wahrheit und Wirklichkeit：Über die Evolution des Erkennens*，Hamburg/Zurich：Rosch & Röhring，1986.

6.86　Dürr，H. P. *Das Netz des Physikers*，München：Hanser，1988.

6.87　Eisenhardt，P. *et al.*（eds）*Du steigst nie zweimal in denselben Fluss：Die Grenzen der wissenschaftlichen Erkenntnis*，Hamburg：Rohwolt，1988.

6.88　Janich，P.　"Physics－Natural Science or Technology"，in W. Krohn *et al.*，*214* *The Dynamics of Science and Technology*，Dordrecht，Boston：D. Reidel，1978.

6.89　Janich，P. *Grenzen der Naturwissenschaft*，München：Beck，1992.

6.90　Maturana，U. and Varela，F. *Autopoiesis and Cognition ： The Realization of the Living*，Dordrecht and Boston：Reidel，1980.

6.91　Riedel，R. *Biology of Knowledge*，New York：Wiley，1979.

6.92　Safranski，R. *Wieviele Wahrheit Braucht der Mensch ： Über das Denkbare und das Lebbare*，München：Hanser，1990.

6.93　Vollmer，G. *Was können wir wissen? Bd 1 ： Die Natur der Erkenntnis*，Stuttgart：Hizel，1985.

6.94　Watzlawick，P. and Frieg P.（eds）*Das Auge des Betrachters ： Beiträge zum Konstruktivismus*，München and Zürich：Piper，1991.

6.95　Wolters，G. "'The First Man Who Almost Wholly Understands Me.' Carnap，Dingler and Conventionalism"，in N. Rescher（ed.），*The Heritage of Logical Positivism*，Lanham：University Press of America，1985.

6.96　Wolters，G. "Evolutionäre Erkenntnistheorie－eine Polemik"，*Vierteljahreschrift der NaturforschendenGessellschaft in Zürich*，133（1988）：125－142.

6.97　Wuketis，F. M.（ed.）*Concepts and Approaches in Evolutionary Epistemology ： Towards an Evolutionary Theory of Knowledge*，Dordrecht：Kluwer，1984.

6.98　Wuketis，F. M.（ed.）*Evolutionary Epistemology and Its Implications for Humankind*，Albany：State University of New York Press，1990.

### 科学哲学的现象学路径：胡塞尔和梅洛－庞蒂

6.99　Cho，K. K.（ed.）*Philosophy and Science in Phenomenological Perspective*，The Hague：Nijhoff/Kluwer，1984.

6.100　Compton，J. "Natural Science and the Philosophy of Nature"，in J. Edie（ed.），*Phenomenology in America*，Athens：Ohio University Press，1969.

6.101　Gutting，G. "Phenomenology and Scientific Realism"，*New Scholasticism*，48（1976），263－266.

6.102　Gutting，G. "Husserl and Scientific Realism"，*Philosophy and Phenomenological Research*，39（1979）：42－56.

6.103　Hardy，L. "The Idea of Science in Husserl and the Tradition"，in [6.104].

6.104　Hardy，L. and Embree，L.（eds）*Phenomenology of Natural Science*，Dordrecht: Kluwer, 1992. Includes Steven Chasan, "Bibliography of Phenomenological Philosophy of Science".

6.105 Harvey, C. W. *Husserl's Phenomenology and the Foundations of Natural Science*, Athens: Ohio University Press, 1989.

6.106 Harvey, C. W. and Shelton, J. D. "Husserl's Phenomenology and the Ontology of the Natural Sciences", in Hardy/Embree, *Phenomenology of Natural Science*.

6.107 Heelan, P. A. *Quantum Mechanics and Objectivity*, The Hague: Nijhoff, 1965.

6.108 Heelan, P. A. *Space-Perception and the Philosophy of Science*, Berkeley: *215* California University Press, 1983.

6.109 Heelan, P. A. "Husserl, Hilbert, and the Critique of Galilean Science", in R. Sokolowski (ed.), *Edmund Husserl and the Phenomenological Tradition*, Washington, D. C.: University Press of America, 1988, pp. 158−173.

6.110 Heelan, P. A. "Husserl's Philosophy of Science", in J. Mohanty and W. McKenna (eds), *Husserl's Phenomenology: A Textbook*, Pittsburgh and Washington, D. C.: University Press of America, 1989, pp. 387−428.

6.111 Husserl, E. *Phenomenology and the Crisis of Philosophy: Philosophy as a Rigorous Science and Philosophy and the Crisis of Man*, trans. Q. Lauer, New York: Harper & Row, 1965.

6.112 Husserl, E. *The Crisis of European Sciences and Transcendental Phenomenology*, trans. D. Carr, Evanston: Northwestern University Press, 1970.

6.113 Kockelmans, J. *Phenomenology and Physical Science: An Introduction to the Philosophy of Physical Science*, Duquesne: Pittsburgh University Press, 1966.

6.114 Kockelmans, J. and Kisiel, T. (eds) *Phenomenology and the Natural Sciences*, Evanston: Northwestern University Press, 1970.

6.115 Langsdorf, L. "Realism and Idealism in the Kuhnian Account of Science", in [6.104].

6.116 Lohmar, D. *Husserl's Phänomenologie als Philosophie der Mathematik*, Diss. Köln, 1987.

6.117 Lohmar, D. *Phänomenologie der Mathematik: Elemente der phänomenologische Aufklärung der mathematischen Erkenntnis*, Dordrecht and Boston: Kluwer, 1989.

6.118　McCarthy, M. *The Crisis of Philosophy*, Albany: State University of New York Press, 1990.

6.119　Merleau-Ponty, M. *Phenomenology of Perception*, trans. C. Smith, London: Routledge & Kegan Paul, 1962.

6.120　Orth, E. W. (ed.) *Die Phenomenologie und die Wissenschaften*, Freiburg im München: Alber, 1976.

6.121　Orth, E. W. "Phänomenologie der Vernunft zwischen Szientismus, Lebenswelt und Intersubjektivität", *Phänomenologischen Forschungen*, 22 (1989): 63–87.

6.122　Rang, B. *Husserls Phänomenologie der materiellen Natur*, Frankfurt: Klostermann, 1990.

6.123　Seebohm, T. M., Føllesdal, D. and Mohanty, J. N. (eds) *Phenomenology and the Formal Sciences*, Dordrecht: Kluwer, 1992.

6.124　Sommer, M. *Husserl und die frühe Positivismus*, Frankfurt: Klostermann, 1985.

6.125　Strasser, S. *Phenomenology and the Human Sciences: A Contribution to a New Philosophic Ideal*, Atlantic Highlands: Humanities Press, 1974.

6.126　Ströker, E. "Husserl's Principle of Evidence: The Significance and Limitations of a Methodological Norm of Philosophy as a Science", trans. R. Pettit, in *Contemporary German Philosophy*, University Park: Pennsylvania State University Press, 1982, pp. 111–138.

6.127　Ströker, E. *Husserls transzendentale Phänomenologie*, Frankfurt: Suhrkamp, 1987.

### 科学哲学的诠释学路径：海德格尔和尼采

6.128　Babich, B. E. *Nietzsche's Philosophy of Science: Reflecting Science on the Ground of Art and Life*, Albany: State University of New York Press, 1993.

6.129　Baier, H. "Nietzsche als Wissenschaftskritiker", *Zeitschrift für philosophische Forschung*, 21 (1966): 130–143.

6.130　Bleicher, J. *The Hermeneutic Imagination: Outline of a Positive Critique of Scientism and Sociology*, London: Routledge & Kegan Paul, 1982.

6.131　Bubner, R. *Dialektik und Wissenschaft*, Frankfurt: Suhrkamp, 1973.

6. 132　Bubner, R. "On the Role of Hermeneutics in the Philosophy of Science", in *Essays in Hermeneutics and Critical Theory*, trans. E. Mathews, New York: Columbia University Press, 1988.

6. 133　Connolly, J. and Keutner, T. *Hermeneutics versus Science : Three German Views*, Notre Dame: University of Notre Dame Press, 1988.

6. 134　Connolly, J. and Keutner, T. "Interpretation, Decidability, and Meaning", in [6. 133].

6. 135　Gadamer, H. -G. *Reason in Science*, trans. F. Lawrence, Cambridge, Mass. : MIT Press, 1981.

6. 136　Gadamer, H. -G. "On the Circle of Understanding", in [6. 133], 68−78.

6. 137　Gadamer, H. -G. and Böhme G. (eds) *Seminar : Die Hermeneutik und Die Wissenschaften*, Frankfurt: Suhrkamp, 1978.

6. 138　Gebhard, W. *Nietzsches Totalismus : Philosophie der Natur zwischen Verklärung und Verhängnis*, Berlin and New York: Walter de Gruyter, 1983.

6. 139　Heelan, P. A. "Hermeneutics of Experimental Science in the Context of the Life-World", in D. Ihde and R. Zaner (eds), *Interdisciplinary Phenomenology*, The Hague: Nijhoff, 1975, pp. 7−50.

6. 140　Heelan, P. A. "Hermeneutical Phenomenology and the History of Science", in D. Dahlstrom (ed. ), *Nature and Scientific Method : William A. Wallace Festschrift*, Washington, D. C. : University Press of America, 1991, pp. 23−36.

6. 141　Hempel, H. -P. *Natur und Geschichte : Der Jahrhundertdialog zwischen Heidegger und Heisenberg*, Frankfurt: Anton Hain, 1990.

6. 142　Hendley, S. *Reason and Relativism : A Sartrean Investigation*, Albany: State University of New York Press, 1991, chapters 1, 2, 5, 6.

6. 143　Juranville, A. *Physique de Nietzsche*, Paris: Denoël/Gonthier, 1973.

6. 144　Kirchhoff, J. "Zum Problem der Erkenntnis bei Nietzsche", *Nietzsche-Studien*, 6 (1977): 16−44.

6. 145　Kisiel, T. "Hermeneutic Models for Natural Science", in [6. 120], 180−191.

6. 146　Kockelmans, J. J. *Heidegger and Science*, Washington, D. C. : University Press of America, 1985.

*217*  6.147  Kockelmans, J. J. "Toward a Hermeneutic Theory of the History of the Natural Sciences", in [6.133],

6.148  Kolb, D. "Heidegger on the Limits of Science", *Journal of the British Society for Phenomenology*, 14: 1 (1983): 50—64.

6.149  Major-Poetal, P. *Michel Foucault's Archaeology of Western Culture : Toward a New Science of History*, Chapel Hill: University of North Carolina Press, 1983, chapters 1, 2, 3.

6.150  Mauer, R. "The Origins of Modern Technology in Millenarianism", in P. T. Durbin and F. Rapp (eds), *Philosophy and Technology*, Dordrecht and Boston: Reidel, 1983: pp. 253—265.

6.151  Mittasch, A. *Friedrich Nietzsche als Naturphilosoph*, Stuttgart: A. Kroner, 1952.

6.152  Ormiston, G. and Sassower, R. *Narrative Experiments : The Discursive Authority of Science and Technology*, Minneapolis: University of Minnesota Press, 1989.

6.153  Richardson, W. J. "Heidegger's Critique of Science", *The New Scholasticism*, 42 (1968): 511—536.

6.154  Ricoeur, P. *Hermeneutics and the Human Sciences*, trans. J. B. Thompson, Cambridge: Cambridge University Press, 1981.

6.155  Schirmacher, W. *Technik und Gelassenheit : Zeitkritik nach Heidegger*, Freiburg im München: Alber, 1985.

6.156  Schmidt, A. "Zur Frage der Dialektik in Nietzsches Erkenntnistheorie", in M. Horkheimer (ed.), *Zeugnisse : Theodore W. Adorno zum sechszigsten Geburtstag*, Frankfurt: Suhrkamp, 1969, pp. 15—132.

6.157  Serrs, M. *Hermes : Literature, Science, Philosophy*, trans. J. V. Harari and D. F. Bell, Baltimore: Johns Hopkins University Press, 1982.

6.158  Stegmüller, W. "Walther von der Vogelweide's Lyric of Dream-Love and Qasar 3C 273", in [6.133], pp. 102—152.

6.159  Vaihinger, H. *Nietzsche als Philosoph*, Berlin, 1902.

6.160  Vaihinger, H. *The Philosophy of As If. A System of the Theoretical, Practical and Religious Fictions of Mankind*, trans. C. K. Ogden, London: Routledge

& Kegan Paul，1935.

6.161　Wolff，J. *Hermeneutic Philosophy and the Sociology of Art*，London and Boston：Routledge & Kegan Paul，1975，chapters 1-3.


## 科学哲学的社会的、交往的和唯物主义的（马克思主义的）大陆进路

6.162　Alford，C. *Science and the Revenge of Nature*：*Marcuse and Habermas*，Gainesville：University of Florida Press，1985.

6.163　Aronowitz，S. *Science as Power*：*Discourse and Ideology in Modern Society*，Minneapolis：University of Minnesota Press，1988.

6.164　Bhaskar，R. *Reclaiming Reality*：*A Critical Introduction*，London：Verso，1989.

6.165　Bubner，R. "Dialectical Elements of a Logic of Discovery" in [6.132].

6.166　Foucault，M. *The Order of Things*：*An Archaeology of the Human Sciences*，New York：Pantheon Books，1973.

6.167　Gutting，G. *Michel Foucault's Archaeology of Scientific Reason*，Cambridge：Cambridge University Press，1989.

6.168　Hacking，I. "Michel Foucault's Immature Science"，*Nous*，13（1979）：39-51.

6.169　Hiley，D. R.，Bohman，J. and Schusterman R.（eds），*The Interpretive Turn*：*Philosophy*，*Science*，*Culture*，Ithaca：Cornell University Press，1991.

6.170　Lyotard，J.-F. *The Post-Modern Condition*：*A Report on Knowledge*，trans. G. Bennington and B. Massumi，Minneapolis：University of Minnesota Press，1984.

6.171　Marcuse，H. *One Dimensional Man*：*Studies in the Ideology of Advanced Industrial Society*，Boston：Beacon Press，1964.

6.172　Radder，H. *The Material Realization of Science*：*A Philosophical View on the Experimental Natural Sciences Developed in Discussion with Habermas*，Assen：Van Gorcum，1988.

6.173　Rouse，J. *Knowledge and Power*：*Toward a Political Philosophy of Science*，Ithaca：Cornell University Press，1987.

6.174　Whitebook，J. "The Problem of Nature in Habermas"，*Telos*，40（1979）：41-69.

218

## 大陆技术哲学

6. 175　Beck, H. *Kulturphilosophie der Technik*：*Perspektiven zu technikMen-schheit-Zukunft*, Trier：Spec Verlag, 1979.

6. 176　Guzzoni, U. "Überlegungen zum Subjekt-Objekt-Modell Kritisches Denken und das Verhältnis von Technik und Natur", *Dialektik 14*. *Humanität, Venunft, und Moral in der Wissenschaft*, Köln：Pahl-Rugenstein, 1987：pp. 59–73.

6. 177　Ihde, D. *Instrumental Reason*：*The Interface Between Philosophy of Science and Philosophy of Technology*, Indianapolis：Indiana University Press, 1991.

6. 178　Loscerbo, J. *Being and Technology*：*A Study in the Philosophy of Martin Heidegger*, The Hague：Nijhoff, 1981.

6. 179　Winner, L. *The Whale and the Reactor*：*A Search for Limits in an Age of High Technology*, Chicago：University of Chicago Press, 1986.

## 科学和社会认识论的相关社会学研究

6. 180　Anderson, G. "Anglo-Saxon and Continental Schools of Meta-Science", *Continuum*, 8 (1980)：102–110. Also in [6. 240].

6. 181　Ashmore, M. *The Reflexive Thesis*：*Wrighting (sic) the Sociology of Scientific Knowledge*, Chicago：University of Chicago Press, 1989.

6. 182　Barnes, B. *Interests and the Growth of Knowledge*, London：Routledge & Kegan Paul, 1977.

6. 183　Barnes, B. *The Nature of Power*, Urbana：University of Illinois Press, 1988.

219　6. 184　Bloor, D. *Knowledge and Social Imagery*, London：Routledge & Kegan Paul, 1976; 2nd edn, 1991.

6. 185　Brannigan, A. *The Social Basis of Scientific Discoveries*, Cambridge：Cambridge University Press, 1981.

6. 186　Brown, J. *The Rational and the Social*, New York：Routledge, 1989.

6. 187　Collins, H. *Changing Order*：*Replication and Induction in Scientific Practice*, London：Routledge & Kegan Paul, 1985.

6. 188　Collins, H. and Pinch, T. *Frames of Meaning*：*The Social Construction of Extraordinary Science*, London and Boston：Routledge & Kegan Paul, 1987.

6.189 Crane, D. "The Gatekeepers of Science: Some Factors Affecting the Selection of Articles for Scientific Journals", *American Sociologist*, 2 (1967): 195-201.

6.190 Crane, D. *Invisible Colleges: The Diffusion of Knowledge in Scientific Communities*, Chicago: University of Chicago Press, 1972.

6.191 Gallison, P. *How Experiments End*, Chicago: University of Chicago Press, 1987.

6.192 Haraway, D. J. *Simians, Cyborgs, and Women: The Reinvention of Nature*, New York: Routledge, 1991.

6.193 Heelan, P. A. "The Quantum Theory and the Phenomenology of Social-Historical Phenomena", in P. Blosser, L. Embree and S. Kojima (eds), *Japanese and American Phenomenology*, Washington, D. C.: University Press of America.

6.194 Krige, J. *Science, Revolution and Discontinuity*, Atlantic Highlands: Humanities Press and Brighton: Harvester, 1980.

6.195 Knorr-Cetina, K. *The Manufacture of Knowledge*, Oxford: Oxford University Press, 1980.

6.196 Knorr-Cetina, K. and Mulkey, M. (eds) *Science Observed: Perspectives on the Social Study of Science*, London and Beverly Hills: Sage, 1983.

6.197 Kutschmann, W. *Der Naturwissenschaftler und sein Körper: Die Rolle der "inneren Natur" in der Experimentellen Naturwissenschaft der frühen Neuzeit*, Frankfurt: Suhrkamp, 1986.

6.198 Latour, B. *Science in Action*, Cambridge, Mass.: Harvard University Press, 1987.

6.199 Latour, B. *The Pasteurization of France / Irreductions: A Politico-scientific Essay*, Cambridge: Mass.: Harvard University Press, 1988.

6.200 Latour, B. and Woolgar, L. *Laboratory Life*, London: Sage, 1979.

6.201 Laudan, L. *Progress and Its Problems*, Berkeley: University of California Press, 1977.

6.202 McMullin, E. (ed.) *The Social Dimensions of Science*, Notre Dame: University of Notre Dame Press, 1991.

6.203 Myers, G. *Writing Biology*, *Texts in the Social Construction of Scientific Knowledge*, Madison: University of Wisconsin Press, 1990.

6. 204　Prelli, L. *A Rhetoric of Science*, Columbia, South Carolina: University of South Carolina Press, 1989.

6. 205　Redner, H. *The Ends of Science*, Boulder: Westview Press, 1987.

6. 206　Ringer, F. "The Origins of Mannheim's Sociology of Knowledge", in [6. 202].

*220*　6. 207　Sapp, J. *Where the Truth Lies: Franz Moewus and the Origins of Molecular Biology*, Cambridge: Cambridge University Press, 1990.

6. 208　Shapin, S. and Schaffer, S. *Leviathan and the Air Pump: Hobbes, Boyle, and the Experimental Life*, Princeton: Princeton University Press, 1985.

6. 209　Winch, P. *The Idea of a Social Science and Its Relation to Philosophy*, London: Routledge & Kegan Paul, 1958.


## 科学哲学和科学史研究

6. 210　Agassi, J. *Towards an Historiography of Science: History and Theory*, vol. 2, The Hague, 1963.

6. 211　Butterfield, H. *The Origins of Modern Science*, New York: Macmillan, 1951, 1957, 1965.

6. 212　Butterfield, H. *The Whig Interpretation of History*, New York: Norton, 1965 (1931).

6. 213　Cartwright, N. *How the Laws of Physics Lie*, Oxford: Oxford University Press, 1983.

6. 214　Churchland, P. M. and Hooker, C. A. (eds) *Images of Science: Essays on Realism and Empiricism*, Chicago and London: 1985.

6. 215　Crombie, A. C. *Augustine to Galileo*, Cambridge, Mass.: Harvard University Press, 1961.

6. 216　Cushing, J. T., Delaney, C. F. and Gutting, G. M. (eds) *Science and Reality: Recent Work in the Philosophy of Science*, Notre Dame: University of Notre Dame Press, 1981.

6. 217　Dijksterhuis, E. J. *The Mechanization of the World Picture*, trans. C. Dikshoorn, London: Clarendon, 1961.

6. 218　Feyerabend, P. *Against Method: Outline of an Anarchistic Theory of Knowledge*, London: Verso, 1975.

6.219　Feyerabend, P. *Farewell to Reason*, London: Verso: 1987.

6.220　Feyerabend, P. *Three Dialogues on Knowledge*, London: Verso, 1990.

6.221　Gower, B. "Speculation in Physics: The History and Practice of *Naturphilosphie*", *Studies in History and Philosophy of Science*, 3 (1973): 301-356.

6.222　Hacking, I. *The Emergence of Probability : A Philosophical Study of Early Ideas about Probability, Induction and Statistical Inference*, London and New York: Cambridge University Press, 1975.

6.223　Hacking, I. *Representing and Intervening : Introductory Topics in the Philosophy of Natural Science*, Cambridge: Cambridge University Press, 1983.

6.224　Hacking, I. *The Taming of Chance*, Cambridge: Cambridge University Press, 1990.

6.225　Hanson, N. R. *Patterns of Discovery : An Inquiry Into the Conceptual Foundations of Science*, Berkeley: University of California Press, 1958.

6.226　Harman, P. M. *Energy, Force, and Matter : The Conceptual Development of Nineteenth-Century Physics*, Cambridge: Cambridge University Press, 1982.

6.227　Hesse, M. *Revolutions and Reconstructions*, Bloomington: University of Indiana Press, 1980.

6.228　Jardine, N. *Fortunes of Inquiry*, Cambridge: Cambridge University Press, 1986.

6.229　Jardine, N. *Scenes of Inquiry*, Oxford: Oxford University Press, 1991.

6.230　Kockelmans, J. *Philosophy of Science : The Historical Background*, New York: Free Press, 1968.

6.231　Kuhn, T. *The Structure of Scientific Revolutions* (2nd edn), Chicago: University of Chicago Press, 1962, 1970.

6.232　Kuhn, T. *The Essential Tension*, Chicago: University of Chicago Press, 1977.

6.233　Ladrière, J. *The Challenge to Culture Presented by Science and Technology*, Paris: Unesco, 1977.

6.234　Lakatos, I. *The Problem of Inductive Logic*, Amsterdam: North Holland Publishing Co. , 1968.

6.235　Lakatos, I. "Falsification and the Methodology of Scientific Research Pro-

*221*

grammes", in Lakatos and A. Musgrave (eds), *Criticism and the Growth of Knowledge*, Cambridge: Cambridge University Press, 1970, pp. 91-196.

6. 236　Priyogine, I. and Stengers, I. *La Nouvelle Alliance : Metamorphose de la science*, Paris: Editions Gallimard, 1979.

6. 237　Polanyi, M. *Personal Knowledge : Towards a Post-Critical Philosophy*, Chicago: University of Chicago Press, 1974.

6. 238　Price, D. J. de Solla *Little Science, Big Science*, New York: Columbia University Press, 1963.

6. 239　Price, D. J. de Solla *Science Since Babylon*, New Haven: Yale University Press, 1975.

6. 240　Radnitzky, G. and Andersson, G. (eds) *Progress and Rationality in Science*, Dordrecht: Reidel, 1978.

6. 241　Stegmüller, W. *Metaphysik, Skepsis, Wissenschaft*, Berlin: Springer, 1969.

6. 242　Stegmüller, W. *The Structuralist View of Theories : A Possible Analogue of the Bourbaki-Programme to Physical Science*, Berlin: Springer, 1979.

6. 243　Suppe, F. (ed. ) *The Structure of Scientific Theories*, Urbana: University of Illinois Press, 1974.

6. 244　Suppe, F. *The Semantic Conception of Scientific Theories and Scientific Realism*, Urbana: University of Illinois Press, 1989.

6. 245　Tiles, M. "Science and the World," in G. H. R. Parkinson *et al.* , *The Handbook of Western Philosophy*, New York: Macmillan, 1988, pp. 225-248.

6. 246　Toulmin, S. "The Construal of Inquiry: Criticism in Modern and Post-Modern Science", *Critical Inquiry*, 9 (1982): 93-111.

222

## 第七章

# 马克思主义哲学：列宁、卢卡奇、葛兰西、阿尔都塞

*迈克尔·凯莉*（Michael Kelly）

## 引　言

马克思主义哲学可以被看作一场与黑格尔的斗争或者与资本主义的斗争，即被看作一场智力运动或政治运动。它们既不能相互化约，也不能完全分离。当它艰难地四处拓展并突破英语地区知识体制下的各种学科界限时，人们就很难根据某个具体学科处理马克思主义了。这里在哲学背景下理解马克思主义的尝试，不可避免地要打破这个背景，引进一些在狭义的哲学定义下也许认为是不合适的材料。由此，为了全面考量马克思主义，哲学或许需要将自身看作一个更加开阔的事业。

马克思主义哲学史绝不单纯。马克思主义传统包括作为哲学的历史和作为历史的哲学，也包括对这两者的性质与地位所做的众所周知的矛盾性阐释。非马克思主义思想家们对马克思主义哲学的性质和地位也同样众说纷纭。对马克思主义哲学史的研究必然会陷入一场激烈的斗争。不同于其他任何哲学传统，这场斗争固然属于知识王国，但同时也属于社会和地理政治的竞技场。席卷欧洲的共产主义政权的瓦解所造成的后果仍然暗潮涌动，前景不明，在此背景下，本次研究既承担着巨大的智力风险，也有些

不合时宜。

马克思主义哲学非但不是永恒哲学（*philosophia parennis*），而且始终
223 处于变化之中，不仅随环境的改变而改变，而且随实践者的问题和目的的改
变而改变。随着时间的推移，对经典文本和评注不断涌现出各种各样的新解
释。谁是创始人，应该依靠哪本著作，应该参考谁的评注，对这些问题的分
歧也越来越多。很多情况下，这些话题已经引起了满含辛酸的论战，几个马
克思主义思想派别都激烈宣称自己拥有唯一可靠的版本。有的派别甚至想并
且能够通过司法手段以至军事压迫来支持以上主张，至少在某个时间段是如
此。这样，认同问题就成了初始的问题：一种真实的马克思主义哲学能够在
何种意义上透过其多样化的形式而被前后一致地界定？当前的研究回避正统
的观点，而只满足于将马克思主义传统松散地理解为一种关系复杂的、冲突
不断的家族运动。在本章这样简短的篇幅内，我们只能考察其中的几个时间
点以及它们相互关系的主线。这种白描式的研究自有其价值，至少它能对马
克思主义现有几个版本之间的连贯性和跨度有所表示，而其中有些版本——
但不是全部——已经被马克思主义者看成其主要优势和成就。

一个紧密相关的问题是：在马克思主义内部，哲学被给予何种身份？这
总是要回到马克思和黑格尔之间的关系上来。马克思在黑格尔的体系（作为
唯心主义的外衣被严厉指责）与他的方法（作为理性的内核被赞美）之间所
进行的反复区分已经引起了相互冲突的解释。有人认为，马克思主义延续了
黑格尔式的方案，提供一个总的哲学框架来统一人类知识的所有方面。也有
人认为，马克思明显的成就是放弃哲学，认为哲学的野心是一种空想。在
这两个极端之间还有许多其他立场。当前的研究不打算援引对这些术语的
简单辩证否定，而是迎难而上，承认至少在某种程度上，有一个与马克思
主义对话的领域，它必须被认为是哲学的，即使当（也尤其当）它声称哲
学终结的时候。

问题的核心是理论和实践的关系。研究的起点隐藏在马克思主义者主要
的思想觉悟中：除了理解或解释世界，还要试图改变世界。这个观念暗示了
两点：第一，思想是人类社会活动的产物；第二，它产生和制定这种活动的
224 未来方案。具体应用到哲学上，它表明，不寻求改变的哲学家客观上维持了

现有的社会秩序。从中也可以推断，声称自己是马克思主义者（反之亦然）的哲学家通过哲学正在从事改造社会的计划。对马克思主义哲学家个人而言，这种推断的后果在不同时间和不同地点也是不同的，从流放、刑讯和处决到名声、名望和财富：更多的是前者，而不是后者。哲学王的影子也隐约出现在重要的历史人物身上，他们被供奉在马克思主义哲学的万神庙中，包括列宁（Lenin）、斯大林和毛泽东（Mao Tse-tung）。他们的事例加剧了理论和实践之间的紧张，迫使马克思主义政治人物去领导哲学，迫使哲学家戴上管理国家的斗篷：一座更宽阔的文化之间的（而非其他东西之间的）海湾大桥。

卡尔·马克思对他的理论责任和政治责任之间的分界面的苦恼统统体现在他对法国"马克思主义者"的反应上，他们的工作促使他多次声称"我不是一个马克思主义者"。也许这个念头有点鲁莽，但它有效地说明了在马克思主义哲学和个别作家之间成问题的关系。一个作家能够或者渴望对属于自己的作品或观点宣称拥有所有权，但是与其他地方不同，这里有着明显的限制。如果马克思在其人生中被引导去否认自己指定的信徒，那么我们要保持警惕，不要把他的或其他思想家的作品和往往与之联系在一起的身份之间的对应关系看得太真。在马克思主义中，有些文本在发表了很长时间之后才会产生影响，而此时的环境已经与当初的写作背景大相径庭，这一马克思主义中的普遍现象也鼓励我们要保持这种警惕。对马克思、列宁、葛兰西和卢卡奇（Lukács）的主要著作来说，这是非常正确的。一位思想家经常被作为一面旗帜来标榜，并冠以一个特别的观点，而这个观点在他或她的著作中可能有，但也可能根本就没有明确的表述。通过这种张冠李戴的过程，一位思想家甚至一个哲学概念也常常作为一种政治立场或方案——它不能直接标明——的解码索引而发挥作用。一位作家或一种思想首先是一个指称，它的意思紧密依赖其出处的上下文语境。虽然，对它们而言，意义过于饱和是常事，但是当评注累积的层次严重妨碍了通向被掩盖的语境时，它们通过这种方法能够被耗尽其意义。

马克思主义哲学无法摆脱群体和运动，因为它们已经被规划或者已经被作为推动它们政治目的和方案的可能理论途径。它们包括劳动和工会运动、 *225*

左翼政党、民族自治运动以及在这样那样的外衣下拥护马克思主义的国家和政权。这种制度化已经产生了多种影响，从而把马克思主义哲学与其他哲学区分开来。很少提到的是，它的交流渠道往往是一些发起组织，无论政治报纸或杂志还是政治培训项目或可以被承认的政治或社会性质的出版社。这并不稀奇，马克思主义的鼓舞作用已经被从专业的哲学可能渠道排除出去。马克思主义的文本总是以高度的互文性为特征。这些文本的重要性往往仅被熟悉其他权威的或当代的、能够区分开来的文本的读者所掌握。另一个区分性特征是，表达马克思主义思想的努力相当简单而系统化，足以被非专业的读者广泛理解和应用。与之相联系的是强制性的程度。与此相关的是强制性，作品在这种强制性下出版，从标准书型和出版社风格到编辑干预的程度和集体性作者。毫无疑问，这与机构的影响密不可分，它们授予哲学的权威性超越了理性讨论的内在优点。

对当前的历史研究还有最后一个问题：研究的对象是什么？是一个哲学家——然而已经被定义了——的历史，还是观念的或智力运动的历史？在面对让人望而生畏的大量材料面前，应该用什么样的选择标准和排序标准？虽然空间的限制规定了这里主要还是通过个别哲学家来考察，但是马克思主义哲学对其生产和接受的物质条件的紧密依赖表明，它应该被作为一种观念史来研究。观念和哲学家固然有个人的和集体的历史，但二者的历史并不完全是自己的。概念、主张或论据在某个时间和地点出现、变化和消失，这还能被标示出来，但它们的发展如果与其他历史过程——它们不仅提供了可供理解的条件而且提供了变化的原动力——分离开来就不可能得到充分的理解。换句话说，观念更多的是从社会而不是从逻辑关系中获得它们的生命和力量，尽管在当前的研究中社会背景能够被勾勒出来。

如果观念并不完全有自己的历史，那么最好通过有自己历史的实体来把握它们。就此而言，很显然，国家或地区提供了最便于处理的历史框架。国家肯定有自己的历史，甚至可以认为，正是此历史才使得国成其国。一个现代国家的身份与由其本身或其他所进行的历史描述的建构密切相关，在这种历史描述中，这种建构刻画了这个对象。哲学作为一种文化形式，通过它，一个国家展示自身，表达对自己身份和历史的总的陈述，尤其在它与获得国家权力的关系中。马克思主义哲学在 20 世纪的大部分时间都是一个定义和表现这一进程的主要参与者，因此本章的剩余部分将根据国家和地区的马克思主义哲学运动来组织。

# 苏维埃马克思主义

　　苏联是第一个把马克思主义作为官方哲学的国家。借助国家资源的支持和十月革命的余威，苏维埃马克思主义是 20 世纪大部分时间里在世界上占统治地位的马克思主义哲学版本。当然，这种统治并不是完全的，马克思主义哲学家之间的大部分辩论已经被引向去攻击或捍卫整个苏维埃联合体或其组成部分。

　　在 19 世纪末，俄罗斯社会主义者发现了马克思主义思想，并在普列汉诺夫（George Valentinov Plekhanov，1856—1918）的领导下，把它细化成一个纲领性的、无所不包的哲学。普列汉诺夫的主要著作《论一元历史观的发展》（*The Development of the Monist View of History*，1895）既成为权威表述，也成为后来苏维埃理解马克思主义的模式。他批判地分析了先前欧洲哲学的几个潮流，指出它们的优点和局限，作为在马克思主义唯物史观下解决它们的准备工作。18 世纪的法国启蒙唯物主义、19 世纪法国历史学家的历史观念、法国空想社会主义者的社会概念和德国唯心主义的辩证哲学都被逐一检查，并发现它们既有用又有缺陷。然后，他以恩格斯（Engels）对自己和马克思哲学的简短说明为基础详细说明了马克思的方案，他称之为"现代辩证唯物主义"，这样构造的一个术语后来成为官方苏维埃马克思主义的一般称谓。他特别强调社会的经济基础所扮演的决定性角色，反对政治、法律和观念等上层建筑，把它们仅仅看作经济基础的功能，推动或阻碍了经济的发展。

　　撇开具体的解释细节不论，普列汉诺夫牢固建立起了理解马克思主义的惯例，即通过注释马克思和恩格斯著述的某些章节，确认手稿文本是真理权威性的来源。他也通过马克思主义先辈的知识史来理解马克思主义，并产生了几个重要后果。第一，它把马克思主义置于欧洲思想的主流位置，使所有

227

的学术威望都依附它，特别是在亲法的俄罗斯知识界。第二，它表明，在这个传统中，马克思主义是作为解决长期问题——比如人类进步——的一个现代的并因此是更好的解决方案而出现的。第三，它确认了马克思主义的斗争性和论战性特征，马克思主义几乎就是在与其他思想流派的斗争中被定义的。在普列汉诺夫成为俄罗斯马克思主义的布道者之后，这些特征在几年中被不断放大。即使他从 1903 年起成为孟什维克派的领导，他的哲学著作还是被列宁热情地称赞，而他的影响在十月革命后仍持续数年直到他在 1918 年逝世。

列宁的主要哲学著作是《唯物主义和经验批判主义》（*Materialism and Empiriocriticism*，1908）。在其中，他攻击了他认为是认识论中的唯心主义的离经叛道思想，这些思想由马克思主义运动内部的领导性知识分子提出，其中包括发现了马克思主义与宗教思想之重叠的普列汉诺夫。列宁反对这种观点，即现代物理学的发现——挑战了牛顿的机械力学——支持这些"修正主义"趋势。除了重复恩格斯那里的原则性的经典陈述外，这本著作的最大影响是巩固了论战模式。通过这一模式，俄罗斯马克思主义哲学的表达越来越贴上了猛烈抨击和指责的标签，这本该在政治演说中才更为常见。列宁也出版了大量短小的马克思主义通俗化读本，包括《马克思主义的三个来源和三个组成部分》（*The Three Sources and Three Component Parts of Marxism*，1913），它把马克思主义看作由德国哲学、英国经济学和法国政治学熔铸的一个整体，每一个部分都被马克思的先进理论所取代。

这些著作的重要性首先是，它们是由 1917 年政治革命运动的领导者以及苏维埃国家的创建者所写。就其身份而言，它们经历了与列宁本人 1924 年去世后相同的圣化过程。由于在 20 世纪 20 年代的几场哲学论战中对几个方面的支持，它们获得了圣典的身份。斯大林在 20 世纪 30 年代早期宣称列宁对马克思主义作出了重大贡献，从此，马克思主义就以马克思主义—列宁主义而闻名。然而，圣化是有选择的：1929 年出版的列宁关于黑格尔的满腔热情的读书笔记，并没有获得斯大林的认可。

马克思主义—列宁主义成为苏联国家哲学的这个过程是以满含辛酸的论战为特点的，特别是在专业哲学家中，他们互相斗争以便获得斯大林的支持。马克思主义—列宁主义的准备工作被安排在历史唯物主义的体系化中，它由布哈林（Nikolai Ivanovitch Bukharin，1888—1938）在其手稿《历史唯物主义理论》（*The Theory of Historical Materialism*，1921）中完成。它（几乎是大部分章节）引起了激烈的辩论，并得到重要哲学杂志《在马克思主义旗帜下》（*Pod znamenem marksizma*，1922–1944）编辑的支持。一方面，"机械论者"［斯克沃尔佐夫-斯捷潘诺夫（Skvortsov-Stepanov）、季米里亚捷夫（Timiryazev）等］包括布哈林认为，马克思主义现在已经不需要任何哲学，因为它已经超越了科学知识的阶段。因此，对哲学家和思想家而言，不存在干预自然科学事务的任何余地。

另一方面，"辩证论者"［德波林（Deborin）、季米扬斯基（Tymyansky）、斯腾（Sten）等］认为，在普列汉诺夫的传统中，马克思主义哲学作为"科学的科学"需要不断推广、联合，并直接探询所有的知识领域。这场辩论在 1929 年结束，布哈林和机械论者一道遭到政治冷遇。然而，辩证论者的胜利也是短暂的。他们的总体立场逐渐被接受，但他们自己被新一代的"布尔什维克化的"哲学家所批判，指责他们高估了普列汉诺夫，而有损列宁的地位，指责他们与托洛茨基（Trotsky）——事实上，他总是不情愿对哲学事情发表意见——的隐晦联系。

这些辩论的核心是权威问题，它分成两个方面。第一，哲学需要何种权威来指导其他社会领域的活动，尤其是科学和技术等战略领域的活动？这个问题的答案是：它对立法和宣判具有绝对的权威，马克思主义哲学是成功建设社会主义的基础，无论对一个国家还是对全世界而言。第二，哲学本身服从何种权威？这个问题的答案是：它所服从的不是某个内部的哲学原则或传统，而是服从由共产党代表的、由它的总书记斯大林所具体化的工人阶级的利益，而他的权威源自列宁。进而，列宁对马克思主义的具体贡献是他对哲学党性的捍卫，最终解释为对党的服从的义务。这是马克思主义—列宁主义获得官方国家哲学的身份的关键。

20 世纪 30 年代是斯大林将他的权力扩张至整个苏维埃生活，扩张至不断高涨的整个世界的共产主义运动中的时期。条文化和"布尔什维克化"在马克思主义—列宁主义旗帜下携手并进，并在大清洗时期 1938 年出版的斯大林主义手册《苏联共产党（布）历史简明教程》［*History of the Commu-*

*nist Party of the Soviet Union（Bolsheviks），A Short Course*；以下简称《简明教程》〕中达到了它的顶点。在《简明教程》的第一章，斯大林给自己贴金，以简练纲要的形式列举了辩证唯物主义和历史唯物主义的基本教条。与形而上学相对，辩证法的四个原则是：联系、变化、质的飞跃和矛盾；与唯心主义相对，唯物主义的三个特征是：世界是物质的、独立于精神而存在的、可知的。这种唯物主义是无产阶级政党的启明星，把它应用于历史研究就产生了历史唯物主义。这表明，精神生活（包括观念和制度）是对经济生产的反映，历史发展的决定力量是生产方式，包括生产力和生产关系。存在过五种形式的生产关系（如所有制）：原始共产主义、奴隶制、封建主义、资本主义和社会主义，它们之间的过渡总是通过革命而发生，而革命的爆发是由于生产力（工具、人和技术）的发展速度超过了相应的生产关系。

《简明教程》的权威性，加上其明晰性，将马克思主义哲学导向了一个狭隘而又教条的正统观念，这种正统观念在苏联和世界共产主义中占有绝对统治地位直到斯大林逝世。从那以后，它成为大多数马克思主义论战中的绝对依据，甚至（或许尤其是）在斯大林主义遭受最激烈的公开指责时。苏联教条主义在冷战早期被进一步扭曲，当时，在安德烈·日丹诺夫（Andrei Zhdanov）的领导下，包括哲学在内的文化被无情地局限在用来捍卫和说明苏联马克思主义在所有方面的杰出成就。这包括对非马克思主义哲学兴趣的强大阻碍，甚至包括与马克思主义有着牢固联系的黑格尔哲学，进而甚至延伸到马克思自己的非经典文本，尤其是《1844年巴黎手稿》。

1953年斯大林去世后，以及1956年赫鲁晓夫（Krushchev）在苏共第二十大上公开谴责他之后，僵硬的教条化路径开始缓解。但一个永久模式被固定下来，再怎么去斯大林化也无法消除。国家的权威、党的执政地位、马克思主义—列宁主义在苏维埃教育体系之所有阶段中被当作义务教育以及牢固的学术等级机制，这些都致力于使苏维埃马克思主义的社会的和学术的结构大体上保持不变。斯大林主义的"公认的文本"（Vulgate）被发展成一个细致的学术体系，在这个体系中，论战也许会对某个章节的解释或对某个教条的状况大发脾气。好的榜样是一场把否定之否定成功恢复为普遍的辩证的发展规律之一的运动，它在《简明教程》中被斯大林遗漏了。

*230*

　　自相矛盾的是，马克思主义—列宁主义与国家和政党的紧密关系也在很大程度上使它与马克思主义哲学在其他地方的发展隔绝开来。这个逻辑很简单：如果外国思想家不是共产党员，那么他或她就不是可靠的马克思主义者，因此只能被认为是对马克思主义某种形式的变节或偏离；相反，如果他或她是党员，那么他或她的著作便不能被公开讨论，否则就违反了不干预兄弟党务的原则。结果必然是秘密关注外国马克思主义哲学家和主要非马克思主义哲学家的繁荣。由此，苏维埃马克思主义公开的和私下的两副面孔之间的鸿沟使它在事件的压力下极端脆弱。苏联东欧的马克思主义—列宁主义和其他地方赞成苏维埃式的共产主义运动中的马克思主义，是以接受俄罗斯的政治和思想统治为明显标志的。在 20 世纪 70 年代拥护欧洲共产主义统一战线的政党中，它被象征性地拒绝了，而在其他许多地方，它被直接抛弃了。无论如何，它没有任何独立的力量，而当支持它的国家和政党在 20 世纪 90 年代初倒台的时候，苏维埃马克思主义实际上走到了终点。由于它是马克思主义在 20 世纪大部分时间内的焦点和典型，因此需要弄清，是否它的死亡也将被证明是马克思主义的终结。

　　斯大林主义的马克思主义的中国变体也有影响。中国共产党发展了两个哲学主流。一个是《简明教程》中马克思主义—列宁主义的正统观点，它由在莫斯科接受培训的知识分子引进，由列宁建立的第三国际或共产国际（1919—1943）推动指导全世界共产党的政治和活动。另一个主流是由 20 世纪 30 年代晚期延安革命指挥部的知识分子对第一个主流的改编，其中最成功的是毛泽东（1893—1976）。除了对农民角色赋予高得多的重要性之外，毛泽东还发展了矛盾的分类，根据它们本质上是敌对的还是非敌对的，在具体背景中是主要的还是次要的以及主要方面还是次要方面，等等。他认为，矛盾和它们的方面在特定的条件下能够从一种形式转化为另一种形式，尤其是在革命党的实践中被正确把握的时候。

　　随着 1949 年中国革命取得成功，特别是在斯大林逝世之后，毛泽东渐渐地成为又一个列宁，而北京也取代莫斯科成为世界共产主义运动的领袖。20 世纪 60 年代，多数国家见证了毛主义的共产主义运动的兴起，它在西欧影响不大，但在学生中却特别成功。他们尤其受到"文化大革命"的影响。

当时毛主席语录的"红宝书"将他的新斯大林主义提高到狂热的地步，将重新命名为马克思主义—列宁主义—毛泽东思想的官方哲学浓缩为通用的引文和标语。从这种美化出发，中国共产主义从国际主义回到了民族主义的马克思主义—列宁主义，而且在 20 世纪 80 年代有段时间开始允许与卢卡奇和葛兰西相联系的人本主义马克思主义的表达。至于中国的共产主义在不久的将来是否会遭遇与它的苏维埃同伴相似的命运，又怎样发生，这只是个推断的问题，但是，很显然，它对其他地方的马克思主义哲学的影响在 20 世纪 70 年代中期基本上就已经停止了。

## 中欧马克思主义

在第一次世界大战后的前几年，彻底的布尔什维克化还没有完全跟上莫斯科的节奏时，在中欧马克思主义者之间仍然存在哲学辩论的繁荣文化。这主要是在德语圈，那儿是前布尔什维克马克思主义的知识分子的重心。这种哲学辩论弥漫着第二国际——该组织将欧洲的社会民主主义和劳动党聚集到一起（1889—1914）并定位于为知识分子和文化价值赢得尊重——的人本主义，被成功的马克思主义—列宁主义所掩盖，在很大程度上被忽视，直到 20 世纪 60 年代的后斯大林主义时期。那时，它在柯尔施（Korsch）、卢卡奇、本雅明（Benjamin）、布洛赫（Bloch）以及其他作家的著作中被重新发现并主要通过反对占统治地位的共产主义正统观念的运动而广泛流行。

经过几次努力，一种替代传统终于被建立起来，即法兰克福学派、意大利马克思主义者以及法国作家如阿尔都塞和萨特，聚集起来创建了"西方马克思主义"。英国人的方案《新左派评论》（*New Left Review*）就是如此，它做了大量的工作，提出了一个适当的英语文本的标准，提供了许多非苏维埃的马克思主义理论家。但是，由梅洛-庞蒂于 20 世纪 50 年代创造的"西方马克思主义"这一概念一旦被扩展到两次大战之间的德国文化辩论之外时，就会失去历史连贯性。基于此，分别考察中欧各种各样的作家或许更有好处，而不是在他们之间以及他们与其他知识传统和政治传统之间强求一种人为的一致性。

毫无疑问，这些哲学家中的巨人是卢卡奇（1885—1971）。卢卡奇出生于布达佩斯（Budapest）一个富足而有教养的家庭，先后在德国和奥匈帝国的大学接受教育。他能用德语和匈牙利语在同一水平上写作，在匈牙利政治历史上和国际共产主义运动中扮演着重要角色，也是主要文学和哲学辩论中的中心人物。受德国康德、狄尔泰和齐美尔哲学传统的教育，他经由马克斯·韦伯继而黑格尔——对他具有永久的魅力——最后支持马克思主义。在1919—1920年的骚乱事件期间，匈牙利共产党中"左"派领导人卢卡奇发展了一种与在莫斯科取得支配地位的辩证唯物主义完全不同的马克思主义。尽管他在不同时期努力坚称自己的马克思主义是正统观念，但是在其生涯的大部分时间，他都是被反复攻击的"修正主义"分子。至于卢卡奇的哲学身份能否与他向非共产主义"左"派的调和态度的政治转变直接联系起来，这个问题已经有过大量讨论。但是，因为他的政治同情在许多方面与他在哲学上反对的布哈林非常接近，所以得出任何简单化的结论都是草率之举。

毫无疑问，卢卡奇的主要著作是他在1923年出版的论文集《历史与阶级意识》（*History and Class Consciousness*）。它是出版后数年间论战的焦点，冷战之初，论战又起。在1967年得到卢卡奇认可的德文版和英文版重新面世之前，法文版已经在20世纪60年代广泛传播。该书的基本目标是坚决对黑格尔传统中的马克思进行重新定位，抽掉马克思试图改造的黑格尔的概念。在第一篇论文《什么是正统的马克思主义？》（What is Orthodox Marxism?）中，卢卡奇认为，马克思已经吸收了黑格尔方法中的积极部分，即辩证法，与黑格尔自己也反对的"永恒价值"的神化残余相抗衡。在这个意义上，马克思用黑格尔反对康德和费希特的批判来批判黑格尔，批判他以牺牲过程、具体的总体化、辩证法和历史的意识为代价使抽象反思的特定时刻永恒化。他认为，黑格尔已经不能从抽象的阶段上升到对实在的历史推动力的认识，这些动力是马克思的独创性。

该书中最有影响的论文或许是《物化和无产阶级意识》（Reification and the Consciousness of the Proletariat），它把马克思主义解释为一种异化理论，而最引人注目的论据《1844年巴黎手稿》当时还没有为人所熟知。卢 *233*

卡奇强调可交换的商品是资本主义经济的基本单元，而商品拜物教是其必然结果，导致人们忽视活动的人的方面而支持其可计量的交换价值。他认为，所有关系都必须最终化约为商品交换的结构，这是资本主义发展的逻辑必然性。物化的过程导致生活的所有方面都被计算和定量，导致人和物的个体特征被异化。最后，它也对人类意识产生影响，使人类关系中最亲密的领域被物化，最严格的科学研究被物化。在资产阶级社会，没有任何方面能够完全逃脱物化的破坏。解决的唯一希望是将哲学转变为实践，转变为思想和意识通向实在的实践定向。这个意义上的实在被理解为一个渐变的过程，一个总体性。只有无产阶级的实践的阶级意识——将自身理解为社会总体性的主体——才有希望将关于实践的理论（a theory of *praxis*）转变为一个实践的理论（a practical theory），它颠倒现实世界，使总体性发生彻底性变革，克服物化过程。尽管如此，只要它保持实践定向，避免黑格尔图式化的陷阱，避免重复性的机械模式（比如著名的三位一体：正题、反题、合题），避免将它的关注超出人类社会而扩展至自然哲学的非辩证的方案，它就将是成功的。

卢卡奇重新肯定了黑格尔与马克思主义的关联性，这在某种意义上是重申了马克思的欧洲哲学传统，对不断增长的神化列宁的趋势——这在他晚年的最后几个月是可以察觉的，也是斯大林在布尔什维克化运动中极力追求的东西——提出了挑战。他对黑格尔缺点的苛责在另一种意义上是对将马克思主义体系化为一系列僵硬抽象物——在《简明教程》中达到顶点——的含蓄批评。他重申了主客体的辩证关系以及理论和实践的辩证关系，作为马克思主义的基本原则保证了其不断进步和变化的潜力。他认为，以修正主义为典型特征的替代品将陷入乌托邦的二元论，并产生一种僵硬的理论充当为各种实践辩护的笼统概念。它也最可能导致保守的右派黑格尔分子对国家的崇拜——马克思已经将黑格尔的信徒从中解救出来。不难看出，相近的观点在马克思主义—列宁主义者中隐约可见。

但是，卢卡奇不仅挑战苏维埃马克思主义，他也为另一个替代品黑格尔化的马克思主义提供智力议程。这一具有文化和人本主义气质的替代品从浪漫理想主义和宗教热诚的传统中获取力量。异化哲学坚决诉诸知识分子提出了一种精致的辩证法，而实践哲学为行为主义和工人阶级的政治斗争提供了基础，扮演着拯救的现实来源。长远来看，卢卡奇丰富的概念化倾向以及由此与欧洲主流知识分子的许多哲学关联使《历史与阶级意识》成为 20 世纪 60 年代西方新左派和正在孜孜寻求它的非斯大林主义者之间的桥梁。而卢卡奇自己尽管长期生活其中，但在他自己的这一再发现里却扮演了一个异常疏远的角色，努力在莫斯科和布达佩斯的政治权威之间捉迷藏。在一生的大部分时间里，他更多的是作为一个文学理论家和欧洲文学批评家而被广泛接受，与不轻易暴露自己的早期哲学不同，他深入参与各种文化论战。

尽管他的著作被广泛阅读，但卢卡奇在中欧没有几个信徒，其中最值得注意的也许是罗马尼亚学者吕西安·戈德曼（Lucien Goldmann，1913—1970）。他在维也纳遇到卢卡奇并对其赞赏不已，但他的大部分成年生活在巴黎度过，在那儿他享有盛名，他用卢卡奇和让·皮亚杰的结构主义分析法国文学。

在精神上和关注的中心上与卢卡奇更接近的是他的同代人和朋友柯尔施（1886—1961）。作为 20 世纪 20 年代强大的德国共产党的领导人，柯尔施站在左派的立场，激烈反对共产国际的布尔什维克化。他最有影响的著作《马克思主义和哲学》（*Marxism and Philosophy*，1923）招致了尖锐的敌意，最终和其他反对派领导人一起被逐出共产党。1936 年，他永久迁居美国。

柯尔施认为 19 世纪的马克思主义在很大程度上忽视了哲学，并且他追溯马克思和恩格斯的观点，认为他们的唯物主义历史观和社会观注定要超越它所源自的德国古典哲学，并注定最终会取代哲学。他严厉指责主张非辩证法路径的那些人，他们有的认为哲学因此会被废除，有的希望恢复它。他指出这种废除是必需的，但依赖产生它的历史环境的革命性转变。既然这种转变尚未发生，那么对哲学的拒斥也就为时过早，而它的恢复则是一种倒退。废除的结果是，马克思主义的经济或政治理论成为被社会主义的对手同样能够使用的不受价值影响的科学，是社会主义者在实践中以各种提供价值体系的替代哲学与马克思主义的联合。相反，恢复的结果是使哲学进一步成为其自身历史拒斥过程的障碍。

因为柯尔施既攻击抛弃哲学的第二国际的理论家，也攻击要恢复它的共产国际的理论家，所以他要反击从这两方面而来的激烈批评。他的立场和卢卡奇的立场之间有着强烈的亲近关系，但是在未能实现社会主义国际化的政治后果中，两者越来越成为孤立的声音。革命的热情和救世主的腔调与中欧越来越不友好的社会政治气候难以合拍。

与两次世界大战之间万念俱灰、四面楚歌的左派更为和谐的是瓦尔特·本雅明（1892—1940）的著作。这个柏林人在其批判性的论文中很大程度上避免了政治激进主义而表达了一种革命的马克思主义路径。本雅明是个文化批评家和文化历史学家，而不是一个哲学家，他分享了法兰克福学派（本卷其他章节将会讨论）的观点，认为文化在某些方面已经超越政治而成为斗争的主要领域。他关于布莱希特（Brecht）（他享受与布莱希特的亲密友谊）和波德莱尔的著作以及包含更多哲学论文的选集《启示》（*Illuminations*）于20世纪70年代开始重新在西欧引起关注。本雅明是一个自觉的非体系化的思想家，他将影像、警句和寓言作为理解历史过程的更有力的手段。他认为进步的变化，无论从长期的消耗策略而言还是从爆炸性的社会压力极端的集中宣泄而言，都是有可能出现的。无论哪种方式，他的途径表达在当时的格言中，"理智是悲观的，而意志是乐观的"。他用保罗·克利（Paul Klee）的一幅画来概括自己的历史概念：进步就是，历史的天使一边以天堂的急风暴雨向未来推进，一边怜悯地回视牺牲品的遗骸。本雅明自己也成为历史巨变的牺牲品。当他试图从被占领的法国逃往西班牙时，为了避免落入盖世太保之手，他选择了自杀。

中欧知识分子被卷入了法西斯主义的铁锤和马克思主义—列宁主义的砧板之间的斗争而因此遭殃，陷入了可以理解的、与战争的即将到来相关的、让人绝望的深渊。任何乐观的基础都是脆弱的，但如其所是，它被表达在恩斯特·布洛赫（1885—1977）的可能性哲学中。在柏林出生并在此接受教育的布洛赫发展了一种调和哲学，将马克思主义元素与宗教神秘主义、生机论和德国古典哲学勾兑在一起。在战时被流放美国期间，他写出了他的主要著作《希望的原理》（*The Principle of Hope*），该书于20世纪50年代在东德出版，那是他返回的地方。随着与共产党当局——大体上他是支持的，但没有成为党员——之间的分歧，他后来逃到了西德。

布洛赫的思想与本雅明的思想一样以格言的方式表达，受人本主义灵感的激发，他认为人类的基本特征是生存和努力达到一个将来的目标，该目标是在创造现实的过程中将许多存在的潜在形式之一现实化。创造一个乌托邦的任务是人类存在的中心，而且这不仅是对知性而言的，而且是对想象和情感而言的，因为它能唤醒现实中很多潜在的可能性。从最早的时候起，人类社会就编织乌托邦的图像和故事，他们作出了各种努力使它成为现实，只是没有完全成功。不断地重新开始去做是希望的一个原理，它使人类活动充满能量，并发现一个具体的、乌托邦的马克思主义方案是其最高的表达，它能与天堂相媲美。

布洛赫对各种所希望的乌托邦的非具体化描述与他对东德社会主义成就的欣然赞美形成了鲜明的对比，并因此备受指责。但是，由于他的长寿，布洛赫的著作是这一代中欧马克思主义哲学家的又一项重要贡献，他们被塑造出来并坚持在马克思主义—列宁主义框架之外写作。尽管布洛赫、本雅明、柯尔施和卢卡奇在许多方面都存在政治的和哲学的差异，但是他们共同根植于在黑格尔那里达到顶峰的德国古典哲学传统，都对欧洲文化传统的价值和有效性充满深深的敬意。正是这种共享的文化赋予了他们潜在的力量，在哲学服务于特定的政治目的之时，他们能够抵制将哲学贬低为可以被使用、被修改或被抛弃的工具。

## 意大利马克思主义

从第一次世界大战结束到第二次世界大战结束，意大利马克思主义一直过着一种地下生活，大部分是在第二次世界大战之后很长一段时间才开始引起更为广泛的关注。然而，它的产生并不是在地下。在第一次世界大战之前，马克思主义者就早已是意大利思想主流中为大家所接受的人物，是新黑格尔派复活后形成的各种辩论的积极参与者。

早期意大利马克思主义者最杰出的人物是安东尼奥·拉布里奥拉（Antonio Labriola，1843—1904），他的《论历史唯物主义》（*Essays on the Materialist Conception of History*，1895—1900）在上个世纪之交传遍了整个 *237*

欧洲。他非教条化的和人本主义的路径对历史的曲折处充满警惕，但对无产阶级的历史使命充满热情地赋予其意义。他的思想在诸如贝奈戴托·克罗齐（Benedetto Croce，1866—1952）和乔瓦尼·金蒂莱（Giovanni Gentile，1875—1944）等哲学家身上都留下了印记。他们在公然采取黑格尔路线而得出自由和金蒂莱的法西斯主义结论之前，都牢牢抓住了拉布里奥拉的马克思主义。墨索里尼（Mussolini）在 20 年代早期的胜利使得共产主义者和马克思主义者在意大利的处境异常艰难，积极分子要么被流放，要么隐藏起来，要么被监禁。在流放中，像帕尔米罗·陶里亚蒂（Palmiro Togliatti，1893—1964）这样的领导者仍能够对共产国际的政治方向产生重大影响，尽管不是对马克思主义哲学的发展。

出乎意料的是，正是被监禁的意大利共产党的领导者葛兰西（1891—1937）作出了理论上的和哲学上的最有影响的发展。葛兰西出生于撒丁岛（Sardinia）的一个穷苦家庭，在第一次世界大战中早早投身革命的政治活动之前，在都灵大学学习历史和哲学。1919 年，他成为最有影响的社会主义评论《新秩序》（Ordine nuovo）的编辑，并在意大利共产党的组建过程中扮演了一个关键角色，随后在 1923 年成为党的领导人，当时他的广泛结盟政策最终获胜。1926 年当他在罗马被逮捕并被监禁时，他在意大利和海外的政治活动结束了。葛兰西在监狱和医院极度糟糕的条件下度过了自己的余生，但他奋笔疾书，在实际上与当时事件隔绝的情况下深入反思马克思主义原理。他的影响主要来源于他的《狱中札记》（Prison Notebooks），该书在第二次世界大战后不久即在意大利出版，但在 20 世纪 60 年代后期被看成提供了一种有吸引力的苏维埃马克思主义的替代品后才被广泛了解。

在哲学上，葛兰西的倾向是追随黑格尔的传统，他已经通过克罗齐对它有所接触。他认为，马克思的成就是将从黑格尔主义分成的两个相反的学派合二为一。他也认为，马克思自己的信徒也分成了两个派别，即机械唯物主义和辩证唯心主义，它们现在需要被结合成一个新的综合体。他的提议是实践哲学，他选择这个名称部分是作为马克思主义的代码以抚慰监狱的审察员，但部分也是因为它囊括了他与众不同的历史观作为人类实践活动的一个集合体。

葛兰西哲学的核心是人本主义的问题：人（man）是什么？为了满足男

女平等主义者的批评，后代人已经改述了这个问题：人类的存在方式是什么？葛兰西的回答是，人性反映在每个个体中，并由这个个体、其他人和自然构成。个体通过工作参与同其他人的关系，参与同自然的关系，从而形成一个关系网。这些关系形成社会有机体，产生自我意识，并能够进行有目的的、有效的行动。因此，个体是作为历史的变化过程的主要部分，是它的意识的原动力，而不断变化的关系的整个复合体是每个个体的部分。人类的存在方式与社会历史过程同义，而"人类的存在方式是什么"这个问题因此也必须被重新表述为"人类的存在方式能变成什么？" *238*

在葛兰西人本主义的视野中，哲学表现为历史过程意识，不仅人类实践的总体性的维度进而内在的政治的维度被包含其中，而且每个个体的意识部分也被包含其中。它在某种意义上就是一种集体主体性，并且它的价值储藏在它对集体任务的适应上而不是储藏在它与任何客观实在的关系中。还有，他提出疑问，谈论一个独立于人类实践的实在是否有意义？他认为，对人类统一和发展而言，哲学必须克服在知识分子的教义和普通百姓的教义之间经常观察到的距离。他尤其认为，马克思主义需要培养知识分子成为劳动人民的有机部分，并能提高群众的意识水平，而不是从外部促成精英观念。由此，他认为建立一个统一的意识和政治行为来对抗资产阶级哲学和政治的霸权是可能的。

霸权的概念是葛兰西最有影响也最容易引起争议的创新，因为它强调社会权力的运行不仅要通过国家政权的强制运用，而且更关键的是要通过道德的、智力的和文化的舆论来维持才牢固。对工人阶级和它的同盟而言，要取得政权，策划一场政变是不够的，还必须建立一种替代的能够维持统治的文化舆论。这是一项更加广泛也更为长期的任务，需要一种区别于由共产国际建立的高度集中的和有纪律的政党的组织。从天主教会实施的思想体系的权力运行中吸取教训，葛兰西承认，墨索里尼的法西斯主义在获取普遍的支持方面是成功的，并认为，一种长期的战争状态对赢得大众对社会主义的支持是需要的。替代的选择是转而依靠相信历史的盲目运行会产生一个合适的革命机会的可能性，这当然是他拒绝的。然而，对在 20 世纪 30 年代后阅读葛兰西著作的社会主义者而言，霸权主义作为传统政治——它没有提供任何激 *239*

进变化的前景——的替代者强调了意识形态和文化斗争的战略意义。

由于其片断化的、影射的和往往隐晦的性质，葛兰西的狱中著作容许了解释的幅度。这个幅度的一端是，它们能够被看作对完全正统的马克思主义—列宁主义的重申，某种程度上被产生它们的环境蒙上了面纱。当它们首次出版的时候，在很大程度上就是这样被呈现出来的。在这个幅度的另一端，它们能够被解释为对苏维埃马克思主义——它提供了一种完全不同的发展马克思主义哲学的基础——的响亮的反驳。自从它们在20世纪60年代被重新发现后，它们在很大程度上就是这样被接受的。实践哲学致力于对抗理论和实践之间的区分，消除对理论实体的需要，进而消除对迄今为止现存的马克思主义学术机构的需要。霸权主义的概念致力于对抗基础和上层建筑之间的区分，在相当繁荣的时期降低经济的重要性，而在视听交往快速膨胀的时期提高文化理论的重要性。这样，葛兰西身后的名声既从他的概念创新中获得了提升，也从他思想开启的新的政治方向中获得了提升。

在战后意大利，共产党成功地给予了知识分子在政治活动中的一定角色，在其推动下，葛兰西人本主义的和历史主义的立场统治了马克思主义的辩论许多年。但是，他的影响并非没有受到挑战。尤其是加尔瓦诺·德拉·沃尔佩（Galvano della Volpe，1895—1968）坚持对历史相对论所做的持续不断的批评。他把历史相对论看作受意大利唯心主义哲学的马克思主义污染的产物。作为一个学者而不是活动家，德拉·沃尔佩鼓励与黑格尔国家理论相对立的卢梭的平等主义和民主思想，并认为马克思主义应当让自己关注世界的具体的科学知识，而不是那些不确定的抽象概念。

伴随着20世纪60年代的政治动荡，马克思主义文化盛行起来，渗透到学术研究的大多数领域，推动了共产党内外出现的各种运动和思想流派之间的激烈辩论。需要提一提两位左派哲学家，他们在英语世界有一定的影响。第一位是卢乔·科莱蒂（Lucio Colletti），他在德拉·沃尔佩传统中成长起来，致力于使葛兰西的历史相对论去神秘化，并驳斥如下观点：马克思主义能够在黑格尔的辩证法中产生基础的唯物主义。本质上他被看作一位基督教哲学家。然而，最终他得出结论，辩证法的神秘化在马克思那里就存在，因此他开始疏远马克思主义。他对唯心主义的敌意被塞巴斯蒂安·廷帕纳罗

(Sebastiano Timpanaro）——需要在此提及的另一位左派哲学家——所吸收。廷帕纳罗攻击法国试图在马克思主义与存在主义的（萨特）和结构主义的（阿尔都塞）理论之间达成和解。廷帕纳罗作为唯物主义——他认为这是葛兰西缺少的东西——的强力支持者，维护科学知识的客观性并寻求对自然界自治存在的认可，而作为科学和生态意识的理论基础，这是必需的。

上面提到的这些哲学家并不能完全代表过去 30 年来的哲学辩论，我们当前的研究不可能对各种各样的意大利马克思主义者提供大型的调查。各种各样的意大利马克主义包括充满基督教唯灵论的空想马克思主义以及若干与当代其他思想流派（包括心理分析的、生态学的、女性主义的）相结合的合成的马克思主义。而且，从科莱蒂的身上我们也发现，马克思主义哲学正逐渐演变为其他的哲学运动。随着意大利共产党向社会民主党的转变，意大利在很大程度上失去了体制性框架，这使得将意大利马克思主义与其他不明确的马克思主义区分开来变得很重要和可能。

## 法国马克思主义

尽管马克思和恩格斯与法国社会主义者有着密切的联系，但马克思主义哲学后来才传到法国。这部分是因为蒲鲁东（Proudhon）工团主义的社会主义继续有着深刻而持久的影响，部分是因为随着 1848 年革命和 1871 年革命的失败而来的镇压。19 世纪 90 年代，马克思的女儿劳拉（Laura）和珍妮（Jenny）以及他的两个法国女婿保罗·拉法格（Paul Lafargue）和沙利·龙格（Charles Longuet）做了大量的工作使马克思的思想在法国闻名。拉法格（1842—1911）在他们中最为活跃，他传播了一种高度简单化的、马克思自己也经常批评的经济决定论。他的主要对手让·饶勒斯（Jean Jaurès，1859—1914）以一种新康德主义的伦理社会主义——他希望以此将马克思主义思想与其他各种进步学说综合起来——来与之相抗衡。随着主要社会主义群体在 1905 年的联合，他们的辩论由于知识分子的休战而被大大缩短。

对战前马克思主义有贡献的人是谙于世故的乔治·索雷尔（Georges

Sorel，1847—1922），他非正统的马克思主义包括对理性主义异常猛烈的攻击以及对革命神话的鼓吹。索雷尔与他的多数同时代人争论不休，以至他的思想在法国之外更有影响，尤其在意大利，墨索里尼声称他的法西斯主义运动从索雷尔那里获得了灵感。

*241* 第一次世界大战之后，新一代的年轻知识分子逐渐在共产党内部或外围引入了繁荣起来的马克思主义文化。其中最杰出的是亨利·列斐伏尔（Henri Lefebvre，1901—1991），他是一位多产而长寿的思想家。社会学和马克思主义哲学都是他的招牌。在 20 世纪 20 年代超现实主义运动中崭露头角后，他凭借个人能力和学识推广马克思的早期著作，有些他还翻译成法文，并出版了几卷黑格尔的或关于黑格尔的书籍，那时候法国对黑格尔的兴趣才刚刚开始。在享受了人民战线时期较为宽松的学术氛围之后，列斐伏尔写作了《辩证唯物主义》（*Dialectical Materialism*，1939），这后来成为马克思主义最成功的简短说明。尽管听似正统的标题，但提出的是人文主义的马克思主义，与大约同时出现的《简明教程》是根本对立的。

列斐伏尔断言，黑格尔的辩证法之于形式逻辑的优越性在于辩证法试图实现概念及其内容的综合，并因而也是思维和存在的综合。与马克思主义辩证法的区别之处在于，当黑格尔试图从概念中获得内容的时候，马克思看到了使内容指导概念发展的需要。他认为，作为结果的辩证唯物主义既超越了唯心主义，也超越了唯物主义，而且引导辩证法解决实践活动或实践中的矛盾。他相信，辩证的实践在历史中的展开导致了人类存在的全部潜能在他所谓"总体的人"（Total Man）中的实践的现实化。

列斐伏尔认识到辩证的实践在执行中的障碍，他系统化了对异化的分析。他认为，异化是人类活动的基本结构，能够用三阶段的演变来概括。第一（自发的）阶段，活动根据需要作出反应而产生某些秩序的形式；第二（自觉的）阶段，自发的秩序被塑造成理性的结构以便更加有效地工作；第三（幻想的）阶段，理性的结构变得稳定和盲目，开始阻碍进一步的发展，被误识、被用作一个群体镇压另一个群体的工具。因此，推翻异化结构的革命被作为人类自我实现的要求而出现。很显然，根据这种概括，列斐伏尔的分析能够被应用于共产主义下国家的压迫角色，如同在资本主义下一样，能够被应用于共产党内部的思想僵化，正如在索邦大学一样。

在第二次世界大战之后的头几年，列斐伏尔被法国共产党视为其最杰出的知识分子之一。但是，不像它的意大利兄弟党派，法国共产党倾向于把主要知识分子看作象征性人物而不是看重其在实践上的重要性。随着冷战的日趋紧张，他因缺乏正统性而受到指责，并从哲学后退到社会学，这是他以后的工作重心。在 20 世纪 50 年代后期，他成为非共产主义左派中有影响的人物，在那里他的辩证人本主义被作为一个开放的和非教条的社会批判的基础而广受欢迎。他的哲学观也转向了怀疑论，他认为任何普遍的哲学主张都可能陷入神秘化。他认为本体论的或宇宙论的陈述应该留给诗人和音乐家，而马克思主义哲学应该集中打磨作为一种批判方法的辩证法的概念，是他所谓元哲学的一部分。这意味着行为定向的实践应该通过其他维度来补充，包括一个创造性的功能——他称为"诗性创造"（poesis），以便形成一个"日常生活"的概念。列斐伏尔在社会学上比在哲学上更多产，他人本主义的和黑格尔主义的马克思主义为 1968 年 5 月法国出现的学生和工人的起义提供了似乎可信的解释，并为卷入其中的成员展示了一个有吸引力的概念构架。

战后马克思主义—列宁主义的主要代言人是罗杰·加洛蒂（Roger Garaudy，生于 1913 年）。他阐明了一种严格服从的斯大林主义直到 1956 年苏共二十大。其结果是，他不但要负责领导对斯大林的哲学指责，而且要负责（至少暗地里）为法国共产党寻找一种适合的替代哲学。他的第一步是提出一种马克思主义的人本主义，努力发现"总体的人"，本质上这与列斐伏尔的"总体的人"差别不大，但是政治的困境使他很难对此表示欣赏。不过，他的第二步更加具有原创性，因为他寻求与其他形式的（尤其是在天主教的和存在主义的知性活动中的）人本主义进行明确的对话。死后影响广泛的德日进（Teilhard de Chardin）的活力论哲学似乎提供了一个重要的共同点，尽管加洛蒂不再接受德日进关于"进化将在上帝的创造中达到顶点"的观点。作为一种共同的人本主义哲学的可能基础，加洛蒂转向了黑格尔，因为黑格尔也引起了神学家的兴趣。他的"上帝—建造"（God-building)在共产主义者内部引起的警告成为使共产党放弃官方哲学观念的重要因素。由于共产党拒绝对 1968 年事件中的分歧承担责任，所以加洛蒂彻底转向了宗教，先是天主教，后来是伊斯兰教。

　　加洛蒂路线最有力的对手是路易斯·阿尔都塞（1918—1990）。他提出
了对人本主义的马克思主义的批判，并在此过程中对马克思进行了创新的和
有影响的哲学再加工，这体现在 1965 年出版的两本研究著作中，即《保卫
马克思》（For Marx）和《读〈资本论〉》（Reading Capital）。作为一个专
业哲学家而不是一个活动家，他最初受毛泽东关于实践和矛盾的著作的影
响，广泛融入 20 世纪 60 年代和 70 年代早期的法国毛主义的圈子。阿尔都
塞从重新考察马克思主义哲学史出发，认为在马克思与他的前辈黑格尔和费
尔巴哈之间有一个根本的断裂。他认为，马克思为了提出一种独创的而又科
学的理论，首先抛弃了黑格尔的唯心主义体系，然后是费尔巴哈的唯物主义
的人本主义。他反对这种观点，即认为该理论是对黑格尔和费尔巴哈的超
越，因为这意味着它还保留了他们哲学的重要部分。他认为，马克思有一个
认识论的断裂（an epistemological break），将自己的理论创立为一种历史的
科学，完全区别于产生它的意识形态的观念。他指出，思想和概念倾向于在
对历史形势作出反应时出现，并结合成前后大体一致的制品，但其中每个部
分都是成问题的。一般而言，保留一个特定的概念就意味着要接受它所属的
成问题的整体。因此，成熟的马克思主义不得不将那些来自成问题的前马克
思主义的思想剔除出去。马克思自己早期著作中的异化概念、人的自我实现
和黑格尔的辩证法都是在认识论的断裂之前出现的，因此，应当被认为是属
于前马克思主义的、不科学的、成问题的。阿尔都塞承认，马克思的后期著
作有时包含了意识形态的残余，但总的来说，认识论的断裂的概念能够用来
区分，在马克思或其他任何人的著作中，哪些是科学的（他更愿意说理论
的）哪些是意识形态的。这样，理论实践就能够和意识形态的实践完全区分
开来。

　　然后，阿尔都塞指出问题所在，在成熟马克思主义的理论实践得到很好
的发展后，马克思从来没有回头重新表述它所暗示的哲学原理。换句话说，
没有任何理论实践的理论。在此情况下，各种意识形态的近似体被提出来，
而多数都具有黑格尔的血统。他认为，这些已经成为现在马克思主义进一步
发展的障碍，他自己的任务是着手进行对马克思、恩格斯和列宁的哲学阅

读，特别是马克思的主要著作《资本论》（*Capital*），尝试阐明一种理论实践的理论。既然这样的理论还没有被明确地描述出来，那么对文本就应当进行"征候式"阅读（to read "symptomatically"），以便发现可以指明理论以实践的方式发挥作用的位置。如果这个理论没有被马克思应用，那么它肯定也不可能来自黑格尔和费尔巴哈。因此，阿尔都塞根据斯宾诺莎的理性主义、弗洛伊德的精神分析学和索绪尔的结构语言学来提供有用的概念。

阿尔都塞从矛盾概念出发。黑格尔式的对立面相互斗争的概念被生产过程（process of production）的概念所取代。在生产过程中，各种原材料通过某种转化过程转变为产品，而这个转化过程包括人类的工作或实践和合适的生产手段。在社会或社会结构中，有四个主要的生产过程，每个生产过程又有很多次级过程。这四个主要的生产过程是经济实践、政治实践、意识形态实践和理论实践。这些实践是高度连锁的，因为每一个都以所有其他实践为条件，都是一种形势，他称之为"多元决定"（overdetermination），此概念借用弗洛伊德对梦境的分析。矛盾或转化在实践的一个水平上可能转变成或浓缩进另一个水平上的实践，而如果几个或所有实践中的矛盾融合在一起，那么一个总的转化或革命就有可能发生。

"多元决定"的概念作为一个比它所替代的黑格尔辩证法更复杂、更严密的历史分析的基础被提出，它包含一种不同的因果性概念。经典物理学线性的因果原理和黑格尔辩证法的表达性因果性被一种结构化的因果性所取代。在结构化的因果性中，特定事件不是由更早的事件或更基础的事件决定的，而是由它所属的实践结构多元决定的（overdetermine）。没有任何结构的中心，并且既然实践是不规则发展的，那么其中的某个实践在结构中会在给定的时间占支配地位，尽管没有任何实践会永久如此。即使经济实践也没有永久的支配地位，尽管它在决定哪种实践占支配地位时拥有特殊的力量。这就是阿尔都塞"基础—超结构"的社会模型，它赋予超结构更大的相对自主性，而不再是仅仅反映经济基础。这样，虽然经济发展最终是决定性的，但没有任何突然接管的时刻，因此，"最后的时刻永远不可能到来"。

阿尔都塞的模型实际上具有哲学（被称为理论或理论实践的理论）的光环，它扮演了承担与其他理论（以及对应的实践）的连贯性和严密性的角色，并因此表现为科学的科学。因为对他的理论主义的批评，1968 年后，他致力于对自己的大部分著作进行自我批评。在自我批评中，"高调的"阿尔都塞的立场节节退却，而更深入的概念创新随之而起。其中的三点由于特殊影响需要提一提。第一，他提出一个哲学的替代概念作为理论的阶级斗争和革命的武器。这表明，它的角色是确保政治实践的理论正确性和理论的政治正确性。第二，他把历史辩证法重新定义为一个无主体的或无目标的过程，这与黑格尔的辩证法相反，后者既是人本主义的，把人类存在看作历史的主体，又是意识形态的，把历史看作向某个终极目标有目的地前进。第三，他把意识形态描述为个体及其环境之间的一种活生生的关系的必要幻觉。在这里，他认为现代国家的多数工具首先是意识形态的，而不是强制的，因为它们的主要功能是获得政府的许可。人们通过效果成为这些意识形态的国家工具的一部分，这种效果是所有的意识形态都有的，既在每个人对自己负责的意义上，也在都服从某个权威的意义上。他对意识形态的分析已经被批判理论和国际政治哲学广泛接受。

在继续阿尔都塞工作的哲学家中有三位是特别值得一提的。艾蒂安·巴里巴尔（Etienne Balibar）发展了一种在法国和其他地方抛弃无产阶级专政概念的批判，并把阿尔都塞的分析应用于国家、种族和阶级等议题。皮埃尔·马舍雷（Pierre Macherey）发展了一种文学如何生产而不是如何创造的理论，并揭示出意识形态试图掩盖的矛盾。他也主张马克思主义对斯宾诺莎主义概念的借用优先于对黑格尔概念的借用。乔治·拉毕卡（George Labica）重新检查了马克思的早期著作，批判了马克思吸收英国政治经济学、法国社会主义和德国古典哲学这种过于简单化的概括。他认为，马克思最终成功逃离哲学的神秘化只是通过在本质上放弃哲学对历史科学的支持而实现的。拉毕卡也是法国对马克思主义者的思想历史进行学术研究的主要发起者。

阿尔都塞的思想仍然与法国左派相对立，部分是因为作为党员的他与法共之间的政治分歧，部分是因为非共产主义批评家倾向于把他的事业看作挽救斯大林主义思想的努力。1980 年，因为周期性的精神病发作而杀死他的妻子之后，他的名字在很大程度上被从公共讨论中抹去。不过，他的许多思想在马克思主义哲学中已经广为流传，尤其在文学和文化批判领域有着广泛的影响。自相矛盾的是，他对黑格尔的猛烈攻击刺激了法国对黑格尔研究的兴趣的复苏。

　　通过仔细地重新考察来自黑格尔的那些概念，几位马克思主义哲学家回应了挑战。雅克·东特（Jacques D'Hondt）试图恢复黑格尔个人生活和思想的进步内容。索朗热·梅西耶-约萨（Solange Mercier-Josa）审视马克思的主要概念在黑格尔那里的原始版本是富有成效的，既可以把握马克思对它们的加工的独创性，也可以恢复那些马克思故意不加工的、有用的黑格尔的概念。或许发现黑格尔风格的综合的最全面的努力是吕西安·塞夫（Lucien Sève）的工作。在以其简明性著作《马克思主义哲学导论》（*An Introduction to Marxist Philosophy*，1980）为顶点的系列研究中，塞夫努力将矛盾的概念系统化。他认为，对抗性形式和非对抗性形式之间的区分不应该排除它们之间的相互渗透。他坚持黑格尔在客观辩证法和主观辩证法之间，并因而在现实的历史发展和把握它的概念的逻辑进程之间所进行的区分，同时又肯定它们之间的辩证关系。塞夫也认为，马克思主义的唯物主义应该被理解为知识的科学途径而不是一种政治意识形态，它不是明确的无神论，因此应当允许从那些用直觉的或富有想象力的术语来表达的宗教思想中进行学习。

　　在 20 世纪 60 年代和 70 年代，马克思主义哲学的宏大和博学使它成为法国和欧洲智力生活中的主流思想之一，在学院和大学以及政治对话中都占有牢固的地位。20 世纪 70 年代末，在各种压力的合力作用下，它开始退出主流思想。这些压力包括其他思想流派（女性主义、后结构主义、精神分析学、生态学、唯灵论以及后现代主义）可替代的吸引力、国家政策的转变和国际共产主义的加速衰退。各种各样的策略也被提出以恢复马克思主义的活力，包括合并意大利的葛兰西式的马克思主义和盎格鲁-撒克逊的分析版本的马克思主义，但更多的是兼收并蓄地借用非马克思主义的思想流派。或许最重要的是对这样一个综合性的智力事业从各种视角就其必要性、合法性所提出的质疑，正如马克思主义历史上所经历过的那样。有一个问题无可辩驳地触动了知识分子的心弦，他们越来越多地工作而不考虑现实的或想象的马克思主义的群体性（国家、政党或专业队伍），而群体性能给予一个公共身

*246*

份或者为他们的思想提供机构基础。结果，马克思主义哲学甚至在1989年的历史事件使之陷入灾难之前就已经处于非常严重的混乱中了。

# 结　论

247　　既然当前的研究是从"大陆哲学"着手的，那么没有提供观察者的隐含立场就得出结论就是不合适的，这一立场就是英语世界的哲学，尤其是不列颠群岛的哲学。大陆哲学发生在现实的或想象的欧洲大陆以及其他地方，这一前提暗示了英语世界的哲学主流试图将它们的智力传统与外来影响隔离开来的程度。事实上，英语世界的学院哲学已经深深地与欧洲大陆哲学家结合在一起，即使他们像波普或维特根斯坦一样，已经被看作名义上的英语哲学家。由"大陆的"这个术语暗示的排外策略旨在把那些不受欢迎的排除在外，其中，马克思主义传统一般而言是最不受欢迎的。到最近，马克思主义至少几乎已经被从学院哲学中完全排除出去，结果，为了将大陆马克思主义哲学家介绍给英语世界的知识分子，它只能委身于其他学科，尤其是文学和文化研究、社会学、政治学、历史学、地理学和考古学。

马克思主义—列宁主义依赖共产党获得了一些传播，但这种小范围的传播加深了它们对莫斯科的依赖。在20世纪20年代到20世纪60年代的大部分时间里，它的影响被限制在工会运动中。在20世纪30年代，小部分知识分子被共产主义所吸引，他们中的一员克里斯托弗·考特威尔（Christopher Caudwell）在英国建立了土生土长的马克思主义，他如果没有被杀害，可能还在为西班牙的共和国而奋斗。后来，莫里斯·康福斯（Maurice Cornforth，1909—1980）成为20世纪60年代马克思主义—列宁主义哲学的有效倡导者，将它应用到辩论术中来反对波普的实证主义和语言哲学。在逝世前不久，他开始描述一种更具批判性的马克思主义。20世纪70年代，英语世界的共产党迅速衰落，分成了马克思主义—列宁主义和欧洲共产主义，后者把葛兰西作为自己的主要哲学灵感。

20世纪60年代对马克思主义的浓厚兴趣也出现在由共产主义的不同政

见者和托洛茨基分子建立的新左派群体中。他们依赖在法国和意大利不断出版的非马克思主义—列宁主义的著作。美国杂志《泰洛斯》（*Telos*）和英国杂志《新左派评论》及其出版社在翻译和引介上面讨论的马克思主义者的著作中扮演了文化、政治和历史领域的主角。从 20 世纪 70 年代早期开始，杂志《激进哲学》（*Radical Philosophy*）就扮演了类似的角色，尤其强调哲学争论，这些争论并非完全是马克思主义的。从 20 世纪 60 年代开始，英语世界马克思主义文化的日渐繁荣是明显可见的，出现了许多文学和文化批评家如雷蒙德·威廉姆斯（Raymond Williams）、斯图亚特·霍尔（Stuart Hall）、特里·伊格尔顿（Terry Eagleton）和弗雷德里克·詹姆逊（Fredric Jameson），以及历史学家如汤普森（E. P. Thompson）、克里斯托弗·希尔、艾瑞克·霍布斯鲍姆（Eric Hobsbawm）和佩里·安德森（Perry Anderson），等等。哲学对马克思主义的影响更有抵抗力，尽管它在科学哲学中也能看到，特别是在罗伊·巴斯卡的著作中。他的科学实在论与全人类解放的方案联系在一起。更加雄心勃勃和有影响力的是乔恩·艾尔斯特（Jon Elster）和科恩（G. A. Cohen），他们试图根据分析哲学重新表述马克思主义的主要原理。马克思与波普、凯恩斯以及奥斯汀之间的较量产生了深刻的见解，它们在分析传统中是令人耳目一新的，并挑战了黑格尔的辩证法。然而，和解必然是不完全的，而且牵涉抵制马克思的社会理论和历史唯物主义的大部分内容。

*248*

英语世界马克思主义理论的发展相对来说并没有与强有力的马克思主义政治运动联系在一起。它敏锐地注意到了国外的这些运动。但它在英语世界要么变成了影响甚微的极左派，要么变成了不怎么致力于具体理论的主流政党。它的学术超脱在某种程度上与 1989 年共产主义理论的大失败并没有什么瓜葛。那一年没有导致马克思主义哲学的终结，但它提供了一个历史描述的合适的终点。尽管它总是轻率地把自己的历史延伸到距当前很远的地方以至于在任何历史的距离上都无法加以考察，但是 1989 年在多数情况下还是重要的，因为以柏林墙的倒塌为标志的共产主义的崩溃是国际史的一个转折点，充满着马克思主义哲学的种种后果。当有些英语世界的作家继续在广阔的马克思主义道德和哲学框架中悠闲自得时，1989 年的政治沦陷迫使其他人对各种替代理论采取更加同情的态度。这后一种趋势也在大陆旧马克思主义的日甚一日的寒风下受到推动。

马克思主义哲学，总的来说，可以根据它与其社会背景，特别是与调整其实践和政治方向的体制化形式之间的紧密关系而被区分开来。马克思主义—列宁主义是其最主要的体制化形式，在这种形式下，马克思主义哲学与苏维埃国家、与共产党的关系网、与誓言拥护它的附庸国，包括与做了一定变通的中国，形成了解不开的联系。在很大程度上，它已经随着支持它的国家和政党的垮台而衰败了。而且，至少在欧洲，这一传统的著作除了作为历史文献或者作为仍然保持信仰的零星的老信徒的祷告书之外，已经无法引起阅读兴趣了。问题是：这种日渐消逝的状况还将对本章上面勾勒的其他马克思主义传统造成多深远的影响？

答案到现在为止只是一种猜测，但是马克思主义作为一种确定的哲学的未来可能仍将依赖那些继续存在或不断涌现的国家、群体和运动，因为它们既能为改变世界的使命又能为解释这种使命提供似乎可信的体制性基础。但是，对可见的未来而言，任何一个国家都不可能提供这样的基础。而且，这次相对其过去已经无以复加的灾难将更有可能作为一个反例。同样，仍然将自己的名字称为共产主义或马克思主义的那些政党的健康和影响表明，它们的处境几乎没有更好。如果理论和实践之间的关联被严肃对待，那么实践的失败必然会引起对理论有效性的质疑。认为以前理论在实践上的执行存有不足，这只是一种偏袒，因为它承认了这个关联真实的断裂。

如果马克思主义的主要独创性是宣称有手段将理论应用于实践，那么它在很大程度上已经失去了这种独创性。改变世界的承诺已经贬值了，这将使马克思主义与其他任何哲学处于相同的境地，它们都以激励的方式表达了对道德的或社会的使命。就此而言，对所谓马克思主义进行准确的限制已经变得不那么重要。就其大部分历史而言，马克思主义哲学作为许多思想流派中的一支已经具有积极而有影响的地位。有些流派，比如法兰克福学派，把它作为一个起点；有些流派，比如法国存在主义，试图将它与其他传统联姻；有些流派，比如解构主义，接受它为滋养自己理论的元素。没有理由推测，智力的交叉影响会突然走到尽头。

马克思主义哲学明确而连贯的传统的丧失，一方面将它的支持者从对集体的责任中解放出来，也从经典的权威中解放出来；然而，另一方面，它也丧失了一部分授权和一种身份，在欧洲不同文化和智力背景——无论西欧、中欧还是东欧——之间所形成的共同关联中，这种身份曾经具有不寻常的作用，将这些共同的关联带向了更为广阔的外部世界。对包罗万象的世界观或宏大叙事的抵制，在某种程度上无疑是对国际马克思主义特别是其教条形式的影响的回应，虽然这种影响已经被压缩了。在后现代主义被提上智力和文化日程的地方，人本主义的后马克思主义也许会扮演一种角色，它保留了它 *250* 的种种变化和国际化维度，而没有宣称综合它们的必然性和权威。但是，如果本雅明历史的天使仍然被天堂的急风暴雨所驱使，那么它就不可能在其留下的遗骸面前徘徊不前，并且多少马克思主义哲学将从遗骸中幸存下来也会被知道。

# 参考书目

下面是相关英文出版物的清单，分成原始文本和评论，尽管这种区分就其主题的本质而言在某种程度上有武断之嫌。

### 原始文本

7.1 Althusser, L. *Essays in Ideology*, London：Verso，1984.

7.2 Althusser, L. *Essays in Self-criticism*, London：New Left Books，1976.

7.3 Althusser, L. *For Marx*, London：Verso，1990.

7.4 Althusser, L. *Reading Capital*, London：New Left Books，1970.

7.5 Balibar, E. and Wallerstein, I. *Race，Nation，Class：Ambiguous Identities*, London：Verso，1991.

7.6 Benjamin, W. *Charles Baudelaire，a Lyric Poet in the Era of High Capitalism*, London：New Left Books，1972.

7.7 Benjamin, W. *Illuminations*, London：Jonathan Cape，1970.

7.8 Bhaskar, R. *Dialectic*, London：Verso，1992.

7.9 Bhaskar, R. *Scientific Realism and Human Emancipation*, London：Verso，1986.

7.10  Bloch, E. *The Principle of Hope*, 3 vols, Oxford: Blackwell, 1986.

7.11  Colletti, L. *From Rousseau to Lenin*, London: New Left Books, 1972.

7.12  Colletti, L. *Marxism and Hegel*, London: New Left Books, 1973.

7.13  Cornforth, M. *Communism and Philosophy*, London: Lawrence & Wishart, 1980.

7.14  Cornforth, M. *The Open Philosophy and the Open Society*, London: Lawrence & Wishart, 1968.

7.15  Della Volpe, G. *Critique of Taste*, London: New Left Books, 1978.

7.16  Della Volpe, G. *Rousseau and Marx and Other Writings*, London: Lawrence & Wishart, 1978.

7.17  Engels, F. *Anti-Dühring*, London: Lawrence & Wishart, 1975.

7.18  Engels, F. *Dialectics of Nature*, Moscow: Progress Publishers, 1972.

7.19  Garaudy, R. *Marxism in the Twentieth Century*, London, 1970.

7.20  Garaudy, R. *The Turning Point of Socialism*, London, 1970.

7.21  Goldmann, L. *The Hidden God*, London: Routledge & Kegan Paul, 1964.

7.22  Goldmann, L. *The Human Sciences and Philosophy*, London: Jonathan Cape, 1969.

7.23  Gramsci, A. *Letters from Prison*, ed. L. Lawner, New York: Harper & Row, 1973.

7.24  Gramsci, A. *Selections from His Cultural Writings*, ed. D. Forgacs and G. Nowell-Smith, London: Lawrence & Wishart, 1985.

7.25  Gramsci, A. *Selections from the Prison Notebooks*, ed. Quintin Hoare and G. Nowell-Smith, London: Lawrence & Wishart, 1971.

7.26  Ilyenkov, E. V. *Dialectical Logic : Essays in Its History and Theory*, Moscow: Progress Publishers, 1977.

7.27  Konstantinov, F. V. (ed.) *The Fundamentals of Marxist-Leninist Philosophy*, Moscow: Progress Publishers, 1974.

7.28  Korsch, K. *Marxism and Philosophy*, London: New Left Books, 1970.

7.29  Labriola, A. *Essays on the Materialist Conception of History*, Chicago: Charles H. Kerr, 1908.

7.30  Lenin, V. I. *Collected Works*, London: Lawrence & Wishart; Moscow, Progress

*251*

Publishers，1972. Volume 18 contains *Materialism and Empiriocriticism*，and volume 38 contains his *Philosophical Notebooks*.

7.31　Lefebvre，H. *Critique of Everyday Life*，London：Verso，1991.

7.32　Lefebvre，J. *Dialectical Materialism*，London：Jonathan Cape，1968，

7.33　Lukács，G. *The Destruction of Reason*，London：Merlin，1980.

7.34　Lukács，G. *History and Class Consciousness*，London：Merlin，1971.

7.35　Lukács，G. *The Ontology of Social Being*，3 vols，London：Merlin，1978－1980.

7.36　Macherey，P. *A Theory of Literary Production*，London：Routledge & Kegan Paul，1978.

7.37　Mao Tse-tung，*Four Essays on Philosophy*，Peking：Foreign Languages Press，1966.

7.38　Mao Tse-tung，*Selected Works*，vols 1－4，Peking：Foreign Languages Press，1967－1969.

7.39　Marx，K. *Selected Writings*，ed. D. McLellan，Oxford：Oxford University Press，1977.

7.40　Marx，K. and Engels，F. *Basic Writings on Politics and Philosophy*，ed. by L. S. Feuer，London：Fontana，1969.

7.41　Marx，K.，and Engels，F. *Collected Works*，London：Lawrence & Wishart，1975－　. About two-thirds of the planned fifty volumes have now appeared.

7.42　Oizerman，T. I. *The Making of the Marxist Philosophy*，Moscow：Progress Publishers，1981.

7.43　Plekhanov，G. V. *Selected Philosophical Works*，5 vols，London：Lawrence & Wishart；Moscow，Progress Publishers，1974. Volume 1 contains *The Development of the Monist View of History*.

7.44　Roemer，J. (ed.) *Analytical Marxism*，Cambridge：Cambridge University Press，1986.

7.45　Timpanaro，S. *On Materialism*，London：New Left Books，1975.

**评论**

7.46　Acton，H. B. *The Illusion of the Epoch*，London：Cohen & West，1955.　*252*

7.47　Anderson, P. *Considerations on Western Marxism*, London: New Left Books, 1976.

7.48　Anderson, P. *Arguments within English Marxism*, London: Verso, 1980.

7.49　Avinieri, S. *Varieties of Marxism*, The Hague: Martinus Nijhoff, 1977.

7.50　Benton, T. *The Rise and Fall of Structural Marxism*, London: Macmillan, 1984.

7.51　Berki, R. N. *The Genesis of Marxism*, London: Dent, 1988.

7.52　Berlin, I. *Karl Marx*, Oxford: Oxford University Press, 1978.

7.53　Boggs, C. *Gramsci's Marxism*, London: Pluto Press, 1976.

7.54　Borkenau, F. *European Communism*, London: Faber, 1953.

7.55　Borkenau, F. *World Communism*, University of Michigan Press, 1962.

7.56　Bottomore, T. (ed. ) *A Dictionary of Marxist Thought*, London: Blackwell, 1983.

7.57　Callinicos, A. *Althusser's Marxism*, London: Pluto Press, 1976.

7.58　Callinicos, A. *Marxism and Philosophy*, Oxford: Clarendon Press, 1983.

7.59　Carver, T. *Marx and Engels*, London: Wheatsheaf Books, 1983.

7.60　Caute, D. *Communism and the French Intellectuals*, London: Macmillan, 1964.

7.61　Caute, D. *The Fellow-travellers*, London: Weidenfeld & Nicolson, 1973.

7.62　De George, R. T. *Patterns of Soviet Thought*, Ann Arbor, 1966.

7.63　De George, R. T. *The New Marxism*, New York, 1968.

7.64　Derfler, L. *Paul Lafargue and the Founding of French Marxism*, Cambridge, Mass. : Harvard University Press, 1991.

7.65　Deutscher, I. *Stalin: A Political Biography*, Harmondsworth: Penguin Books, 1966.

7.66　Deutscher, I. *Marxism in Our Time*, London: Jonathan Cape, 1972.

7.67　Eagleton, T. *Walter Benjamin, or Towards a Revolutionary Criticism*, London: Verso, 1981.

7.68　Elliott, G. *Althusser, the Detour of Theory*, London: Verso, 1987.

7.69　Evans, M. *Lucien Goldmann*, Brighton: Harvester Press, 1981.

7.70　Fiori, G. *Antonio Gramsci : Life of a Revolutionary*, London: New Left

Books，1970.

7.71　German，R. A.（ed.）*A Biographical Dictionary of Neo-Marxism*，Westport：Greenwood Press，1985.

7.72　Hirsh，A. *The French New Left*，Boston：South End Press，1981.

7.73　Holub，R. *Antonio Gramsci：Beyond Marxism and Postmodernism*，London：Routledge，1992.

7.74　Hudson，W. *The Marxist Philosophy of Ernst Bloch*，London：Macmillan，1982.

7.75　Hunt，I. *Analytical and Dialectical Marxism*，London：Avebury，1993.

7.76　Hyppolite，J. *Studies on Marx and Hegel*，New York，1969.

7.77　Jacoby，R. *Dialectic of Defeat：The Contours of Western Marxism*，Cambridge：Cambridge University Press，1981.

7.78　Jameson，F. *Marxism and Form*，Princeton：Princeton University Press，1971.

7.79　Judt，T. *Marxism and the French Left*，Oxford：Clarendon Press，1986.　　*253*

7.80　Kelly，M. *Modern French Marxism*，Oxford：Blackwell，1982.

7.81　Kolakowski，L. *Main Currents of Marxism*，3 vols，Oxford：Oxford University Press，1978.

7.82　Labedz，L. *Revisionism：Essays on the History of Marxist Ideas*，London and New York，1961.

7.83　Leonhard，W. *The Three Faces of Marxism*，New York：Holt，Rinehart ＆ Winston，1974.

7.84　Lichtheim，G. *Marxism in Modern France*，London and New York：Columbia University Press，1966.

7.85　Lichtheim，G. *Marxism*，London：Routledge ＆ Kegan Paul，3rd impression，1967.

7.86　Lichtheim，G. *Lukács*，London：Fontana，1970.

7.87　Lukes，S. *Marxism and Morality*，Oxford：Clarendon Press，1985.

7.88　MacIntyre，S. *A Proletarian Science：Marxism in Britain 1917−1933*，London：Lawrence ＆ Wishart，1986.

7.89　Matthews，B.（ed.）*Marx 100 Years on*，London：Lawrence ＆ Wishart，1983.

7. 90　Merquior, J. G. *Western Marxism*, London: Paladin, 1986.

7. 91　Mészáros, I. *Lukács' Concept of Dialectic*, London: Merlin, 1972.

7. 92　Mouffe, C. (ed.) *Gramsci and Marxist Theory*, London: Routledge & Kegan Paul, 1979.

7. 93　Poster, M. *Existential Marxism in Postwar France*, Princeton: Princeton University Press, 1975.

7. 94　Rossi-Landi. F. *Marxism and Ideology*, Oxford: Clarendon Press, 1990.

7. 95　Scanlan, J. P. *Marxism in the USSR*, Ithaca: Cornell University Press, 1985.

7. 96　Schram, S. R. *Mao Tse-tung*, Harmondsworth: Penguin Books, 1966.

7. 97　Schram, S. R. *The Political Thought of Mao Tse-tung*, Harmondsworth: Penguin Books, 1969.

7. 98　Sowell, T. *Marxism, Philosophy and Economics*, London, George Allen & Unwin, 1985.

7. 99　Tismaneaunu, V. *The Crisis of Marxist Ideology in Eastern Europe*, London: Croom Helm, 1988.

7. 100　Wetter, G. *Dialectical Materialism*, London: Routledge & Kegan Paul, 1958.

# 第八章
## 批判理论：霍克海默、阿多诺、哈贝马斯

大卫·拉斯穆森（David Rasmussen）

## 黑格尔、马克思和批判理论的理念

批判理论（Critical theory）[1]代表了一种理论方向。它起源于黑格尔和
马克思，由法兰克福社会研究所（Institute for Social Research in Frank-
furt）的霍克海默及其同事加以系统化。而研究所的后继者们推动了它的发
展，尤其是他们的领袖于尔根·哈贝马斯，在众说纷纭的新定义下将它维持
到现在。作为一个术语，批判理论有广义和狭义之分。一般而言，它指德国
哲学中的批判元素，始于黑格尔对康德的批判。更具体地讲，它特指该批判
元素在 20 世纪法兰克福学派中的表述。

批判理论是什么？这个术语还带有 19 世纪形成之初的乐观主义印记。
一个批判理论能够改变社会。它是一种理性工具，当它被合适的历史群体所
掌握时，它能改变世界。"哲学家们只是用不同的方式**解释**世界，问题在于
**改变**世界"，这是马克思论述费尔巴哈的第十一条主题。他从黑格尔那里获
得这一理念。在《精神现象学》[2]中，黑格尔发展了运动主体（moving
subject）的概念，通过自我反思的过程，主体会在意识的更高水平上认识
自身。黑格尔把行动哲学与反思哲学联合起来，方式是，活动或行动是反思

过程中的必要时刻。这引出了德国哲学中又一个重要的话题，即理论与实践的关系。（古希腊哲学意义上的）人类实践活动或实践（*praxis*）是能够改变理论的。这有两个著名的例证，黑格尔在《精神现象学》中试图通过它们说明思想和行为之间的相互关系。它们是主奴辩证关系和道德与社会习俗之间的斗争。前者旨在陈述这一命题："自我意识是自在自为的，这由于并且也因为，它是为另一个自在自为的自我意识而存在的：也就是说，它之所以存在只是由于被对方承认。"[3] 奴隶通过塑造和修整世界改变了自己的身份，并因此成为奴隶以外的东西。在后一实例中，现代社会习俗［本质上指亚当·斯密（Adam Smith）政治经济学中的市民社会］战胜了古代经典的美德概念，成为人类指向自由的自我认识的更高形式。历史发展作为人类行为的制度化成了人类合理性中的要素。批判理论将其基本洞察力根植于这一理念，即历史中的自我反思过程能够改变自身。

马克思在其发展早期的文本《论犹太人问题》（*On the Jewish Question*）[4] 中，从黑格尔对现代社会背景的批判出发展开讨论。在这之前几个月，马克思分析了黑格尔的《法哲学原理》（*Philosophy of Right*），通过反思布鲁诺·鲍威尔（Bruno Bauer）的同名论文，他已经把注意力转移到现代国家的发展上。在这里，他得出结论，人类自由的过程在现代国家中达到顶峰（黑格尔出色地描述为从奴隶到解放的人类理性的发展），但根本没有获得解放。事实上，现代社会从中世纪的锁链中摆脱出来便获得解放的承诺并没有实现。因此，由批判性反思执行的社会解放的任务将把反思的动力导向一个更进步的任务，即通过革命实现社会变革。因此，批判理论承诺了激进的社会变革。反思的目的在于，知识本身的古老假设与进一步的假设即纯粹的沉思，是人类主体的合适终点一起被反思的另一个目的所取代，这个目的也来源于古典思想，但有自身独特的现代转变。理论一旦与实践相结合就有了合适的政治目的，即社会革命。

然而，对马克思来说，这是不够的。还有两个问题。第一，这种知识从何而来？第二，这种知识的本质是什么？1843 年秋天到 1844 年夏天，马克思给出了这两个问题的答案。答案是以阶级理论的形式给出的：新出现的"无产阶级"将扮演这个关键角色。对马克思而言，他们成了具体的历史主

体，因此解放的希望被交给了批判理论，这个批判理论转而又与特定的阶级 　256
活动联系在一起。再者，黑格尔已经通过把对其法哲学中市民社会的基本兴
趣与对特定阶层（*Stände*）的兴趣联系起来的方式，为这种理解提供了理论
基础。社会的三种秩序——农业、商业和市民服务，只有市民服务能代表人
类的普遍利益。对马克思而言，市民服务任务已从市民服务者——他们不再
被相信——手中转给了无产阶级，某种程度上就像所宣称的那样，他们将引
起必要的社会革命，以便克服与现代政治社会的冲突。

至于第二个问题，又是黑格尔这位最杰出的现代性哲学家教育了马克
思，为了正确地理解世界，不要停留于直观本身，而应关注理性在现实制度
中的表现。黑格尔是第一位在自己的著作中理解和运用政治经济学家著作的
哲学家。马克思在首次评论了詹姆斯·密尔（James Mill）的《政治经济学
原理》（*Elements of Political Economy*）之后，又以更加详细的方式提出了
一个关于历史动力的观点，这使他声称，经济活动在历史发展中具有优先
地位。

此后不久，这个观点就让马克思在《德意志意识形态》（*The German
Ideology*）[5]中首次声称真正历史的开始。让他有胆量将"意识形态"放在
书的题目中，这背后的前提是思想只是意识形态。根据其方法论，马克思还
能得出更高的真理，即人类的"生产性"活动。人类历史是与人类的生产同
时发生的。对反思和行动的世界的这一新探索被称为"历史唯物主义"
（historical materialism），而且它抨击其他"唯心主义的"（idealistic）思考
模式是"意识形态的"模式。因此，批判理论能够揭示此前一直支配着人类
的一些错误假设。后来在《资本论》中，马克思把他在《德意志意识形态》
中以"意识形态"为特征的思考模式贴上了"拜物教"（fetishism）的标签。
他在著名的第一卷第一章最后一节标题"商品的拜物教性质及其秘密"中就
是这样做的。马克思对隐喻的选择和使用如果不是引人入胜的，那么也是有
趣的。他使用的"意识形态"、"拜物教"和"秘密"等术语好像意味着一种
不祥的反人类的阴谋，在那里，一种批判的和理论的定向能够被揭穿。"拜
物教"有其宗教来源，它把关于知觉定向的基本误解分配给了世界。特定的
理论定向能够揭露作为一种"拜物教"的意识形态背后的"秘密"，这一假 　257

设表明了一种自信，它不仅塑造了批判理论将来的历史发展，而且也揭示了它成问题的本质。

冒着过于简单化的风险，我们可以说德国哲学史中存在两个基本的张力。一个认为思想或理性是建构性的，另一个认为它是变化的。前者能够追溯到由康德发起的对人类理性有限性的反对，而后者可以追溯到黑格尔的历史哲学——它试图把哲学反思置入人类自由史的讨论。

批判理论与后者形成了同盟，但是建构性要素甚至扮演了一个更为重要的角色。在经典的黑格尔主义的马克思主义的背景下，批判理论依赖启蒙早期的假设，即反思是一种解放。但是，这个声明的认识论根据是什么？换句话说，思想如何构成行动？哪种形式的行动是适当的、合理的或正确的？在早期作品中，马克思试图把对变革行为的认识论说明置于"类存在"（*Gattungswesen*）概念之中。这个概念直接来自路德维希·费尔巴哈，而他又是在黑格尔和亚里士多德的基础上建立这个概念的。它证明，与现代思想中主体激进的个性化相比，人类的目标或意图是通过主体间的社会行为决定的。在黑格尔的术语中，人们通过社会的相互作用——被定义为人类劳动——建构有效的自我知识。根据马克思的观点，现代生产过程的问题是它无法让工人把自己构成一个类存在，也就是说作为一个能为他人的存在而发挥作用的人。因此，劳动过程与生产过程合作，而不是与其他人合作，把他/她贬低到一个动物的、与人类正相反的水平，使他/她变成自治的、好斗的和无人性的。革命的观点将赋予人类他的/她的充满的和合适的能力，作为一种存在，对他/她而言，类是终点、对象和目的。

这个观点是有问题的。可以肯定，马克思代表了始于霍布斯的那种政治理论的顶峰，这种政治理论对于把人类看作来自自然状态的自治主体这一独特的人类学假设而言是至关重要的。然而，在某种意义，类存在的概念与霍布斯自然状态中的人的概念同样形而上，而霍布斯的这个概点已经被卢梭最巧妙、最恰当地给以批评了。在我看来，马克思意识到了存在于他的思想基础上的本质的认识论问题。一个人怎么能把解放理论置于类本质的人类学假定之上，置于与他正批评的那些理论同样形而上的假定之上呢？马克思试图通过提供历史证据来克服这一困境。在这一背景下，他的后期著作《资本

258

论》各卷做了大量的努力，说明人类主体是历史的和科学的。因此，对一个有效的批判理论的构成性根据的追求始于马克思自己。马克思作为一个政治经济学家做了大量的历史研究来支持这一主张：资本主义只是人类发展的一个阶段，而不是全部，更不是历史的终结。因此，作为一个真正的黑格尔主义者，他声称，像任何经济系统一样，它撒下了破坏自身的种子。结果，表现在类存在概念中的形而上学声明又重新出现在这样一个声明中，资本主义中隐含的和不完全的社会化将合理地把自己转向社会主义。众所周知，马克思甚至超越了这样一个声明，尝试在历史调查的基础上，发展出一个科学的预言性的公式声称资本主义在"利润率下降"的基础上走向终结。这个公式假定，随着资本主义的发展，它只能生产越来越少的利润，从而失去自己的动力。因此，资本主义所释放的力量将导致它自身即将发生的自我毁灭。胜利者当然是社会主义，它随着暗藏在资本主义中的反理性主义的新生而纯粹的、最终的合理化而出现。随着家庭不可避免地向黑格尔法哲学中的市民社会的力量让路，资本主义将瓦解，并以社会主义形态而出现。

1844年，青年马克思谴责了他公认的理论导师黑格尔，因其庇护了一种"潜在的实证论"。[6]老年马克思因为同样的原因也遭到了这种谴责。如果资本主义会不堪重负而瓦解，那么是什么把思想与强烈鼓舞着青年马克思的革命行动联系起来的呢？而且，无产阶级这个此前平民的救世主在社会变革中扮演了何种角色？批判理论又是何种角色？它也将变成一种更科学的、预言性的实证主义模式。在马克思的努力中，这种在实证科学的坚实基础上保护批判理论的欲望总是与彻底的历史分析的更加批判性的声明存在紧张关系。但正是马克思本人把批判理论的模棱两可传给了19世纪后期，随后的20世纪也没能幸免。设想一下，19世纪和20世纪伟大的社会思想家提出了同样的问题：批判理论的基础是什么？是现在转变成工人阶级的无产阶级？是经济的科学分析？是一群被历史选中的先驱的批判反思？又或者是有根有据的个人实践？也许批判理论将产生一个"启蒙辩证法"的狡计，以至它的创立也将导致自身的瓦解，正如它的后继者所预言的那样。毫无疑问，19世纪晚期和20世纪早期见证了一种马克思主义在政治社会中的具体化，不仅体现在苏联，而且体现在包括欧洲和其他地方的各种工人运动中，以及体现在国际化的建立中——它也将引起这些问题。批判理论找到了它的辩护者，从恩格斯到列宁，从伯恩斯坦（Bernstein）到卢森堡（Luxemburg），从考茨基（Kautsky）到普列汉诺夫。不过，批判理论作为一种反思模式的系统化仍然把它在 20 世纪的命运交给了一个学术群体，一个起初受德国工人运动鼓舞、现在则尝试在德国大学中赋予批判理论生命的群体。

## 从格吕恩堡到霍克海默：批判理论的创立

虽然 20 世纪的"批判理论"这一术语最初是由马克斯·霍克海默在 1937 年的文章[7]中定义的，但是与此术语联系在一起的这个机构的建立则在 20 年前。可以肯定的是，在 1922 年，当费利克斯·威尔（Felix Weil）这位来自阿根廷的德国鱼叉出口商的儿子说服他的父亲赫尔曼（Hermann）提供一笔每年 120 000 德国马克的赞助来建立一所隶属于法兰克福大学的社会研究所的时候，德国制度思想史中的一个更为有趣的实验开始了。受工人运动鼓舞，曾写过一篇有关社会主义的论文的威尔希望有一个研究所把马克思主义当作一门学科并与大学中已经建立的学科一样来研究。主任的第一位候选人库尔特·阿尔伯特·格拉赫（Kurt Albert Gerlach）计划做一系列关于社会主义、无政府主义和马克思主义的就职演讲，可惜在开始之前他就因糖尿病去世了。代替他的卡尔·格吕恩堡（Karl Grünberg）是一位来自维也纳大学的法学和政治科学教授，一位公开的马克思主义者，从 1909 年开始撰写《社会主义和工人运动的历史文献》（Archive for the History of Socialism and the Worker's Movement）。他出席了 1922 年 2 月 3 日研究所成立的官方仪式。在他的开幕词中，他表示马克思主义将是该研究所的指导原则。这个原则一直持续了 10 年。确实，马克思主义仍然鼓舞着 19 世纪，鼓舞着无产阶级思想，鼓舞着工人运动，也鼓舞着苏联和马克思—恩格斯在莫斯科的研究所，鼓舞着作为一种科学——它能看穿以前被所谓 "资产阶级思想"所遮蔽的不为人知的真理——的马克思主义思想。事实上，法兰克福的学生笑称它为"咖啡马克思"来说明它的正统性。

可以肯定的是，马克思主义不需要庸俗到所有人都同意的地步。那些对几乎已经建立起来的理论传统而言是基本配给的学术问题是老生常谈。它们的原则是对工人运动的研究。的确，如果马克思主义的阶级理论是正确的，那么无产阶级就会承担独一无二的角色，无产阶级能够解释历史并发起这种解释所能够承受的变革。实践将只与他们的活动相联系。从认识论的观点看，理论与实践的关系问题将被揭示。如卢卡奇后来所想，在马克思主义的社会运动和工人阶级的活动之间有一个显而易见的认同。因此，对工人阶级的学术研究对一个在马克思主义框架下运思的研究所而言，是最合适的、最真实的、最贴切的研究主题。

对当时的社会研究所而言，马克思主义是通过与科学的类比被构想的。因此，研究所最初的成果涉及资本主义的积累和经济计划、对中国的经济研究、法国的农业关系、帝国主义以及通过与苏联的紧密合作建立马克思和恩格斯未出版作品的合集。然而，直到1931年，领导权从格吕恩堡过渡到研究所的年轻助手、更能干的马克斯·霍克海默手里，研究所才以其成果产量和学术成就确立了自己的标志。虽然霍克海默从来不像格吕恩堡那样是坚定的马克思主义者，但是发生在德国和世界的某些事情还是影响了这个研究所，使它保持了与马克思主义正统的距离。法西斯主义的上升、工人运动的瓦解以及苏联的斯大林化，使得研究所偏离了传统马克思主义关于理论和科学的思想，当然也动摇了它对工人运动的信心。

20世纪30年代，研究所的花名册上包括西奥多·阿多诺、列奥·洛文塔尔（Leo Lowenthal）、埃里希·弗洛姆、弗里德里希·波洛克（Fredrich Pollock）、赫伯特·马尔库塞（Herbert Marcuse）、瓦尔特·本雅明（尽管他是不直接的，因为他从来没有完全成为它的成员）。虽然每个人最后都因独立的工作而成名，虽然这些成员打破了研究所总的定位，但回顾这些杰出的学者群体却会令人惊奇地发现，他们在各自的方向上分享了一个共同的理论框架。的确，两个最强大的理论头脑阿多诺（1903—1969）和霍克海默（1895—1973）还在继续为他们毕生的事业而合作。也正是在这一时期，逐渐被这个群体所认同的独特蓝图开始发展起来。现代批判理论就开始于这一时期。 *261*

　　激发现代批判理论的问题是，工人阶级作为合适的革命知识和革命行动的工具随着法西斯主义的上升和斯大林化的出现而寿终正寝了。这些事件放在一起将割裂理论与集中于无产阶级身上的革命实践之间的联系，它们在马克思主义理论中本来稀松平常。但对霍克海默和研究所的其他人来说，越来越明显的是，一旦这个联系被打破，本质上是与特定的意识形态的联系被打破，在总的现代思想背景以及具体的德国思想背景下，提炼一个特有的理论视角就成为必要。无论安逸地研究工人运动还是定义马克思主义的科学，都是不够的。研究所走的这条路不得不贴上自己与众不同的印记和特征。简而言之，这个脱钩不仅给予批判理论在 20 世纪 30 年代特别的动力，而且作为在 20 世纪 60 年代传递给年轻一代的火炬，这根刺也给了它明确的定义。因此，格吕恩堡为社会主义和工人运动建档，这以更加传统的马克思主义定义了研究所，而霍克海默领导下的研究所的主要机构《社会研究杂志》（*The Journal for Social Research*）则记录了一个不同的目的，即远离马克思主义唯物主义的运动。1968 年于尔根·哈贝马斯这样写道：

　　　　自从第二次世界大战之后，工人不断增长的悲惨的观念——马克思把因它而生的造反和革命看作通向自由王国的过渡——长期以来已经成为抽象的和虚幻的，至少像年轻人所鄙视的意识形态那样过时了。《共产党宣言》（*The Communist Manifesto*）时期的劳动者和工人的生活条件是公开压迫的后果。今天，取而代之的是工会组织的动机，是占统治地位的经济政治群体的动机。以前无产阶级革命的长矛变成了在社会结构下现实的行为。至少在年轻人心目中，无产阶级已经融入社会了。（[8.104]，vi）

　　霍克海默在 1937 年的论文《传统的和批判的理论》（Traditional and Critical Theory）中试图系统地定义批判理论，但它不是从强调马克思主义的遗传开始——它仍然是与之联系在一起的研究所和杂志的特征。相反，论 *262* 文从试图回答关于理论本身的更为普遍的问题"什么是理论?"（[8.104]，188）开始。在传统意义上，理论是基于经验的总体化。霍克海默指出，从笛卡尔到胡塞尔，理论都是这样定义的。然而，按照传统定义的理论本身有一种支持自然科学的偏见。霍克海默在反思了狄尔泰关于社会科学与自然科学的伟大区分后作出了这种恰当的批评。社会科学在作为理论的自我定义上模仿了自然科学，简单地强调社会研究必须符合事实。但霍克海默认为，事情并非这么简单。经验被说成要符合总体化。总体化倾向于符合研究者大脑中在当下的某种观念。危险就出现了：这样定义的话，理论要符合研究者大脑中的观念，而不是经验本身。描述这个现象的词是"具体化"，来源于马克思主义理论传统的发展，随后是卢卡奇在1934年的著名界定。霍克海默毫不犹豫地使用了它。至于他陈述的理论的发展，"理论的概念被绝对化了，尽管它以知识本身的内在本质为基础，或者恰当地以某种其他非历史的方式，这样，它就变成了一个具体化的意识形态范畴"（[8.104]，194）。虽然各种理论路径都旨在打破制约它们的理论限制，但诸如实证主义、实用主义、新康德主义和现象学等这些路径，霍克海默认为它们都是失败的。因此，所有这些都要遭受逻辑数学的偏见，而它把理论活动和现实生活割裂开来。对这一困境的恰当回应是批判理论的发展。"事实上，现代人的自我知识不是关于自然的数学知识，它们声称是永恒的逻各斯，而是一种批判理论，一种以关注生活的理性条件为支配的理论。"（[8.104]，199）当然，对批判理论的这种建构并非易事。足够有趣的是，霍克海默在认识论上定义了这个问题。"我们所需要的不是单单科学家的彻底的再思考，而是认知个体就其本身而言所做的彻底的再思考。"（[8.104]，199）

霍克海默从认识论路径发展批判理论的决定并不是无足轻重的。自己的合法性此前依赖马克思主义传统的批判理论，将不得不通过与这个传统的疏离来定义自身。的确，产生于这一转向的特别的讽刺是，产生批判理论的这个传统即马克思主义在传统理论和批判理论之间的区分面前倒下了。最终，在许多方面，马克思主义传统像所有其他传统一样成了传统。但是，1937 *263* 年的论文当然没有意识到这一点。事实上，这种认识困境要到1937年之后才慢慢凸显出来。这是批判理论系统化的讽刺。同样，这个认识论转向将永久改变批判理论的这个区分和路径。正如前面我提到的，批判理论把它的基础建立在由黑格尔和马克思所激发的变革的德国思想传统中。现在，从认识论路线开始，制定一个德国思想的基本维度就是必需的。如果不把批判理论建立在马克思主义的正统之上，一种1937年论文之后的假设，那么在像批判理论这样的分析知识中，就必须发现一个批判理论的基本出发点。不幸的是，霍克海默并没有准备沿着他自己的这条独特思路前行。的确，他依赖的知识的基本元素在或多或少未检查的程度上来自马克思的遗产。个人与社会的区分、作为资本主义的社会的概念、知识在生产中的中心地位的观念、对所谓文化个体自治的批判以及历史概念超越逻各斯的首要性，这些所谓构成批判理论的要素都是马克思主义遗产的一部分。

作为一个整体，"传统和批判理论"受到黑格尔主义的马克思主义者的强烈影响，他们认为，个体疏离社会，而自由思想掩盖了这个疏离，批判理论的任务就是必须克服这种疏离。霍克海默这样提到：

> 个体与社会的分离——根据这种分离个体很自然地接受了为他的活动所设定的限制——在批判理论中被相对化了。它认为，以个人活动（即存在的劳动分工和阶级差别）的盲目的相互作用为条件的整个理论框架将发挥一种功能，这种功能归因于人类行为，并因此是痛苦的决定和理性目标决定的可能对象。（[8.104]，207）

霍克海默严厉批判了这种以所谓"资本主义的"个人主义为特征的思想。对他而言，"资产阶级思想"庇护了自治的自我是实在性的原因这种信仰。霍克海默以马克思早年提到的另一个观点来反对这一观点。"批判思想是一种既非个体的也非个体总和的功能。它的主体是存在于与其他个体和阶级的现实关系中的确定个体，是存在于与特定阶级相冲突中的确定个体，最终，是存在于与社会总体和自然之间必然的关系网络中的确定个体。"（[8.104]，201－211）

当然，这个观点与传统马克思主义的阶级理论危险地联系在一起，而且霍克海默知道这一点。毕竟，那个与其他个体形成"现实关系"的"确定个体"是谁呢？传统马克思主义理论的回答是无产阶级。霍克海默表示怀疑。"但必须补充，在这个社会中，无产阶级的状况不能保证正确的知识。"

（[8.104]，213）霍克海默被紧逼着要找到无产阶级适当的替代者，而不是回去诉诸所谓的"资本主义的个人主义"。他怀疑无产阶级在多大程度上能够"压倒自上而下强加的社会结构的分化"。但如果他是想不再将无产阶级作为真理或正确知识的资源，那么他完全没有实现这个目标。的确，知识分子或者批评家能够宣布他对无产阶级的认同。霍克海默也并非毫不乐观。"知识分子满足于宣扬无产阶级的创造性力量，满足于让自己去适应它，神化它。"（[8.104]，214）的确，霍克海默对这个认同是乐观的。"然而，如果理论家和他的对象被看成与被压迫阶级形成了强有力的联合以至社会矛盾的表现就不仅仅是具体的历史形势的表达，而是在其中刺激其变化的力量，那么它的现实的功能也就出现了。"（[8.104]，215）

霍克海默依赖马克思主义教条为批判理论提供认识论基础，这种依赖随着这篇论文的展开变得越来越明显了。因此，社会批判理论将揭示"给定人的条件（当然，它是在交换经济的影响下变化的），一个交换经济怎样必然导致社会紧张的加剧，而在现在的历史时代，这种社会紧张会转变成战争和革命"（[8.104]，266）。这样，批判理论就对现代社会的潜在历史有一种独特的洞察力。正如马克思用政治经济学和基本生产理论一样，霍克海默用经济决定论模型来预测现代世界中社会冲突的发展。的确，他甚至声称，批判理论依赖"单一的存在主义判断"，也就是说，"历史地给予的决定现代历史的商品经济的基本形式就其自身而言，包含了现时代的内外压力"（[8.104]，227）。

同样，批判理论将能克服"笛卡尔的二元论"，它通过将批判理论与实践活动、理论和实践联系起来刻画了当代传统理论的特征。的确，正是批判理论在某种程度上与实践活动相联系的这一信念让这种理论努力显得与众不同。"思想家必然会把所有提出来的理论跟它们所反映的实践态度和社会阶层联系起来。"（[8.104]，232）

回过头来，有人也许会提出，这 1937 年的声明是摆脱传统马克思主义理论的最基本信条的杀手锏，但同时又以某种奇怪的方式落入这种它正竭力逃离的系统网络。因此，在让自己脱离认为真理和恰当知识是通过无产阶级，通过马克思主义阶级理论的基本信条而提出的假定后，这篇批判理论的论文就把诸如经济决定论、具体化、自治和社会冲突的批判——来源于传统马克思主义社会理论的假定——等这些概念提升为有效的概念。同时，这个立场无法将自己独立于时代事件而证明自己的合法性。正如法国大革命决定了黑格尔哲学作为人类自由的政治终结，也正如资本主义工业革命决定了马克思的思想一样，批判理论也试图回应时代事件，回应工人运动的下降和法西斯的兴起。因此，研究所和20世纪30年代这10年来关于批判理论的论文的不可磨灭的印记是将思想与社会正义联系起来的坚定信念。这个与德国文明本身同样古老的主题是，思想在某种程度上是有助于解放的。这个观点的优势地位赋予研究所以独特个性，尤其是相对于那个时代的其他德国哲学运动而言，比如现象学、存在主义以及某种程度上的实证主义。虽然像其他德国哲学运动一样，它也受同一事件的影响，但正是批判理论通过描述时代的政治压迫而使自己声名鹊起。

## 霍克海默、阿多诺和批判理论的辩证转向

1937年之后的批判理论以本质上相互关联的两个视角为特征，一个在"批判工具理性"的名下扩大了它对理性模式的批判，另一个在"启蒙辩证法"的名下尝试展开对文化和文明的宏大分析。随着第二次世界大战的猛烈攻击，霍克海默和阿多诺不仅分享了对将来理性进程的深层悲观，而且分享了历史哲学以社会变革为目的的潜在希望的丧失。对德国启蒙运动所释放的巨大思想潜力的自信慢慢隐去，而被批判理论的两个重要思想家的悲观主义所取代，他们不仅放弃了成为团结无产阶级的思想家，而且放弃了理性自身的补偿力量。在这个意义上，他们不仅代表了现在正流行的"现代性"批判，而且他们也是后现代的预言家。

由于批判理论的主要代表人物越来越悲观，所以其发展过程的焦点便从黑格尔和马克思转向了韦伯。尽管他们从没完全放弃黑格尔和马克思，但正是韦伯表达了霍克海默和阿多诺钦佩的启蒙的悲观基础。黑格尔通过他的反思概念区分了客观化的真假形式，区分了对象化和异化（*Entaüsserung* and

*Entfremdung*），他总是坚持理性能够克服自身错误的可能性。马克思对这一区分的关注比不上黑格尔，他保留了通过社会行为克服错误和异化的可能性。因此，无论黑格尔那里通过理性的一致力量还是马克思那里通过社会行为的革命性动力，它们始终没有触动解放的方案。霍克海默和后来的阿多诺起初是支持这个方案的。然 而，当霍克海默写作《工具理性批判》（*Critique of Instrumental Reason*）[8.105] 时，正是在韦伯的影响下，关于理性和行为的清醒的观点才通过对西方社会的源头和发展的综合分析被锻造出来。韦伯推测，在西方社会进程中，随着它的社会化，理性从它更为神秘的宗教资源中解放出来，并且变得更具目的性，更加强调手段而不是结果。为了描述这个发展特征，韦伯制造了"工具理性"（*Zweckrationalität*）这一术语。理性缺乏救世的和一致的可能性，只能是有目的的、有用的和算计的。韦伯用"铁笼"来比喻这种表明现代理性的终结、现代理性的死胡同的适当方式。霍克海默把这一分析又推进了一步。他把这一进程的特征描述为"工具理性"（instrumental reason）。这个用法暗示了理性为了社会控制之目的的无坚不摧的力量。媒体的、资产阶级的、经济和文化生活的联合将以只能被描述为工具性的积累的力量给现代个体施加压力。工具理性将代表某些人的一种不断膨胀的能力，他们处在现代社会中力量的适当位置，为了他们自己算计的目的统治和控制社会。因此，可以想象，由德国启蒙 267 运动（它坚持了这一信仰，即理性能够理解历史因而也能够理解社会的发展原则）开始的这种乐观主义的分析将终结悲观主义的现实化，控制社会理性既非在启蒙的名义下也非在解放的名义下发挥作用。那么，批判理论又将何为？

霍克海默和阿多诺很可能想到了问题所在。作为流亡者，他们成了南加利福尼亚人，合写了《启蒙辩证法》（*Dialectic of Enlightenment*），该书成了现代最有吸引力的书之一。启蒙，这个批判理论的公认目标，是"自我毁灭的"吗？这就是该书提出的问题，它的主题就包含在书名中。启蒙怀有对人类解放的承诺，变成了统治的原理，变成了对自然的统治以及因此对他人的统治的基础。在现代世界，知识就是力量。这本书以对培根所谓"科学态度"的分析开始。"心灵"和"自然"的关系是"威严的"。（[8.30]，4）

"克服迷信的人类心灵对自然不再抱有幻想。"（[8.30]，4）"人类从自然中希望学到的是，怎样利用它以便统治它和其他人，这就是唯一目的。"（[8.30]，4）因此，"力量和知识"是一回事。但是，论题更加复杂了。"辩证法"在这里以一种不同于黑格尔准逻辑用法的形式被使用。在这里，辩证法以这样一种方式变成了自我的循环，即它的主体——启蒙——既是启发的也是毁灭的。神话被转变成了启蒙，而代价是把"把自然转变成纯粹的客观性"（[8.30]，9）。通过启蒙获得的力量的增长正如它的对等物一样同时会发生对自然的异化。这是个恶性循环：越启蒙，越异化。带有控制欲的魔法在现代世界被科学所取代，而科学不仅拥有同样的结局，而且拥有更有效的手段。根据这一主题，神话的内在核心就是启蒙。"这种把一切事件都解释为重现的内在性原则，就是神话本身的原则，启蒙通过反对神话想象而支持这一原则。"（[8.30]，12）事实上，他们发现，在现代自然的数学化（被胡塞尔在其著名的《欧洲科学的危机和先验现象学》中准确观察到的现象）的困扰中，他们在启蒙总是试图"保护自己以反对回到神话"的意义上发现了一种"回到神话"的代表。但它并没有通过蜕化为"实证主义的神话狂热"来这样做。在这个"数学化的体系"中，他们声称，"启蒙回到神话，而它从来不知道怎样逃避神话"（[8.30]，27）。这就是启蒙辩证法的独特特征，它取决于自身，方式是它被归入它希望克服的现象。

批判理论在这一时期通过将自己与本来联系在一起的马克思主义遗产区分开来而得以扬名。有些人把这看作批判理论对滋养它的理性资源的抛弃。所以，理性的形式得意忘形了。其他人可能会从不同的角度看待这一事情。也许，《启蒙辩证法》代表了批判理论即将迎来的时代，因为批判理论最终将转入20世纪。这样，以启蒙在西方历史（没有提到阶级革命和经济）中的位置而论，它所依赖的历史哲学就被作者对启蒙本质的好奇心不经意地破坏了。从它对现代历史发展中的特定时间和特定地点的说明来看，启蒙并不必然是一个时间现象。相反，对霍克海默和阿多诺来说，启蒙本身就是辩证的，是一种与理性自身相联系的奇怪现象。根据这一观点，启蒙辩证法能够被追溯到人类文明的开端。这里，我们遭遇的是批判理论的一种形式，它不仅受康德、黑格尔、马克思和韦伯的影响，而且受尼采的影响，或许还受克尔凯郭尔的影响。因此，见证了人类历史衍化的那些文本将与那些文明开端的证据并列。启蒙能够被追溯到的不是所谓德国启蒙或西方的欧洲启蒙，而是西方文明最初的书面文本，这哪怕是任何体育专业的学生都知道的，是荷马的那些文本。尼采相信这种洞察力。"尼采是黑格尔之后领悟启蒙辩证法的少数几个人之一。"（[8.30]，44）他们信任他这种双重洞察力，当启蒙揭开统治者行为的面具时，它也是他们用来欺骗大众的工具。"启蒙这两方面的革命作为历史原则使得追溯启蒙作为进步思想的概念成为可能，也使得回归传统历史的开端成为可能。"（[8.30]，44）

霍克海默和阿多诺并没有专注于启蒙在他们所谓"欧洲文明的基础文本"《荷马史诗》中的虚幻特征。这已经被荷马和尼采的法西斯主义解释者强调过头了。相反，他们把将神话作为统治工具的解释和运用（正如这一经典文本中所证明的）看作基本的。这里，韦伯和尼采具有互补性。启蒙辩证法的另一方面是关于工具理性的主题。因此，在荷马文本中所见到的自我的"个体化"通过启蒙和神话的对照得到实现。"启蒙对神话的反对被表达在幸存的自我对多重命运的反对中。"（[8.30]，46）荷马式的叙述在英雄坚定的"自卫本能"的定位下使过去的神话还俗了。它通过学会统治它而使它还俗。统治的学习不得不处理自我的"组织"。但是，与统治相联系的工具性有其吸引人的另一面；这与马尔库塞后来称为"压迫的回归"有相似之处。正如他们关于荷马所做的那样，"像所有真正的小说的主角后来那样，奥德赛为了发现自己先迷失自己；他所导致的与自然的不和被体现在他在每次冒险中主张抛弃自然的过程中，而且讽刺的是，当他义无反顾地回家时，他自己所掌握的这种无情的力量作为他所逃脱的力量的审判者和复仇者获得了胜利"（[8.30]，48）。

这一奇怪的双重主题在献祭现象中得到了最有效的证明。受路德维希·克拉格（Ludwig Klage）对献祭之普遍性的关注的影响，他们发现，个性化切断了月球存在与献祭所暗示之本质的原初关系。"自我的建立切断了那种与本质摇摆不定的关系，而它是自我的献祭声称要建立的关系。"（[8.30]，51）献祭尽管是非理性的，但它是让人们容忍生活的可能手段。"然而，对献祭的崇高信仰或许已经成为一种压迫模式，根据这一模式，受制主体将强

*269*

加给他们的不公反复施加在自己身上，而且为了忍受它，还反复施行着这种不公。"（[8.30]，51）当献祭在被普遍化并被应用到所有人类的经验中时，它就是文明的。它的消灭将使人类付出巨大代价。理性的出现建立在被否定的基础上，即对人性与自然的关系的否定。"这个否定，这个所有文明理性的核心，是正在繁殖的神话非理性的卵细胞：随着在人类中对自然的否定，对自然的外在控制的目的和人类自己生活的目的都被扭曲而陷入重重迷雾。"（[8.30]，54）当然，人类的重大损失是，在对自卫本能的强迫性关注中人类不能感悟自己与自然的关系。启蒙辩证法继续展开自己。要从献祭中逃脱就要献祭自身。因此，《启蒙辩证法》的副主题是："文明的历史是献祭内向性的历史。换句话说，是抛弃的历史。"（[8.30]，55）与"主观性历史"相联系的正是这一子论题。（[8.30]，54）

270 霍克海默和阿多诺转而关注的文本由荷马所写，但这个故事是关于西方文明的史前史的。奥德赛是一个先知，他以行为向追随他的人们发布行动方案。奥德赛是一个"自我"，总是自我克制的自我，他因为"放弃献祭而献祭"，通过他，我们见证了"献祭向主体性的转变"。毕竟，奥德赛"幸存了下来"，但讽刺的是，以自我战胜的妥协幸存下来，以对死亡的承认幸存下来。的确，奥德赛所代表的理性是一种"狡计"：在前有斯库拉巨岩，后有卡律布狄斯漩涡之间选择唯一的出路，而每一个神都有权执行它的特殊任务。众神一起代表了"奥林匹斯山的正义"，它的特征是一种"诅咒与罪责之间的平衡，罪行通过诅咒来惩罚，而此罪行产生的罪责又进而再产生诅咒"（[8.30]，58）。这是"历史中所有正义的模式"，是奥德赛所反对的模式。但他又是屈服于这种正义的力量而进行反对的。他并没有找到通过塞壬女妖航道的逃跑方法。相反，他找到了一个战胜这一诅咒的方法，即把自己拴在桅杆上。正如从神话通向启蒙一样，它与以理性为特征的抛弃的联合是狡猾的。当我们回头从早期霍克海默和阿多诺的视角——它们是被控制的和被压抑的，同时又是狡诈的——出发，我们就能看到启蒙所许下的伟大承诺。

包含在《启蒙辩证法》中的这个主题能够不局限于西方文明的源头。它的作者们也努力表明，它能够回到对18世纪启蒙的有效批判，并尝试克服它。因为自卫在荷马那里很少被看作理性的对象，所以所谓历史启蒙对它进行了神化崇拜。"启蒙在心灵中的系统是知识的形式，它最熟练地处理事实，也在自然的掌握中最有效地支持了个体。它的原则是自我保卫的原则。""公民"、"奴隶主"、"自由企业家"和"管理者"都是它的逻辑主词。充其量如康德所表明，理性在"真的普遍性"和"算计的理性"之间悬而未决，对前者而言，"普遍的主体"能够"克服纯粹的和经验的理性在整体意识的团结中的冲突"（［8.30］，83），而后者为了自卫，能够适应世界。在这一点上，康德试图将德性置于终归要失败的理性律法中。事实上，霍克海默和阿多诺为康德将德性建立在"尊重"基础上的努力找到了更多的基础依据。"康德乐观主义"的根源在于对"退回野蛮状态"的恐惧。无论如何，尊重的概念与资产阶级联系了起来，它后来不再以同样的方式存在。法西斯主义中的极权主义不再需要这像的概念，也不再尊重保护它们的阶级。在自卫的旗帜下，作为计算的科学是幸福的。康德和尼采之间的连接据说是萨德侯爵（Marquis de Sade）。在萨德的著作中，我们发现了算计的理性的胜利、总体的个体化以及观察"他人"的自由。这里，我们遭遇到一种现代理性，它剥夺了任何"实质目标"、"总体的功能化"和"无目的的目的性"，总体而言，它不关注效果，这些效果因其"纯粹自然"而被取消。因此，任何社会配置都和其他配置以及"社会必需品"一样好，它包含了都被分解的"所有社会职责和家庭"。

　　如果还有什么不同的地方，那就是启蒙意味着通过"文化工业"的基本手段进行"大众欺骗"，工具的合理性统治着文化工业。"技术的依据是自身统治的依据。"（［8.30］，121）在电影、音乐、艺术和休闲中，这种新技术已经开始占统治地位，以这样一种方式，生活和经验的总体性已经被克服。最终，根据这一观点，所谓现代文明的启蒙是讽刺的、总体的、苦涩的和普遍的。启蒙作为自我启蒙表现了自己，当艺术和广告被固定在某个风格中时，它把现代经验塑造成一种无处可逃的意识形态。在现代图像的模糊景象中，所有现象都是可以交换的。任何对象都能够在这个"词与物的迷恋的融合中"（［8.30］，164）被其他人交换。在这个世界，法西斯主义变成了一种娱乐节目，很容易与其他词句和图像以及意识形态在现代同化的巨大竞技场中相妥协。

结果，《启蒙辩证法》能够被看作现代哲学和社会理论的十字路口。一方面，理性能够批判地发挥作用；另一方面，它不能在其中任何一方的基础上建立自己。自我保卫景象下的理性只能出于统治的目的发挥作用。这就是两次偏离的批判理论。偏离它在19世纪的马克思主义的基础以便建立自己的独立性，再次偏离任何基础以便作为毫无基础的极端批判力量发挥作用。在这个意义上，这本书超越了任何其他所谓法兰克福学派的著作，高扬哲学的终结，并且在某种程度上引领这个时代走向后现代性。因此，这不仅是从胡塞尔到海德格尔的对现象学的连续重建，后现代的预言者能够指定他们自身运动的合法先祖，而且也是这种声音在《启蒙辩证法》中的宣泄，它的预言大行其道。它留给福柯去探索自我这门学科的多重意义以及由启蒙所释放的主题的制度压迫，留给德里达去描述立场的无根据性，这种立场探索批判的角色，但不可能发现任何能够保证解释的恰当性的优先视角。

272

## 阿多诺和批判理论的美学复兴

即使批判理论想在20世纪40年代后期部分地放弃启蒙思想和潜在地保护解放理论的思想形式的可能性，它也并不总是来得及这样做。所以，批判理论在其从20世纪20年代早期到现在的奇怪进程中又经历了一次转向，一次美学转向。押给美学的这一注以温和的形式使批判理论最初的解放理论存活下来。阿多诺部分受本雅明的影响，将尾随工具理性——它的终结作为哲学的终结是显而易见的——从其死灰中继续前进。如果《启蒙辩证法》的总主张被保留，那么其后果对批判理论来说是毁灭性的。因此，问题是批判理论将以何种方式复兴，但这次是在对理性完全膨胀的理论的怀疑下进行的。在某种意义上，尽管霍克海默和阿多诺对理性作为基本工具的分析是引人入胜的，对启蒙作为基本循环的分析也是诱人的，但是批判本身的可能性似乎在削弱。批判理论主张的美学补救不得不在关于认知主张的怀疑框架下来理解。既然认识不可避免地导致工具理性，那么寻找一条出路就是必需的，通过这条出路，批判无须认知本身也是合法的。美学，这个阿多诺在其早期出版的著作中就为之着迷的对象提供了这样一个出路。如果《启蒙辩证法》能够被理解为对认知的批判，那么艺术对阿多诺来说就代表了一种克服认知所建立的困境的方法。阿多诺把非表征理论在艺术潜力中的能力看作一种表象。艺术爆发的力量停留在它的不能被表征的表征中。在这个意义上，它在艺术中是不对等的，它能够表征社会，但只是作为他者来表征。对阿多诺而言，艺术代替认知理论，在批判理论的规划下发挥作用，但这在工具理性的压力下是无法达到的。

然而，阿多诺并不打算放弃在其早期著作中就表露出来的历史哲学。因此，在本雅明的影响下，在与尼采和海德格尔的直接对比中，他能够将他对 *273* 艺术的理解并入进步理论。本雅明在其著名论文《机械复制时代的艺术作品》(The Work of Art in the Age of Mechanical Reproduction)[8]的结尾中设定了这个主题，该文最初于 1936 年发表在《社会研究学刊》(*Zeitschrift für Sozialforschung*)[9]上。对摄影术而言，机械复制第一次在世界历史上把艺术作品从它对仪式的寄生依赖中解放出来。结果，艺术不再需要保留对确实性的声明。摄影术之后，艺术作品就"为复制而设计"。从这一观察来看，本雅明得出了一个相当惊人的结论："但是，确实性的标准一旦停止，不再被应用于艺术生产，艺术的总体功能就被颠倒了，它不再建立在仪式之上，而开始建立在实践—政治之上。"([8.36]，244)然而，那也不应该就此声称，现代政治将与解放直接联合起来。这个主题如其否定性一样，也是肯定的。"法西斯主义的逻辑后果是艺术被引进政治生活。"([8.36]，241)但对本雅明而言，这是艺术与政治之间关系的形式，它将努力重新燃起艺术与仪式的古老联系。"法西斯主义对大众的压迫与对机械的压迫是一致的，它迫使大众以领袖崇拜的仪式卑躬屈膝，又迫使机械生产仪式价值。"([8.36]，241)然而，这种格局是会转变的，当法西斯主义"等同于政治的唯美主义"时，本雅明声称，作为一个马克思主义者，"共产主义是对政治化艺术的回应"。

阿多诺利用了本雅明关于艺术的本质和历史发展的观点而摒除了其唯物主义的立场。当他声称，因为现代主义否定传统，根据否定模式的不同，现代艺术区别于所有此前的艺术时，他所要说明的不是艺术与法西斯主义的话题，而是艺术与资本主义社会的话题。不仅如此，阿多诺的任务是要表明，艺术怎样才能克服通过工具理性的批判定义的理性困境，而同时又要保留艺术有其可理解性的主张。艺术在何种意义上不只是对社会的简单表征？为了说明这一点，阿多诺回到了模仿这一经典的美学思想。艺术有其表征的能力，但在其表征中它能超越它所表征的东西。艺术不是通过否定而是通过重建生存下来的。"艺术的现代性隐藏在它对固化的和异化的实在的模仿关系中。而且，这不是对无声实在的否定，而是让艺术说话。"（[8.23]，31）换句话说，艺术表征了非同一性。"现代艺术正在不断实践着认同非同一性这一不可能的策略。"（[8.23]，31）

274

艺术能够被用来作出关于理性的声明。"艺术对魔法实践——艺术自己的前身——的否认意味着艺术分享了理性。"艺术在理性进程中掌握模仿的能力，甚至在使用理性手段时，也是对官僚世界的邪恶和非理性的回应。艺术是一种理性，它包含了某种超越工具理性的非理性的要素。这是艺术能够做到的，而这在资本主义社会本身是无法做到的。"资本主义社会掩盖和否定了这种非理性，但艺术并没有这样做。"艺术与真理相连。艺术"在两个方面代表了真理，一方面它保留了被理性完全压制的终点的图像，另一方面它揭露了现状中的不合理性和荒诞"（[8.23]，79）。

阿多诺声称，虽然艺术可以成为韦伯所描述的理性化的部分，但艺术参与其中的这个理性化过程并不导致统治。因此，如果艺术是韦伯所说的"世界的觉醒"的一部分，那么它也会把我们带到与工具理性不同的道路上去。因此，阿多诺说，"艺术以一种不同于统治的方式推动了技术"（[8.23]，80）。由此，我们必须关注"内在于艺术中的、模仿和理性的辩证法"（[8.23]，80）。

《启蒙辩证法》能够被看作对认知的批判，但阿多诺用艺术来恢复一种认知的主张。"模仿的持续存在被理解为主观创造与其客观目标和其他假设的非概念性关联，把艺术定义为认知形式，以及某种程度上的'理性'。"（[8.23]，80）因此，在阿多诺的观点中，当理性降格为工具理性的时候，人们可以转向艺术，将其作为理性形式的复兴的一种表达，这种理性形式能通过表达自己的非等同来克服理性的局限。在这个意义上，批判理论的主张并没有丧失而是被转化了。的确，批判理论更早的解放主张将在另一个水平上再次适用。而且，阿多诺的观点似乎通过他的朋友本雅明的观点而形成。艺术能够使我们接受在通常的理性术语下所表达的痛苦。当"理性能够在概念上包含痛苦"的时候，以及它能够"提供缓解痛苦的手段"的时候，它从来没有"通过经验的媒介表达痛苦"。因此，艺术在一个变形的理解下扮演了一种独特角色，比如批判理论的角色。"因此，提醒艺术自身的是这个观念，艺术在充满难以理解的错误和痛苦的时代也许是唯一留下的真理的媒介。"（[8.23]，27）换句话说，艺术能够预言解放，但只是在团结当前人类存在的状况的基础上。"通过专注于被压抑的东西，艺术内在化了被压抑的原则，比如世界的尚未得救的条件，而不是仅仅公开无用的抗议。艺术认同和表达了那种条件，因此预言了它的征服。"（[8.23]，26）对本雅明而言，正是这种观点以及与其他人在过去所经历的苦难的纠缠使他无法获得拯救。由此，对他而言，幸福不是简单空洞的启蒙术语，它有着微微的救世主的神学手段。他的基本主张是，"我们幸福的景象是与拯救的景象不可分割地联系在一起的"（[8.23]，254）。

最后，如果可能的话，从与霍克海默合作的《启蒙辩证法》的立场出发，看看阿多诺后期的美学著作，事情就很明显，对批判理论早期解放思想的主张的恢复是以艺术作品非认同特征为基础的。可以肯定，阿多诺与霍克海默一样，在对理性主张作出引人注目的批判之后，给批判理论的恢复留下了些许余地。的确，对艺术的主张不得不跟这一批判进行比较。阿多诺以一种独特的方式与此前的分析保持了一致。如果理性总是导向统治，那么艺术就不得不将自己的主张建立在它表达非等同的能力上。然而，这个任务仍然需要准确地描述那些主张。为了这样做，阿多诺经常重新求助根据早期批判中陈述的标准已经被废除了的历史哲学。

## 哈贝马斯和批判理论的理性重构

于尔根·哈贝马斯是阿多诺以前的学生，他的著作将批判理论带上了一个更高的水平。哈贝马斯最初的策略是恢复批判理论中的批判概念。很明显，哈贝马斯对法兰克福学派中他老师们的方式一直持有怀疑态度。他们没能将批判理论建立在一种理性理论的基础上，而他将保护充分的批判概念。为此，他写作了富于表现力的两本著作《交往行为理论》（*The Theory of Communicative Action*，1981）[8.85] 和《现代性的哲学话语》（*The Philosophical Discourse of Modernity*，1985）[8.88]。在对哈贝马斯研究的著作中，我感兴趣的是一种论证方式，以这种方式将理性的批判理论作为霍克海默和阿多诺方案的替选项的论证开始形成。在这一背景下，哈贝马斯利用了他的老师们所忽略的当代德国哲学传统中的资源。我早前曾指出，康德以来的德国哲学是通过建构和转化的各主题间的相互作用形成的。如果现代批判理论建立在相对稳固的信念——关于批判的解放假设的基础是明显的并在特定的理论立场上被给出——之上，那么回想起来，那个基础就变得更不安全了。最终，批判如在《启蒙辩证法》中一样陷入了内在压迫和外在统治的永无止境的循环。因此，批判理论的承诺就被削弱了。哈贝马斯早期著作的最大价值就在于，他根据对德国哲学传统中的建构元素而非转化元素的转向看到了这个困境并指出了它。批判理论对哈贝马斯而言，至少最初是"有效知识"的问题，也就是认识论的问题。

毫不奇怪，当哈贝马斯跟随霍克海默 1937 年文章的脚步，首次将传统理论与批判理论并列的时候，他不仅在理论状态上而且在科学的本性上借用了埃德蒙德·胡塞尔。通过这样做，他挪用了两个相关的、后期超验现象学中的主题，即理论概念与自由或解放的政治概念的关联，以及现象学对科学状况的再占有。

与他写作《知识与人类的旨趣》（*Knowledge and Human Interests*，1969）[8.82] 一样早，哈贝马斯坚持这个主题，即批判理论在阐明知识和兴趣之间隐匿的关联这一基础上是合法的。然而，这个关联只有在理论的明晰性基础上以更加经典的形式才能被界定。根据哈贝马斯，在对宇宙的沉思中，人们内在地生产他们外在认知的东西，在这个意义上，理论（*theoria*）是一种模仿。因此，理论在其传统的形式下被构想成与"生活行为"相关。事实上，在对传统观点的这一解释中，理论态度的占用在它的从业者中创造出一种特殊的品质。据说胡塞尔保持了理论的这种"传统"观念。因此，当胡塞尔解决科学问题时，他是在优先考虑理论的经典理解的基础上进行的。

在哈贝马斯的观点中，在经典的意义上对理论的承诺决定了胡塞尔对科学的批判。胡塞尔对科学客观主义的攻击导致他声称，客观世界的知识在前科学的世界中有一个"超验的"基础；科学由于它对世界俗世知识的优先承诺使其无法从兴趣中把自己解放出来；而且，现象学通过自身的超验的自我反思的方法把知识与俗世兴趣的关联从对一种被传统定义的理论态度的承诺中解放出来。就此而言，现象学借用的理论的经典概念解放了人们对俗世的兴趣，以至现象学宣扬一种特定的"有益的力量"和"实践的有效性"。 *277*

哈贝马斯赞同胡塞尔的方法，但同时也指出了其中的错误。胡塞尔对科学的批判是正确的。因为科学的"客观主义的幻想"体现在，"物自体"信念中的科学抛弃了这些隐匿事实的结构以至它无法意识到知识和兴趣之间的联系。在胡塞尔的观点中，现象学阐明了这一点，而反对了科学的自负，因此有权赋予自己"纯粹理论"的名号。这里，胡塞尔准确地实现了现象学的实践的有效性。现象学解放了人们日常的科学态度。但现象学又是错误的，因为它盲目地接受了在理论的经典定义中所暗藏的本体论。经典形式的理论被认为是人类世界秩序的蓝本，它存在于"理想世界"的结构中。哈贝马斯以其富有洞察力的方式说："理论只有作为宇宙学才能指导人类行为。"（[8.82]，306）如果这样的话，依赖理论之经典概念的现象学方法就不得不有一种特定的"实践的有效性"，它意味着，一种特定的"伪范的力量"可能来源于"对现实兴趣的隐藏"。

最终，现象学本想在摆脱兴趣的基础上证明自己的合法性，却反而隐藏了一个来自经典本体论的兴趣。哈贝马斯相信，经典本体论进而能够具有历史性特征。事实上，理论的概念据说是来自人类解放的某个特定阶段。在这个阶段，感情净化（*catharsis*）已经被此前的"神秘迷信"激发出来，现在通过"理论"的方式进入了人类行为的王国。这标志了一个新的阶段，但肯定不是人类"自身认同"发展中的最后阶段。在这个阶段，只有通过对"宇宙秩序的抽象律法"的认同才能实现个体认同。因此，理论代表了一种意识的成就，这种意识被解放了，但没有被完全解放。它从某种"古老的力量"中被解放出来，但仍然需要一种与宇宙学的关系以便实现它的认同。同样， *278*

尽管纯粹理论具有"幻象"特征，但人们相信，它仍然是一种"避免衰退到更早阶段的保护"。这里，我们接触到了哈贝马斯批判概念的主要观点，即沉思的态度和矛盾的假设的一种关联，沉思的态度预示要使它自己摆脱任何兴趣，以及与之相矛盾的假设就是，对纯粹知识的探索是在某种实践兴趣即从人类发展的一个更早阶段中获得解放的名义下进行的。

结论是，胡塞尔和他所批判的科学都是错误的。胡塞尔的错误是因为他相信纯粹理论的发展是使知识摆脱兴趣的一个步骤。但事实上，正如我们已经看到的，胡塞尔现象学补偿性的方面是它事实上有一个实践的意图。科学的错误是因为，尽管它们承认纯粹的沉思态度，但是它们用理论的经典概念来达到自己的目的。换句话说，科学用纯粹理论的经典概念来保持自己偏狭的实证主义形式，但又要摆脱纯粹理论的"实践内容"。结果，它们宣称它们的兴趣仍然是隐匿的。

值得注意的是，当哈贝马斯转向对科学的批判时，他站到了胡塞尔的一边。这意味着胡塞尔正确地批判了一种错误的科学假设，即"理论前提"要与"事实"相联系；还意味着胡塞尔正确地批判了一种"态度"，它假定了"经验变量"的"自在"，因为它们表现在"理论前提"中。但是，胡塞尔不仅在理论和经验之间作出了适当的区分，而且也恰当地表明，科学态度"压制了超验的框架，这个框架是这些前提有效性的意义的前件"（[8.82]，307）。这样，如果在经验和理论之间作出适当的区分，如果揭示这些前提意义的超验框架被阐明，那么"客观幻象"就将结束，"建构知识"的兴趣将变成"可见的"。理论的态度将无关宏旨，只要它与实践的意向相联合。超验框架的引入也可以进行，只要阐明此前知识和兴趣中被隐匿的单元。

有趣的是，这个批判概念的框架并不是来自霍克海默最初所想的辩证理性，而是来自超验现象学。要注意的是，我并不打算宣布哈贝马斯的立场与胡塞尔一样。相反，这只能表明他关于批判的立场来自对超验现象学的批判。他借用了针对批判的超验框架，借用了对区别于经验事实的理论的强调，而这是由胡塞尔建立起来的。因此，在这一点上，他支持一种"批判的社会科学"，它依赖"自我反思的概念"，它能"确定批判前提的有效性的意义"。这个批判理论的概念从传统理论的批判中借用了"解放的认知兴趣"

的概念。这个概念（恰当地去神秘化后）不是建立在从控制的一般力量的神秘概念中解放出来的基础之上，而是来自"自治和责任"这样一个更加现代的兴趣。这个兴趣后来在他的思想中作为道德理论基础表现出来。

在这个分析基础上，我们可以作出一些评论。很明显，从批判理论的发展来看，哈贝马斯正确地看到了拯救批判概念的必要性。暗藏在这一努力中的不仅是对《启蒙辩证法》的拒斥，而且也包括对阿多诺在美学基础上重建批判理论的拒斥。然而，霍克海默早期论文中关于这一主题所提供的批判理论概念已经陷入低潮——有足够的证据能证明这一点。随着社会科学研究所的成员逐渐退出最初给他们提供批判概念的马克思主义，批判理论的基础也行将崩溃。哈贝马斯对批判概念的重新概念化显然既是革新的也是原创的，但也是有争议的。批判将不再来自以斗争为基础的哲学史，而是来自以理性理论为基础的自我反思的时刻。随着哈贝马斯立场的发展，自我反思的时刻将被证明是有趣的。

## 哈贝马斯：批判和合法性

面对自我反思的超验时刻的引入，通过揭露解放兴趣而进行的批判在哈贝马斯的与其早期恰恰相反的后期著作中在合法性的水平上得到了重现。合法性和批判的连接能够通过自我反思的超验时刻被建立起来，它与阐明对自治和责任的兴趣相连。后来，这个时刻通过交往理性的理论被转向一致的观点。合法性参照了某种背景的一致，它能通过一个理想化的过程来获得。因为批判最初打算从幻象中分离出真理，所以以合法性在能够被证明的真理和不能够被证明的真理之间也作出了区分。因此，它改变了对自治和责任在交往水平上的主张。可以说，对合法性的诉求被叠加在对解放的诉求之上。有人认为，以交往行为为基础的道德理论已经取代了哈贝马斯在《知识与人类的旨趣》中采用的旧的批判理论。不同的是，我认为，哈贝马斯最近伦理和法律的理论是以某种批判理论的重建为基础的。

然而，在证明这一主张之前，我要考察哈贝马斯著作从主体哲学向语言哲学的基本的范式转向，它一方面包含了对交往行为理论的建构，另一方面包含了对与现代性相连的哲学立场的证明。这两个转向都能用来说明早期批判理论与晚期批判理论的争论。

如果霍克海默和后期阿多诺关于"工具理性"的概念只是对马克斯·韦伯目的性工具理性行为概念的重建，那么对这一观点的综合批判就能导向韦伯的合法化理论。在哈贝马斯的著作《交往行为理论》中，这个理论被看成是通过意识哲学的范式进行考察的。韦伯的观点能够简单阐述为：如果西方理性被降低为工具理性，那么它就没有自我重生的进一步前景。哈贝马斯想说明，韦伯分析的失败以及由此暗示的接受韦伯观点的那些人例如霍克海默和阿多诺的失败将根据主客关系被建构成合理化过程。换句话说，韦伯的分析离不开韦伯的理性理论。根据这一分析，他的理性理论使他根据主客关系构想事物。哈贝马斯的观点与韦伯、霍克海默和阿多诺三人的观点相反，他认为根据主客关系构想事物的理性理论除了根据工具术语就无法构想那些现象。换句话说，所有主客关系的构想都是工具性的。因此，如果打算根据非工具术语建构合理性理论，那么就必然需要建构一个替代的理性理论。交往行为理论的建构就是基于这一假设建立在语言哲学的基础之上。

在哈贝马斯的观点中，摆脱早期批判理论使我们陷入的工具理性困境的出路是，通过语言哲学，通过对言语行为理论的重新理解，语言哲学能够区分策略行为和交往行为。交往行为在如下意义上可以被理解成非工具性的：*281* "交往达成的一致有其理性基础；它不可能被任何当事方强加，无论工具性地通过对形势的直接干预，还是策略性地通过影响双方的决定。"（[8.85]，287）重要的是，我此前提到的合法性问题是解放的兴趣维持和出现的地方。交往行为在那里有一个有效性的声明，它原则上是可以批判的，这意味着宣称这个声明的人进而能够在理性的基础上作出肯定或否定的回应。此外，如果哈贝马斯坚持他的主张要克服工具理性的困境，那么他就必须同意，交往行为是基础性的。它们不能被化约为工具的或策略的行为。如果交往行为被化约为工具的或策略的行为，那么人们就将回到哈贝马斯已经声明的意识哲学之中，回到批判理论之前的形式，在那儿所有行为都被化约为工具的或策略的行为。[10]

哈贝马斯确信，在交往水平上适当地使用语言的离题结构能够保护对现代性解放的推力。因此，《启蒙辩证法》的失败将导致已经放弃它的人以一种过于简单化的方式误读现代性。争论也将由此出现，一方是哲学史中的立场，它不再在历史解释的基础上坚持解放的假设，另一方是发现能够补救解放诉求的立场，不过是在超验的水平上。最终，批判理论的重建关注哲学的本质和定义。如果批判理论的诉求能够在超验的水平上作为语言哲学的诉求而得到重建，那么哲学本身也能被定义为交往行为理论的对立面。哈贝马斯宣称，语言的最初模式是交往的，这预设了一个违反事实的交往社区，它本质上倾向于避免控制的工具性形式。因此，离题的相互作用是交往形式而不是策略形式的这个断言意味着联系具有下面的政治形式，这种形式被写进语言的本质中，就像对不断进步的解放的承诺一样。换句话说，如果有人宣称交流的原始形式是解放的，那么工具理性引起的困境就已经被克服了，他也将避开启蒙辩证法的蛊惑。

## 【注释】

[1] 关于批判理论的起源和发展有三本很好的著作：R. 维格肖（R. Wiggershaus） *282* 的大部头著作 [8.140] 是最全面的；M. 杰伊（M. Jay）的史学著作 [8.131] 介绍了一整代美国人的批判理论；赫尔默特·杜比尔（Helmut Dubiel）的著作 [8.128] 介绍了批判理论基于德国和国际政治背景下的发展。

[2] Hegel, *Phenomenology of Spirit*, Oxford：Oxford University Press，1977.

[3] 同上书，111 页。

[4] K. Marx, "On the Jewish Question", in *The Marx-Engels Reader*, ed. R. Tucker, New York：Norton，1972.

[5] 参见上书，110～165 页。

[6] 参见上书，83～103 页。

[7] M. Horkheimer, "Traditional and Critical Theory", in *Critical Theory*, New York：Herder & Herder，1972.

[8] W. Benjamin, "The Work of Art in the Age of Mechanical Reproduction", *Illuminations* [8.36].

[9] *Zeitschrift für Sozialforschung*，5：1 (1936).

[10] 对这一区分更全面的分析，参见我在 [8.96] 中的讨论。

# 参考书目

### 社会研究所杂志

8.1　*Archiv für die Geschichte des Sozialismus und der Arbeiterbewegung*，I–XV，1910–1930.

8.2　*Zeitschrift für Sozialforschung*，vols 1–8，2，Leipzig，Paris，New York，1932–1939.

8.3　*Studies in Philosophy and Social Science*，New York，1940–1941.

8.4　*Frankfurter Beiträge zur Soziologie*，Frankfurt，1955–1974.

### 阿多诺

原始文本

阿多诺文集参见 *Gesammelte Schriften*［GS］（23 volumes），ed. R. Tiedemann，Frankfurt：Suhrkamp，1970–　。或者参见 *Akte：Theodor Adorno 1924–1968*，收藏于法兰克福大学前哲学教员档案中。书目参见 René Görtzen，"Theodor W. Adorno：Vorläufige Bibliographie seiner Schriften und der Sekundärliteratur"，in *Adorno Konferenze 1983*，ed. L. Friedeburg and J. Habermas，Frankfurt：Suhrkamp，1983.

8.5　*Kierkegaard：Konstruktion des ästhetischen*，Tübingen，1933.

*283*　　8.6　*Philosophie der neuen Musik*，Tübingen：Mohr，1949.

8.7　*The Authoritarian Personality*，co-authored with E. Frenkel-Brunswick，D. Levinson，and R. Sanford，New York：Harper，1950（2nd edn，New York：Norton，1969）.

8.8　*Minima Moralia：Reflexionen aus dem beschädigten Leben*，Berlin and Frankfurt：Suhrkamp，1980.

8.9　*Prismen：Kulturkritik und Gesellschaft*，Frankfurt：Suhrkamp，1955.

8.10　*Noten zur Literatur I*，Frankfurt：Suhrkamp，1974.

8.11　*Jargon der Eigentlichkeit*，Frankfurt：Suhrkamp，1964.

8.12　*Negativ Dialektik*，Frankfurt：Suhrkamp，1966.

8.13　*The Positivist Dispute in German Sociology*，introduction and two essays by Adorno，London：Heinemann，1969.

8. 14 *Ästhetische Theorie*，in *GS*，vol. 7，1970.

8. 15 *Noten zur Literatur*，ed. R. Tiedemann，in *GS*，vol. 11，1974.

8. 16 *Hegel：Three Studies*，Cambridge，Mass.：MIT Press，1993.

**翻译本**

8. 17 *Philosophy of Modern Music*，London：Sheed & Ward，1973.

8. 18 *Minima Moralia：Reflections from Damaged Life*，London：New Left Books，1974.

8. 19 *Prisms*，London：Neville Spearman，1967.

8. 20 *Jargon of Authenticity*，London：Routledge & Kegan Paul，1973.

8. 21 *Negative Dialectics*，New York：Seabury Press，1973.

8. 22 *Against Epistemology：A Metacritique*，Cambridge，Mass.：MIT Press，1982.

8. 23 *Aesthetic Theory*，London：Routledge & Kegan Paul，1984.

8. 24 *Notes to Literature*，2 vols，New York：Columbia University Press，1992.

**评论**

8. 25 Brunkhorst，H. *Theodor W. Adorno，Dialektik der Moderne*，München：Piper，1990.

8. 26 Früchtl，J. and Calloni，M.，*Geist gegen den Zeitgeist：Erinnern an Adorno*，Frankfurt：Suhrkamp，1991.

8. 27 Jay，M. *Adorno*，Cambridge，Mass.：Harvard University Press，1984.

8. 28 Lindner，B. and Ludke，M.（eds）*Materialien zur ästhetischen Theorie Theodor W. Adorno's：Konstruktion der Moderne*，Frankfurt：Suhrkamp，1980.

8. 29 Wellmer，A. *Zur Dialektik von Moderne und Postmoderne：Vernunftkritik nach Adorno*，Frankfurt：Suhrkamp，1985.

**阿多诺和霍克海默**

8. 30 *Dialektik der Aufklärung*，Amsterdam：Querido，1947.

8. 31 *Sociologia*，Frankfurt：Europäische Verlagsanstalt，1962.

**本雅明**

原始文本

本雅明的文集参见 *Gesammelte Schriften*（7 vols），ed. R. Tiedemann and H.     *284*

Schweppenhäuser, Frankfurt: Suhrkamp, 1972－1989; *Briefe* (2 vols), ed. G. Scholem and T. Adorno, Frankfurt: Suhrkamp, 1966; *Schriften* (2 vols), ed. T. Adorno and G. Scholem, Frankfurt 1955; *Habilitationakte Walter Benjamins*，收藏于法兰克福大学前哲学教员档案中。书目参见 R. Tiedemann, "Bibliographie der Erstdrucke von Benjamins Schriften", in *Zur Aktualität Walter Benjamins*, Frankfurt: Suhrkamp, 1972, pp. 227－297.

8.32 *Deutsche Menschen: Eine Folge von Briefen*, written under pseudonym Detlef Holz, Frankfurt: Suhrkamp, 1977.

8.33 *Zur Kritik der Gewalt and andere Aufsätze*, Frankfurt: Suhrkamp, 1965.

8.34 *Berliner Chronik*, ed. G. Scholem, Frankfurt: Suhrkamp, 1970.

8.35 *Moskauer Tagebuch*, ed. G. Smith, Frankfurt: Suhrkamp, 1980.

翻译本

8.36 *Illuminations, Essays and Reflections*, ed. and introduced by H. Arendt, New York: Schocken, 1968.

8.37 *Charles Baudelaire; A Lyric Poet in the Era of High Capitalism*, London: New Left Books, 1973.

8.38 *Understanding Brecht*, London: New Left Books, 1973.

8.39 *Communication and the Evolution of Society*, Boston: Beacon Press, 1979.

评论

8.40 Buck-Morss, S. *The Dialectics of Seeing: Walter Benjamin and the Arcades Project*, Cambridge, Mass. : MIT Press, 1989.

8.41 Roberts, J. *Walter Benjamin*, London: Macmillan Press, 1982.

8.42 Scheurmann, I. and Scheurmann, K. *Für Walter Benjamin: Dokumente, Essays und ein Entwurf*, Frankfurt: Suhrkamp, 1992.

8.43 Scholem, G. *The Correspondence of Walter Benjamin and Gerschom Scholem*, Mass. : Harvard University Press, 1992. Frankfurt, 1975.

8.44 Tiedemann, R. *Studien zur Walter Benjamins*, Frankfurt: Suhrkamp, 1973.

**弗洛姆**

弗洛姆的文集参见 *Gesamtausgabe* (10 vols), ed. R. Funk, Stuttgart: Deutsche Verlags-Anstalt, 1980－1981。书目在第 10 卷。

8. 45　"Die Entwicklung des Christusdogmas： Eine psychoanalytische Studie zur sozi-
alpsychologischen Funktion der Religion", *Imago*, 3： 4 (1930).

8. 46　*Escape From Freedom*, New York： Farrar & Rinehart, 1941.

8. 47　*Man for Himself*： *An Inquiry into the Psychology of Ethics*, New York： Rine-　*285*
hart, 1947.

8. 48　*The Sane Society*, New York： Rinehart, 1955.

8. 49　*The Art of Loving*, New York： Rinehart, 1956.

8. 50　*Beyond the Chains of Illusion*： *My Encounter with Marx and Freud*, New
York： Simon & Schuster, 1962.

8. 51　*The Heart of Man*, New York： Harper & Row, 1964.

8. 52　*The Anatomy of Human Destructiveness*, New York： Holt, Rinehart, Win-
ston, 1973.

8. 53　*To Have or To Be?* New York： Harper & Row, 1976.


**格吕恩堡**

8. 54　"Festrede gehalten zur Einweihung des Instituts für Sozialforschung an der
Universität Frankfurt a. M. am 22 Juni 1924 ", *Frankfurter Universitätsreden*, 20
(1924).


**哈贝马斯**
原始文本

8. 55　*Das Absolute und die Geschichte* ： *van der Zweispaltigkeit in Schellings Den-
ken*, dissertation, Universität Bonn, 1954.

8. 56　*Strukturwandel der Öffenlichkeit*, Berlin： Luchterland, 1962.

8. 57　*Technik und Wissenschaft als Ideologie*, Frankfurt： Suhrkamp, 1968.

8. 58　*Erkenntnis und Interesse*, Frankfurt： Suhrkamp, 1969.

8. 59　*Theorie und Praxis*, (2nd edn) Frankfurt： Suhrkamp, 1971.

8. 60　*Kultur und Kritik* ： *Verstreute Aufsätze*, Frankfurt： Suhrkamp, 1973.

8. 61　*Legitimationsprobleme im Spätkapitalismus*, Frankfurt： Suhrkamp, 1973.

8. 62　*Zur Rekonstruktion des Historischen Materialismus*, Frankfurt： Suhrkamp, 1976.

8. 63　*Communication and the Evolution of Society*, Boston： Beacon Press, 1979.

8.64 *Theorie des kommunikativen Handelns*, 2 vols, Frankfurt: Suhrkamp, 1981.

8.65 *Zur Logik der Sozialwissenschaften*, 5th edn, Frankfurt: Suhrkamp, 1982.

8.66 *Moralbewußtsein und kommunikatives Handeln*, Frankfurt: Suhrkamp, 1983.

8.67 *Vorstudien und Ergänzungen zur Theorie des kommunikativen Handelns*, Frankfurt: Suhrkamp, 1984.

8.68 *Philosophische Diskurs der Moderne*, Frankfurt: Suhrkamp, 1985.

8.69 *Eine Art Schadensabwicklung*, Frankfurt, Suhrkamp, 1987.

8.70 *Nachmetaphysisches Denken*, Frankfurt: Suhrkamp, 1988.

8.71 *Texte und Kontexte*, Frankfurt: Suhrkamp 1990.

8.72 *Erläuterungen zur Diskursethik*, Frankfurt: Suhrkamp, 1991.

8.73 *Vergangenheit als Zukunft*, Zürich: Pendo Interview, 1991.

286 8.74 *Faktizität und Geltung : Beiträge zur Diskurstheorie des Rechts und des demokratischen Rechtsstaats*, Frankfurt: Suhrkamp, 1992.

翻译本

8.75 *Structural Change of the Public Sphere*, Cambridge, Mass. : MIT Press, 1989.

8.76 *Toward a Rational Society*, London: Heinemann, 1971.

8.77 *Knowledge and Human Interests*, Boston: Beacon Press, 1971.

8.78 *Theory and Practice*, London: Heinemann, 1974.

8.79 *Legitimation Crisis*, Boston: Beacon Press, 1975.

8.80 *The Theory of Communicative Action*, 2 vols, Boston: Beacon Press, 1984, 1987.

8.81 *On the Logic of the Social Sciences*, Cambridge, Mass. , MIT Press, 1988.

8.82 *Moral Consciousness and Communicative Action*, Cambridge, Mass. : MIT Press, 1989.

8.83 *The Philosophical Discourse of Modernity*, Cambridge, Mass. : MIT Press, 1987.

8.84 *The New Conservatism : Cultural Criticism and the Historians' Debate*, Cambridge, Mass. : MIT Press, 1989.

8.85 *Post-Metaphysical Thinking*, Cambridge, Mass. : MIT Press, 1992.

评论

8.86 Arato, A. and Cohen J. (eds) *Civil Society and Political Theory*, Cambridge, Mass. : MIT Press, 1992.

8.87　Bernstein，R.（ed.）*Habermas and Modernity*，Cambridge，Mass.：MIT Press，1985.

8.88　Calhoun，C.（ed.）*Habermas and the Public Sphere*，Cambridge，Mass.：MIT Press，1992.

8.89　Dallmayr，W.（ed.）*Materialen zu Habermas "Erkenntnis und Interesse"*，Frankfurt：Suhrkamp，1974.

8.90　Flynn，B. *Political Philosophy at the Closure of Metaphysics*，London：Humanities Press，1992.

8.91　Held，D. and Thompson，J.（eds）*Habermas：Critical Debates*，Cambridge，Mass.：MIT Press，1982.

8.92　Honneth，A. *Kritik der Macht*，Frankfurt：Suhrkamp，1985.

8.93　Honneth，A. and Joas，H.（eds）*Communicative Action：Essays on Jürgen Habermas' Theory of Communicative Action*，Cambridge，Mass.：MIT Press，1991.

8.94　Honneth，A. *et al.*（eds）*Zwischenbetrachtungen im Prozess der Aufklärung*，Frankfurt：Suhrkamp，1989.

8.95　McCarthy，T. *The Critical Theory of Jürgen Habermas*，Cambridge，Mass.：MIT Press，1978.

8.96　Rasmussen，D. *Reading Habermas*，Oxford：Basil Blackwell，1990. Rasmussen，D.（ed.）*Universalism and Communitarianism*，Cambridge，Mass.：MIT Press，1988.

8.97　Schnädelbach，H. *Reflexion und Diskurs*，Frankfurt：Suhrkamp，1977.

8.98　Thompson，J. *Critical Hermeneutics：A Study in the Thought of Paul Ricoeur and Jürgen Habermas*，New York：Cambridge University Press，1981.

*287*

## 霍克海默

霍克海默的文集参见 *Gesammelte Schriften*（18 vols），ed. G. Noerr and A. Schmidt，Frankfurt：Fischer，1987-　。多数收在 *Zeitschrift für Sozialforschung* 中的论文也同样收在 *Kritische Theorie：Eine Dokumentation*（2 vols）（ed. A. Schmidt，Frankfurt：Fischer，1968）中。也可参见 *Akte Max Horkheimer，1922-1965*，藏于法兰克福大学前哲学教员档案中。书目参见 *Horkheimer Heute*，ed. A. Schmidt and N. Altwicker，Frankfurt：Fischer，1986，pp. 372-399。

8. 99  "Die Gegenwärtige Lage der Sozialphilosophie und die Aufgaben eines Instituts für Sozialforschung", *Frankfurter Universitätsreden*，37（1931）.

8. 100  *Dämmerung*，written under the pseudonym Heinrich Regius，Zürich：Oprecht and Helbling，1934.

8. 101  *Eclipse of Reason*，New York：Oxford University Press，1974.

8. 102  "Zum Begriff der Vernunft"，*Frankfurter Universitätsreden*，7（1953）.

8. 103  *Kritische Theorie：Eine Dokumentation*，2 vols，ed. A. Schmidt，Frankfurt：Fischer，1968.

8. 104  *Critical Theory*，New York：Herder & Herder，1972.

8. 105  *Critique of Instrumental Reason*，New York：Seabury Press，1974.

评论

8. 106  Gumnior，H. and Ringguth，R. *Horkheimer*，Reinbeck bei Hamburg：Rowohlt，1973.

8. 107  Tar，Z. *The Frankfurt School：The Critical Theories of Max Horkheimer and Theodor Adorno*，New York：Wiley，1977.


**洛文塔尔**

洛文塔尔的文集，参见 *Schriften*（4 vols），ed. H. Dubiel，Frankfurt，1980。

8. 108  *Prophets of Deceit：A Study of the Techniques of the American Agitator*，Palo Alto：Pacific Books，1970.

8. 109  *Literature and the Image of Man*，Boston：Beacon Press，1957.

8. 110  *Literature，Popular Culture，and Society*，Palo Alto：Pacific Books，1968.

8. 111  *Critical Theory and Frankfurt Theorists：Lectures，Correspondence，Conversations*，New Brunswick：Transaction Books，1989.


**马尔库塞**

*288*  马尔库塞的文集，参见 *Gesammelte Schriften*（9 vols），Frankfurt：Suhrkamp，1978-1987。完整书目参见 *The Critical Spirit：Essays in Honor of Herbert Marcuse*，ed. K. Wolff and B. Moore，Boston：Beacon Press，1967。

8. 112  *Reason and Revolution：Hegel and the Rise of Social Theory*，New York：Oxford University Press，1941.

8.113 *Eros and Civilization：A Philosophical Inquiry Into Freud*，Boston：Beacon Press，1955.

8.114 *Reason and Revolution：Hegel and the Rise of Social Theory*，2nd edn，Boston：Beacon Press，1960.

8.115 *Eros and Civilization*，2nd edn，with preface，"Political Preface，1966"，Boston：Beacon Press，1966.

8.116 *Negations：Essays in Critical Theory*，Boston：Beacon Press，1968.

8.117 *Counterrevolution and Revolt*，Boston：Beacon Press，1972.

8.118 *The Aesthetic Dimension：Towards a Critique of Marxist Aesthetics*，Boston：Beacon Press，1978.

评论

8.119 Görlich，B. *Die Wette mit Freud：Drei Studien zu Herbert Marcuse*，Frankfurt：Nexus，1991.

8.120 Institut für Sozialforschung（eds）*Kritik und Utopie im Werk von Herbert Marcuse*，Frankfurt：Suhrkamp，1992.

8.121 Pippin，R.（ed.）*Marcuse：A Critical Theory and the Promise of Utopia*，South Hadley：Bergin & Garvey，1988.


**波洛克**

8.122 *The Economic and Social Consequences of Automation*，Oxford：Basil Blackwell，1957.


**总体评论**

8.123 Benhabib，S. *Critique，Norm，and Utopia：A Study of the Foundations of Critical Theory*，New York：Columbia University Press，1986.

8.124 Benhabib，S. and Dallmayr，F.（eds）*The Communicative Ethics Controversy*，Cambridge，Mass.：MIT Press，1990.

8.125 Bubner，R. *Essays in Hermeneutics and Critical Theory*，New York：Columbia University Press，1988.

8.126 Dallmayr．F. *Between Freiberg and Frankfurt：Toward a Critical Ontology*，Amherst：University of Massachusetts Press，1991.

8.127　Dubiel，H. *Kritische Theorie der Gesellschaft*，München：Juventa，1988.

*289*　8.128　Dubiel，H. *Theory and Politics*，Cambridge，Mass.：MIT Press，1985.

8.129　Guess，R. *The Idea of Critical Theory*，Cambridge：Cambridge University Press，1981.

8.130　Held，D. *An Introduction to Critical Theory*，London：Hutchinson，1980.

8.131　Jay，M. *The Dialectical Imagination：A History of the Frankfurt School and the Institute of Social Research*，*1923-1950*，Boston：Little Brown，1973.

8.132　Kearney，R. *Modern Movements in European Philosophy*，Manchester：Manchester University Press，1987.

8.133　Kellner，D. *Critical Theory*，*Marxism and Modernity*，Baltimore：Johns Hopkins University Press，1989.

8.134　McCarthy，T. *Ideal and Illusions：On Reconstruction and Reconstruction in Contemporary Critical Theory*，Cambridge，Mass.：MIT Press，1991.

8.135　Marcus，J. and Tar，Z. (eds) *Foundations of the Frankfurt School of Social Research*，London：Transaction Books，1984.

8.136　Norris，C. *What's Wrong with Postmodernism：Critical Theory and the Ends of Philosophy*，Baltimore：Johns Hopkins University Press，1990.

8.137　O'Neill，J. （ed.）*On Critical Theory*，New York：Seabury Press，1976.

8.138　Schmidt，A. *Zur Idee der Kritischen Theorie*，München：Hanser，1974.

8.139　Wellmer，A. *Critical Theory of Society*，New York：Seabury Press，1974.

8.140　Wiggershaus，R. *Die Frankfurter Schule*，München：Hanser，1986.

感谢 James Swindal 为准备书目所提供的帮助。

# 第九章
## 诠释学：伽达默尔和利科

G. B. 麦迪逊（G. B. Madison）

## 历史背景：浪漫主义诠释学

虽然"诠释学"（*hermeneutica*）这一术语现在通行的用法来源于现代 290
早期[1]，但是它所指涉的实际活动与西方文明本身一样古老。在"解释的
艺术"（*ars interpretandi*）这一传统名称下，诠释学指文本解释的技艺，在
《圣经》的注释和古典语言学中便是如此。在现代，诠释学逐渐将自身重新
定义为一种一般性的、总体性的学科，处理规定所有解释形式的原则。作为
一门学科，它意味着，每当我们面对其意义不是显而易见的文本（或类似文
本的东西）时，要使它变得清楚明白，就需要解释者的积极努力。除了这种
解释功能外，提出解释意义（"应用"）的实际后果也被视为诠释学的任务。
理解（或解释）和应用的这一双重角色在司法诠释学中尤为明显。在那里，
诠释学的任务不仅是说明法律的"意义"或"内容"，而且还要确定其在当
下情境中的最佳应用。

19 世纪早期，弗里德里希·施莱尔马赫（1768—1834）极大地扩大了
诠释学的范围。他把诠释学视为一种全面的理论（*allgemeine Hermeneu-
tik*），要制定理解的规则和程序，而这种理解不仅是文本的意义，而且是一

般而言的（*Kunstlehre*）文化意义。根据这种浪漫主义传统，施莱尔马赫往
往被看作"诠释学之父"。他强调诠释学的"心理学"功能或"卜筮"功
能——解释的目的是"卜筮"作者的意图，或者换句话说，是从心理学上重
构作者的精神世界（"为了像作者一样甚至比作者更好地理解其中的话
语"[2]）。因此，诠释学的目的是挖掘文本的原始意义，这被施莱尔马赫等
同为作者的原始意图。[3]将诠释学作为一种文化理解（比如，理解另一种文
化或另一个历史时期）及其伴随物也就是"心理学的理解"（把握作者或行
为者的主观意图）的这一观点，在那个世纪末经威廉·狄尔泰（1833—
1911）得到了更为充分的发展。

19 世纪最显著的特征之一就是人文科学（*Geisteswissenschaften*）的蓬
勃发展，尤其是历史编纂学。狄尔泰给自己规定的任务是，为这些新兴科学
奠定方法论基础，就像一个世纪前康德寻求自然科学的哲学基础那样。康德
认为，在自然科学领域（*Naturwissenschaften*），对自然物的说明是排他性
的或自洽的。狄尔泰承认这一点，但又不仅于此，他认为人文科学也有自己
的具体对象，相应地，也有自己的具体方法。在他之前，历史学家德罗伊森
（J. G. Droysen）也持这种观点。作为当时人生哲学（*Lebensphilosophie*）思
潮的代言人，狄尔泰坚持认为，人文科学的确切对象应该是人类特有的东
西，即作为历史主体和社会主体的人的内在的精神生活（经历和生活经验）。
自然科学以一种因果关系，也就是以一种外在的方式去解释现象，而人文科
学的合适方法是一种移情式理解。人文科学家的任务是（或者应该是），将
他自己或她自己投入一种陌生的或疏离的生活经验，这种生活经验已经体现
在或具体化在文献、文本（"书写的遗迹"）以及其他表达内在生活经验和世
界观的遗迹或表达样式中。这里，人生哲学的关键在于，因为人文科学家是
一种活生生的存在，是生活的一部分，所以他或她作为原则本身能够重构性
地理解生活的其他客观方面。理解（人文科学的合适方法）因此就是一种解
释，而解释是一种手段。通过这种手段的外在表现，也就是客观的"表达"，
我们能够知道，在这种手段本身的内在性中，实际上能够富于想象力地与它
一致的人类他者是什么；再体验它。因此，狄尔泰把实现陌生生活经验的再
现（*Nachbildung*）作为解释的目标和意图。

*291*

　　狄尔泰用这种方式将诠释学概念化的目的，在我看来，是为了确保人文科学所特有的方法论的自治及其相对于自然科学而言的科学客观性。人文科学能够主张自己正当的认识论地位，甚至主张自己的有效性。前提在于，有一种"方法"是它们所特有的，并且有别于自然科学，而这正是狄尔泰的目标。他认为，这种方法就是"理解"（Verstehen）；人文科学的任务不是"解释"人类现象，而是"理解"人类现象。

*292*

　　需要说明的是，出于对历史的兴趣，狄尔泰对所谓"人文科学（社会科学）问题"的"方案"几十年后在 20 世纪中叶被彼得·文奇（Peter Winch）复兴，而几乎同时，伽达默尔和利科则发展了他们自己的迥然不同的诠释学版本。但是，当时人文科学的主流方法是与他们的方法截然相反的实证主义路径。这种路径主张，这些人文科学能够被设计成"科学的"，条件是它们能够通过某种方式设法将自然科学的解释方法吸收进来。卡尔·亨佩尔和他的"覆盖律"模型（"covering law" model）[4]就是这种方法，文奇认为，这种"解释"路径总体上不适合人文科学。头脑中紧记着维特根斯坦的"生活形式"的概念，文奇认为"概念只能在最初使用它们的人的生活方式的背景下予以解释"。比如，人类学家的任务只是将他或她自己投入一种陌生的"生活形式"。当一个人以这种方式去移情式地描述特定的"语言游戏"时，他除此之外什么也没做。与狄尔泰一样，文奇也明确区分了移情式理解和因果性解释，并认为人文科学应当将自己限制在前者上，因为人的关系或社会关系的主题不适合总体化，也不能被规划成科学子嗣的理论。所以，他坚持"概念只能在最初使用它们的人的生活方式的背景下予以解释"。[5]文奇的这一立场被理查德·J·伯恩斯坦准确无误地描述了出来：

　　　　文奇关于社会关系和自然关系之间存在逻辑鸿沟的观点可以被理解成人文科学与自然科学二分法的语言学版本。甚至他用来说明这一主张的论据读起来也像是对狄尔泰早就说过的话以新的措辞进行的翻译。[6]

在这一点上，有件重要的事情需要注意，即这种打算以一种独特的、不可化

293 约的范畴来说明生活，并打算把生活建构成科学之独特的不可化约的子嗣的狄尔泰式的企图，实际上是如何将生活置于另一独特范畴——自然范畴，它产生出一种完全不同的科学——的对立面的。解释和理解被看成两种不同的甚至对立的探究模式。在本章后面我们将会看到，利科诠释学的首要目标之一是克服狄尔泰遗留下来的解释和理解的二分法。这种二分法在 20 世纪引起太多争论，以至影响了人文科学的认识论地位。的确，我们可以说，当代现象学的诠释学[7]的首要任务之一是：一方面继续意义概念的"去心理学化"或"去主观化"（从而拒斥理解的移情观念）；另一方面详细说明某种特殊的意义，在这种意义或层面上，可以说人文科学就是"解释性的"。

鉴于伽达默尔和利科诠释学的特殊性，为了表明我们理解他们诠释学的立场，我们有必要指出，诠释学中的施莱尔马赫—狄尔泰传统（俗称"浪漫主义诠释学"）在 20 世纪仍然出现在埃米尼奥·贝蒂和赫希（E. D. Hirsch, Jr）的著作中。他们竭尽所能地反对伽达默尔和利科的诠释学版本。为了复兴传统诠释学（他们认为现象学的诠释学取代传统诠释学并非幸事），他们竭力主张，诠释学是为了达到解释的有效性而设定的总的方法论原则或规则体系。

贝蒂在 1955 年成立了罗马诠释学研究所，他试图复活狄尔泰的关切，即追求我们对人类经验的各种"客观化"的解释的客观有效性。他攻击伽达默尔削弱了对客观性的科学关切，攻击伽达默尔对"应用"概念的强调会给解释的任意性（或者叫"主观主义"）和相对主义大开方便之门。在他的主要著作 1962 年的《作为人文科学一般方法论的诠释学》（*Die Hermeneutik als allgemeine Methodik der Geiteswissenschaften*）[8] 的开篇伊始，贝蒂诉诸对解释的正确性或客观性的压倒性关切含蓄地批评伽达默尔放弃了"诠释学令人尊敬的古老形式"。

贝蒂的批评被赫希在其 1967 年的著作《解释的有效性》（*Validity Interpretation*）[9] 中保留了下来。该书是第一本原创性的系统的英文诠释学专著。它的书名已经清楚地告诉我们，赫希像贝蒂和之前的其他浪漫主义诠释

294 学家一样，致力于将诠释学建构成一门科学。如果这门科学能够独立于解释的过程本身而存在，那么它就能为我们提供"字面意义"的"正确"解释。

赫希的批评依据与贝蒂基本相同，但又增加了一个方法论上的转变来支持自己的整个立场。赫希将解释改造成一门真正科学的策略其实很简单，就是将自然科学哲学的假设—演绎方法和波普的证伪主义转嫁给人文科学，尤其是转嫁给文学文本的解释。像波普"科学发现的逻辑"一样，赫希"有效性的逻辑"认为，要"揣测"（"理解"）作者的意思除了"推测"和"臆想"别无他法，因此，这种方法为了获得"证据"所支持的"概率判断"，依赖严格的测试。赫希写道："理解的行为首先是一种温和的（甚至是错误的）猜测，不存在任何进行猜测的方法，不存在任何获得领悟的规则。当我们开始测试和评判我们的猜测时，解释的方法论活动就开始了。"（*Validity*，p. 207）而且，他说："测试解释性的假设的行为与设计实验原则上并没有什么不同，后者能够在自然科学的各种假设之间作出判断。"（Ibid.，p. 206）

赫希将诠释学科学化的意外后果是，在很大程度上使传统上浪漫主义诠释学所主张的诠释学范围变窄了。诠释学不再与理解、解释和应用一起相联系，而只与解释相联系，而且这种解释仅仅被构想成"证实"。在赫希那里，诠释学本质上只是一种解释性技术（*technē hermeneutikē*），在各种可能的意义之间或相互冲突的解释之间作出裁决，以便判断哪一个是文本唯一真正的意义，即作者所指的那个意义。而且，在构想波普和实证主义风格的"证实"中，赫希有效地打破了自然科学和人文科学的区分[10]，但是在此过程中牺牲了狄尔泰等人对保护人文科学完整性和自治性的关切。赫希解决了长期以来解释和理解之间的争论，但是完全牺牲了"理解"。他不加批判地接受了这样的科学主义主张：自然科学代表了所有合法知识的模式，是所有其他形式的知识的权威。

与贝蒂和赫希一样，伽达默尔和利科的批评家们继续重复着这种反对理由（现在已经是陈词滥调了）：他们的诠释学不能提出一种能够确凿无疑地获得文本意义的"正确的"解释的方法，因此必然导致主观主义和相对主义。[11]当我们能理解现象学的诠释学抵制现代性困扰的理由时，而且当我们能看出现象学的诠释学为什么应当转过来谴责传统诠释学陷入了幼稚的客观主义时，我们就能领悟现象学的诠释学具体指什么。

## 超越传统的动向：现象学的诠释学

任何特别的人类现象在根据与之不同的现象被理解时会得到最好的理解，这似乎是一个普遍的规则。汉斯-乔治·伽达默尔（生于 1900 年）和保罗·利科（生于 1915 年）所捍卫的诠释学的特别之处就是它区别于甚至对立于传统诠释学的方式，正如前文所描述的那样，这在任何情况下都是肯定的。利科明确宣称他诠释学的特征就是反传统诠释学，当他说他为两点——一是移情式理解的"浪漫主义幻想"，二是文本客观性的"实证主义幻想"——而战的时候，这种逼近自身的客观性完全独立于作者和读者的主观性。(OI，194-195)[12] 就后者而言，利科心里想的是结构主义路径，但是他的评论也完全适用于赫希的诠释学分支，它也主张文本逼近自身的原始客观性而完全独立于读者的主观性（或者说它的"应用"）。伽达默尔寻找一条相似的途径来表明自己不同于贝蒂的立场。

在伽达默尔的代表性巨著《真理与方法》（*Truth and Method*）① 的第二版（1965）"前言"中，伽达默尔回击了贝蒂的批评。他的回应主要包括两个方面。一方面，他为自己缺少对"方法"的关切进行了辩护；另一方面，他回击了对"主观主义"的攻击。关于方法问题，他陈述道：

> 我使用"诠释学"这一有着悠久传统的术语，但是很显然引起了一些误解。[13] 我并不打算在早前的诠释学模式下再创造出一种理解的艺术或者技艺。我也不奢望制定出一套描述的规则系统，更不用说直接的人文科学方法论手册……我真正的关切，过去是现在仍然是哲学的：不是我们做什么或者应当做什么，而是除此之外，在我们身上发生了什么。[14]

*296*

---

① 本章对《真理与方法》引文的翻译参考了洪汉鼎的中文译本（北京，商务印书馆，2010）。——译者注

换句话说，伽达默尔给自己设定的目标是，以一种完全不同于传统诠释学的方式设计诠释学。与赫希所捍卫的实证主义的诠释学完全不同，用现象学的术语来说，伽达默尔的目标不是规则性的［为了（正确的）解释而制定"规则"］，而是描述性的（无论何时，当我们要理解某物时，试图弄清到底发生了什么）。伽达默尔的诠释学和传统诠释学的区别可以巧妙地被比喻为传统的科学哲学与最新的科学哲学路径之间的不同，前者是实证主义或波普的科学哲学，后者是由托马斯·库恩在《科学革命的结构》（*The Structure of Scientific Revolutions*，第一版出版于 1962 年，即伽达默尔《真理与方法》的最初德文版出版两年后）中提出的，该书实现了科学哲学的革命。与伽达默尔类似，库恩不是要（像，比如波普）提出科学家——如果他们所做的配得上"科学"这一称号——无法回避的方法论标准，而只是试图描述当我们说某人正在"从事科学活动"时，它所指的确切活动（当科学家被迫对他们的现实行为进行哲学陈述时，它的现实特征与科学家可能说的他们正在做的事情经常有显著的不同）。随着头脑中伽达默尔的思想越来越明晰，库恩后来把自己的工作称为"诠释学的"。

上面的引文已清楚地表明，伽达默尔的目的不是"方法论的"，用他的话说，是"哲学的"。也就是说，伽达默尔的目的是阐明一种（各种不同模式的）人类理解的普遍性哲学。正是因为这个原因，他的思想经常被称为"哲学诠释学"[15]。在伽达默尔的"前言"中，以贝蒂为参照，他用几页篇幅进一步陈述了他的"哲学关切"：

> 我的目的不是要提供一个普遍性的解释理论及其方法的区分性说明（贝蒂在这方面做得很好），而是要发现所有理解模式中共同的东西，要表明理解从来不是针对一个给定"对象"的主观行为，而是它的效用史——它的影响史；换句话说，理解属于被理解的存在。（［9.7］，xix）

在这一文本中，这个评论最著名的部分是伽达默尔对贝蒂关于其"主观主义"谴责的回应。伽达默尔说，理解不像本体论过程那样"主观"。理解 *297*

不是人类主体或我们的所作所为，而是发生在我们身上的一切，因为我们是历史的"附属物"。理解不是一种主观成就，而是一个"事件"，比如"从属于一个传统过程的先决条件"（[9.7]，276）。

我们将会看到，如果现象学的诠释学是与所有客观主义相对立的，那么它也同样与所有形式的主观主义相对立。如利科所言，他一直在这两方面持续不断地战斗。现象学的诠释学的中心突破口是，既要超越客观主义，又要超越主观主义也就是相对主义。利科诠释学的核心特征之一是坚持不懈地将"主体"概念超脱于所有形式的现代主观主义。[16]不同于其他形式的后现代思想，诠释学坚决抵制当前非常流行的反人类的对"主体"的抛弃（"人之死"）。诠释学坚持，主体概念不是被抛弃，但它必须真正脱离它所有现代性的、形而上学的积累。诠释学对主体概念的这种持久拥护证明，它植根于埃德蒙德·胡塞尔开创的现象学传统。

## 现象学的诠释学之哲学背景：胡塞尔和海德格尔

胡塞尔的所有哲学思考，大约自 1900 年以来，一直致力于克服现代哲学日渐衰落的遗产，尤其是由笛卡尔开创的主客二分。[17]胡塞尔现象学演变中的一个关键点是 1907 年他在哥廷根大学的 5 份讲稿［后来由瓦尔特·比梅尔（Walter Biemel）于 1950 年以《现象学的观念》（*Die Idee der Phänomenologie*）为名出版］。在这些讲稿中，胡塞尔介绍了他著名的"现象学的还原"。这个表达的目的是彻底克服该书法语译者亚历山大·勒维德（Alexandre Lowit）所说的"现象的分裂"（la situation phénoménale du clivage），换句话说，即克服从开端到笛卡尔以后的现代哲学的展开一直受其规范的主客分裂。用当代的术语来说，胡塞尔正在试图用"还原"的方法彻底"解构"现代哲学的中心问题，即这样一个"认识论"问题：一个被遮蔽的、孤立的主观性如何依然能够设法超越自己以便获得"外部世界"的"知识"。[18]需要指出的是，这只是该问题诸多变体中的一种，它也继续出现在贝蒂和赫希的著作中（我们自己的"主观观念"如何能够被"客观地证明"）。

然而，胡塞尔通过"还原"有效地消除或解构了该认识论问题。他的方法是对这个问题的两个构成性概念提出质疑（揭示其"哲学上的荒谬"）：一个是"客观的""本质"世界概念，另一个是与之相关的"知识"概念，它由对那些被认为是客观的或"外部的"世界等孤立的认知主题的内在表象构成。20 世纪现象学运动在此后的历史——从海德格尔和梅洛-庞蒂到伽达默尔和利科——都可以被看作从胡塞尔自己的认识论问题的解构中"提炼出最极端的可能性"[19]的尝试，除此无他。以胡塞尔为起点，现象学的诠释学就其反对客观主义和主观主义而言，已经系统地捍卫了自己的立场。

如果胡塞尔现象学中关键的方法论概念是还原的话，那么它关键的实体性概念就是胡塞尔一生所要揭示的生活世界（*Lebenswelt*）。这在诠释学的演变中也扮演了重要角色。[20]梅洛-庞蒂后来也指出，胡塞尔的现象学还原最终服务于生活世界。梅洛-庞蒂（他在自己的胡塞尔现象学版本中预见到了后来被诠释学更为详细发展的大量主题）注意到，这也就是海德格尔的"在世之在"（being-in-the-world）。[21]现代知识学的基本范式在主客二分的影响下表现为一种分离的主观性（心灵）的模式，这种主观性通过（存在于"心灵"之中的）观念或感觉印象与"外部的"或"客观的"世界相联系。而这种观念或感觉印象的真实性（或为真的可能性）取决于它们充分"表征"或"指向""现实"中的事实及其状况。这种最现代的观点（被恰当地贴上了"指称—表象论"的标签）继续在诸如贝蒂和赫希等理论家中流行。然而，与现代知识论相反，马丁·海德格尔在《存在与时间》（1927）中认为，主体与世界的关系首先不是在"认识"或"知识"的水平上建立的。[22]在对它有任何明确认识之前，人类主体（此在）已经在世界之中，如其过去所是，被"抛"入其中。这个环抱的世界，即生活世界，因此是一个"总是已经"存在的世界。生活世界的这个规定（如胡塞尔所说），根据我们的存在，是我们的"在世之在"，我们拥有海德格尔所谓的对这个世界（"存在"或"是"）的"存在论的领悟"。我们所有明确的理解和理论化都只不过建立在这种总是预定的——因此从来没有完全的理论化——"原因"之上。因此，对海德格尔而言，理解不是一种"认知"，而是一种"存在"。也

*299*

正如伽达默尔后来所言，意识是意识，但更是存在。

海德格尔用"真实性"（facticity）来指代这一情形：如果我们所有明晰的理解中都有一个永远被预定的元素，那么这就意味着，在我们对事物的各种解释中，我们永远不要指望达到完全的明晰。从海德格尔的这一立场出发，现象学的诠释学所得到的教训是，人类的理解本质上是"有限的"。正如利科所说："诠释学的姿态是谦卑地承认，在特定的历史条件下，所有人类的理解都被包含在特定的界限之内。"[23] 这意味着，在存在（或"是"）的传统哲学意义上，不存在任何"科学"。伽达默尔和利科的现象学最贴切的特点就是，它是一种系统的尝试，即从人类理解不可避免的认识界限内推导出所有哲学结论，除此无他。[这就是他们反对诸如贝蒂和赫希等客观主义者，而认为人类不可能获得对文本或任何其他人类作品的（一种并且仅此一种）正确解释的原因。]他们的诠释学是一种"有限的诠释学"（[9.15]，96）。

海德格尔的"存在论分析"——他对人类存在及其基本结构的现象学的一解释性的描述，对"真实性的诠释学"、对日常生活、对生活世界的说明——为后来的诠释学提供了关键动力。海德格尔诠释学的独特之处就是，它是一种本体论的诠释学。它是本体论的（而不是"方法论的"），因为与"诠释学"名下的传统内容不同，它不关切"正确"解释的具体标准，而关切它对象中基础的东西（海德格尔把他的方案称为"基础存在论"），即对人类理解本身（也即人类存在）的基础（本体论的）结构进行适当的哲学说明和解释。海德格尔在这一点上的动向对随后诠释学的发展而言后来被证明是决定性的。海德格尔坚持认为，理解不仅仅是我们存在的属性，是我们"有"或"没有"的某种东西（我们称为"有知识"），它更是一种存在，是我们最基本的所是。

作为存在着的存在，我们只是以将要成为的方式存在（克尔凯郭尔也会这样说，海德格尔正是从他那里获得灵感），因此，我们最基本的所是不是被安置和给定的，而是我们能够成为的所是，换句话说，是可能性。这又意味着，我们当下所是的这种理解本身只是可能方式的理解中的一种，它们过去都可能是["理解是一种能存在的存在"（*BT*，183）]。作为存在，作为理

*300*

解的存在，我们还在继续"筹划"存在的可能方式（我们的存在根据这些"筹划"来定义）。海德格尔的"解释"（*Auslegung*）只是属于理解的一种可能性。也就是说，当我们未成为主题的理解、未被表述的理解或只是默示的理解被发展时，它就是一种解释。[24] 解释（explication，laying-out，*Auslegen*）是已经被理解所筹划的存在之可能方式的给定项（*Ausarbeitung*）。海德格尔一直坚持的是，解释总是派生性的；解释仅仅揭示已经被理解的东西（尽管还只是默示）。

换句话说，解释绝无可能没有前提（海德格尔称为"前结构"）。它从来不是无所遮蔽地呈现在我们面前的"客观性"（赤裸裸的事实）之纯粹镜像。解释总是有"当然如此"的东西。以文本解释为例，海德格尔直接指出，如果有人在解释中诉诸"直接'呈现的东西'，那么他会发现，那些首先'直接呈现'的东西只是解释之人明显的、未经讨论的假设（*Vormeinung*）"（*BT*，192）。那么，在理解和解释之间有一个必不可少的循环结构（*circularity*）。

海德格尔通过这种方法有效地对传统诠释学中的"诠释学循环"进行了本体论化。传统的诠释学循环作为一种方法论规则只是意味着，在解释文本时，可能会根据部分来解释整体，然后又根据整体来继续解释部分。但对海德格尔而言，"理解"的循环更加深入，实际上它植根于人类存在本身的存在论结构。人的理解本身就有循环结构。这就是说，所有解释性的理解都是前定的，或者说本质上是"可预期的"["解释运作于理解之中。"（*BT*，194）]。

既然这个"循环"是我们存在的构造——换句话说，既然这个"循环"构造了我们理解的可能条件，那么它就会像逻辑学家一样把这个"循环"误认为"恶性循环"。海德格尔认为，把所有理解中的循环——它"前件性的"本质——理解成人类理解的不可避免的或不幸的瑕疵，而在理想状态下，这种瑕疵能够或者应当被克服，这说明，他已经误解了理解"源起"（*BT*，194）的行为。确实，所有否认"循环"或逃避它的努力，都被证明是错误的。海德格尔这里提出的问题是，已经支配了整个现代哲学的笛卡尔主义理想，即真正的"客观"知识必须是无条件的或"基础性的"这个观念，奠基

*301*

于某种绝对可靠的、"客观的"根据（甚至逻辑经验主义者仍然继续要求这种根据，并且认为他们在逻辑经验和未经加工的"感觉材料"的结合中发现了它）之上。因此，他主张，"历史学应该像我们的自然知识一样独立于观察者的视角"的这种客观主义理想，事实上是理解的错误理想，是理解的幻想。科学客观主义和常识（胡塞尔说的"自然态度"）都误解了理解。（参见 *BT*，363）海德格尔认为，重要的是，从对人类在世之在的现象学分析中获得的经验告诉我们，不是要努力跳出这个循环，而是应当"依照正确的方式进入这个循环"（*BT*，195）。换句话说，我们必须学会在没有任何"基础"（比如文本解释中作者的原始意图）的前提下进行我们的理论化。毫不夸张地说，后期海德格尔诠释学的所有意义和重要性就在于他把这教训牢记于心的不懈努力，以及精心炮制的这一最宜被称为"非基础论的"理解和解释理论的不懈努力。

## 现象学的诠释学：主要论题

海德格尔在《存在与时间》中对人类存在的结构进行了长篇大论的分析，其用意可以被断定是为重提存在的意义这一古老问题做铺垫，因为他认为，这一问题自古希腊哲学以后就黯然失色了。在此后的著作中，海德格尔试图寻找一条通向存在问题的更直接的路径，从而放弃了他在早期著作中的存在论定位，他认为这一压倒性话题分散了他的注意力。海德格尔后期著作中的关键角色不再是人类存在（此在），而是存在本身（Being-as-such）。在全力以赴地探求"存在"这一议题方面，伽达默尔和利科都没有选择追随海德格尔。伽达默尔的如下评论很好地反映了诠释学为自己设定的议程，它与海德格尔存在论的末世论无关："人们所需要的东西并不只是锲而不舍地追究终极的问题，还要知道，此时此地什么是可行的，什么是可能的，什么是正确的。"（[9.7]，xxv）

就利科而言，他的整个学术生涯都牢牢抓住根本性的存在论动机，将诠释学构想为反思主体掌握"那些建构我们所是和存在的努力的意图"[25]

（他的"存在主义"是以他对科学主义的客观主义的反对为基础的）。而伽达默尔则在过去的几十年中极大地扩大了海德格尔早期存在论的诠释学（"真实性的诠释学"）的范围，并在此过程中建立了一个包罗万象的哲学分支。他曾经评论说："我绕过了海德格尔的哲学意图，即复活'存在的问题'。"[26]伽达默尔与海德格尔不同，他关切的不是"存在"的问题，而是人文科学，是人文科学的本质和范围。他说："我们弄清了人文科学和哲学之间的明确关系……人文科学不只是一个服务于哲学的问题，相反，它们代表了哲学的问题。"（*PHC*，112）利科作品的主题表明，他对人文科学也给予了大量的哲学关切。就此而言，如果两位诠释学家之间有什么不同的话，那么就是这一点，利科认为，伽达默尔削弱了重要的、与人文科学相关的方法论话题，而他则把它们置于与自然科学相对立的一种特殊的本体论状态［"一种与知识和真理完全不同的概念。"（*PHC*，113）］。因此，在考察了作为哲学的诠释学的基本教义之后，我们将回到诠释学和人文科学的关系上来。

在回应贝蒂指责他抛弃传统诠释学对证实方法的关切以至滋长了解释中的主观主义和独断论时，伽达默尔声称："理解从来不指向给定'对象'的主观行为，而指向它的效用史——它的影响史。"伽达默尔诠释学最显著的特征之一是他对"历史性"（historicality）或人类理解的传统负重的强调。事实上，他说："真正去理解的并不是我们自己，总有一个过去让我们说'我已经理解了'。"（［9.5］，58）伽达默尔回击了对自己主观主义的指责，他认为，解释从来不是——事实上也不可能是——一个与世隔绝的、单细胞 *303* 生物主体的行为，因为主体的自我理解必然是他/她所属历史传统的一个运用。事实上，伽达默尔试图超越客观主义者，他认为，他们所要求的那种解释理论即主张理解的"无条件性"或"客观性"的观点对存在主义而言是不可能的，正如海德格尔所说，它彻底误解了人类的理解。

伽达默尔著名的对偏见的"复活"必须在这一背景下予以理解。当伽达默尔挑衅式地声称偏见对所有的理解都必不可少时，他不是在宽容恶意的偏见或偏执，他只是在推广海德格尔关于理解的"期待"（anticipatory）本性的洞见，即所有理解都是在某种预先给定的"前结构"（fore-structures）中进行的。"偏见"必须在一个"前判断"（或一个前反思的判断）、一个前提的字面意义上被理解，而不是在术语的贬义上被理解，这自启蒙运动以来一直都在盛行。伽达默尔关于"偏见"的这一论辩的核心直指他所谓启蒙运动中的"反偏见的偏见"（[9.7]，240）。他想说的是，有可能存在"合法的偏见"。这是现象学的诠释学必然将自己定义为现代客观主义之对立面的又一个最基本的实例。伽达默尔复活偏见的目的就是要质疑我们从笛卡尔主义和启蒙运动的理性主义中继承的理性的观念和知识的观念。

在理性主义者的观念中，理性与权威是对立的。"反偏见的偏见"就其本身而言则是更深层次的反权威的偏见。理性主义的偏见奇怪地认为，只有让我们自己摆脱所有继承的信仰和观念（"传统权威"）——为了创造一个真正"客观的"、知识建立于其上的白板（*tabula rasa*），我们才能拥有真知识。伽达默尔在这里反对的是启蒙运动的理性主义把权威与盲目服从和支配混为一谈的武断方法。有了"合法的偏见"，对权威的认知本身就能是完全理性的。伽达默尔宣称：

> 人才有权威；但是，人的权威最终不是基于服从和放弃理性，而是基于承认和知识——指这种知识，即承认其他人在判断和见解上超过自己，并因此他的判断具有优先权，换言之，他的判断对自己的判断有权优先考虑。与之相关联的是，权威不是现实地被给予的，而是我们争取和必须争取的，如果有人想获得权威的话。权威依赖承认并因此依赖理性本身的行动。理性能意识到自己的局限性，因此承认他人有更好的理解。在这种正确理解的意义下，权威与盲目服从命令毫无关系。事实上，权威与服从无关，而与知识有关。（[9.7]，249）

伽达默尔继续说，如果我们承认某样东西，那是因为"权威所表明的东西不是非理性的和武断的，而是原则上可接受的"（[9.7]，249）。因此，存在合法的权威，有关的认知本身也完全是理性的。

伽达默尔认为，启蒙运动的理性理想，作为一种通过权威和传统将个体与"现实"不经任何中介就联系起来的"能力"，实际上是现代性的幻想。他尤其反对这个现代主义的推断，即如此构想的理性（具有客观主义—工具主义的风格）应当为社会的完全重组（"合理化"）提供基础。正如理查德·伯恩斯坦所指出："我们能够把他哲学的诠释学理解成对人类有限性的沉思，理解成对他所谓'计划理性'过度依赖的持续严肃警告，理解成哲学必须放弃'无限理智'概念的提醒。"[27] 说来奇怪（虽然并不吃惊），现代主义者对"客观知识"的探求本身就是极端主观主义的。它假设，思想主体能够直接通达"心灵"（它被假定对自身而言是完全显而易见的）自身的内容；又假设，通过适当的方法论程序，这个孤立于自己的心灵能够通过理性获得关于他/她自己的真正知识。对这一观点给以合适的标签就是"方法论的唯我论"。然而，对伽达默尔而言，"理解与其被认为是一个人的主体性行为，不如被认为是将自己置于一个传统进程中，在该进程中，过去和现在是牢牢地联系在一起的"（[9.7]，258）。

因此，可以看出，伽达默尔对"偏见"的辩护是与对传统的强调紧密相连的。事实上，对伽达默尔而言，权威的终极核心就是传统本身。关于这一点，有趣的是，后实证主义者的科学哲学，比如托马斯·库恩、保罗·费耶阿本德和其他人的科学哲学，试图突出传统在被称为"科学"的理性事业中所扮演的角色。现在普遍认为，科学家不是简单地"观察和描述"赤裸裸的事实；他们所探求的以及继而要发现的不是一种抽象方法（"实验方法"）的功能，而是一种"范式"（paradigms）或正工作于其中的研究传统（而且进入这个传统，他们就能适应科学家的训练）的功能。新的科学哲学与伽达默尔诠释学之间的这道平行线是极其有趣的，也是值得注意的，因为伽达默尔在其著作中排他性地关注人文科学，并且没有打算暗示自然科学有类似的诠释学路径。但是，新的科学哲学家所做的正是伽达默尔式的："在它们自身中"没有任何答案；科学家所抓住的答案只是他们所提出的问题，而且这也归功于他们工作于其中的传统。

在对人文科学的反思中，伽达默尔尤其关注问题的重要性。他认为，人文科学的逻辑是"一种问题逻辑"（[9.7]，333）。所有知识都表现为对问题的回答。与后来费耶阿本德的《反对方法》一样，伽达默尔坚持认为："不存在学习提问的方法，不存在学习看看什么东西需要被提问的方法。"（[9.7]，

329）当然，这并不是说不存在任何"提问的技艺"，虽然像赫希这样的非实证主义者会这样认为。恰恰存在这样的技艺，作为可思想的存在者，我们要从我们所属的传统中学习这种技艺。

从他在努力阐明人类理解的综合性哲学中所描述的内容我们可以认识到，伽达默尔为什么会投入那么多的精力去关注传统这一概念。如果没有前提或"偏见"就没有任何理解，那么哲学的诠释学专门探讨传统在我们的理解中的角色就是天经地义的事情，因为我们可能的前提本质上是历史性的，是通过我们的传统传承给我们的，"历史性是所有理解的一部分"（[9.7]，333），这就是最好的例证。在通过这种方法突出传统之后，伽达默尔开始阐发其著作中的一个核心概念，即效果历史意识（*wirkungs-geschichtliche Bewusstsein*）。

像许多其他德语术语一样，这个词也很难给出简单的翻译。它所指向的"诠释学意识"是一种"效果历史意识"，或者是"历史在有效地发挥作用的意识"。效果历史意味着，"那些对我们来说值得追问的东西和呈现给我们的科学研究的对象，都是早就决定了的"（[9.7]，267-268）。这个术语暗示了一个受历史影响并意识到自己会如此受影响的意识，暗示了一个防止我们把历史作为一个对象的意识，因此它本身已经被牵入历史之中。[28]与利科的描述一样，效果历史是"巨大而全面的事实，意识通过它归属于、依赖于影响它的东西"（[9.15]，74）。"效果历史"是伽达默尔对"历史客观主义"的回应。伽达默尔不仅认为不可能有纯粹客观的历史知识——因为历史在所有企图理解它的努力中都在有效地发挥作用，而且认为植根于其历史来理解（它因此会继续"预设"新的历史）不应该被看作获得真正的理解、获得所谓"真理"的阻碍。或者，如利科的总结："传统（效果历史）的行为和历史性调查是通过纽带牢牢联系在一起的，没有任何批判意识能够消除这一纽带，除非认为这个研究本身就是毫无意义的。"（[9.15]，76）

这就是伽达默尔的主要观点。效果历史与其说限制了我们的理解能力（当然，除非有人想在人类理智和神圣理智之间进行比较，如此，人类理智将总是失败者），不如说它为寻求真理的理解提供了积极的和有效的可能性。就传统的哲学术语而言，效果历史是理解的可能性的条件。效果历史为我们提供了"可能的"前提。

从现象学的角度而言，我们作为思想的存在者的世界与我们作为感知的存在者的世界是平行的：两者都有自己的视域。[29]但是，效果历史给我们提供了一个理智的视域，在这个视域中，作为思想的存在者，我们"生活、运动、拥有自己的存在"。历史的或理智的理解，就是伽达默尔所说的"视域融合"（*Horizontsverschmelzung*）。然而，"融合"这个词可能会引起误解。当我们获得其他历史或文化视域的"诠释学意识"时，我们并不是与他者一致（狄尔泰称为再经历），而是我们的视域与他者的视域有一部分发生了重叠。"融合"最好的形象解释就是有意义的交谈。正如伽达默尔所写：

> 就像在交谈中，在知道了他人的立场和视域之后，我们即使不让自己与他的意见完全一致，也能理解他的意见。历史地思考的人会理解历史传承给他的东西，而并不必须与它相一致，或将自己置于其中进行理解。（[9.7]，270)[30]

要想突出伽达默尔视域融合的实际意义，看看最近对"不可通约性"[31]的争论是最好不过的了。这要揭示的是，视域融合像其他诠释学概念一样本质上是一个辩证性的概念。至于不同文化的世界观是否必定是"可通约的"，视域融合要求我们既反对绝对主义也反对相对主义。一方面，诠释学家——比如理查德·罗蒂——反对"普遍可通约"的观点，这个观点是说，不同文化中的重要价值可以根据意义明确的、分等级的比较标准，通过认识论运算法则来进行测定和排列。另一方面，诠释学家又极力反对无法控制的"特殊主义"，也就是反对彻底抛弃普遍主义（比如罗蒂对"民族优越感"的捍卫）。诠释学的视域融合（在实践的或实用的意义上）意味着，只要付出必要的努力和良好的意愿，与"他者"有意义的交谈（作为他者，与他者的真正交往）就总是可能的——即使黑格尔主义式的差异的扬弃（*Aufhebung*）在意义明确的单一理解中也既不可能，又不可取。[32]利科以略有不同的方式表达了同样的观点：

视域融合是一个辩证概念，它产生于对两种选择的抵制：一种是客观主义，他者的对象化通过忽略自我而实现；另一种是绝对知识，通过它，普遍历史能够在单一视域中被描述出来。我们既非存在于封闭的视域中，也非存在于唯一的视域中。没有哪个视域是封闭的，因为将自己置于另一个观点和另一种文化中是可能的……视域也不是唯一的，因为他者和自我之间的张力是无法超越的。([9.15]，75)①

总之，伽达默尔所谓的"传统"只是一种方法，用这种方法，我们自己的视域通过与他人的视域"融合"而持续改变。他说："在传统中，融合的过程绵绵不绝，因为新和旧共生共长，创造出生存价值，任何存在都无法与其他存在明确地区别开来。"([9.7]，273）说明这一现象的总括性名称就是"理解"。

为了突出理解的"视域"特征，需要再次强调所有理解的必要界限。伽达默尔坚持认为："'哲学思考'根本不是科学……除了对人类存在本身界限的确认外，它不提供任何明确知识。"[33] 但是，有一点也很重要：虽然将我们获得"明确知识"的可能性排除在外的界限得到了强调，但是我们获得真理的可能性并没有被排除。也就是说，真理不再以形而上学的方式被构想为一种静止状态——此状态最终与在考虑的对象相符合（比如文本的意义），而是被重新概念化为意指一种存在方式——此存在方式对新的经验、对我们视域的进一步扩大都是开放的。对伽达默尔而言，真理概念不是一个静止的概念，而是一个动态的概念。它不是一个认识论概念，而是一个存在论概念，表明一种在世之在的可能模式。在《真理与方法》的最后一行，当伽达默尔说"一个追问和研究的学科、一个为真理作保的学科"时，他通过"真理"所要表达的意义倾向于与开放性概念保持一致。这就是他为什么要写："真理的经验总是通向新的经验……经验的辩证法有自己的表现形式，不是明确的知识，而是由经验本身激发起新经验的那种开放性。"([9.7]，319）[34]

① 本章对《诠释学与人文科学》（*Hermeneutics and Human Sciences*）引文的翻译参考了陶远华等人的中文译本（石家庄，河北人民出版社，1987）。——译者注

如果人类理解在其有效性上是历史的，那么这意味着它彻头彻尾也是语言的，因为正是通过语言，传统才有效地与现在相互影响和融合（这也意味着，在我们所言说的语言中，通过我们获得理解的方式，过去才有效地延续到现在）。伽达默尔指出，"理解的语言学特征是有效历史理解的外在形式"，"它是在语言媒介中存在的传统的本质"（[9.7]，351）。利科用如下文字总结了"新的理解本体论"的主要后果："不存在任何不以标志、符号和文本为媒介的自我理解……也就是说，正是语言才是所有人类经验的首要条件。"（OI，191）对伽达默尔和利科来说，在以语言为手段来看，所有理解的终结目标都是自我理解。正如上文提到的，对利科而言，诠释学只是反思主体掌握"存在欲望"的一种企图，而且"欲望和言谈存在基本的相似"。事实上，他说，自我理解的途径"隐藏在与他人的言谈中，它带领我们达到符号的开放空间"。像伽达默尔一样，利科相信，理解和自我理解的条件从语言上讲与我们所属的传统是相互影响的，"通过我们文化传播的整个符号库同时赋予了我们的存在和言谈"（OI，192-193）。

在其职业生涯中的某个时间点[35]，利科将诠释学等同于对符号的解释，换言之，各种双重意义的表达诸如"stain"（染色、玷污）、"fall"（降落、垮台）、"wandering"（闲逛、精神错乱）、"captivity"（束缚、囚禁）等，诠释学的目的就是说明这些表达的非字面意义，以便聚集和重建它们象征意义的充满性。在他后来所谓"语言学转向"的著作中，利科将诠释学的范围扩大到包括人类语言能力的全部领域，尤其是文本性的话题。伽达默尔在《真理与方法》中用了三分之一的篇幅来讨论语言问题。伽达默尔认为，如果"所有理解都是解释，那么也就是说，所有解释都在语言媒介中发生"。语言是"理解本身得以实现的普遍媒介"（[9.7]，350）。

这是伽达默尔关于经验的"语言性"（*Sprachlichkeit*）的观点，被认为是"他对诠释学历史最具原创性的贡献"[36]。他对这一观点的阐述是强有力的：

> 语言学解释是所有解释的形式，即使被解释的东西实际上不是语言学的，换句话说，不是一个文本，而是一尊雕塑或一首曲谱。

> 我们不要被这些本来不是语言学的而是被预定为语言学的解释形式
> 所迷惑。（[9.7]，360）

许多读者的自然反应是反对我们实际上有那些本质上不是语言学的经验。即使在意识到这一观点的反知觉特征后，伽达默尔仍然坚持认为：

> 我们必须恰当地理解这里所提到的语言的基本优先性的本质。
> 确实，语言经常不能确切地表达我们的感觉。面对无与伦比的艺术
> 作品时，要用语言表达它们所要告诉我们的一切，这看起来是个永
> 无止境和绝无希望的工作。对语言的批评往往就是如此，我们理解
> 的愿望和能力总非我们的语言表达所能企及。但是，这并不影响语
> 言的基本优先性。（[9.7]，362）

如伽达默尔所说，恰当地理解语言这种存在者的优先本质确实是必要的。伽达默尔并没有提出一种语言理念论（*Sprachidealismus*）。他并不主张一种形而上学的观点，即除了语言什么都没有，或者所有一切都能还原为语言——这正如后来德里达的说法（"Il n'y a pas de hors-texte"，不存在外在之本）。语言性的观点并不反对经验的非语言形式的意义；相反，它通过主张这种意义原则上总能在语言中被表达（被解释）而肯定了这种意义。如果不能这样解释这种前语言性，那么说它有任何意义就是毫无意义的。因此，伽达默尔说：

> 语言胜过了所有对它管辖权的反对。语言的普遍性与理性的普
> 遍性同步。诠释学意识在这里只涉及那种构成语言和理性之间的一
> 般关系的东西。如果一切理解都与其可能的解释处于一种必然的等
> 值关系中，如果理解根本就没有界限，那么理解在解释中所经验到
> 的语言性把握也必然会在自身中具有一种克服一切限制的无限性。
> 语言就是理性本身的语言。（[9.7]，363）

利科也赞成这种"语言和理性之间的普遍关系"。支持其诠释学努力的有效前提或"核心直觉"[37]是，存在是有意义的，尽管无意义、必然性（不自由）和恶都真实存在，但在存在中，"意义的超级丰富性对应于无意义的丰富性"[38]。利科哲学信念的核心是他对经验的"可言说性"（sayability）的信念。他这样表述这个"意义的筹码"或"意义的前提"："原则上，经验在其圆满性上必然有其可表达性。经验能够被言说，它需要被言说。把它交给语言不是要改变它，而是在表述和发展中实现它。"（[9.15]，115）

也许再也找不到任何更强有力的陈述能够强调诠释学和其他后现代哲学之间的根本差异了。后者也强调语言的中心性，但它也追随哲学不可知论的认识论主张（比如德里达的延异和"不可判定性"）。对诠释学而言，我们对事物的理解总是以语言为媒介，这一事实并不意味着，语言是我们获得真正"实在"的障碍。确切地说，由于理解的语言性，诠释学主张，像利科所说，"原则上"没有什么东西我们不能通过这样或那样的方式在语言中得到理解。正如伽达默尔所说："一切合理性的东西必然都可以理解和解释。这一点不仅适用于理解，同样适用于语言。"（[9.7]，365）他认为，"每种语言都能够表达它所要表达的东西"（[9.7]，363）。这当然不是说一个人能够成功地说出被说的一切；世界经验不仅是可表达的，而且是完全可表达的，并因此在其意义上是无穷无尽的。[39]

需要注意的是，诠释学的"意义假定"即可表达性不仅是一个（哲学的）信任的条款，而且是建立在一个人类理解（传统哲学称之为"心灵"）和实在之间关系的本体论观点之上的。这个本体论观点被伽达默尔简单地表述为："能够被理解的存在就是语言。"（[9.7]，432）让我们抛弃这个极具煽动性的主张吧。

至于"世界的语言性"这一主题的确切含义或许要将它重新置于其源自的现象学背景下才最好领会。因为对诠释学而言，语言和世界的关系与意识和世界的关系是平行的。前面提到过，"现象学还原"是一种方法，胡塞尔以此克服哲学现代性的主客分裂。这一还原要揭示的是意识的"意向性"（intentionality），"所有意识都是属于其对象的意识，属于世界的意识"。换句话说，在意识中，一个人不是首先意识到自己的意识，然后意识到对象；

相反，自我意识派生——甚至"寄生"（parasitical）——于对象的直接意识。[40]因此，意识不是那种我们为了遭遇世界而不得不突破的东西。正如梅洛-庞蒂所说，"没有任何内在的人"[41]，意识"总是已经"在世界中，而且本身就因此是在世之在。

从意识的显现转向语言的显现，意向性意味着，在语言和世界之间存在伽达默尔所说的那种相互附属性，一种"亲和性"。语言所"表达"的东西只是世界本身，因此，伽达默尔说："语言没有独立于世界的生命，世界走向语言，语言寄存于世界之中。"（[9.7]，401）这是对海德格尔"语言是存在的家"这一语言特征的回应。伽达默尔主张"世界和对象的亲密一体性"，反对"现代性时期贬低语言的工具主义"（[9.7]，365）。伽达默尔认为，语言不只是简单的工具，不只是"简单的交流手段"（[9.7]，404）。他说："语言不是人类在世界上的财产；相反，依赖它，人类才拥有了世界。"从严格的现象学逻辑来看，结论如下："世界本质上是语言性的。"（[9.7]，401）因此，说"事物的本质"或"事物的语言"，这两个表达在伽达默尔看来，"对所有意图和目的而言都意味着是同样的事情"（[9.5]，69）。

正如视域融合的概念，语言的诠释学观点是一种辩证概念，来源于对两种互斥语言观的批判。一方面，正如现象学反对把意识仅仅看作"外部"世界之"表征"的现代性观点，诠释学也反对把语言仅仅看作"指称对象总体性的单纯的符号系统"（[9.7]，377）的语言的现代性观点。伽达默尔认为，自然语言的语词不只是"指向"语言性的、预先给定的实在的"符号"。语词不只是我们用来定义事物而给事物贴上的标签。它们正是这些事物向我们存在的手段。实事求是地或实用地说，说语言是我们关于世界的经验的普遍媒介，这意味着，言说完全外在于语言的实在是毫无意义的。因此，通过这种方式超越语言与"作为先验所指的"（德里达的用语）实在相一致，这个古老目标是一种徒劳的、无意义的追求。当诠释学坚持存在本身（借用雅克·拉康的话）有着像语言一样的结构时，它就招致了"形而上学的终结"。

另一方面，诠释学不仅反对现代主义，而且反对后现代主义的语言观，这种语言观除了把语言看作单纯的符号系统外，还认为该系统是自足的，它指向自身，也就是说，它根本不指向任何"实在"。这恰恰是一种语言理念论。

对诠释学而言，语言既不是简单的工具，也不是自足的对象；它是理解自身的媒介，而且所有的理解最终都是一种自我理解。诠释学忠于其存在论现象学的出处，把语言看作手段，言说主体通过这个手段在与其他主体的对话中获得理解。对于这种基于语言媒介的理解模式，伽达默尔总有一个特权性的例证，即作为实践的语言：交谈（*Gespräch*）。[42] 正如他所说，他要"从我们自己的交谈中接近语言的神秘"（[9.7]，340）。他说，语言"仅仅在交谈中，在人与人之间理解的操练中，有它真实的存在"（[9.7]，404）。通过"交谈"，伽达默尔体会到：

> 两个人相互理解的过程（"视域融合"）。因此，它是每个真实交谈的特征。在交谈中，每个人向他人打开自己，真正把他人的观点作为值得考虑的观点予以接受，把他人内在化，认识到他所理解的不是一个特定的个体，而是这个个体所说的话。需要掌握的是对方观点的真或假，以便在这一主题上能够彼此一致。（[9.7]，347）

*313*

应当指出，像伽达默尔的界定一样，交谈是一种对话。把交谈变成对话的不只是两段对白的交叉；在交谈中，存在一种真正的公共性。引起这种公共性的不是参与交谈的人各自的"主体性"，而是交谈的"所涉"、"所说"，换言之，是交谈的话题或主题，也就是伽达默尔所说的交谈中的议题（*die Sache*）。[43] 正如在游戏中一样，指导和规范交谈的不是参与者的主体性意图，而是"合伙人在交谈中所指向的对象"（[9.7]，330）。还应当指出，上面对交谈的定义如何也包含了对真理概念的含蓄指称，正如诠释学设想了它：真理（根据伽达默尔对这一主体模棱两可的评论）本质上是参与谈话的人在交谈过程中就议题所达成的一致。

伽达默尔在交谈的支持下对语言的描述典型地是一种"本体论的"：它是其建立一种人类理解的哲学（一种本体论）的总意图的一部分。然而，由于言说主体的立场而享有的特权，它没有采取语言科学及其方法论都采取的语言路径。利科首先要做的事情之一就是，通过投入关于语言的客观性科学的辩论来改变这一形势。利科坚持伽达默尔关于"真理"与"方法"的分离，将自己的路径限定在海德格尔与伽达默尔之间，"为存在论的勃兴"提供"本来没有的精确分析"（OI，196）。

像伽达默尔一样，利科认为，"言说从来不因自己而存在，不因自己的荣耀而存在，在它的所有使用中，它把经验带进了语言，把一种在世之在的生存方式带进了语言，而它先于语言，它需要被言说"（OI，196）。然而，他相信，不是简单地声明一下这种信仰就够了，只要存在所谓"征候学"的挑战，就必须要证明它的合理性。那么，这种挑战确切地说是什么呢？

314　对结构主义或索绪尔主义的语言学（哲学的后结构主义理论从它那里获得了许多灵感，尤其是对"主体"概念的反对）而言，语言是自治的差异系统，是自我指涉和自我定义的内部附属物。就这种观点而言，系统没有任何外部，只有内部，而且作为一个单纯的代码，它是自治的。这意味着，从"符号学"的观点来看，语言既没有主体，也没有意义和指称，更不用说把它看作交流的手段。因此，从各自的语言观来看，诠释学和"符号学"的对立是不可调和的。[44]

利科很有代表性地全面探讨了这一主题，努力对这一争论作出公断，并详细制定了"一种新的语言现象学，认真应对符号学、结构主义语言学和所有'结构主义'的挑战"[45]。他的做法是，他提出，从语音和语词单元的微观水平来讲，语言的结构主义路径作为科学是完全合理的；但是，当我们考虑更大的语言单元比如语句甚至文本时，它依然没能说明语言的唯一特征是什么。当语言不再被认为是一种符号的非时间系统，而是交流的事件，是"我们语言能力实施的现实化"，那么利科认为以下这一点就显而易见了，即语言的确将一些关于世界的有意义东西传达给了与它相适应的主体。（[9.15]，132ff）我们下面会看到，当考虑文本解释的诠释学原则时，文本所传达的就是世界，换句话说，是在世之在的可能模式。

利科与结构主义语言学的争论很好地说明了他哲学思考中一以贯之的要素。从他早期的哲学人类学著作（在这里，他企图克服胡塞尔意识哲学的理想主义局限）到他现在对文本性、语义学新方法和叙事功能的关切，利科一直从两条战线上进行一场哲学论战：一边努力克服所有形式的现代主观主义，尤其是所有心理主义意义理论（比如把意义等同于作者意图的理论）；

一边又坚持反对企图消除主体性概念的各种结构主义和后结构主义。利科致
力于说明的是一个重建的、转变了的、去中心化的主体概念，就是说，不是
把主体性看作意义的形而上学"出处"，而是把它看作与"他者"不断变化
的遭遇所产生的结果（"后果"）。正如哈贝马斯在最近的一本书中所说，如
果我们把对"完全假设的自足的主体性"[46]（"主体哲学"、"意识哲学"）
的批判作为当代哲学更有价值的特征，那么伽达默尔和利科的诠释学在这一
点上就是典范。就基本哲学定位而言——在这一部分我们已经回顾了其中的
关键要素——诠释学是 20 世纪哲学运动的主要环节，这个运动已经从（独
白性的）意识范式转向了（对话性的）主体间性范式。对诠释学而言，坚持
效果历史和意识的语言本性本质上就是坚持它的主体间性本质。主张"所有
交流和理解的目的是关于对象达成一致"（[9.7]，260），就是以既非客观主
义亦非主观主义的意义和真理概念为目标。真理不应该被客观地认为是与自
身实在性的"一致"，也不应该被主观地认为是寄居在主体自身"内部"的
东西。就现象学的诠释学这一部分而言，坚决超越客观主义和相对主义的努
力是尤其明显的。下面我们转到它的文本解释理论。

## 文本解释的诠释学理论

　　伽达默尔写道："对诠释学最好的定义就是，让孤立的书写文字、久远
的文化和历史重新言说。这就是诠释学，让那些似乎远离我们和孤立于我们
的东西重新发言。"[47]然而，我们已经看到，伽达默尔自己疏离于浪漫主义
诠释学的传统，他认为，他的"哲学的"诠释学并不以一种技巧性的程序为
目的，不是一种"通过有意识地运用规则和技术理论能获得的"知识实体，
而是哈贝马斯所谓的"批判性反思知识"，也就是努力阐明所有文本解释行
为——它力图在文化和历史距离之间架起桥梁——的本体论前提。[48]作为
一种批判性反思，它要揭开"天真的历史科学深陷其中的客观主义的面纱，
从对自然科学的自我理解中获取自己的行为方式"。

　　至于文本解释，要被揭示和克服的"天真的客观主义"是这样一种信

仰，（就像自然主义或科学主义构想的"实在"一样）文本自身之中（赫希
也这么说）就包含了完全界定好的、确定的、同一的和不变的意义，解释只
是把它显现出来。不言而喻，"知识"的这种客观观点与上面提到的人类理
解的哲学理论是格格不入的。那么，我们可以问，哲学的诠释学是如何构想
文本意义和解释的工作的？

　　主要观点能够被简明地阐述如下：解释试图理解的不是作者的意图，而
是文本的意义。或者换种方式说：文本的意义不能还原为作者的意图。一个
"好的"文本所要告诉我们（它的读者）的，超出了作者所能（或不能）达
到的意图和意志。[49]伽达默尔尖锐地问道："一个作者真能如此确切地知道
他每句话的所指吗？"（[9.7]，489）"一个文本的句子往往超出了它作者的原
始意图"，因此，"理解的任务首先是文本自身的意义"（[9.7]，335）。[50]解
释的任务就是要发展或说明这些文本的意义——通过我们后面将看到的"应
用"（application）。哲学的诠释学的独特之处就是伽达默尔所说的，解释从
来不是简单的重复。（[9.7]，345）

　　伽达默尔把反对作者意图作为文本意义的最高标准，这来自他的交谈理
论。我们已经看到，一场真正的交谈不是"阅读他人的心思"，而是与他/她
就讨论的主题达成相互理解（"一致"）。对伽达默尔而言，阅读文本也是一
样，或者应该是一样。阅读所包含的"不是与心灵的神秘交流，而是共同意
义的分享"。解释性理解的目标不是"再次抓住作者的内心态度，而是抓住
他形成其观点的视角"（[9.7]，259-260）。换句话说，是就文本中的某个
议题与他/她交谈。这就是文本的"诠释学情形"。

　　说到"交谈"，必然就要说到"视域融合"。在阅读或解释行为中发生的
是文本"视域"（利科称为"文本世界"）与读者"视域"的"融合"。文本的
意义是这种"融合"的结果。因此，文本的意义本身不是实质性的，而是存
在于事件之中的，这个事件就是阅读行为。[51]如果我们自己提出的问题没
有任何答案，那么这就是我们揭示文本之"前意义"的前提，它决定了文本
能"告诉"我们什么。伽达默尔坚持认为："这里唯一的'客观性'是对得
出的前意义的确认。"（[9.7]，237）

　　这当然不是说，我们能够对文本任意提出我们自己的前提——严格来

说，这不是伽达默尔意义上的"交谈"。将阅读一个实实在在的融合置于我 317
们自己的前提之上，确实是有风险的。伽达默尔说，武断的偏见"对解决问
题毫无用处"（[9.7]，237）。这种情况并不少见。我们的前意义往往不是被
肯定而是受到挑战，而且恰恰正是通过这种方式，我们自己的视域被改变，
以便我们能加深理解。最终，不仅理解是一种自我理解的形式，而且所有的
自我理解最终都是自我转换。当我们拿到一个其新颖性对我们已有的前提构
成挑战的文本或对象时，这个对象告诉我们的是："你必须挑战你自己。"因
此，在阅读行为中，通过视域融合，我们通过将他者的视域与我们的视域相
联系而理解了他者；然而，为了这样做，我们同时也扩大了自己的视域，以
便通过阅读，我们自己也被重建。哲学的诠释学所使用的主体间性的后现代
范式并不比这里的文本解释理论更加明显。伽达默尔说："只有通过他者，
我们才能获得我们自己的真正知识。"（PHC，107）

　　表达这一事情的另一种方式是说，所有解释必须包括应用。只有当我们
能够将文本所说的内容联系到（应用于）我们自己的形势中，联系到（应用
于）我们自己的历史视域，我们才能够说理解了文本，掌握了它的意义。的
确，如果我们没有任何方法将文本所说的内容（它的意思，它"想说的内
容"）与我们自己的形势联系起来，换句话说，如果我们没有任何方法将文
本的语言翻译成我们自己历史条件下的语言，那么说我们处了一个文本或
者认为有意义的东西就是毫无意义的。我们把正在考虑的事情看作文本并不
比把秘鲁沙漠上的标记看作太空外星人的足迹而不仅仅看作自然的奇迹有更
多的理由。

　　对伽达默尔而言，"诠释学处境"的三个环节——理解、解释和应
用——是不可分离的。正如理解总是包括解释，因此，解释也总是包括应用
的元素。在宣称这一交互关系（一位评论者认为这是"哲学的诠释学真正的
区分性特征"[52]）时，伽达默尔一再让自己远离浪漫主义的诠释学传统，
远离现代认识论的主要范式。在理解、解释与应用的联系中，他坚决反对
"知识"的现代主义观点，即把它看作事物本身的正确"表征"。在后现代风 318
格下，他坚持认为，所有真正的知识实际上都是转换。他主张，理解从来不
是简单的"再生产性的，而总是生产性的态度……这足以说明，如果我们完

全理解了，那么我们实际上是以一种不同的方式理解的"（[9.7]，264）。文本解释则意味着，既然理解一个文本包括应用于解释者的形势中，那么在改变形势中，文本就必须被恰当地理解，"即使每次理解的方式都不同"（[9.7]，275-276）。这是将意义与理解联系起来的一个不可避免的结果。的确，就事情本性而言，如果理解（真理）就是其本身，那么伽达默尔就会宣称——挑衅式地，但依然是完全合理的——"相同的传统必须总是以不同的方式被理解"（[9.7]，278）。对通过"应用"这种方式不能重新恢复自身的事物的理解只是（借用黑格尔的话）"雄伟废墟的复制品"[53]。

　　顺便提一句，伽达默尔视域融合的概念以及在此基础上的理解的转换性质足以偏离在其著作中的主要批评，即它意味着一种文化或理智的保守主义。我们已经看出，伽达默尔对传统的捍卫显然绝不是对相同的不断进行的复制活动的赞歌。如果这种"相同"——传统——不总是被不同地理解，那么伽达默尔通过"传统"所理解的东西也就结束了。通常所指的"传统社会"——否认变化和转换，将特定的社会秩序视为永恒——准确地说缺乏伽达默尔意义上的传统，比如缺乏"历史意识"赋予的生活传统。语言和它的效果历史形成了我们的世界经验，这一事实并没有"消除批评的可能性"。"交谈"总是使"超越我们惯例的可能性"敞开着，并保证"我们对每一种惯例都采取批评态度的可能性"。总之，传统并不表现为"理性的障碍"。（[9.7]，495-496）伽达默尔对保守主义指控的回应不能更确定无疑了，他说：

> 认为对进入所有理解的传统的本质要素的强调暗示了对传统和
> 社会政治保守主义的不加批评的接受，这是严重的误解……事实上，
> 我们历史传统的对峙总是对传统的批评性挑战。（*PHC*，108）。

319　　伽达默尔这里的立场可以总结如下：考虑到人类理解的前提性性质，通过传统传承给我们的总体批评的理念是乌托邦式的，是一种存在论的不可能性，因为我们批评性地审查特定前提的唯一方法潜移默化地也吸引其他人。然而，我们总是处在传统中，而且因此不可能立即批评一切，这一事实并不意味着有些东西就不能批评，而文化保守主义正是持这种主张。事实是，对

伽达默尔而言，按照理性，没有任何东西不能批评，只是早晚而已。对伽达默尔而言，理性和传统并不是对立的关系。事实上，他说："理性不是存在于盲目地坚持什么是真，而是存在于批判性地使自己占有它。"[54]

因此，与知识保守主义者诸如阿拉斯代尔·麦金太尔和列奥·斯特劳斯（Leo Strauss）相比，伽达默尔对哲学现代性的有力批评不是要回到理想化的、前现代的、形而上学的过去。当伽达默尔从哲学传统中使用传统时，他的目的是要阐明坚定的后形而上学的和后基础主义的——也就是说，后现代的——人类存在和理解理论（尽管他是以一种与其他后现代思想不同的重要方法，以便避免它们相对主义的和虚无主义的趋势）。

伽达默尔概括他的应用概念，即"同一的"传统必须总是以"不同的方式"被理解，这最起码给人一种自相矛盾的印象。要是伽达默尔把他的解释理论呈现为传统意义上的"科学"，那的确是毫无意义的；从科学的角度看，同一个结论应该总是来自同一个前提。然而，与贝蒂跟赫希不同，伽达默尔并不打算把诠释学打造成一门科学；事实上，他完全回溯到古老的柏拉图的科学概念（*episteme*）。他主张"知识不是科学"[55]。为了说明这种知识是什么，伽达默尔在他讨论应用的过程中，创造性地重新捡起了亚里士多德的实践智慧。

实践智慧是亚里士多德实践哲学（伦理学、政治学）的关键概念，也与普遍（universal）如何应用于个体（particular）这个重要议题相关。实践智慧指明了一种有历史根据的、谨慎的判断，这种判断所决定的不是永恒的真或有效（比如数学中的），而是判断伽达默尔所说的"此时此地什么是可行的，什么是可能的，什么是正确的"（[9.7]，xxv）。与柏拉图相反，亚里士多德认为，就实践理性（它的对象是人类行为）而言，不可能有任何坚固的和稳定的规则像逻辑一样能机械地产生特定的决定。在实践理性中，普遍和个体的辩证关系不是逻辑上的包含关系，而是共同协作关系。普遍（伦理公理、法律、政治哲学的规则、原则，等等）完全导向于它的应用，离开了它就没有任何真正的意义——因为它的存在原因作为理论原则本身完全是实践的，因为它导向行为。然而，普遍不能被还原为它的具体应用，因为没有任何普遍的单一应用是明确由它决定的，因此能够宣称耗尽它（表达它的明确意义）。伽达默尔认为，正是这种互惠的或相互决定的关系流行于文本和各种解释（"应用"）之间。他写道：

> 研讨某个传统文本的解释者就是试图把它应用于自身。但是，这也不意味着这个文本对于他是作为某种普遍的东西被给出和被理解的，并且以后只有为特殊的应用才利用它。其实，解释者只想理解这种普遍的东西——文本，也就是说，他只想理解文本所说的东西，即构成文本意义和意思的东西。但是，为了理解这种东西，他一定不能无视他和他自己所处的具体的诠释学处境。如果他想根本理解的话，他就必须把文本与这种处境联系起来。（[9.7]，289）

伽达默尔关于文本解释的首选模式是法理学家的解释活动。他主张："法学诠释学能够指出人文科学的真正程序是什么。"他接着说：

321
> 这里我们对于我们所探究的过去和现在的关系有一个模式。使传承下来的法律适合现代需要的法官无疑在解决某项实际任务；但是，他对法律的解释绝不因为这种理由而成为一种任意的再解释。在这里，理解和解释依然就是认识和承认某种有效意义。法官试图通过把法律的"法权观念"与现代联系起来去发现这种观念。

由此，伽达默尔总结如下：

> 必须用文本所说的东西来理解文本，这一点是否适合每一个文本呢？这是否意味着，它总是需要被重生呢？这种重述不是经常由于同现在的联系而出现吗？……所以，法学诠释学其实不是特殊情况，恰恰相反，它适合恢复所有诠释学问题，并因此重新产生诠释学问题的古老统一性，而在这种统一性中，法学家、神学家都与语言学家结合起来。（[9.7]，292—293）

最终结论是，在文本解释中试图确定对文本的唯一正确的解释是不合理的，更准确地说，是不切实际的。但同样，在文本解释中，正如在一种一般的实践理性中，从来没有"怎么都行"这回事。如果诠释学是实践理性的实例，正如伽达默尔所说，"实践哲学的伟大传统继续存在于知道它的哲学暗示的诠释学中"[56]，那么这意味着，虽然论证某种解释的有效性是不可能的，但令人信服地、绝非武断地甚而审慎地为其辩护却总是可能的。作为一种实践哲学，诠释学已经远离了教条式的科学至上主义，正如其远离了解释的无政府主义一样。确切地说，正是由于诠释学是一种亚里士多德主义意义上的实践哲学，所以它才能够合法地声称自己同时超越了客观主义和相对主义。

伽达默尔对实践哲学的兴趣促使他去考察诠释学和修辞学之间的关系。这两者之间的关系广泛而深入。[57]如果说解释理性不是一种科学论证，而是说服性的辩护，而且它的对象不是确定的东西，而是可能的东西，那么很显然，对传统修辞学而言——论辩理论［沙伊姆·佩雷尔曼（Chaim Perelman）的语言[58]］，诠释学就不得不探求自己的理论基础和方法论基础。修辞学的范围如伽达默尔所说，真正是无边无际的，因此，诠释学的普遍性对应于修辞学的普遍存在。他进一步解释说：

> 确实，除了修辞学以外，关于解释的理论考察还能向何处求助呢？修辞学自最古老的传统以来就一直是一种真理主张的唯一倡导者，这种主张保卫可能的、似乎真的、能说服日常理性的东西。它与科学的要求正好相反，这种要求认为只有能够被证明和检验的东西才能被接受为真理！令人信服并具有说服力，但是不能证明——这显然就是理解与解释的目的和手段，正如它们是演讲与说服艺术的目的和手段。（[9.5]，24）

*322*

利科与伽达默尔拥有同样的基本文本解释方法，最为相似之处是，都想提出一种意义的"非主观"理论。然而，在这两位现象学的诠释学的主要代表人物之间也有些值得注意的差异，在他们各自强调的那些方面，这些差异或许并不是根本性的。下面讨论三点差异。

首先，利科总是对伽达默尔"真理"与"方法"的明显二分法感到不适。在其整个职业生涯中，利科始终对哲学和人文科学的关系保持着强烈的兴趣。相应地，与伽达默尔相比，利科关注的焦点大多是具体的方法论议题。他完全同意海德格尔和伽达默尔的基本本体论关切，但是他仍然感到，他们这种特殊的关切使哲学的诠释学很难与更加经验的科学进行严肃的对话。毫无疑问，为了回应伽达默尔不够确定的（underdefined）"真理"概念[59]，利科坚持认为，"有效性"问题不可能被简单地绕过去。利科认为，伽达默尔的"本体论"诠释学忽视了有效性的合法性这一浪漫主义诠释学全神贯注地关注的合法问题。在利科看来，伽达默尔不仅发展了海德格尔哲学中的反心理学倾向，而且也不幸地发展了其中的反方法论倾向。结果，诠释学运动中的危机开始了，他说："在纠正施莱尔马赫和狄尔泰的'心理学化'倾向中，本体论诠释学牺牲了创始人平衡卜筮方面的有效性关切。"[60]利科通过将"解释理论置于与人文科学的对话和论辩之中"从而使自己的"方法论诠释学"与伽达默尔的"本体论诠释学"区分开来。因此，毫不奇怪，在调停"诠释学冲突"的各项努力中，利科明确地努力将赫希的有效性关切合并进他自己的解释理论（尽管以一种几乎不可能赢得赫希对现象学的诠释学支持的方式）。[61]

其次，利科对伽达默尔解释理论持保留意见的另一个方面是伽达默尔广泛依赖的对话方式。根据对文本性特征的关切，利科认为读者和文本之间的关系明显有别于两个对话参与者之间的关系。后者不应该被用来作为所有理解实例的模型，并且概念化我们与文本的关系明显是不恰当的："对话模式不可能给我们提供阅读范式。"（[9.15]，210）[62]

利科不无挑衅地声称，不要把阅读行为看成一种对话，而应该把甚至仍然活着的作者看作已经去世，把他们的作品看作身后的遗作，这样读者与文本的关系才"如其本来面目，完整无缺"（[9.15]，147）。利科说这话的理由是，写作就语言而言已经发生了深刻的变化。利科将文本定义为"任何由写作所固定的论述"（[9.15]，145）。这种"固定"会引起一些重要的变化：就作者而言，文本将如其本来面目实现"自己的解放"（[9.15]，139）。更具体地说，在写作中，作者的意图和文本的意义不再一致（利科认为，在口述中，言说者的意图和所说的意义只有部分重叠）。（[9.15]，200）换句话说，语言一旦被转换成文本，它就具有了一种它自己的、独立于作者的生命。正如利科所说："文本的生命超越了作者自己生活的有限范围。文本现在所表达的内容大大超出了作者所要表达的东西，而且每个解释都在意义——该意义已经打破了作者的心理羁绊——的范围内体现它的规程。"（[9.15]，201）

这直接导致了利科和伽达默尔的第三点差异，关于"间距"（distantiation）的概念。在这一部分开始，我曾引用伽达默尔的话，"对诠释学最好的定义就是，让孤立的书写文字、久远的文化和历史重新言说"。这似乎暗示间距是一个消极因素，尽可能地克服它是解释的任务。利科就是这样解读伽达默尔的。他"把疏异的间距和归属之间的对立看作伽达默尔工作的主要内容"（[9.15]，131），这个对立也反映在伽达默尔《真理与方法》的标题上。他认为伽达默尔是要放弃人文科学对客观性的关切，以便重申我们对传统的"归属感"。与此相反，利科说："我自己的反思根源于对这一归属感的拒绝并努力去克服它。"

利科想要强调的观点是，文本性现象克服了"在疏异的间距与分享性的归属之间的选择"，而方法就是引入"积极的，或者说富有成效的间距概念"。间距为什么有这种"富有成效的功能"？因为在一个与其原处背景"疏异的"文本中，间距赋予了该文本一种"自治"，从而使它能够自由地追逐自己的真正使命，也就是在每一个新的背景下将自身"再次现实化"（通过这种方式成为真正"活的"文本）。[63]

这种现实化（或入境）就是利科所谓的"占有"（*Aneignung*）。他更愿意用"应用"（*Anwendung*），因为它强调了对文本而言读者的中心角色。"占有"意味着使原本"疏异的"东西"变成自己的东西"（[9.15]，185）。正是读者的功能现实化（"实现、成真"）为文本的意义。文本就其本性而言，向人言说，向"听众，即原则上能够读到它的任何人言说"（[9.15]，139）。在其现实性上，文本的听众是"它自己创造的"（[9.15]，202）。无论如何，如果没有听众去现实化它，那么文本的意义就永远是"无法确定的",德里达已经正确地指出了这一点。因此,对利科而言,"阅读是具体的行为,文本的命运就此得以展开"([9.15],164)。

利科在这点上的立场是其拒斥意义的心理学理论的后果。文本的意义是它的"所指",但这既不是作者的心理意图,也不是所谓"客观"世界中事件的经验状态。文本的真正所指是它的"相关"(about)物,是伽达默尔所说的文本的所有物。利科称之为"文本世界"。他将其定义为"由文本打开的指涉物的总体"——正如我们说"希腊世界"不是指经验实在,而是对整个世界的特定理解一样。([9.15],202)"文本的意图性意义"是它揭示的"世界";世界的规划是"文本正在运作中的过程"([9.15],164)。

对利科而言,没有哪个文本不表达一个"世界",没有哪个文本"不与现实联系在一起"([9.15],141),不管这个文本虚构到什么程度。与罗兰·巴特不同,利科坚持认为,文本的语言并不仅仅"赞美自己"。诗歌和小说也许不指涉任何纯粹经验的实在,但它们都有最确定的"二级指称"。[64]解释的中心任务就是说明这一更高级别的指称;根据利科的观点,这里隐藏着"诠释学问题的重中之重"([9.15],132),是"诠释学的最基本问题"([9.15],141)。

325
　　如果我们能够不再根据隐藏在文本背后的另一个人的心理意图来定义诠释学,也不打算将解释还原为结构的分解(像结构主义者那种纯粹的解释途径),那么还需要解释什么呢?我将说:解释就是要说明面向文本而展开的在世之在的种类。

这个最后的评论给利科的"作品的世界"提供了更为精确的说明。这个"世界"就是胡塞尔的生活世界或者海德格尔的在世之在。也就是说,在文本中展开的"可能世界"([9.15],218)只是存在的一种可能模式。换句话说,它就是我,一个读者,可能居住的世界。文本通过为我们打开一个世界,向我们提供了"我们在世之在的新维度"([9.15],202)。它向我们暗示了我们生活于其中的其他新方式。利科说:"理解一个文本,同时就是照亮我们自己的形势。"([9.15],202)正是在这一点上,利科的文本解释理论与他对主体性的非形而上学的压倒性关切衔接了起来，它意味着"一种新的主体性理论"（[9.15]，182）。

关键是，在占有一个文本的意义（世界）中，读者——自己——占有文本本身，从而实际上获得了一个新的自我。利科问道："如果爱憎、道德感以及我们称之为自我的一切不曾借助语言，如果它们没有通过文学形式被表达出来，我们能了解它们吗?"（[9.15]，143）因此，文本和读者之间的关系是一条双车道：文本依赖它的读者以便现实化，但是在这一阅读——赋予文本一个意义——过程中，读者自己通过文本现实化（"变形"），给自己赋予了一个自我。在向文本展示我们自己的过程中，我们经历了自我的"富有想象力的转变"（[9.15]，189），并通过这种方式从文本中获得了"一个被放大的自我，一个以最为适合的方式与给定世界相对应的给定的存在"（[9.15]，143）。因此，正如利科评论道：

> 总之，我们可以说，在主体哲学传统中，占有不再被理解为主体掌握其关键的机制。理解不是将自己规划进文本；它是要从既定世界——这才是解释的真正对象——的领悟中获得一个放大的自我。（[9.15]，182-183）

由此，我们可以看出，虽然利科的解释理论将读者置于解释过程的中心地位，但是它否认任何形式的解释的主观主义的合法性。它所要求的是"取而代之的对自恋式的自我的剥夺"（[9.15]，192）。[65]然而，将意义的理解与对自我的理解相联系，这以引人注目的方式表明了利科的基本哲学动机。这些动机来源于反思（或反身）哲学的传统，尤其来源于"对从存在主义继承而来的自我"的关切。[66]在所有文本解释中，最后的危险是寻求理解自我的自我，寻求"自我生命意义"（[9.15]，158）的自我。所以，利科写道："通过'占有'，我的意思是，对文本的解释在对一个主体的解释中达到顶点，然后这个主体获得了对自己更好的理解，不一样的理解，或者至少开始理解自己。"（[9.15]，158）于是，在那场著名的争论中，列维-斯特劳斯认为，对他而言，意义总是表象的（被构想为本身无意义的元素的联合），意义之下没有意义，而利科坚决主张："如果意义不是对自我的理解，那么我就不知道它是什么。"[67]下面我们将会看到，利科在对人文科学的思考中所采取的立场，尤其是在解释/理解的争论中所采取的立场，都遵从这一基本信念。

## 诠释学和人文科学：从文本到行为

如果说伽达默尔对哲学的诠释学的主要贡献是给它提供了一种关于人类理解的普遍性理论，那么利科对它的重要贡献则可以说是从这种理解的本体论中得出了与人文科学实践直接相关的方法论结论。这样，他也就到了伽达默尔的诠释学遗留下来的人文科学哲学的关键问题，即解释与理解的关系问题。

有人或许会问，关于诠释学的什么使它与人文科学如此紧密相关？或者又问，关于人文科学的什么让人坚持认为只有当它们被看作一种"应用的"诠释学时，它们才能得到最正确的理解？这些学科的确切对象并没有多大共同之处：诠释学传统关切的是文本，而人文科学的确切对象是人类行为。人文科学关切人类做什么、所做之事的意义、为什么和怎样做以及做所做之事的后果。诠释学就其核心而言关切对文本的正确解读。但为了正确地理解，人类行为有时也需要以正确的方式被解读。或许，这里的共同之处就是意义的概念。

究竟是什么构成了人文科学与自然科学的不同特性？这种差异首先隐藏在这些科学的不同方面中。人文科学对象的独特之处在于，这些对象也是主体。正如三位人文科学家所说："研究的对象是在文化实践中对自身所生产的意义进行思考、分析、理解、误解、解释和反思的主体。"[68]两种科学在对象（或主体问题）上的这种不同决定了方法上的不同（如果接受亚里士多德关于科学应该采取与其对象的本性相适应的方法这一限制的话，那么情况就是这样）。就方法论而言，人类行为应该被归入不同的范畴，而不是纯粹的物理动作。动作能够通过纯粹的机械论术语、能够根据物理的因果关系来

"解释"，但行为不可能得到恰当的理解，除非根据意义被理解。作为科学的对象，人类主体不仅是被解释的对象（像在自然科学中一样），而且他们也是自我解释的主体。从现象学的逻辑来看，被称为"人"的这个实体的独特之处在于他是一个自我解释的动物（当然，这只是换一种方式来说"人"是"会说话的动物"）。这里的所有意思都在于〔用诠释学的人类学家克利福德·吉尔兹（Clifford Geertz）的话说〕，"人是一种悬浮在自己杜撰的意义之网上的动物"，相应地，对人类文化（准确地理解为那些"网络"）的分析，不是"寻求（法理性演绎的）法则的实验科学，而是寻求意义的解释科学"[69]。

人类行为本质上是有意义的（指示性的），因为行为就其定义而言以及相对于纯粹物理系统而言，是有意图的、目的论的或有目的的。人类行为就是为了产生将不会或不可能发生的事态，如果没有他们的行动，事态就不可能普遍存在。举例来说，如果人们从事经济活动，按照经济学家路德维希·冯·米塞斯（Ludwig von Mises）的说法，那是为了提高他们的物质地位，为了使他们的生活更舒适，更有意义。[70] 因此，人类行为必然是有意义的能被看作一种本体论的（或现象学的）事实。关键问题（正如人文科学所关切的）是方法论问题：如果人文科学不能依赖自然科学的方法（因为意义或目的概念在纯粹物理主义或机械论背景下本身是毫无意义的），那么它们指望什么？这就是诠释学的用武之地。 *328*

在一篇著名的文章《文本的模式：被当作文本的意义行为》（The Model of the Text：Meaning Action Considered as a Text）中，利科说明了上面提到的问题。他说，意义行为能够成为一门科学的对象，只有行为的意义被客观化的方式相当于论著的意义通过书写而被"固定"的方式才行（[9.15]，203），换句话说，只有行为能被正确地视为文本对话（"准文本"）才行。利科坚持认为情况就是这样。他写道：

> 文本与其作者相分离，同样，行为也与其主体相分离并产生自己的后果。人类行为的这种自主作用构成了行为的社会维度。一个行为就是一个社会现象……因为我们的行为逃脱了我们的控制，产生了并非我们所想要的后果。"固定"（fixation）概念的意义之一就

体现在这里。我们在言说者的意图和文本的语文意义之间发现的这种距离也发生在行为和其主体之间。（[9.15]，206）

这是一篇重要的文本，因为它清楚地阐明了有意义的人类行为，使其成为社会科学的确切对象：和文本一样，行为的意义不能被还原为主体自身的心理意图。就作者的意图而言，文本有一种自治，人类所做之事的意义表现出类似的自治。因此，意义的概念必须"去心理学化"或"去主观化"。社会科学的确切对象是各种社会秩序（相当于文本），它们是人类行为的结果——需要说明的是，是人类行为的结果，但不必然是人类的设计。[71]正如利科所说："我们的行为逃出了我们，产生了我们意图之外的效果。"文本的生命逃出了作者的有限视域，以同样的方式，我们的行为逃出了我们。因此，严格说来，社会科学寻求理解的有意义的行为，或者更准确地说有意义的行为模式，既不是主观的，也不是客观的（在这个术语的纯粹物理主义意义下）。正如加拿大诠释学家查尔斯·泰勒（Charles Taylor）所强调的那样，我们所处理的意义不是主体性的（栖居于行动者的头脑中），而是主体间性的。泰勒发现，"这些实践所暗示的意义和方式不仅存在于行动者的头脑中，而且超出了这些实践本身，这些实践不能被看作一系列个人行为，其本质上是社会关系和社会互动的模型"[72]。虽然只是个体在行动（正如利科所提醒的），但是人类行为只有根据共享的公共世界才是有意义的，也才是可理解的。[73]正如一位心理学家所说：

> 行为的意义能够根据实践模式中的行为导向来解读，这种实践模式构成了个人的社会环境。正是这些实践而不是个人头脑中的任何表象，决定了属于个人的意义。社会实践的背景和文化机构给出了具体对象和具体行为——甚至行为发生时的心理表象——的意义。[74]

表达此问题的另一种方法是说：正如文本的构成有一个特定的"逻辑"，揭示它是文本解释的明确任务〔利科从"控制作品结构的内部机制"（OI，

329

193）的角度来说]，人类事件或实践也有特定的客观逻辑，阐明它是社会科学的明确任务。社会秩序或社会"总体"（人类学家、经济学家、历史学家等努力使其成为可理解的）具有它们自己唯一的本体论身份，因为它们的存在方式既非心理的，也非身体的。正如梅洛-庞蒂所说，它是存在的一种"模棱两可的"形式，既不是为自身的，也不是属于自身的。这些总体确实是客观的（具体化的）逻辑，作为无数单个人类主体的活动——每个单个主体都在他的/她的生活中追求意义——的积淀结果（最终以社会文化机制的形式）而存在。如果事情确实是这样，那么关键性的方法论问题就变成：什么方法最适合阐明这些逻辑的任务？

综上所述，纯粹描述的路径（根据精神状况）很显然并不比纯粹"解释的"因果路径更合适。这两种方法都会忽略要理解的对象——体现在主体间实践中的意义。人类主体是自我解释的存在，但是简单"描述"这些解释不是社会科学的任务。如果行为的意义确实超出了行动者自身的意图，那么它就不是他们的任务。解释不可能仅仅是传统意义上的"理解"（*Verstehen*），比如，描述行动者的自我理解以获得他们的移情式理解。不可回避的事实是，人文科学是双重解释性的（doubly interpretive）；它们是对人们为自己的行动提供的解释所做的解释。正如克利福德·吉尔兹所说："人们建构他们及其同胞所从事的事情，而我们就是对他们的建构作出我们自己的建构。"[75]社会科学的确切对象是实践的逻辑而不仅仅是行动者的心理意图，这一事实意味着社会科学家经常不得不低估行动者的自我解释。[76]利科长期坚持认为，我们对自己的意识经常是错误的意识，这意味着诠释学事业必须包含"怀疑的诠释学"这一阶段。

*330*

这说明解释性的社会科学的角色必然是批判性的。社会科学家给出的解释与行动者自己所做的解释之间不可避免地存在一种特定的不一致，这一事实意味着——用约翰·B·汤普森（John B. Thompson）的话说——"解释的批判性潜能还有方法论空间"[77]。因为在人们的所做和他们说的所做之间总是存在不同程度的差距，因此对解释性理解而言，批判实际上是必需的。这就是在哈贝马斯心中哲学的诠释学能够坚持解释理论的解放功能的原因。

在通过这种方式概念化解释功能的过程中，利科相信他能够解决"解释"与"理解"之间长期存在的冲突（伽达默尔已经把狄尔泰的二分法描述为影响整个现代思想的笛卡尔二元论的遗产）[78]。就此而言，解释很显然不可能被还原为狭义上的（移情式）"理解"。的确，正是因为人类行为的意义不是"主观的"，所以（利科确信）在整个解释过程中，纯粹客观本性的解释技术（explanatory techniques）有一个合法的（尽管是严格限制的）地位。如果（比如，像在精神治疗法中一样）意义的意图没有向直接检查开放，或者不可能通过直接检查而被完全把握，并因此不可能被简单地描述为"内部途径"而必须被破译和解释为"外部途径"，那么在人文科学中，（传统意义上的）"解释"原则上必须有一个正当的地位。

在文本解释的最初阶段，以纯粹客观的方式处理文本是有用的，比如形式结构分析或词语分布的计算机分析。同样，在对人类行为的理解中，客观性路径（比如统计分析）也可以提醒社会科学家以免忽视某种模式的存在。不过，利科要强调的是，由纯粹解释技术提供的可理解性必然是不完全的和片面的。归根到底，只有解释性路径的结果被融入一个更广义的解释性理解之后，现象本身才能被准确理解。对利科而言，"解释"意味着与文本中的"言说"（"文本世界"）之间的方法论间距，但是与伽达默尔不同（在利科看来），他认为在整个理解过程中，这是适当的甚至是必需的阶段，最终被构想为"占有"。因此，正如一位评论者所说，利科"有一种理解的辩证法，它为了回到理解而绕开了方法上的间距"[79]。

331

利科的策略是将"解释和理解"置于这唯一的"诠释学之弧"（herme-neutical arc）（[9.15]，218）的两个不同阶段，从而将解释和理解的对立态度融入作为意义之恢复的完整解释概念。与他的所有解释最终都是一种自我理解的诠释学信念相一致，利科主张："在生活经验的基础上，桥的最后支柱是拱的固定之处。"（[9.15]，164）也与他潜在的存在主义动机相一致，利科主张，社会结构是"处理存在主义困惑、人类窘境和深层次矛盾的努力"（[9.15]，220）。因此，社会科学的最终目标与文本解释的最终目标即"占有"没有什么不同，即深度理解我们在世之在的意义。利科坚持认为："不许我们将个人承诺这一最后协议从促成它的整个客观的解释程序中排除出去。"（[9.15]，221）在将利科意义的"固定"或"铭刻"概念应用于文化研究时，克利福德·吉尔兹从他出发认为，人类学家的终极关切是"生命的生存困境"，认为解释人类学的"根本使命"是"使我们得以接近别人——在别的山谷中守护别的山羊时——给出的回答，从而把这些回答归于记载人类曾说过什么的记录中"[80]。

利科长期主张，人类现象——文本和行为——只有在解释性路径的结果被融入一个更广义的解释性理解之后才能被理解。在其最近的巅峰性著作三卷本《时间与叙事》（*Time and Narrative*，1983—1988）中，他认为，理解具体人类的努力最终必须采取一种叙事的形式。就上面的讨论而言，行为的目的论本性对应于叙事的情节性结构。[81]"客观性数据"（即运用客观性测量技术而产生的结果数据）实现自身可理解性的最大化，不是当它们作为自然科学的目的而被归入约束性和无时间性的"隐蔽的法律"（它们被认定的目的是"解释"和"预言"）的时候，而是当它们在历史学和心理疗法中关联并融合为叙事性说明——准确地说，是通过叙事性的故事化将意义赋予这些说明——的时候。因此，对利科而言，最原始的理解形式就是讲故事。他说：

> 看故事就是理解连续的行为、思想和感情，同时显示出被人引导的样子。被人引导的样子是指，我们被故事情节推动向前，是指我们预测故事发展的结果和高潮，以回应这种推动。从这个意义上讲，故事的"结尾"是整个故事引人入胜的磁极。但是，叙事的"结尾"既不可推出，也不可预测。没有许许多多的意外事件造成悬念，吸引我们，便没有故事，所以看故事，必须看到尾。故事的结尾可以是不可预测的，但必须是可接受的。因此，看到结尾后再回顾导致此结尾的插曲时，我们一定会说这样的结尾应该有那些事件，那样一连串行为。看故事时，我们的预测在目的上得到引导，故才有这样的回顾。"终究是可接受的"说法，正是无巧不成书这一说法的矛盾之处，也是理解故事的特点。（[9.15]，277）

克尔凯郭尔指出，理解总是仅在事件之后；利科也努力表明，我们能够获得的对理解的充分测量不是通过解释的形式主义模式，而是通过回顾性的、叙事性的故事化来实现。利科首先在历史编纂学方面发展了他的叙事理论。[82]但它能够并且也已经延伸到其他人文科学。[83]如果伽达默尔赞同诠释学的普遍性，是因为诠释学关切人类语言性的整个范围——进而，人类语言性与"要被理解的存在"具有同延性，那么利科的主张就更为激进，在他的后期著作中，他认为，诠释学的对象是文本性，而且这个概念与人类存在本身具有同延性。有评论者指出："诠释学关切任何存在之表达的解释，它以一种类似于文本结构的结构被保存下来……简而言之，整个人类存在就变成了一个要被解释的文本。"[84]

利科关于叙事的作品已经清楚表明，好的历史与好的小说具有许多相同特征。利科在说明理解最终就是讲故事——通过这种方法削弱了"真实"与"想象"之间的现代性对立——的过程中也表明，诠释学真理本身也是有效想象的结果。[85]对利科而言，诗学想象（由此他所谓"文本世界"的这一"更高的所指"得以产生）就其习惯上（传统上）被认为是"真实的"而言，必然是一种"颠覆性的力量"。如果利科在其整个理解过程中都强调想象的作用，那是因为他以此作为捍卫诠释学的策略性手段，反对哈贝马斯认为它天性保守的指责。他把文本诠释学构想为一种"动力诠释学"（这因此是对主体之幻想和错误意识的批判），这本身将为意识形态的批判提供必要的支撑。（[9.15]，94）利科尤其感兴趣的是"社会的想象"（social-imaginary）[科内利乌斯·卡斯托里亚迪斯（Cornelius Castoriadis）称之为"社会的想象机制"]的主题，这个兴趣证明了利科对社会哲学和政治哲学的压倒性关切，比如他的实践哲学。下面我们会看到，伽达默尔也有同样的关切。[86]

## 诠释学和实践哲学：伦理和政治意蕴

诠释学反思的最终任务是说明通知和指导诠释学实践本身的价值。这些价值内在于"诠释学经验"（伽达默尔的说法），就是说，内在于最自然、最普遍的人类活动：人类为了实现理解、自我理解，尤其是相互理解所做的不懈努力。为了说明这些价值，诠释学只要努力说明解释性交流过程本身的

（实践的）"可能性条件"。需要指出的是，通过这种方式实现的价值是传统自由理论的核心价值：容忍、合理性以及努力通过交谈（"对话"）而不是暴力达成双方的一致。[87] 这里所说的价值是伽达默尔所谓的"理性原则"——因为它们是交流性理解或合理性必不可少的成分。

　　诠释学的价值与尊重交谈对象和交流伙伴的自由和尊严有关。就此而言，平等是基本价值。既然"真正"的一致——从交流理性的角度而言——必须通过非强制性手段获得，那么交流对象的平等和公平考量的权利就不可能被理性地剥夺。"善良意志"[88] 的诠释学观念就表明了民主多元主义的核心规则：他者也许与自己正相反，因此必须给予其与自己平等的自由。在所有理性原则中，当然自由本身就是最好的原则。在讨论黑格尔时，伽达默尔声称：

　　　　除了自由，没有任何更高的理性原则。这是黑格尔的观点，同样也是我们的观点。比自由更高的原则根本是不可想象的，我们也从这个原则的视角来理解现实的历史：正如已经被反复重申的那样，为自由而战永无止境。（[9.6]，9）

　　自由是最高的"理性原则"，因为（论辩论，即"新修辞学"，已经表明了这一点）没有人能主张剥夺他人表达观点的自由是"合理的"。也就是说，如果没有削弱他/她对内含于任何观点的表达之中的那种适当考虑（认识）的要求，因而不至于妨碍他自己/她自己对什么是真和什么是合理的集体性或主体间性的考虑，那么就没有人能否定这种自由。对伽达默尔而言，自由和理性是密不可分的；自由准确地说是在公共对话中拥有发言的自由（权利），因为"对话"由我们的人性构成。

　　需要指出的是，伽达默尔提倡把"所有人的自由"作为理性的最高原则，这是在捍卫人类基本价值的普遍性。这再一次以一种最重要的方式阐明了诠释学与其他反基础的后现代主义的差异；与它们不同，诠释学并不认为对客观主义的拒斥需要反人道主义的相对主义。人类语言性的普遍性对应于某些基本人权的普遍性。伽达默尔认为："对任何人而言，仍然宣称人性的

*334*

不自由，这再也不可能了。"（[9.6]，37）与海德格尔和最近的后结构主义者不同，伽达默尔和利科都捍卫哲学的和政治的人道主义传统。[89]

还需要指出的是，诠释学对规范论普遍主义的辩护为存在性实践之哲学或理性的批判留下了余地。伽达默尔说："将人们带向自我理解这一任务可以帮助我们获得自由，与这种自由相关的一切无条件地将我们置于其中。"（[9.6]，149-150）这种或那种形式的人类社会不能体现交往理性的普遍价值，在这种意义上，它成了批判的合理对象。诠释学认为，由于担心被指责为"种族中心主义"，更具体地说是"欧洲中心主义"而未揭露各种不同形式的"社会非理性主义"（[9.6]，74），这完全是对理性的背叛。[90]

这是伽达默尔自己的诠释学版本被错误理解的另一个原因，它经常被认为蕴含了"不加批判地接受传统和社会政治保守主义"（*PHC*，108）。理查德·伯恩斯坦是一位评注者，他很明显地注意到了伽达默尔诠释学中因为强调实践哲学而带来的"激进"因素。伯恩斯坦指出，伽达默尔为了引出哲学的诠释学的实践后果是怎样挪用黑格尔自由原则（"只有当个体间存在真正的相互承认时，自由才能被意识到"）的。他还说："这种根本性的紧张体现在他对包含在所有人性中的自由和团结的强调——最近几年这种强调变得越来越突出。"[91]

虽然只是一个评论，但斯坦利·罗森（Stanley Rosen）是正确的，他说："每一个诠释学方案同时都是一种政治宣言或一种政治宣言的必然结果。"[92]当伽达默尔把诠释学描述为实践的或政治的科学（*scientia practica sive politica*）时，他公开承认了这一点。[93]诠释学的哲学必然是政治的——在它是一种实践哲学的意义上，也就是说在它赋予实践理性、实践智慧和对话特权的意义上。另外，诠释学的政治学必然采取利科所谓"政治自由主义"的形式。他说："在政治背景下，对对话的辩护暗示了对暴力政治和集权政治的不懈谴责，暗示了对商谈的诉求、对自由表达的诉求以及对各种观点间毫无限制的相互影响的诉求。"[94]在《真理与方法》之后的许多短篇作品中，伽达默尔反复回到社会政治话题，捍卫交往理性的价值，公开指责压迫的精致形式——它们在科学和技术以及纯粹工具主义的理性概念占支配地位的时代会颠覆这些价值。伽达默尔说："就此而论（保卫自由），诠释

学反思的功能就是保护我们免受社会技术专家的任意摆布。"（[9.5]，40）[95]

　　伽达默尔用来指向诠释学所捍卫的规范论理想的术语是团结。伽达默尔说："实践意味着指引自己并在团结中行动。团结……是所有社会理性的决定性条件和基础。"（[9.6]，87）诠释学义不容辞的任务是普遍主义的；正如伽达默尔所说，它就是"再次唤醒人性中的团结意识，人性也慢慢开始将自己作为人性来认识"（[9.6]，86）。需要明确指出的是，伽达默尔所提倡的团结并非仅仅建立在种族的和文化的共同性（礼俗社会，"文化"）上。相反，他所谓的团结意味着对"普遍利益"、对"法律和正义的普遍性"的理性认同。[96]与现在或左或右的共产主义者不同，伽达默尔并不赞赏任何特定思潮或生活方式（"社区"）的优点；他只是为一种真正的、哲学的（因此是普遍主义的）伦理道德辩护。这里，伦理（*Moralität*）和种族（*Sittlichkeit*）之间的关系与（前面讨论的）更加概括的（普遍的）"理解"和（具体的）"应用"之间的关系是平行的；前者需要后者，但又不能还原为后者。[97]实践理性确实是理性的一种形式，理性意味着它具有普遍性。[98]归根到底，伽达默尔所捍卫的团结是寻求"总体一致"的理性的团结[99]，是与自由社会——建立在人权和普遍自由的理性理念基础上——比如某个国家组织或康德所谓的"普遍的市民社会"[100]的市民结合在一起的互相承认的团结。[101]

　　与无论左派的还是右派的无政府主义相反（后者有时候指"无政府主义的资本主义"），诠释学坚持认为，为了自由和团结在现实中的盛行，自由的制度是必不可少的（或如伽达默尔所指的，是"道德和建立在公共规范之上的人类约定"[102]）。正如梅洛-庞蒂已经指出，借用黑格尔的话说，"自由需要实体性的东西，需要一个国家，它孕育了自由，赋予自由生命"。实体性的东西就是"制度，它将自由的实践灌输进我们的习惯（*moeurs*）之中"[103]。利科反复重申这一点。他接受了黑格尔的观点，"制度是与社会生活实践相关联的规范的整体，它让每个人的自由都得以实现而不妨碍其他人的自由"[104]。利科把这种制度性组织称为"法治国家"（un Etat de droit），比如自由民主的国家。这样的国家是民主的，因为它"并不打算消除冲突，而是要制定程序让冲突得以表达但又有商谈的余地。从这个意义上讲，法治国家就是一个有组织的、自由商谈的国家"。在这一点上，利科诉诸黑格尔对最理性的国家的定义，"国家就是在其中，每个人都将被所有人

337 认可"[105]。为了替"自由和制度的综合"辩护，利科明确反对他的同代人——有人称他们为"68"年哲学家[106]，他们超出制度性框架来颂扬"野蛮的自由"（liberté sauvage），公开指责制度必然是强制性的和压迫性的。利科主张，"只有在自由国家，这种（自由和制度的）综合才能在历史的深度上起作用"[107]。有人说，诠释学所捍卫的自由民主的国家只是（商谈的）理性的制度化。就此而言，理查德·伯恩斯坦把诠释学的现实任务描述为培育"一种商谈社会，在这种社会，实践智慧变成活生生的实在，市民能够实实在在地认为，伽达默尔告诉我们的是他们的'最崇高的任务'——'根据每个人自己的责任来做决定'——而不是将这些任务交给专家"[108]。民主理论长期以来被看作"公共的善"，实际上它是一种与人民密不可分的社会制度的秩序，其中的理性是为了鼓励人们的实践的—对话的理性（"团结"），使之更加便利。

综上所述，很明显，哲学的或现象学的诠释学不仅提供了一种（各种不同模式的）人类理解的普遍性理论，而且也在社会政治实践中提出了非常具体的任务。随着最近反自由的社会主义的终结和全世界范围内民主价值的胜利，有人提出"历史的终结"已然发生。尽管伽达默尔并没有看到任何自由主义的替代者，但对历史中的自由和理性的最终胜利他并不心存幻想。他赞同黑格尔，任何人都不再可能（理性地）否定所有人的自由的最高价值。"所有人都是自由的这一原则不再可能被动摇。"准确地说，在这个原则是理性原则的意义上，它是不可动摇的。然而，他又补充说：

> 但是，这是否就意味着历史已经终结？所有人都获得了现实的自由？从那（黑格尔的时代）以后，历史不再只是事关自由原则，而人类的历史行为不得不将自由原则转化为现实？很显然，这表明了世界历史永不停息的步伐向未来任务的开放，并给出了一个永远有效的承诺，即一切都在秩序中。（[9.6]，37）

在历史中实现自由的任务就像理解和自我理解的任务一样，它是一个永无止境的任务。伽达默尔回应黑格尔，"历史性地存在意味着一个人的知识永远不可能是完全的"（[9.7]，269）。就像人道主义或对"主体"——在自己生命中寻求意义的人类主体和基本人权的承担者——的信仰一样，诠释学或对历史中的意义的信仰（正如利科所说）必须承认，它是没有形而上学基础的，它是一种担保，一种呼吁。[109]

## 【注释】

[1] 该术语第一次明确的使用是在 J. C. 丹恩豪尔（J. C. Dannhauer）的《〈圣经〉诠释学或〈圣经〉文献的解释方法》（*Hermeneutica sacra sivemethodus exponendarum sacrarum litterarum*，1654）一书中。

[2] F. Schleiermacher, *Hermeneutics：The Handwritten Manuscripts*, ed. H. Kimmerle, trans. J. Duke and J. Forstman (Missoula：Scholars Press，1977)，p. 93.

[3] 伽达默尔和利科都赞成把施莱尔马赫的这种理解归于"心理学的"观点。但这种解释已经受到了挑战，参见 Manfred Frank, *What is Neostructuralism?*, trans. S. Wilke and R. Gray (Minneapolis：University of Minnesota Press，1989)，pp. 8–9。

[4] 参见 C. G. Hempel, "The Function of General Laws in History"（1942），reprinted in *Theories of History*, ed. P. Gardiner (New York：Free Press of Glencoe, 1959)，pp. 344–356。

[5] 参见 P. Winch, *The Idea of a Social Science and Its Relation to Philosophy* (London：Routledge & Kegan Paul，1958)；"The Idea of a Social Science" and "Understanding of a Primitive Society", both in *Rationality*, ed. B. R. Wilson (New York：Harper Torchbooks，1971)。

[6] R. J. Bernstein [9.29], 30.

[7] 后面我会更详细地说明，"现象学的诠释学"恰如其分地命名了伽达默尔和利科的诠释学，因为他们的思想都植根于埃德蒙德·胡塞尔和马丁·海德格尔的现象学。利科曾提过自己的地位："他所追求的是（胡塞尔）现象学的一种诠释学变体。"["On Interpretation", in A. Montefiore（ed.），*Philosophy in France Today* (Cambridge：Cambridge University Press，1983)，p. 187；在下文引用时简写为 OI。利科在别的场合也说过："我相信诠释学不能取代现象学，它仅仅反对现象学的理念论解释。"（"Response to My Friends and Critics", in C. E. Reagan [9.25]，未标明页码）

［8］Tübingen：J. C. B. Mohr；同时参见他早期百科全书式的著作 *Theoria generale della interpretazione*，2 vols（Milan：Dott. A. Giuffrè，1955）。

［9］E. D. Hirsch，Jr，*Validity in Interpretation*（New Haven：Yale University Press，1967）.

［10］赫希说："自然科学和社会科学之间被大肆宣传的裂痕并不存在，假说—演绎的过程在两者中都是基础性的，也都以知识作为各自的诉求。"（*Validity*，p. 264）

［11］按照这种路径对伽达默尔尤其刻薄的批评，参见 J. Barnes："A Kind of Integrity"，*London Review of Books*，6 Nov. 1986，pp. 12-13。

［12］利科最近在回应加拿大诠释学家让·格朗丹（Jean Grondin）时指出，诠释学对客观主义的反对是诠释学不可分割的一部分，正如它是它所来自的胡塞尔现象学的不可分割的一部分一样。利科说："诠释学是批判性的，因为它们所诉诸的理解需要不断获得各种本来不知道的信息。"［Ricoeur，"Réponses"，in C. Bouchindhomme and R. Rochlitz（eds），*"Temps et récit" de Paul Ricoeur：en débat*（Paris：Editions du Cerf，1990），pp. 201-202］

［13］伽达默尔这里指贝蒂的著作。

［14］Hans-Georg Gadamer，*Truth and Method*［9.7］，xvi.

［15］事实上，这就是伽达默尔 1976 年出版的一本论文集的标题：《哲学诠释学》（*Philosophical Hermeneutics*）［9.5］。

［16］对这一论题的详细讨论，参见 "Ricoeur and the Hermeneutics of the Subject" in Madison［9.34］；*The Philosophy of Paul Ricoeur*（Library of Living Philosophers），ed. I. E. Hahn。John W. Van Den Hengel 则对利科关于主体概念的哲学化、中心化的主题进行了综述，其中尤为引人注目的是对利科从 1935 年到 1981 年的作品做了非常广泛的文献学传记（483 个题条）。（［9.27］）

［17］*The Crisis of European Sciences and Transcendental Phenomenology：An Introduction to Phenomenological Philosophy*，trans. D. Carr（Evanston：Northwestern University Press，1970）. 在该书中，胡塞尔对他所反对的现代性传统进行了历史的重构。

［18］参见 E. Husserl，*The Idea of Phenomenology*，trans. W. P. Alston and G. Nakhnikian（The Hague：Martinus Nijhoff，1964），lecture I。

［19］这句话来自胡塞尔的后期助手之一 Ludwig Landgrebe，参见 Ludwig Landgrebe，"Husserl's Departure from Cartesianism"，in R. O. Elveton（ed.），*The Phenome-*

*nology of Husserl*（Chicago：Quadrangle Books，1970），p. 261。

［20］利科说：“可以说，生活世界这一主题尽管是现象学本身所遇到的主题，但是在海德格尔诠释学之后，不再被作为遗留问题来处理，而是将其作为先决条件而吸收。”（OI，p. 190）

［21］梅洛-庞蒂说：“正如人们所认为的，唯心主义哲学的公式与存在相去甚远，而现象学还原是一种存在主义哲学的还原：海德格尔的‘在世之在’只出现在现象学还原的基础上。”［M. Merleau-Ponty，*Phenomenology of Perception*，trans. C. Smith（London：Routledge & Kegan Paul，1962），p. iv］

［22］M. Heidegger，*Being and Time*，trans. J. Macquarrie and E. Robinson（New York：Harper & Row，1962），p. 90. 在下文引用时简写为 *BT*。

［23］Ricoeur，*Hermeneutics and the Human Sciences*［9. 15］，87.

［24］“理解在解释中有所理解地占有它自身。”（*BT*，148）

［25］Ricoeur，“The Question of the Subject”，in D. Ihde（ed.），*The Conflict of Interpretations：Essays in Hermeneutics*（Evanston：Northwestern University Press，1974），p. 266.

［26］Gadamer，“The Problem of Historical Consciousness”，in P. Rabinow and W. M. Sullivan（eds），*Interpretive Social Science：A Reader*（Berkeley：University of California Press，1979），p. 106；在下文引用时简写为 *PHC*。利科也绕过了海德格尔对存在的关切。因为他的思考植根于法国反思哲学传统，所以利科的导向性问题与其说是“存在的意义是什么”，不如说是“我是谁”。他写道：“诠释学于我而言，变成了对反思的哲学迂回，变成了对自我理解的无限沉思……粗略地说，哲学的发展作为一种哲学人类学，存在的问题被还原为存在的方式问题，即设定言说的主体、行动的承担者和承受者、精神和政治的主体以及责任和公民意识的运输者。”［“Réponses” in *“Temps et récit” de Paul Ricoeur*（note 12），p. 211］

［27］Bernstein［9. 29］，159.

［28］我将这一独特见地归功于保罗·费尔菲尔德（Paul Fairfield）。

［29］这两者之间的平行是梅洛-庞蒂诠释学的现象学关注的主要对象之一。

［30］伽达默尔这里所说的历史性理解在经过修正后，可以被应用于跨文化理解或人种学理解，而且可以与彼得·文奇的立场形成鲜明的对比。

［31］在此论战中，对这一主题的综述和讨论，参见 Bernstein［9. 29］。

［32］它之所以不可取，是因为它不符合诠释学赋予它的哲学—政治学价值，此主

*340*

题本章后面将会讨论。

[33] Gadamer，"The Science of the Life-World"，*Analecta Husserliana*，2（1977）：185. 需要说明的是，此文章与后来以相同标题出版在《哲学诠释学》中的版本有所不同。

[34] 利科进行过类似的评论，他说："真理是被照亮之所，在那里，我们能够继续生存和思考。而且，应当像我们的反对者一样去思考，而不是诉诸总体性，因为它使我们变成了能够高估自己的知识，使我们变得傲慢无礼。"（"Reply to My Friends and Critics"[9.25]，没有标明页码）因此，可以说，对诠释学而言，"真理"首先不是一个"认知概念"，而是一个"道德概念"；与其说它指向我们可以获得的零碎"信息"，不如说它指向一种一般性的生活方式（在世之在）。就此而言，利科以几分詹姆斯式的方式评论道："我们将宝压在一套价值取向上，然后努力使自己与它们保持一致；这样，证实就成了我们整个生活的问题。谁也无法幸免……我不明白的是，我们要怎样才能说我们的价值比别人的更好，除非我们敢冒一生之风险并指望获得一种更好的生活，能够比别人更好地看待和理解事情。"（*Lectures on Ideology and Utopia* [9.16]，312）

[35] *La symbolique du mal*（*Philosophie de la volonté*：*Finitude et culpabilité*，vol. II）（Paris：Aubier，1960）. 英语翻译：*The Symbolism of Evil* [9.20]。

[36] D. C. Hoy [9.33]，61.

[37] 参见 T. M. Van Leeuwen [9.28]，1。

[38] Ricoeur，*The Conflict of Interpretations* [9.13]，411.

[39] 利科坚持认为，言说之中总是存在"无穷的未被言说之物"（[9.7]，426）。

[40] 这一点在萨特那里得到了发展，参见 Sartre，*La transcendance de l'ego：Esquisse d'une description phénoménologique*（Paris：J. Vrin，1966）.

*341*　　[41] 梅洛-庞蒂说："没有任何内在的人，人在世界之中而且只在世界之中，他才能了解自己。"[Merleau-Ponty，*Phenomenology of Perception*（note 21），p. xi]

[42] 或许应当说明一下，就伽达默尔的观点而言，对话与其说是语言的实例，不如说是语言的本质。

[43] 伽达默尔接着指出："在一个人作为一种个体性干预他人的情况下，比如在治疗式交谈或对被指控犯罪的人进行的调查中，这并不是那种两个人正在努力理解对方的真正情形。"（在脚注中，伽达默尔指出，在这种情形下提出的问题被贴上了不诚实的标签）后面我们将会看到，对话的这种观点对文本解释理论产生了重要影响。

[44] 对这些主题的讨论，参见 Ricoeur，"Structure，Word，Event"，in *The Con-

*flict of Interpretations* [9.13]。

[45] Ricoeur，"New Developments in Phenomenology in France：The Phenomenology of Language"，trans. P. Goodman，*Social Research*，34：1（spring 1967）：14.

[46] 参见 J. Habermas，*The Philosophical Discourse of Modernity*，trans. F. Lawrence（Cambridge，Mass.：MIT Press，1987），pp. 41—42。

[47] Gadamer，"Practical Philosophy as a Model of the Human Sciences"，*Research in Phenomenology*，9（1980）：83.

[48] 参见 Gadamer，"Reply to My Critics"，in G. L. Ormiston and A. D. Schrift，*The Hermeneutic Tradition：From Ast to Ricoeur*（Albany：State University of New York Press，1990），pp. 275—276。

[49] 相反，对赫希而言，意义总是意志的意义。[参见 *Validity*（note 9），p. 51]

[50] 又见 pp. xix，321，336，338，353，356。

[51] 这一点被伊瑟尔（Wolfgang Iser）和姚斯（Hans Robert Jauss）各自发展为美学反映论和读者接受论。参见 Iser，*The Act of Reading：A Theory of Aesthetic Response*（Baltimore：Johns Hopkins University Press，1978）and Jauss，*Towards an Aesthetic of Reception*，trans. T. Bahti（Minneapolis：University of Minnesota Press，1982）。利科在《时间与叙事》[9.21]（vol. 3，pp. 166ff）中讨论了他们的观点。

[52] Bernstein [9.29]，145.

[53] G. W. F. Hegel，*The Philosophy of History*（New York：Dover Publications，1978），p. 106.

[54] Gadamer，"The Power of Reason"，*Man and World*，3：1（1970）：15. 哈贝马斯指责诠释学把传统理解为不受"解放旨趣"导向的批评的约束，伽达默尔反诉如下："在社会科学（比如哈贝马斯的立场）中解放的反思最终必然导向无政府主义的乌托邦，虽然是无意识的。然而，在我看来，这种印象反映了诠释学的错误意识，而化解也只能是更加普遍的诠释学反思。"（[9.5]，42）

伽达默尔对传统的强调既不打算否定某些价值的普遍性，也不打算否定理性的批判功能。它要否定的是一种非历史理性的存在（这种哈贝马斯所诉求的、同时能够回避传统的"先验"理性）。在《真理与方法》中，伽达默尔这样陈述自己的立场："我们处于各种传统之中，这一事实难道首先意味着我们受偏见所支配以及自己的自由受限制吗？一切人的存在，甚至最自由的人的存在难道不都是受限制、并受到各种方式制约的吗？如果情况是这样，那么某种绝对理性的观念对历史人性来说就是根本不可能的。理性对

342

我们来说只是作为具体的、历史性的东西而存在，即根本地说，理性不是它自己的主，而总是经常依赖它在其中活动的前定环境。"（[9.7]，245）

在这一章的结论部分之前，我们应当回到价值和理性批判的问题上来。

[55] Gadamer, "Reply to My Critics" (note 48), p. 273.

[56] Gadamer, "Hermeneutics as Practical Philosophy", in *Reason in the Age of Science* [9.6], 111.

[57] 对这一主题的详细讨论，参见我的 "The New Philosophy of Rhetoric", *Texte：Revue de critique et de théorie littéraire*, 8/9 (1989)：247—277。

[58] 参见 C. Perelman and L. Olbrechts-Tyteca, *Traité de l'argumentation：la nouvelle rhétorique* (Bruxelles：Editions de l'Institut de Sociologie, Université Libre de Bruxelles, 2nd edn, 1970)。

[59] 在这一点上，伯恩斯坦这样评论："尽管真理概念对伽达默尔而言是其整个哲学的诠释学的基础，但是它仍然是其著作中最让人难以捉摸的概念。"（[9.29]，151）

[60] Ricoeur, "Langage (Philosophie)", *Encyclopaedia Universalis*, vol. 9 (1971), p. 780.

[61] 参见 Ricoeur, "The Model of the Text", in *Hermeneutics and the Human Sciences* [9.15], 212—213。

[62] 又见 pp. 146—147, 203。利科也说过，伽达默尔在其对话理论基础上对一致（*Einverständnis*）信心满满，而他自己则"对解释中的冲突本性更加敏感"["De la volonté à l'acte", in "*Temps et récit*" de Paul Ricoeur (note 12), p. 19]。

[63] "间距不是方法论的产物，因此也不是多余的和寄生性的；相反，它由作为书写的文本现象构成。"（[9.15]，139）利科的批评家或许会声称利科对伽达默尔的批评不是完全公平的，因为伽达默尔自己也同意"间距"是一个"积极的"概念。（参见 *inter alia*）下面的评价是伽达默尔1957年在鲁汶大学所做的演讲中作出的："与我们经常的设想相反，时间并不是我们为了重获过去而能够克服的裂缝；事实上，它是我们到达过去的基础和通向现在的根。'时间间距'并不是需要克服的距离意义上的距离……确切地讲，就是要把'时间间距'作为积极而有效的理解之可能性的基础。"（*PHC*, 155—156）如果利科在这点上误解了伽达默尔，那么他会非常认同哈贝马斯后来对伽达默尔的批评（因为利科试图调和哈贝马斯与伽达默尔之间的分歧，参见 "Hermeneutics and the Critique of Ideology", in *Hermeneutics and the Human Sciences*）。（[9.15]）如果利科
*343* 把间距作为一个积极的概念，那是因为他认为（反对哈贝马斯）诠释学不仅要处理过去

的传播，而且还要将这个决定性时刻吸收进这个占有过程。然而，如果伽达默尔的间距概念本身已经是积极的那种，那么伽达默尔的诠释学中就已经有了这样一个关键性要素（因而就无须借助哈贝马斯的批判理论来予以补充）。我已经指出，伽达默尔确实做了这样一个声明。

[64] 隐喻的"二级指示性"是利科努力阐明的主要事物之一，参见 *La métaphore vive* (Paris：Seuil，1975)；英文版：*The Rule of Metaphor* [9.19]。

[65] 这凸显了利科的文本解释理论与其他后现代理论之间的重要区别。这些后现代理论想尽办法（甚至对文本进行"深入的误读"）使"投身于文本"合法化。美国文艺批评家 J. 希利斯·米勒（J. Hillis Miller）提供了解构主义者如何进行"深入误读"的杰出范例。米勒回顾了利科的《时间与叙事》，他认为，"诠释学理论（例如利科的）假定了稳定的独白式文本的存在，这种文本的意义是确定的，能够由作者的意图和文本对前语言的'真实世界'的参照所控制"。一旦再多阅读几个段落，这种明显荒唐的评论就让人目瞪口呆（解构主义者还会为他们自称为"解释"的阅读文本而操心吗?）："他的语言观差不多是一种毫无疑问的抄袭：对他而言，语言是一面镜子，代表或表达了生活于其中的世界"。("But Are Things as We Say They Are?"，*Times Literary Supplement*，9–15 October 1987：1104)

[66] 参见 "On Interpretation"（见 note 7），pp. 185ff。"自我"是利科 1986 年吉福德讲座的题目，"On Selfhood, The Question of Personal Identity"，被收入 *Soimême comme un autre* (Paris：Seuil，1990) 中，英文翻译为：*Oneself as Another* [9.17]。

[67] 法语原文如下："Si le sens n'est pas un segment de la compréhension de soi, je ne sais pas ce que c'est. "(*Esprit*，November 1983：636)

[68] S. B. Messer, L. A. Sass, R. L. Woolfolk (eds)，*Hermeneutics and Psychological Theory：Interpretive Perspectives on Personality，Psychotherapy，and Psychopathology* (New Brunswick：Rutgers University Press，1988)，p. xiii.

[69] C. Geertz, *The Interpretation of Cultures* (New York：Basic Books，1973)，p. 5.

[70] 为了强调人类行为的目的本性，米塞斯写道："人类通过适当的行为使一种事态代替了如果他不干预便会盛行的另一种事态，如果这与人类的意图无关，那么人类就不存在。"[*The Ultimate Foundation of Economic Science：An Essay on Method* (Kansas City：Sheed Andres & McMeel，1978)，p. 71]

[71] 各种社会秩序是人类行为的结果，但不必然是人类的设计，此观点已经是哈

耶克（F. A. Hayek）著作中的主要议题之一，他以许多方式预言了伽达默尔和利科的观点。关于这一问题，参见我的 "Hayek and the Interpretive Turn"，*Critical Review*，3：2（spring 1989）。

344 　　[72] C. Taylor, "Interpretation and the Sciences of Man", in P. Rabinow and W. M. Sullivan（eds），*Interpretive Social Science：A Reader*（note 26），p. 48.

　　[73] 参见 Ricoeur, "History as Narrative and Practice", interview with P. Kemp, *Philosophy Today*（fall 1985）：216。

　　[74] J. Wakefield, "Hermeneutics and Empiricism：Commentary on Donald Meichenbaum", in Messer *et al.*（eds），*Hermeneutics and Psychological Theory*（note 68），p. 143.

　　[75] Geertz, *The Interpretation of Cultures*（note 69），p. 9.

　　[76] 解释学经济学家拉沃伊（D. Lavoie）就此评论说："我们研究的对象已经有了一个关于正在发生的事情的解释，这一事实并没有使社会科学家卸下发展和捍卫自己对正在发生的事情的说明的责任。解释者没有必要为了'接受'被解释之物的立场而放弃自己的视角，但是必须努力寻找新方法，以便根据自己的前提更好地理解正在研究的人类活动……因此，解释总是意味着通过解释者和被解释之物间'视域'的调解来加强言说。"["The Account of Interpretations and the Interpretation of Accounts：The Communicative Function of 'The Language of Business'"，*Accounting*，*Organizations and Society*，12：6（1987）：594]

　　[77] J. B. Thompson, *Ideology and Modern Culture：Critical Social Theory in the Era of Mass Communication*（Stanford：Stanford University Press，1990），p. 323. 汤普森在其对意识形态的分析中广泛吸收了利科的意见。对利科的诠释学和于尔根·哈贝马斯的批判理论之间的比较研究，参见他的早期著作 [9.26]。

　　[78] 伽达默尔对狄尔泰的讨论，参见 "The Problem of Historical Consciousness"（note 26）。

　　[79] Jean Grondin, "L'herméneutique positive de Paul Ricoeur" in "*Temps et récit*" *de Paul Ricoeur*（note 12），p. 125.

　　[80] Geertz, *The Interpretation of Cultures*（note 69），p. 30.

　　[81] 在《时间与叙事》卷1中，利科把"解释"和"理解"看作"现已废弃的词"；他宁愿说"法则性解释和情节化解释"（[9.21]，181）。

　　[82] 关于利科该领域的作品，历史学家海顿·怀特（H. White）说："为了实现新近历史编纂学家的历史研究目标，利科的作品最为强调叙事的充分性。"["The Question

of Narrative in Contemporary Historical Theory", *History and Theory*，1（1984）：30]

利科对想象的讨论在其作品中的流变，参见 Richard Kearney，"Paul Ricoeur and the Hermeneutic Imagination"，in T. P. Kemp and D. Rasmussen（eds）［reprinted in Kearney，*Poetics of Imaging ：From Husserl to Lyotard*（London：Harper Collins Academic，1991）]。理查德·柯尔内的观点是，"对想象的诗意解释"代表了"慎重而言，他哲学方案的最终议程"（Ibid.，p. 2）。下面利科的评论支持了这一观点："除了表象，从我作为哲学家开始就吸引我的那个问题就是创造力问题。在早期关于意志的作品中我从个体心理学视角处理，然后在对象征主义的研究中我从文化水平角度处理。我现在关于叙事的作品将我带向了这一社会的、文化的创造性的中心。"［"History as Narrative and Practice"，*Philosophy Today*（fall 1985）：222]

[83] 因此，举例而言，关于利科，经济学家拉沃伊这样写道："历史就此而言不是要努力寻找量的覆盖规律以便确定事件的顺序，而是努力给各种人类'故事'提供质的解释。理论社会科学（包括经济学和会计学）的整个目的是要给人们提供更好地区分可接受的和不可接受的历史叙述的能力……我们发现我们在社会科学中所做的一切与其说是对事前预言的测试，不如说本性上更是一种奥地利经济学家哈耶克所谓的对原则的事后解释。任何理论能够受到的唯一'测试'都是以一种量的判断的形式测试已经通过记述串联在一起的诸多事件的顺序的合理性。"［"The Account of Interpretations and the Interpretation of Accounts"（note 76），pp. 595–596]

[84] D. Pellauer，"The Significance of the Text in Paul Ricoeur's Hermeneutical Theory"，in［9.25]，112.

[85] 利科对历史和叙事的兴趣可以被看成他对人类行为持久关切的逻辑必然，因为在被"固定"的过程中，行为被转变成制度化的社会模式，也就是说是它产生了历史过程。

[86] 利科详细处理了"社会的想象"的话题（意识形态和乌托邦是两个基本样式），参见 *Lectures on Ideology and Utopia*［9.16]。

[87] 利科对暴力和言谈的评论，参见 *Main Trends in Philosophy*（New York：Holmes & Meier，1979），pp. 224–227。利科写道："正是因为我们作为人类已经选择了言谈——也就是说交流，即通过口头对话寻求一致——所以因暴力的缘故而对暴力的辩护永远是被禁止的。"（Ibid.，p. 227）

[88] "在对话中达成理解意味着参与双方都对它有所准备，并尽力认识他们不同的甚至相反观点的全部价值。"（［9.7]，348）

[89] 谈到德国历史学派的人文主义理想，伽达默尔说它"并不包含任何具体的内容，而只是以各种最为不同的形式化的理念为基础。这种理想确实是普遍的，因为它不可能被任何历史证据、任何人类短暂的让人困惑的证据所动摇。历史自有其深意"（[9.7]，178）。

利科捍卫哲学人本主义的政治动机从下面的评论中一目了然："如果反人本主义是真的，那么法律主体能够反对政治权威的滥用也就没有任何理论基础。"（*Main Trends in Philosophy*，p. 369）

[90] 诠释学认为，真正的"种族中心主义者"反对自由和理性原则的普遍有效性（"适用性"），并主张任何因不认同这些原则而产生的对非西方社会的批评都是"欧洲中心主义"。作为"第三世界"民主价值（诸如代表性政府、人权和法制）的主要代言人，1991年诺贝尔和平奖获得者昂山素姬（Aung San Suu Kyi）指出："说缅甸人不适合享有民主国家公民的许多权利和权益是无礼的。"["In Quest of Democracy"，*Journal of Democracy*，2∶1（January 1992）∶6 and 11] 反普遍主义的种族中心主义确实是一种对基本人类尊严的侮辱。

[91] Bernstein [9. 29]，p. 163.

[92] S. Rosen，*Hermeneutics as Politics*（New York：Oxford University Press，1987），p. 141.

[93] 参见 Gadamer，"The Power of Reason"，*Man and World*，3∶1（1970）∶8。

[94] Ricoeur，*Main Trends in Philosophy*（note 87），p. 315.

[95] 伽达默尔写道："哲学的主要任务是捍卫实践理性和政治理性免受基于科学的技术的控制。这就是哲学的诠释学的观点。"["Hermeneutics and Social Science"，*Cultural Hermeneutics*，55（1970）∶316]

[96] 参见"The Power of Reason"（note 93），p. 13。

[97] 这一点，参见伽达默尔在《真理与方法》中对自然律的评论。（[9.7]）

[98] 关于理性与普遍性的关系，伽达默尔说："很明显，理性与普遍性有着直接的联系"（Gadamer，"The Power of Reason"，p. 6）；又说："对普遍性的认同——如果不是普遍性，理性还能是什么呢？"（Ibid.，p. 12）他认为，理性是"自我实现与普遍性的认同"（Ibid.，p. 14）；并将"自由的丧失"等同于"普遍性认同的可能性的缺失"（Ibid.，p. 13）。

[99] 参见 Gadamer，"Reply to My Critics"（note 48），p. 289。

[100] I. Kant，"Ideas for a Universal History from a Cosmopolitan Point of View"，

in *On History*，L. W. Beck（ed.）（Indianapolis：Bobbs-Merrill，1963），p. 16. 康德描述这种社会的特征是"拥有最大的自由。在这个社会中，人们可以相互反对，对自由的严格定义与对它的限制联系在一起以便能够与他人的自由并存"。

[101] 诠释学认为，人权概念不是一个形而上学概念，不要求本质主义或基础主义模式的思考。人权不是"自然权利"（伽达默尔的批评家斯特劳斯就这样认为）。它们是理性性质的权力，是属于理性的权力（rational rights，rights of reason）。也就是说，它们是人们应该被如何对待的命令，只要他们是事实上的存在，也即理性存在物。那意味着这样一种存在物，他们拥有"逻各斯"［如伊索克拉底（Isocrates）所说］，换言之，能够从事对话或交流等理性行动。诸如言论自由、意识自由和结社自由等基本权利是法制承担者的简单列举，它们对这种理性形式毫无阻碍地运作是必不可少的。因此，正如伽达默尔所承认的，既然"理性的力量"不是一种"自然能力"，而是一种社会属性（"它不是人类的一种简单能力，而是某种必须被发展的东西"［"The Power of Reason"（note 93），p. 7]），那么，只有有幸处于这些权利能够成为可能的制度性组织中时，人们才是完全理性的（因此才是完全意义上的人类）。人权就是那些反思地意识到自己所是的人，为了证明他们的所是，为了成为他们的所是而为自己索求的东西。（参见 Tiananmen Square，1989）

[102] "The Power of Reason"（note 93），p. 8.

*347*

[103] M. Merleau-Ponty，*Signs*，trans. R. C. McCleary（Evanston：Northwestern University Press，1964），p. 349.

[104] Ricoeur，"Le Philosophe et la politique devant la question de la liberté"，in *La liberté et l'ordre social*（Neuchâtel：La Baconnière，1969），p. 53.

[105] Ricoeur，*Du texte à l'action*（Paris：Seuil，1986），p. 404.

[106] 参见 L. Ferry and A. Renaut，*French Philosophy of the Sixties：An Essay on Antihumanism*（Amherst：University of Massachusetts Press，1990）。

[107] Ricoeur，"La raison pratique"，in T. Gearets（ed.），*La Rationalité aujourd'hui / Rationality Today*（Ottawa：Editions de l'Université d'Ottawa，1979），p. 238.

[108] Bernstein［9. 29］，p. 159.

[109] 参见 Ricoeur，*Main Trends in Philosophy*（note 87），p. 372. 在其他场合，利科曾说："现代哲学的悲哀就是，我们不得不提出黑格尔式的问题，但却没有黑格尔式的方案。"他抛弃了绝对知识的概念和无所不包的历史理论，但同时他又承认："如果不期待历史的普遍意义可能是什么，那么或许我们就不可能有积极的历史。但我认为，

那必然仍是在假设的水平上，必然仍是一种有用的假设。"["The Conflict of Interpretations", in R. Bruzina and B. Wilshire（eds），*Phenomenology：Dialogues and Bridges*（Albany：State University of New York Press，1982），pp. 319-320]

# 参考书目

各种语言版本的原始文献和二手资料的详尽书目，参见 Jean Grondin，*Einführung in die Philosophische Hermeneutik*（Darmstadt：Wissenschaftliche Buchgesellschaft，1991）。

### 伽达默尔
### 翻译本

9.1　*Dialogue and Dialectic：Eight Hermeneutical Studies on Plato*，trans. P. C. Smith，New Haven：Yale University Press，1980.

9.2　*Hegel's Dialectic：Five Hermeneutical Studies*，trans. P. C. Smith，New Haven：Yale University Press，1976.

9.3　*The Idea of the Good in Platonic-Aristotelian Philosophy*，trans. P. C. Smith，New Haven：Yale University Press，1985.

9.4　*Philosophical Apprenticeships*，trans. R. Sullivan，Cambridge，Mass.：MIT Press，1985.

9.5　*Philosophical Hermeneutics*，trans. D. E. Linge，Berkeley：University of California Press，1976.

9.6　*Reason in the Age of Science*，trans. F. Lawrence，Cambridge，Mass.：MIT Press，1981.

*348*　9.7　*Truth and Method*，New York：Seabury Press，1975，2nd rev. edn，New York：Crossroad，1990.

### 评论

9.8　Foster，M. *Gadamer and Practical Philosophy：The Hermeneutics of Moral Confidence*，Atlanta：Scholar's Press，1991.

9.9　Michelfelder D.，and Palmer，R.（eds）*Dialogue and Deconstruction：The*

*Gadamer-Derrida Encounter*，Albany：State University of New York Press，1989.

9.10 Sullivan，R. *Political Hermeneutics ： The Early Thinking of Hans-Georg Gadamer*，University Park：Pennsylvania State University Press，1989.

9.11 Warnke，G. *Gadamer ： Hermeneutics, Tradition and Reason*，Stanford：Stanford University Press，1987.

9.12 Weinsheimer，J. *Gadamer's Hermeneutics ： A Reading of Truth and Method*，New Haven：Yale University Press，1985.

## 利科

### 翻译本

9.13 *The Conflict of Interpretations ： Essays in Hermeneutics*，ed. D. Ihde，Evanston：Northwestern University Press，1974.

9.14 *Freud and Philosophy ： An Essay on Interpretation*，trans. D. Savage，New Haven：Yale University Press，1970.

9.15 *Hermeneutics and the Human Sciences*，trans. J. B. Thompson，Cambridge：Cambridge University Press，1981.

9.16 *Lectures on Ideology and Utopia*，ed. G. H. Taylor，New York：Columbia University Press，1986.

9.17 *Oneself as Another*，trans. K. Blamey，Chicago：University of Chicago Press，1992.

9.18 *Political and Social Essays*，ed. D. Steward and J. Bien，Athens：Ohio University Press，1974.

9.19 *The Rule of Metaphor*，trans. R. Czeny，K. McLaughlin and J. Costello，Toronto：University of Toronto Press，1977.

9.20 *The Symbolism of Evil*，trans. E. Buchanan，New York：Harper & Row，1967.

9.21 *Time and Narrative*，trans. K. McLaughlin and D. Pellauer，3 vols，Chicago：University of Chicago Press，1984，1985，1988.

### 评论

9.22 Clark，S. H. *Paul Ricoeur*，London：Routledge，1990.

9.23 Ihde，D. *Hermeneutic Phenomenology ： The Philosophy of Paul Ricoeur*，

Evanston: Northwestern University Press, 1971.

*349*    9. 24    Kemp, P. and Rasmussen, D. (eds) *The Narrative Path : The Later Works of Paul Ricoeur*, Cambridge, Mass. : MIT Press, 1989.

9. 25    Reagan, C. E. (ed. ) *Studies in the Philosophy of Paul Ricoeur*, Athens: Ohio University Press, 1979.

9. 26    Thompson, J. B. *Critical Hermeneutics : A Study in the Thought of Paul Ricoeur and Jürgen Habermas*, Cambridge: Cambridge University Press, 1981.

9. 27    Van Den Hengel, J. W. *The Home of Meaning : The Hermeneutics of the Subject of Paul Ricoeur*, Washington D. C. : University Press of America, 1982.

9. 28    Van Leeuwen, T. M. *The Surplus of Meaning : Ontology and Eschatology in the Philosophy of Paul Ricoeur*, Amsterdam: Rodopi, 1981.

### 总体评注和分析

9. 29    Bernstein, R. J. *Beyond Objectivism and Relativism : Science, Hermeneutics, and Praxis*, Philadelphia: University of Pennsylvania Press, 1983.

9. 30    Bleicher, J. *Contemporary Hermeneutics : Hermeneutics as Method, Philosophy, and Critique*, London: Routledge, 1980.

9. 31    Heckman, S. J. *Hermeneutics and the Sociology of Knowledge*, Notre Dame: Notre Dame University Press, 1986.

9. 32    Hollinger, R. (ed. ) *Hermeneutics and Praxis*, Notre Dame: University of Notre Dame Press, 1985.

9. 33    Hoy, D. *The Critical Circle : Literature and History in Contemporary Hermeneutics*, Berkeley: University of California Press, 1978.

9. 34    Madison, G. B. *The Hermeneutics of Postmodernity : Figures and Themes*, Bloomington: Indiana University Press, 1988.

9. 35    Palmer, R. E. *Hermeneutics : Interpretation Theory in Schleiermacher, Dilthey, Heidegger, and Gadamer*, Evanston: Northwestern University Press, 1969.

9. 36    Weinsheimer, J. *Philosophical Hermeneutics and Literary Theory*, New Haven: Yale University Press, 1991.

# 第十章
# 意大利唯心主义及其后继者：金蒂莱、克罗齐及其他

贾科莫·里纳尔迪（Giacomo Rinaldi）

# 引　言

20 世纪的意大利哲学受到两方面的影响：一是意大利哲学在 19 世纪独 *350*
具特色的演变，一是广泛传播的当代大陆思想（尤其是德国思想）。我们能
从 19 世纪意大利哲学中辨认出四个主要趋势：（1）圣奥古斯丁和阿奎那
（Aquinas）传统的二元论形而上学，它由安东尼奥·罗西米尼·塞尔巴蒂
（Antonio Rosmini Serbati，1797—1855）牧师进行了颇具原创性的重建，
并被罗马天主教廷认定为"官方"哲学。（2）方法论的经验主义，它是在文
艺复兴之后，尤其是得到了现代数学物理学的创立者伽利略的发展，而实证
主义思想家罗伯特·阿尔迪戈（Roberto Ardigò，1828—1920）是其最杰出
的倡导者。（3）康德—黑格尔唯心论的德国思辨传统，作为一种精神哲学比
如作为纯粹自我意识哲学的解释，由意大利 19 世纪最伟大的思想家贝尔特
兰多·斯帕文塔（Bertrando Spaventa，1817—1883）提出。（4）马克思和
恩格斯的历史唯物主义，它特别得到了安东尼奥·拉布里奥拉（1843—
1904）的传播和发展，他提出了一种"人文主义的"（反自然主义的）解释。

因此，从康德到马克思的古典德国哲学对 20 世纪意大利思想的影响是被

19 世纪对其解释和运用的特质严格决定和促成的。但是，德国的其他思想也被当时的意大利哲学家所研究、解释和发展，并对它们产生了直接的、立竿见影的效果：比如，德国"思辨的神秘主义"传统（可能会回想起后来的费希特和谢林，以及伽达默尔的"诠释学"）、舒佩（Schuppe）和舒贝特-索尔登（Schubert-Soldern）的"天启哲学"、马赫和阿芬那留斯的"经验批判主义"、胡塞尔的"现象学"和海德格尔的"存在主义"，等等。

可以如下描述上面提到的这些当代意大利思想趋势的独特政治文化背景。德国唯心主义哲学特别是它的黑格尔版本，既由于其新教神学的血统，也由于它对国家伦理本质作为个人实践活动中最高道德法则的坚持，满足了意大利复兴运动（*Risorgimento*）中那些自由国家运动的迫切精神需求。该运动旨在建立单一制国家，并在天主教的世俗力量中寻找其主要对手。[1]相反，奥古斯丁和阿奎那的二元论形而上学在意大利社会最保守的阶级和政治思潮中盛行，并被牢固地视为罗马天主教廷在智识和道德生活中的世俗助手。在社会—政治序列的另一边，马克思的历史唯物主义似乎能够为实现某些人的政治抱负提供一个"客观的"、"科学的"基础，这些人梦想意大利社会传统秩序发生激进转变，它要么是由罗马天主教廷承认的更古老的国家，要么更接近一个单一制的民族国家。最后，实证主义经验论是上升期的特别是意大利北部地区工业资产阶级的官方意识形态。

我们很容易就能划分出 20 世纪意大利哲学的三个发展阶段。第一阶段（1900—1945），我们见证了意大利唯心主义思潮无可争议的盛行，其中尤其是乔瓦尼·金蒂莱的思想。尽管他"现实的唯心主义"的文化影响经常有夸大之嫌，但是它从第一次正式陈述（1911）起，就遭到其他同样著名的意大利唯心主义诸如彼得罗·马丁内蒂（Pietro Martinetti）、贝奈戴托·克罗齐和潘塔莱奥·卡拉贝莱塞（Pantaleo Carabellese）的激烈反对。第二阶段（大约1945—1980），对一般唯心主义哲学广泛而强烈的回应，特别是对"现实的唯心主义"的反对。安东尼奥·班菲（Antonio Banfi）和尼古拉·阿巴尼亚诺（Nicola Abbagnano）等人不仅诉诸历史唯物主义概念，而且依赖德国思想中的新思潮如胡塞尔的现象学和海德格尔的存在主义来与之抗衡。然而，这两个阶段的区分不应被简单地理解为一种严格的分离，而应被理解为 20 世纪上半叶的唯心主义和第二阶段的反唯心主义盛行的标志。事实上，19 世纪的实证主义在克罗齐和金蒂莱思想盛行的时候并没有消失［在这一点上，它满足了社会学家如维尔弗雷多·帕累托（Vilfredo Pareto，1868—1923）、经济学家如路易吉·伊诺第（Luigi Einaudi，1874—1961）、科学方法论学者如安东尼奥·阿利奥塔（Antonio Aliotta，1881—1964）思考的需要］。而且，在 20 世纪下半叶，许多反对唯心主义的最杰出倡导者（如安东尼奥·葛兰西、阿巴尼亚诺和班菲）在 1945 年之前已经提出了他们的基本概念。然而，金蒂莱的"现实的唯心主义"和克罗齐的"绝对的历史主义"的哲学传统尽管不断被削弱，而且经常毫无成效，但是一直苟延残喘到现在。[2] 在 20 世纪 80 年代，也就是最后阶段，如卢乔·科莱蒂所说，"思想体系的衰落"（tramonto dell'ideologia）广泛盛行。最显著的结果可能是历史唯物主义概念之文化影响的明确消除，它在 20 世纪下半叶经常充当所有唯心主义思想最强有力和最有韧性的对手。虽然意大利文化的精神风貌毫无疑问地弥漫着困惑和无能为力之感，但它依然可能揭示新的视野和批判复苏的现实可能性以及意大利思想中最辉煌、最思辨的成果的原创性发展——比如康德—黑格尔传统。

352

## "现实的唯心主义"：乔瓦尼·金蒂莱

乔瓦尼·金蒂莱（1875—1944），被米歇尔·费代里科·夏卡（Michele Federico Sciacca）称为"我们世纪最伟大的意大利哲学家"[3]，是大量哲学和历史编纂学著作的作者，他的这些著作被认为在任何时代都是意大利思想的杰作，在当代欧洲哲学的发展中留下了不可磨灭的痕迹。这里，我仅仅列出一些最相关的著作：《对黑格尔辩证法的改造》（*The Reform of Hegelian Dialectic*，1913）[10.32]、两卷本《作为哲学科学的教学法大纲》（*An Outline of Pedagogy as a Philosophical Science*，1913—1914）[10.33]、《作为纯粹行为的精神的一般原理》（*General Theory of Mind as Pure Act*，1916）[10.35]、《法哲学基础》（*The Foundations of the Philosophy of Law*，

1916)［10.34］、两卷本《作为认识论的逻辑体系》（*A System of Logic as a Theory of Knowledge*，1917—1922）［10.36］、三卷本《当代意大利哲学的起源》（*The Origins of Contemporary Philosophy in Italy*，1917—1923）［10.37］、《宗教对话》（*Speeches on Religion*，1920）［10.38］、《艺术哲学》（*The Philosophy of Art*，1931）［10.42］、《哲学概论》（*An Introduction to Philosophy*，1933）［10.43］以及身后出版的著作《社会的起源和结构》（*Genesis and Structure of Society*，1946）［10.44］。金蒂莱的著作是其原创的哲学要义苗壮发展的结果，是其"现实的唯心主义"（或"现实主义"）的扩展、语文学的精确与历史编纂学特别是意大利哲学和文化史的博学的有机融合。

"现实的唯心主义"作为一种纯粹自我意识的形而上学能够被确定无疑地视为向黑格尔哲学的极端后果斯帕文塔解释靠近的努力。哲学追求真理——但不是这样或那样的特定"抽象"真理，而是唯一的"绝对的"真理（和实在）。这种真理不可能"超越"思想的自我意识行为，它渴望有所拥有。因为在这种情形下，自我意识不仅不是任何"确定的"真理，而且，由于它本质上不是（绝对的）真理，因此它不得不变成一种仅仅可能的现象。然而，这一观点很显然能够被下述事实反驳，笛卡尔已经指出，一个人能够根据一种更进一步的、更原初的思想行为来否定自我意识思想的"证据"。金蒂莱因此宣称："我思故我在；我是一个思想的实体；作为一个实体，我在我自身之中，并且能够仅仅通过我自身来思考——比如，自我的概念为了被思考不需要任何其他概念。"［4］但是，金蒂莱与笛卡尔不同，他认为意识不仅是现实的，而且整个实在都转变为意识。最终，任何可能的实在结果都绝对地被包含于其中，就像它自己天生的内容一样，而不是它的"对立面"。既然意识的行为是一个整体，而且是"不可增加的"（unmultiplicable）［5］，那么客体的本质也完全是多样性的（manifold）。另外，因为客体是认识的否定内容，因此，意识能够被现实地认识的只是自身。正如黑格尔指出，意识的"真理"因此是自我意识。"自我的行为是作为自我意识的意识；自我的客体是自我自身。任何意识过程都是自我意识的行为。"［6］在这样一个行为中，客体和主体是同时发生的。但它们的认同从来不是"直接的"。因为自我意识仅仅作为错误的必要意识是一切真理，而这种错误本质上内在于任

何"直接的"（比如，感官的、多方面的、自然的，等等）存在。结果它的
存在仅仅是作为本来内在于它的非存在的否定而成为现实的——因此是对立
面的辩证统一。现在，正如黑格尔自己通过推理所表明的那样，从有和无的　*354*
对立面的抽象中变成的这样的统一体能够被一贯地认为是"运动"或"过
程"。"至少当客体是精神实体的时候，将客体分解进自身的主体既不是有，
也不是有的状态：它是瞬间的无，正如我们所说，是一个建构性的过程——
作为一个建构主体的客体建构的过程。"[7]

　　"现实的唯心主义"最深刻和最迷人的方面是金蒂莱对自我意识的先
验概念与"经验的自我"（有限的感官刺激的个体）之间的深刻区分，以
及前者独特的过程性与"时间"的形式之间的区分。事实上，无论经验的
自我还是时间（对金蒂莱而言，与康德不同，就像空间一样，是自然的本
质形式，而不是意识的本质形式）都暗示了事实或"元点"（points）的一
种多元性（plurality），它们相互排斥，无论在空间存在的同时性上还是在
时间变化的过程性上。相反，先验自我作为必然的存在是普遍性的必然，
因此也是唯一的。因此，经验的自我以及感官时间（过去、现在和将来）之
间的相互超越（排斥）最终在永恒性中，在先验自我（*pensiero pensante*）
的"永恒"过程中被否定。"思想作为现实的或作为普遍的自我，包含并因
此不仅克服了纯粹自然的空间性，而且克服了纯粹自然变化的时间性。思想
超越时间，是永恒的。"[8]"因此，时刻，思想的ἐξαίφνης，不是时刻序列中
的某一个时刻，不在时间中；它没有'过去'，没有'将来'；它是永
恒的。"[9]

　　金蒂莱以他的人类自我意识概念为"中介"，从主客体的动力统一出发，
以令人敬佩的逻辑说服力演绎了整个精神过程的全部环节。如果它们的统一
体原则上不可能是"直接的"，那么这意味着它们是直接不同的，甚至是对
立的。纯粹的（"抽象的"）主体、纯粹的（"抽象的"）客体和它们的（"具
体的"）连接（主客体的认同）——这些是自我意识思想过程的三个基本阶
段，三个"精神的绝对形式"。[10]根据金蒂莱，精神的抽象的主体性的形式
与构成艺术的具体要素的"纯粹感觉"相符合。[11]它没有被误认为是欢愉
和疼痛的心理感觉，虽然这些后者构成了它内在的辩证对立的另一面，因为

它不以任何所谓的精神以外的实在为条件[12]，并因此是"无限的"。尽管金蒂莱认识到，感觉、艺术、美等是精神的全部发展的起源，甚至是根，但是他坚决否认它们构成了它的纯粹抽象的、非现实的时刻以外的东西。因为在思考自身的思考行为中，它们必然否认自己是"纯粹的"感觉、"纯粹的"美等，而宁愿把它们认同为纯粹思想的完全的（具体的）客观性。事实上，金蒂莱说，"认识就是自我认同，克服他者"[13]。那么，在这一刻，自我意识的主体完全意识到感觉的亲密性（*intimità*），但它不得不客体化它们并因此把它们转变成思想的内容。这与黑格尔并无不同，金蒂莱由此否认艺术的自主性发展的任何可能。[14]

355

我们已经看到，纯粹"抽象的"客体是思想行为的内在否定。金蒂莱因此能够设定精神的统一性、普遍性、必然性、活力、自由和永恒性等，与自然的彻底的多样性、独特性、偶然性、被动性、暂时性等相对，而这自然只是思想的"直接的"客体。因此，他坚持僵硬的决定论的和机械论的自然概念。对他来说，这内在于精神的，而后者就其本身而言完全不内在于它。就自然的实在性是（具体地，并因此是不正确地）被假定的而言，精神主体的现实性必然是被否定的。肯定的（既是自然的，也是历史—社会的）科学的情况也是如此，因为它们描述或解释了一个本质上多元的对象（自然"事实"或历史"事件"的现象的多元性），而且从它与作为根本起源和可能性条件的自我意识的思考行为的关系中抽象出来。概念、原则和构成传统形式逻辑的主体的逻辑法则这三者的明确的（intelligible）多样性，与可感的大自然和实证科学同样具有抽象的客观性，并因此最终是否定的和"错误的"。尽管《作为认识论的逻辑体系》的第一卷致力于对它的基础结构进行严密的考察[15]，但这样的逻辑——他根据抽象的思想（*logo astratto*）或思想的思想（*pensiero pensato*）来定义它的独特客体——根本不足以表达思想的自我意识过程（*autoconcetto*）的逻辑本质。正如自然和实证科学的情形一样，金蒂莱认识到抽象思想的必要性，但不是因为其他原因，而是因为，在精神变成否定的辩证概念中，就"自我设定"（*autoctisi*）而言，"抽象"与肯定、"具体"同样必不可少。

作为精神的"抽象的"客观形式，金蒂莱毫不犹豫地把宗教自身既看作

宗教虔诚[16]，也看作主观的神秘体验。这是因为宗教一般而言反对纯粹的
自我意识。作为其存在的创造原则，一个绝对的、超验的、人格化的上帝， *356*
就其"纯粹内在性"（pure immanence）而言，显然是一个"他者"（oth-
er），也因此是一个"非现实的"抽象。而在神秘体验中，主体尝试将自己
与"神"的客体性相等同，但代价是将自身销毁为意识，更不用说将自身销
毁为自我意识。[17]与精神的艺术形式并无不同，对金蒂莱而言，宗教仍然
是无可救药的"抽象"。因此，主客体的"具体的"统一仅仅能够通过一个
更高的精神形式来实现，其中客体被认为本质上是内在于主体的，而这个主
体不仅是"主观的"感觉，而且是现实思想的"实体的"、"客观的"主体
性。而且，这当然仅仅能够通过哲学来表达，对金蒂莱而言，它毫无保留地
与精神的伦理—政治活动相一致。因为仅仅通过相反的之于行为的思想、
之于实践的理论、或在实践中之于社会（或国家）的"伦理性"的个人的
"德性"，就能将它们区别开来。然而，这个过程完全内在的绝对性、创造
性和现实性原则上排除了它被认为是纯粹理论，被认为是非自我"设定
的"一个"给予物"的消极"反映"的可能性。结果，它并不缺少创造性
的能量，（在他之前和之后的）传统哲学宁愿将这种能量归于独立的意志。
另外，对金蒂莱而言，人类个体能够实现的唯一具体的有效的道德生命是
在有机的、社会机构（从家庭上升到国家）的"精神的"统一体中展开
的。[18]那么，思辨哲学理论上在自我意识的"纯粹行为"中"建构"绝
对真理的时候，它也在那些处于人类精神史"中心"的伦理—政治机构中
实现了自身。

　　尽管对金蒂莱唯心主义的这个概述非常简略，但我相信读者仍然能够轻
而易举地领会它与黑格尔唯心主义之间的基本差异，而同时（以斯帕文塔的
解释为中介），他又公开承认黑格尔之于他的教父地位。对黑格尔而言，仍
然存在逻辑范畴和就其本身而言明显不是自我意识的自然实体的辩证运动；
对金蒂莱而言，唯一有可能的辩证过程和具体的现实属于有自我意识的精
神。对黑格尔而言，思辨理性之有机的、观念的发展内在于自然（尽管它的
存在不过是绝对理念的自我外化）；对金蒂莱而言（至少在这一点上它与康
德和新老实证主义者并无二致），它只是一个仅由定量关系和因果关系决定

的僵死的机制。对黑格尔而言，知识和意志在绝对理念中的同一并不排除它们之间同样重要的"逻辑"差异，这种差异在精神哲学中仍然可能导致伦

*357* 理—政治生活（"客观"精神）的"有限"领域与绝对（绝对精神）的艺术的、宗教的、哲学的沉思的更高形式之间的进一步区分；对金蒂莱而言，除了精神的伦理—政治历史，没有任何其他的"绝对"，除了"自我＝自我"（比如绝对精神）的"无限"统一体，没有任何其他的"精神"。

　　除了这些基本差别之外，还有两点需要补充，尽管严格说来它们在特征上是逻辑的—方法论的，但在我看来具有同样的相关性。第一，黑格尔的辩证法在范畴的系列中展开，在此过程中，在先的比在后的（相对）更加"抽象"，而后者（相对）更加"具体"，并构成了前者的"真理"，前者既被"否定"又被"保留"。相反，对金蒂莱而言，"具体"，"自我＝自我"是辩证过程的开始，在现实和真理的本体论序列上，在它的辩证解释的方法论序列上，都是如此。第二，对黑格尔而言，对立面的思辨的综合构成了一个范畴或"精神形式"的等级序列，并越来越具有充分的、绝对的具体性，而金蒂莱公开否认精神的发展在"程度序列"中的展开。[19]因为它的自我认同同等地内在于正在被表达的演化过程中的所有"具体"时刻。事实上，对黑格尔而言，如果承认精神形式的等级，绝对和更高的绝对（至少相对而言）将超越最基本和最不充分的绝对。而这将破坏"现实的唯心主义"的基本方法论假设，比如，真理之于有自我意识的思想的"绝对内在性"。

　　这里虽然并不打算等量齐观地处理（虽然只是概括性地）金蒂莱的哲学[20]，但关于他"对黑格尔辩证法的改造"仍然关注得不够。与产生它的思辨理论相比，这种改造可能会被确定无疑地认为只不过是一种"简单化"[21]而已，认为它即使不是无可挽回地歪曲也有严重破坏黑格尔思想丰富的系统的复杂性之危险。然而，在这件事上，人们太容易忘记，作为"纯粹行为"的"精神"——金蒂莱理论反思和理论建构的基点——是黑格尔整个体系中最生动、最深刻和最新颖的方面。而且，黑格尔仅仅根据宗教与哲学的"形式"来区分它们，并着重强调它们"内容"的一致性，因此他似乎忘记了，根据他自己的逻辑[22]，它们是作为对立面而相互决定的；而金蒂莱将宗教视为精神的"抽象的客观的"形式，将哲学视为精神的完全"具体

的"和"现实的"形式，这样的区分揭示了它们内容上的差异，并因此——与黑格尔相反——挽救了思想的内容和形式相互决定这一原则的有效性。

最后，金蒂莱的思想对黑格尔的一个无可争辩的新颖的、创造性的发展体现在他的教育学理论中。金蒂莱认为，教育行为本质上是"精神性的"活动，构成教育行为的两个辩证的对立面是"学生"的主观性和体现在"教师"身上的"科学"的客观性。只要教育关系中的这两者仍然处于一种"直线的"相互排斥——构成了教育的"自相矛盾"[23]——中，在学生的自我意识中就不可能发生真正的精神过程。事实上就其发生而言，学生的自我意识应将教师的客观性转变成自己的自我意识，从而在某种意义上变成"教师自身"。在教育行为的充分性上，金蒂莱深刻地发现，学生"在教师的言语中学习、思考和生活，就像他听到了从其自身存在的内在性中迸发出的声音"[24]。因此，任何真实的认知从来不可能是对僵死的和支离破碎的概念的消极学习，而是通过学生的内在个性对知识的自由的精神创造。金蒂莱得出结论，"现实地"思考的精神总是以这样或那样的方式"自主学习"。从他根深蒂固的作为"精神性的"过程的教育理念出发，金蒂莱得出了在我看来至今仍具有最强的文化相关性和现实性的结论。真正的文化和教育就是人类心智在其中认知和"创造"自身。因此，它本质上是人文主义的（哲学的）文化和教育。因此，技术性的认知或能力（它构成了所谓"现实主义的教育"的对象）[25]，对学生的"精神性的形成"——这种既是哲学的又是伦理—政治的存在——而言，是一种有用的（尽管只具有次要的必要性）手段，仅仅在这种意义上，才能合理地认为其是有价值的、有意义的。[26]

## "绝对的历史主义"：贝奈戴托·克罗齐

对黑格尔和金蒂莱而言，"绝对是主体"，而且就其自身而言必然在人类的历史发展中显示自身。但这并不意味着，对他们而言，作为精神性"事实"或事件的多样性的历史实在和作为这一历史实在的主观性表现的历史编纂学各自构成了唯一真实的现实性和人类心智能够处理的唯一可能的"客观"知识。任何绝对（Absolute）的历史的—事实的（historico-factual）展现就其本身而言都是无可辩驳的"有限的"，并因此在其纯粹观念的自我认*359* 同上是不充分的，它完全的具体性只是作为知识和意志的绝对认同，仅仅在"绝对认知"（黑格尔）的过程中或"自我意识"（金蒂莱）的过程中现实化。相反，贝奈戴托·克罗齐（1866—1952）的"绝对的历史主义"旨在毫无保留地处理进入历史真实性的任何可能的实在。任何形而上学思辨的基本错误都存在于哲学中[27]，比如存在于概念的内在发展就其自身而言能给我们提供关于客观实在的充分知识这种不合逻辑的声明中。为了维护直觉的、个体的和历史的表现是任何可能知识的本质条件这一观点，克罗齐诉诸康德的著名论断："没有直觉的概念是空洞的，而没有概念的直觉是盲目的。"因此，现实的知识既不是纯粹的概念［如形而上学，特别是黑格尔的"泛逻辑主义"（panlogism）][28]，也不是单一的感觉表象（如经验主义的主张），而是"个别判断"的逻辑活动[29]，在该活动中人类心智用四个基本"范畴"（美、真、益、善）谓述了历史的—个别的"事实"，克罗齐则赋予它们普遍性、必然性及先验有效性。

但是，自然的实在本身是否是由个别"事实"的多样性构成的？实证科学在这些事实中发现的自然"法则"有没有暗示某种先在的认知"形式"（比如空间和时间）或认知"范畴"（偶然性、实体，等等）？那么，什么原因限制了对历史实在的"个别判断"的应用领域？为了从根本上否定任何自然的因而也是精神以外的事实的现实性，克罗齐诉诸存在和意识相等同的唯心主义原则。另外，他借助了20世纪初最流行的科学理论之一，即马赫和阿芬那留斯的"经验批判主义"观念。这种批判主义观念认为，实证科学的概念和规则缺乏内在的普遍性和必然性，因此是感觉尤其是特定表象的一种有条件的多样性的"缩写"，而这种表象只根据它们的实践效果产生，存在于科学家所从事的精神"努力"的"经济"中。[30]

否定了绝对和自然的实在性，因而也否定了形而上学和实证科学的真理性，克罗齐很容易就将人类心智的整个理论活动等同于历史编纂学。哲学知识只是作为对那些逻辑在先的综合（个别判断）——由现实的历史编纂的实践主要以一种无意识的方式产生——的可能性条件的反思性阐述与它相区别。这样，与所有伟大的形而上学家的共同主张相反，哲学不再被认为是一种"自治的"科学，而是纯粹的"历史编纂学的方法论上的时刻"[31]。本 *360* 质上，它的具体主体存在于对那些先验范畴的内容和相互关系的阐述中，而这些先验范畴构成了"个别判断"的本质时刻。"美"的范畴与精神的艺术活动或感觉一致，它的必然产物只是一些个别的直观表象，而这些表象成为精神的逻辑活动所规定的判断的主题。[32]精神的逻辑活动本身并没有耗尽"真"范畴的本质；相反，它的具体内容变成了构成历史知识的个别判断的多样性。至于"益"范畴，根据克罗齐的观点，它定义了精神活动的形式，其具体和"自治"的程度并不亚于艺术、知识或道德。就此而言，马克思的思想，通过19世纪末拉布里奥拉作出的"人文主义"解释，对克罗齐的影响是不可否认的。[33]不同于黑格尔和金蒂莱强调人类心智的经济活动只是真正实践活动的"现象的"、"否定的"、"抽象的"方面，比如将道德活动作为社会道德或伦理—政治实践，对克罗齐而言，经济过程和关系的世界构成了人类历史中完全现实的和自治的因素。当然，因为克罗齐把历史等同于普遍存在，并根据"精神"来定义历史，所以仅仅通过把历史解释为一种其"精神性"不亚于比如审美沉思或历史知识的人类活动来认识经济的现实的实在性。最后，至于"善"范畴，克罗齐坚决反对黑格尔和金蒂莱的观点，他们认为，善仅仅具体体现在社会制度中。他与康德一样把道德活动定义为个人意识的私人领域，或者至少是个体能够自由参与的社会关系。

这些是克罗齐在他的四本系统性著作中提出的"精神哲学"的主线，这些著作是《作为表现科学和一般语言学的美学》（*Aesthetics as the Science of Expression and General Linguistics*，1902）[10.15]、《作为纯粹概念科学的逻辑学》（*Logic as the Science of the Pure Concept*，1905）[10.16]、《实践哲学》（*The Philosophy of Practice*，1908）[10.18]和《历史学的理论和历史》（*A Theory and History of Historiography*，1917）[10.19]。在其长期的文学、哲学和政治生涯后期，他深入地修正了这一概念，至少是基于两个考虑。一方面，在他的《19世纪欧洲史》（*A History of Europe in the Nineteenth Century*，1932）[10.20]中，他在"自由主义"的伦理—政治理想不断进步的历史实现的根基中看到了一种新的"宗教"的精神力量，尽 *361*

管它具有非宗教的特征：所谓"自由的宗教"。[34] 相反，在他"精神哲学"的系统阐发中，宗教并没有被看作一种独特的精神活动形式。另一方面，在其《作为思想和行动的历史》（*History as Thought and as Action*，1938）[10.22] 中，他否认善范畴就其本身而言构成了精神生活的一个"截然不同的"和自治的形式。[35] 现在，道德对他而言似乎完全变成了前三个范畴：真、美、益。而且，在其最后著作《追问黑格尔和哲学解释》（*Inquiries into Hegel and Philosophical Explanations*，1952）[10.23] 所收的一篇论文中，他强调"生命力"（vitality）——至少乍看起来，它与"益"是一致的——的精神性形式是所有精神的"区别性的"形式的唯一的共同根源和"根"，而与之相反，他曾如此断然地维护过它的"自治"。[36]

尽管克罗齐的"历史主义"广泛影响了 20 世纪的意大利和欧洲文化，但是我并不认为他对我们现时代哲学思想的发展能够提供相应的理论贡献。在其他地方，我曾指出过他在总的历史概念和具体逻辑方面的主要缺陷。[37] 这里我只限于指出，第一，克罗齐对形而上学可能性的否定是以"有限"（finite）（作为"历史事实"）的现实的实在性的盲目的本体论预设为基础的。一旦它的内在否定性对自我意识的反思变得显而易见，这个预设的根本矛盾性就能很容易被揭示出来。第二，经验批判主义和克罗齐对实证科学的概念和法则的普遍性的否定，仅仅通过秘密地预设感觉的直接显现才被证明是可能的，而事实上就其否定的和矛盾的程度而言感觉并不亚于"有限"本身。第三，克罗齐声称，他用来描述精神发展之本质的四个范畴是先验的，比如，"普遍性"或绝对性（而且与历史的相对主义相反，这仅仅是他把自己的哲学定义为"绝对的历史主义"的原因）。因此，对它们的独特内容和关系只作历史的—归纳的描述，这显然是不合适的。它们客观有效性的唯一可能的基础显然是对它们的"演绎推理"（然而，这也许是一种构想）。现在，在他的鸿篇巨著中，没有哪个章节能够给我们提供他的"区分理论"的具体范畴的最起码的"演绎"，也缺少它们之间的相互"辩证"关系的任何前后一致的观念。另外，"它们是先验的"这一声明的无根据性明显通过他随后所做的数量的缩减——通过将善范畴缩减为精神升华的自治形式——而得到证明，也通过他令人信服地将整个范畴序列处理为生命力的感觉直观而得到证明。第四，谈论所谓"自由宗教"的同时又公开否认（不像金蒂莱和黑格尔）宗教本身是精神的辩证发展的一种具体形式，这如何可能？最后，克罗齐对"益"的先验性的辩护，对人的经济活动就其本身而言的精神价值和意义的维护，暗示了一个纯粹外在的、有限的范畴关系诸如"有用性"[38]转变为一个自我包含的、"无限的"概念的荒唐，因为任何真正的精神范畴都必须这样。总之，克罗齐对形而上学的致命破坏以及有时对黑格尔和金蒂莱思想的剧烈反对的最后结果，一方面表现了"私人的"个体最直接、最武断和最自我的功利主义利益的深化，另一方面表现了思辨思想的生动的深刻性对最琐碎和零散的历史学识的僵死的表面性的代替。

## 历史相对主义和怀疑论

尽管与黑格尔和金蒂莱进行论战，但克罗齐的历史主义不过是坚持了任何唯心主义哲学都具有的两个基本假设：存在与意识的等同，以及在后者中，普遍（绝对）范畴（或"价值"）的系统与独特的、可能的表象——范畴系统以某种方式决定和描述它们——的多样性之间的区分。20 世纪意大利哲学中广泛传播的理论和历史编纂学思潮——尤其由克罗齐和金蒂莱的先驱们所代表——尽管牢牢坚持了第一个假设，但却坚决地拒绝第二个假设。它们承认，认为一个实在的现实性区别于并超越"外部世界"的（广义的）人类意识（然而这可能是被设想出来的），这是一种"教条式"的偏见。但这并没有暗示存在诸如普遍意识、绝对主体或一个先验概念的一种纯粹多样性这样的东西，它们将个别意识的多样性与它们历史的、时间的和主观的内容统一在一个普遍有效的客观经验中。"真"的概念作为人类知识的绝对形式和原则，被认为不过是一种"形而上学的偏见"。它们不仅否认唯一的普遍真理的存在，认为多种多样的确定真理只是其内在的有机表象，而且认为人类甚至不能认识有限的特殊真理之多元性的具体内容的任何内在的"毋庸置疑的"的确定性。任何能够被现实地陈述的判断都是"成问题的"。根据乌戈·斯皮里托（Ugo Spirito，1896—1979）的问题主义（*problematicismo*），这种相对的并最终是怀疑的认知概念将是金蒂莱辩证逻辑的必然结果。我们已经看到，这将使精神的本质等同于它的生成过程。然而，作为一个"作为纯粹行为的精神理论"，它不得不否定这种生成过程，宣称对其理论内容具有先验的并因此是不可改变的和永恒的有效性。结果，原则上只能通过否认像"精神的普遍理论"——甚至更普遍的，像形而上学的普遍理论诸如此类的东西来公平地对待实在之详尽的过程性。[39]实在由此变成了意识状态的"历史流"，其中，任何所谓普遍的或绝对的真理和实在，如斯皮里托的追随者所指出的那样，都消融在"一个不可抑制的感觉的狂想曲中"[40]。任何人类知识只是由"或然性的断言、假设和推测组成"，除此无他，"而实在本身在其日复一日甚至每时每刻的变化中着手将这些断言、假设和推测消解在它们的客观性中，又在它们对普遍性的声明中否定了它们"[41]。根据拉法埃洛·弗兰基尼（Raffaello Franchini，1920—1990）的观点，形而上学和（历史的）生成不可能和睦相处[42]，他对"绝对统一"和"确凿性"的声明必然让位于"无尽的特定研究"[43]。"哲学的形而上学概念的……幸免对哲学本身而言是非常有害的。"[44]尽管毫不怀疑在克罗齐的历史主义中看到了整个西方辩证法历史的尾声和顶点[45]，但弗兰基尼还是认为，即使克罗齐也无法"避免称赞古代的存在哲学，尽管他有效地反对了它"[46]。这一称赞显然存在于他的与在先的范畴相区分的"精神的系统性概念"中，而它们也只不过是一个区分性的活动——"最终是一种克罗齐绝不会称之为'历史的'的判断"[47]——的产物。

这里对意大利唯心主义"成问题的"和"相对的"结果进行深入的、更为具体的阐述和批判并不合适。本文只要指出两点就够了。第一，在精神本质的生成和它在（形而上学的）理论中的反思的自我理解之间没有任何现实的矛盾。前提是，前者没有被认为是纯粹的时间变化，而被认为是"永恒的过程"（在这点上，与金蒂莱的一致性不亚于与黑格尔的）：不是作为对永恒的自我认同的简单否定，而是认为一种从"自我的异化"永恒地转向"回到事物本身"的自我认同。[48]第二，"问题主义"和"历史相对主义"，像不同程度的怀疑论的（sceptical）相对主义的主观主义一样，显然是一种自我

*364*

否定的哲学概念。因为一方面，它否认绝对和"确定"真理的形而上学理念；另一方面，它又把绝对和"确定"价值归给对真理的不公正的和无法辩护的并因此是"教条式的"（dogmatic）[49]否定。

## "批判的本体论"：潘塔莱奥·卡拉贝莱塞

与克罗齐的"历史主义"和斯皮里托的"问题主义"不同，潘塔莱奥·卡拉贝莱塞（1877—1948）的哲学可以毫无疑问地被看作对"现实的唯心主义"的批判性回应。而他仍然反对金蒂莱的"纯粹行为"的形而上学不是一种主观主义的和相对主义的历史概念，而是一种绝对存在的"纯粹对象"的"本体论"。还有，这种本体论仍然是以唯心主义的实在概念为基础的（与我后面要考察的所有其他 20 世纪"存在的形而上学"的思潮不同），因为卡拉贝莱塞与金蒂莱和克罗齐分享了基本的认识论假设"存在在意识中"[50]。因此，他明确反对任何"征服"[51]意识的企图，并使意识依赖完全外在于它的实在，无论以自然主义的经验主义的方式还是以传统二元论的形而上学的方式。任何可能的现实要么是一个行为，要么是意识的对象（内容）。因此，对卡拉贝莱塞而言，独特的问题式的形而上学与对意识之内在的、形式的—普遍的（formal-general）结构的批判性分析相一致，因为这种内在结构是唯一"具体的"实在。在其中，他区分了两个相互关联的"超验条件"："主体"和"客体"；区分了它活动的三个确定形式（它们也是互相暗示的）："感觉"、"知识"和"意志"。在这三者中，每一个都可能产生一个主客体关系的独特构成。卡拉贝莱塞对金蒂莱的整体反对根植于一个不同的甚至可替代的关系概念。从康德的著名观点出发：感觉的"客观性"与其主体间的有效性即与它的"普遍性"相一致，他把对象的本质与最"普遍的"概念即不确定的"存在理念"相等同。然而，这个"存在理念"，如罗斯米尼（Rosmini）对康德的反对[52]，并不被认为是认知主体之行为的产物。相反，它是消极地被给予的。但是，"单一的"客体，比如"这里的""这支"笔又如何解释呢？在这里，卡拉贝莱塞诉诸贝克莱的非物质论，并坚决否认意识能够现实地指涉一个外在的、物质的、有形的对象。[53]它能够意识到的唯一客观的现实是"精神实在",而这与存在的普遍概念一致。相反,意识行为的主体必然仅仅是"单一的":"多中的一",一个"单孢体"[54]与其他无限可能的单一主体之间是一种"彼此相异"[55]的关系。结果,与康德、黑格尔和金蒂莱相反,意识经验的统一不可能是主体的自发的"综合"(因为这只是"在其自身中"是消极的和多样的)。因此,通过作为普遍的也必然是唯一的独立客体,它仍然是可能的。[56]

这样,客体的普遍的唯一性统一了主体的单一的多元性。反过来,主体的单一的多元性赋予了存在理念的不确定的普遍性。我们已经说过,这发生在三个"意识的确定形式"中,这三个区分性的理念的客观性与意识相一致:与对美的感觉相一致,与对真的认知相一致,与对善的意愿相一致。在与坚持"纯粹的感觉"是"非现实的"并把认知等同于超验自我的具体现实性中的意志的金蒂莱的论争中,卡拉贝莱塞坚持——其坚决程度不亚于克罗齐——这些概念(当然,也包括意识的这些对应形式)之间的相互自治性。因此,它证明把它们中的任何一个提升到其他先天的原则都是不可能的。然而,与克罗齐不同,他不仅将经济活动(以及对应的益范畴)排除在"意识的确定形式"的"表单"之外,而且还对它们的具体内容努力提供"演绎"的说明,赋予它们必然性,我们已经看到,这正是克罗齐的"区分理论"所缺少的东西。在这一点上,卡拉贝莱塞诉诸意识的时间形式。康德将时间看作纯粹的"内在感觉",而卡拉贝莱塞表达了意识整个生命过程的最内在的本质。[57]因此,他认为从包含于时间本质的三个时刻——过去、现在和将来——中以如下方式演绎出真、美和善的理念是可能的:

> 必然(certainty)已经存在,主体是理智,客体是真,而具体的行为是知识,因此知识是存在如其已是的意识,是对过去的意识。必然现在存在,主体是感觉,客体是美,而具体的行为是直觉,因此这是存在如其当下所是的意识,是对现在的意识。最后,必然将存在,主体是意志,客体是善,而具体的行为是行动,因此这是存在如其将是的意识,是对将来的意识。[58]

与金蒂莱（和黑格尔）不同，卡拉贝莱塞拒绝从存在和意识相等同的唯　*366*
心主义原则出发演绎出进一步的结论，直接意识的真理是自我意识的纯粹行
为。因为在这一行为中，自我应当是它本身的客体，但对卡拉贝莱塞而言，
我们知道，客体本质上是与主体相区分的（尽管内在于它并与它不可分离）。
我因此能够意识到不同于我的客体（比如存在的理念），但可能无法意识到
我自己的意识行为。因此，卡拉贝莱塞认为，意识的客体化行为消解于纯粹
的自我意识，这完全是"后康德唯心主义"的"基本错误"。[59]

对卡拉贝莱塞本体论简略的批评性考察足以表明，作为"现实的唯心主
义"的替代选择，它并不比克罗齐的"历史主义"更可取。[60] 首先，他从
时间的本质中推演"意识的确定形式"的尝试相当不成功。他将时间从一种
纯粹的"内在意识"提升为意识的构成性结构，这本身完全是武断的和不合
理的。他似乎没有意识到时间固有的否定性（矛盾性），过去和未来按其本
身而言并非时间性的时刻，（感觉的）现在只是一种抽象，是对它们间的不
真实的限制。而且，如果真概念（和知识）的起源存在于过去的时刻中，那
么不仅现在和将来的知识将显然不可能，而且任何逻辑的和形而上学的知识
也无论如何不可能（因为这就其本身而言超越了时间的整个范围）。卡拉贝
莱塞关于主体的本质与"多元单一性"的等同、关于客体的本质与存在观念
的唯一普遍性的等同，其中的前后不一致也不少见。正如康德自己已经发
现——卡拉贝莱塞经常引以为权威，只有我在意识到多样性的过程中保持自
我认同，我才能意识到这种多样性（主体的或客体的，以及在单一主体内，
或个别主体间的"主体间性"的多元性中的意识状态的"多样性"）。那么，
它是自我意识的自我的绝对认同，而不是客体的认同。客体最终仍然使具体
的经验的"综合体"成为可能。而且，基于何种原因，我能宣称客体"在其
自身"中是唯一的？事实上，撇开感觉显露单一客体（"这里的""这支"
笔）的不确定的多元性这一事实不谈，所有客观的观念如其被确定的一样，
本质上都是多元的。只有不确定的存在可能现实上是"唯一的"。而且，正
如其不确定性一样，它实际上只是一种纯粹的"抽象"，一种空洞的无。那
么，它如何能使作为意识的"具体"的客观统一体成为可能呢？最后，卡拉　*367*
贝莱塞没有意识到，他对自我意识的可能性的否定完全破坏了其哲学概念

（作为"具体的批判"）的可能性的最原始的条件。因为我们已经知道，对卡拉贝莱塞而言，"具体"与意识一致，他"具体的批判"因而转变成意识的普遍形式结构（formal-general structures）的反思性解释。这样的一种说明显然是意识的行动。但它的对象与"直接的"意识的对象不同，绝不是存在的不确定的概念，而是知识的非常具体的现实性，因此，他清晰地呈现了纯粹的自我意识之确定形式的图式，它的真实可能性已经被证明是显而易见的。

## "神秘的唯心主义"：彼得罗·马丁内蒂

在我勾勒"现实的唯心主义"的历史起源时，我曾经评论说，它起源于黑格尔的唯心主义，经由 19 世纪斯帕文塔的解释。克罗齐、卡拉贝莱塞和斯皮里托这些思想家的概念很大程度上都可以被看作仅仅是对金蒂莱哲学的一种回应。相反，彼得罗·马丁内蒂（1872—1943）的思想，从对康德[61]到里尔（Riehl）、冯特等人的新康德主义的德国思辨传统的直接的、具体的了解中获得了它的具体问题和基本思辨灵感。然而，与其他意大利唯心主义的倡导者并无差别的是，对他而言，"唯心主义"这一术语也意味着一种主客体关系的认识论观念，这种观念认为，客体只是意识的纯粹内在的内容。因此，整个世界的演变完全变成了意识的运动。"在感觉中被给予我们的实在是有意识的实在自身，除此无他。"[62]如果意识被认为是来自其内在多样性的立场，那么它就构成了客体。相反，如果它被认为是来自其活跃的、统一化功能的立场，那么它就构成了主体或严格来说是"自我"（Ego）。与克罗齐、金蒂莱或卡拉贝莱塞的唯心主义相比，马丁内蒂哲学唯心主义的独特定位在我看来是通过其思想的两个基本方面被揭示出来的。一方面，他似乎坚持认为一个意识过程的清晰理解能够被提供给我们，不是通过我们内在经验的心理学分析，而是通过其先验形式的纯粹逻辑推演（如费希特和黑格尔）。事实上，他毫不犹豫地根据"心理学唯心主义"[63]确定了自己的立场，毫不犹豫地赞同了"当代哲学中流行的唯心主义的经验主义"[64]——比如叔本华的表象理论，舒佩和舒贝特－索尔登的"天启哲学"——的判

*368*

断。另一方面，泛神论的神秘主义（pantheistic mysticism）——从僧法派系统的印度哲学（他的博士论文专注这一主题）到普罗提诺、斯宾诺莎[65]以及后来的费希特的形而上学——的重要程度不亚于 19 世纪末在德国思想中占统治地位的"心理主义"的影响。本质上，对马丁内蒂来说，心理经验的分析是认知过程必不可少的环节，但只是建构一种作为固有整体的绝对的"唯心主义的形而上学"[66]的准备性工作。

在我看来，赋予马丁内蒂思想以统一性和内在性的哲学基本原则几乎不是心理经验，而似乎与普罗提诺形而上学的主要理论假设相一致。[67]借以解释经验总体性的最普遍范畴是统一性和多样性。与黑格尔［包括之前的《巴门尼德篇》（Parmenides）中的柏拉图自己］的观点相反，这两个概念就其本身而言是相互排斥的（mutually exclusive）。这意味着，在一个统一实体、经验或具体的精神活动中，统一性处于优势地位的时间越长，多样性所扮演角色的相关性就越低，反之亦然。这一假设的意义就其特征而言不是本体论的，而且是价值论的和伦理学的。统一性是实体的可理解性和"完善性"的原则；相反，多样性是其不合理性和"不完善性"的原则。这样，由我们关于世界和自我的经验所揭示的差异就被安排在一个等级序列中，多样性占统治地位的时刻处于较低的水平，而统一性是较高水平的特征。因此，绝对实在等同于一个完全"形式的"、"非决定的"统一体，排除了任何内容、特征和关系，因为这些离开了多样性是完全不可想象的。任何其他形式的统一体，甚至柏拉图"理念"系统的"具体统一体"或黑格尔"范畴"体系的"具体统一体"都只是表象（appearance）。由于理智活动也包括多样性的内容（区分或统一化这些概念的多元性），因此绝对的统一体必然要超越理解本身。"但是这个可理解的世界不过是一个本身超越理解的统一体的相对表达。"[68]马丁内蒂正确地指出，理解只是"意识"的一个"发展"（potenziamento）。结果，绝对统一体也将超越意识经验的总体："逻辑思想的最高结构是对一个实在的不完善表达，这个实在的绝对统一性超越了任何意识。"[69]这样，尽管我们的所有世界经验都完全转变成意识的形式和状态的动态等级序列，但其演变的终极目标（对马丁内蒂而言，与黑格尔一样，这个目标同时也是整个宇宙形成的"绝对基础"）却不是意识的可能行为或

369

内容。

然而，应该指出，马丁内蒂虽然坚持统一性对意识的绝对的、认识论的超越，但也明确肯定它对现象经验之多样性的实体的本体论的内在性（ontological immanence）。在我看来，马丁内蒂形而上学的最迷人之处正在于他对作为绝对超越的"神圣的"实体即传统神学的上帝概念进行精心的持续不断的论争。对他而言，这个绝对"神圣的"统一体，恰恰相反，是内在于世界的生成中最无足轻重的部分。

> 因此，正如莱布尼茨已经看到的那样，每个单一现象总要通过统一体来表示，它实现了世界对它所属物的统一；每个最简单的统一体由于其元素的无限多样性都反映了存在的普遍秩序；每个最微不足道的存在都把世界的秘密封存进其规律的神秘之中。[70]

作为外在于其影响的（第一）原因的低级概念将完全被抛弃。因为这种联系的先天必然性只能通过预设它们的内在同一性作为共同基础来解释。但实际上，原因不仅与其结果相等同，而且在结果中"实现"和"显现"自身。[71]因此，在与阿奎那甚至更普遍地与整个经院哲学本体论的论战中，马丁内蒂宣称："其中和在后的（*in re* and *post rem*）整个形式系统都消失在这样一个毫无益处的难题之中。世界只是神圣思想的系统，是在先的形式系统，可以说，它先于感觉的微末力量，被打破并折射进感觉表象不确定的多样性中。"[72]

马丁内蒂在这一段落中提到的"感觉的微末力量"是解释和评估其整个哲学的关键。因为他的感觉知识学说从其理论立场来看或许会产生最大的理论困境。我已经说过，对马丁内蒂而言，多样性是非现实性和缺陷的原则，而且意识的过程与绝对统一体越接近，其现实性与绝对统一体的相关度就越低。在意识的发展中，"感觉直观"显然是最初步的阶段，因为它的内容与物质材料和感觉特征的混杂的、不真实的多样性相一致。多样性的松散联合通过"空间"和"时间"的（相对）[73]先天功能在感觉范围内成为可能。然后，时空实在的整个领域通过"因果性"[74]和"逻辑同一性"[75]的基本范畴变成了更进一步的、更高级的逻辑联合。这样，一方面，与黑格尔并无不同，马丁内蒂明确宣称，在精神的低级形式向高级形式的演化中，后者代表"真理"，而前者的"现实的实在性"对它而言的结果是"现实的否定"："逻辑统一体不是一个与纯粹感觉多样性共存的实在，不是一个同等程度的实在，而是一个质量上更高的实在，它实际上否定了感觉实在。"[76]但另一方面，在这一点上，他努力与黑格尔的"泛逻辑主义"区别开来，他辩护说，感觉"给予物"的逻辑联合并没有削弱其自治的独立的实在性："泛逻辑主义的世界与感觉实在之间存在一条鸿沟。""感觉秩序和逻辑秩序是两个泾渭分明的秩序，而且它们被迫的重叠只会产生——这里比其他地方的可能性更大——使它们一致的绝对不可能性。"[77]缠绕着马丁内蒂思想的尖锐矛盾在这里是显而易见的。实际上，他在其主要著作的最后章节也曾试图解决它。他声称，"如果从逻辑的观点看，那么逻辑实在和感觉实在之间的区分就变成了存在与非存在的区分……而从绝对的观点看，两者不过是同一实在的两个前后相继的形式，这个实在在绝对形式上既不是此，也不是彼"[78]。我们还知道，对马丁内蒂来说，"绝对观点"就是绝对的"形式的"统一体的观点，就其本身而言它超越任何意识和理智。那么，我们怎样才能利用这个所谓的"绝对观点"呢？"逻辑的"观点因此仍然是我们能够合理诉求的唯一观点（严格说来，不仅"我们"，而且可能的、无限的"神圣的"理智也是如此）。因此，他对感觉实在的原始自治的证明明显是自我否定的，而他将自己与黑格尔的"泛逻辑主义"区分的尝试至少在这一点上被证明是相当不成功的。

马丁内蒂的唯心主义一元论还批判了黑格尔的辩证方法、逻辑理念的内在演变、逻辑理念与绝对实在的等同、黑格尔对"自然"哲学作为仍处于"非意识的形式"中的理念过程之可能性的"现实主义"认可。假如存在和意识相等同的唯心主义原则是有效的，那么建立一个先天的自然范畴序列，但同时它不是意识的主观"综合"序列的内容，这怎样才是可能的？在这一点上，马丁内蒂对黑格尔思想的指责显然还不够"唯心"。在我看来，马丁内蒂的反对完全与金蒂莱对黑格尔辩证法改造的主要结果之一——它否定了任何辩证过程的可能性，因为它不是先验自我即自我意识的自我的纯粹演

*371*

变——相一致，指出这一点有其历史意义。

至于黑格尔的理念与绝对实在之间的关系，无可否认的是，如果绝对实在正如马丁内蒂所主张的是超越任何多样性的统一体，并因此是意识和理智的要素，那么它与黑格尔的绝对理念就不可能相一致，因为黑格尔的绝对理念是思想确定性之系统总体的纯粹自我意识。而且，任何（时间的和逻辑的）演变仅仅作为统一性（连续性）和多样性（间断，作为其中可识别的连续"阶段"的多元性）是可能的和可以理解的。这样，如果绝对实在被现实地取消了任何多样性，那么无论如何，演变就必然只是一种纯粹的"现象"。而绝对统一因此事实上是完全不动的和静止的。最后，根据马丁内蒂（在这一点上，他似乎热衷于分享当代逻辑经验主义的一些最普遍的原则）的观点，只有两种"逻辑方法"是科学有效的："分析"，在其特征上，它是纯粹形式的和重构的；"综合"或"归纳"，它因此是现实地能建构和扩建我们知识的唯一方法。他说，知识的"同源秩序必然是归纳的，并从经验这唯一资源中产生"[79]。因此，归纳不仅是实证科学的合适方法，而且是哲学本身的合适方法。它们之间唯一真实的区别在于，实证科学把自己限制在或多或少"相对的"多样性和直接"给予物"的联合上，而哲学与之相反，它本质上鼓励"总体的"、"绝对的"联合。那么，黑格尔辩证方法不可否认的非归纳特征必然削弱他"泛理论的"绝对概念的"科学性"。在马丁内蒂对黑格尔主义的批判中，（心理的）经验主义和（内在的）神秘主义以一种让人惊奇的方式携手合作。的确，他对辩证方法（像我刚才概括的他的感觉直观理论一样）的拒斥依赖关于明确经验主义的起点的论证，而他对黑格尔绝对理性的论战没有其他理由，也没有任何其他目的（至少我相信），只是证明了凌驾于理性的—哲学的（rational-philosophical）思想之上的神秘的—宗教的体验在本体论和伦理学意义上的首要地位。事实上，他曾毫不犹豫地根据*372* "神秘主义"来定义绝对实在和人类心智之间最深层的可能的统一形式："我们的知识……是一种与永恒逻各斯神秘联合的行为，逻各斯是我们自然的绝对根基。"[80]

因此，马丁内蒂反对黑格尔的论战的合理性完全依赖两个决定性的理论预设：（1）归纳的认识论有效性；（2）完全取消任何差异或多样性的绝对统一性的本体论实在性。但事实上，亚里士多德和康德已经在"完全归纳法"的自相矛盾中深刻地指出了归纳方法不可补救的缺点；而柏拉图在其《巴门尼德篇》中也已经出色地表明："一之所是"（The One is）实际上意味着它声称之所是的反面，即一作为一的非实在性（unreality）。因为存在的谓述"是"构成了它自身区别于它的元素，并因此直接假设了一之本身的所谓纯粹"统一性"中的原始多样性（original manifold）。

## 存在的形而上学

由克罗齐和金蒂莱发起的对存在和意识的"唯心主义的"等同的断然拒绝以及对由此产生的所有逻辑的、形而上学的和伦理的结论持续不断的论战，构成了 20 世纪意大利哲学广为流传的趋势的历史上最为相关的特征。因此，大体上，我们能够将它们称为"存在的形而上学"。[81] 它们分属于如下精神性传统：（1）托马斯主义；（2）奥古斯丁和罗斯米尼的"唯灵论"（spiritualism）；（3）克尔凯郭尔之神秘的反理性主义。每个分支对应的思想家有：（1）阿尔曼多·卡利尼（Armando Carlini，1878—1959）、奥古斯托·古佐（Augusto Guzzo，1894—1986）、古斯塔沃·邦塔迪尼（Gustavo Bontadini，1903—1990）以及米歇尔·费代里科·夏卡（1908—1979）；（2）弗朗西斯科·奥尔贾蒂（Francesco Olgiati，1886—1968）；（3）路易吉·帕莱松（Luigi Pareyson，1918—1991）。与他们哲学活动的理论内容和历史—文化之结局的实质亲缘性相比，这些分支的差异被证明是可以忽略不计的。他们都主张，存在、真理、绝对和上帝彻底超越整个自我意识的领域尤其是理性思想的活动。甚至那些最想承认思辨理性的现实性和价值的人，即新托马斯主义者，也仍然认为，这是精神的功能，它最终从属于更加原始而直接的"存在理念"的直觉——而且，更加从属于罗马天主教廷所认可的宗教显现，从属于神秘经验。夏卡声称，"绝对的客观真理先于它的被认知，而且即使没有任何思考的主体认知或寻求过它，它也仍然如此"[82]。"理性（ratio）是一个比它所倚赖的理智更低一级的认知力量。"[83] 帕莱松呼应他说，"需要考虑的不是理性，而是真理"[84]。正如邦塔迪尼所公开表示的，在他们共同的"重建"意图中，关于真理对人类自我意识的绝对认识论的超越的证明，在当代哲学和文化中发现了一种本体论水平上的关于上帝和人、过程和永恒、精神和自然、一和多等之间关系的一种决定性的"二元性的"概念。[85]夏卡坚持认为，"超越意味着二元性，内在意味着一元论"。"文化条件对我们而言仍然是一个二元性概念，是'这个'世界的实在和'别的'世界的实在的概念，是人类世界的和上帝世界的概念。"[86]"黑格尔'演变中的上帝'（God-in-becoming）是毫无意义的，因为我们使用上帝这一术语的同时，又用否定它的、与其本质相反的东西去称谓它。"[87]从这个二元论的本体论的观点来看，自然的实在性、生活的实在性和宇宙的实在性显然不得不被看成外在于精神的东西，甚至是不值得哲学思考的东西。古佐主张，"类比是真正适合驱散将自然与人相等同的任何诱惑的唯一手段，无论在将人吸收进自然的自然主义意义上还是在将'自然'拉回或消融在'精神'中的唯心主义认识论意义上"[88]，在他反对自然的形而上学实在的论战中，卡利尼尽力指责自然主义，认为它是"基督教的新柏拉图主义及其真实的存在"[89]。

根据奥尔贾蒂的观点，"如果没有实在，也就没有关系，因为不是关系创造了实在，而是实在产生了关系"[90]。根据布拉德利（Bradley）的术语，人们可能会说这位新托马斯主义者提倡的主要本体论观点是：只有现实的关系是"外在的"关系，它发生于逻辑中立的诸实体的原始多元性中，而这些实体不可能变成任何更高、更具体的统一体或有机总体。那么，毫不奇怪，根据纯粹多元性（mere plurality）这样一个本体论的实在概念，只有人的个性这一概念对存在的形而上学的支持者来说是站得住脚的，它仍然是传统的"心灵—实体"的概念，即一个自我包含的、有限的、有条件的实体的概念。夏卡的追随者发现，"人的概念不可避免地导致亲个人主义（individualistic-intimistic）的终结，这似乎是独特性完全特有的命运"[91]。因此，希望它获得"永恒"的唯一可能，不在于它与宇宙和人类历史的总体性的绝对等同，而在于它与在将来的时间维度中所谓"死后"的无限期持存相一致，如夏卡的公开声明，与其"超凡脱俗的命运"[92]相一致。

如果对存在的形而上学的支持者来说，在当代哲学中重新唤起对形而上 *374*
学问题的兴趣是一个无可辩驳的优点，那么我们也必须承认，从他们的哲学
立场出发对形而上学问题的说明和解答是完全无法让人满意的。事实上，他
们共同诉诸的"存在"这一基本概念作为人类"理智"首要的和最原初的真
理，只是一个已死的、徒劳的和无法想象的抽象，不仅因为它取消了任何确
定的内容，而且因为它预设了从"思想行为"的具体演变中进行现实的抽
象，而这个概念实际上只是思想行为的一个产物，因此必须由任何所谓对它
的范畴否定来预设。换句话说，思想的自我意识（"主观的"）过程不可能被
超越，因此对象和主体在原初的意义上和实质的意义上是等同的。相反，实
在这个二元性概念建立在主体和客体的原初对立的基础上，因此是不连贯的
和站不住脚的，任何在当代人文学科的精神生活中"重建"它的努力都将不
可避免地走向失败。[93]

## 马克思主义和现象学

对存在的形而上学的支持者来说，克罗齐和金蒂莱的唯心主义的基本
缺陷是其严格的"内在的"和／或"历史的"定位，而与之相反，多数 20
世纪意大利马克思主义者则把它看作黑格尔唯心主义传统（即使不是整个
"资产阶级的"哲学历史的）中最"有活力的"和最现代化的遗产。以他
们与这一传统的不同关系为基础，我们能够辨别意大利马克思主义的三个
主要趋向。根据安东尼奥·葛兰西（1890—1937）的观点，"某种意义
上……实践哲学（及马克思主义）是黑格尔主义的改良和发展"[94]。克
罗齐和金蒂莱的黑格尔唯心主义因此是 20 世纪唯一的"资产阶级的"哲
学，他认为这种哲学能够为历史唯物主义的理论阐述提供一个有用的概
念。与克罗齐的"绝对历史主义"并无不同，"实践哲学是黑格尔主义的
历史语言的译本"[95]。同样与"现实主义"也并无不同，它本身就是一
种"行动"哲学——即使不是"纯粹的"，也是"'非纯粹的'、真实的行
动，在这个词最平凡和平淡的意义上"[96]。历史唯物主义与其他当代哲

*375*  学—文化思潮"相结合"的可能性和必要性遭到了葛兰西的断然否定。他说,"正统的马克思主义"存在于"实践哲学是'自足的'这一基本概念中,也即,它存在于自身中,所有的基本概念都需要自身以便建立一个总体的和整体的世界概念"[97]。

与葛兰西提出的历史唯物主义的"主观的"[98]概念完全相反,加尔瓦诺·德拉·沃尔佩(1895—1968)把马克思主义解释为一种"存在的逻辑"或一种"有条件的实在"[99]。在他的观点中,马克思的方法论与"产生现代经验科学的那种关键实例"[100]极为相似。在反对黑格尔主义,甚至更一般地,反对任何"形而上学"或"神秘主义"的论战中,德拉·沃尔佩学派[代表人物有马里奥·罗斯(Mario Rossi)[101]、卢乔·科莱蒂[102]等]强调思想和存在之间的根本区别,澄清了"经验实在"、"物质实例、多样性或分离性"[103]的客观性,并且将黑格尔作为对立面的统一体(如德拉·沃尔佩所说)的"理性"削弱为一个缺乏具体现实性的纯粹逻辑理念。

"米兰现象学派"(Milan phenomenological school)——由安东尼奥·班菲(1896—1957)建立,最杰出的代表人物是恩佐·帕奇(Enzo Paci,1911—1976)——对马克思主义的解释与葛兰西的立场一致,坚持历史唯物主义具有"主观的"和"人文主义的"特征,并进而坚持与各种传统自然主义的和决定论的唯物主义有着实质性的分歧。但是,对人类主体性最彻底和最现代的理解肯定不是黑格尔哲学所提出的过于"思辨的"和过于"形而上学的"理解,更不是通过胡塞尔"现象学的"方法成为可能的对其"形式的—普遍的结构"所作的"描述的"和"直觉的"说明。因此,与葛兰西认为马克思主义是一种"自足的"世界观不同,对帕奇而言,它需要借助"先验现象学"最原创的理论成果对其进行"整合",甚至在某些方面进行"修正"。

根据葛兰西的观点,传统唯心主义有两个方面的主要缺点。一方面,任何所谓"自治的"精神活动或理性活动的起点和终点本质上都是实践的或"政治的",而"抽象的"理论的或"思辨的"世界概念过于忽视这一点;另一方面,它近乎一种明确的"唯我论"。他声称,"哲学史只不过是改进作为一个整体的实践活动的努力的历史"[104]。"一个人能够相信唯我论，并且任何形式的唯心主义都必然走向唯我论。"[105]因此，葛兰西反对把"连贯性"的唯心主义的（理性主义的）原则作为真理的标准，而是采用了一种哲学（或者像他所说的"意识形态"）在"群众"中获得赞同的广泛程度这一更加烦琐的量的标准。他声称，"哲学的真理需要被事实所证明，这些事实适用而且持续适用于大多数人，甚至会成为一种文化"[106]。"哲学的历史价值可以说是由它赢得的'实践的'有效性来'评价'的。"[107]葛兰西同"庸俗的"唯物主义和实证主义的论战归根结底是以严格的实践的—政治的特征为基础的，而"庸俗的"唯物主义和实证主义总会以这样或那样的方法把人类的精神实在削弱为物质生活的消极的和无效的"上层建筑"或"附属现象"。唯心主义哲学正确地坚持了"意识形态"的"实在性"——但那不是因为它们表达了一种"永恒的"或"自治的"存在或真理，而是因为，鉴于"政治统治"的建立，鉴于一个社会阶级对另一社会阶级的"统治"[108]，这种"文化因素"构成了一种必不可少的"实践行为的工具"[109]。"根据实践哲学，意识形态绝不是独断专横的；它们是真实的历史事实。"[110]

与传统唯物主义和实证主义更接近的是德拉·沃尔佩对历史唯物主义的解释。他认为，马克思对黑格尔的批判使得如下哲学的建立成为可能，即"作为科学本体论，作为一种物质本体论而不再作为一种从柏拉图和亚里士多德到黑格尔传统之一的那种形式本体论或形而上学"[111]。因此，它允许我们取代黑格尔的"国家形而上学"，代之以更加现实的"国家社会学"，它的独特灵感是"实验的"或"伽利略式的"。[112]根据德拉·沃尔佩的观点，它承认感官的—有条件的"事实"（"多方面"）的原初实在性，承认无矛盾原则、"有限理解的"原则、经验原则和形式的或"分类"逻辑原则的客观有效性。这些是其主要认识论假设。德拉·沃尔佩坚决否认恩格斯的"辩证法则"的真正的"科学特征"[113]，反对任何对历史唯物主义的现实主义的或实用主义的解释，而坚持如下事实，即马克思主义作为科学是以实践活动为基础的，而不是相反。[114]

在与"自然主义的"唯物主义和实证科学的逻辑的—经验主义的方法——它是典型的"资产阶级"社会"异化"的独特形式——的公开论战

376

中，帕奇对马克思"物质"概念的"主体性"和"历史性"特征的强调丝毫不亚于葛兰西。然而，与葛兰西不同的是，他坚持认为，自己至少在胡塞尔作为"实际的意识生活"或"生活世界"的"先验意识"的概念中发现了紧密的对应物。"无自动力的物质在某种程度上是主观的。唯物主义不是外在于主体的实体的形而上学：我就是这个世界，这一整个世界。"[115] 根据帕奇的观点，这样一种现象学概念的"唯心主义的"解释的合理性必然会被如下事实削弱：对胡塞尔来说，意识总是最初的和完全感觉的、消极的和暂时的，即使把它看作一种"纯粹的"超验的"功能"。"在对胡塞尔现象学的解释中造成最糟糕结果的是这些人的错误，他们在（胡塞尔的）自我中、在唯心主义的创造性意义下看待意识或自我意识。"[116] 因此，对"生活世界"的现象学分析有可能"纠正"错误的"自然主义的"倾向或历史唯物主义的解释，从而不再陷入所谓"唯心主义的"形而上学传统的"范畴的"抽象。帕奇主张，现象学的观点"允许我们……强调物质结构或人类历史实践需要的结构的条件和必要性，但同时又禁止我们在物理学是科学的意义下把历史应用于科学辩证法"[117]。

除了德拉·沃尔佩学派，意大利马克思主义普遍倾向于强调人类主体性在历史——甚至普遍实在自身——的自我建构过程中所扮演的关键角色。而它对原初实在和感觉真理及实践真理的假设，对时间和界限的假设等均毫无批判的支持，作为"历史"的基本组成结构，甚至作为"先验意识"的组成结构，并没有让葛兰西、班菲和帕奇等人实现"主体性"的"抽象"（在"肢解"的单方面意义上）及其矛盾，而该主体性并非同时是"客观的"（无限的），因为绝对的"永恒的"实在并不坚持内在于它。[118] 而且，他们似乎没有充分意识到，他们对逻辑的—思辨的理性的无条件自治的否定最终削弱了人类社会史演变过程中的任何（哲学或科学意义上的）概念或解释的"连贯性"及客观有效性。

## 存在主义和经验主义

对意大利唯心主义思辨传统的回击在尼古拉·阿巴尼亚诺（1901—

1990）及其追随者的哲学图景中达到最高点，他既诉诸"实证的存在主义"，也依赖"方法论上的经验主义"或"新光照说"。他对海德格尔存在本体论的解释坚决驳斥了任何可能的"形而上学的僵化"[119]，并将"存在主义的分析"方法贬低为一种对人类处境的纯粹经验的和可能的描述，而这些人类 *378* 处境被认为是"基本的"、"本质的"和"决定性的"，或者被看作"有限的处境"等等。[120]另外，美国实用主义者已经指出，任何经验主义哲学习惯于诉诸的"实验方法"都不可能也不必在"理论的"或"客观的"意义下进行构想[121]，而是作为"完美的行动结构，因为它注定要改变这种人类处境"[122]。这是因为，对阿巴尼亚诺来说，与其他所有的存在主义者一样，人的"在世之在"是一种"存之关系"——它原本就以"情感的"和"实践的"为特征（像一系列"决定"一样）——而且就其本身而言绝对外在于和不可通向理性的理论的意识。"存在不可能通过知识或理性而得到阐明，相反却可以阐明它们。"[123]

根据阿巴尼亚诺的观点，"存在"最初的"非理性的"本质排除了通过那些本体论范畴就可以被完全界定的可能性，这些范畴诸如普遍性、必然性、无限性以及"过程"，都最典型地用来表达纯粹理性之本质的范畴。他声称，唯一"真实存在的人"既不是唯心主义体系的绝对主体，也不是"人性"理念，也不是世界历史，而只是"单独的个体"[124]。他由特定的真实的"处境"来决定，正是这种处境将他与任何其他个体的人区分开来，也正是这种处境单方面地界定了他自己的任何可能的"活动"或"规划"。因此，人类存在本质上是"有条件的"、"不确定的"和"冒险的"，理解其基本结构的最普遍的本体论范畴也仅仅是"可能性"的范畴。"自由"的本质将变为仅仅在一系列"给定的"替代者（或"选项"）之间进行"选择"的可能性，因此，它是不自由的，原则上它也不是无限的或绝对的。"存在主义坚持，人是一个有限的实在，他担着风险而存在和运作。"[125]

因此，根据阿巴尼亚诺的观点，哲学和科学唯一可以有意义地言说的对象是"有限的"（暂时的、有条件的、相对的，等等）实在。有限就其本身而言不是现实的，而是"超越实在"[126]（宇宙、精神和绝对理性等的总体）的纯粹显现，就其特征而言，只是一种神话，这是唯心主义的或浪漫主义的基本预设。但是，不仅一个唯一的和无限的实在或总体完全不存在，而且甚至也无法有意义地言说"绝对的"道德或"精神性的"价值。对这些价值的客观性的信仰只是一种"浪漫主义的"偏见，只是为了表明其矛盾性而进行的"存在主义的分析"的任务。

379 　　　　　浪漫主义总是有一种特定的精神性倾向。它倾向于颂扬内在性、精神性以及价值等的重要性，而这些都被称为"精神的"，并以尘世的、物质的、平凡的东西为代价。存在主义无耻地承认了外在性、物质性、平凡性以及因此人类实在的条件——它们被包含这些术语中：需要、物的有用和生产、性等——对人的重要性和价值。[127]

　　　　　从经验主义的观点看，道德问题显然不可能通过诉诸一种道德的歉意，或者通过声称能够建立"绝对"价值的等级——这些价值能够给我们提供评价的必要标准——而得到解决。[128]

削弱阿巴尼亚诺及其追随者之"实证的存在主义"的基本哲学错误是下面这个荒唐主张：人类主体可以"直接"意识到自己的"存在"是某种"结构"，这种结构在原初意义下就不同于理性的自我意识的思想。事实上，任何依赖"直接的"感觉、"前逻辑的"知觉、直觉、实践等的证据都纯粹是虚幻的，因为它不能说明主客体关系本质上的"中介"特征，而且不能说明以下这一事实，即任何"中介"、联系或关系最终都只是纯粹自我意识的自我的"综合的"活动（康德也如此强调）。更确切地说，甚至最基本的行为也不能说明。通过这种最基本的行为，假设本身必然包含（它的纯粹内在内容的"辩证"发展能够轻而易举地表明这一点）那些"必然性"、"普遍性"、"无限性"等范畴的客观有效性。而阿巴尼亚诺的"实证的存在主义"断然否定这种基本行为。面对思想概念内在的自我阐明的显而易见的"自明性"，他反对"浪漫主义"和"唯心主义"的时常陈旧、琐碎和漏洞百出的观点，认为其只能"像雾霭一样消失在阳光下"。

# 结　论

在总结 20 世纪意大利哲学的简要轮廓的时候，如果迅速回顾一下它最为显著的发展和成就，我们首先就会发现，唯心主义思辨思想的支持者与反对者之间的争论构成了整个发展的中心。不可否认，在 20 世纪下半叶，反唯心主义的思潮——经验主义、存在主义、现象学、马克思主义、二元论的形而上学等——在某种程度上占了上风。然而，这并不意味着它们对意大利哲学文化的进步所做的贡献因此就更有说服力、更有价值或更持久。相反，我们上面概括的对它们基本假设的总结已经清楚地表明，就唯心主义观点的内容和方法而言，它们有着不容置疑的理论劣势。

就后者而言，我们已经见证了唯心主义哲学原则辩证的、多元的和思辨的发展，它们通过金蒂莱的"现实主义"和其他唯心主义的反辩证的、多元的或历史的形式诸如马丁内蒂的神秘一元论、卡拉贝莱塞批判的本体论和克罗齐"绝对的历史主义"而体现出来。尽管它们对金蒂莱的思想提出了尖锐的批评，但是它们思辨的建构没有一个能与"现实的唯心主义"的理论观点比肩——就其内在连贯性、明晰性和说服力而言。因此，金蒂莱现在对意大利哲学研究的发展和进步而言仍然是必不可少的参照点。

然而，这不等于说，对金蒂莱思想现实的思辨功绩的公允评价超越某个基本的界线就不可能也不必要。[129] 在此，我让自己专注于他"对黑格尔辩证法的改造"的现实结果，它存在于对黑格尔绝对理念的复杂的总体性进行片面形式主义的"简单化"中，而不是存在于对那些在黑格尔系统中还是含蓄的思辨真理的实证说明上。毕竟，鲍桑葵（Bosanquet）对金蒂莱哲学的著名反对——它只是一种"狭隘的人类主义"，它不像黑格尔的人类主义，它对逻辑范畴和自然实在的过程之内在的、"辩证的"本性是不公平的——可能是正确的和站得住脚的。对"现实的唯心主义"的理论局限性的批判性反思向当代哲学所提议的思辨任务似乎是将金蒂莱思想中最有希望和最有成效的观念——比如，绝对实在是自我意识即活跃的"精神"的显现的总

*380*

体——与我们这个世纪科学和方法论研究之基本成果"完整的"和系统的解释相结合，比如现在通过盎格鲁-撒克逊黑格尔主义的哲学传统中最新和最重要的思潮来获得发展。[130]

## 【注释】

*381*

[1] 参见 H. Marcuse, *Reason and Revolution*：*Hegel and the Rise of Social Theory*，2nd edn，New York：The Humanities Press，1954，pp. 402-409。

[2] 对意大利20世纪哲学文化发展的"外部的"事件详细的、尽管批判不够的重建，参见 E. Garin [10.31]；对意大利思想从1945年到1980年的主要趋向的简要回顾，参见论文集 [10.53]。

[3] M. F. Sciacca [10.86]，vol. 3，p. 214.

[4] G. Gentile，"L'atto del pensare come atto puro"，1911；in Gentile，*La riforma della dialettica hegeliana* [10.32]，193.

[5] G. Gentile，*Teoria generale dello spirito come atto puro* [10.35]；in Gentile [10.45]，p. 491.

[6] "L'atto del pensare come atto puro" [10.32]，194.

[7] *Teoria generale dello spirito come atto puro* [10.35]，475.

[8] "L'atto del pensare come atto puro" [10.32]，190.

[9] 同上书，191页。

[10] 参见 G. Gentile，*Il modernismo e i rapporti tra religions e filosofia*，1909，ch. 10："Le forme assolute dello spirito"，in Gentile，*La religione* [10.38]，pp. 259-265。

[11] 参见 G. Gentile，*La filosofia dell'arte* [10.42]，144-170；Gentile，*Introduzione alla filosofia* [10.43]，34-60。

[12] 参见 *La filosofia dell' arte* [10.42]，150-152。

[13] *Teoria générale dello spirito come atto puro* [10.35]，470.

[14] 参见 *La filosofia dell'arte* [10.42]，117ff。

[15] 参见 G. Gentile，*Sistema di logica come teoria del conoscere* [10.36]，vol. 1。

[16] 在他看来，最发达、最完备的形式仍然是天主教，参见 G. Gentile，"La mia religione" [10.40]，405-426。

[17] 金蒂莱说："宗教的最深刻的宗教（神秘）元素不是对抽象对象的确认，甚至

也不是对主体的否定。"（G. Gentile, *Discorsi di religione* [10. 38], 382）

[18] 金蒂莱的术语，参见 "*societas in interiore homine*"。同时参见 Gentile, *I fondamenti della filosofia del diritto* [10. 34], 75–76；*Genesi e struttura della società* [10. 44], ch. 4, pp. 33–43。

[19] 参见 G. Gentile, *Sommario di pedagogia come scienza filosofica* [10. 33], vol. 1, p. 25。

[20] 对他主要逻辑和认识论更详细的批判性考察，参见我的论文 [10. 83] 和我的书 [10. 82], part 3, ch. 2, no. 51。

[21] H. S. Harris [10. 52], 274. 对金蒂莱哲学细心的概括，参见 H. S. Harris [10. 51]。在相对主义的一唯物主义的意义上，有人认为金蒂莱的思想只是某种荒唐的扭曲，参见 A. Negri [10. 64]、V. A. Bellezza [10. 7] 和 [10. 8]。

[22] 参见 Hegel, *Enzyklopädie der philosophischen Wissenschaften*, Frankfurt：Suhrkamp, 1970, vol. I, no. 133, *Zusatz*。

[23] 参见 G. Gentile, *La riforma dell' educazione* [10. 41], 32–47。

[24] *Sommario di pedagogia* [10. 33], 127. *382*

[25] 参见上书，253 页。

[26] 参见 *La riforma dell'educazione* [10. 41], 176。

[27] 参见 B. Croce, *Logica come scienza del concetto puro* [10. 16], 249–254。

[28] 参见 B. Croce, Saggio sullo Hegel seguito da altri scritti di storia delta filosofia [10. 17], 126ff。

[29] 参见 *Logica* [10. 16], 91ff。

[30] 参见上书，323～325 页。

[31] *Teoria e storia della storiografia* [10. 19], 140.

[32] 然而，在1936年的一篇论文中，克罗齐明确反对1902年他提出的美学理论的主要假设，认为"诗"的本质特征之一是"宇宙的"，即它的"普遍性"。（参见 B. Croce, *La poesia* [10. 21], 11–14）

[33] 克罗齐对马克思历史唯物主义理论的批判性讨论和（不完全）的应用，参见 *Materialismo storico ed economia marxistica* [10. 14]。

[34] 参见 B. Croce, *Storia d'Europa nel secolo decimonono* [10. 20], 7–21。

[35] 参见 B. Croce, *La storia come pensiero e come azione* [10. 22], 44。

[36] 参见 B. Croce, *Indagini sullo Hegel e schiarimenti filosofici* [10. 23], 29–55。

[37] 试比较我的论文 [10.81] 和我的著作 [10.82]，part 3，ch. 2，no. 52。

[38] 试比较我的著作 [10.82] part 2，ch. 4，note 19，p. 280。

[39] 参见 U. Spirito [10.89]。关于斯皮里托思想发展的概况，参见 A. Negri [10.64]，vol. 2，pp. 65−73。

[40] A. Negri [10.65]，58.

[41] 同上书，57 页。

[42] 参见 R. Franchini [10.30]，167。

[43] 同上书，57 页。

[44] 同上书，172 页。

[45] 参见 R. Franchini [10.29]，347。

[46] R. Franchini [10.30]，167.

[47] 同上。

[48] "相对主义的历史主义"也是意大利主要哲学史家之一圭多·德·拉吉罗（Guido de Ruggiero，1888—1948）的精神旅程的最终结果。（参见 [10.25]）他不明智地反对黑格尔的绝对唯心主义，谴责它是"神学"，甚至"拜物教"，对此的评论参见 G. Rinaldi [10.82]，part 3，ch. 2，note 87。对个别意识中逻辑普遍性的构成性的内在性的否定导致尤利乌斯·埃佛拉（Julius Evola，1898—1974）将人类主体的本质等同于尼采的"强力意志"，参见 J. Evola，*Teoria dell'Individuo Assoluto* [10.27]。

[49] 事实上，弗兰基尼（在这一点上不同于当代经验主义者）否认任何可能的逻辑"基础"或"证明"的认识论价值，认为那只是"同义反复"。（参见 [10.30] 171）他对形而上学可能性的否认也被认为是毫无根据的。

[50] P. Carabellese，*Critica del concreto* [10.11]，23. 这本著作的第二版与第一版有很大的不同，并且能够合理地认为它是卡拉贝莱塞"批判本体论"的权威版本。

[51] 参见上书，101、184 页。

[52] 在他之后，贝尔纳迪诺·瓦里斯科（Bernardino Varisco，1850—1933），一位意大利的唯心主义者和一神论思想家，显著地影响了卡拉贝莱塞思想的发展。

[53] 从卡拉贝莱塞的本体论立场看，"自然"概念被证明是毫无意义的。结果，他不得不完全否认实证科学的理论价值。（参见 *Critica del concrete* [10.11]，189）

[54] 同上书，109 页。

[55] 同上书，199 页。

[56] 卡拉贝莱塞不只在一篇文章中毫不犹豫地将存在理念的客观统一性等同于上

帝本身。无论如何，因为这个理念只是认识的一个抽象的"超验条件"，完全不同于主体，后者是其他的主要条件，因此，他注定要得出近乎荒唐的结论，认为上帝本身既没有现实的存在，也不是"主体"、"人"、"自我意识"、"精神"。（参见 *Critica del concrete* [10.11]，151–152，171，194）

[57] 参见上书，113～115、181 页。注意卡拉贝莱塞与胡塞尔和海德格尔更著名的"现象学的"概念"暂时性"之间的类比。

[58] 同上书，24 页。

[59] 参见上书，126～139 页。

[60] 加兰（Garin）正确地强调了卡拉贝莱塞思想的"晦涩"和"表达的模糊性"。（参见 [10.31]，vol. 2，pp. 357，note 16，and 455）唐尼奇（R. Donnici）也适当地注意到，"与金蒂莱和克罗齐的唯心主义相比，卡拉贝莱塞的批判本体论在他最直接的攻击对象面前表现得非常脆弱"（R. Donnici [10.26]，7）。在我看来，他对金蒂莱的批评比对克罗齐的批评要好得多。

[61] 马丁内蒂的书 *Kant* [10.61] 致力于对康德的整个"批判哲学"进行确定无疑的"唯灵论"解释。

[62] P. Martinetti，*Introduzione alla metafisica* [10.55]，45.

[63] 同上书，40 页。

[64] 同上书，259 页。

[65] 对于斯宾诺莎的思想，马丁内蒂是从新柏拉图主义的立场进行解释和批评的，写有大量深刻的论文，参见 P. Martinetti，"La dottrina della conoscenza e del metodo nella filosofia di Spinoza" [10.56]，289–324；"La dottrina della libertà in Benedetto Spinoza" [10.57]（重版于 *La libertà* [10.59]）；"Modi primitivi e derivati，infiniti e finiti" [10.58]；"Problemi religiosi nella filosofia di B. Spinoza" [10.60]。关于马丁内蒂对斯宾诺莎的解释的总体性的、批判性的评价，参见 *Salvezza dalla disperazione. Rivalutazione della filosofia di Spinoza*，Milano：Guerini，1991，pp. 29–31.

[66] *Introduzione alla metafisica* [10.55]，261.

[67] 参见 Plotinus，*Enneads* VI，9。

[68] *Introduzione alla metafisica* [10.55]，471.

[69] 同上书，476 页。

[70] *Introduzione alla metafisica* [10.55]，478.

[71] 参见上书，435～443 页。

[72] *Introduzione alla metafisica* [10.55]，273.

[73] 我说"相对"，是因为对马丁内蒂来说，它们根本的心理学起源本身只是经验性的。仅就经验的可感性质而言，它们是先天的，统一在"唯一的"、"绝对的"秩序中。（参见上书，423页及以后）

[74] 参见上书，434~443页。

[75] 参见上书，443~455页。

[76] 同上书，468页。

[77] 同上书，403页。对感觉直观之自治性的证明在马丁内蒂对康德的批评中发现了对应的解释。康德认为，"多样性"的感觉印象是纯粹主观的，客观统一体是通过理智的"综合"活动被引入的。与之相反，马丁内蒂认为，感觉是一个主客体不可分离的统一体，先于并独立于思想的逻辑形式的统一。

[78] 同上书，472页。

[79] 同上书，18页。

[80] 同上书，433页。

[81] 现今存在的形而上学的支持者著有大量的著作，这里我仅进行如下引介：F. Olgiati [10.66]、A. Carlini [10.12]、A. Guzzo [10.49]、V. La Via [10.54]、C. Mazzantini [10.63]、F. Olgiati [10.67]、V. A. Padovani [10.73]、M. F. Sciacca [10.87]、L. Stefanini [10.90]、F. Olgiati [10.68]、V. Mathieu [10.62]、M. F. Sciacca [10.88]、P. Prini [10.77]、G. Bontadini [10.10]、C. Arata [10.4]、C. Arata [10.5]、M. Gentile [10.46]、D. Pesce [10.76]、C. Fabro [10.28]、A. Guzzo [10.50]、L. Pareyson [10.74]。古佐的长文 [10.48] 是对斯宾诺莎的优秀解释，而且仍然有从"现实主义的"立场（绝不是"唯灵论的"或"新托马斯主义的"）进行的非常清楚易懂的评论。相反，对费希特思想的"非理性主义的"解释是由帕莱松提出的，是完全成问题的。

[82] M. F. Sciacca [10.88]，36.

[83] 同上书，163页。

[84] L. Pareyson [10.74]，147.

[85] 参见 G. Bontadini [10.10]，4。

[86] M. F. Sciacca [10.88]，241.

[87] M. F. Sciacca [10.88]，206.

[88] A. Guzzo [10.50]，77.

［89］A. Carlini［10.12］，192.

［90］F. Olgiati［10.68］，27.

［91］C. Arata［10.5］，18.

［92］M. F. Sciacca［10.88］，66—67.

［93］朱塞佩·萨伊塔（Giuseppe Saitta，1881—1965）从金蒂莱"现实的唯心主义"出发，对托马斯主义进行了清晰而彻底的批评，参见 Giuseppe Saitta［10.85］。

［94］A. Gramsci［10.47］，115.

［95］同上书，244 页。

［96］同上书，54 页。

［97］同上书，195 页。

［98］同上书，238 页。

［99］G. Della Volpe［10.24］，36.

［100］同上书，123 页。

［101］参见 M. Rossi［10.84］。

［102］参见 L. Colletti［10.13］。

［103］G. Della Volpe［10.24］，103.

［104］A. Gramsci［10.47］，26.

［105］同上书，27 页。

［106］同上。

［107］同上书，28 页。

［108］同上书，52 页。

［109］同上书，219 页。

［110］同上书，292 页。关于葛兰西对黑格尔解释的评论，参见我的书［10.79］，vol. 1，pp. 14f.，24f.，136f.，201f.

［111］G. Della Volpe［10.24］，169.

［112］同上书，121 页。

［113］同上书，201 页。

［114］参见上书，184 页。

［115］E. Paci［10.71］，222.

［116］E. Paci［10.69］，3. 他对金蒂莱唯心主义的评论，参见 Paci［10.72］，62-66. 他的文章［10.70］发展了胡塞尔知觉论的"原始时间"。

*385*

[117] [10.71], 226.

[118] 班菲对绝对的原初真理性和实在性的公开反对在如下段落中得到了证明: "总的来说,必须承认,从现象学思想出发,绝对的实在与方的圆一样荒唐,因为除了纯粹内在性的理念时刻,没有任何绝对性的东西。"(A. Banfi [10.6],94—95)对班菲和帕奇"现象学的马克思主义"更加详细的解释和评论,参见我的书 [10.78],Appendices,pp. 214—231。

[119] N. Abbagnano [10.2],157.

[120] 参见上书,156 页。

[121] 参见 Abbagnano [10.3],45—49。

[122] [10.2],156.

[123] [10.3],48.

[124] 同上书,47 页。

[125] [10.2],26.

[126] 同上书,26 页。

[127] 同上书,27 页。"光照说"(或"存在主义")的哲学文化视角与"浪漫主义"("唯心主义")的哲学文化视角之间的尖锐对立构成了主要的历史编纂学标准,阿巴尼亚诺根据这一标准解释和批评了整个当代哲学的发展。(参见 Abbagnano [10.1],vol. 3,partsVI and VII)

[128] [10.2],157.

[129] 参见上面的注释 20。

[130] 埃罗尔·哈里斯(Errol Harris)的认识论研究对此有特别的兴趣。对其哲学的简要说明和解释,参见我的书 [10.80] 和 [10.82],part 3,ch. 3 no. 61.

*386*

# 参考书目

**原始文本和评论**

10. 1　Abbagnano, N. *Storia della filosofia*,3 vols,1946;3rd edn,Torino:UTET,1974.

10. 2　Abbagnano, N. *Possibilità e libertà*,Torino:Taylor,1956.

10. 3　Abbagnano, N. *Introduzione all'esistenzialismo*,1965;4th edn,Milano:Il

Saggiatore，1972.

10.4 Arata，C. *Lineamenti di un ontologismo personalistico*，Milano：Marzorati
1955.

10.5 Arata，C. *Principi di un'interpretazione trascendentalistica e personalistica
della metafisica classica*，Milano，1955.

10.6 Banfi，A. *Filosofi contemporanei*，ed. R. Cantoni，Milano：Parenti，1961.

10.7 Bellezza，V. A. "La riforma spaventiano-gentiliana della dialettica hegeliana"，
in *Incidenza di Hegel*，ed. F. Tessitore，Napoli：Morano，1970，pp. 5-74.

10.8 Bellezza，V. A. "La razionalità del reale：Hegel，Marx，Gentile"，in *Enci-
clopedia 76-77：Il pensiero di Giovanni Gentile*，Roma，1977，pp. 59-75.

10.9 Bellezza，V. A. *La problematica gentiliana della storia*，Roma：Bulzoni，
1983.

10.10 Bontadini，G. "L'attualità della metafisica classica"，*Rivista di filosofia
neoscolastica*，45：1 (1953)：1-18.

10.11 Carabellese，P. *Critica del concreto*，1921；2nd edn，Roma：A. Signorelli，
1940.

10.12 Carlini，A. "Lineamenti di una concezione realistica dello spirito umano"，in
*Filosofi italiani contemporanei*，ed. M. F. Sciacca，Como：Marzorati，1944，pp. 189-197.

10.13 Colletti，L. *Il marxismo e Hegel*，2 vols，Bari：Laterza，1976.

10.14 Croce，B. *Materialismo storico ed economia marxistica*，1900；3rd edn，
Bari：Laterza，1978.

10.15 Croce，B. *Estetica come scienza dell'espressione e linguistica generale*，
1902；11th edn，Bari：Laterza，1965.

10.16 Croce，B. *Logica come scienza del concetto puro*，1905；2nd edn，Bari：
Laterza，1971.

10.17 Croce，B. *Saggio sullo Hegel seguito da altri scritti di storia della filoso-
fia*，1906；5th edn，Bari：Laterza，1967.

10.18 Croce，B. *Filosofia della pratica*，1908；9th edn，Bari：Laterza，1973.

10.19 Croce，B. *Teoria e storia della storiografia*，1917；11th edn，Bari：Later-
za，1976.

10.20 Croce，B. *Storia d'Europa nel secolo decimonono*，1932；3rd edn，Bari：

Laterza，1972.

　　10. 21　Croce，B. *La poesia*，1936；3rd edn，Bari：Laterza，1971.

*387*　　10. 22　Croce，B. *La. storia come pensiero e come azione*，1938；3rd edn，Bari：Laterza，1973.

　　10. 23　Croce，B. *Indagini sullo Hegel e schiarimenti filosofici*，1952；2nd edn，Bari：Laterza，1967.

　　10. 24　Della Volpe，G. *Logica come scienza positiva*，1950；2nd edn，Messina-Firenze：D'Anna，1965.

　　10. 25　De Ruggiero，G. *Storia della filosofia*，12 vols，Bari：Laterza，1918-1947.

　　10. 26　Donnici，R. *Comunità e valori in Pantaleo Carabellese*，Venezia：Marsilio，1982.

　　10. 27　Evola，J. *Teoria dell'Individuo Assoluto*，1927；2nd edn，Roma：Edizioni Mediterranee，1973.

　　10. 28　Fabro，C. *Dall "essere all" esistente*，Brescia：Morcelliana，1957.

　　10. 29　Franchini，R. *Le origini delta dialettica*，Napoli：Giannini，1961.

　　10. 30　Franchini，R. "Che cos'è la metafisica"，*Criteria*，7（1990）：165-173.

　　10. 31　Garin，E. *Cronache di filosofia italiana* 1900/1943. *Quindici anni dopo. 1945/1960*，2 vols，Bari：Laterza，1966.

　　10. 32　Gentile，G. *La riforma delta dialettica hegeliana*，1913；4th edn，Firenze：Sansoni，1975.

　　10. 33　Gentile，G. *Sommario di pedagogia come scienza filosofica*，2 vols，1913-1914；4th edn，Firenze：Sansoni，1959.

　　10. 34　Gentile，G. *I fondamenti della filosofia del diritto*，Pisa：Mariotti，1916.

　　10. 35　Gentile，G. *Teoria generate dello spirito come atto puro*，1916；6th edn，Firenze：Sansoni，1959.

　　10. 36　Gentile，G. *Sistema di logica come teoria del conoscere*，2 vols，1917-1922；Bari：Laterza，1922.

　　10. 37　Gentile，G. *Le origini della filosofia contemporanea in Italia*，3 vols，Messina：Principato，1917-1923.

　　10. 38　Gentile，G. *Discorsi di religione*，1920；in Gentile，*La religione*，Firenze：Sansoni，1965，pp. 281-389.

10.39　Gentile，G. *Il modernismo e i rapporti tra religione e filosofia*，in Gentile，*La religione* [10.38]，1-275.

10.40　Gentile，G. "La mia religione"，in Gentile，*La religione* [10.38]，405-426.

10.41　Gentile，G. *La riforma dell'educazione*，1920；6th edn，Firenze：Sansoni，1975.

10.42　Gentile，G. *La filosofia dell'arte*，1931；3rd edn，Firenze：Sansoni，1975.

10.43　Gentile，G. *Introduzione alla filosofia*，1933；2nd edn，Firenze：Sansoni，1981.

10.44　Gentile，G. *Genesi e struttura della società*，1946；2nd edn，Firenze：Sansoni，1975.

10.45　Gentile，G. *Opere filosofiche*，ed. E. Garin，Milano：Garzanti，1991.

10.46　Gentile，M. *Come si pone il problema metafisico*，Padova，1955.

10.47　Gramsci，A. *Il materialismo storico e la filosofia di Benedetto Croce*，1929-1935，Roma：Editori Riuniti，1977.

10.48　Guzzo，A. *Il pensiero di Spinoza*，Firenze：Vallecchi，1924.

10.49　Guzzo，A. "L'Uomo"，in *Filosofi italiani contemporanei* [10.12]，243-253.

10.50　Guzzo，A. "Idealismo 1963"，*Filosofia*，14 (1963)：25-84.

10.51　Harris，H. S. *The Social Philosophy of Giovanni Gentile*，Urbana & London：University of Illinois Press，1966.

10.52　Harris，H. S. "Gentile's Reform of Hegel's Dialectic"，in *Enciclopedia 76-77：Il pensiero di Giovanni Gentile*，Roma，1977.

10.53　*La filosofia italiana dal dopoguerra ad oggi*，ed. E. Garin，Bari：Laterza，1985.

10.54　La Via，V. "La restituzione del realismo"，in *Filosofi italiani contemporanei* [10.12]，255-272.

10.55　Martinetti，P. *Introduzione alla metafisica*，1st edn，Torino，1904；2nd edn，Milano：Libreria Editrice Lombarda，1929；3rd edn，Milano，1987.

10.56　Martinetti，P. "La dottrina della conoscenza e del metodo nella filosofia di Spinoza"，*Rivista di filosofia* 8：3 (1916)：289-324.

10.57　Martinetti，P. "La dottrina della libertà in Benedetto Spinoza"，*Chronicon Spinozanum*，4 (1926)：58-67.

*388*

10.58　Martinetti, P. "Modi primitivi e derivati, infiniti e finiti", *Rivista di filosofia*, 18: 3 (1927): 248-261.

10.59　Martinetti, P. *La libertà*, Milano: Libreria Editrice Lombarda, 1928.

10.60　Martinetti, P. "Problemi religiosi nella filosofia di B. Spinoza", *Rivista di filosofia*, 30: 4 (1939): 289-311.

10.61　Martinetti, P. *Kant*, posthumously published in 1946; 2nd edn, Milano: Feltrinelli, 1974.

10.62　Mathieu, V. *Limitazione qualitativa della conoscenza umana*, Torino, 1949.

10.63　Mazzantini, C. "Linee di metafisica spiritualistica come filosofia della virtualità ontologica", in *Filosofi italiani contemporanei* [10.12].

10.64　Negri, A. *Giovanni Gentile*, 2 vols, Firenze: La Nuova Italia, 1975.

10.65　Negri, A. "Modernity as Crisis and Permanent Criticism", *Idealistic Studies*, 21: 1 (1991): 48-65.

10.66　Olgiati, F. "Come si pone oggi il problema della metafisica", *Rivista di filosofia neoscolastica*, 14 (1922): 14-28.

10.67　Olgiati, F. "La filosofia cristiana e i suoi indirizzi storiografici", in *Filosofi italiani contemporanei* [10.12], 183-197.

10.68　Olgiati, F. *Il concetto di metafisica*, Milano, 1945.

10.69　Paci, E. "Coscienza fenomenologica e coscienza idealistica", *Il Verri*, 4 (1960): 3-15.

10.70　Paci, E. *Tempo e verità nella fenomenologia di Husserl*, Bari: Laterza, 1961.

10.71　Paci, E. *Funzione delle scienze e significato dell'uomo*, 1963; 4th edn, Milano: Il Saggiatore, 1970.

10.72　Paci, E. *La filosofia contemporanea*, Milano: Garzanti, 1974.

10.73　Padovani, V. A. "Filosofia e religione", in *Filosofi italiani contemporanei* [10.12], 319-331.

10.74　Pareyson, L. *Verità e interpretazione*, 1971; 3rd edn, Milano: Mursia, 1982.

10.75　Pareyson, L. *Fichte: Il sistema della libertà*, Milano: Mursia, 1976.

10.76　Pesce, D. *Saggio sulla metafisica*, Firenze, 1957.

10. 77　Prini，P. *Itinerari del platonismo perenne*，Torino，1950.

10. 78　Rinaldi，G. *Critica della gnoseologia fenomenologica*，Napoli：Giannini，1979.

10. 79　Rinaldi，G. *Dalla dialettica della materia alla dialettica dell'Idea. Critica del materialismo storico*，vol. 1，Napoli：SEN，1981.

10. 80　Rinaldi，G. *Saggio sulla metafisica di Harris*，Bologna：Li Causi，1984.

10. 81　Rinaldi，G. "A Few Critical Remarks on Croce's Historicism"，*Idealistic Studies*，17：1 (1987)：52-69.

10. 82　Rinaldi，G. *A History and Interpretation of the Logic of Hegel*，Lewiston：*389* The Edwin Mellen Press，1992.

10. 83　Rinaldi，G. "Attualità di Hegel：Autocoscienza, concretezza, e processo in Gentile e in Christensen"，*Studi filosofici*，12-13 (1989-1990)：63-104.

10. 84　Rossi，M. *Marx e la dialettica hegeliana*，4 vols，Roma：Editori Riuniti，1960-1963.

10. 85　Saitta，G. *Il carattere delta filosofia tomistica*，Firenze：Sansoni，1934.

10. 86　Sciacca，M. F. *La filosofia nel suo sviluppo storico*，3 vols，1940；12th edn，Roma：Cremonese，1976.

10. 87　Sciacca，M. F. "Spiritualismo cristiano"，in *Filosofi italiani contemporanei* [10. 12]，365-374.

10. 88　Sciacca，M. F. *Filosofia e metafisica*，Brescia：Morcelliana，1950.

10. 89　Spirito，U. "Finito e infinite"，in *Filosofi italiani contemporanei* [10. 12]，375-383.

10. 90　Stefanini，L. "Spiritualismo cristiano"，in *Filosofi italiani contemporanei* [10. 12]，385-393.

**翻译本**

10. 91　Croce，B. *What is Living and What is Dead in the Philosophy of Hegel*，trans. D. Ainslie，London，1915.

10. 92　Croce，B. *My Philosophy and Other Essays on the Moral and Political Problem of our Time*，selected by R. Klibansky，trans. E. F. Carritt，London：Allen & Unwin，1951.

10.93   Croce, B. *History—As the Story of Liberty*, trans. S. Sprigge, London: Allen & Unwin, 1951.

10.94   Gentile, G. *The Theory of Mind as Pure Act*, trans. from the third edition with an introduction by H. W. Carr, London: Macmillan, 1922.

10.95   Gentile, G. *The Reform of Education*, trans. D. Bigongiari, with an introduction by B. Croce, New York: Harcourt, Brace, 1922.

10.96   Gentile, G. *Fragments From La filosofia dell'arte*, trans. E. F. Carritt, Oxford, 1931.

10.97   Gentile, G. *Genesis and Structure of Society*, trans. H. S. Harris, Urbana: University of Illinois Press, 1960.

10.98   Gentile, G. *The Philosophy of Art*, trans. and with an introduction by G. Gullace, Ithaca and London: Cornell University Press, 1972.

# 第十一章
# 法国结构主义及其后继者：索绪尔、
# 列维-斯特劳斯、巴特、拉康、福柯

休·J·西福尔曼（Hugh J. Silverman）

## 费尔迪南·德·索绪尔

思考结构主义的历史，不能没有费尔迪南·德·索绪尔（1857—1913）。 390
这位 20 世纪早期在日内瓦讲学的瑞士语言学家开启了一场结构主义的思想
运动，这场运动在第二次世界大战之后的 25 年里逐渐广为人知。在 20 世纪
40 年代和 50 年代支配这一运动的人物是克劳德·列维-斯特劳斯（生于
1908 年）、雅克·拉康（1901—1982）和罗兰·巴特（1915—1980）。到 20
世纪 60 年代，米歇尔·福柯（1926—1984）对结构主义的重构甚至拒绝标
志着后结构主义的新方向。

令人惊奇的是，存在主义的现象学在法国的平行发展走着一条不同的道
路。莫里斯·梅洛-庞蒂（1908—1961）可能是一个例外，他对结构主义的
现象学感兴趣，结构主义对于作为哲学运动的现象学的发展很少或没有任何
影响。然而，由于后结构主义，这两种不同哲学方法的汇合标志着一种全新
的思维方式的出现——一方面，它体现在福柯的知识考古学中；另一方面，
它体现在雅克·德里达（生于1930 年）的解构中。然而，基于现在这一章

的目的，我将把福柯作为这种新发展的范例。[1]

*391*    离开索绪尔的符号学（semiology）就不能理解结构主义——特别是法国的结构主义。按照索绪尔的观点——如同在他死后出版的《普通语言学教程》（*Course in General Linguistics*，1916；这位瑞士语言学家在日内瓦多年演讲的汇集）［11.1］中清楚地表明的一样，符号学是"关于符号（signs）的一般科学"。索绪尔对"符号"观念提出了一种新的理解。他论证，符号不仅是一个语词，而且它既是一个语词又是一个概念。他把符号的这两个成分称作"能指"（*signifiant*，signifier）和"所指"（*signifié*，signified）。能指是一个语词，它是指示的那个东西；所指是一个概念，它是被指示的那个东西。这两个要素构成了一个二元对立，叫作符号。索绪尔为这种二分关系提供的标准范例是作为语词的"树"和作为概念的"树"。

然而，一个符号只有当它和同一个系统或语言中的其他符号相区别时，它才是一个符号，符号不能离开语言的其他要素单独存在。确实，索绪尔把符号定义为是由它与符号系统中所有其他符号的区别决定的。所以，符号树，由于它和其他符号如房子、鸟和天的区别而成为符号树。现在符号 tree（树），也不同于符号 arbre（树）或符号 Baum（树）、arbor（树）或 arbol（树）。这些其他符号中的每一个都是一个不同符号系统的部分。Arbre 是法文，Baum 是德文，arbol 是西班牙文。因为它们不是同一个符号系统中的部分，所以它们只在各自的符号系统中才是符号。

索绪尔还指出，一个能指和一个所指之间的关系完全是"任意的"。概念或所指"树"在英语中由 tree 来指示，这仅仅是任意的。它本可以被称作 arbre，Baum 或 arbol——确实，在不同的语言中它要求这样的能指。只有在象声词的有限例证中，这种任意性才有所折中。在象声词的例证中，所指以一种有目的的方式与一个特殊的所指相对应。因此，用汪汪指狗叫，用柔软的指某种柔而软的东西，或者在世之在是指我们生存的广泛性，它们都是以比我们大多数语词和它们的对应概念更为相关的方式联系在一起的。

符号——一个能指和一个所指——在一种语言中是许多符号中的一个。语言可以是英语、法语、德语、日语和俄语，等等。在对语言的说明中，根本不需要像这样说，所以索绪尔提供了一个相关概念，称之为语言的言说或言语（parole）。语言是由组成一种特殊语言的要素构成的，言语是那种语言在特定的语境和特定的时间说出的话语。所以，当我说："Tall evergreen trees inspire a sense of grandeur"（高大的常青树激发了一种雄伟感），我正在用英语说（言语）这些语词（和它们对应的概念）。如果我说："Ces grands arbres verts sont magnifique"（这些绿色的大树很雄伟），那么我正在用法语说别的事情，但是我正在一种特定的语境里和一个特定的时间演示法语语言——说话就是言语。

　　另一个对子（或二元对立），索绪尔有时称它们为"组合"（syntagm） *392* 与"聚合"（paradigm）之间的关系。句子"高大的常青树激发了一种雄伟感"是一个符号组，一个接一个。因此，这些符号形成一个语段。每个符号都与下一个相连，而这个顺序产生了一个意义。相比之下，举例来说，一个人如果用其他符号如"矮"、"宽"或"庄严"来代替"高"，这个句子读作："矮（或宽或庄严）的常青树激发了一种雄伟感。"由其他用词代替的这个新句子仍然有意义，但这个意义当然是不同的——前两个甚至有点奇怪。与"高"、"矮"、"宽"完全不相配的是"庄严"。前三个都是关于尺寸的符号，"庄严"是另外一个序列，但它仍然能代替"高"。广义地说，所有这些可替代的用词都是同一个聚合中的一部分。狭义地说，这个聚合只限于尺寸的符号，而不仅仅限于可替代的符号。这个句子的每个要素都能通过可替换的符号被检查，每个符号都是一个不同聚合的一部分。

　　第四个二元对立是历时性和共时性（diachrony and synchrony）。关于希腊符号 *aretē*（优异）的历时性研究体现为，它在拉丁文中是 *virtu*，意大利文中重构为 *virtú*，法语中的用法是 *vertu*，在英语中重现为 virtue。按照时间顺序，研究同一个对象允许我们按照历史本来的面目考虑它在时间中的发展。然而，这样一种研究把它所研究的东西与它的语境和框架割裂开来了。它独立于相关的关注来看这个因素并评论全部发展。相反，共时性研究最终关心的是在同一个时间和同一个语境产生的所有符号和因素间的整套关系。符号 *aretē* 是放在与同时的其他符号的关系之中来研究，如 *paidein*（教育和文化的理想）、*sophrosyne*（中庸或节制），等等。在这个方面，一个特定的观念在一个广阔的语境中被理解。以上这个例子，是在一个文化背景中被理解的。一旦完成了一个特定时间截面的共时性研究，就有可能把那个时间截面与时间的其他时期进行比较，以显示穿越不同时间截面时的共同性和/或差异性。

作为一个语言学家，索绪尔最终关切的是语言。确实，结构主义的全部计划都是按照一种语言学的模型来构架的。这种模型假定，语言学以外的东西是与语言学家的任务不相关的。因此，结构主义的最早形式被限制在以语言研究为基础的符号学框架中。相反，罗兰·巴特在他的《符号学原理》*393*（*Elements of Semiology*，1964）［11.7］中指出，索绪尔认为语言学是符号学的一部分，因而有一些符号学的领域是与语言学家不相关的；而在他看来，符号学是语言学的一部分。巴特的构想假定，任何符号系统都是一种或另一种语言系统，后面我将回到巴特。

## 克劳德·列维-斯特劳斯

当列维-斯特劳斯在 20 世纪 40 年代开始把结构主义的原则用于人类学研究时，他已经把语言学模型远远延伸到语言研究之外了，这是关键所在。这就意味着，虽然列维-斯特劳斯作为一个人类学家关切的是思维的结构，但是他已经实现了巴特表明的那种转变：文化人类学（人种学）是一门能够被结构主义研究的语言。

虽然索绪尔在 20 世纪的头几个年代一直在讲授结构主义的语言学，但是直到 20 世纪 30 年代，他的工作才引起人们的注意，才开始被广泛接触。这就是他的《普通语言学教程》的命运。列维-斯特劳斯在第二次世界大战期间旅居美国，这是由于政治和个人的需要，这一点他在《忧郁的热带》（*Tristes Tropiques*）［11.3］中详细地叙述过。当他到达纽约时，他开始在那所流亡的大学（the University in Exile，后来被称作"社会研究新学院"）教书。在此期间，他常常与从俄国取道布拉格和巴黎到达纽约的罗曼·雅各布森（Roman Jakobson，1896—1982）会见和交谈。雅各布森是一位语言学家，他对俄国形式主义的发展是对结构概念的重要贡献。确实，列维-斯特劳斯和雅各布森一起工作，对波德莱尔的诗歌《猫》（Les Chats）作了富有开创性的阅读。他们的想法是为那首诗提供一种结构研究。他们的阅读是非常仔细的。他们感兴趣的是，那首诗是怎样展现其结构、风格和句法特征以构成其整体作品的。雅各布森对隐喻和转喻的进一步兴趣在其《语言学基础》（*Fundamentals of Language*）[11.50] 对两种类型的失语症的研究中体现出来：隐喻通过替换来置换，转喻通过接近来置换。[2]

　　第二次世界大战之后，列维-斯特劳斯担任法国驻美大使的文化顾问（1946—1947）。后来他回到法国，恢复了在"社会科学高等研究实用学院"（后来"实用"二字去掉了）的职位，重新拣起他的结构人类学研究。1949年他作出了他的重要贡献，出版了《亲缘关系的基本结构》（*The Elementary Structures of Kinship*）[11.2]。与他对结构主义的理解相联系，列维-斯特劳斯还校对了全世界关于亲缘关系的许多种人种志的说明，发展了亲缘关系概念。他的观点是，尽管不同文化中的亲缘关系实践有着许多重要的区别，但亲缘关系实践的多种例证中却重复着共同的结构。根据一套确定的关系，这些结构有一种基本的形式。从一种语境到另一种语境，关系的实际特征可能变化，但不变的是关系本身。每一种关系都是全部关系结构的一部分，在全部关系结构中任何元素都不是独立于其他元素的。所以，一种结构的一部分与另一种结构的一部分的一对一的对应是不可能做到的。为了提供一种恰当的分析，必须把一个的全部结构和另一个的全部结构进行比较。例如，列维-斯特劳斯对"叔伯"关系特别感兴趣，他从许多不同文化、社会和社群的广泛研究中发现，叔伯的角色是关键性的，所以就有了母—父关系，母—父和儿子的关系，儿子—舅父关系以及母亲—兄弟关系。

　　独立地理解，这些关系中的每一种都有一种特殊的内容：在一种情形下，它是肯定的和受社会支持的；在另一种情形下，它是否定的和被抛弃的。列维-斯特劳斯决定，给一种特殊语境中的这些关系的每一种指定一种肯定或否定的价值，他就能决定全部结构的本性。对于三个假设的社会，它有可能看起来像图 11.1。

**叔伯亲属关系**

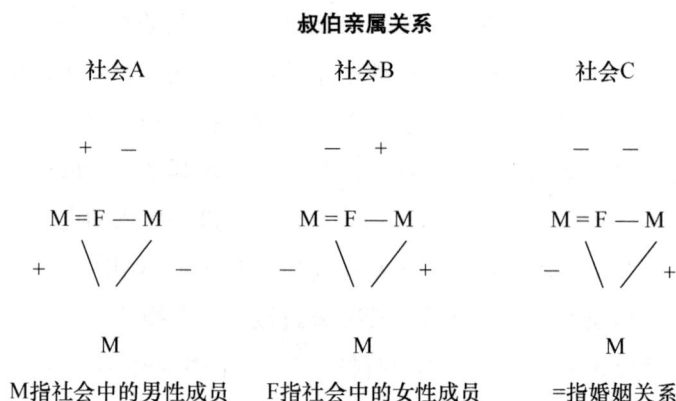

| 社会A | 社会B | 社会C |
|---|---|---|
| + − | − + | − − |

M = F — M      M = F — M      M = F — M

M          M          M

M指社会中的男性成员　　F指社会中的女性成员　　=指婚姻关系

**图 11.1**

395   在这些社会中的每一种社会中，母亲和父亲，母亲的兄弟和兄弟、姐妹的儿子构成了关键的亲缘关系。而当结构重新产生时，关系的本性就从一个社会转变到下一个社会。同样结构的重复和每一种社会中的社会角色中的关系本性的差异是相匹配的。

这种结构概念表明，在一个确定的范围内有一套隐伏的关系作为特定个体的实际的、特殊的和现实的关系的基础。列维-斯特劳斯把他对亲缘关系的解读扩展到对图腾与禁忌的说明和对神话的详细研究。关于结构方法的运用所作的进一步探讨在 1944 年至 1957 年所写的大量论文中重新显露出来，它们被收集在一起，发表在《结构人类学》（*Structural Anthropology*，1958）[11.4] 的第一卷中。《结构人类学》的出现标志着结构主义发展的一个重要阶段。《亲缘关系的基本结构》是高度细致和高度技术性的。这本新书强化了结构主义在法国的作用。它表明，现在有另一种替代性的研究纲领最终可以与 20 世纪 40 年代初期以来占统治地位的存在主义和存在主义的现象学的研究纲领相抗衡，然而结构主义又花了 10 年才站稳脚跟。列维-斯特劳斯的新书是对索绪尔符号学日益增长的兴趣与巴特、拉康、福柯 20 世纪60 年代的羽翼丰满的结构研究之间的一条重要纽带。这并不是说列维-斯特劳斯在结构主义的发展（甚至在今天的结构主义）中没有一种持续和支配的力量。在 20 世纪 70 年代初，当我参加他在法兰西学院（他是这里的社会人类学研究的主席）的演讲时，他仍然捍卫他自己的观点而反对英国人类学家罗德尼·尼达姆（Rodney Needham）的评论和批评。在《结构人类学》之后，许多书接二连三地出版，他研究世界神话的四卷本成果，他《结构人类学》的第二卷，他自传体的《忧郁的热带》，他关于面具和种族的许多论文，都是对 20 世纪后期法国思想的重要贡献。

刘易斯·马林（Louis Marin，1931—1992）曾谈到，在 20 世纪 50 年代初期他还是个年轻人时，他和他的妻子弗朗斯瓦（Françoise）应邀到梅洛-庞蒂夫妇的公寓参加"私人晚餐"。当他和他的妻子到达时，他发现那确实是一个小型晚餐会：梅洛-庞蒂夫妇、列维-斯特劳斯夫妇、拉康夫妇。他们三人是好朋友，这表明有某种合作和对话，这一点在结构主义刚站稳脚跟的初期受到很大攻击。虽然梅洛-庞蒂被人们熟知的是作为知觉现象学家（1945）的奠基性工作，但仅在一年之后他就在巴黎高等师范学校讲授索绪尔。梅洛-庞蒂向符号学的转向使之成为他自己关切的一个主题，这一开始是与他对格式塔心理学成果的研究分不开的，但更与他对观象学成果的研究分不开，他甚至认为后者比科勒尔（Köhler）和卡夫卡（Kofka）、格尔博（Gelb）和哥尔德斯坦（Goldstein）等人的格式塔理论还要好。由于他对语言的兴趣不断增长，梅洛-庞蒂在索绪尔的符号理论中发现了真正的价值。[3]他在论"语言和交际"的演讲（1946—1947）中强调他对语言的新研究。这个题目他只是在《知觉现象学》（1945）中有所提及，人们注意到这是在"作为言语和表达的形体"（The Body as Speech and Expression）一章中。所以，在列维-斯特劳斯回到法国并对亲缘关系进行深入研究的同时，他的朋友梅洛-庞蒂（当时是巴黎心理学研究所儿童心理学和教学法的教授）也对索绪尔结构语言学的含义产生了一种强烈的兴趣。

当梅洛-庞蒂为他自己确立的任务是写出一种在 20 世纪 50 年代就初见端倪的文学理论时，他正在为一个重要的争论搭建平台，这个争论发生在 20 世纪 50 年代到 20 世纪 60 年代，甚至在 1961 年他去世后还持续了很长时间。《世界的散文》（在他去世后 1969 年发表的）[11.64] 在 1952 年已经完成。然而，梅洛-庞蒂在那一年被推选入法兰西学院，并且他的研究把他带入了其他方向，最为突出的是他对"辩证法"的批判和《可见的与不可见的》（1964）中的可见性理论。《符号》（1960）包含了两篇讲述语言问题的姊妹篇论文［11.62］：《语言现象学》（The Phenomenology of Language）和《间接语言和沉默的声音》（Indirect Language and the Voices of Silence）。1951—1952 年写成的这两篇论文表明，现象学和结构主义在法国背景中汇合到一起了。在萨特继续激烈排斥结构主义时[4]，梅洛-庞蒂仍然沉迷于它。当 1947 年萨特在《文学是什么?》中发表他的文学理论时，他将其理论定位在沟通作者自由和读者自由的行为上。在萨特看来，写作既是一种介入行为，又是自由的表达。梅洛-庞蒂 1952 年在《世界的散文》中的回应是：语言和表达有许多方面，它们不只是直接的，它们不能给予经验一种算法规则式的阅读——文学和绘画就是突出的例证。这里有一种语言，但不是直接地表现的，在梅洛-庞蒂看来，沉默也会说话。

## 罗兰·巴特

<sup></sup>397　法国结构主义的第二号人物罗兰·巴特像梅洛-庞蒂一样，在 1952 年也准备对萨特的文学理论作出回应。《写作的零度》（Writing Degree Zero）［11.5］具有打破陈规的价值。它为理解写作的作用和地位提供了一种完全不同的思路。写作不再是一种交往行为，而是一种把风格和语言连接起来的表达。作者的风格（浪漫派的、超现实主义的或存在主义的）和作者的语言相匹配。这种语言不是异质的。在巴特看来，语言分享了一种社会环境和经验。语言和风格的交叉标志着写作的地位。所以，革命性的写作或资产阶级的写作或浪漫派的写作，都是借助一种特殊的语言和一种确定的风格而出现的。这种革命性的写作能够在托马斯·杰斐逊（Thomas Jefferson）、罗伯斯庇尔（Robespierre）和布莱希特的时代发生。虽然那些时代是完全不同的，甚至语言和风格也是不同的，但还是可以说写作是"相同的"。虽然巴特看到了不同的文本以这些可以重复的写作形式为特征，但是他也痴迷于阿兰·罗比-格里耶（Alan Robbe-Grillet）的新的写作方式。人们认为巴特"发现了"罗比-格里耶，后者的写作风格完全是对 19 世纪小说的彻底突破。然而，他的写作本身标志着一种无激情的语言的开始，在这里主体是去中心

的，推论的扩散在结构上是可以辨认的。《旅行家》（*Le Voyeur*）和《嫉妒》（*La Jalousie*）是剥去了情绪（至少是像典型的 19 世纪博学的作者所描述的情绪）的语言的绝好范例。情绪仍然存在，但它是通过表面和表面受影响的方式来描述的。

由于 1964 年《符号学原理》的出版，巴特终于把他的批判实践和索绪尔的理论性写作联系起来。在这篇原来发表在《交往》（*Communications*）杂志（社会科学高等研究实用学院的官方杂志）上的短文中，巴特勾画了符号理论：能指／所指关系、语言／言语链接、历时分析和共时分析的连接以及内涵和外延的对立。但关键的一年是 1966 年，这一年巴特发表了他自己的《批判与真理》（*Criticism and Truth*）[11.8]，拉康发表了他的《文集》（*Ecrits*）[11.15]，福柯发表了《事物的秩序》（*The Order of Things*）[11.17]。所以，在巴特完成《写作的零度》的 10 年之后，结构主义终于成年了。《符号学原理》为那个加冕礼建立了舞台。在社会科学高等研究实用学院的讨论班（1971—1972 年我参加了一整年）中，巴特集中讨论了所谓的"符号学过去的 10 年"。他认为 1966 年是一条分界线。在接下来的那一年，让·吕克·戈达尔（Jean-Luc Godard）生产了他的革命性电影《中国姑娘》（*La Chino ise*）（它预示了 1968 年的学生—工人运动），德里达发表了他的《言语与现象》（*Speech and Phenomena*）[11.30]、《论文字学》（*Of Grammatology*）[11.29] 和《书写与差异》（*Writing and Difference*）[11.31]。所以，1967 年，一个全新的阶段开始了，由于缺乏一个更准确的术语，人们就把它称作后结构主义。当然，还有许多人对结构主义又研究了 10 年，而许多所谓的后结构主义理论继续建设结构主义的语言和课程。

一旦《符号学原理》确立了场景并对术语进行了分类，巴特本人就开始进一步发展他自己的观点。他拒绝那些批判理论给予作者和作者的在场以特殊地位，在他的著名论文《从作品到文本》（From Work to Text，1971）[11.10] 中，他非常清楚地概括了传统的"作品"观念和他的"文本"观念之间的区别。"作品"起源于一种父子关系行为：一个作者生产或创造了一个作品，于是这个作品就是"实体的片段，占领了书的空间的一部分（例如在图书馆中）"[5]。作者要求对于自己作品的意义具有权威性。批评家力图理解作者的原意。这种诠释学关切蔓延成以作品为中心的研究，这也是萨特理论的主要特征。巴特提出把重点放在文本上，他把文本描述为"方法论的领域"。他阐明："文本可以在对符号作出反应时被接近、被经验，而作品遮蔽了所指。"（[11.10]，158）这就意味着可以根据参与其中的符号系统来阅读文本，而作品则集中在它所意味的那些东西上。文本的多元性允许有一个全面的、详尽的、被作品拒之门外的交互文本性（intertextuality）。他说："文本必定是愉悦，即一种没有分离的快乐。"（[11.10]，164）

两年后，巴特出版了《文本的快乐》（*The Pleasure of the Text*，1973）[11.11]。在巴特看来，文本不是欲望的对象或创造行为的成果，而是一个阅读的场地、场所，一个愉悦发生的地方。在对文本进行批判性的阅读中，某种事情就发生了。文本的指示动力的网络就形成了。在是《S/Z》（*S/Z*，1970）的"导言"中，巴特已经说明，"读者的"（可读的）文本和"作者的"（可写的）文本之间的区别标志着一个仅仅是为了它的快乐而阅读它的文本和一个作为方法论的领域而被阅读的文本之间的区别，在后者中信码和符号的体系被详尽地制作出来，并且可供仔细地破译或解码之用。巴特写道："作者的文本不是我们在书店里费时就可以找到的东西。"[6] "作者的文本是没有小说的小说作品，没有诗的诗作，没有论文的文章，没有风格的写作，没有产品的生产，没有结构的结构化。"[7] 作者的文本只占领一种方法论的和理论的空间，它不是一种像读者的文本那样的产品。

*399*

在这个框架下，巴特概括了五个不同的密码，它们构成了他所谓的"复合的文本"（plural text），而且这个"复合的文本"是被批评性地揭露的作者的文本。这五个密码包括：符号密码（能指的说明）、解释密码（奥秘的揭示）、系统密码（一个元素代表另一个元素）、行动元密码（行动密码）、指称密码（文本中的文化指示物）。这些密码对文本的解读而言，只是可能的密码。虽然巴特并没有仔细研究这些可供选择的密码组，但备用密码组像巴特所提到的那些密码那样发挥作用，这可能是真的。

巴特勇敢地以一种全新的方式拿起了那个古老的题目——自传。由罗兰·巴特自己写的《罗兰·巴特》（*Roland Barthes*，1975）[11.12] 无疑打破了写作个人生活的传统历时模式。他不是根据年代的先后组织自己的生活，而是根据题目、主题和在其生活中发挥重要作用的对立面的字母顺序来组织的。至于典型的大事年表，在文章后面的最后两页就能找到。巴特本不该去世得那么早。1980 年，他在法兰西学院——1977 年在这里他被选为符号学研究的主席——门口被一辆牛奶车撞倒，去世时年仅 65 岁。

## 雅克·拉康

相反，雅克·拉康生于 1901 年，比汉斯-乔治·伽达默尔小 1 岁，活到 81 岁高龄。罗兰·巴特在他《罗兰·巴特》一书中附有一副非常有趣的漫画：列维-斯特劳斯、拉康、巴特、福柯和米歇尔·莱利斯（Michel Leiris）穿着塔希提裙子坐在一起，虽然反映了不同的年龄，但他们为了结构主义的事业走到一起来了。拉康为结构的心理分析提供了基础。他在 1936 年初对镜像阶段的研究首先在马里昂巴德［Marienbad，后来因为罗比-格里耶的电影《去年在马里昂巴德》（*Last Year at Marienbad*）而闻名］面世。拉康的理论非常简单：孩子最初并不能觉察到他和他母亲之间的区别。在他周围的感觉世界完全是整合的。他开始注意他和他母亲的不同。当他照镜子并不再只是看手势或另一个人时，这种差异变得清晰起来，但他仍认为他看到的和他自己是等同的。他挥舞手臂，镜像也挥舞手臂，等等。他才注意到镜像 *400* 就是他自己。但是，接着父亲介入进来：父亲的名字/父亲的拒绝/没有受骗的犯错，是禁令的全部形式。父亲以他的名字和禁令尝试打破这种和谐——毕竟他多少有点嫉妒孩子和妻子之间的紧密关系，父亲引进了一个否定，即父亲的法令，他的"不"。父亲不是傻瓜。他知道他想要的和不想要的。通过介入孩子和母亲之间，他强加了他的权威、他的意志、他的名字。现在孩子不得不承认这种差异。反对是有效的。父亲强加了他的意志，而孩子也学会了肯定自己的身份。因此，镜像阶段是孩子自我认同的关键时期。

将修改版的"镜像阶段"收进《文集》（1966），这使它与许多其他重要论文联系了起来。1966 年，在约翰霍普金斯大学举办了一个会议，后来它被称为"结构主义的公开论战"。理查德·麦克西（Richard Macksey）和欧金尼奥·多纳托（Eugenio Donato）是论文集的编辑，而勒内·吉拉尔（René Girard）的领导是关键。比方说，20 世纪 60 年代后期，约翰霍普金斯的试验传到了斯坦福，而这里的文学教授所从事的一种更早的文学研究模型与约翰霍普金斯大学的景象完全不同。说来也怪，勒内·吉拉尔在被短期调用到纽约州立大学布法罗分校后，现在成了斯坦福大学的人类学教授。

在 1966 年霍布金斯大会上，拉康是发言人之一，发表论文的还有让·伊波利特和雅克·德里达。那是一个重要的时刻。拉康的论文很重要，他的论文题目是《文字在无意识中的持久性》（The Insistence of the Letter in the Unconscious），这篇文章也编进了《文集》。问题是：一连串能指怎样才能区分或排除所指的范围？特别是在转喻线中的所指，能指阻止它们接近。这种对所指的排除导致了能指从一个符号向另一个符号的转向。然而，所指仍然是不可接近的。在能指和所指之间的线是强力的和反抗性的。在这些情形中，能指没有接近所指，它必须根据那种压抑来活动。

在隐喻的情形中，一个特定的能指由所指多元决定。在这种情形中，禁止是虚弱的，多重的意义闯入进来。贯穿拉康说明始终的一个观点是，"无意识的结构是和语言结构类似的"。在语言中哪里有反抗，在无意识中哪里就有反抗。但对拉康来说，无意识多少是根据能指的表现来阅读的。当文字
401　不能在所指中坚持时，压抑就产生了，意义就被阻隔。语词和表达的溪流顺流而下，但是与所指的关系被压抑了。由于拉康，后来又由于德里达，自我被去中心，主体消散在整个语言中。自我的语言就是一串能指的语言。主体本身仍然是缺失的。

## 米歇尔·福柯

缺失的主体的主题在米歇尔·福柯的哲学中是尤其值得注意的主题。这位哲学家早在 58 岁时就因艾滋病而去世了。他的杰作，《事物的秩序》也是在 1966 年出版的，缺失的主体的主题不仅散布在他对于委拉斯开兹（Velazquez）的阅读中，而且也弥漫在他对当代人文科学的说明中。因为当

代（后结构主义或现在可能被称作"后现代"）思想，不存在一个中心的起源，不存在一个唯一的焦点，不存在一个在的主体，就像在现代曾经存在过的那样。

福柯将对起源的阅读与他对话语实践（discursive practices）的阅读区分开来。正如他在《事物的秩序》中所描述的那样，历史并不是起源于某个特定的时间，然后从那时继续——以线性的方式——下去。而是某种话语实践占统治地位一段时间，然后换上一套新的话语实践。一个话语实践结束的地方，一个新的话语实践即将开始。起源就出现在一个新的话语实践开始的地方。然而，一个新的话语实践何时何地开始发生呢？它们确实并没有在一个确定的时刻比如某年某日发生。切中一个特定的认识论空间（福柯是这样称呼它的）的某个话语实践，继续进入了一个新的认识论空间，而其他的话语实践都消亡了。

但什么是话语实践呢？对福柯来说，话语实践是在一个广阔的历史时期中产生的一整套文件，在这个历史时期，共同的主题和观念跨越了这个时期的非常广泛多样的学科和生产人类知识的领域。例如，在 19 世纪，生物学、经济学和语文学似乎是完全不相干的。但福柯表明，它们全都可以根据相对单一概念的同一性或福柯所谓的"知识型"（*epistemé*）而联合为一体。对19 世纪的广阔空间来说，福柯把研究的主题等同于他所谓的"人类学"，即用"经验的—先验的双重方法"[8]定义的"人"的理论，这种双重方法是康德的特殊观念，即经验的（客观的）考虑必须与一套先验的条件联系起来才能理解，这些先验的条件遍布于 19 世纪的话语实践中。与客观性相关的主观性的主题渗透到 19 世纪对生命、劳动和语言的理解中。所以，19 世纪的话语实践在多种多样的、明显彼此不相关的语境中重复它们自己。然后，这些差异形成了一种知识型。

19 世纪的知识型继承了"古典时代"的知识型。这个先前的认识论空间由另一套话语实践标示出来。这些包括种类的区分、财富和自然语法的分析。被人们认为是完全不相关的那些东西在以下这一点上变得彼此互相关联，即它们每一个都展示出"古典时代"知识型的特征，即"表征"。当福柯读到 17 世纪和 18 世纪上半叶时，"表征"观念——观念在心灵面前的投

*402*

射或设定——形成了分明的"古典"思维方式的框架。古典知识型和 19 世纪知识型之间的关系，与这些时间截面上各种各样的话语实践之间的关系相比，重要性要小得多。

知识型的起源并非知识型的开端。一种特殊的知识型是由某种统治表示出来的。知识型占统治地位的地方，就是它起源的地方。经验的—先验的双重方法占统治地位的地方，就是它在认识论框架内起源的地方。同样，在古典时期表征占统治地位的地方，就是它在认识论框架内起源的地方。然而，在每一种情形下，这种起源的地方在哪里呢？散布在整个认识论空间。哪里有展示起源的话语实践，哪里就是起源发生的地方。所以，起源出现在许多地方，反复地出现在认识论空间的许多地方。在 19 世纪，人们会看到经验的—先验的双重方法不仅出现在黑格尔和荷尔德林那里，而且出现在生物学家居维叶（Cuvier；他的"预成论"引起了对人类历史背景的反对）、经济学家李嘉图（Ricardo；对他而言，历史是巨大的补偿机制）、语文学家施莱格尔（Schlegel；1808 年他关于语言和印度哲学的论文）、语文学家格林〔Grimm；最明显地体现在 1818 年的《德语语法》（Deutsche Grammatik）里〕和语文学家葆朴（Bopp；1816 年他对梵语结合系统的研究成为了一个研究对象）那里。

这些地点，作为一个来源地，一个场所，构成了自身。在这里，"人"的概念作为一个主—客体被带进了话语生产。比如，语言不再在词和物之间操作，这导致了一个表征的产生。在 19 世纪，语词就是对象自身，是希望判定它们及其关系的科学实践监察和研究的对象。这样，对福柯而言，起源就不是一个资源，所有的历史事件紧随其后。起源也不是一个起点，历史从那儿展开。起源也不是一个开端，发展从那儿发生。起源没有建立一个时刻，在那之前什么也没发生过。相反，起源出现在一个广阔的、普遍的历史框架中的许多地方。起源发生在各种作品中，在它们中留下了无法察觉的公共性的共同实践的痕迹。

福柯的事业是把起源散布在整个方法论的领域（巴特会这样称呼它）中。他呼吁他的英语读者忽略"那些微弱的仍坚持声称他为结构主义者的想法"。这意味着，他已经不再只是重复结构主义的方法。尽管他自己的知识

*403*

考古学在很大程度上还是以共时性研究为特征，但为了进行相互比较它也依赖对不同时期或时间截面的评价。福柯反对连续性概念的必要性，而支持非连续性概念的必要性。结构主义者已经关切过去的话语。尼采和马拉美作为开创性人物而被援引，他们标志着与现代时期旧的经验的一先验的双重方法的决裂。他们标志着一种新的思考方法的开始，在那里，宣传、散布、转喻和主体的偏离是知识生产的统治性框架。

萨特 1936 年在他的《自我的超越性》中宣称，自我不能被置于意识中，充其量不过是意识的对象，而 1966 年福柯把这一宣称置于历史语境中。他把现代主义时代的终结与中心化主体、占支配地位的自我、聚焦的"我"这三者的终结放在一起。如同尼采的疯人跑在街上宣布"上帝之死"一样，萨特已经宣布了"人的终结"，但是其后 30 年人们并没有完全懂得这句话的含义。大陆哲学的语言学转向采取了与分析哲学传统中的语言学转向不同的形式。直到索绪尔的认识论变成了语言、文化和知识生产赖以得到理解的原理，这一转向才完全发生。列维-斯特劳斯对亲缘关系、图腾和神话的结构分析，拉康所说的言说主体的能指链，巴特对文本和文化的符号学的分析，它们本身都被福柯置于历史语境中。在这方面，福柯确实是在结构主义之后了，因为他能够把它作为一段时间内的一场运动。福柯自己谱系学的后续发展、德里达的解构、德勒兹（Deleuze）的游牧学、克里斯蒂娃的解析符号学和利奥塔后现代主义的崇高（sublimities），它们都是大陆思想史中另一个故事的主题。可以说，在提供一个之于存在主义的现象学的替代物并补充存在主义的现象学方面，结构主义起到了非常关键的作用。结构主义之后的发展（现代性主体时代之后）被像福柯这样的人所认同，他们自己也都以现象学和结构主义为标志，并在某个位置上继承了它们。

*404*

## 【注释】

[1] 这里，德里达的解构被丢在一边，只是因为它在本卷另有专门论述。关于讨论福柯的部分，来自 H. J. Silverman, *Textualities: Between Hermeneutics and Deconstruction* (New York and London: Routledge, 1993)。

[2] 隐喻和转喻后来被弗洛伊德在对梦的解释中称为"凝缩"（condensation）和"转移"（displacement）。因此，举例来说，隐喻作为代替和凝缩意味着父亲在一个男孩的梦中被一只大熊所代替，而转喻作为接近和转移在梦中则导致了以邻居家的橡胶软管来代替对他的情感。路易斯·阿尔都塞显著地发展了结构化的政治理论，这体现在《列宁与哲学》（*Lenin and Philosophy*）[11.23] 所收录的一篇题为《弗洛伊德与拉康》（Freud and Lacan）的论文中。其中提到，在对政治文本或背景的阅读中，隐喻与多元决定（overdetermination）联系在一起，而转喻被描述为非完全决定（underdetermination）。阿尔都塞的这一关键解释是以拉康在其论文《文字在无意识中的持久性》中对隐喻和转喻的说明为基础的，该文收在 *Ecrits* [11.15] 和 H. J. Silverman [11.72] 中，尤其是后者中的"梅洛-庞蒂论语言和交流（1946—1947）"一章。

[3] 参见 Maurice Merleau-Ponty, *Consciousness and the Acquisition of Language* [11.65]。

[4] 参见 H. J. Silverman [11.72]，尤其是 "Sartre and the Structuralists" 和 "Sartre versus Structuralism" 这两章。

[5] R. Barthes, "From Work to Text" [11.10], 155–164.

[6] R. Barthes, *S/Z* [11.9], 5.

[7] 同上。

[8] 参见 Silverman [11.72]，尤其是第十八章 "Foucault and the Anthropological Sleep"。

# 参考书目

**德·索绪尔**

11.1　*Course in General Linguistics* (1916), trans. W. Baskin, New York: McGraw-Hill, 1959.

**列维-斯特劳斯**

11.2　*The Elementary Structures of Kinship* (1949), trans. from the revised edition by J. H. Bell and J. von Sturmer, and ed. R. Needham, Boston: Beacon, 1969.

11.3　*Tristes tropiques* (1955), trans. J. and D. Weightman. New York: Atheneum, 1974.

11.4　*Structural Anthropology* (1958), trans. C. Jacobson and B. G. Schoepf, New

York: Basic Books, 1963.

### 巴特

11.5　*Writing Degree Zero* (1953), trans. A. Lavers and C. Smith, New York: Hill & Wang, 1968.

11.6　*Michelet*, Paris: Seuil, 1954.

11.7　*Elements of Semiology* (1964), trans. A Lavers and C. Smith, New York: Hill & Wang, 1968.

11.8　*Criticism and Truth* (1966), trans. K. P. Kenneman, Minneapolis: University of Minnesota Press, 1987.

11.9　*S/Z* (1970), trans. R. Miller, New York: Hill & Wang, 1974.

11.10　"From Work to Text", in [11.13], 155−164.

11.11　*The Pleasure of the Text* (1973), trans. R. Miller, New York: Hill & Wang, 1975.

11.12　*Roland Barthes* (1975), trans. R. Howard, New York: Hill & Wang, 1977.

11.13　*Image-Music-Text*, trans. S. Heath, New York: Hill & Wang, 1977.

11.14　*Recherche de Proust*, Paris: Seuil, 1980.

### 拉康

11.15　*Ecrits* (1966), trans. A. Sheridan, New York: Norton, 1977.

11.16　"Seminar on 'The Purloined Letter'", trans. J. Mehlman, *French Freud : Structural Studies in Psychoanalysis*, *Yale French Studies* 48 (1972): 38−72.

### 福柯

11.17　*The Order of Things : An Archeology of the Human Sciences* (1966), trans. anon. , New York: Vintage, 1970.

11.18　*The Archeology of Knowledge* (1969), trans. A. Smith, New York: Pantheon, 1972.

11.19　"Nietzsche, Genealogy, History", in *Language, Counter-Memory, Practice (1971)*, trans. D. Bouchard and S. Simon, Ithaca: Cornell University Press, 1977, pp. 139−164.

*406*    11. 20    *Discipline and Punish* (1975)，trans. A. Sheridan, New York：Vintage，1979.

### 其他著作和评论

11. 21    Allison, D. B. （ed.）*The New Nietzsche*，Cambridge, Mass.：MIT Press，1977，1985.

11. 22    Allison, D. B. "Destruction/Deconstruction in the Text of Nietzsche", *Boundary* 2，8：1 (fall 1979)：197-222.

11. 23    Althusser, L. *Lenin and Philosophy and Other Essays*，trans. B. Brewster, New York：Monthly Review Press，1971.

11. 24    Blanchot, M. "Discours Philosophique" in *L'Arc*：*Merleau-Ponty*，46 (1971)：1-4.

11. 25    Blanchot, M. *Death Sentence*，trans. L. Davis, New York：Station Hill, 1978.

11. 26    Culler, J. *Structuralist Poetics*，Ithaca：Cornell University Press，1975.

11. 27    Culler, J. *On Deconstruction*：*Theory and Criticism After Structuralism*，Ithaca：Cornell University Press，1982.

11. 28    Derrida, J. *Edmund Husserl's Origin of Geometry*：*An Introduction* (1962)，trans. J. Leavey, Lincoln：University of Nebraska Press，1989.

11. 29    Derrida, J. *Of Grammatology* (1967)，trans. G. C. Spivak, Baltimore：Johns Hopkins University Press，1975.

11. 30    Derrida, J. *Speech and Phenomena*，*and Other Essays on Husserl's Theory of Signs* (1967)，trans. D. B. Allison, Evanston：Northwestern University Press，1973.

11. 31    Derrida, J. *Writing and Difference* (1967)，trans. A. Bass, Chicago：University of Chicago Press and London：Routledge & Kegan Paul，1978.

11. 32    Derrida, J. *Dissemination* (1972)，trans. B. Johnson, Chicago：University of Chicago Press and London：Athlone Press，1981.

11. 33    Derrida, J. *Margins of Philosophy* (1972)，trans. A. Bass, Chicago：University of Chicago Press and Hassocks：Harvester Press，1982.

11. 34    Derrida, J. *Positions* (1972)，trans. A. Bass, Chicago：University of Chicago Press and London：Athlone，1982.

11. 35    Derrida, J. "The Deaths of Roland Barthes" (1981)，trans. P. A. Brault

and M. B. Naas, in H. J. Silverman (ed.), *Philosophy and Non-Philosophy since Merleau-Ponty* (*Continental Philosophy-I*), London and New York: Routledge, 1988, pp. 259-296.

11.36 Derrida, J. "The Time of a Thesis: Punctuations", in Alan Montefiore (ed.), *Philosophy in France Today*, Cambridge: Cambridge University Press, 1982.

11.37 Derrida, J. *Signéponge/Signsponge*, trans. R. Rand, New York: Columbia University Press, 1984. (Parallel French and English translation.)

11.38 Descombes, V. *Modern French Philosophy*, trans. L. Scott-Fox and J. M. Harding, Cambridge: Cambridge University Press, 1980.

11.39 Donate, E. and Macksey, R. (eds) *The Structuralist Controversy*, Baltimore: Johns Hopkins University Press, 1972.

11.40 Eco, U. *A Theory of Semiotics*, Bloomington: Indiana University Press, 1976.

11.41 Fekete, J. (ed.) *The Structural Allegory: Reconstructive Encounters with the New French Thought*, Minneapolis: University of Minnesota Press, 1984.

11.42 Felman, S. (ed.) *Literature and Psychoanalysis: The Question of Reading-Otherwise*, Baltimore: Johns Hopkins University Press, 1982.

11.43 Gasché, R. "Deconstruction as Criticism", *Glyph* 7 (1979): 177-216.

11.44 Gasché, R. *The Tain of the Mirror: Deconstruction and the Philosophy of Reflection*, Cambridge, Mass.: Harvard University Press, 1986.

11.45 Hartman, G. *Beyond Formalism*, New Haven: Yale University Press, 1970.

11.46 Hartman, G. *The Fate of Reading*, Chicago: University of Chicago Press, 1975.

11.47 Hartman, G. *Criticism in the Wilderness*, New Haven: Yale University Press, 1980.

11.48 Hartman, G. *Saving the Text: Philosophy/Derrida/Literature*, Baltimore: Johns Hopkins University Press, 1981.

11.49 Hawkes, T. *Structuralism and Semiotics*, Berkeley and Los Angeles: University of California Press, 1977.

11.50 Jakobson, R. "Two Aspects of Language and Two Types of Aphasia", in *Fundamentals of Language*, The Hague: Mouton, 1971.

11.51 Kearney, R. *Dialogues with Contemporary Continental Thinkers: The Phenomenological Heritage*, Manchester: Manchester University Press, 1984.

11.52　Kearney, R. *Modern Movements in European Philosophy*, Manchester: Manchester University Press, 1986.

11.53　Kristeva, J. *Desire in Language*, trans. T. Gora, A. Jardine and L. Roudiez, New York: Columbia University Press, 1980.

11.54　Kristeva, J. *Revolution in Poetic Language*, trans. M. Waller with an introduction by L. S. Roudiez, New York: Columbia University Press, 1984.

11.55　Kristeva, J. *The Kristeva Reader*, ed. Toril Moi, New York: Columbia University Press, 1986.

11.56　Kristeva, J. *Black Sun*, New York: Columbia University Press, 1989.

11.57　Lacoue-Labarthe, P. "Fable (Literature and Philosophy)", trans. H. J. Silverman, *Research in Phenomenology*, 15 (1985): 43−60.

11.58　Lyotard, J.-F. *The Postmodern Condition*, trans. G. Bennington, Minneapolis: University of Minnesota Press, 1984.

11.59　Marin, L. *Utopics : The Semiological Play of Textual Spaces*, trans. R. Vollrath, Atlantic Highlands: Humanities Press, 1990.

11.60　Merleau-Ponty, M. *Sense and Non-Sense* (1947), trans. H. L. Dreyfus and P. A. Dreyfus, Evanston: Northwestern University Press, 1964.

11.61　Merleau-Ponty, M. *L'Oeil et l'esprit* (1960), Paris: Gallimard, 1964.

11.62　Merleau-Ponty, M. *Signs* (1960), trans. R. C. McCleary, Evanston: Northwestern University Press, 1964.

11.63　Merleau-Ponty, M. *The Primacy of Perception*, ed. J. M. Edie, Evanston: Northwestern University Press, 1964.

11.64　Merleau-Ponty, M. *Prose of the World* (1969), trans. J. O'Neill, Evanston: Northwestern University Press, 1973.

11.65　Merleau-Ponty, M. *Consciousness and the Acquisition of Language*, trans. H. J. Silverman, Evanston: Northwestern University Press, 1973.

11.66　Merleau-Ponty, M. *Texts and Dialogues*, ed. H. J. Silverman and J. Barry, Jr. , Atlantic Highlands: Humanities Press, 1992.

11.67　Montefiori, A. (ed.) *Philosophy in France Today*, Cambridge: Cambridge University Press, 1982.

11.68　Peirce, C. S. *Philosophical Writings of Peirce*, ed. J. Buchler, New York:

*408*

Dover, 1940/1955.

11. 69 Said, E. *The World*, *the Text*, *and the Critic*, London: Faber & Faber, 1984.

11. 70 Silverman, H. J. "Phenomenology", *Social Research*, 47: 4 (winter 1980): 704-720.

11. 71 Silverman, H. J. "Phenomenology: From Hermeneutics to Deconstruction", *Research in Phenomenology*, 14 (1984): 19-34. Reprinted, with "After-thoughts", in A. Giorgi (ed.), *Phenomenology: Descriptive or Hermeneutic?*, Pittsburgh: Duquesne University Phenomenology Centre, 1987, pp. 19-34 and 85-92.

11. 72 Silverman, H. J. *Inscriptions: Between Phenomenology and Structuralism*, London and New York: Routledge, 1987.

11. 73 Silverman, H. J. (ed.) *Philosophy and Non-Philosophy since Merleau-Ponty (Continental Philosophy-I)*, London and New York: Routledge 1988.

11. 74 Silverman, H. J. (ed.) *Derrida and Deconstruction (Continental Philosophy-II)*, London and New York: Routledge, 1989.

11. 75 Silverman, H. J. (ed.) *Postmodernism-Philosophy and the Arts (Continental Philosophy-III)*, New York and London: Routledge, 1990.

11. 76 Silverman, H. J. (ed.) *Gadamer and Hermeneutics (Continental Philosophy-IV)*, New York and London: Routledge, 1991.

11. 77 Silverman, H. J. (ed.) *Writing the Politics of Difference*, Albany: SUNY Press, 1991.

11. 78 Silverman, H. J. and Aylesworth, G. E. (eds) *The Textual Sublime: Deconstruction and Its Differences*, Albany: SUNY Press, 1989.

11. 79 Sini, C. *Semiotica e filosofia: Segno e linguaggio in Peirce, Heidegger e Foucault*, Bologna: Il Mulino, 1978.

11. 80 Sini, C. *Images of Truth*, trans. M. Verdicchio, Atlantic Highlands: Humanities Press, 1993.

11. 81 Sturrock, J. (ed.) *Structuralism and Since: From Lévi-Strauss to Derrida*, London: Oxford University Press, 1979.

11. 82 Wurzer, W. S. "Heidegger and Lacan: On the Occlusion of the Subject", in H. J. Silverman *et al.* (eds), *The Horizons of Continental Philosophy*, Dordrecht: Nijhoff-Kluwer, 1988, pp. 168-189.

第十二章

# 法国女权主义哲学：德·波伏娃、
# 克里斯蒂娃、伊利格瑞、勒杜夫、西苏

艾莉森·安利（Alison Ainley）

# 引　言

　　尽管女性成为活跃的哲学家已经有好几个世纪了[1]，但是哲学中一种明确的女权主义立场却在最近才获得认可，部分是因为近些年来对性别政治进行了广泛的讨论，部分是因为女性地位发生了变化。我承认，女权主义在过去20年的发展并不像雅典娜从宙斯的额头中诞生一样[2]，出现时就形式完美、装备齐全。不过为了简明起见，我在这一章只讨论几个当代的知名人物，她们对女权主义哲学作出了很大的贡献，我尤其会关注那些女权主义者，她们的作品要么与欧洲大陆哲学具有交叉性，要么从欧洲大陆哲学那里获得了很多启示。

　　在开篇就应该强调，女权主义哲学思想过去具有多样性，将来也会如此，而且必定不会具有统一的立场。女权主义哲学思考可以来自不同层面、不同视角，这是女权主义哲学具有生命力的原因之一。一般来讲，女权主义哲学思想具有以下几种方式：或者批判哲学家笔下的女性形象（比如，批判叔本华把女性描述成有缺陷的、琐碎的、愚蠢的、短视的[3]；或者批判康德认为女人比起男人来更加感性，且在进行判断时更加谨慎[4]）；或者对过去的女性哲学家进行历史性研究，这些人的作品可能受到了不公正的忽视[5]；或者对哲学学科的组织结构进行政治性批判，以及批判整个哲学就是"男性的"或具有"男性特质的"[6]；或者从女权主义视角对哲学作出积极贡献。[7]女权主义哲学有可能采取所有这些方式，也可能认为其中某些方式是重要的。不过，概而论之，女性主义哲学认为性差异问题在某种程度上是个哲学议题，但由于讨论的出发点不同，女权主义哲学形成了不同的理论化这个问题的方式。说到这里，需要注意的是，不是所有的女性哲学家必定是女权主义哲学家（虽然她们的著作可能具有女权主义的意味），比如，汉娜·阿伦特和西蒙娜·薇依（Simone Weil）是 20 世纪的思想家，但我不会在这里讨论她们的作品。[8]而且，也不是所有的女权主义者都承认哲学与她们的作品有关。

虽然如此，但绝大多数女权主义思想还是受到了新近发展的大陆哲学的影响，并获得了它的支持，借鉴了雅克·德里达、米歇尔·福柯、让-保罗·萨特和雅克·拉康这些思想家，以及像黑格尔、弗洛伊德和海德格尔这些更早的思想家的思想。[9]这些借鉴丰富了女权主义在讨论性差异、主体性和自我、伦理学和认识论时的思考路径。因为上述思想家主要针对哲学学科本身提出质疑（比如，他们认为哲学就是要以独特的方式，围绕真理或知识概念，围绕心灵/身体、精神/物质、有序/无序这些二元对立范畴的使用，围绕等级结构，围绕权力和政治的议题来组织它的研究），所以，对女权主义者来说，他们对寻找理论化性差异的方法很有帮助。

然而，女权主义思想家也严厉地批评了上述这些思想家。有时，这些思想家的作品也重复了一些问题，他们认为这些问题一般而言与哲学学科相关，比如，把女性从哲学家中排除出去，在不思考象征无序和多样性的价值是如何与女性产生关联的情况下将其当成"女性的"，那种"代表"女性说话的倾向。[10]换句话说，女权主义者很关心明显的政治能动性的消失或缺乏，这一点似乎与最近后现代主义中的身份批判理论是一致的。后现代主义者如让·鲍德里亚回应道："女权主义运动和真理的秩序之间有一种奇怪的、强烈的共谋关系"[11]；如果她们认可"女性仅仅意味着外貌。而且正是外在的女性特质妨碍了她们获得男性的深度。如果不去反对这种刺耳的忠告，而是让自己接受这些忠告中的真理，她们会更好，因为这里隐藏着她们力量的秘密"[12]。

像德里达、鲍德里亚以及吉尔斯·德勒兹这样的思想家提出的身份批判意味着，女性在过去的刻板化特征是缺乏能动性，但她们现在倒"已经"处于令人妒忌的处境了，这真是莫大的讽刺。[13] 不过，女权主义者对隐含在 *411* 女性化特征中的被动性一直保持着警觉或怀疑。

在现代主义/后现代主义争论的情境中经常会产生这样的不一致，在面对和反对不可调和的异质性时，女权主义理论家被看成在坚持解放的启蒙观，在坚持身份上的"本质主义者"的观念，而阴性特质"纯粹"只是表面。然而，我相信，下面要讨论的女权主义思想家有一套精妙而复杂的方法来对付政治问题，她们不会被轻易地置于这种要么/要么式的争论中。她们除了在哲学语境中提出性差异问题外，也提出了理论和实践/生活经验的联系（或缺乏联系）的问题——女性就是这样的人（处于其他人中间），在她们的头脑中，这样的讨论似乎经常发生，而且她们注定能作出自己的贡献。

## 西蒙·德·波伏娃

西蒙·德·波伏娃可能是 20 世纪最知名的女权主义哲学家。她与让-保罗·萨特保持着终身的关系，总的来看，他们既在精神上互相启发，又是伴侣关系。[14] 德·波伏娃讨论道德含义以及存在主义社会情境的作品，比如 1947 年出版的《模棱两可的伦理学》[15] 对萨特产生了影响，这种影响可以从他的理论转向上被觉察出来。在《存在与虚无》[16] 中萨特关注的是个人意识，而他的后期作品则更多讨论集体或情境化的问题。德·波伏娃在 1949 年出版的那本最有名的著作《第二性》（*The Second Sex*）[17] 中，继续讨论了这些她感兴趣的主题。这本书被看成社会关系崩溃的预兆，惹得评论家把自己的愤怒都撒在这本书上。不过，考虑到戴高乐（De Gaulle）只是在此书出版五年前才给予法国女性选举权，我们就不应该低估这本书的激进影响。

　　《第二性》是一本博大精深的著作，书中涉及了文学、神话和宗教、生物学理论、社会和经济发展的解释（马克思主义和心理分析）以及存在主义哲学。德·波伏娃的目的就是要提出"什么是女人？"[18]的问题。正是因为她煞费苦心的分析揭示并提出了压迫的本质以及对女性的排斥，所以这本书在女权主义思想史上具有重要意义。不过，把性差异问题提升到哲学议程上，从存在意义上探索个体自由的社会情境，这都得力于德·波伏娃。萨特、梅洛-庞蒂和其他存在主义思想家都认为，性这个议题在哲学中受到了极大的忽视，但德·波伏娃的作品一直坚持质疑性差异与哲学上的身份概念的关系，米歇尔·勒杜夫称这种坚持为"一种典型的不合时宜的才能"[19]。德·波伏娃指出，性不只是被"加到"人类身上，而是在理解个人存在的意义中发挥着基础性的作用：我们都是"具体化的"。

　　可是，她拒绝用那些赞成"本质主义"身份概念的解释来理解性差异，不管这种差异是在性（男性的/女性的）的生物学差异中找到的，还是在"永恒的女性特质"也就是一种理想的女性特征的"本质"中找到的。[20]她之所以拒绝这些解释，首先是因为她把个人看成动态的、一直在为获取自由而斗争；其次是因为她担心，表明有一种女性的"本质的"特征会把女性局限在有问题的受压迫的身份中。对存在的自由这一理想来说，这种身份是不能接受的，而且，对女权主义者来说，这种身份也是不能接受的，因为她们声称，女性在这个世界上应该有同样的机会去自由地从事各种活动。德·波伏娃在书中所列举的历史证据有力地指向了这样的事实，即一般来说，男性拥有更多这样的自由，而女性没有。

　　德·波伏娃采用存在主义的思考方式，关注个人自由问题、个人进行选择的能力以及个体与个体在社会关系中产生的冲突。她认为，《第二性》是"一种存在主义伦理学"[21]，并因此同意萨特的观点，认为对个人来说，需要"自由地从事所选择的事业"[22]。萨特式个人是努力使自由最大化的个人，他或她清醒地意识到自己在他人的意识中作为客体存在着，对努力争取自由的个人来说这是有破坏性的客体化。个体可能陷入对他者——有自己的事业和将个人客体化的能力——所呈现的决定论反对中。这意味着社会关系具有内在冲突性，基本上就是支配与服从的关系。对德·波伏娃来说，自由应该作为一个开放的领域得到维持,这一点很重要,因为正是它赋予了个人存在的意义。可是,她旋即又对表面上的个体中立性以及存在主义者假定的个体拥有人类自由与自治的平等起点提出了质疑。她指出,女性并不是站在中立的、自治的起点上,而是已经处于被决定和被客体化的处境中,成为了他者。"定义和区分女人的参照物是男人,而定义和区分男人的参照物却不是女人。她是附属的人,是与主要者相对的次要者。他是主体,是绝对,而她则是他者。"[23]

存在主义个人的自由马上就被社会建构的男人和女人的角色损害了。女性除了拥有平等的个体所拥有的许多中立的可能性外,并不能实践她们的自由,因为她们已陷入一系列事先给定的假设,这些假设界定了提供给她们的各种可能性的范围。

这似乎表明,如果不可靠性指的是不能使自己的自由最大化,那么女性就因为她们的生理性别而命中注定是不可靠的。女性处于第二性的处境。她们的存在通常与她们的性别混在一起,而男性则不会如此。而且,她们似乎更加被局限在身体或客体上。

德·波伏娃承认,生物学的因素在身份的形成中发挥着重要的作用(我们寓居在我们的身体中),但她认为,这不能被用来决定某人的命运。女性在生殖中的作用已经让她认同了这个角色,但随着社会的发展,比如像生育和医疗技术的提高,生殖就不应该再限制女性追求自由的能力。德·波伏娃认为,从生物学的视角解释性差异的问题在于,它可能会本质化男性和女性,把人分成两种类型或两种本质性的身份。[24]两性之间的有些差异(比如体力上的差异)可能是可以察觉的,但是没有理由赋予体力更高的价值。这些价值依赖社会情境,因此是可以修正的。

德·波伏娃可能希望把自己的观点和"生物即命运"区别开来,但她常常似乎把生物因素也一并抛弃了。如果女性被严格定义成"纯粹的"身体或者母亲,那么就必须克服这些限制,保证女性能实现她们有意识的选择。不过,德·波伏娃在试图颠覆生物决定论时,并没有总是考虑对厌女主义这种针对女性身体的不良口味回应到什么程度。"有一种表述很精致的说法,它认为女性具有'腹部的弱点',她们体内有一种敌意的成分,这是真的——

是这个物种在吞噬她们的活力。"[25]

　　她的这些看法是在努力摆脱本质主义或生物学主义，并肯定自我决定的需求。但是，德·波伏娃也认为，即使女性的经验没有男性的经验那样具有独立性，女性自己的经验也仍然是重要的，应该得到认可。她认为，性交结束后，男性会很轻松地再一次回到他们的个体性上，但女性会觉得自己与生物性具有更多的"联系"，而且更加具体，对她们来说，她们负有生殖的责任——这是她们自己"内在"的经验。[26]德·波伏娃一方面致力于超越和自由这样的主题，另一方面又认为女性更内在地"寄居在"她们的身体中，这似乎表明，女性被置于一种不可能超越她们身体的处境。它也表明，如果女性不寻求超越的话，她们就是"不可靠的"或因恶劣的想法而感到羞耻。可是，如果她们寻求超越的话，又是一项注定失败的活动，因为她们居然想逃避这种内在的"女性化的"领域。[27]这种矛盾使得有些女权主义者认为，德·波伏娃要么是本质主义者，要么就在表明，性身份是文化建构的。事实上，德·波伏娃似乎处在这两种位置上，这种张力部分能从她的存在主义框架中找到原因。

　　德·波伏娃为了与她最初理解压迫的社会主义视角保持一致，似乎真的把两性之间的不平等定位在社会或文化的情境中。像"女人不是天生的，而是生成的"[28]或者"身体不是一件事物，而是一种处境"[29]都倾向于支持这种解释。从这个层面上说，她关心的是确保不平等是可以得到诊治的，是可以与之进行斗争的。她拒绝接受下面这样的看法，即任何生物学的或本质主义的理由都能被用来妨碍女性克服她们的"二等"处境。意志的纯粹作用、广泛承认女性的自由与选择（男性也必须承认这些）以及具备多种选择的可能性，这些都会为两性带来更大的平等。这种毫不妥协的立场使她严厉指出，女性必须努力超越她们身上的决定性因素，实际上就是表明，女性"不要做共犯"使自己成为男性的他者。她的目的就是鼓励女性确认自己的自治能力，鼓励她们投身可以发展自己身份的事业。德·波伏娃也因为明确表明，女性只有变得更像男性时才能获得平等而受到批判。之所以如此，部分原因在于，她的分析框架影响她对重要事业的认定，这种框架本身仍然能被理解成男性化的——强调松散的家庭联结以及对受承认的（付酬的）劳动的需要，这种劳动有可能特指个体的具有创造性的艺术家的工作。不过，她也表明，即使在这个领域内的完全平等也不能消除所有两性间的差异，女性仍然会对她们自己的性有独特的理解。[30]

## 德·波伏娃之后

法国女权主义理论对他性的理解越来越复杂，这完全可以归功于德·波伏娃对作为他者的女性所进行的分析。女权主义者努力把那种有力的政治批判和对身份的分析结合起来，前者关注性差异，后者则从后结构主义和心理分析理论中发展而来。对身份的分析注意到自我容易受欲望结果的影响，注意到身份具有社会与文化建构的特征，隐含了政治批判所涉及的语言与意义系统。[31]

*415*

许多女权主义者不只是把变革和解放的事业定位在现有的政治与文化实践中，她们也让这些实践处于持续的批判中，质疑意义的具体建构，质疑权力与政治学这样的概念等。德·波伏娃强调为平等与自治而斗争所需的强力意志和自我控制，后来的理论家提出了平等的本质以及自我控制能发挥到何种程度的问题。在这方面，女权主义的身份批判与心理分析理论达成了一致，前者被看成理性的或男性化的，后者用心理动力取代了意识，并质疑主体的认知特权问题。那些动力被看成无处不在的、令人不安的，它们出现在表征和语言系统中，被理解成从语言学意义上回应欲望的过程。这种理论——它的形成部分是受了拉康关于建构主义和心理分析的著作的影响——把差异看成一种关系，这种关系不仅在自我和他者两种主体间运作，而且作为意义系统内的成套的差异关系而运作，这些意义系统规定并创造了意义。这种扩展后的差异意味着，表面上统一的或一致的术语是通过排除与压迫的过程来运作的，它堵塞了与其他术语的关系，或者阻断了对其他术语的依赖。分离的或自治的身份明显被"他性"瓦解或破坏，像"真理"或"知识"这样的概念也受到质疑。

因此，坚持身份是理性的、自治的，坚持真理概念是客观的、独立的就被看成一种对疆域的捍卫，其手段是排除他者。在"正常的"知识或身份圈子之外的东西，就被界定为疯狂、混乱、黑暗或无知，两者的交界处成为永恒的权力斗争的场所。许多思想家也注意了受排斥的他性与女性特质之间的那种象征性的等同关系。不管这种关系是否被表达清楚，作为他性的女性特质都被看成多元的、矫饰的、排他的，然而它也有能力打破局限，破坏现状。

那样的关系是建立在性差异（男性/女性或男性特质/女性特质）之上的，并被极端化为自我/他者、智慧/无知、精神/肉体的两极对立。德·波伏娃使得从女权主义视角来审视这些对立成为可能，使得政治化这些两极对立的等级制安排成为可能。因此，开始从权力的不平衡来分析表面的中立性。不过，德·波伏娃在讨论一种可能的女权主义实践时，保留了她存在主义的/人道主义的分析框架，而其他的女权主义思想家则接受了对人道主义主体——被不守规矩的欲望的力量和权力结构所包围，并受到它们的交叉影响——的批判。像朱丽娅·克里斯蒂娃、海伦·西苏（Hélène Cixous）或露丝·伊利格瑞（Luce Irigaray）这些思想家受到了来自黑格尔、萨特和海德格尔的对他者的理解的影响；她们也受到德里达的影响，德里达认为西方思想是男根崇拜中心主义（phallo-logo-centric），并特别集中讨论了一种充斥着男性价值观的真理理论。此外，福柯对权力与知识之间关系的分析也影响了她们；她们也受到拉康关于性、语言和身份理论的影响。[32]

心理分析理论已经被证明对女权主义理论是有用的，原因在于它能表明身份与性在多大程度上是由冲突的、无所不在的决定力量建构的，它也能表明那些力量渗透进了心理的结构。[33]同时，还有一种认知是，那些表面上中立的结构和经济具有一种内在的性的特征。因此，在某种层面上，它为身份建构提供了一种概括性的解释，这种解释是跨文化和跨历史的。尽管这种分析带来了普遍化身份的风险，但它的确赋予了某种分析性差异的力量：占主导的结构把性分为两种本质上不同的类型，正是在这个层面上这种占主导的结构可能需要接受挑战和处理。可是，这种内化的结构所暗示的决定主义，在某种程度上也被无意识这个概念抵消了。无意识的作用就在于不断提醒内化过程的全面失败，正如杰奎琳·罗斯（Jacqueline Rose）说的那样：

416

"在心理生活的核心抗拒身份。"[34] 心理生活的分裂、力量以及分化对统一的身份概念施加了压力，在更大范围内重新表明统一的身份不能完全适应各种规范。从象征性意义上说，这种失败、否定、流动性或不成形的时刻注定与女性特质结合在一起。正像罗斯表明的那样，女权主义者可能承认某种与她们自己的事业——"在适应规范性方面的象征性的失败"[35] 以及它所暗示的抵制——的相似性。

拉康认为，意义的整个社会和文化情境，也就是象征性秩序，是以象征性的女性特质/母职处于压迫或抑制状态为前提的。象征性的他性代表过度的、远离中心的、欣喜若狂的以及超越或外在于占主导地位的意义秩序，它让拉康认为"女性并不存在"[36]。不管这是前俄狄浦斯时期的母亲还是典型的女性特质，不管这是理想的女性还是黑暗的否定性的缺乏，正是在这个过程中，这些领域被指认为他者或他性。他者或他性使得占主导地位的意义获得了对真理、单一性以及权力的把持。可反讽的是，这样的他性是这样一种经济的隐藏的基础或不被承认的轴心。

拉康理论构架的这种结构表明拉康的理论构架明显是非女权主义的。不过，拉康给予了女性或女性特质某种力量，即破坏意义系统的可能性，虽然除了不断地破坏、忘却和移动，并没有从事任何事情的能力。他说："我相信到目前为止女人的愉悦还有许多没有说清楚，除非我充分解释了愉悦，否则你无法看到那些没有说清楚的地方。"[37] 受拉康影响的女权主义理论的力量可以被理解成一种"受压制者的回归"[38]。拉康所排挤的这种不可名状的、无法表征的女性愉悦被看成一种瓦解和破坏稳定性的力量，它使固定的东西变得不稳定，尤其在性的刻板印象领域。

417

## 朱丽娅·克里斯蒂娃

朱丽娅·克里斯蒂娃的著作具有跨学科性质，她吸收了语言学理论、马克思主义、哲学和心理学的思想，是一个多才多艺、涉猎广泛的思想家。虽然许多女权主义者看到了她著作中的潜质，即可以用来批判西方思想以及理解身份问题，而且她确实讨论过"女性特质"问题、文化中如何表现诸如"母亲"这样的人物形象或中国妇女这样的主题，但她认为自己是一个文化批评者和分析家，而不是一个女权主义思想家。克里斯蒂娃 20 世纪 60 年代中期从保加利亚来到巴黎时，随身带来了一种思想的混合体，即左翼政治学与受俄国形式主义影响的文学批评方法的混合体：简而言之，她对意义和社会结构持一种唯物主义的立场，这种调和受到她对美学和文化实践的承诺与想改变压迫的条件的渴望的影响。[39] 贯穿其著作的共同主题是对语言、政治学以及性身份的兴趣，这些主题最初出现在她的博士论文《诗歌语言中的革命》(*Revolution in Poetic Language*，1940)[40] 中，那时，她想在拉康精神分析和结构主义的框架下发展出身份形成的理论。在这本书中，她的主要关切在于理解语言的结构性影响而无须消除语言创造性的、诗意的、边缘性的特征。然后，她把自己的理论和对那些处于边缘但却具有革命力量的政治解释结合起来，她对先锋派诗人的分析就是很好的例证。

克里斯蒂娃将多种理论视角进行了复杂的重组，表达了她对唯物的/语言的力量的理解，这些力量在不断破坏身份，但却仍然寓居于肉身之中。她认为，身份是在不同社会位置间的那种不确定的、动态的关系中形成的，人们可以根据象征性秩序中的社会和文化含义来理解社会位置。同时，身份是一种否定的力量，在不断破坏着这样的社会位置。因为各种原因，她的分析引起了许多女权主义理论家的强烈兴趣。首先，她重点批判了把身份视为固定的或本质的概念的看法；其次，她证实了意义与性是被建构的，在形成身份时，现有的定义、刻板印象和文化角色具有决定性的或限制性的影响；最后，她确信，一种跨越式的力量如果被激活的话，就能对有问题的社会/文化情境产生破坏性或革命性的影响。她对"过程中的主体"[41] 的解释分析了主体形成所涉及的代价，但这种解释也暗示了颠覆理解性差异的主流形式的方法。对女权主义理论家来说，一方面，克里斯蒂娃似乎在调和本质主义，因为她认为主体的"位置"是在意义持续的辩证中被创造和破坏的；另一方面，她又拒绝传播主体性只是受到语言影响的观念。

对克里斯蒂娃来说，拉康"回到弗洛伊德"（他对弗洛伊德进行了重新理解）[42] 之所以重要，原因在于他把关于性和身份形成的理解由生物学转向了语言学。她认为，这种转向会带来理解身份的不同方式。如果性差异暗含于概念框架本身之中的话，那么克里斯蒂娃把语言理解成意义的生产和分解过程的转换，就使她有潜能灵活讨论身份形成的问题。就性差异具有流动的自由性来说，弗洛伊德式的解释把焦点放在可见的/生物学的结构上似乎过于限制在象征性的领域（许多要实现的潜在的社会位置或社会角色）了。但在一些情况下，都只是有关性差异形成之术语的转换而已。拉康指出，文化参照的框架是产生任何关于性差异的解释的唯一场所，这种观点意味着否定了任何简单化的生物学起点。既然差异被看成是由意义系统生产出来的，那么就不能对肉体进行纯粹生物学的理解，因为不可能承认肉体处于意义系统之外。这是想象发展的基础，想象的领域割裂了对身体完整的认知，使得想象与身体的关系成为一种隐喻的或"形态的"。如果身份被看成建构而不是被看成时间范畴内的心理的—身体的发展的话，那么关注的议题就会从解剖学上的差异（在发展过程中，差异出现在哪个点上？）转向了这样的问题，即在象征性体系内那些差异意味着什么，以及在什么程度上这些差异是可以颠覆的。可是，因为拉康否认有任何可以接近"他者"领域的办法，所以对他来说，有的只是各种已经存在的性差异的概念，但从骨子里说，这些概念本质上是"男性的"（因为它们是在象征性体系内被创造出来的）。[43]

対拉康来说，与母亲身体的原初关系是流动的、多元的，是未受到影响的愉悦领域，但是身份要建立起来，就必须压制这种关系。成功消除这种未分离的领域，就可以成功地进入象征性领域，就可以认同社会/文化意义中的男性的或父权制的价值。为了获得语言能力，为了获得在象征性体系中的一席之地，就要以失去进入语言之前的狂喜的、无意识的愉悦为代价。可是，克里斯蒂娃认为，压制这种"他者"领域的努力永远不可能完全成功，他者的领域会继续冲破或进入象征性秩序，在那里，其结果会被身体感知为令人愉快的破坏。象征性地看，那样的破坏就意味着前俄狄浦斯和女性特质。

这种理解主导了克里斯蒂娃著作中有关女性特质的核心观点。如果身份的建构是在语言层面上进行的，但这一过程又总是受到他者领域的"语言"的入侵，那么身份的稳定性就值得怀疑了。也许坚持语言的破坏性因素而不是建构性因素，就可以产生一种具有足够突破性的主体概念，允许它再次系统地表达自己，但这样的表达也许会偏向男性特质也许会偏向女性特质，谁确定呢？

克里斯蒂娃批判了那些认为语言是同质的且具有内在逻辑一致性的理论家。她似乎在内心把在索绪尔和乔姆斯基著作中以及在拉康象征性秩序中发现的交流、同意和胜任能力摆在了优先地位。比较起来，克里斯蒂娃主要关注语言的"边缘"，即语言似乎不起作用的地点：疯狂和精神分裂症的"病理学"、先锋派奥妙而令人费解的诗歌以及女性的"歇斯底里症"。她以一种不同于其他语言学家——他们从传统意义上来理解这些语言形式——的方式将以上这些方面进行了理论化，但并不成功。如果强调语言的正规的实践，那么人们就会根据这些偏离的实践与规则的一致性或根据它们对规则进行的傲慢性思考来判断它们。结构主义语言学家把与"主观的"因素的关涉降到了最低点。克里斯蒂娃试图确认一种关联性，但是正如她清楚表明的那样，她感兴趣的是一种生产性的、动态的关系，而不是一种静态平衡的关系或一种人道主义主体的复兴。

集中关注节奏、重复、省略和置换这些领域，强化了过程中的主体这个观念，而不是强化了一个理想的陈述者，因为这种集中关注关切的是那种很明显的失败，而不是维持一种统一身份之努力的成功。这种集中关注也表明，"他者"领域在某些点上通过自己的影响是可以被察觉的。

克里斯蒂娃"符号学"和"阴性空间"的观念显现了她试图将这种不可理论化的、前话语的领域理论化，这一领域是根据"空间"的术语来描述的，或者说这是一个避免把自己依附于发展阶段的领域。她在写作中把符号学当作一种原初的写作模式或身体的意指，虽然这不是一种严格意义上的精确描述，因为它关注的是"一个还没有被构建的主体的身体"[44]。不过，这种前意指的意义是一种身体的文本性，它更是经验性的而非意义性的。"我们在希腊语意义上理解符号学这个术语，σημεῖον 等于清楚的印痕、痕迹、标志、预兆性的符号、镌刻的证据或书面的符号、刻痕、痕迹以及图案。"[45]它是一种能量的有序化，这种有序开启了表征的铭刻符号，也开启了表征的条件。它被假设成以文本性之可能性为基础的物质性力量和节奏，

*420*

它被假设成联系感觉和运动的心理能量的镌刻,它是进入语言之前的预备工作。这一空间虽然还没有完全被差异化,但也不能被说成同质的,"心理印痕"穿透了这个空间,这个空间一直处于运动的状态。克里斯蒂娃把它命名为"阴性空间……本质上是运动的,由运动以及运动临时性的静态平衡所构成一种非常临时性的表述"[46]。

阴性空间这个概念被置于"优先于"意义的位置上,我们不应该认为它表达的是一种必然的时间上的年代顺序,因为相对于时间顺序和地理空间来说,这个领域是象征性意义上的"他者"。因此,即便给它一种明显古老的、源初的身份,它也未能成为一种具体化的起源,这种具体化的起源是从象征性领域中的主体那里分化出来的。这将复制克里斯蒂娃要抵制的一种二元化;不同的术语并不具有同等地位,只有从已经处于语言中的位置来反省时,起源的观念才会被重新建构。事实上,克里斯蒂娃明确地批判了拉康,因为他使得母亲的压迫性成为主体性的条件。她注意到阴性空间与女性特质或母职的概念具有象征性的联结,她利用了这些预见到的联结关系,是这些联结把起源的观念等同于源初的母亲。"这个地方没有主题,也没有位置,意义通过这个过程得到建构。柏拉图在谈到这个接受器或阴性空间繁盛的生命力或母职时,领着我们走向这个过程。"[47] 可是,在一种重要意义上,符号学与象征性秩序处于对立中:符号学是抵制和破坏的场所,然而象征性秩序的组织正好与符号学形成了对照。克里斯蒂娃利用了他者与女性特质或母职的等同性,这是为了表明牺牲过程包含身份的建构,也是为了表明以一种更具有创造性的方法,固有的暴力如何可以变得不那么令人感到痛苦或者如何可以得到引导。

克里斯蒂娃虽然把他性和女性特质置于同一个平面,但对她来说,这种等同并没有构成女性的替代性身份,也没有产生一种特别女性的或女性特质的语言。可是,为了与象征性秩序那种限制性的影响作斗争,还是有许多方法可以使它这种破坏性的影响达到最大。在克里斯蒂娃早期的著作中,先锋诗人和政见不同者是关注的重点,但后来她认为女性是潜在的破坏者。

*421*　　　父亲对无意识没有明言的东西,被符号和时间所压抑的东西都

作为真理表现出来（什么是真理，这没有绝对的答案，难道不是被言说的里面未被言说的那些吗？），而这种真理是作为女性形象被设想的。令人惊讶的真理就是：它在时间之外，没有过去也没有未来，既不真也不假；它深藏于地下，既不会假设为自明的，也不会进行判断。它在能重新建立自己之前，拒绝、悬搁、打破象征性秩序。[48]

克里斯蒂娃认为有三种方式可以理解这种奇怪的真理："愉悦、怀孕和边缘化的演说，通过这些方式，这种被象征性秩序伪装并隐藏起来的'真理'，和它的同情心、时间一起在女性那里发挥作用。"[49]在这里，克里斯蒂娃把"这种警觉，也称之为道德的"[50]与作为"他者"的女性特质和母职的比喻联系起来。这是一种批判性的、破坏性的道德，与抵抗主体固定性的能力和保持它的批判性的能力有关，同时又要寻求一种表达那种"他性"的方式。

相反，拒绝所有的角色是为了把这种无时间性的真理——大象无形，既不是真理，也不是谬误，对我们的愉悦、我们的疯狂、我们的怀孕的回应——召唤进言语的秩序，召唤进社会象征主义的秩序。但又能怎么样呢？通过倾听，通过承认言语中未被言说的，通过时刻注意那些不满意的、受压制的、新的、古怪的、不可理解的来扰乱现状的东西。[51]

这里，她似乎在表明，伦理的定位不再完全指进行系统的阐释，也不再企图获得有关行为准则、规章和律法的完美性。主体的破坏性行踪在发展过程中通常会得到重新书写，除非这些行踪也能得到解释，否则这些事业注定就是要对同样的基础不断地进行翻新。就与表意过程的关系来说，位置的不断突破和更新带来了新的实践的可能性，它在思考的边缘地带得以形成。

在母职那里，克里斯蒂娃找到了上边谈到的伦理边界位置的隐喻性表达，并赋予母职颠覆的力量，但它仍然是具体化的。母职意味着一种对象征性秩序突破和中断的可能，它居于中心位置，但具有破坏性，是静态平衡和动态之间、循环的/永恒的时间与话语的/语法的时间之间的一种扰乱。在她的论文《圣母悼歌》（Stabat Mater）[52]中，文本之诗意的、左手边的（邪恶的?）"他者"那一面跨入了按历史和年代顺序划定的母职版图。从文本上看，这一点对应着对母亲进行隐喻式书写的方式，作为身体被置于意义中，但却已经是分裂的、分离的、令人愉快的。"异质性没有被包含在任何律法之下。"一个空间向不同的主体敞开了，但仍然保持着女性的具体性。这种*422* "异端伦理学"（她的—伦理学）不是建立在对律法的逃避上，而是建立在丰富它的基础上。"现在，如果当代伦理学不再被看成与道德是同一的，如果伦理学要实现的不是逃避律法那些令人尴尬的、不可逃避的问题，而是赋予它肉体、语言、愉悦——那么在这种情况下，它的系统表述就需要女性作出贡献。"[53]克里斯蒂娃对圣母玛丽亚的角色采取了类似的分析立场。在《圣母悼歌》中，她深受玛丽娜·华纳（Marina Warner）的著作《全她性的单一性：圣母玛丽亚的迷思与崇拜》（*Alone of All Her Sex：the Myth and Cult of the Virgin Mary*）[54]的影响。克里斯蒂娃表明了圣母玛丽亚是如何成为希伯来人和希腊人之间象征性的联结轴心，并成为贞洁和母职之间的联结的。在一个未受决定的时刻，这个人物为这两种传统也为理解女性呈现了一种潜在的、模糊不定的场所。一个神圣女性人物的出现，对希腊的逻各斯和犹太人的一神教造成了潜在的破坏，她处于宗教的中心，却既不是这个也不是那个。但是，这种危险的模糊性被用来实施控制，进行综合，原因就在于贞洁因素成为一种纯粹的、神圣的禁欲主义，而母职则通过生殖保持了共同体的连续性。这种未受决定时刻的凝固建立起一种理想，在典雅爱情中充斥着这种当时存在的理想的贞洁性以及理想的富有奉献精神的母爱。这种不可能的圣母的统一体不仅在父权制文化中得到传播，而且成为西方爱情关系的原型。在克里斯蒂娃看来，为了维持永恒的男性特质的理想，无论这种理想是律法、共同体还是主体，人们在贞洁中消除愉悦，通过母亲的生殖又开启这种愉悦，这包含着断裂的危险时刻。

这种母性的形象是浪漫情感的缩影，一个绝对宁静的偶像，理想的而没有任何烦恼，她在所有文化中都是作为一种升华机制在起作用。不过，克里斯蒂娃表明，母性的"温和的平衡机制今天似乎正处于坍塌中"，"现代性的心理之痛"在于"不能通过当代的符码来驯服母性"[55]。因此，这种现象揭示出，即使试图掩盖这种分裂也无法把两者包容起来。

虽然克里斯蒂娃把主体描绘成"一个开放的体系"，不过，我并不认为她承诺要否认性差异或"消除"主体。但是，她的确表明，在女权主义的话语中也可以找到这种可能导致对身份进行形而上学的假设的社会位置。这可能是她对各种与她自己的社会位置不一致的女权主义的社会位置采取不必要的严厉态度的原因，即担心再次引入曾让女性进入"牺牲或暴力"领域的本质主义的主体。如果这是对女权主义理论的挑战，那么这是女权主义理论所需要的批评吗？许多研究克里斯蒂娃的女权主义作者发现她对女权主义的攻击是令人不快的，尤其当这些攻击似乎是作为"理论皇后"，从一种明显有权力的位置上被表达出来时。不过，有时候，她的著作和女权主义讨论身体议题的方式是一样的，都对差异持一种激进的视角，对身体性提供了一种潜在的重新思考。正如罗西·布雷多蒂（Rosi Braidotti）所表明的那样：

> 那样被定义的身体不能被还原到生物学意义上，也不能限定在社会条件制约的过程中。通过一种新的"身体唯物主义"的形式，身体被看成一个界面、一个入口、一个物质与象征性力量重叠的领域；它是一个平面，权力和知识的多重符码被镌刻其上；它是一种建构，改变并利用那种具有异质性、断裂性的能量。身体不是一种本质，因此也不是解剖学上的宿命。[56]

## 露丝·伊利格瑞

和克里斯蒂娃一样，伊利格瑞具有语言学、心理分析、哲学和女权主义理论的背景，目前在从事心理治疗或心理分析。不过，她在这些领域的一系列预设和克里斯蒂娃的预设非常不同，因此两人的结论也相当不同。

伊利格瑞1930年出生于比利时。她最初从事心理语言学的研究，尤其研究那些被确诊为患有精神分裂症和老年痴呆症的人的语言［参见首次出版于 1986 年的《言说/语言从来不是中立的/中性的》(*Speaking/Language is Never Neutral/Neuter*)[57]中的文章］。在关注这些好像被语言"控制"了的人的身份的失去或缺乏时，她的结论让她比较了女性的处境与语言的关系。分析的过程被理解成两个谈话者的对话。伊利格瑞注意到，很多因素在她的一系列研究中都非常重要。第一是在对话过程中作为可能的社会位置而形成的身份的出现。第二是在言语中被戏剧化或被设立的差异（尤其是性差异）。第三是一些语言的语法表达在那里开始分化的关键点，以及处于这个位置的谈话者的经验。她集中讨论了主体性的脆弱性，试着为主体性找到一个地方以对抗当前交流中的破坏性机制。不过，她关心的不是复兴人道主义主体，而是一种语言的批判以及思考什么将自身呈现为中立的或中性的。

伊利格瑞的这项研究结合了她对拉康心理分析的理解，也结合了她对结构主义身份建构的理解，目的是要清楚地阐明她看到的牺牲文化以及女性在这种文化中的处境。她试图发展出一种替代性的策略来允许"阴性身份"获得（一席）位置，但这种试图遭到了广泛的误解。虽然她通常被理解成要确定一种女性身体的语言，不过很明显她是从文化和社会结构层面介入的。她的确暗示，话语的主导形式和男性的性是"同质的"，这是一种很难理解或翻译的关系。不仅表征其模式而且关系本身被理解为隐喻或转喻。如果这种关系在过去处于支配地位，那么有可能存在一种从形态上暗示了女性身体之意象的话语的形式吗？在《此性不是同一性》(*This Sex Which Is Not One*，首次出版于 1977 年)[58]中，她使用了这种"假定的"形式，这导致人们认定她是在"书写身体"。其实，因为她认为思考性与语言问题的方式通常是独白式的或"男根崇拜中心主义的"，因此使用这种模式只是策略上的干预。在她后来的作品中，她似乎更为关心当下的社会结构以及语言的实践，而不是发展一套完整的替代性的女性语言。在她最近关于语言运用和性差异的经验研究中，从事后的立场来看，似乎是支持了她早期作品中的这种分析。不过，这并没有影响她努力修正一种不那么糟糕的对性差异的理解，或者我们可以说，她是在创造一种不那么糟糕的对性差异的理解。

在《性差异的伦理学》(*The Ethics of Sexual Difference*，首次出版于1984 年)[59]一书的开头部分，伊利格瑞表达了她对性差异的看法，认为这是我们时代最吸引人的议题，差异问题有潜力成为"我们智识层面的救星……创造一个关于思想、艺术、诗歌和语言的新时代；创造一种新的诗学"。不过，她暗示，在哲学、政治学、宗教和科学领域，同一性被迫反复得到重申，这种体系化的反复阻碍和限制了这一事件的发展。对同一性基础的这种重复或再加工在许多情境下都很明显，伊利格瑞列出的单子包括"消费社会、话语的圈子性、我们时代的各种不治之症、词语的不可靠特征、哲学的终结、宗教上的绝望或退步式的回归宗教、科学帝国主义以及并没有拿人当回事的技术，等等"[60]。在伊利格瑞看来，这种重复有助于取消或抹掉一种可能清楚表述他者的方式。她认为，在质疑性差异时能产生最清楚明白的阐述。她之所以如此看重性差异，除了她那种明显的女权主义视角外，还在于她对心理分析话语进行的具体借鉴，尤其是她对拉康著作的理解。虽然她使用了心理分析的框架，但她的工作也是对这种框架的策略性远离，或者试图从内部来颠覆这种框架。她暗示，心理分析把（普遍化的）父权制的身份形式理解为建构，这使得从理论上探讨性和身份成为可能。她集中讨论诸如身份、哲学话语等概念的建构性特征以及它们所具有的多重含义。她能通过对这些概念的历史考察诊断出其中的偏见，能指出这些力量在心理层面上无所不在的影响。她也能对诸如排斥或压迫这些建构所具有的破坏性特征进行持续批判。她把自己的作品看成西方理论的"挤压机制"[61]，这是一个分析和揭示幻觉、投射和压制的过程，它们一直以来被看成自然的或必然的。她的这本著作具有彻底性和激进性。

*425*

> 关于性差异的著作要出现的话，思想和伦理学的革新是必需的。我们必须重新解释主体和话语、主体和世界、主体和宇宙、微观和宏观……之间的整个关系。为了思考和体验这种差异，我们必须再次思考空间和时间这整个问题。[62]

如果那些看起来是基础性的概念被证明是建构的话，那么就有可能在未来去修正或改变它们。对伊利格瑞来说，心理分析理论的有用之处部分在于，它能把男性特质和女性特质的象征性意义作为一对术语来分析，这对术语体现在各种各样的关系中，结果在概念化的过程中符号化也搅了进来。毕达哥拉斯学派对立表中常见的对立与对解剖学上的两性差异进行的象征性阐释是一致的，而且有意思的是，统一的、并不冲突的、同质的术语占据了主导地位。在不同的体制中和不同的层面上，排除和审查这两种方式开始运作，以女性特质为代价将男性化的术语置于优先位置，然后这个运作过程本身变得不可见。现状以一种古怪的暴力方式，即通过排斥女性特质或将女性特质定义成客体、物质、劣等的得到维持。至于主体性、男性/女性力量或价值可能就与男人和女人的性一致了。但她建议，虽然主体性这个概念呈现的方式是中立的，但这个概念本身"已经被男性特质挪用了"。正是因为那种二元结构建立在压制和否认的基础上，所以维持这种局面的张力就不可避免地出现了。而且，断裂、失败和破坏表明有这样一些空间，通过这些空间，女性的潜能开始被挖掘出来。伊利格瑞正是通过理解和把握某种时间上的同步性的缺乏，从而锁定了自己的研究主题。

426

伊利格瑞研究的哲学主题非常广泛。如果她把哲学话语看成"主人话语……关于话语的话语"[63]——并补充说"由于哲学秩序掩盖了性差异，它真应该受到质疑、破坏"[64]——那么她还是认为哲学资源在重新解释性差异的问题上是关键的。她把自己的关注焦点看成哲学的，但她的著作为她作为女性在哲学中所感受到的矛盾态度提供了生动的证明，结果她在批判哲学与积极重构女性主体性时展现了一种模棱两可性。

在哲学的情境中，她宣称她的愿望是"和哲学家们较量一番"[65]，反讽的是，这一点表现了她对待哲学问题的认真程度。这意味着"通过男性的想象返回去"，导致"有必要'重新打开'哲学话语的表达方式——观念、实体、主体、超越的主体性、绝对知识——为了从这些表达方式中找到它们从阴性特质中借用的女性特质，现在要让它们'说出来'，并回到它们应该感激的女性特质那里去"[66]。

她这样说意味着要尽可能地了解并精通哲学史，同时也要从一个女性的立场来挑战它。也就是说，由于女性从象征意义上已经被置于哲学之外或者作为哲学中的他者，所以她要么"讨好"这些观念，要么正好相反，通过游戏的心态，不去认真对待这些观念从而降低它们的重要性。伊利格瑞因此考察了西方哲学中的一些经典文本，在《女性的窥镜》（*Speculum of the Other Woman*，首次出版于 1974 年）中，她探讨了柏拉图、亚里士多德、麦斯特尔·埃克哈特（Meister Eckhart）、笛卡尔、黑格尔、斯宾诺莎、普罗提诺、康德、马克思、弗洛伊德；在《性差异的伦理学》中，她增加了黑格尔、梅洛-庞蒂和列维纳斯。她还在其他著作中讨论了尼采和海德格尔，比如她仔细地重新建构了这些哲学家的逻辑，就是为了显示哲学是如何中断自身的。[67]她所谓"古老的对称梦想中的视角盲点"[68]所隐含的假设对对称来说非常必要，所以也有必要把这个假设隐藏起来，这种状况使得分析哲学的无意识成为可能。

对伊利格瑞来说，受到压制的是"女性特质"，它可以开始新的哲学，但却必须把本质上未被言说的作为基础。从象征性意义上说，占据这个无基础的基础具有消极性，它通常会把女性置于一种不可能的处境。作为原始的物质或"母亲—物质"，女性特质或母职代表着遥远的过去，"自然"与文化处于对立中。"母亲—女性处于这样的位置上，与'自己的位置'是分离的，这个位置是被剥夺它自己位置的位置。她是不能与自己分离的他者的位置，或者不间断地成为不能与自己分离的他者的位置。"[69]伊利格瑞的重点之一 ^427^ 就是探索元素或这种"原始的"空间所具有的受压迫或被替代的特征。她这样做，部分是为了提醒哲学要对未受探索的"前理性"的世界观承担责任，部分是想发展一种词汇，可以清楚地表述这种他性。伊利格瑞写道："我想返回到这种自然的物质中去，它形成了我们的身体，那也是我们生活和环境的基础；它也使我们的情感鲜活起来。"[70]她"原始的"文本处理气、地、水和火，她"重新确立"了哲学思考要关注物质起源，关注对母职或女性象征般的忽视。[比如，在《弗里德里希·尼采的水下情人》（*Marine Lover of Friedrich Nietzsche*，首次出版于 1980 年）中，她展示了尼采的写作对水的某种厌恶，因为水象征着女性。]在试图想象"他者领域"时，她采用了一种策略性的句法模式，即在她所说的身体写作中，多种力量交织在一起相互起作用——多样性和重复性，带着经常变化的张力，带着扰乱她工作和打断她言语立场的问题。（作为）女性的言说是一种策略性手段，把具体性恢复到非具体话语中，这也呼应了她想把哲学主体返回到唯物情境中的目的——强调身体和环境的物质性。

伊利格瑞在阅读这些经典文本时的策略就是模仿它们的倾向，这是一种夸大的模仿，它超越了设定好的局限和定义。

> 在最初阶段，可能只有一条"道路"，历史上被指定给女性特质的唯一道路，那就是模仿。人们必须谨慎地假定女性的角色。这已经意味着把一种服从的形式转换成确认，然后开始反对它……对女性来说，通过模仿就是努力找到她受话语剥削的地方，而不必让她本人只是简单地被还原到那个地方。[71]

她的模仿策略与贯穿在她文本中的"镜式"观念直接有关。镜式观念是一套复杂的相互交织的观念的一部分，这套观念探索了西方思想对精确的"反射"、解释、清晰所具有的先入之见。她认为，"视觉的"、"反射的"隐喻似乎不仅占据着主导地位，而且对建立自我反射的主体以及哲学家的那种明确的自治性来说，也是根本的。在伊利格瑞看来，对主体的自我迷恋属于"同一"逻辑的一部分。不过，她也认为，赋予认识论主体特权地位的这一判断是有其根基的，即它（隐蔽地）建立在女性或女性特质以自我认同为代价而扮演这种主体的镜子的基础上。女性要么在这种同一逻辑的强制命令下，僵化为静止不动的表征；要么作为概念上的"黑洞"整个置于体系之外，在别处存在，否则，就没有自己的身份。在《女性的窥镜》中，伊利格瑞表明，这等同于弗洛伊德的盲区或柏拉图的洞穴，这种同样的研究注定必不可少，但也会带来麻烦，即在获得更多同一性的自我预期中左右为难。为了讨论性差异问题，伊利格瑞对"思索过程"的"平面镜"提出了批判，"这一过程包含我们的社会组织和文化组织"[72]。她认为，通过这种批判，可以产生另一种承认女性主体的路径："一面弯曲的镜子，也是一面'折回到自身'的镜子，不可能像它表明的那样理解心灵、思想和主体性的内核。然后，窥镜和曲面镜的介入扰乱了表征的表演行为。"[73]如果模仿不再是直接和精确的"反射"，那么这面变形的、女性在其中受到限制的镜子，就能被投射回"被扰乱的"反射和具有扰乱性的反射中，因而开启女性特质占据（一个）位置的过程。这种模仿不仅是一种扭曲和模仿，而且影响了变化的过程。

伊利格瑞特别提出心灵健康（psychic health）这一概念来消除当前的危机和碎片化，这个过程涉及在非等级制的交换和发展过程中，对男性元素与女性元素进行充分的概念化。可是，我们离这个阶段仍然很远。女性特质仍然没有得到足够的概念化。只有通过介入解构的循环，才可能讨论另一个差异的时代，伊利格瑞把这种介入描述为伦理学的。重新评估"激情"和"好奇"（羡慕）[74]能带来新的关系，即在保留他者激进的他性时，也允许一种伦理的偶遇发生。

伊利格瑞更明确的政治提议包括介入女性法律的、公民的和表征的身份[75]，她本人作品中的各种意大利女性群体就是例子。但是，她也试着探索更为"神秘的"方式，通过抒情的诗歌来表达女性之间的爱以及母亲、女儿、情人之间的爱。在有关"上帝"的著作中，她试图探索神圣含义的表达形式，这些形式也被用来排除女性；她也试图重新评估神圣的/世俗的、凡间的/天上的、物质/精神之间的分化。[76]

伊利格瑞的含糊其辞可能让人们觉得她的批判是矛盾的，而且很难去定位这些批判。我们怎样来根据她对主体性和哲学也就是"献祭文化"的持续批判，来理解她那乌托邦式的"爱的交换"的事业呢？来理解她新颖而丰富的关于性差异的对话呢？她的写作针对所有的女人吗？又是从哪里开始的呢？不过，人们目前还是认为她是一个思想家，在设法试探思想雷区，并高度敏锐地维持着一种张力，这种处境本身需要进一步对她的作品进行回应和探讨。[77]

*429*

## 米歇尔·勒杜夫

米歇尔·勒杜夫出生于 1948 年，曾在巴黎高等师范学校任教，目前在

国家科学研究中心（CNRS）从事研究。她对哲学上看起来无关紧要的表达
方式的关注（她发现"女性特质"是个反复出现的主题），揭示了哲学文本
核心中存在的张力，这种张力对女性与哲学的关系具有深远的影响。虽然隐
喻和形象可能表面上看没有害处，尤其是当它们被确定具有次要地位的时
候，但勒杜夫的任务之一就是揭露这种假设。通过阅读哲学史，她揭示了哲
学是如何利用一套具体的在文本中以相当独特的方法发挥作用的方式，甚至
作为"哲学的话语……通过把自己区别于神话的、诗歌的以及所有其产生形
象的方式，将自己标签化为哲学的"[78]。对勒杜夫来说，这些形象指向哲
学事业发展过程中的张力或压力线，这些"敏感的神经末梢"关于哲学话语
的言说，要比它倾向于表达的更多。因为这些形象不只是在哲学史上提供了
连续的标记，而且也表达了"强迫症、神经官能症和危险"，或者理性的进
步中所固有的、更不可控制的因素。在她的《哲学的想象》（*The Philosophi-
cal Imaginary*，首次出版于 1980 年）这本著作中，她分析了康德、卢梭、柏
拉图、摩尔（Moore）、培根和笛卡尔作品中的形象和人物。她认为，哲学把
女性特质确定为内在的敌人："这是一种敌意的原则，因为没有这条原则也没
有什么问题，这样就显得它更有敌意了……女性特质作为某些东西的支持和
意指，在受到哲学的拒绝时，又受到了哲学对它的性别化理解，这种敌意的
原则就是这样在哲学内部作为一种必不可少的累赘在起作用。"[79]

　　虽然这种分析有点心理分析的调子，但勒杜夫不承认有任何无意识的观
念在起作用。对她来说，"女性特质"的隐喻被表述成哲学想象的一部分（有
时候似乎像一部道德说教的动物寓言集），不过，与其说她是在像拉康或伊
利格瑞那样使用女性特质这一术语，不如说她是在"集合形象"的意义上使
用它。她认为，越能意识到这个过程，哲学实践中就越会具有某种改变的含
义。但是，她拒绝马克思主义或心理分析这些具有中心地位的框架，部分是
因为她担心，哲学中的女性将只是坐在"新主人"（拉康和德里达，以及其
他一些人）的脚下，把一套成见换成另一套成见，这不过是建立一种新形式
的政治正确性的过程。

　　这就是她在最近的作品《海帕希娅的选择》（*Hipparchia's Choice*，首
次出版于 1989 年）中仔细检视师生间的具体关系的原因。[80]她分析了学徒

制是如何在哲学中发挥作用的，认为其中用到了评估、培训和控制的技巧。通过影响和权力或通过讨论影响和权力的缺乏来看师生关系，她将其定位在一套更广的关系中，即学术机构与特定的社会环境以及历史传承之间的关系，这让人想起福柯式的理解知识和权力关系的方式。她对萨特和西蒙·德·波伏娃进行了"个案研究"，呈现出一个复杂的场域，展现了男性/女性、教师/门徒（波伏娃自己的描述）以及哲学/女权主义之间的张力。

勒杜夫没有集中讨论女性在哲学中受到的排斥，而是强调她们已经进入中心。她指出，女性的形象远非受到排斥的牺牲者的僵化形象，一直以来她们就通过学习哲学、对哲学观点作出回应、讨论哲学问题以及从事哲学写作而成为哲学家。当然，她认为女性进入哲学的条件受到了严格的控制，呈现出哲学的自我合法化过程中的那种更复杂、更微妙的图景。

尽管勒杜夫似乎表达了一种令人愉快的乐观主义，即哲学有可能通过"再训练"而变得更开放、更宽容，但她并没有低估这种要求所面临的困难。我更愿意把她的策略看成一种"进入主义"，先是借用学术上的技巧来获得哲学上的合法立足点，从那里再提出女权主义的挑战，并激发那些她相信学科本身必须具有的变革。她希望恢复、复兴并赋予哲学生机，认为学术机构中多元的"学者竞争"或"受约束的争论"可以允许不确定性存在，并抵制封闭，最终可以防止任何一种观点以其他更为犹豫不决的观点为代价而取得主导地位。这个被罗西·布雷多蒂称为"一种对理性的合理批判"[81]的方法与洛伦·科德（Lorraine Code）或吉纳维夫·劳埃德（Genevieve Lloyd）的著作[82]相比意味着，她没有一股脑儿认定西方哲学就是"男权主义"的。勒杜夫的观点和伊利格瑞的观点并不一致，因为她没有借用激进的或革命的话语。她的"常识"路径和其他法国女权主义"诗意的—歇斯底里的"风格形成了鲜明的对比，不过有些批评家认为她有时候过于谨慎。

## 海伦·西苏

海伦·西苏 1937 年出生于阿尔及利亚，1968 年以来任教于巴黎第八大 *431*

学（位于圣丹尼斯市的万森讷）英语文学系。和西苏联系最紧密的是"阴性写作"（女性的或女性写作）的观念。在她 20 世纪 70 年代的系列文本中，她主要探讨了性与写作之间的关系（这些探讨刻意蔑视诗与理论的分类），并试图鼓励在拉康那里受到禁止的阴性愉悦的书写。比起克里斯蒂娃和伊利格瑞来，她似乎不怎么注意哲学在理论上应该具有活力和清晰性，她以一种颠覆性的写作实践详细阐释了女性的性的愉悦的建构和暴露过程，而这种愉悦可能被给定了形式。不过，她的分析明显吸收了德里达的延异分析和后结构主义对逻各斯、权力和知识的问题化。西苏把阴性特质观念理解成象征性意义上的他者，具有多元性和多义性，之所以如此定位是受了古典二元对立的影响，这些二元对立对价值进行了归类和区别。可以说，她的文本是在某些节点上起作用，正是这些节点把那样一种经济限定在特定的位置上，西苏的努力松动了僵化的二元对立，使异质表达获得了自由。从一个妇女的策略性立场出发（这个妇女"迷失"在肉体的性中，迷失在边缘化、非本质特性的梦想中），通过探索更开放的、更具流动性的差异形式，西苏相信，我们会松动现有的概念框架的稳定性。她的作品开启并颂扬了女性欲望的经验维度。她攻入古典文学，再次考察那些具有力量的形象—母亲、神话中的女英雄、女神以及性的"黑暗大陆"中狂喜和过度的方面，从而暴露了那些"失去的声音"。这是一种尝试，去丰富那些和"阴性特质"有同等作用的独特词汇，如诗歌的、引经据典的、隐喻的、才情横溢的。她的文本不仅要复制静态的、碎片化的或沉默的位置（她认为女性占据着这样的位置），而且试图通过使这些位置"承担重负"并以抒情式的激增的方式来突破这些位置，在她的作品《突围》（Storties）[83]中"花费"和"礼物"的观念具有重要意义：通过模仿交换经济中受到精心监控的限制，并将其发挥到拙劣模仿的程度，她表明交换经济是一种重要的剥削形式，对西苏来说，这是一种政治的、跨越的实践。

西苏作品中的许多方面都成问题——她似乎陷入了对女性身体的依赖中，那可是她要批判的；她似乎也陷入了对自己寓言性文本迷宫的迷恋中，代价是具有更明确的政治诉求。她把自己与任何集体的女权主义隔离开来，她认为它是在还没有受到充分质疑的父权制经济中追求承认和合法

性，因此，是一种"反动的意识形态"。西苏在她的作品中是否在赞美并 *432*
揭示无处不在的"女性特质"，或者是否在表达一种策略，号召所有的女
性都来探索她们自己，这不是很清楚。如此看来，她在作品中用"我们"
来代表女性就显得很含糊了。不过，她文本中那种颂扬式的语调充满了启
发性，而且具有创造性："爆发出的大笑，四处流溢，没有人想到会在女
性身上找到这种幽默……她笑到最后，而且她的第一声大笑也是冲着她自
己的。"[84]

# 结　论

我认为，怀疑主义的哲学困境和哲学中的女权主义的著作具有很多相似
性。"可以这样来理解怀疑主义，它是以哲学的形式来表达对逻各斯的极度
不满。怀疑主义试图侵入哲学，但是存在与逻各斯无关的、可以安顿下来享
受人类生活的空间吗？"[85]如果思考就是不断监禁、包围和排斥的活动，那
么"哪些经验、心灵的冒险或历史事件不会允许逻各斯集中起来以把它们封
闭在它的场域内呢？"[86]我们怎样才能找到一种批判的策略呢？它不仅复制
同一性，而且设法避免一种被迫怀疑自己处境的怀疑主义带来的无限后退。
这是抛给那些思想家的问题，他们因为哲学有所压制或忽视而责难哲学，并
以合法的原因来责难它，可是这种责难在这么做时却损害了它所依靠的合法
性的基础。如何既可以避免哲学的控制，又能利用它的资源来清楚表述他性
呢？从事这种"不可能"的事业就是要对哲学进行伦理学上的责难，这种责
难的前提是坚决避免无为主义。

对身份的质疑就属于这样一种庞大的事业，其目的是揭示单一性、本体
论和在场是如何合并在一起，以及它们与权力结构的联系，权力结构不只是
创造了这些形式，而且通过维持现状最成功的手段来维护它们。以更为融贯
的统一的理论化为名排除差异的总体论思维，并不只是局限在那些马上就能
确认其压迫性的政治领域中，而且体现在以赞美差异为代价来讨论平等的自
由主义框架中。如果女权主义理论在后现代思维的情境下质疑身份问题，那

么其是为了分析在场与权力的一致性。但是，最近哲学理论提出的"回到主体"——它预示着重新思考伦理学问题和政治责任问题的机会到了，因为主体性已经从它那种自鸣得意的稳定性中被拆解了——对女权主义理论来说，并不是什么真正新鲜的东西，因为一般意义上的女权主义都在寻找有效表现能动性的形式，以便能引导一场斗争，不管这种斗争是改良主义的还是革命性的。

433

### 【注释】

[1] 参见 M. E. Waite（ed.）［12.87］。

[2] 斯皮瓦克（G. Spivak）认为，职业女性哲学家堪比雅典娜，她说："以解构作为武装的女性必须有意识地成为雅典娜，不受子宫的污染，全副武装从父亲的额头中出现。"（［12.85］，169）

[3] 参见 A. Schopenhauer，"On Women"，in ［12.84］，102-113。

[4] 参见 I. Kant ［12.69］。

[5] 参见 ［12.87］。

[6] 许多女权主义者注意到了哲学中的男性特征（参见 ［12.73］，12-80）；不过，他们没有把这看成哲学的全部，并不认为哲学是不可改造的"男性的"。

[7] 在参考书目中，我尽量列举了具有代表性的女权主义哲学家。

[8] 因为只有两个女权主义读本提到了阿伦特和薇依，参见 E. Young-Bruehl ［12.93］；C. Herman，"Women in Space and Time"，in E. Marks and I. de Courtivron（eds），*New French Feminist，an Anthology*（Brighton：Harvester，1980），pp. 168-174。

[9] 要了解这些思想家对当代女权主义的影响，参见 A. Jardine ［12.68］、R. Braidotti ［12.50］、E. Grosz ［12.65］。

[10] 注释 9 引用的著作也给出了批判这些思想家的例子。又见 A. Nye ［12.79］。

[11] J. Baudrillard ［12.46］，8.

[12] Ibid.，p. 9.

[13] 参见 J. Derrida ［12.57］；J.-F Lyotard，"One of the Things at Saake in Women's Struggles"，in A. Benjamin（ed.），*The Lyotard Reader*（Oxford：Blackwell，1989），pp. 111-121；G. Deleuze ［12.57］。在其中可以看到理解身份的碎片化和分散与女性特质联系的例子。

[14] 讨论萨特与德·波伏娃关系的文本非常多，比如，参见勒杜夫在《海帕希娅

的选择》［12.43］中的讨论。前文讨论的许多主题在德·波伏娃的小说中都已经有了，比如，在《被破坏的妇女》（The Woman Destroyed）或在她的短篇小说《当精神这件事先期到达时》（When the Things of the Spirit Come First）中可以看到。对与社会矛盾和道德两难抗争的，努力寻找自由、成功或不成功地找到自由的女性的描绘，与她探讨这一主题的、较为理论化的作品相辅相成。她的自传也生动地表述了这些议题，从"有责任心的女儿"章到"老年时代"章中可以看到。

　　［15］S. de Beauvoir［12.27］.

　　［16］J.-P. Sartre, Being and Nothingness, trans. H. Barnes（London：Methuen, 1968）.

　　［17］S. de Beauvoir, The Second Sex［12.28］.

　　［18］Ibid.，13.

　　［19］［12.43］，58.

　　［20］参见［12.28］，15。

　　［21］Ibid.，p.28.

　　［22］Ibid.，p.29.

　　［23］Ibid.，p.16.

　　［24］Ibid.，pp.35-69.

　　［25］Ibid.，p.62.

　　［26］Ibid.，p.57.

　　［27］对与德·波伏娃有关的这种悖论的讨论，参见 G. Lloyd［12.73］，102。

　　［28］［12.28］，249.

　　［29］Ibid.，p.66. 德·波伏娃也考察了对性差异的马克思主义分析，这种分析把不平等归因于经济状况、历史发展以及这些不平等的传承。但导致财产与财富不平等分配的社会分工仍然不能解释，为什么女性应该被看成次要的，应该被局限在家庭中，应该被视为财产的一部分这些事实。性差异无视所有的阶级差异，可是，在每个阶级中，女性都被看成从属的。虽然德·波伏娃承认在某种不确定的历史时刻，女性成了男性的他者，承认她一旦占有了次要的角色，就几个世纪都在维持这种不平等，但她不认为取消家庭会解决女性的从属问题，因为她认为，不充分理解人与人之间的关系（人与人之间的支配与服从是如何产生的），不平等就会继续存在。

　　［30］参见 J. Pilardi, "Female Eroticism in the Works of Simone de Beauvoir", in J. Allen and I. M. Young（eds）［12.44］，18-34。德·波伏娃探索的性的另一个方面是

在家庭环境下个体的心理—身体发展。她赞同弗洛伊德的观点，认为女性的从属社会地位是她自己情感与性发展的结果，作为一个女性，她认同或反对某种模式的性，并把这种态度融入对自我的理解。但她也对弗洛伊德框架的普遍性提出了质疑，在弗洛伊德看来，男人和女人获得他们的性身份明显是不可避免的，男人和女人受到内驱力和禁忌的推动，把自己塑造成社会决定的特定角色，德·波伏娃对此提出了怀疑，主要是因为这种观点侵害了她对自由的评价。

［31］关于这种思维的转换有更为清晰的历史视角，参见 C. Duchen［12.61］。

［32］参见 E. Grosz［12.66］。

［33］关于这种影响的讨论，参见 J. Mitchell and J. Rose（eds）［12.76］或 J. Gallop［12.63］。受到自我心理学和客体关系心理分析例如本雅明或南茜·乔多罗（Nancy Chodorow）的著作（［12.48］，［12，54］）影响的女权主义理论是不同的，原因在于女权主义理论倾向于分析认同与差异的模式或个体间支配与服从的关系，而不是分析拉康理论中的那种碎片化的个体。

［34］转引自 G. C. Spivak，"Feminism and Deconstruction, Aogin：Negotiating Vnacknowledged Maculinism"，in T. Brennan（ed.）［12.51］，206。

［35］Ibid.

［36］J. Mitchell and J. Rose（eds）［12.76］，166.

［37］Ibid.，p. 147.

*435* ［38］虽然这是弗洛伊德的表达法，但它经常被用来描述受到心理分析影响的女权主义理论。

［39］参见 J. Lechte［12.72］。

［40］克里斯蒂娃的《诗歌语言中的革命》［12.35］只有第一部分翻译过来了。她在后边章节中讨论的诗人是洛特雷阿蒙（Lautréamont）和马拉美。

［41］Ibid.，p. 22.

［42］莱希特（Lechte）写道："1955 年 11 月 7 日，雅克·拉康——医生、心理分析家、超现实主义的朋友——在提交给维也纳神经心理诊所的一篇论文中'正式'宣告他那句有名的'回到弗洛伊德'。"（Lechte［12.72］，32；同时参见拉康："The Freudian Thing, or the Meaning of the Return to Freud in Psychoanalysis"，in［12.71］，114 - 145）

［43］拉康写道："我们必须承认，父亲之名是对象征性功能的支持，从历史开端就确认了他的律法形象。"（［12.71］，67）

［44］［12.35］，25.

［45］Ibid.

［46］Ibid.

［47］Ibid.，26.

［48］Kristeva，*About Chinese Women*［12.36］，35.

［49］Ibid.，p.36.

［50］Ibid.，p.16.

［51］Ibid.，p.35.

［52］克里斯蒂娃：《圣母悼歌》，见《爱的童话》（*Tales of Love*）［12.40］和《克里斯蒂娃读本》（*The Kristeva Reader*）［12.41］。

［53］［12.41］，185.

［54］M. Warner［12.88］.

［55］［12.40］，162.

［56］参见 R. Braidotti［12.50］，219。与所谓"差异女权主义者"相对立的是那些思想家，他们认为所有的身份都是社会建构，结果就认为性差异的观念也是被建构的。像莫妮克·普拉扎（Monique Plaza）和克里斯汀·德尔菲（Christine Delphy）这些思想家就回到了唯物主义/人道主义思维的基础上，因为他们认为，在面对女性所面临的物质的和社会的压迫时，采用性差异以及"女性身体的语言"就过于轻率、过于天真了。不过，现在可能是个好时机，提醒哲学关注这些主题，总体上说，拒绝差异可能会再一次导致性差异议题的边缘化或被搁置，也有可能再一次把这个议题引入非常具体或狭小的思维领域。莫妮克·威蒂格（Monipue Wittig）就是采取这种路径的一个例子。她拒绝所有男性/女性或男性特质的/女性特质的划分，采用了"第三种"分类，即女同性恋，用她自己的话说，这个术语倡导一种策略性的乌托邦，利用了类似游击战的颠覆策略。退出或拒绝任何给定的术语最终可能会导致这种策略效果不明显。

［57］L. Irigaray，*parler n'est jamais neutre*［12.12］.

［58］伊利格瑞：《此性不是同一性》（This Sex Which Is Not One），见《此性不是同一性》（*This Sex Which Is Not One*）［12.34］，23-33。

［59］伊利格瑞：《性差异的伦理学》［12.11］，第一部分在 T. Moi 编辑的书［12.78］中译为《性差异》（Sex Difference），118～132 页。引文来自英译本。

［60］Ibid.，p.118.

［61］［12.34］，78.

［62］伊利格瑞：《性差异》（注释 59），119 页。

［63］［12.34］，149.

［64］Ibid. ，159.

［65］Ibid. ，p. 150.

［66］Ibid. ，p. 74.

［67］伊利格瑞：《女性的窥镜》［12.33］。又见 *Marine Lover of Friedrich Nietzsche* ［12.31］以及 *L'oubli de L'air chez Martin Heidegger* ［12.10］。

［68］《女性的窥镜》第一部分的标题。

［69］伊利格瑞：《性差异》（注释 59），122 页。

［70］伊利格瑞：《神圣的女性》（Divine Women），Sydney：Local Consumption Occasional Papers 8，trans. S. Muecke，from *Sexes et parentés* ［12.13］。

［71］［12.34］，76.

［72］Ibid. ，p. 154.

［73］Ibid. ，p. 155.

［74］伊利格瑞从笛卡尔那里借用了这个概念，参见 *The Philosophical Writhings of Descartes*，vol. I，trans. J. Cottingham *et al.* ，Cambridge，Cambridge University Press，1985，p. 350.

［75］伊利格瑞最近关注的例子，参见 *Sexes et parentés* ［12.13］，*Je，Tu，Nous，Pour une culture de la différence* ［12.15］ and *Le Temps de la différence：pour une révolution pacifique* ［12.14］。要看有代表性的译本，可以阅读《伊利格瑞读本》，尤其是157～218页。

［76］参见《性差异的伦理学》 ［12.11］ 和《原始情感》 （*Elemental Passions*） ［12.29］ 中的例子。

［77］参见惠特福德（M. Whitford）精彩而旁征博引的研究 ［12.90］ 以及她为《伊利格瑞读本》［12.32］ 写的"导言"。她在"导言"中写道："带着这种张力，走在这根特别的钢丝上，这使她的作品非常具有挑战性，又显得如此急切。"（［12.32］，13；同时参见 R. Braidotti ［12.50］，262-263）

［78］M. Le Doeuff，"Women and Philosophy"，in T. Moi（ed. ）［12.78］，195.

［79］Ibid. ，p. 196.

［80］勒杜夫：《海帕希娅的选择》［12.43］。

［81］R. Braidotti ［12.50］，197.

［82］参见 G. Lloyd［12.73］；L. Code,"Experience ，Knowledge and Responsibill-ty", in M. Griffiths and M. Whitford（eds）［12.64］，187-204。

［83］H. Cixous, "Sorties", in Marks and de Courtivron（eds）（note 8），pp. 90-98.

［84］H. Cixous, "Castration or Decapitation ?"［12.24］，55.

［85］P. Peperzak, "Presentation", in R. Bernasconi and S. Critchley（eds）［12.49］，51-66（54）.

［86］Ibid. , p. 53.

# 参考书目

## 原始文本

12.1　Cixous，H. "Le Rire de la Méduse", *L'Arc*（*Simone de Beauvoir*），61 *437*（1975）：39-54.

12.2　Cixous，H. "Le Sexe ou la tête?", *Cahiers du GRIF*，13（1976）：5-15.

12.3　Cixous，H. *La Jeune Née*（en collaboration avec C. Clément），Paris：Union Général ed'Editions，10/18，1975.

12.4　de Beauvoir，S. *Pour une morale de l'ambiguité*，Paris：Gallimard，1948.

12.5　de Beauvoir，S. *Le Deuxième sexe*，Paris：Gallimard，1949.

12.6　Irigaray，L. *Speculum de l'autre femme*，Paris，Editions de Minuit，1974.

12.7　Irigaray，L. *Ce Sexe qui n'en est pas un*，Paris，Editions de Minuit，1977.

12.8　Irigaray，L. *Amante marine*，*de Friedrich Nietzsche*，Paris：Editions de Minuit，1980.

12.9　Irigaray，L. *Passions élémentaires*，Paris：Editions de minuit，1982.

12.10　Irigaray，L. *L'oubli de l'air chez Martin Heidegger*，Paris：Editions de Minuit，1983.

12.11　Irigaray，L. *Ethique de la différence sexuelle*，Paris：Editions de Minuit，1984.

12.12　Irigaray，L. *Parler n'est jamais neutre*，Paris：Editions de Minuit，1986.

12.13　Irigaray，L. *Sexes et parentés*，Paris：Editions de Minuit，1987.

12.14　Irigaray，L. *Le Temps de la différence*：*pour une révolution pacifique*，

Paris: Librairie Générale Française/Livre de Poche, 1989.

12. 15　Irigaray, L. *Je*, *Tu*, *Nous*, *pour une culture de la différence*, Paris: Grasset, 1990.

12. 16　Kristeva, J. *La révolution du langage poétique*; *l'avant-garde à la fin du XIXe siècle*, *Lautréamont et Mallarmé*, Paris: Editions du Seuil, 1974.

12. 17　Kristeva, J. *Des chinoises*, Paris: Editions des Femmes, 1974.

12. 18　Kristeva, J. *Polylogue*, Paris: Editions du Seuil, 1977.

12. 19　Kristeva, J. "Le Temps des femmes", 33/44, *Cahiers de recherche des sciences textes et documents*, 5 (winter 1979): 5−19.

12. 20　Kristeva, J. *Histoires d'amour*, Paris: Denoel, 1983 and Gallimard, 1985.

12. 21　Le Doeuff, M. *L'Imaginaire philosophique*, Paris: Payot, 1980.

12. 22　Le Doeuff, M. *L'Etude et le rouet*, Paris: Editions du Seuil, 1989.

## 翻译本

12. 23　Cixous, H. "The Laugh of the Medusa", trans. K. and P. Cohn, in E. Marks and I. de Courtivron (eds), *New French Feminisms*, Brighton: Harvester, 1980, pp. 254−264. Reprinted from *Signs*, 1 (summer 1976): 875−899.

12. 24　Cixous, H. "Castration or Decapitation?", trans. A. Kuhn, *Signs*, 7 (1981): 36−55.

12. 25　Cixous, H. (with C. Clément) *The Newly Born Woman*, trans. B. Wing, Theory and History of Literature Series 24, Manchester: Manchester University Press, 1986.

12. 26　Extract from "Sorties" in E. Marks and I. de Courtivron (eds) *New French Feminisms*, Brighton: Harvester, 1980, pp. 90−98.

12. 27　de Beauvoir, S. *Ethics of Ambiguity*, trans. B. Frechtman, Secancus: Citadel Press 1980.

12. 28　de Beauvoir, S. *The Second Sex*, trans. H. M. Parshley, Harmondsworth: Penguin, 1978.

12. 29　Irigaray L. *Elemental Passions*, trans. J. Collie and J. Still, London: Athlone Press, 1992.

12. 30　Irigaray, L. *The Ethics of Sexual Difference*, trans. C. Burke, Ithaca:

*438*

Cornell University Press, forthcoming.

12.31　Irigaray, L. *Marine Lover of Friedrich Nietzsche*, trans. G. C. Gill, New York: Columbia University Press, 1991.

12.32　Irigaray, L. *The Irigaray Reader*, ed. M. Whitford, trans. D. Macey *et al.*, Oxford: Blackwell, 1992.

12.33　Irigaray, L. *Speculum of the Other Woman*, trans. G. C. Gill, Ithaca: Cornell University Press, 1985.

12.34　Irigaray, L. *This Sex Which is Not One*, trans. C. Porter and C. Burke, Ithaca: Cornell University Press, 1985.

12.35　Kristeva, J. *Revolution in Poetic Language*, trans. M. Waller, New York: Columbia University Press, 1984 (first part translated only).

12.36　Kristeva, J. *About Chinese Women*, trans. A. Barrows, New York and London: Marion Boyars, 1977.

12.37　Kristeva, J. *Desire in Language : A Semiotic Approach to Literature and Art*, trans. S. Gora, A. Jardine, and L. Roudiez, Oxford: Blackwell, 1984 (8 essays of 20 translated).

12.38　Kristeva, J. "Women's Time", *Signs* 7: 1 (autumn 1981): 13-55. Reprinted in N. O. Keohane, M. Z. Rosaldo, and B. G. Gelpi (eds), *Feminist Theory : A Critique of Ideology*, Chicago: University of Chicago Press, 1982 and in [12.41], pp. 187-214.

12.39　Kristeva, J. "Julia Kristeva in Conversation with Rosalind Coward", in *ICA Document : Desire*, London: ICA, 1984, pp. 22-27.

12.40　Kristeva, J. *Tales of Love*, trans. L. S. Roudiez, New York: Columbia University Press, 1987.

12.41　Kristeva, J. *The Kristeva Reader*, ed. with an introduction by T. Moi, Oxford: Blackwell, 1986.

12.42　Le Doeuff, M. *The Philosophical Imaginary*, trans. C. Gordon, London: Athlone, 1986.

12.43　Le Doeuff, M. *Hipparchia's Choice : An Essay Concerning Women*, *Philosophy etc.*, trans. T. Selous, Oxford: Blackwell, 1991.

**其他著作及评论**

12.44　Allen, J. and Young, I. M. (eds), *The Thinking Muse : Feminism and Modern French Philosophy*, Bloomington: Indiana University Press, 1989.

12.45　Atack, M. "The Other; Feminist", *Paragraph*, 8 (Oct. 1986): 25–39.

*439*　12.46　Baudrillard, J. *Seduction*, trans. B. Singer, London: Macmillan, 1990 (*De la seduction*, Paris: Galilée, 1979).

12.47　Benhabib, S. and Cornell, D. (eds) *Feminism as Critique*, Oxford: Blackwell, 1987.

12.48　Benjamin, J. *The Bonds of Love : Psychoanalysis, Feminism and the Problem of Domination*, London: Virago, 1990.

12.49　Bernasconi, R. and Critchley, S. (eds) *Re-reading Levinas*, Bloomington: Indiana University Press, 1991.

12.50　Braidotti, R. *Patterns of Dissonance : A Study of Women in Contemporary Philosophy*, London: Polity Press, 1991.

12.51　Brennan, T. (ed.) *Between Feminism and Psychoanalysis*, London: Routledge, 1989.

12.52　Burke, C. "Romancing the Philosophers: Luce Irigaray", in D. Hunter (ed.), *Seduction and Theory*; *Feminist Readings on Representation and Rhetoric*, Chicago: University of Illinois Press, 1981, pp. 226–240.

12.53　Butler, J. *Gender Trouble : Feminism and the Subversion of Identity*, London: Routledge, 1990.

12.54　Chodorow, N. *The Reproduction of Mothering : Psychoanalysis and the Sociology of Gender*, Berkeley: University of California Press, 1978.

12.55　Conley, V. A. *Hélène Cixous : Writing the Feminine*, Lincoln: University of Nebraska Press, 1984.

12.56　Deleuze, G. *Différence et répétition*, Paris: PUF, 1969.

12.57　Derrida, J. *Eperons/Spurs, the Styles of Nietzsche*, trans. B. Harlow, Chicago: University of Chicago Press, 1978.

12.58　Derrida, J. "Women in the Beehive: An Interview with Jacques Derrida", *Subjects/Objects*, 2 (1984). Reprinted in A. Jardine and P. Smith (eds) *Men in Feminism*, London: Methuen, 1987.

12. 59 Derrida, J. and Conley, V. A. "Voice ii", *Boundary 2*, 12：2 (1984)：180−186.

12. 60 Derrida, J. and McDonald, C. V. "Choreographies", *Diacritics*, 12 (summer, 1982)：66−76.

12. 61 Duchen, C. *Feminism in France from May 68 to Mitterand*, London：Routledge & Kegan Paul, 1986.

12. 62 Eisenstein, H. and Jardine, A. (eds) *The Future of Difference*, Boston：G. K. Hall, 1980.

12. 63 Gallop, J. *Feminism and Psychoanalysis：The Daughter's Seduction*, London：Macmillan, 1982.

12. 64 Griffiths, M. , and Whitford, M. (eds) *Feminist Perspectives in Philosophy*, London：Macmillan, 1988.

12. 65 Grosz, E. *Sexual Subversions*, Sydney：Allen & Unwin, 1989.

12. 66 Grosz, E. *Jacques Lacan：A Feminist Introduction*, London：Routledge, 1990.

12. 67 Harding, S. and Hintikka, M. *Discovering Reality：Feminist Perspectives on Epistemology, Metaphysics, Methodology and the Philosophy of Science*, Dordrecht：Reidel, 1983.

12. 68 Jardine, A. *Gynesis. Configurations of Women and Modernity*, Ithaca：Cornell University Press, 1985.

12. 69 Kant, I. "Of the Distinction of the Beautiful and the Sublime in the Inter-relations of the Sexes", in *Observations on the Feeling of the Beautiful and the Sublime*, trans. J. T. Goldthwaite (1763), Berkeley：University of California Press, 1960.

12. 70 Kofman, S. *The Enigma of Woman：Women in Freud's Writing*, Ithaca：Cornell University Press, 1985.

12. 71 Lacan, J. *Ecrits：A Selection*, trans. A. Sheridan, London：Tavistock, 1977.

12. 72 Lechte, J. *Julia Kristeva*, London：Routledge, 1991.

12. 73 Lloyd, G. *The Man of Reason. "Male" and "Female" in Western Philosophy*, London：Macmillan, 1984.

12. 74 Miller, N. K. (ed. ) *The Poetics of Gender*, New York：Columbia University Press, 1986.

12. 75 Mitchell, J. *Psychoanalysis and Feminism*, Harmondsworth：Pelican, 1974.

440

12. 76　Mitchell, J. and Rose, J. (eds) *Feminine Sexuality : Jacques Lacan and the Ecole Freudienne*, trans. J. Rose, London: Macmillan, 1985.

12. 77　Moi, T. *Sexual/Textual Politics : Feminist Literary Theory*, London: Methuen, 1985.

12. 78　Moi, T. (ed. ) *French Feminist Thought : A Reader*, Oxford: Basil Blackwell, 1988.

12. 79　Nye, A. *Feminist Theory and the Philosophies of Man*, London: Routledge, 1988.

12. 80　Okin, S. M. *Women in Western Political Thought*, Princeton: Princeton University Press, 1979.

12. 81　Pateman, C. *The Sexual Contract*, Cambridge: Polity Press, 1988.

12. 82　Pateman, C. *The Disorder of Women : Democracy, Feminism and Political Theory*, Cambridge: Polity Press, 1990.

12. 83　Schiach, M. *Hélène Cixous : A Politics of Writing*, London: Routledge, 1991.

12. 84　Schopenhauer, A. *The Essential Schopenhauer*, London: Unwin Books, 1962.

12. 85　Spivak, G. C. "Displacement and the Discourse of Woman", in M. Krupnick (ed. ), *Displacement : Derrida and After*, Bloomington: Indiana University Press, 1983, pp. 169—191.

12. 86　Vetterling-Braggin, M. , Elliston, F. , and English, J. (eds) *Feminism and Philosophy*, Totowa: Littlefield, Adams & Co. , 1977.

12. 87　Waite, M. E. (ed. ) *A History of Women Philosophers*, 4 volumes, The Hague: Martinus Nijhoff, 1987.

12. 88　Warner, M. *Alone of All Her Sex*, London: Picador, 1981.

12. 89　White, A. "L'Eclatement du sujet: The Theoretical Work of Julia Kristeva", Birmingham Centre for Contemporary Cultural Studies, *Stencilled Occasional Paper* 49, 1977.

12. 90　Whitford, M. *Luce Irigaray : Philosophy in the Feminine*, London: Routledge, 1991.

12. 91　Wilcox, H. , McWatters, K. , Thompson, A. and Williams, R. (eds) *The*

*Body and the Text*：*Hélène Cixous*，*Reading and Teaching*，London：Harvester，1990.

12. 92 Wittig，M. *The Lesbian Body*，trans. Peter Owen，New York：Avon，1986［*Le Corps lesbien*，Paris：Editions de Minuit，1973］.

12. 93 Young-Bruehl，E. *Mind and the Body Politic*，London：Routledge，1988.

# 第十三章
## 解构和德里达

西蒙·克里奇利（Simon Critchley）

蒂莫西·穆尼（Timothy Mooney）

## 德里达的解构[1]

大约在过去 25 年里，特别是在英语世界，没有任何一个哲学家招致的骂名、争议和误解会比雅克·德里达还多。介绍性的教科书、报纸文章、电台电视节目到处充斥着对解构和"解构主义"令人啼笑皆非的概括。"解构"一词无处不在，对德里达的毁誉之争异常激烈，外行人很难理解。"德里达"和"解构"在 20 世纪末关于西方文化意义的论争中已经变成了关键词。然而，在这一章我想跳出关于德里达文化争论的纷纷扰扰，而尽可能地简明描画在解构中似乎发生了什么，也就是说，德里达运用的阅读方法是什么，简而言之，后者对于哲学传统的结果是什么。

什么是解构？或许开始对这个问题给予一个否定性的回答要更容易一些，解构不是什么？我们用一段德里达写于 1983 年发表于 1985 年的《致一位日本友人的信》（Letter to a Japanese Friend）中的一小段话，它是专为帮助人们把"deconstruction"一词译成日文而写的，我们可以从中看到一些重要的警示。首先，德里达坚持，解构不是否定，它不是一个毁灭的过程

（它并不自动引起人们认为解构是肯定）。（[13.17]，390）再者，解构还要
和分析明显地区别开来。分析是以将实体还原为简单而根本的元素为前提
的，但这些元素本身仍然需要解构。关键在于，解构不是批判，无论一般意
义上的批判还是康德意义上的批判。德里达写道："决定、选择、判断、甄
别，它们本身就是先验批判的全部内容，是解构的根本'主题'和'对象'
之一。"（[13.17]，390）相似的是，解构不是一种在解释活动中能够遵从的
方法。这也就是说，解构不能被还原为人文科学或自然科学中的（许多相互
竞争的方法论中的）一种方法论，或者不能被还原成可以被学术界吸收或被
教育机构讲授的一个技术程序。（[13.17]，390-391）此外，解构不是主体
生产或支配的一种行为，它也不是着手研究一个文本或一个机构的操作。德
里达那封"信"的结尾别具一格，它写道："解构不是什么？但它什么都是。
解构是什么？但它什么都不是。"（[13.17]，392）对于"解构是 X"形式的
所有本体论陈述都缺乏那个先验的点，因为正是这个系词的本体论预设给结
构提供了一个永久的"主题"。然而，德里达细心地避免动词"to be"，宣
称解构是"发生"，在有（there "is"）某物的任何地方它就这样发生。这是
一个解构之谜（德里达用语；[13.17]，391）：它不能被定义，所以它拒绝
翻译；它不是一个实体或一个事物，它不是单义的或一元的。德里达用心留
意陈述的反身性，他写道："它解构自身"（Ca se déconstruit）（Ca 既是 id
即无意识的翻译，又是 Sa 即绝对认识的同音字）。（[13.17]，391）有某事
发生的任何地方，它就解构自身。

　　然而，这样一个公式，虽然微妙和可信，但还是没有太多用处，因为它
太笼统。由于在定义解构问题上带有了否定的警告，所以我现在想通过提问
来对解构进行一种更具"建设性的"说明。解构怎样发生？德里达在《论文
字学》（1967）[13.4，13.29] 名为"超越限度：方法问题"一章中精确而
明晰地说明了这个问题。然而，要说明的第一个根本点——它似乎是微不足
道的——就是，解构永远是对文本的解构。德里达的思想永远是关于文本的
思想，从这一点得出一个明显的推论，解构总是从事对文本的阅读。解构的
道路总是通过阅读开辟的，德里达把它称作"第一任务，最为基础性的任
务"（[13.21]，35；[13.43]，41）。任何主要是与阅读有关的思想都将明显

*443* 地依赖被阅读的文本。所以，德里达的阅读是寄生性的，因为它们是仔细阅读那些从宿主的肉体中吸取营养的文本。在解构中发生的是阅读，并且我将证明，解构之所以能成为文本实践就在于它是双重阅读。也就是说，一种至少交织了两种动机或两层阅读的阅读。最常见的是第一种，以评注为名重复德里达所谓对文本的"主导性解释"（[13.22]，265；[13.44]，143）；第二种，在这种重复内并通过重复，离开评注的顺序而覆盖主导性解释内的盲点或省略之处。

比如，当德里达阅读卢梭时，他围绕"替补"（*supplément*）一词来组织他的阅读。据称，该词在卢梭的文本中是盲点（*tâche aveugle*）（[13.4]，234；[13.29]，163），他运用这个词语，但是他并不明了它的逻辑。[2]德里达对卢梭的阅读追溯了这种替补的逻辑，这种逻辑允许卢梭的文本免受其意图之束缚而达到文本的立场，这种立场不同于卢梭想要肯定的逻各斯中心主义的概念性。所以，德里达对卢梭的阅读抓住了作者意图和文本之间的空隙，或所谓作者之所掌控与语言之所未能掌控之间的空隙。德里达正是在这个意图和文本之间的空隙中插入了构成《论文字学》第二部分他所谓阅读的"意指结构"（signifying structure）。（[13.4]，227；[13.29]，158）

一个人怎样才能进行解构性阅读？在"超越限度：方法问题"中，德里达在阅读卢梭时踌躇不前，为的是辩护他自己的方法论原则。他声称，解构性阅读的意指结构不能仅仅通过"对评注的恭敬有加"（[13.4]，227；[13.29]，158）而产生。虽然德里达敏锐地意识到对传统评注工具作为批判生产中"不可缺少的护栏"的迫切需要，但他声称，评注"从来只是保护阅读，而从未开启阅读"（[13.4]，227；[13.29]，158）。

这里，我想暂不考虑"评注"一词在德里达的语境中可能会指什么：撇开海德格尔（尤其是伽达默尔）的诠释学成就，或许有一种对文本的、已经不再是解释的、纯粹的评注或逐字重复，他是在这样宣称吗？在《有限公司》（*Limited Inc.*）的"后记"中，德里达对吉罗德·吉拉夫（Gerald Graff）的回应之一就是，他纠正和澄清了《论文字学》中的上述备注。他写道："我所称的那个环节也许不太得当，'重复评注'（doubling commentary）并不假设'意义的自我同一性'，而是假设对被评注文本的主导性解释（包括自动解释）的相对稳定性。"他继续写道："也许我不应该把它称作评注。"（［13.22］，265；［13.44］，143）所以，在德里达看来，评注的环节 444 是指对文本的主导性解释的可再生产性和稳定性，例如对卢梭文本传统逻各斯中心主义的阅读（或误读）。评注总已经是解释，德里达不相信存在对文本纯粹的简单的重复。然而，这是一个关键的提醒，阅读和写作的能力不可或缺，这样，文本的主导性解释才能被重建为阅读的必要的和不可缺少的层面或环节。与《论文字学》中实际上被许多反对者和表面上的支持者所忽视的一句话相呼应，德里达写道："否则，有人确实能够说出任何东西，而我从未接受说出或被鼓励说出任何东西。"（［13.22］，267；［13.44］，144-145；同时参见 ［13.4］，227；［13.29］，158）

德里达继续论证说，"评注"或主导性解释的环节反映了文本可理解性的最小共识，即建立特定文本对一个读者共同体的意涵。德里达补充说，虽然对共识的这种探求是"积极的解释，但我相信，如果在共同体（例如学术的共同体）中没有先前对最小共识的探求，那么任何研究都是不可能的"（［13.22］，269；［13.44］，146）。因此，虽然"评注"本身并不能开启真正的阅读，但如果没有评注环节，没有阅读、理解和写作的学术技能，没有有关用原始语言（例如卢梭和德里达的法文）写作的文本的知识，没有对作者全部著作的多重了解，即对政治、文学、哲学和历史等多重背景（它们要么决定了文本，要么被文本所决定）的把握，那么阅读就是不可能的。这就是人们所谓学者的解构责任。我宁愿更进一步主张一种诠释学的忠实原则——人们甚至可以称它是"一种伦理—政治责任"（［13.22］，249；［13.44］，135），以及把真理视为"契合"（*adaequatio*）的最小作用观念——它支撑了作为第一层阅读的解构性阅读。如果解构性阅读有任何证明的必要，那么在"评注"层面，它一定是以其重建文本之主导性解释的忠实程度为起点的。

《有限公司》中有一个极端的例证，塞尔在《重申差异：对德里达的回应》（Reiterating the Differences：A Reply to Derrida）中的每一字都被德里达加以重复或再重申。德里达清楚地把这看作对塞尔（Searle）蛮横指责作出的负责任的回应方式，因为该文意在"玷污"（［13.22］，257；［13.44］，139）德里达的著作——例如塞尔写道，"德里达有着令人苦恼的嗜好，总是

说些明显错误的东西"[3]——而不是进行必要的批判性证明。所以，将上述

*445* 要求熟记于心，人们可能会说，在第一个实例中阅读在一定范围内——它忠实地重复或回应了被评注的文本所说的内容——是真的。这就是德里达在其作品中引述如此之长并且如此有规则性的原因，也是他指责哈贝马斯批判其著作之错误性的基础，因为在《关于消除哲学和文学的风格差异的说明》(Excursus on Leveling the Genre Distinction between Philosophy and Literature)中，德里达一次都没有被引述过。[4]（[13.22]，244；[13.44]，156）

回到《论文字学》，虽然"评注"对文本的尊重性重复不能开启阅读，但这绝不意味着人们应该超出文本，把它还原为文本之外的某个对象或所指（如历史材料或作者的心理传记）。通过将文本的能指和支配性所指（governing signified）相参照的方法来决定文本的能指——例如，根据普鲁斯特（Proust）的哮喘来阅读《研究》(A la recherche)——将会引出德里达所谓的超验阅读（transcendent reading）。《论文字学》的一个中心命题就是："不存在外在文本"（il n'y a pas de hors-texte）（[13.4]，227；[13.29]，158），或"在文本之外没有任何东西"（il n'y a rien hors du texte）（[13.4]，233；[13.29]，163）。人们应该注意这两个句子之间的细微差异：第一个是说"不存在外在文本"，没有外部文本；而第二个则是说在文本之外任何东西都没有，文本之外是无，这就意味着任何将文本参照文本性之外的某种所指的阅读都是虚幻的。在逻各斯中心主义时代中，文本的能指（和著作、碑文、记号或一般的踪迹）总是被确定为第二位的，作为所指之后的沉沦的外部性。所以，解构性阅读必须仍然在文本性范围之内，在宿主的肉体中孵化它。

所以，解构的"方法论"问题变成了一个发现阅读怎样能够内在于文本并在文本性范围之内，而不是仅仅以"评注"的方式重复文本的问题。借用德里达对胡塞尔阅读的措辞，解构性阅读必须穿越（à travers）文本，穿越重复性评注和元文本解释之间的空间。"穿越胡塞尔的文本，也就是说，阅读既不是简单的评注，也不是极端的重复。"（[13.2]，98；[13.27]，88）通过开辟不同于"评注"或解释的这种文本空间，就在解构性阅读和逻各斯中心主义概念性之间创造了某种距离。解构性阅读的意指结构穿越了一种不

同于逻各斯中心主义的空间，而且这一空间企图脱离中心而超越其概念总体性的轨迹。德里达曾经非常重要和清楚地提到解构的"目的"或"目标"，他写道："我们要到达那个某种外部性的点，来与逻各斯中心主义时代的总体性相对。从这个外部性的点，对总体性的某种解构……就可能着手进行（entamée）。"（[13.4]，231；[13.29]，161–162）正是从这个外部性的点出发，解构才能切入或进入总体性，借此来取代它。所以，解构的目标是在哲学和逻各斯中心主义概念性的范围内给他性（otherness）定位，然后从他异性（alterity）的立场来解构这种概念性。

也只有在这个意义上，双重阅读的概念才能得到正确理解。如果阅读的第一个环节是对文本的主导性解释，对其意指（vouloir-dire）以及目标意向，以评注之名而进行的严谨而精深的重构，那么阅读的第二个环节因为解构的双重需要，就是对主导性解释之稳定性的去稳定化。（[13.22]，271；[13.44]，147）穿越文本的运动能够使阅读获得他异性或外在性的立场，由此文本得以解构。阅读的第二个环节将文本带入自相矛盾的境地，让文本的目标意向和意指向一种他异性敞开，而这种他异性恰恰要逆此而行。德里达经常使用这种双重阅读来表达某些特殊词汇的语义模糊性，比如卢梭的 supplément（替补）、柏拉图的 pharmakon（药）、海德格尔的 Geist（精神），等等。至关重要的是，这第二个环节，即他异性的环节，必然出自重复性评注的第一个环节。德里达在《论精神》（De l'esprit）中借海德格尔之口说出了这种双重结构。"我之所以没有反对自己去努力思考其最早先的可能性，甚至没有使用与传统词汇不同的词汇，而是沿着一条重复之路，其原因正在于此。该重复之路与全然的他者之路交叉，而后者在最严密的重复之中显示自身。"（[13.18]，184）这样，沿着重复之路，沿着对文本或传统的重复（Wiederholung），人们不可避免地与全然的他者之路相遇，而它却不能被还原为文本或传统之言说。正是在这一点上，德里达的解构（déconstruction）和海德格尔的解析（Destruktion）之间的相似性就变得显而易见了。事实上，德里达起初只是想用 déconstruction 一词把海德格尔的 Destruktion［破坏（de-struction）或非否定的破坏（non-nagative de-structuring）］和 Abbau［拆卸（demolition）或更好一点的分解（dismantling）；

[13.17]，338）] 译成法语。因为对《存在与时间》时期的海德格尔来说，
447　存在意义问题的解决直到本体论传统——这个传统已经忘记了存在（Being）
问题，更准确地说是忘记了这个问题的时间维度——被完全重复和解构之时
才变得真正具体起来。[5]在 1962 年"时间与存在"的演讲中，拆卸是作为
对遮蔽层的不断剥离而出现的（而且是作为解构的同义词出现的），该遮
蔽层一直遮盖着希腊作为在场之在（*Anwesenheit*）的首次分离。对形而上
学传统的重复就是一种拆卸，它揭示了它的作为未说之言（unsaid）的未
说之言。[6]回到德里达，它是阅读这两个环节或两条道路——重复和他异
性——的合成或交织，它最好地描述了解构性阅读的双重姿态：交错法的
图式。

　　在解构中发生的是双重阅读，这一阅读形式遵守双重命令，即重复及产
生于其中的他异性。解构通过在文本中定位他异性环节来开启阅读。在德里
达对卢梭的阅读中，替补概念就是一个杠杆，它被用来表明卢梭的话语是如
何被铭刻在一般性文本即无法还原为逻各斯中心主义概念性的文本性（tex-
tuality）领域之中的。这样人们才能看出，在一个逻各斯中心主义的文本
中，一个盲目的环节如何能够发现超越逻各斯中心主义的他异性。就像德里
达在接受理查德·柯尔内采访时说的那样，"解构不是在虚无中的一种封闭，
而是向他者的一种开放"[7]。在解构中所发生的是一种高度确定的双重阅读
形式，它追求文本特别是哲学文本中的他异性。这样，解构向哲学开启了一
种关于他者的话语，即一种已经被逻各斯中心主义传统掩饰和侵占了的他
性。哲学（特别在黑格尔那里）一直坚持把它的他者（艺术、宗教、自然
等）看作合适的他者，并借此占有它并忽略它的他性。哲学文本总认为自己
控制着自己的边缘。（[13.5]，1；[13.30]，x）伊曼纽尔·列维纳斯曾在
《先验性和高度》（Transcendence and Height）一文中说，哲学可以被定义
为将所有他性吸收为同一性的活动。[8]这个定义似乎是准确的，至少就哲学
传统而言是如此，因为哲学传统总是试图通过把多样性还原为统一性、把他
异性还原为同一性的方式，来理解和思考多重实体的多样性和他异性。整个
哲学传统都在重复这一相同的方式，无论是柏拉图根据统一的形式（*eidos*）
来理解实体（*phainomena*）在实例上的多样性，还是亚里士多德的形而上

学（*philosophia protē*）用统一的本体（*ousia*）最终是用神圣本体即神（*to theion*）来理解多样实体的存在。事实上也包括康德的认识论，用属于知性　448
范畴的统一性和同一性来理解直观的多重性或多样性（还可以引述其他例
证）。

　　思考活动作为认识论、本体论和真实性理解的基础，就是将多样性还原
为统一性，将他异性还原为同一性。哲学活动，作为思考的任务，是对他性
的还原和驯化。在思考他者时，他性被还原或分配给我们的知性。进行哲学
思考，就是理解——包括捕捉和领会（*comprendre*，*comprehendere*，*beg-
reifen*）——和掌握他者，进而还原其他异性。罗德尔菲·伽斯什（Rodol-
phe Gasché）说："西方哲学在本质上就是驯化他者的努力，我们通过思想
所理解的除此无他。"[9]作为要实现外在于逻各斯中心主义的努力，解构因
此可以被"理解"为使他异性维度保持开放的欲求，它既不能被还原、理
解，严格地说，它甚至也不能被哲学思考。说德里达解构的目标不是简单地
不思考传统，而是"不能思考之物"，就是说他所从事的既不是诡辩的修辞
学，也不是否定神学。它指向哲学无法言说之物。

　　德里达的解构试图定位一个"非位置的位置，一个非哲学的位置，从这
里来考问哲学"[10]。它寻求一种外在性的、他异性的或不可被还原为哲学
的边缘性的位置。解构就是一种不能被哲学表征的边缘书写。问题在于，一
个对哲学而言的他者，从未也不可能变成哲学的他者；相反，它将哲学铭刻
于其中。

　　然而（并且这十分关键），困扰着德里达及所有解构性话语的悖论是，
解构所能使用的唯一语言恰恰是哲学的语言或逻各斯中心主义的语言。所
以，采取一种外在于逻各斯中心主义的态度——如果这是可能的话——将会
使我们陷入缺乏语言资源的危险，而我们需要用它来解构逻各斯中心主义。
解构的读者如同走钢丝的演员，总要冒着"不断掉入所要解构之物中"
（[13.4]，25；[13.29]，14）的危险。解构是一种双重阅读，它的活动受到
双重束缚，既属于传统、语言和哲学话语，同时又不能属于哲学话语。这种
属于又不属于的模棱两可的情形就是对闭合（closure）问题的描述。

　　广义而言[11]，闭合问题描述了双重的历史环节即现在，当语言、概念

性、制度和哲学本身表明它们自己属于理论上已经被穷尽的逻各斯中心主义
449 传统但同时又寻求突破这一传统时。闭合问题描述了现代性的阈限情形，解
构的疑难就是产生于它，它是德里达从海德格尔那里继承过来的。闭合是一
种双重的拒绝，它既拒绝仍然在传统的范围之内，又拒绝在哲学的语言内超
越那个范围的可能性。在历史的和哲学的闭合环节，解构性阅读发生了，它
干扰（disturbance）、分裂（disruption）、中断（interruption）那个划分传统
内部和外部的界限。解构性阅读显示了文本对逻各斯中心主义在场（pres-
ence）的形而上学预设的依赖，该文本要么支持要么掩饰此预设；同时，解
构性阅读也显示出文本对这个形而上学预设的彻底质疑，从而陷入自相矛
盾，并指出了一条异于逻各斯中心主义的思考之路。闭合是连接逻各斯中心
主义与它的他者之间双重而完全不可判定的运动的链条。解构就发生在这一
链条的接榫之处。

（西蒙·克里奇利）

## 哲学渊源及书目史

纵观整个思想史，新哲学总是作为对旧哲学的发展和回应而展开，并通
过这种方式受惠于它们的前辈们。没有任何全新的思想能够脱离哲学传统而
产生。基于这一认识，本章的第一部分试图表明雅克·德里达的某些中心观
点是如何在与埃德蒙德·胡塞尔的碰撞中发展起来的。翔实地绘制个人思想
的整个地图并非易事，对德里达而言，则更有甚之。他引用和列举了大量重
要人物的例句，这些人物包括海德格尔、黑格尔、列维纳斯、尼采、弗洛伊
德和索绪尔等。他自己的论证也对揭示简单的起源或基础的可能性表示怀
疑。然而，尽管如此，胡塞尔现象学的至关重要性仍然可以得到清楚的证
明。德里达对胡塞尔的解读已经表明，他所从事的是哲学论证而不是堵塞一
450 切批评的神秘无政府主义。

本章的第二部分试图在书目史的框架内简单回顾一下德里达的哲学生
涯。这会涉及德里达最重要的著作，并沿着其早期文本中明确提出的那些问

题进行。这也是一个艰巨的任务。自 20 世纪 50 年代末以来，德里达已经出版了 26 本专著和不计其数的论文。许多作品已经延伸到文学评论、美学和政治学等相关领域。这些因素中的每一个都对简短的总结和编年性调查产生不利影响，更何况是具体的理论批评。或许，明晰性和连贯性最完美的结合隐藏于将我们的注意力限制在那些德里达星系中最耀眼的哲学关注上。这正是这里所采取的路径。

德里达十几岁的时候（在阿尔及利亚）就对哲学产生了兴趣。他大量阅读了萨特的书，在听了阿尔伯特·加缪（Albert Camus）的广播后，受到刺激报名参加了大学预科班。1949 年德里达去了巴黎，在巴黎高等师范学院让·伊波利特名下开始自己的学业。可以确定的是，随着对胡塞尔著作的了解，他逐渐对萨特失去了兴趣。胡塞尔的现象学与萨特所提出的版本截然不同，它向德里达展示的是一种无可避免的分析方法。到 1980 年左右，德里达声称，他将视之为一门无比严格的训练，尽管是以一种不同的方式。[12]

德里达的第一篇文章题为《〈起源与结构〉与现象学》（"Genesis and Structure"and Phenomenology），发表于 1959 年。这由其硕士论文的一部分修订而成。发生或起源与结构的问题是随着胡塞尔对如下主张的坚持而出现的：他认为，对象和事态的意义不可能被还原为我们所谓的有意识的自我，但也从来不是直接来自外部。现象中没有任何明显的意义会像吗哪（manna）一样从天而降（*topos ouranios*），也不会突然出现在我们现成的心灵之中。意义所需要的不是一个主体，而是一个复杂的主体性作用。我们能考虑的所有对象或事态不能仅仅被看作不断变异的、胡乱飘动的绒毛。如果现象中没有起码的相对稳定性，那么认识和辨别就是不可能的。然而，这些稳定性本身预设了广阔的空间结构，我们自己能够把每次显现置于其中。认识和辨别指出了预期的范围，现象学则努力阐明之。例如，我们希望当我们改变视角时，物理对象中本来看不见的方面能够被看见或显现，我们也希望它们以特定的方式行动。由此可见，我们所经历的一切事物无疑都被融入了背景之中，无论自然的、科学的还是文化的世界。

*451*

与康德的经验和知性范畴不同，胡塞尔的视域不是固定的，而是不断变化的。我们通过连续不断的感知行为来调整每一个视域，以便它能更加广泛地背景化对象或事态。意义显现于由不断变化的视域及其内容编织起来的网中。这种意义的创造性显现，胡塞尔称之为构造（constitution）。为了充分解释任何构造起来的现象，我们不得不给出这一现象的结构性描述以及我们当下感知它的方式。但是，我们也不得不对不断变化的视域进行发生性的或起源性的描述，因为正是此现象和我们感知它的方式预设了其视域。

德里达认为，某些无解的难题就是由这种方法造成的，它来源于如下事实，即对现象的客观结构和揭示它们的视域的隔离与描述，在胡塞尔的前提中是一项永无止境的任务。因为我们必须描述总是不断更新的视域，所以我们同时也在不断改变对现象的客观结构的刻画。现在作为基本结构所显现的东西在将来是作为衍生物而显现的。如果沉湎于历史，我们将永远无法声称我们接触到了关闭的或完成了的结构，也就是说，结构具有拒绝改变和沉淀的免疫力。还有另一个问题，即洞察我们的视域在哪儿结束，现象的客观结构从何处开始。没有任何确定的标准来区分在特定的构造意义中哪些是"生产性的"方面，哪些是"启示性的"方面。

在这个分析中，德里达没有表现出多大的新颖性，而且他强调，这些本来永远无法为人所知的困难不是建立在胡塞尔的洞察力之上的。当他回溯这些事情本身，翔实地描述向意识显现的现象时，正是批判性地深入胡塞尔之中突出了这些问题。

德里达并不接受胡塞尔的论证。后者认为，人类意识的当下（*leben-dige Gegenwart*）是意义的最终核心和发源地。德里达接受了结构主义者的立场，认为意义取决于符号系统，它优越于对个体的主体的意向性控制。离开符号，没有任何自我和他者能够被理解。向这一立场的接近体现在德里达的第一本书即《埃德蒙德·胡塞尔的〈几何学的起源〉：引论》（*Edmund Husserl's Origin of Geometry, an Introduction*，1962）[13.1, 13.26]之中。德里达曾说，这一早期文本处理的所有问题都延续到随后着手组织的著作。[13]

*452* 在《几何学的起源》（*The Origin of Geometry*）这本逝世前不久所写且是身后唯一出版的著作中，胡塞尔关注如几何学形成物（formation）等观念对象的可交流性，它们在个人的人类意识中是最早实现或构成的。作为

普遍而非视角性的几何观念外在于时空存在的偶然性，而且胡塞尔认为，它们充当任何对象的模型。但正是由于其观念性，它们原则上必须被一切理性存在物所获得，能够成为所有意识主体的对象。《几何学的起源》的核心关切之一就是，解释最初由第一个或原初几何学家个人的心理生活定义的几何学形成物是如何获得主体间性的，即是如何成为整个人类共同体的对象的。

胡塞尔的直接答案是，言谈将观念性带给了公众领域，从而允许原初几何学家与同一社区的其他人分享他/她的发现。但是，只有书写能够将此发现一代一代地传下去，赋予它一个历史。通过书写或铭文，几何学形成物被传递给其他人，他们再加以推论，进一步阐述其命题和公理。通过连续几代人的努力，新的层次覆盖于原始形成物之上。这就是科学进步的路径，事实上一般而言也是文化发展的路径，这就像由许多沉淀层组成的拱形岩层。通过对原始发现的符号化，原初几何学家将此发现送入生产性的时间通道。而生产性的书写传播之代价是原初几何学家自觉意向状态的丧失，但正是后者让他/她才有此发现。书写是一个自治的领域，它能让发现现实化，将原始形成物从构成性的意识行为中分离出来，而这些构成性的意识行为会通过日常言谈的音调和面部表情进行传播。所以，这个代价本身就是进步的条件，后来的几何学家为了花时间改进，不得不把这种原始形成物作为准备性给予。除了我们相对短暂而脆弱的生命，我们的人体需求也没有给我们留下足够的时间可以用来从事研究。胡塞尔认为，所有生产性的艺术和科学都不得不通过这种方式取得进步。但是，恰恰正是书写中的这种代价给西方文明带来了当代危机。我们失去了我们的根，不知道我们从何而来，不知道我们的科学和文化传统是如何开始的。

胡塞尔把这种危机状态看作特有的——永远不可能被克服。我们传统创造者的意向状态已经永远消失，也没有任何回溯（*Rückfrage*）能够恢复它们。但是，胡塞尔认为，即使我们无法在现时代恢复科学原始拱顶（*archē*）的作用，但我们至少能够展望它的终极目的（*telos*），它是一个完整的知识 *453* 体系的目的，是绝对明晰而单一的知性的目的。它不是某个能够被完全实现的东西；相反，它作为无限的理念发挥作用。在原始形成物基础上的一个科学的建立可以被理解成向这个理念的不断接近。现实的形成物能够被理解成这个接近过程中的本质要素，该过程促成了它的决定作用。在此意义上，该形成物被胡塞尔描述成一种"康德意义上的理念"。仅仅通过有效的书写，康德意义上的客观而彻底的知识理念及其他相关理念或许不能建构知识的来源，但是它们一定能够表明，我们的科学和文化对象当再次被置于背景中时，绝不是毫无意义的。

在对这篇文章的解读中，德里达努力想从胡塞尔的前提中得出某些激进的结论。胡塞尔触及过这些结论，但是从未加以发展，或许因为他已经很好地理解了它们将会对这篇文章提出的问题，毕竟这篇文章在人类意识面前为几何学及其他传统限定了唯一而明确的起源概念。德里达细心地强调了胡塞尔对语言尤其是书写之重要性的敏锐意识。这里，我们看到的是对这一理念的首次直接表述：语言不只是一种物质性的、只接受已经形成的真理的东西。它对发现进行说明和系统化，而不只是一个接受现成给定之物的消极容器。它将理念对象建构成确定的、可重复的公式，它是真理的必要条件之一，无论在原则上还是在事实上：

> 胡塞尔坚持认为：只要真理不能被说出来和写出来，真理就不是完全客观的，就是说，不是理念的，不是对所有人来说都是可以理解的，不是无限可持续的。由于这种可持续性是真理的意义本身，因此真理持续存在的条件已经被蕴含在真理存在的条件之中了……自由恰恰只有从真理在一般意义上能够被说出来或写出来这一点出发才是可能的，就是说，在能够做到这一点的情况下才是可能的。悖谬的是，正是书写的可能性（possibilité graphique）才使理念性的最终解放得以可能……意义通过语言来表现的能力是其获得非时空性的唯一手段。[14]

这种真理的物质性条件也能够丢弃胡塞尔视为真理之原始意义的东西，即其意向性来源。在哲学、文学以及自然科学领域，胡塞尔很重视由书写带来的丢失和误解的可能性。但德里达认为，胡塞尔未能阐明在书写的自治领域内信息总体性丢失之可能性的原因。这种可能性区别于经验上的破坏，如

454

焚毁书籍、毁坏遗址等。在这种情况下，书写承受的是一种物质性的破坏，而信息也被毁灭。德里达所指的可能性是书写本身仍然在世间完好无损而信息却完全消失的可能性。在信息消失之后仍能赋予信息生命的书写同样能烧毁那些信息。德里达认为，我们在那些默默对抗所有理解和翻译的史前人工制品和遗址中能看到这种情形的大量证据。它们是进行世代相传的条件，但不能保证这种传承的成功。

德里达不赞同胡塞尔的观点，即几何学的意向性起源对特定的时间中的特定的人而言是唯一的。他认为康德意义上的理念的开散（unpacking）对胡塞尔的这种观点无异于釜底抽薪。我们可以回顾一下，这是理想对象的概念，它是趋向客观而明晰的知识体系的过程中的一个本质要素。德里达的理由是，一个人如果没有这一概念，即使他偶然发现了经验世界中的原始形成物，他也不会对几何学的观念性有任何认识。如果原初几何学家没有某种科学的意识，某种终极目的的意识，他就不可能认识到这些形成物的重要性。[15]这种意识包括形成物为了在科学中获得必要地位而必须实现的条件。由此，康德意义上的理念不只是几何学的终点，它恰恰是其起点。获得这一理念的人或多或少还是从原始而可靠的最初的几何学开始的，因为它对任何文化、任何时间而言都是不具体的。除了所有权和版权等残忍的经验史以外，德里达想知道，我们是否能够说明一种一次性的或不可重复的几何学起源。因为几何学的意向性起源对任何现实的个人而言都不必是唯一的，所以几何学原则上有无数的出生及其许可，每一个都在祖先面前耀武扬威。这样看来，意向性行为就很难被分成原始的和派生的或寄生的两种。

或许德里达关于《几何学的起源》最重要的说明来自胡塞尔的如下观点，即在书写中丢失的是在书写自己的时间中所拥有的明晰的完满性（plenitude）。也就是因为这一观点，原初几何学家在构成理念形成物的过程中面对其指涉物的意识才有充分的认识。德里达解释说，理念对象的意义作为康德意义上的理念是人人可及的，这一事实并不需要以该意义必须在当下被充分给予为条件。无论在事实上还是在原则上，我们理解形成物的观念性和客观性的方案在人类主体面前都是不可能实现的。当下的意义是通过其被延续为无限（ad infinitum）而给予的。给予对象意义的符号是某个曾经缺席之物的符号，因为一门完整科学的实现——理念对象的意义在此过程中显然是可以理解的——总会避开人们接近它的视线。我们有空理念，但不是说关于空的理念。为了理解意识在达及这一绝对理念上的无能，就要理解延迟、延缓或差异的结构必然性。作为一种最终不能实现的无限预期的结构，绝对是一个界限，一个不能只在自身中被想象的意义的可能性的条件。一个人要实现它，就不得不成为全能的上帝且不受视角和距离的限制，在其绝对的凝视中永恒地理解一切。几何学和客观性的起源隐藏于一个所谓的原初几何学家在意识面前从未见过的应许之地。甚至在其自己的时间中，过去—现在也从来不是一个不可分割的完满性。客观性的意义预设了某种永远不可理解之物。

德里达的第二本书被翻译为《言语与现象》[13.27]，1967 年出版。它被德里达称为自己最喜欢的论著，因为他以"法理上决定性的"方式提出了西方一般形而上学尤其是胡塞尔形而上学中的"声音的特权"问题。他还认为该书与早期的《埃德蒙德·胡塞尔的〈几何学的起源〉：引论》互为正反，是它的另一面。([13.27]，5) 在后来的著作中，德里达集中关注胡塞尔的下述主张：活的当下是以自我意识的不可分割的直接性为基础的。在《埃德蒙德·胡塞尔的〈几何学的起源〉：引论》中，德里达已经否定了我们在不可分割的当下意识中追溯客观性意义之根源的可能性。现在他认为，关于这一可能性的想法本身就是一种形而上学的幻象。反思性意识或主体性也依赖表征，这种表征通过某种不能被完全显现之物的符号来实现。

胡塞尔在《逻辑研究》(1900—1901) 中解释自觉的精神生活时区分了两种符号意义，一种是能够完全向意识显现的，一种是只能间接显现的。前者可以称为表述 (Ausdruck)，后者则是通过指号 (Anzeichen) 传达的任何东西。一般而言，指号世界是由那些指称直接意识之外的事物的符号构成的。指示性符号的功能就是代替那些完全或部分缺席的东西。尽管它有指示物或所指，但这种符号缺乏内在意义。要超出空的承载或媒介，它就必须通过具体的意向来赋予其意义，尽管这或许也没有完全传达它。举例来说，当我读一本书的时候，作者向我暗示了某样东西，虽然我没有直观到他/她背后的意图，但我也能把握它，同时我还能直观到我自己的意图。

与派生性的指号不同，表述是内在地有意义的，并向自我完全显现。它们指示某物并表达一种意义。因为表述实际上包含了内容和对象，所以符号几乎直接让位于它所指示的实际事物。因此，每个表述都具有指示功能，比如我通过言谈与他人交流就是一个例证。在此情形下，表述被赋予声音的物质性载体，正是这个媒介让它进入主体间性的领域。我也能通过书写，通过文字的物质性载体进行交流。这将表述带进了历史性领域，面临意义的歪曲和丢失的威胁。书写缺少言谈的声音的直接性。当我表达时，我能听到自己的言谈。我具体地经历和理解了通过表述而渗入的指向。我的所言向我显现，受我的意向控制。这种直接性会在书写中丧失。当我书写时，它能超出我活的当下。原始的直接性会随指向而漂泊不定，继而消失在纸张上僵死的文字中。声音是能够保护表达性直观生命的唯一物质性中介，因为它是对未受玷污的意识生命之直接性的反思。这就是思考经常被称为内在言谈的自我的原因。然而，在意识生命的现实领域，胡塞尔不认为孤独的心灵会与自身进行无声的对话。在前表达性直观的内部，我们只能设想反复无常的信息通过先验自我的图谱进行传递。在这个层次上，我们不需要与任何东西交流，因为我们的意义是被直接经验和理解的。甚至也不能认为眨眼把意向和我们对它的直观区分开来了。在反思性意识的纯粹自我关系中，符号王国是全然无用的（ganz zwecklos）。

德里达反对胡塞尔关于声音优先于书写的最初设定，他称之为语音中心主义（phonocentrism）。德里达认为声音的这种特权是一种形而上学的设定，和彻底的现象学哲学的严格性无关。德里达指出，胡塞尔把最好的意识意向性也描述为不完整的和无法履行的。知觉是我的全部依赖，然而它仍然只是部分地向我显现，如同我亲眼所见臂肘所枕的坚硬而灰暗的水平面。在想象中，我意向到巴伐利亚路德维希国王童话城堡的地窖。这些只是在它们能够被想象的范围内向我显现，而无法被认识或描绘。语言学符号代表了这种缺陷。我们用它们来指示未被直接给予或完全未被给予的对象和事态。在这一描述中，符号能够在对象完全缺席的情形下完美地运作，而事实上，这就是它们的本质功能之一。但在这种情形下，对象可以说是我们人类主体自身吗？我们不得不质疑，包含反身代词的这一命题在没有主体表达它们的情形下是否真是有意义的？

*457*

胡塞尔收回了这一断言。比方说，他承认我们能够理解一个数学命题的一般日常意义，这与我们使用它的条件大相径庭。我们不需要思考特定的人就能阅读它。但是，在使用单词"我"（I）的陈述中，比如"我活着"（I am alive），胡塞尔认为，我们只能从个体意向中一点一点地收集它的确切意义，因为这些意义只是在它被表达或铭刻的时候才涉入它。胡塞尔认为，要是我们阅读这些陈述而不知道是谁写的它，它或许不是无意义的，但它远离了它的标准意义。但是，德里达认为，这样的命题能并且确定在没有言说者或书写者的情况下正常地发挥作用。"我活着"，在原始主体死亡或虚构的情况下，仍然保留着标准意义。产生于反思性符号或命题的意义并非一定要由个人直观来执行。语言在书写中有自己的生命，而且没有任何理由去思考为什么这种情况在言语中会不同。我们也不得不承认有自己的意义的符号的轮回。如果通过我们的声音带入符号的个人直观的表达赋予了它标准意义，而且如果它在符号中起作用，那么每个人就不得不使用自己的私人语言。德里达认为：

> 本质上而言，直观的不在场——因而是直观主体的不在场——不仅是被话语所容忍，而且也是被一般的意指结构所要求。它完全是必需的：一个陈述的主体和客体的整体不在场——作者的死亡和/或他所能够描述的对象的消失——并不妨碍文本去"意指"某物。相反，这种可能性正是如此产生意义，使它被听到或读出。（[13.2]，104；[13.27]，93）

在这个我们实际发现的世界，每个整体的或部分的符号其意义都独立于任何随时发生的意向执行，虽然言说的或书写的主体也许会把此意向执行赋予这些符号。正是因为胡塞尔认识到语言有自己的生命，所以他尽力将标准的或恰当的意义限制给此时此地的言说主体。然而，与活生生的而又不受其控制的媒介相关联的这种主体也仍然不得不像看守一样监督其表达。我们经常说出一个陈述，并立即授权给它。我们知道我们的意向没有遭遇一个中立的容器。有时，我们逗留片刻以便能捕获符号的某种特定的"标准"含义，因为在言说或书写的时候，我们并没有充分意识到这些符号。书写甚至会被认为比言说更重要，因为它聚焦于心灵，使表达获得更高的明晰性，尽管无论在哪个媒介中都并没有免受或多或少的歪曲。

德里达并不满足于将语音中心主义揭示为不公正的偏见。他想表明的是，这个反映在表达中继而投射入一个不纯粹的含义世界的、直接的、自我同一的意识概念本身已经坍塌了。胡塞尔认为，符号在自我关系中是多余的，因为我们在不可分割的当下向自身显现，他非常小心地修饰着这最后的思想。这从他在 1893—1917 年所做的一系列演讲中能够看得出来，它们后来于 1928 年以《内时间意识现象学》为名出版。胡塞尔最终拒绝求助分离的、原子的意识瞬间的概念。我们的意识过程总是在进行中，并且相互关联，构成了一个动态的流。在这个流中自我意识的每个当下时刻或直接的现时都记忆（retention）过去，也预想（protention）未来。

被保留在记忆中的过去不同于将被再生产的过去。再生产是对已完全完结之事，对隐藏于更加遥远的过去的再创造。它是已故之事的再激活，因此，总是包含一些模糊和失真。记忆是在意识的当下时刻对刚刚流逝之过去的持有。它就像餐钟的嗡声在耳边的回响。当下—过去的记忆避免了再生产不可避免的缺陷，因为在当下和构成记忆内容的直接过去之间没有任何重要的时间流逝。为了意识到当下的直接性，我不得不在当下意识到记忆性内容。在存在一个直接的、截然不同的过去时，这只能是同一的。

如上所述，当下时刻也包含了预想。这是对下一个意识时刻的预期，它直接紧随现在。隐藏在自我意识中的是这样一个预期，现在将进入一个新的时刻，在此时刻我将像我在现在一样向自我显现。我当然可能会转移注意力，会陷入无意识或死亡，但是自我意识的暂停或中止本身是不可能发生或想象的。我不可能知道不自知的状态是怎么回事，因为根据定义，当我们陷入这种状态时，我们不可能意识到它。除了偶然事故以外，自我意识（出于人类主体性的原因）是作为正在进行的东西被理解的，而不是一个一次了结的行为。它具有理念性和可重复的特征。每一次预想都是对这种理解的表达，期望它重复当下的自我意识。反思性意识是延展而连续的，因为每个时刻都包含"将做"和"刚做"。尽管有预想和记忆，但过去、现在和将来仍

459

然在反思性意识的每个单个时刻中联系在一起。

在德里达的解读中，胡塞尔有先见之明地正确认识到自我意识的每个时刻都包含记忆和预想。但正是这种认识使我们在面对现实是纯粹、统一而无意义的这一主张时出现了分歧。仅仅通过设定不同的、刚刚过去的现在来向意识显现现在，这是可能的。仅仅通过预想紧随其后的时刻将现在显现为不可分割之整体的部分，这也是可能的。现在作为完全同一的意识必然要求其他非现在的意识。换种方式来说，那些差异的东西不得不被搁置而在同一中进行预想以便产生直接性和连续性，它们是意识主体的本质特征。德里达把这种记忆和预想的过程描述成自我交流（autoaffection）。它是构成性的，而不是被构成的："这种延异运动并非先验主体发生的。它产生主体。自我交流不是一种以可能已经是其自身（autos）的在者为特征的经验之表现形态。它在自我延异中产生作为自我关系的同一性，产生作为非等同的同一性。"（[13.2]，92；[13.27]，82）德里达反对自我等同的现在这种观念，因而也反对原生的和自给自足的主体性这种观念。现在要成为自身不得不指向超越自身的时刻。因为记忆和预想是现实的指向形式，所以它们能够作为已经消逝和即将发生之物的符号而被有效理解。但是，这种允许符号进入反思性意识的现在不也是通过指示进行的入侵吗？将记忆纳入自己所属，一个人能够由此认为，既然它在自己的时间中完美地占有过去，那么它就是一个实现了的或表达性的符号。然而，就预想而言，情形似乎有所不同。我在现在指向的即将发生的时刻进而将指向另一个时刻，而且这一过程的中止是难以想象的——它会无限进行下去。我所指向的将永远不可能执行当下的符号，因为它本身不是自我指涉的完满性。但是，只要人们回顾一下就会发现，情形其实是一样的。回溯到反思——反思是不可分离的，因为没有任何先前的反思来与之相区分——的原初时刻，当下时刻本身在先前的时刻被预想过，而此先前的时刻也被预想过（先前的时刻是一个无意识的痕迹，被思虑所隐藏）。最近的预想预期直接的现在，又经由记忆到达当下时刻。由此可见，无论预想还是记忆（其中之一在另一个中消逝），都被宣告了一种无法执行的指示性功能。当下时刻不能执行在过去指向它的时刻，即将发生的时刻也不能执行现在正指向它的时刻。延异双重玷污了现在。它只通过一个不确定的过去和现在的、口是心非的指示承认了自我的在场。在场总是已经外在于它本身，而且永无止境。

德里达以胡塞尔《观念》第一卷（1913）中一节不可思议的预言性段落来总结自己的解读。胡塞尔在这一节回忆了自己漫步德累斯顿美术馆（Dresden Gallery）欣赏特尼尔斯（Teniers）作品的情形。他画的也是一个画廊，所以每一层都在无穷倒退中表现了下一层的绘画。德里达解释说，在这一段落中，我们能够隐约感悟到现象学的命运。这提出了胡塞尔是否以某种方式提前（avant la lettre）触及了解构这个问题。在《言语与现象》中，德里达提到胡塞尔对内时间意识"令人钦佩的"分析，并进一步认为它的特征就是达到了"无与伦比的深度"。（［13.2］，94 n.1；［13.27］，84 n.9）奇怪的是，胡塞尔似乎没有看到此分析重要在哪儿。对德里达而言，这一解释依赖如下事实，直接的或完全的在场理念是一种从古代流传下来的、无处不在的隐匿偏见。对"现在"的强调作为一个阿基米德点，作为直接性和确定性的原因，是这一事实的一个突出表现。这个偏见如此强大，以至甚至胡塞尔这位为其界限提供方法的第一人也受其支配。他正处在对在场的形而上学进行解构的前夜。

对德里达职业生涯的简短概述最好从《书写与差异》（1967）［13.3，13.28］中的论文开始。这本文集收录了关于起源与结构的第一篇论文以及《力与意谓》（Force and Signification）、《结构、符号与游戏》（Structure, Sign and Play）。我们可以看出，早期分析运用的是现代结构主义。在赞成结构主义对先于符号世界的主体性进行批评的同时，德里达认为整个结构主义事业从其趋势来看已经误入歧途，它要建构从时间和变化中提取出来的封闭性符号系统，要把这些作为决定一般意义的先验实在的特征，并且它已经这样做了。集中于某些固定主题来挖掘基础结构的梦想只是形而上学的幻象。此幻象仅仅通过隐藏不断变化的建构过程来维持，而意义正是借助此建构过程才显现和变化的。彰显这一策略之处也就是结构主义的建构开始动摇和显示其裂缝之处，正是在此，解构把握到了它。

在《暴力与形而上学》（Violence and Metaphysics）中，德里达与伊曼纽尔·列维纳斯进行了激烈的思想交锋。后者把巴门尼德以来的哲学史看作极权主义的荒原，他呼吁一种对他者经验的开放性，但是他者超越了理性领域之暴力和权力的逻辑。所以，与他者或他者们的唯一伦理关系是无限的责任和尊重。德里达非常赞赏列维纳斯的思想路径，但同时也认为，他对胡塞尔主体间性的研究以及对海德格尔的"解构"—— 对产生于确定的前理解的存在之种种思想形式的解构——都没有给予应有的重视。德里达也认为，日常语言及由其产生的哲学话语在列维纳斯那里同样不能幸免。因为他者只能通过话语来揭示——无论和平还是战争的开启，所以超越它的努力将有受其压制的危险，这将导致最大的暴力。

在《弗洛伊德与书写的舞台》（Freud and the Scene of Writing）中，德里达考察了弗洛伊德神秘书写纸的隐喻。在该文中，潜意识被比喻为书写形式的文本及其结构和层次。德里达认为，文本是符号之织，以消逝的痕迹为基础，该痕迹如同在有意识的知觉世界中一样包含时间中的间隔。将潜意识的文本看作正在表现的原始真理，这可能是理性的又一诡计，该原始真理会被带向表面，会被复写，就像被不同程度复制的原始文本一样。甚至最激进的批判也有承认其在更深层次显现的危险，超心理学也不例外。这一暗中恢复试图拒绝之物的主题贯穿于德里达的其他文章和后期思想中。

《论文字学》是由德里达于 1965 年出版的同名文章中的两个部分扩充而成。该书吸收了《言语与现象》中的许多结论，而且据德里达说，该书的目的是使贴近概念（proximity）和包含在在场概念中的适当概念（the proper）去神秘化。这些解构从对意识的解构开始。德里达明确对指示性符号概念进行了总体化，以便包含可能出现的一切，无论它在"原始的"意识中还是在感觉经验的世界中。所有"在场的"东西本质上都是由各种声音的和图像的标记或预想与记忆组成。最明显的是，通过存在而显现的东西映衬了不可还原的不在场。没有任何东西本身能够在自身显现的光亮下变得耀眼。德里达不相信一个符号或符号系统能够在裸露的对象面前自行消失，就像一块面纱会从我们的眼前自行掉落一样。这是先验所指（transcendental signified）的神话，是外在于游戏的符号游戏之终点的神话。它以各种伪装在整个哲学传统中反复发生，如上帝、物质、绝对知识或历史的终点。它仍然是一个神话，因为它从未实现。在先验所指的缺席中，我们被抛弃在符号游戏的无限显现和无处不在中。在这个意义上，可以说，一切皆书写，一切都是这一构成文本之一般性书写的实例。（举一个不太确切的例子，早晨的红色天空就是在天空的横幅上书写的一套符号。这个文本指出了一系列不确定的其他事件，其中可能包括一场暴风雨。）所有意义都与文本相连接，并指向其他文本中的其他意义。世界是最普遍的文本，尽管它从来没有完结或结束。哲学史可以被解读为压制这种貌似无限游戏的持久努力。

在德里达看来，先验所指的理想是逻各斯中心主义的反面，后者以各种形式确认前定秩序，确认所有事物——只是有待发现——之明确而适当的意义。因为文字书写威胁到了每个假定的单义性的交流，因此传统上它隶属于危险而意外的替补角色，卢梭提供了这一策略最著名的典范。书写被理解为继随前给予（pre-given）之完满性的东西。但德里达认为，在哲学原则中几乎被忽视的替补（supplementarity）还有另一个意义。替补也是补偿缺乏所需的东西。如果文字书写不再被看作外在的和偶然的，那么将一般性书写看作差异之织的道路将由此铺平，因为差异寄居于所有形式的在场之中并使之成为可能。卢梭将书写看作一种不幸，看作虚伪和粗鄙之根源，这绝非偶然。如果他支持关于人类堕落之前的自然状态的逻各斯中心主义幻象，那么书写必须被压制。卢梭最清晰地陈述了形而上学必然的暴力，这种暴力通过对书写的改造将正当等同于纯粹的在场。

1972 年，德里达出版了三本著作：《哲学的边缘》（*Margins of Philosophy*）[13.5，13.30]、《撒播》（*Dissemination*）[13.6，13.31] 以及《多重立场》（*Positions*）[13.7，13.32]。《哲学的边缘》由 1967 年以来所写的 11 篇论文组成。其中多数文章是阅读实践的应用，而其理论基础是在该文集的第二篇文章中完成的，题为《延异》（Différance）。这篇文章可以被看作对早期著作的一个总结。德里达把延异看作对索绪尔关于语言中只有差异这一洞见的发展，也是海德格尔式本体论差异概念——存在和存在者之间的差异——的一个结果。德里达表述如下：

*463*

> 无处不在的延异要动摇的正是存在者的支配。动摇是在古拉丁
> 语 *sollicitare* 意义上的，其意味着整体性的晃动，意味着完全性的

颤抖。因此，将存在确定为在场或存在状态（beingness）正是延异思想所质疑的，如果存在和存在者之间的差异没有在别处被提出的话，那么这个问题就不会出现，也不会被理解。第一个结论：延异不是。它不是一个在场的存在者，不论如何卓越、独特、重要和超验。它什么也不控制，什么也不统治，它不施展任何权威，它不用任何大写字母显示。延异没有王国，而且它还激励对王国的颠覆……因为存在从来没有"意义"，也从来不会被这样思考和说明，除非将自己掩饰于存在者之中，所以延异根据某种十分奇特的方式，较之本体论的差异和存在的真理"更为古老"。（[13.5]，22-23；[13.30]，21-22）

存在不是高高在上发布命令的一种意义。存在从存在者中涌现，存在者又由它产生。同样，理解需要感知、自然和文化。延异是区分和推延的生产性运动。每个概念都在未被认识的意指中被推延，也在获得区别于非他的同一性中被区分。延异不是一个概念，但它使概念成为可能。延异不是本质，因为它在每个关系中都呈现出不同的形式，而且在它们之前并不存在。

在第三篇文章《本体与线》（*Ousia* and *Grammē*）中，德里达考察了海德格尔关于亚里士多德论时间的一个注释。亚里士多德首先提出的问题是，如果没有将时间确定为外在于实体，存在如何才能被确定为在场，继而被确定为不在场和不在（不再存在以及已经不在）。德里达认为，海德格尔严重忽视了亚里士多德的考察。而且，海德格尔自己对"流俗的时间"的批判——尽管很重要——也屈从于亚里士多德总结出的难题（*aporia*）和复杂性。真实的存在以原始时间为特征，不真实的存在以派生时间为特征。在原始的与派生的这一对立中，德里达发现了存在作为自我在场的实体被隐蔽地再次引入。

《人的终结》（The Ends of Man）是关于人本主义问题的演讲，聚焦海德格尔对一般思想体系的批判。德里达认为，就该问题"考古的彻底性"而言，这是一次非常卓越的批判。任何超人本主义的立场要想不是边缘性的和次要的，就不能无视这些问题的开端。（[13.5]，153；[13.30]，128）海德格尔希望超越人本主义以便发现人的真正本质及尊严，即他的人性（*hu-manitas*）。他试图将对人的理解引向存在之神秘性的开启，该神秘性存在在近似者的贴近中引入存在的真正意义。德里达认为这种替代品只是传统人道主义细微的变体。海德格尔对正当和贴近的召唤暗示了一种逻各斯中心主义的理想，一种存在和自我的真正意义，它们能被立即透露给那些达到这种正确态度的人。

在《撒播》中，德里达写到了索莱尔斯（Sollers）、马拉美和柏拉图。在《柏拉图的药》（Plato's Pharmacy）这篇最著名的文章中，语音中心主义被追溯到《斐德罗篇》（*Phaedrus*）。在这篇对话中，书写因危及鲜活的声音的真理而受到指责，同时又重新赋予其在灵魂中题写永恒律法的权利。书写模棱两可地既被描述为毒药，又被描述为治病良药，这成为西方传统对书写最为宽厚的界定。

《撒播》的长篇"前言"或"外围工作"抨击了把书——因为有开端、发展和结束的确定结构——作为用文字媒介封装作者意图的最好形式这一历史观念。德里达重申他的主张，延异在所有意识活动中篡夺每种媒介的每种形式的透明性和神秘性。书是一系列不相容的要素和力量——意义因为这种力量会毫无意义地向四面八方弥散——相互作用的结果。

《多重立场》由德里达主持的一系列访谈组成，为的是阐明他自己的计划以及与其他知识分子活动之间的关系。其中不乏对其思考更有启发性的介绍。德里达认为，解构不是一个对传统哲学偏见或"暴力的等级制度"的简单颠覆。它最好被设想成一种双重动作，既剥夺文本（言谈、性质、精神等）中心思想的特权资格，又表明它们所依赖的对立面就隐藏于文本的潜台词或阴影之中。所谓的主要文本总是被双重性所困扰。这种双重性与其说是破坏它，毋宁说是使之混乱。延异生产了两种文本或看的两种方式，它们既是一起的，又是分离的。

《丧钟》（*Glas*，1974）［13.8，13.33］可以被看作解构过程中的一个让人极不舒服的实例。[16]黑格尔关于上帝、法律、宗教和家庭等主题的论述被列于每页的一边，而让·热奈对同一主题不同程度的不同处理则被放在另一边。德里达自己当场连续的评论被置于它们中间。这种相当难以操作的巧妙性或许意在表明，就引用的意义而言，读者总在变为作者。它也可以被看作对超乔伊斯式的不确定性的一次性尝试。毕竟，德里达并没有再以这种格式写过任何其他著作。

通过《刺》（*Spurs*，1978）[13.10，13.35]，德里达转向了对性差异的思考。他集中关注尼采把女人作为谎言和颠覆之纽带的奇怪指责。这种指责最初是以反复提到叔本华的厌女主义（misogynism）的方式出现的。德里达从尼采的隐秘评注中提取了某些现代女性主义批判理论的预期，因为后者从来不是因为对真理的现成秩序或传统观念的爱而闻名的。

在《明信片》（*The Post Card*，1980）[13.12，13.37]中，德里达详细发展了此前未能达到其目的的信息这一主题——在关于几何学起源的著作中已经详细分析过。在阅读弗洛伊德、拉康和海德格尔的过程中，他比较了一般性书写和电信服务，后者可能经常中断和失败。向所有人开放的小小明信片象征着已经被投入时间和空间之中的意义的脆弱性。即使那些未被拖延太久就到达目的地的信息也可能被误解，可能是出于潜意识，可能是出于存在的神秘补偿，也可能是出于"外部的"因素。

20世纪70年代后期以后，德里达的大部分著作开始集中于以下两个方面：一方面是文学以及文学与哲学的差异；另一方面是伦理事件和政治事件。反映这些兴趣的第一个很好的实例就是《宗教》（*Regions*，1986）[13.15]。该书与莫里斯·布朗肖（Maurice Blanchot）的著作发生了交锋。当然，德里达也提到了蓬热（Ponge）、策兰（Celan）和乔伊斯（Joyce）。

对伦理和政治与日俱增的关注首次体现在《他者之耳》（*The Ear of the Other*，1982）[13.1，13.38]中，该书是在1979年蒙特利尔学术研讨会的基础上形成的。德里达的评论通过思考自传和翻译等哲学问题表现出来。他强调，延异削弱了作者的神秘性，使每种解释都成为误读，同时，它并没有破坏个人的责任。陈述和书写直接承担自己的命运，这一事实是对永恒警惕的佐证。一个人至少应当预想一下对其作品的可能误解。尽管这种做法不可

466 能总是成功，但是它或许能将文字中的危险降到最低。这些危险在尼采作品构造的思想体系中一览无余。即使我们所说、所写的每个部分都可能被从背景中清除，但是我们仍然不得不继续。

《心灵：他者的发明》（P*syché：Inventions de l'autre*，1987）［13.17］收录了关于重建性方法、性差异、种族主义及核威慑等主题的一系列文章。在《人种论的新形式》（Racism's last word）这篇为反种族隔离制度的艺术巡回展而写的文章中，德里达详细检查了种族主义的每一种形式。种族隔离制度是这个世界上种族主义的最后形式之一，它意味着一种谈论动物的暴力，这是一种歧视而不是辨明。尽管它声称代表了来自自然权或神权的法律状态，但是会有那么一天，这种形式将在它自己的空洞中产生回响。但是，它意义的坍塌仍然不仅要归于道德标准的胜利，而且要归于自由主义经济学的律法，因为该经济学将确定这个系统是"毫无效率的"。这些市场法律则是有待分析的另一种计算标准。

在《没有末日，现在没有》（No Apocalypse, Not Now）中，德里达抨击了核威慑逻辑中的某些结果主义假设。核军备竞赛的指导思想是，在破坏力上的每一个进步都将强烈地打压对手从而使灾难更不可能发生。德里达评论说，这是在假设"最好的意图"总会被对方"正确地解释"。这种策略表面上的成功让军工复合体洋洋自得，既有高额的合同，又能不增加任何明显的危险。

《有限公司》［13.22，13.44］冗长的"后记"完整地记录了德里达对奥斯汀著作的批评以及与约翰·塞尔的交流，在其中德里达尽力想阐明解构活动的目的和程度。德里达声明，尽管完全在场和及时性的主题从属于解构，但他从来不为意义不受阻碍地自由呈现辩护。意义在文本中有其相对的稳定性。指出这一点只是说，这不是自足的，也并非不可改变的或不可破坏的。揭示双重文本的双重阅读表明，文本的主导性意义或主导性解释不可能满足其所有的主张。在拆解概念等级的过程中，解构试图达到一个更加恰到好处的平衡。它既不拖延也不抵制真理或交流的可能性。

《纪念保罗·德·曼》（*Memoires for Paul de Man*，1988）［13.21，13.43］和《哲学的法则》（*Du droit à la philosophie*，1990）［13.23］收录了德里达关注现代或后启蒙世界知识分子的责任和立场的论文。[17]他认为，学术世界的自由只是一种抽象的自由，因为它的成员实际上被排除在伦理和政治决策领域之外。德里达认为，在一个技术专家管理的社会中，大学的关键作用之一是，它提供了一个场所，在那里，麻烦制造者可以被正当地

467

圈养起来，而屈从的人能够正当地得到资助。可以想象，这些分析对德里达在某些学术圈中的名望不会有太大帮助。

这些著作中的论文——如同德里达过去几年的作品一样——提出的最令人好奇的问题是其研究方案的未来方向。他对伦理和政治的关注可以解读为解构实践迄今为止未被注意的积极方面的展开，但同时它没有表现出对20世纪60年代就已经勾勒出的理论框架的明显推进。而且，德里达没有说过任何违背其文本现有版本的话，也未对它们进行过修订。他对自己作品所进行的所有评论本质上都是或多或少的解释性说明。这一最有争议的现代思想家未来会开启什么样的新理路，仍然有待揭晓。

（蒂莫西·穆尼）

## 【注释】

[1] 本章改编自《解构的伦理学：德里达和列维纳斯》（*The Ethics of Deconstruction：Derrida and Levinas*）[13.73] 的第一章。

[2] 当然，这种表述暗示了关于卢梭部分的某种错觉，即他并未打算说他实际所言，而他实际所言与他文本所言是相矛盾的。这种思想路线让人回想起保罗·德·曼（Paul de Man）在《盲目性的修辞：雅克·德里达对卢梭的解读》["The Rhetoric of Blindness：Jacques Derrida's Reading of Rousseau", in *Blindness and Insight：Essays in the Rhetoric of Contemporary Criticism*, 2nd edn (London：Methuen，1983), pp. 102-141] 中对德里达的反驳。在该文中，德·曼甚至说，"卢梭的文章没有任何盲点"（Ibid.，p. 139），因此"没有任何解构卢梭的必要"（Ibid.）。然而，德·曼认为，却有解构业已建立起来的对卢梭的解释传统的深层需要，因为它已经系统地误读了卢梭的文本。因此，尽管德·曼宣称，德里达是卢梭"最好的现代解释者"（Ibid.，p. 135），他把"阅读的复杂性还给了对哲学问题的尊重"（Ibid.，p. 110），但是他仍然无视卢梭文学语言必要的矛盾状态。（Ibid.，p. 136）德里达没有把卢梭作为文学作品来解读。因此，《论文字学》是德·曼所谓批判语言中盲目性与洞察力之间必然相互作用这一论题的示范性案例。

我简短地为德里达作如下辩护。尽管德·曼有许多颇富洞察力的观点，但是他对《论文字学》的盲目性存在于这一事实中，即他把《论文字学》解读为对卢梭的批判，而不是一种双重阅读。德里达对卢梭的反对与对他的赞成同样少。确实，有人甚至可以说，德里达评论文本中的这个"卢梭"只是意味着对卢梭的一种主导性解读（对德·曼而言或许是误读），一种对"卢梭的时代"（[13.4]，145；[13.29]，97）的解读，一种把卢梭简单地看作一个在场的哲学家的解读，并把他归入逻各斯中心主义的虚构中。而这个虚构甚至已经延伸到了像列维-斯特劳斯这样的现代人类学家那里。但需要记住的是，正是后者的结构主义才是德里达《论文字学》中第二部分的真实标靶。

[3] J. Searle, "Reiterating the Differences: A Reply to Derrida", *Glyph*, 2 (1977): 203.

[4] J. Habermas, *The Philosophical Discourse of Modernity*, trans. F. Lawrence (Oxford: Polity Press, 1987), pp. 185—210.

[5] 参见 Heidegger, *Sein und Zeit*, 15th edn (Tübingen: Max Niemeyer, 1984), p. 26, trans. J. Macquarrie and E. Robinson as *Being and Time* (Oxford: Blackwell, 1962), p. 49。

[6] 参见 Heidegger, *Zur Sache des Denkens* (Tübingen: Max Niemeyer, 1969), p. 9, trans. J. Stambaugh as *Time and Being* (New York: Harper & Row, 1972), p. 9。

[7] R. Kearney, *Dialogues with Contemporary Continental Thinkers* (Manchester: Manchester University Press, 1984), 124.

[8] 参见 E. Levinas, "Transcendence et hauteur", *Bulletin de la Société Française de la Philosophie*, 56: 3 (1962): 92。

[9] R. Gasché [13.61], 101.

[10] *Dialogues with Contemporary Continental Thinkers*, 108.

[11] 关于德里达对闭合的详细讨论，参见 "The Problem of Closure in Derrida", in [13.73], 59—106。

[12] J. Derrida, "Ponctuations: Le Temps de la thèse", in *Du droit à la philosophie* [13.23], 444; trans. K. McLoughlin, "The Time of a Thesis: Punctuations", in A. Montefiore (ed.), *Philosophy in France Today* (Cambridge: Cambridge University Press, 1983), p. 38.

[13] Ibid., p. 446, trans. pp. 39—40.

[14] Derrida, *Introduction à l'origine de la géométrie par Edmund Husserl* [13.1], trans. [13.26], 90. 对德里达《埃德蒙·胡塞尔的〈几何学的起源〉：引论》的详细总结及其对后期著作的影响，参见 R. Bernet, "On Derrida's 'Introduction' to Husserl's *Origin of Geometry*", in J. Silverman (ed.) [13.70], 139—153。

［15］德里达和胡塞尔都从未否认几何真理明见的逻辑客观性，如在二维空间中三角形的三个角等于两直觉。他们要说明的只是在更广的背景下哲学意义上的特殊客观性。对这一主张的详细解释，参见 *Introduction*，pp. 31-33。

［16］列维（Leavey）在他的《〈丧钟〉导读》（*Glossary*，Lincoln：University of Nebraska Press，1986）中参考了黑格尔。

［17］德里达对现代大学的评论明显受到了海德格尔的影响。他自己也会第一个承认这一点。在德里达著作中的这一方面与奥地利美籍哲学家保罗·费耶阿本德的最近著作之间可以进行一个有趣的比较，参见后者的《反对理性》［*Farewell to Reason*（London and New York：Verso，1987）］。

# 参考书目

*469*　　最详尽的德里达出版物的书目，参见 A. Leventure，"A. Jacques Derrida Bibliography：1962-1990"，*Textual Practice*，5：1（spring 1991）。该文经过修订重印于 D. Wood，*Derrida：A Critical Reader*。另一个有用的书目，参见 J. P. Leavey Jr and D. Allison，"A Derrida Bibliography"，*Research in Phenomenology*，8（1978）：145-160；P. Kamuf（ed.）. *A Derrida Reader：Between the Blinds*（New York and London：Harvester Wheatsheaf，1991）。德里达的许多文章已经在眼花缭乱的图书和杂志中以法文和英文出版过多次。我这里的列表只限于已出版的著作。

**原始文本**

13.1　*Introduction à l'origine de la géométrie par Edmund Husserl*，Paris：Presses Universitaires de France，1962.

13.2　*La Voix et le phénomène：Introduction au problème du signe dans la phénoménologie de Husserl*，Paris：Presses Universitaries de France，1967.

13.3　*L'Ecriture et la différence*，Paris：Editions du Seuil，1967.

13.4　*De la grammatologie*，Paris：Editions de Minuit，1967.

13.5　*Marges de la philosophie*，Paris：Editions de Minuit，1972.

13.6　*La Dissémination*，Paris：Editions du Seuil，1972.

13.7　*Positions*，Paris：Editions de Minuit，1972.

13. 8 *Glas*，Paris：Editions Galilée，1974.

13. 9 *L'Archéologie du frivole：Lire Condillac*，Paris：Denoël-Gonthier，1976.

13. 10 *Eperons：Les Styles de Nietzsche*，Paris：Aubier-Flammarion，1978.

13. 11 *La Vérité en peinture*，Paris：Aubier-Flammarion，1978.

13. 12 *La Carte postale：De Socrate à Freud et au-delà*，Paris：Aubier-Flammari-on，1980.

13. 13 *L'Oreille de l'autre：Otobiographies，transferts，traductions：Textes et débats avec Jacques Derrida*，ed. C. Levesque and C. V. McDonald，Montreal：VLB Editions，1982.

13. 14 *D'un ton apocalyptique adopté naguère en philosophie*，Paris：Editions Galilée，1983.

13. 15 *Parages*，Paris：Editions Galilée，1986. （A collection of essays translated in several English language texts.）

13. 16 *Schibboleth，pour Paul Celan*，Paris：Editions Galilée，1986.

13. 17 *Psyché：Inventions de l'autre*，Paris：Editions Galilée，1987. ［A collection of essays translated in several English language texts.］

13. 18 *De l'esprit：Heidegger et la question*，Paris：Editions Galilée，1987.

13. 19 *Ulysse Gramophone：Deux mots pour Joyce*，Paris：Editions Galilée，1987. ［Two essays translated in separate English language texts.］

13. 20 *Signéponge*，Paris：Editions du Seuil，1988.

13. 21 *Mémoires pour Paul de Man*，Paris：Editions Galilée，1988.

13. 22 *Limited Inc*. Paris：Editions Galilée，1990.

13. 23 *Du droit à la philosophie*，Paris：Editions Galilée，1990. ［A collection of *470* essays translated in several English language texts.］

13. 24 *Le Problème de la genèse dans la. philosophie de Husserl*，Paris：Presses Universitaries de France，1990. ［A printing of Derrida's master's thesis.］

13. 25 *L'Autre Cap*，Paris：Editions de Minuit，1991.

**翻译本**

13. 26 *Edmund Husserl's Origin of Geometry：An Introduction*，trans. J. P. Leavey，Jr，Lincoln：University of Nebraska Press，1989，rev. edn.

13. 27 *Speech and Phenomena and Other Essays on Husserl's Theory of Signs*, trans. D. B. Allison, Evanston: Northwestern University Press, 1973.

13. 28 *Writing and Difference*, trans. A. Bass, Chicago: University of Chicago Press, 1978.

13. 29 *Of Grammatology*, trans. G. C. Spivak, Baltimore: Johns Hopkins University Press, 1975.

13. 30 *Margins of Philosophy*, trans. A. Bass, Chicago: University of Chicago Press, 1982.

13. 31 *Dissemination*, trans. B. Johnson, Chicago: University of Chicago Press, 1981.

13. 32 *Positions*, trans. A. Bass, Chicago: University of Chicago Press, 1982.

13. 33 *Glas*, trans. J. P. Leavey, Jr, and R. Rand, Lincoln: University of Nebraska Press, 1986.

13. 34 *The Archeology of the Frivolous : Reading Condillac*, trans. J. P. Leavey, Jr, Lincoln: University of Nebraska Press, 1987.

13. 35 *Spurs/Eperons*, trans. B. Harlow, Chicago: University of Chicago Press, 1979, bilingual edn.

13. 36 *The Truth in Painting*, trans. G. Bennington and I. McLeod, Chicago: University of Chicago Press, 1987.

13. 37 *The Post Card : From Socrates to Freud and Beyond*, trans. A. Bass, Chicago: University of Chicago Press, 1987.

13. 38 *The Ear of the Other : Otobiography, Transference, Translation : Texts and Discussions with Jacques Derrida*, trans. P. Kamuf and A. Ronell, Lincoln: University of Nebraska Press, 1988, rev. edn.

13. 39 "Of an Apocalyptic Tone Recently Adopted in Philosophy", trans. J. P. Leavey, Jr, *The Oxford Literary Review*, 6: 2 (1984): 3-37.

13. 40 "Shibboleth", trans. J. Wilner, in S. Budick and G. Hartman (eds), *Midrash and Literature*, New Haven; Yale University Press, 1986, pp. 307-347.

13. 41 *Of Spirit : Heidegger and the Question*, trans. G. Bennington and R. Bowlby, Chicago: University of Chicago Press, 1989.

13. 42 *Signéponge/Signsponge*, trans. R. Rand, New York: Columbia University Press, 1984, bilingual edn.

13.43 *Memoires for Paul de Man*, trans. E. Cadava, J. Culler, P. Kamuf, and S. Lindsay, New York: Columbia University Press, 1989, rev. edn.

13.44 *Limited Inc.*, ed. G. Graff and trans. J. Mehlmann and S. Weber, Evanston: Northwestern University Press, 1988. *471*

13.45 *The Other Heading: Reflections on Today's Europe*, trans. P.-A. Brault and M. G. Naas, Bloomington: Indiana University Press, 1992.

13.46 *Acts of Literature*, trans. D. Attridge, London: Routledge, 1992. [A collection of essays by Derrida from several sources.]

## 评论：导读性著作

13.47 Atkins, D. G. "The Sign as a Structure of Difference: Derridean Deconstruction and Some of Its Implications", in R. De George (ed.), *Semiotic Themes*, Lawrence: University of Kansas Press, 1981, pp. 133–147.

13.48 Cascardi, A. J. "Skepticism and Deconstruction", *Philosophy of Literature*, 8: 1 (1984): 1–14.

13.49 Cousins, M. "The Logic of Deconstruction", *The Oxford Literary Review*, 3: 2 (1978): 70–77.

13.50 Descombes, V. *Modern French Philosophy*, trans. J. Harding and L. Scott-Fox, Cambridge: Cambridge University Press, 1980.

13.51 Eldridge, R. "Deconstruction and its Alternatives", *Man and World*, 18 (1985): 147–170.

13.52 Gasché, R. "Deconstruction as Criticism", *Glyph*, 7 (1979): 177–216.

13.53 Hoy, D. C. "Deciding Derrida: On the Work (and Play) of the French Philosopher", *London Review of Books* 4: 3: 3–5.

13.54 Kearney, R. *Modern Movements in European Philosophy*, Manchester: Manchester University Press, 1986.

13.55 Norris, C. *Deconstruction: Theory and Practice*, New York and London: Methuen, 1982.

13.56 Norris, C. *Derrida*, London: Fontana, 1987.

13.57 Rorty, R. "Philosophy as a Kind of Writing: An Essay on Derrida", in *Consequences of Pragmatism*, Minneapolis: University of Minnesota Press, 1982, pp. 89–109.

13.58 Wood, D. "An Introduction to Derrida", *Radical Philosophy*, 21 (1979):18-28.

### 评论：更为深入的著作

13.59 Caputo, J. D. *Radical Hermeneutics : Repetition, Deconstruction, and the Hermeneutic Project*, Bloomington: Indiana University Press, 1987.

13.60 Culler, J. *On Deconstruction : Theory and Criticism after Structuralism*, Ithaca: Cornell University Press, 1982.

13.61 Gasché, R. *The Tain of the Mirror : Derrida. and the Philosophy of Reflection*, Cambridge, Mass, and London: Harvard University Press, 1986.

13.62 Giovannangeli, D. *Ecriture et repetition : Approche de Derrida*, Paris: Union Générale d'Editions, 1979.

13.63 Hartman, G. *Saving the Text : Philosophy/Derrida/Literature*, Baltimore, Johns Hopkins University Press, 1982.

*472* 13.64 Harvey, I. *Derrida and the Economy of Difference*, Bloomington: Indiana University Press, 1986.

13.65 Kofman, S. *Lectures de Derrida*, Paris: Editions Galilée, 1984.

13.66 Llewelyn, J. *Derrida on the Threshold of Sense*, London: Macmillan, 1986.

13.67 Melville, S. *Philosophy Beside Itself : On Deconstruction and Modernism*, Minneapolis: University of Minnesota Press, 1986.

13.68 Sallis, J. (ed.) *Deconstruction and Philosophy : The Texts of Jacques Derrida*, Chicago: University of Chicago Press, 1987.

13.69 Silverman, H. J. (ed.) *Hermeneutics and Deconstruction*, Albany: State University of New York Press, 1985.

13.70 Silverman, H. J. (ed.) *Derrida and Deconstruction*, New York and London: Routledge, 1989.

13.71 Wood, D. and Bernasconi, R. (eds) *Derrida and "Différance"*, Evanston: Northwestern University Press, 1988.

### 评论：批评性和比较性著作

13.72 Altizer, T. J. *et al. Deconstruction and Theology*, New York: Seabury

Crossroads, 1982.

13.73 Critchley, S. *The Ethics of Deconstruction : Derrida and Levinas*, Oxford: Basil Blackwell, 1992.

13.74 Dasenbrock, R. W. (ed.) *Redrawing the Lines : Analytic Philosophy, Deconstruction, and Literary Theory*, Minneapolis: University of Minnesota Press, 1989.

13.75 Dews, P. *Logics of Disintegration : Post-structuralist Thought and the Claims of Critical Theory*, New York and London: Verso, 1987.

13.76 Evans, J. C. *Strategies of Deconstruction : Derrida and the Myth of the Voice*, Minneapolis: University of Minnesota Press, 1991.

13.77 Ferry, L. and Renaut, A. *French Philosophy of the Sixties : An Essay on Antihumanism*, trans. M. H. S. Cattani, Amherst: University of Massachusetts Press, 1990.

13.78 Frank. M. *What is Neostructuralism?*, trans. R. Grey and S. Wilke, Minneapolis: University of Minnesota Press, 1989.

13.79 Greisch, J. *Herméneutique et grammatologie*, Paris: Editions du CNRS, 1977.

13.80 Lacoue-Labarthe, P. and Nancy, J. L. (eds) *Les Fins de l'homme : a partir du travail de Jacques Derrida*, Paris: Editions Galilée, 1981.

13.81 Michelfelder, D. and Palmer, R. (eds) *Dialogue and Deconstruction : The Gadamer-Derrida Encounter*, Albany: State University of New York Press, 1989.

13.82 Rapaport, H. *Heidegger and Derrida : Reflections on Time and Language*, Lincoln: University of Nebraska Press, 1989.

13.83 Rose, G. *Dialectic of Nihilism : Post-Structuralism and Law*, Oxford: Basil Blackwell, 1984.

13.84 Ryan, M. *Marxism and Deconstruction : A Critical Articulation*, Baltimore: Johns Hopkins University Press, 1982.

13.85 Staten, H. *Wittgenstein and Derrida*, Lincoln: University of Nebraska *473* Press 1984.

13.86 Wood, D. (ed.) *Derrida : A Critical Reader*, Oxford, Blackwell, 1992.

# 第十四章
## 后现代理论：利奥塔、鲍德里亚及其他

托马斯·杜契提（Thomas Docherty）

# 引　言

　　哲学已经受到了后现代理论的影响。在现代性思想中，哲学被认为是学科之王：它能以一种支配一切的话语，将各种不同学科所涉及的不同问题及其规程，以及那些表面上看来并无关联的学科——例如文学、医学、法律、政治等——整合在一起；并且，它还给自身设定了解释这些学科分类之必要性的任务。而后现代理论则并不是在"挑战"哲学，毋宁说它仅仅是在其基础之下引发了一次地震，因为后现代理论最适宜被精确地定位在所有基础性思考被连根拔起的时刻。当然，从根本上而言，这也致使"定义"后现代这一概念成为一种悖论行为，因为任何定义都内在性地寻求从词法上被整合进任何描述之中的基础主义式的地位，而与此同时，它将使这一基础主义的可能性在定义的语义内容上大打折扣。因此，在下文，我们与其从哲学上"定义"后现代，还不如指出，在我们的文化中构成后现代性环节的那些争论之中最为紧要的东西。[1]

　　"后现代"这一术语应该是由汤因比（Arnold Toynbee）最先在1939年开始持续使用的；早在1934年，这一概念就在其作品中出现过〔大约在这

一术语以西班牙语的形式，被费德里科·德·奥尼斯（Federico de Onis）最先使用的那个时期]。[2] 在《历史研究》（*A Study of History*）中，汤因比认为"现代"的历史时期已经终结，在他的研究中，终结的时间在 1850—1918 年。汤因比的历史编纂学（historiography）是 19 世纪晚期建立 <sub></sub>一种普遍的、对观福音式（synoptic）的历史学的欲望的产物。这一欲望最容易被容纳在汤因比自己的个人工作之中，因为他的历史学相当于在为一种基督教神义论（Christian theodicy）提供其所需的条件。汤因比的任务就是救赎人类，揭示历史的轨迹是一种与上帝分离、而后又以上帝为中心的永恒返回的运动，其将意义的核心对世界普遍化。世俗世界（Secularity）——历史本身——或多或少地成了根本性的循环性叙事结构中的一个粗劣中断（humble interruption），它的终点总已（always already）莫名其妙地被包含在其起点中。当然，这一特点也反映在西欧 20 世纪早期诸多艺术性的文学作品中，例如艾略特（Eliot）、乔伊斯、曼（Mann）、普罗斯特以及其他很多作家的作品，这些作家都曾尝试用这种循环性的历史结构进行写作。对汤因比及其同类型的思想家来说，历史事实只有与一种支配性的叙事结构有关，才能获得意义。这种支配性的叙事结构是事先被给予且具有合法性的，因为从根本上而言，它是从一种一神论的视角来叙述的。

这样一个历史观念承继了根植于启蒙运动的冲突。正如海顿·怀特所指出的，在如下意义上，启蒙运动宽泛地认同莱布尼茨的单子论：启蒙哲学家认为，人类历史存在一种潜在的统一（underlying unity）或方向。但莱布尼茨和启蒙运动之间的巨大差异是，莱布尼茨认为人类这种本质性的统一仅仅是内在的，但启蒙哲学家却将它看作一种只能在未来实现的理想，因此，这一理想充其量也只是即将来临的，或者只是一个

在历史时期之内仍未实现的理想。他们不能将其当作他们历史性书写的一个预设，这不仅因为它无法得到证实，而且因为它无法与他们在自己所处的社会环境中获得的切身经验相一致。因此，人类的这一统一性只是一个能够被他们投射于未来之中的理想。[3]

475

因此，汤因比所乞灵的后现代环节可以被看作是与莱布尼茨理想主义驱力（drive）相一致的；然而，它也承认历史的未来取向之必要性。汤因比能够清楚地看到，"现代"环节仍不具有普遍一致性或普遍的和谐。在这方面，他倒是更类似于文学评论家埃里希·奥尔巴赫（Erich Auerbach），奥尔巴赫在为逃避纳粹迫害而生活在土耳其期间完成了伟大的研究著作——《模仿论》（*Mimesis*）。在这一研究中，奥尔巴赫深刻而又绝望地尝试在西方世界的文学史中辨别和证实一种共同人性的理念（the idea of a shared humanity），在这种理念中，"实际的冲突"在表面上致使我们分裂，但"我们的生活具有共同性，这一最基本的事实却是众所周知的"[4]。此二人都是在第二次世界大战即将来临的征兆之下进行写作的，在那个时期，一种坚持特定种族差异和暂时不和谐的意识形态却成功地取得了支配地位。在这种情况下，奥尔巴赫给他面临的困境提供的答案是，从审美的和谐中寻求安慰；而汤因比则假设了一个未来环节，即"后现代"政治环节，到那时，历史和人类将能够得到适当的救赎。

因此，"后现代"一词从一开始就具有含糊不清的特点。一方面，它被看作用来描述一个历史时期的术语；另一方面，它仅仅描述了一种指望未来救赎当下的欲望和情绪（mood）。这种含糊不清处在一种张力的中心，这种张力产生于作为一种审美风格的后现代理论（postmodernism）与作为一种政治的和文化的现实的后现代性（postmodernity）之间。

这是那些占主导地位的哲学所关注的事情中的一个实例，是这些哲学负责塑造后现代问题：在我们这个时代，美学和政治学之间的恰当关系是什么？甚至从最早考虑到这一问题开始，后现代理论中的美学和政治学之间的异常亲密关系就是显而易见的。莱斯利·菲德勒（Leslie Fiedler）将 20 世纪 60 年代小说中新的审美优先权（aesthetic priorities）的出现描述为一个"临界点"（critical point）。在其中，对时间的全新看法已经得到了发展。他断言，这些态度"构建了一种政治学，也构建了一种美学"[5]。因此，关注后现代理论领域中最重要的两位思想家是一件十分有趣的事，这两位思想家就是弗雷德里克·詹姆逊和让-弗朗索瓦·利奥塔，两位关于审美文化和政治实践的写作都同样流畅而有力。而且更重要的是，他们都致力于思考这些

476

紧密关联在一起的诸多活动（these hymeneally-linked activities）之间的关系。在当代诸多争论的背后，法兰克福学派的遗产，尤其是阿多诺的工作，对这些争论具有深远的塑造性影响，这一点现在已经变得很明显，对此，在下文我们将加以讨论。现在我想说的是，一个十分突出的事实是，美学的后现代理论总是紧密地被政治后现代性的诸多议题所覆盖，尽管后现代理论和后现代性可能不总是一致的。

从法兰克福学派继承遗产的一个结果就是，后现代的问题同时也是马克思主义的问题，至少二者是有所关联的。马克思主义——将劳动主体置于意识和物质史之间的交界处——是一种现代文化的必要解释与关键性的相关物。这种现代文化中的技术（以工业革命的形式），将人的知识或意识从人力或物质史中分离了出去。但是，发生在资本主义自身内部的这种连续的革命性转变，在最近几年，已经使马克思主义提出的显著而有力的反思变得更加必要和迫切。例如，在哈贝马斯看来，马克思主义已经开始了"语言学转向"，在一个有所改进的"交往行为"的标题之下，哈贝马斯想以此来支持对马克思主义理论与实践所持有的解放目标的继续。对充满活力而又具有自我校正能力的马克思主义的持久生命力，哈贝马斯充满了信心，詹姆逊也同样如此，他根据曼德尔（Mandel）对"晚期资本主义"的描述，塑造了他自己"晚期马克思主义"的理论版本。[6]

当然，1968 年在这里是个关键时期。它不仅是一个被描述为"宏大理论"和一种后结构主义挑战出现的高潮的时期——在这一时期，后结构主义者开始对那些被结构主义者奉为正统观念的事物进行挑战，而且是一个决定性的政治失败时期。对一种特定类型的马克思主义理论实践来说，将整个欧洲的工人和知识分子集中在一起的这一革命，其表面上所具有的有效性达到了一个高潮。但是，当这些革命失败后，准确地说就在那一时期，许多人开始反思他们对马克思主义理论基本前提的承诺。与此同时，许多其他以往占主导地位的哲学路线（现象学传统、通过科耶夫对黑格尔中心地位的强调、整个"西方思想史"）开始遭到怀疑和修正。

鲁道夫·巴罗（Rudolph Bahro）与安德烈·高兹（André Gorz）开始从经济学的视角反思经济增长与可持续发展的问题。他们发起的生态主义与

477

1968 年 "富于想象力" 的那一面不谋而合。柯本迪（Cohn-Bendit）开始了他自己由红向绿的转变。康德开始占据曾由黑格尔占据的中心位置。女性主义与解构主义开始批判西方思想体系中大一统的那一面。所有这些都与发生在阿尔及利亚和其他殖民地的危机余波是一致的，都与逐渐增长的、与后殖民文化相关的问题意识是相符的。发达国家不仅开始质疑欠发达国家对第一世界所享用的同等水平的消费技术的渴望，而且开始质疑第一世界对地球上不可再生资源的依赖。

对许多开始质疑自己智力活动和哲学之根基的欧洲思想家来说，马克思主义现在好像开始变成了问题的一部分，尤其是它对人类统治自然之可取性的假定。这一时期新兴的绿色（Green）运动逐渐向一种后马克思主义靠拢。这种后马克思主义对启蒙运动表示怀疑：它同意启蒙运动关于解放的理想和最大可能地共享人类力量的期望，但它提出了人与自然必须保持一种和睦共居关系的理念来调和前述观点。一个后现代的世界需要一种后马克思主义的政治学。葛兰西在这一思考中开始占据突出的位置，在他的理论中，霸权概念取代了阶级概念，成了一个基础性的政治范畴。利奥塔已经指出，恰恰是在技术能够让跨国公司将其控制形式进行统一化和均质化之时，一种新的政治多元主义变得可能。然而，在一个逐渐均质化的资本主义世界的底层，局部势力所扮演的角色仍然是一个破坏性的多元主义的威胁。对此，资本主义现在必须予以警惕，如果它要维持自身存在的话。对于这些被激活的局部势力，我们要做的就是释放那些对资本的敌意，释放那些不能被写入和融进资本主义经济中的东西。在这一环节，那些激进的、处在中心位置的哲学家，将他们革命的筹码投注在身体和力比多欲望上。

或许对马克思最为极端的反思开始于所谓的 "欲望哲学"，例如利奥塔的《力比多经济学》（*Economie libidinale*，1974；尚无完整的英译本）或德勒兹和瓜塔里（Guattari）在《资本主义与精神分裂症》（*Capitalisme et schizophrénie*，1972，1980；翻译于 1984 年，1987 年）中所做的工作等。这一反思工作将利奥塔和德勒兹带到了这一位置，在这一位置，他们偏爱一种微观政治学的随发性，这种微观政治学将关注局部和特殊的事物，而不是诉诸那些宏大规划或宏观政治理论——例如马克思主义、精神分析或进化过程理论——来对发生在局部层面上的行为进行合法化。现在，只有当实践对一种总体化的"宏大理论"来说是无法回答的或者事实上是具有破坏性的时候，实践才是有效的，换言之，它变成了一个"事件"（event）。

在鲍德里亚的《生产之镜》（*Le Miroir de la production*，1973；1975年被翻译为 *The Mirror of Production*）中，对根本性的马克思主义理论特别是其基础性的"生产"范畴的最为明确的（explicit）攻击得到了充分发展。这一著作将鲍德里亚牢牢地固定在远离任何经典形式的马克思主义理论的轨道之上。他此后的工作越来越多地保持着一种铭刻在马克思主义理论内部的反对者的问题意识所具有的冲击力。对鲍德里亚来说，对一种统治力的反对总已被铭刻在掌握这种统治力的结构之中。对抗性能量的释放和再生都源自这种统治力：反对在这里起着类似接种（inoculation）的作用。马克思主义与资本的嫁接更好地维持了它："批判的"或"反对的"思想现在是——正如它曾经是——资产阶级最后的避难所，它在维持历史现状的同时，不得不作出在理论上假装反对的姿态。

随着 1968 年的结束，理论——此处我借此指称那些作出哲学的基础性断言的批判性实践——进入了自身的危机之中。不仅知识开始变得不确定，而且更重要的是，如何使某些知识形式和某些知识内容合法化这整个问题都被提上了议程。没有一个令人满意的认识论之合法性的模式是可用的。即使曾经有一个，即意识主体，但由于解构理论和精神分析理论的批判，这个意识主体也被扔进了怀疑。因而，可以说，后现代理论是由这些认识论、本体论、合法性和主体方面的危机所塑造并提供资源而形成的。

在下文，我将首先简要地概述一下两位思想家的思想轨迹，他们的工作塑造了关于后现代理论的大多数争论，这两思想家是让-弗朗索瓦·利奥塔和让·鲍德里亚。然后，我将实质性地谈一谈启蒙运动及其富有争议的遗产方面的问题。这一部分引出了一个对政治学问题的必要性反思，它被放在了以公正理论为题的那一部分。在结论部分，我会总结一下后现代哲学的特征，在一种可能被称作"新悲观主义"（这种悲观主义与莱布尼茨式的乐观主义相对）的征兆下，它既区别于悲哀也不同于斯多葛式的恬淡寡欲。

479

## 两位代表性的思想家

### 让-弗朗索瓦·利奥塔

20世纪70年代末，利奥塔依据一种"对元叙事的不信任"定义了《后现代状况》（*The Postmodern Condition*），自那时起，利奥塔就进入了围绕后现代理论的各种争论的中心。[7]根据这一定义，他认为，在当代世界，对那些具有条件性存在（conditioned existence）的宏大叙事的认同变得很困难，无论它们是各种宗教里关于救赎的叙事，马克思关于解放的叙事，还是弗洛伊德关于治疗的叙事等。后现代理论是从一种反基础主义的视角被定义的；它是一种情绪而不是一个时期；并且，它是以一种实用主义的和实验主义的态度为特征的。就如同艺术家一样，后现代哲学家"为了制定在事后(after the event)①将被完成的规则而以无规则的方式工作"[8]：也就是说，由于考虑到无先定性和无预见性的发生，思想将变成彻底实验性的和表面上无指导性的事件。

这引导利奥塔去考虑两个关键性的理论原则：一个是关于"事件"；另一个是关于"公正"。[9]一个"事件"出现在"它"在无任何特定身份（identity）的情况下"发生"之时。只有当事件被插入一个将分派一种意义和实体给发生的决定性的结构时，对所发生"事情"的识别（identification）才会出现。一种"事件"现在是，正如它曾经是，赤裸的、缺乏主体的、缺乏——或者先于——一种被指定的意义的发生。对利奥塔来说，只有思想是"事件性的"（eventful）并是一种事件的状态时，其自身的荣誉才能出现。

因此，思想与"知识"的堆积物没有什么太大关系，这些知识的重要性能够以一种分层的命令和顺序而被排列和安排，起初它们被放置在诸如图书馆和博物馆这样的知识储藏室，而现在则越来越多地被储存在那些表面上材

① 注意这里的"事件"概念，不能理解为通俗意义上的事件，下同。——译者注

料较少但同样是物化形态的微芯片上或电脑硬盘中。

对利奥塔而言，这一现象的影响之一就是，有必要向所有形式的总体性
（totality）开战。他认为，任何"宏大叙事"或基础性理论都必然趋向同化 *480*
异常事件的绝对异质性（heterogeneity）和特异性（specificity），从而剥夺
事件完整的本体论或历史性的地位；而对一个哲学家来说，更重要的是，这
种同化会否认真正思想的可能性。他进一步认为，这样的总体性最经常地在
一种形式简单的共识之下表达自身。在这里，他明确地将自己同于尔根·哈
贝马斯这样的思想家区别开来；哈贝马斯认为，假定在缺乏任何优先的基础
性哲学的前提下去建立一个理性社会，那么个别主体必须共同或互助地去努
力达成一种理性共识，这种共识将使一种（至少是暂时的）价值构想变得可
能，依赖这种价值构想，个体的行为能够得到判断。换句话说，一个实用的
社会理论是基于理性话语和共同体对更好论证的无私追求而得以建立的。利
奥塔则认为，由此达成的共识不过是一种幻觉，因为它必然建立在一种发生
在对话参与者之间的隐蔽暴力的基础上。在这种暴力中，一个主体的话语总
会发现自身被分解于他者的话语之中。没有一种霸权力量的隐蔽操作，便不
会有什么共识，因此，对利奥塔来说，他更喜欢追求共识之上的形似性。

为了使思想保持在事件的状态，对利奥塔所说的"歧异"（differend）
作出证明就变得尤为重要。在一场双方的争辩中，将争辩双方带入对立面的
冲突规则在一方的惯用语中产生，同时使另一方受害的错误没有出现并且这
种错误不能在那一惯用语中被识别，这时，歧异便发生了。也就是说，根本
性的冲突是语言游戏的一种；每一方用于争执的语言游戏都无法适应另一方
所遭受的错误的术语；再者，根本不存在能够促进在争执双方之间作出裁定
的、可以用于"中立"诉求的公共语言。

到这里，我们就进入了利奥塔关心的第二个特定领域：公正。正如知识
一样，公正或判断也必须成为一种事件而不是一种实体。假定我们应该抛弃
元叙事或理论，那么现在我们便没有赖以作出判断的根据了，无论它们是美
学的、伦理的、政治的或其他任何理论。但是，我们必须判断，它是生活的
一个简单条件。对利奥塔而言，我们必须证明歧异，并学会在无标准的情况
下进行判断。这一观点涉及了康德的第三批判。在第三批判里，康德在决定

性判断（determining judgment）和反省性判断（reflective judgment）之间作出了一个根本性的区分。决定性判断依照规则而作出；反省性判断则是我们在缺乏任何正式指导原则的地方作出的判断，例如在美学之中。利奥塔强调后者的优先性，因为只有借助它来作出判断和反思——并因此是"事件性的"——我们才能获得一种后现代情绪；也只有以这种方式，我们才能避免隐性的政治暴力，这种暴力控制和构建了我们的哲学和社会存在的模式。

*481*

## 让·鲍德里亚

像利奥塔一样，鲍德里亚的事业也始于左翼政党。但在《生产之镜》中，他开始逐步远离任何可认同的马克思主义理论，并朝向一种极端不同的立场发展。从根本上来说，鲍德里亚开始于这样的观点，即马克思不是一个十足的马克思主义者。鲍德里亚认为，马克思在试图挫败政治经济学的尝试中，未能设法逃脱塑造政治经济学的"生产"形式和"表象"（representation）形式。因此，鲍德里亚认为，马克思主义被其与资本主义的共谋关系玷污了。之后，通过坚持认为世界不是被"先—生产"（pro-duced）出来的，而是被"诱惑"（seduced）出来的，他开始了自己尝试为此困境寻找出路的努力：他在《论诱惑》（*De la séduction*）一书中声称，诱惑在逻辑上先于生产。诱惑不仅仅是性欲的：毋宁说它是吸引力量与排斥力量之间的相互作用。因此，它没有任何规范形式并能进入大量的社会实践。在这些社会实践中，没有一个实践能够具有核心性、规范性或支配性的地位。有鉴于此，在他的理论中，马克思主义还未被修正就差不多被完全抛弃了。

鲍德里亚进一步指出，对一个社会来说，马克思主义无论如何都成了其问题的一部分，而不是治愈它的一部分。他认为，在任何给定的、以效率为特征的系统（例如资本主义系统）中，如果系统坚持的话，反对此系统的可能性都不得不被内在地约束。当然，约束反对力量的唯一的最好方式就是调和。因此，类比于一种医学术语来说就是，每一个系统所产生的局部"丑闻"，表面上将这个系统彻底抛入耻辱中，但是它更起到了一种用以对抗疾病的接种功能。因此，例如水门事件对白宫来说是一个丑闻，但是通过贬低它临时的占位者，它反而成了一个可以"纯化"政府机关的丑闻。由此，它现在可以让"净化"、"廉洁"的可能性变得可能，白宫很快由罗纳德·里根（Ronald Reagan）接手，而他的愚蠢、谎言和明显的伪善要远远超过尼克松可能干出的任何事情。与此类似，资本主义需要马克思主义并依赖它而成长；男性主义和父权制也需要女权主义，如果它们想要强化自身的话；种族主义也需要反种族主义的立法；依此类推。

这种有点让人绝望的情境促使鲍德里亚作出他最为激进的主张，并驱使他进入通常被描述为"虚无主义者"的境地。他认为，现实本身的原则是死的。在他事业生涯的早期阶段，当他将注意力集中于消费社会的时候，鲍德里亚很快就意识到，消费不仅成了这个社会中的新的权力结构，而且消费恰恰就是对物的物质性的消费。他认为，作为能指的物比作为指示物（referent）的物更加重要。换句话说，传统的"使用—价值"不仅被"交换—价值"所取代，而且被可以称作"象征—价值"（signifying-value）的价值或作为符号的物的价值所取代。指示物——"真实的"世界——开始在鲍德里亚的理论思考中逐渐消失。

当鲍德里亚将他的思考建立在作为一种治疗性接种的否定或批判上时，这种思考就具有了深远的影响。他现在能够提出这样的观点：例如，为了产生这样的信念——美国的剩余世界，即迪斯尼乐园"外部"的一切事物，都是"真实的"，即迪斯尼乐园是作为一个幻想的舞台而存在的。而事实上，鲍德里亚认为，恰恰是美国的剩余世界完全生活在幻想的层面。与此同时，"真实世界"（the real）已经消失，或者已被真实世界的模拟物（simulacra）压倒。因此，他才会声称，例如，在一种特定的意义上，1990 年的海湾战争"并没有发生"。鲍德里亚指出，技术可以以一种比"原型"（original）"更加"真实的形式为我们复制真实世界。并且，现在对我们来说，历史事件只有被中介过（通常是由电视），才是真实的。在这种情境下，如果我们要作出任何真正哲学上的或政治上的介入（engagement），那么我们就不得不以如下的方式来完成，即我们要处理的不是真实世界的特定方面，而恰恰是现实本身的上述原则。

*482*

# 启蒙运动及其遗产

围绕后现代的诸多当代争论的一个主要来源是在法兰克福学派的工作中找到的，或者更精确地说，是在阿多诺和霍克海默于 1944 年写的文本即《启蒙辩证法》中找到的，《启蒙辩证法》"写在纳粹恐怖行动即将被终结的时刻"。这一作品预示了后来利奥塔对启蒙运动的一些怀疑；它也严肃地讨论了大众文化问题，它讨论所用的方法影响了高兹关于当代资本主义社会的"休闲商人"（leisure merchants）的思想。在这里值得顺便指出的是，正是阿多诺和霍克海默——而不是利奥塔——提出了"启蒙运动是极权主义者"[10]的观点：将当代德国哲学描述为前—启蒙的和将当代法国哲学描述为反—启蒙的通俗说法，是过于简单化的和错误的。

启蒙运动的目的在于将人从神话或迷信，从对自然力量和神秘力量奴役的迷醉中解放出来。这种解放是通过批判性理性不断进步的操作而得以实现的。根据彼得·格雷（Peter Gray）的观点，"可以用两个词来概括启蒙运动：批判和权力"[11]：批判通过它赋予个体以力量使他或她能够获得自由而显示其创造性。但为什么阿多诺和霍克海默会反对这种表面上看来值得赞扬的规划？为什么他们会认为"完全启蒙的世界带来的将是胜利的灾难"[12]？

问题不在启蒙运动的理论原则之中，而在其实践之中。在对任何形式的万物有灵论的魔法从本质上提出质疑的欲望中，启蒙运动开始用一种抽象的形式来思考世界。因此，世界的物质性内容变成了一套形式化的、概念化的范畴。正如阿多诺和霍克海默所指出的："从现在开始，物质（matter）至少可以在没有对支配力量、固有权力或隐蔽品质的任何幻想的情况下被掌握。对启蒙运动来说，不符合计算和实用规则的任何事物都是可疑的。"[13]总之，理性已经被简化为数学因素（*mathesis*）：它已经被简化为一种特殊形式的理性。更重要的是，理性的这一特殊变形现在也被这样表达，仿佛它就是理性自身（Reason-as-such），仿佛它就是理性思维唯一有效或合法的形式。但是，阿多诺和霍克海默有一个共同的担忧：在这一过程中，理性自身仅仅变成了一种形式化的范畴，它将特殊的物质现实概念还原或翻译为理性概念或服从数学处理的形式。理性只不过变成了一种话语，一种理性的语言（数学运算的代码），它对现实中"陌生"（foreign）事物的处理方式就是将其翻译成理性自身的抽象术语；而如"事件"（event），非概念性的现实本身这样的事物，则迷失在这种翻译中。正如阿多诺和霍克海默所言："形式的多样性被简化为位置和排列，历史对事实，事物对物质。"[14] 因此，不足为奇的是，如同数学运算一样，数学意识生产了这个世界。因此，这个世界所渴望的知识被简化为纯粹的记忆（anamnesis），在其中，意识从未认识如其所是的世界，而宁可说是认出（recognizes）了作为意识自身的确切影像及其相关物的世界。因此，启蒙仅仅有助于意识主体的自我同一性。

"有助于解放的"知识产生的结果是，将自身彻底卷入权力的问题，它让其解放的品质变得更为复杂，甚至可能约束了它。被构想为抽象和功利的知识，作为对难以驯服的自然的征服，开始具有权力的特性。其结果是，"启蒙对人而言就像一个独裁者。它了解人以至于它可以操纵他们。科学的人知道万物以至于能够制造它们"[15]。以此方式，知识被简化为技术；而本质上对这种形式化的或概念化的数学知识范畴不承担任何责任的"事件"简单地逃脱了意识的捕获。然而，主体却相信自己捕获、支配并概念性地控制了事件；因为它能够决定事件的意义。因而，事实上，这里只有权力征服自然的幻觉。然而，这里还有一种权力所享有的更为重要的红利：被赋予启蒙"知识"的主体拥有征服他者——他者在理性语言中是不流畅的——意识的权力。因此，知识沉湎于主奴辩证法，在这种辩证法中，受害者并非一个被支配和被战胜的自然，而是其他遭受压迫的人类个体。相应地，这样的知识并不能完全以醒悟和解放为特征。启蒙运动并未简单地生产出一种有关物质世界的内容的祛魅知识；恰恰相反，它生产出了一种在形式上得到授权的意识主体，一种在理性话语和语言游戏中施展其权力的主体。从现在开始，在哲学中——这就是将以"现代"哲学为其特征，而后现代理论希望挣脱的哲学——去认识变成了去奴役，或者如利奥塔所说，"争论的焦点一直都是将

484

意志引入理性的问题"[16]。

因此，待解决的问题是，纯粹理性与实践理性之间的混淆：理论与实践之间的混淆，灵知（gnosis）与实践（praxis）之间的混淆。当许多思想家开始怀疑理论本身的时候，这一古老的亚里士多德式区分就重新浮出水面。20 世纪的文学批评——其中许多后现代的争论已经通过斗争的方式得到了解决——呈现给我们的是一系列试图将理论与实践结合起来的尝试。例如，语言常常不被看作遵循平行于物质史的"真实"事件；而毋宁说，它一直都被世俗化，并被实现为一个历史事件。从 J. L. 奥斯汀言语行为理论中的述行语言学，到肯尼斯·伯克（Kenneth Burke）、布莱克默（R. P. Blackmur）等人对"语言作为象征行为"这一观念的诸多拥护，再到罗蒂、菲什（Fish）等人思想中所复兴的詹姆士的与杜威的实用主义，都是如此。[17]这些思想路径都尝试将语言的认识论功能和语言活动的本体论事件结合在一起。就这一点而言，20 世纪的文学批评可以被看作对一个主要且根本性问题的努力克服：语言领域和存在（Being）领域之间在感官联系上的断裂，这种断裂被索绪尔《普通语言学教程》的那些赋予语言性的能指和概念性的所指之间关系的任意性最高优先权的读者以极其富有活力的方式阐释了出来。通过在文本与

*485* 其认识论上的内容之间插入一个真实的、历史性的读者的认知活动，一些像菲什、姚斯、伊瑟尔等这样的评论家，都在试图避免意识结构（即意识为了意义而用以占用世界的概念性的形式）与历史（文本的物质性内容有可能——事实上，根据菲什的观点，必定会——妨碍这样的形式化结构）之间的威胁性分裂。

在哲学术语中，这里至关重要的是一个古老的康德式问题，即本体和现象之间适当的或充分的"符合"问题。康德意识到，意识之外的世界与我们对世界的感觉认知，不一定是精确匹配的；在《纯粹理性批判》中，他提出，简单地混淆二者是完全错误的。弗雷格用"含义"和"指称"将这两个被混淆的要素区别开来。这一区别类似于保罗·德·曼所提出的区别。后者认为，这样一种混淆准确地说就是我们所知道的"意识形态"："我们称为意识形态的东西，准确地说就是语言学与自然现实之间的混淆，就是指称与现象论之间的混淆。"[18]

　　德·曼关心的是，确保文学批评未作"指称的绝对有效性"这样草率的假设；其实，这里他只是继承了一种解构式的实践，即对任何语言学命题的合法性或真实—内容（truth-contents）保持警惕性的怀疑。这些命题是关于真实世界的那些能够被确切地称作"非—语言的"方面的。他意识到，世界可以被明确的、"精确的"或真实的语言学所表达这个草率的假设不仅以意识形态为基础，而且在根本上是对意识形态的一种论证。但是，这不过是对阿多诺和霍克海默的一种重复。在他们对（数学上的）理性作出的假设所表达的抱怨中，就已经有过类似的怀疑。这一假设就是：世界可以获得合理的理解。下面这一点应该变得很清楚了：《启蒙辩证法》最基本的困扰是，启蒙自身并不是能够揭露和撕去意识形态面具的去神秘化的伟大力量；而毋宁说，它恰恰是意识形态的所在地，并彻底被一个意识形态性的假设或一个与之伴随的假设从内部玷污。这个意识形态性的假设为：世界能够与我们对它的推理相匹配（事实是，世界能够被包含于我们对它的推理之中）。这一与之伴随的假设是：人没有被意识自身的过程异化，这个意识来自物质世界和事件，它起初渴望获得关于它们的知识。启蒙，基于理性所作的假设，至少潜在地被这样的理性所采取的形式破坏了。

　　对阿多诺和霍克海默来说，这一论证假设了一个特定模型，它是康德到黑格尔的德国哲学中的一个持久问题。二人所担心的问题是，在启蒙的先兆下，主体能够以这样一种方式——在理性这个词语最为纯粹的形式化的（并因此是空洞的）意义上，这种方式是"理性的"——与世界接触。也就是 *486* 说，他们所担的是，一种适当的政治介入——它将主体卷入一个被称作理解或思考的过程——有可能被简化为一种思想的仪式或一种思想的形式化表象，这种仪式或形式化表象不是作为一种对世界的感知的合法性，而是作为一种数学理性自身分析模式的合法性显示自身。主体与一个具有实质性差异的他者（通过一个"事件"被转化或变形的主体）接触，这种接触提出了主体的政治干扰，这种主体的政治干扰将被还原为一种对数学推理过程所具有的美学式优美及有效性的确证。这一推理的客体因而不是位于其完整他异性之中的世界，而是用以证实主体同一性——不受任何政治干扰所限制的、以自恋为基础的、对任何真实事件都一无所知的、无定形的同一性——的推理过程。总之，主体将被简化为对其自身推理进程的一种参与和确证，而不是决心与客观世界的物质他异性进行战斗。[19]

对世界的"审美介入"可能具有以下一些特征：意识结构确定什么是能够被感知的，并根据自身的内在逻辑，根据自身固有的、形式化的或仪式性的推理运作来对其进行处理。因此，这里只存在一种对物质世界仪式性的或表象式的介入。而"政治介入"将以这种仪式的破裂，以历史的爆发——它以意识所具有的美学的或形式化的结构必须被干扰、被重新配置和整理的方式而进入意识——为特征。启蒙对抽象的承诺被视作一种与意识形态性的、自以为是的自我（self）相脱离的模式：抽象有意于向自身准确地声明这一问题。但是，根据阿多诺和霍克海默的看法，它导致的与其说是思想的一种实践，不如说是思想的仪式化形式；它提供了一个无内容的形式。阿多诺和霍克海默所担心的恰恰是，当启蒙在讨论政治的时候，它事实上却非常成功地规避了政治；当启蒙假扮成彻底的唯物主义者时，它却恰恰是唯心主义者。

启蒙运动留给 20 世纪的遗产之一是所谓的"哥白尼式的革命"，它最初是由结构主义和符号语言学提出的。在罗兰·巴特的影响下，世界开始变成一个极其"嘈杂"的地方：无处不在的符号宣示着它们的在场并要求被解码。这种解码通常是在一个指导性的形式化结构——例如人类学（列维-斯特劳斯）中的神话、精神分析（拉康）中的欲望或文学［热奈特（Genette）、格雷马斯（Greimas）、托多罗夫（Todorov）］中的语法——的支撑下进行的。在符号语言学中，能够在表面上不同的符号之间发现一种等值（equivalence），这始终是非常重要的：事实上，这是建立在符号学分析基础上的解码或翻译的重要原则。但是，正如阿多诺和霍克海默所指出的："资产阶级社会是受等值原则支配的。它通过将不同的事物简化为抽象的品质而制造了可比较性。"[20]这种抽象必定会任意地忽视处在其考察之下的物质客体或事件所具有的特异性："抽象，启蒙的工具，对其客体的处理就像在决定它们的命运，对于它所拒绝的概念：它就会将它们清除。"[21]在后现代理论家的眼中，符号语言学的革命——它经常伪装成启蒙在政治上和致力于解放方面的继承人，而其内容却仅仅处在抽象符号的层面，并因此而处在一个剥离了政治的美学层面——就像启蒙一样，是不可救药的资产阶级思想，因为它

487

为了将可认知的意识主体构造成具有自我同一性的实存而无可救药地沉湎于一种否定物质和历史事实的同一性哲学。

当后现代理论严厉地质疑一种自觉的"现代的"启蒙哲学传统时,它并不是为了虚无主义或非理性。而宁可说,后现代理论表明(正如福柯所说的),启蒙理性自身可能并非完全是合情合理的。[22]再者,后现代理论回到了伟大的康德式问题:我们如何能够知道一个物质实体的他异性?我们如何能够证实或合法化这种知识?

作者在写作《启蒙辩证法》一书时,对法西斯主义和纳粹暴行的实质及历史性事实具有一种深刻的认识。《启蒙辩证法》是这样一个文本,它将自身插入一个特定的哲学和伦理学领域的传统,这些哲学和伦理学领域旨在为世界中的罪恶寻找一种解释。在现代世界,这一传统是由围绕莱布尼茨及其乐观主义的诸多争论展开的。乐观主义是以下面这种观念为基础的:自然是一个莱布尼茨式的单子,自然中存在一个巨大的统一链,它以一种必要的结合将看似异质而多元的世界中的所有表面上随机而多样的元素连接在一起。对我们的意图更为重要的是这样一种观察:乐观主义必定建立在一种特定的进步时间观(progressive time)的基础上,这种时间观挑战了事件的意义。这种时间观认为,"现在"看来是局部的恶的东西,"在时机成熟的时候",将会被揭示为在本质上有助于更大的善的实现。就像伏尔泰小说《老实人》(Candide)中的邦葛罗斯(Pangloss)所说的:"在所有可能世界中最好的这个世界里,所有事情的结果总会是好的";或者,再如一个不太有趣的前辈米尔顿(Milton)作品中撒旦所说的那样:"恶,你是我的善。"[23]历史将会在最为明显的恶行中揭示普遍存在的善;在同质而一元的来世之预兆下,异质而世俗的世界将会得到救赎。

在某种意义上,这种哲学是某些当代理论原则的先驱;它直接预示了一种现代主义思想在解构中的巨大(也许是最终的)繁荣。根据乐观主义哲学,一个事件的意义并不是马上就呈现出来,正如它从未向自身呈现一样:其最终的意义——被揭示为善之必需——总是被推迟(在来世的先兆下被揭示),也因此总是"不同的"(或者并不是其向沉湎于事件本身之中的局部观察所呈现的那个样子)。乐观主义和解构之间最主要的区别就在于,乐观主义相信最终意义是一个事件内在固有的（immanently），而解构则回避任何形而上学化的"内在论"观念。然而，二者轨迹的基础却是一样的，在对一种"进步性的启蒙"观念的投注方面，它们在根本上是相同而心照不宣的：时间的流逝被赋予了进步的的观念。

当然，乐观主义已经被 1755 年 11 月 1 日里斯本地震中倒塌的楼房所埋葬。但是，在那时，历史中出现了一种不同的进步观。1755 年之后，进步是以渐进的解放为特征的，这种渐进的解放来自来世之预兆的要求。意识的世俗化变成了一个必要的前提条件，对一种伦理学的可能性来说：这一伦理学日益取决于理性的哲学，或者说善取决于真。对于这一伦理学给予哲学和真理的影响，汉斯·布鲁门伯格（Hans Blumenberg）在其《现代社会的合法性》（*The Legitimacy of the Modern Age*）一书中，为我们提供了极具说服力的证明。在传统中，对真的追求是令人快乐和幸福的；但从现在开始，真的绝对性（相应地，它的禁欲的严酷性）成了其有效性的衡量标准："对幸福的漠不关心成了真理自身的耻辱，也成了它对绝对论的效忠。"[24]痛苦使知识变得合法。

因此，才产生了事实领域从价值领域分离出去的可能性——康德主义学派的人将会认为是必要性：二者中的任何一方都不能从另一方被合法地推导出来，无论事实从价值那里还是价值从事实那里。乐观主义一直是根据二者的紧密结合而得以为继的；它服从被视作必然的、从恶到善的进步运动。但是，一旦认识论与伦理学相分离，历史演进的整个观念就将遭到质疑：我们不再知道任何确定性的点，历史可以朝向这个点做不断进步的运动。由此而来的结果是，人类并非束缚于神话的魔法，而是束缚于叙事的必要性，因为人类一直致力于一种世俗化运动，这种世俗化运动的目的论是靠不住的，这种世俗化运动的情节不是由某种价值标准或伦理目标内在预定的。[25]

在 20 世纪，对进步的批评回来了，并且成了一种后现代情绪的核心成分。最为典型的例证体现在建筑学中。在建筑理论中，逐渐产生了一种对"现代主义"观念——所有的建筑都必须在目标和设计方面进行革新——的抵抗。例如詹克斯（Jencks）与波多盖西（Portoghesi）认为，从过去那里重新学习，去发展一种"新古典风格"（new classicism），或仅仅接触一种

489

持久的"过去之在场"都是可能的。[26]由此导致的结果是——在原则上而非总在实践中——源自不同时期建筑风格的异质化并置，这被假定成对所谓"国际风格"之均质化倾向的回应。这一论点导致了两个相互关联的结果。一个是，生活空间被一种历史时期的复杂化感觉所占据。[27]另一个（且更重要的）是，在建筑学和城市规划中，产生了这样一种意识，即一个地方的地方性传统所具有的一切特异性都应该得到尊重；但与此同时，通过与来自其他地方和来自不同传统的风格相并置，这些地方性传统也可能向某种类型的批评持一种开放态度。[28]这是一种没有地方性偏狭的地方主义：它是在不需要一个决定性的"中心"的情况下对"边缘"的一种重估。

　　或许，最好的也是最常被援引的对后现代的描述恰好与这种关于不可阻挡的进步的建筑学上的怀疑论相一致。在哲学中，利奥塔认为，后现代情绪是以"对元叙事的不信任"为特征的。在一个他后来将其描述为有点"过分夸张"的论证中，利奥塔认为，对那些曾经组织了我们生活的伟大的——并且从治疗上看是乐观主义的——宏大叙事（master narratives）的认同变得越来越困难。[29]在他的理解中，为了一种全球同质化或一种普遍历史，宏大的总体化叙事及编码在其抽象的程度中必然会否定并诽谤局部性事件的特异性。这些"宏大叙事"，正如它们后来被描述的那样，将包括马克思提出的经由革命来获得解放的叙事，弗洛伊德苦心经营的精神分析治疗的叙事，在达尔文进化论的规范下发展出来的关于可持续发展与适应的叙事，等等。这些叙事像启蒙理性一样运作：为了广泛地容纳发散的地方性历史及其传统，它们都以"翻译"的方式将这些传统的意义抽象为自身编码中的术语，而由此导致的结果则是违背了这些地方性的特异性，从而致使真实的历史事件无法得到辨认。作为元叙事，它们也变得具有强制性和规范性。为了尊重真实世界的异质性，为了维持思想和哲学的可能性（这一点对利奥塔来说更为重要），我们必须向这些总体化的、规范性的宏大叙事开战。很显然，利奥塔这里的观点继承了阿多诺式的批判理论。

　　瓦尔特·本雅明早已预见到了这种关于历史进步观念的新悲观主义，它是众多后现代思想的另一个重要来源。在其著名的关于历史哲学的第七个论题中，他就指出了一种关于历史的特殊怀疑论，这种怀疑论被后现代理论家 *490*

重新起用，并贯穿于整个后现代理论的发展过程。在这一论题中，他那句著名的话——"没有一份文明的档案不同时也是一份野蛮暴力的实录"[30]——打开了历史文献（引申开来也可以说是事件本身）朝向其内在不稳定性和易变性的大门。后现代理论将这一观点扩展到了用以挑战任何普遍历史观念的程度。这里必须说明的是：后现代理论并不否定历史；毋宁说，它否定的是只存在唯一（one）的历史。对利奥塔来说，一种普遍的历史意味着一个唯一的超验主体的位置，从这个位置历史可以被复原、挪用、重述和叙述：也就是说，普遍的历史是以一神论为基础的。与此不同的是，利奥塔主张异教信仰的多元化：多样的神灵，多重的历史，没有超验存在。[31]任何异常的事件都能被插入众多的历史事件之中，都由一种不同的力量或权力主导；它的价值——它的本质——将取决于事件本身的矛盾性和不连贯性，从一个多元论者的视角来看，这种矛盾性和不连贯性必须被包含在我们对事件的考虑之中。用本雅明所想到的更为简单的方式来说就是，关于一场战争的单一事件，对受害者一方和对胜利者一方来说是截然不同的：后现代理论要求我们同时思考由双方所提供的不同叙事。

"现代性"自身日益被看作一种本雅明式的档案，这份档案既是文明的档案，同时也是一份野蛮暴力的实录。声称后现代性完全违背现代性，这是对后现代立场的一种粗俗的平庸化。奇格蒙特·鲍曼（Zygmunt Bauman）的工作在这里是一个极好的例证。考虑到关于启蒙及其之后欧洲历史的悲观情绪，将 20 世纪发生的最大灾难——纳粹暴行——看作现代性导致的恶果，这是比较容易的。但是，关于大屠杀，鲍曼则采取了一种更为慎重的后现代态度。援引对劫持和恐怖活动受害者所进行的社会学研究，鲍曼指出，创伤事件之后所谓的"人格改变"（personality change）事实上只是一种错觉。所发生的事情是，创伤发生之后的历史环境有助于那些始终处于潜在状态的特征的出现，但在规范受害者的创伤事件发生之前的生活的历史规范下，它却并不适用。人格的个别方面假定了由同一个人所保持的标准立场。鲍曼以比喻的方式表达了他对大屠杀的看法：

渗透在我们关于大屠杀的集体记忆之中的无言的恐怖……是一

种令人痛苦的怀疑，即大屠杀可能不只是从进步的直线轨道上出现
的一种脱轨和偏差，也不只是发生在文明社会健康机体之上的一种
癌变；总之，大屠杀并非现代文明及其所代表的一切（大约我们喜
欢这样认为）的对立面。我们怀疑（即使我们拒绝承认）大屠杀可
能只是揭露了同一个现代社会的一张面孔，而它另外一张面孔正是我
们所熟悉和赞美的。这两张面孔完美而舒适地附属于同一个身体。[32]

*491*

并不是现代性无可挽回地导致了大屠杀；宁可说，现代性文明的一面永远伴
随着作为雅努斯（Janus）补体的野蛮的一面。

　　对鲍曼来说，大屠杀的罪恶真正令人恐惧的是被铭刻在其实践之中的合
理性。启蒙理性使得一种非常完整的、具有理性秩序和自我维持力的社会进
程的发展变得可行。这一发展的部分遗产就是生产效率的发展以及技术的进
步（通常是自私自利的）。鲍曼认为，令人毛骨悚然的真相是，"大屠杀的每
一个'要素'（ingredient）……都是'正常的'，这种'正常的'不是在常
见的那种意义上说的……而是在与我们所知道的关于我们文明的每一件
事——它的指导精神、它的优先秩序、它对世界的内在愿景——都保持着充
分的一致性的意义上说的"[33]。从结构上来说，毒气室的产生是由被理所
当然地视作现代性值得肯定的那一面的同一主导原则驱动的：工业生产中的
合理化效率。大屠杀暴行出现的原因在于，启蒙已经包含了将致癌驱动力推
论到理性主义程度的内在动力，而它同样也可以被法西斯分子用在达成解放
的目的之中。对像鲍曼这样的后现代社会学家来说，将"恶的合理性"从
"（现代的、工具的）合理性的恶"中厘清（disintricate）出来变得十分困
难。正如他所指出的，在死亡集中营的世界，一切都被合理化了，他说：
"通向死亡之路的每一步都被仔细地塑造，以便根据得失、奖惩的标准而变
得可以计算。"[34]纳粹党卫军也知道，在对启蒙的歪曲（perversion）——
这一歪曲可能恰恰是由启蒙自身造成的——中，在确保他们的受害者——为
了延长自己的生命这个合理的愿望而背叛了自己的同伴——成为造成自身所
遭受的苦难的参与者这一点上，理性成了他们唯一最好的助手，因此，"为
了将他们的规则仅仅建立在恐惧之上，党卫军需要更多的军队、武器和金

钱。因为合理性更有效，更容易获得，也更廉价。为了消灭他们，纳粹党卫军细心地培植了他们受害者的这种合理性"[35]。

曾经被寄予期望、能使新异教徒（neo-pagan）和启蒙的解放活动合法化的理性，如今自身需要合法性的支撑。在不假设一种排他性——这种排他性必然会牺牲其他可能的（并且平等的，如果是不同的）合理的叙事——的情况下，它不再具有一种自我合法化的能力。它所依赖的普遍性是由其陷入绝对理性主义的内在倾向提供的。它生产的是一个管制社会，而不是一个合理的社会；理性被效率，也被理性主义所具有的美学的和形式化的空虚取代。正如德里达和福柯所指出的，虽然是以十分不同的方式，但启蒙理性是彻底的排他主义者：它只有在同化进而玷污它的他者的前提下，才能将自身合法化。因此，在生产社会规范性方面，启蒙理性是一种有效的武器，它驱使人们遵循一个支配性的、核心性的行为"规范"。总之，理性不得不制造关于它的他者的"丑闻"以维持自身的运转。鲍德里亚认为，这一点在 20 世纪具有一个极其重要的结果。在我们的时代，需要合法性的与其说是理性自身，不如说恰好是现实的原则（它被假定建立在理性原则之上）。因此，在结构上类似启蒙理性的行动中，社会制造了真实世界的他者——幻想——来合法化其自身实践的规范性。因而，"迪斯尼乐园是为了掩盖了这样一个事实，即它是'真实'的国家，是十足'真实'的美国，这就是迪斯尼乐园（就像监狱隐瞒了这样一个事实，即它是社会，在其总体上看，在其平庸的无处不在之中，这就是监狱）"[36]。启蒙所提出的解放计划给自身带来了一种自我禁锢式的推动力：它的"自由"原来只是一种自由的、美学的"形式"（form），而不是一种自由的政治。这种政治审美化的名称叫作表象（representation）。在后现代理论中，就像政治和美学这两个范畴一样，表象也受到越来越大的压力；我们现在就转向这个问题。

## 公正与表象

启蒙理性是自我合法化的：为了获得所有理性的普遍形式，它采取了一

492

种在历史性和文化上具有特殊变形的理性；之后再将所有其他竞争的理性形式，根据事实本身（*ipso facto*），都判定为不合理。[37]简单来说，启蒙欧洲是以自身为标准来评判世界上其他文化的。并且，不足为奇的是，当它发现世界上的其他地区与自身是有所"不同的"时候，它便会将这些地区判定为下等的、不合理的、"不发达的"。因此，这为种族主义者和帝国主义者的意识提供了合法性，这种意识强化了现代世界中某些极端不公正的行为，其顶点也许就在大屠杀之中。看来，启蒙的困境在于，它很难接受存在多种理性 *493* 形式的可能性，在那些特殊的历史或文化事件的奇异性中，每种理性形式都是特定的。启蒙理性的这一困境就根源于它所具有的抽象性或理论化的倾向之中。

同样的抽象是关于一种普遍历史的观念，如果它真的存在，它势必会忽视特殊事件的奇异性，而将它们视为能够被写入一个支配性的和总体化的宏大叙事之中的"符号"或符号学组件。假定一种人类文化或社会可能恰恰是由它告诉自己的那些叙事所构造的，那么这里最为关键的问题就变得很清楚，即它是一种巨大的政治上的非正义。

后现代理论对普遍历史观念的攻击产生了两个重要的衍生问题，即表象和公正问题。正如前文所指出的，一种普遍历史所默示的依据是一神论，一神论在其初期便产生了一种早期的极权主义。它假定了一个唯一的超验位置["上帝"（God）]，从这一位置出发，整个历史都能被重述或被如实地讲述。因此，如果我们认同这种观点，那么所有与其相异的（"异教徒的"）人类叙事就将被自动丢弃，并被视为"杜撰"。当然，在实际事实中，正如本雅明和其他人所指出的，这意味着所有历史都是从胜利者的视角被讲述的，胜利者作为一个"主述者"，假定了一个由极权主义式的作者或上帝所占据的位置；并且，任何对其不利的叙事——例如构造关于受害者的全部文化和社会历史的叙事——不是被忽略与否认，就是被以负面的形象带进胜利者的支配性叙事中，而从胜利者的观点来看，这些叙事显然是离经叛道的和蛊惑人心的，并且明显是错误的。主述者仅仅将那些与自身相抵触的叙事囊括在一个总体化的框架中，并让它们待在最容易被忽视的边缘位置。在现代主义之中，这些边缘位置是由诸如持不同政见者、知识分子、共产党人、妇女、同性恋者、"外地人"等类似的人所占据的。与此相反，后现代所面对的是一系列潜在上无穷并自相矛盾的表象的成问题的可能性。这一系列表象没有设定一种无处不在的，为那些相互竞争的表象或叙事奠定基础或安排等级秩序的隐含式在场。

除此之外，与其相关的是公正问题的政治复杂性。我们如何判断一个事件？在"现代"世界中，根据特定的标准对其作出判断是可能的。这些标准被假定为一种社会共识。但是，它也暗示了一种存在于某处的在场的实体和一种真理的根本性基础，依据这种实体和基础，所有判断都能被作出。换句话说就是，表象和公正都需要一种基础性理论。准确地说，它是一种后现代理论所要挑战的理论，这种理论建立的基础是它一直所默示的不公正和隐蔽式的总体化暴力。

494

哈贝马斯也会同意这样的观点，即对一种社会形态来说，并不必然存在一种先于人类共同体的基础。但是，他还是始终支持为构造一个建立在理性共识基础之上的社会而努力的必要性。而利奥塔对这种观点的挑战则建立在如下观点上：不包含在先的权力运作和隐蔽的不公正的共识，是不可能存在的；这种共识不可避免地隐藏并充当了社会赖以建立的暴力和不公正的掩护，这种共识因此不可能是令人满意的。

对利奥塔来说，在任何已经达成的共识中，必然存在压抑，或更糟糕的是迫害。[38]为了避免这种情况，他主张我们应该繁殖差异并证明歧异——一个取自法律话语中的术语。歧异在一种特殊的情况下出现：处于争执之中的对立双方，依据各自的职责范围都处在正义的一边；每一方的职责范围都不能容纳或拒绝容纳另一方；并且，并不存在允许在双方之间作出裁定同时又能尊重双方各自职责范围的共同基础或第三种职责范围。总之，当我们缺乏能够彻底包容相异的（"异教徒的"）叙事理论时，歧异就产生了。这种情况可能发生在法庭上；但对利奥塔来说，在作为一种关于公正和表象的问题时，它在任何地方都可能发生。[39]

对歧异来说，任何一方都不能在另一方的语言游戏中发现一种关于自身的适当表象。每一方都因此而觉得被对方插入的语言游戏侵犯了。再者，我们缺乏一种能包容并能充分代表双方的、"中立的"或一神论的理论。在缺乏我们可赖以作出必要判断的标准的情况下，我们又该如何进行判断呢?[40]

在后现代理论中，判断与表象是紧密联系在一起的。公正总是被紧密地联系于真理，公正取决于真理的启示。这一点和马克思主义诠释学具有一种明显的结构相似性。意识形态的启蒙计划开始于这样的预设，即一个文本（或任何批判性判断的对象）总是由一种特定的历史性的和政治性的关系来提供的，这一文本是用以掩盖（或使其消失）隐含在历史性事态之中的矛盾的。在这里，批判性判断的任务首先是认识论上的：它包含一种对隐蔽在表象背后的真相进行揭露的必要性。但更准确地说，它是观念的表象与基础的或真正的实在之间的一种对立，后者承受了后现代思辨的压力。

正如鲍德里亚所言，在我们这个时代，真实世界不同以往。技术可以混淆原件与仿品、真实世界与其表象之间的分别，而其所采取的方法甚至超乎本雅明所能想象的程度。然而，这种分别的维持却恰恰需要一种基础性的哲学，或任何一种将精力集中在某个单一而超验的真实概念之上的哲学。而后现代则极力避免以任何类似的方式来接近这种它自身以其为基础来进行批判或判断的真理性的或基础性的标准，

我们愈加生活在一个德波（Debord）所称的"景观社会"之中。我们的政治、公正，已日益沦为一种"景观式的""审判秀"和"生动的"法庭电视剧。关于这种情况的一个令人心酸的画面，可以在下面这个例子中找到，它也是保罗·维利里奥（Paul Virilio）经常引用的一个例子。这个例子说的是布宜诺斯艾利斯五月广场上的女人，她们定期在广场上沉默地聚在一起，仅仅为了证明以下事实：她们的亲属被一个残忍的军政合一政权"谋害"而失踪了。[41]政治制度——包括那些自称"民主"的制度——越来越多地以控制和调整其显现的方式来处理异己思想；并且，不时会有持不同政见的思想家突然彻底"失踪"，其原因要么直接就是暴力，要么间接就是官僚措施。在我们这个时代，政治本质的陈述已不再依赖表象与实在之间古老的——"现代性的"——关系，而是依赖显现和消失之间的关系。甚至真实世界自身也日益服从这种关系。随便举个例子，当1990年的海湾战争被简化为电子游戏的状态之时，死亡和毁灭就逐渐消失了。至此，军队才决定它

*495*

适于重新出现在可以接受它的人们面前。[42]

而更为根本的是，这一转变已经影响了判断和表象以之为基础的知识的地位。表象与实在的对立必然要假设知识的客体是稳定的，并且对认识主体来说，存在一个超验的模式。但是，在后现代情绪中，它们已经被一种历史性和易变性玷污，这一玷污致使主体与客体都变得不稳定。由此，知识自身——它依赖知识主客体之间稳定的关系，依赖产生主体同一性的发现或识别的环节——已进入危机之中。

这一危机被康德预见到。在《纯粹理性批判》中，康德勇敢地面对我们关于世界的知识的科学性——康德借其意指可验证性——问题；他认为，在这些问题中必然存在一种先天判断。但更重要的是，他认为，单凭分析方法所得到的先天知识只能告诉我们大量关于方法论的东西，而未必会告诉我们关于世界的任何新东西：它提供的其实只有记忆（anamnesis）。也就是说，要完全认知世界，意识需要在一种形式中去理解它；这一形式——关于知觉的分析方法——主要承担自我合法化的功能。像当代的后现代思想家一样，康德希望世界能带给我们全新的知识以及无法预料和不可预知的东西。巴丢（Badiou）在真理和知识积累之间作了一个清楚的——我们现在也可以说是"康德式的"——区分，例如，他说"真理的起源（origin）是一个事件的顺序，这一点是很清楚的"[43]。康德希望世界能够使我们摆脱对自身意识结构的意识形态调节。因此，他需要被其称作先天综合的东西，它将超越先天分析。综合不仅确定对世界的认识论分析方法，而且允许对分析方法自身的结构性改变作出解释，并包含一种新的因此是不可预知的关于世界的数据。因此，它提供的不仅是记忆，而且是我们现在所称作的关于知识的事件或作为事件而非事实的知识。

在《纯粹理性批判》中，分析与综合的区分或多或少直接反映在决定性判断和反省性判断之间的区分上。这一区分被利奥塔充分地用在了关于后现代公正问题的讨论之中。在决定性判断中，一种分析方法决定——预先决定——了判断的结果：就像在数学运算中一样，运算结构决定了从其内部所产生的问题的最终答案，例如加减法。在反省性判断中，情况则完全不同，就像我们关于美学上的优美所作的判断一样，它并不存在预先确定的、我们

能够赖以证实判断的规则：我们"无标准"地判断，这是利奥塔的一句比较
著名的话。总之，这意味着我们必须在没有一种预先确定的理论的情况下作
出判断。我们可以说，判断被判断的行为或判断的事件取代：公正的美学形
式被公正的政治事件取代。

在这种情况下，理性的运作将自身扩展到其内在连贯的框架以外，并试
图把握——或构造——新的东西。在这种扩展中，我们能够发现一种重点上
的转移，即从科学知识向叙事知识的转移。我们不再愿意了解一个事物的稳
定本质，而是开始讲述关于对其进行判断的事件的故事，开始展现关于它如
何改变了意识并因此而产生了新知识的叙述。可以说，后现代更喜欢认知的
事件，而不是知识的事实。

但核心的问题仍然是：人们怎样才能使一个评判的"事件"合法化？对
人们能够确证的东西而言，什么行为才是一个实际有效的行为，对利奥塔来
说，对元叙事的轻信（即对一种流行理论的认同，依赖它的标准，判断的事
件单凭自身就可以使自己被评定和证实）相当于对系统理论的一种让步。鉴
于在这样的系统理论中，"对正统性的信仰……已经退缩为对合法性的信
仰"[44]，在诸多方面都与利奥塔持不同意见的哈贝马斯，对此表示反对。
对哈贝马斯来说，交往行为能够确立一种共识，它可以为我们的判断提供必
要的——即使总是暂时的——基础。但是，利奥塔则会将共识的确立看作一
种捕捉事件流的方式，以这种方式，真理将被简化为一种知识的积累。也就
是说，总之，借助共识这种方式，生成的哲学被简化为存在的哲学。现代主
义者假定从生成到存在的过渡是可能的；而后现代思想家则相信，任何类似
的行动必定都是不成熟的和无根据的，而它主要的牺牲品则是以事件为幌子
的真理。

正如我们通常所认为的那样，政治依赖共识；通常说来，这样的共识是
在"表象"的标题下自我表达的。在其中，首先存在的是表象和被表象之间
的一种假设性共识，其次是表象之间存在共识的可能性。这是布尔乔亚式的
民主，而对后现代思想家来说，它根本不是什么民主。后现代思想家需要用
一种公正来取代这样的政治。公正不可能产生在布尔乔亚式的民主之下，这
种民主永远只能奠基在多数人的暴政之上（当然，在许多"民主的"制度

中，它甚至奠基在少数人的暴政之上——在对思想和少数调停社会形态标准的人所运用的传媒表象、出现与消失的霸权控制之上）。我们很难再在相互敌对和抵触的政治制度之间舒适地进行立法，因为我们很难再认同类似的总体化形式；但是，我们还是能够讨论处于其奇异性之中的判断和公正的情况与事件。

在后现代思潮中，伦理需求的基础就出现在这里，这种需求的根源就位于像列维纳斯这样的哲学家的工作之中。我必须作出判断：在每一种特定情况中，我们都无法逃脱作出判断的必然性。然而，我们却没有赖以作出判断的根据。这极度类似列维纳斯的观点：

498

> 他者的面孔是最初被感知的部位，关于它我已经说过很多了……亲近他者就是面孔的意义，它在某种程度上意味着超越那些可塑的形式。这些可塑的形式就像感知在场的面具，总是试图掩盖面孔。但是，面孔总要通过这些形式来显现。所有形式的表达都旨在掩盖或保护被直接对应的面孔或面容。但是，先于任何表达以及在所有表达之下，对表达的揭示和剥夺就已经存在，也就是说，极端的暴露、无防御性、自身的脆弱性就已经存在……我所面对的面孔在其表达中，在其必死性中，已经向我发出了呼唤、申请和哀求，正如他者，纯粹的他者所必然面对的不可见的死亡，是以某种方式从整体中分离，这是我的事一样。[45]

"面对面"将我们卷入一种回应之中，卷入一种社交的必要性之中。我们必须公正地对待他者存在的事实；但是，我们又不能根据一种预定的公正体系或一种预定的政治、伦理理论来行动。他者是永远不同于自身的他者；它不仅仅是一个可被取代的、在其中我们可以再一次认识和重构我们自身的同一性。这里需要的是一种与他异性相关的公正和一种对异质性事件的认知。因此，总之，我们必须去发现——构造——公正。此处，等着利奥塔和其他许多人的是与后现代相关的真正的政治担当：寻找一种公正的政治，它能够尊重构成事件的歧异。

# 新悲观主义

后现代理论已将批评这一极为根本的概念扔进了怀疑之中。它提出了两个关于批评的基本问题：第一，假如为了保持内在的一致，批评必须有一个理论基础，那么它如何逃过暴力的不公？第二，是否由于批评不一定能被其表面上反对的目标之既有总体所容纳，而由此，其最好的结果是显得多余，而最坏的情况则是沦为自身挫败的共谋呢？结果，许多人总结说，后现代理论是彻头彻尾的虚无主义，它对当代社会文化及政治事态施加援手，而在这种社会文化和政治事态之中，晚期资本主义却仍然强劲而无可争辩地继续前进。

在文化批评家中间，这一观点引起了一种特殊的关切，这与哲学中后现代理论的兴起是一致的。文化批评家一直致力于验证大众流行文化，因此他们见证了批判性哲学的工作彻底地陷入了普遍政治利益的事态之中。一种普遍持有的信念是，后现代擦除了本应存在于"高雅艺术"和"大众文化"之间的界限。这一信念大部分归因于詹姆逊的这样一种理解：在艺术中，后现代理论的重要修辞是模仿，一种"无目的的拙劣模仿"。[46] 而现代主义者将会引证或以交互文本的方式涉及更大范围的其他艺术作品（比如说，乔伊斯运用荷马），他们会为了某种特定的目的而这样做。据说后现代艺术家反复使用了引证、部分歪曲等相同的结构性策略，但他们这样做仅仅是为了做本身。总之，在现代主义的引证策略将主体从一个所指发送到另一个所指的地方，后现代理论的相似策略顽固地停留在能指的层面。比如说，我们观看一段摇滚录像，它在其中可能影射希区柯克（Hitchcock），它还可能使用档案电影的片段；但是，它的目的仅仅是玩弄这样的参照物，而不是赋予它们任何支配性的"意义"或意向性。

这是一种"标新立异主义"，它在某些形式的当代建筑学中看到了自己的相似物，某些建筑师会明确地试着调整他们的设计，以迎合某一杂居社区的多种品味和要求。具有代表性的是，当代流行艺术形式掠夺并因此也质疑

*499*

高雅艺术的形式及"价值"，它们通常被视为具有不朽的价值，但也因此成了阻碍。他们以杜尚（Duchamp）为榜样，杜尚的"现成品"或"LHOOQ"这样的作品，是从对一切"原创性"模式的质疑中获取力量的，当代艺术家频繁地"模仿"或复制过往的"伟大作品"。而事实上，由此导致的结果则是，现今以后现代的名义出现的大量流行文化的产品实际上仅仅是现代文化的继续和延伸。它最为常见的特征是以破碎取代统一，以互文性或自动指称性（autoreferentiality）取代参考，使能指获得凌驾于所指之上的优先性，以及与我们在乔伊斯、普罗提诺、曼、纪德（Gide）、毕加索（Picasso）、康定斯基（Kandinsky）、勋伯格（Schoenberg）、斯特拉文斯基（Stravinsky）等人那里发现的修辞和人物相类似的修辞和人物。

然而，这里有一项重要区别。如果当代流行艺术中的引喻和文化对照没有被观众理解，那也就只能顺其自然了。这样的知识没有什么可取之处，它所顾及的仅仅是"鉴赏家"自恋式的自我肯定和自我合法化所能带给他的自鸣得意的恭维。此处的根本争议是基于一种相当令人愉悦的知识的"堕落"，或者至少是支持作为事件的知识的、作为事实的知识的堕落。

这里的知识无非已沦为电脑屏幕上的下一个"字节"，下一张有三万像素的画面，下一个软件程序包。有必要指出的是，正如它是后现代理论的文化实践中的哲学性的决定要素一样，它也是后现代性技术的一种效应。对那些将自己定位为批评家——他们为了建构一个"理性社会"而基于知识、启蒙以及对真理或至少是对更好的论证的追求来提出自己的批评——的哲学家或知识分子而言，这无疑引发了一种阴郁的悲观主义。

不过老实说，在某种意义上，这种悲观主义也十分平常。毕竟在与这种悲观主义形式相伴随的事物中仍然保留了启蒙的希望，一种由批评家所掌握的也因此可为其他人所用的启蒙。其实，后现代理论中至关重要的东西是一种更为严酷的悲观主义形式，它以启蒙和现代性以之为基础而得以建立的那种乐观主义在哲学上的反对者形象而发挥作用。正如我曾指出的，这种乐观主义将对现在的救赎环节投射到未来。这一观念暗示了在智力活动与物质实践之间，在美学与政治学之间，在作为意识主体的"我"与作为意识客体的"我"之间，具有一种一致的可能性，甚至是最终的必然性。从而，它也暗示了自我呈现环节的内在性和迫切性。因此，从根本上说，这样的乐观主义可被看作依赖一种同一性哲学而作出的断言。如果后现代可以区别于现代，那么这个区别就在于后现代理论乐于支持并切实地鼓励一种他异性哲学。后现代的悲观主义则在于对以下几方面的领悟：未来将不会救赎现在；物质世界也许会彻底地抵抗意识，抵抗我们试图以意义的方式去把握它的决心；而历史，简言之，并不为（for）主体而存在。

当然，这样的悲观主义与一种悲伤的情绪毫无关系。宁可说，它倒是与一种伦理要求的哲学秩序相关。如果说乐观主义最为粗略的构想是，"在所有可能世界中最好的这个世界里，所有事情的结果总会是好的"，那么严格来说，悲观主义并非仅仅或简单化地表达与其相反的想法，即"在所有可能世界中最差的这个世界里，所有事情的结果总会是差的"。毋宁说，它可能会首先承认，甚至在现代主义者的乐观情绪中存在诸多"可能的世界"。从这些可能的世界也许同时并存（比如说，以"第一"世界、"第三"世界、"不发达"世界等这样的形式并存）这一点出发，它认为我们应为歧异正名，正是歧异构造了它们之间的相互关系。因此，我们不能将这些世界均质化，也不能按照优先秩序或规范性来为它们安排等级序列。我们不可谈论"全部"，因此也不可将其描述为"最好"或"最坏"：事实上，准确地说，"全部"是一种均质化的语义修辞，后现代理论会以"局部"或"事件的奇异性"来反对它。事件的奇异性总是将主体卷入一个判断行为。这种判断没有标准，面对它的最好方式就是斯多葛式的隐忍与伦理的态度。[47] 后现代悲 *501* 观主义源自这样的领悟，即"公正"永远不可能被明确地表达；而其积极的一面则在于如下的领悟，即公正必须被制定，被创造。历史也许不会为了主体而存在；但是，主体必须"公正地"存在。

## 【注释】

[1] 关于这些争论范围的更详尽的说明，参见 T. Docherty（ed.），*Postmodernism：A Reader*（Hemel Hampstead：Harvester-Wheatsheaf，1993）；C. Jencks（ed.），*The Postmodern Reader*（London：Academy Editions，1992）。

[2] F. de Onís（ed.），*Antologia de la poesia española e hispanoamericana*（Ma-

drid，1934）；A. Toynbee，*A Study of History*，vol. 1（1934；2nd edn，Oxford：Oxford University Press，1935），p. 1，note 2，and vol. 5（Oxford：Oxford University Press，1939），p. 43. 关于"后现代理论"（postmodernism）一词历史的更为详尽的材料，参见 M. Köhler，"'Postmodernismus'：Ein begriffsgeschichtlicher Überblick"，*Amerikastüdien*，22：1（1977）。

［3］H. White，*Metahistory*（Baltimore：Johns Hopkins University Press，1973；repr. 1987），pp. 61–62.

［4］E. Auerbach，*Mimesis*（1946；trans. W. R. Trask；repr. Princeton：Princeton University Press，1974），p. 552. 我对此文中重要问题的评论，参见 T. Docherty，*After Theory*（London：Routledge，1990），pp. 122–123。

［5］L. A. Fiedler，"The New Mutants"，*Partisan Review*，32（1965）：505–506. 作为一种情绪的审美后现代理论与作为一种阶段论术语的政治后现代理论之间的区别，经常被视为一种会产生特定"精神分裂症"的事态。对此更多的了解，参见 F. Jameson，*Postmodernism*（London：Verso，1991），pp. 25ff. ；德勒兹与瓜塔里以及同类型思想家——罗洛·梅（Rdlo May）、戴维·库珀（David Cooper）、莱恩（R. D. Laing）和诺尔曼·布朗（Norman O. Brown）等——的工作通常都被冠以"反—精神病学"的标题。

［6］参见 J. Habermas，*Theory of Communicative Action*，2 vols，trans. T. McCarthy（London：Heinemann，1984）；Habermas，*Philosophical Discourse of Modernity*，trans. F. G. Lawrence（London：Polity，1985）；F. Jameson，*Late Marxism*（London：Verso，1990）；E. Mandel，*Late Capitalism*（London：Verso，1978）。

［7］J. Lyotard，*The Postmodern Condition*［14. 44］，xxiv. 利奥塔指出，这样的定义"简化到了极端"。后来，他指出在此文中他过分强调了叙事类型，参见 *Le Postmoderne expliqué aux enfants*［14. 34］，40。

［8］Lyotard，*The Postmodern Condition*［14. 44］，81.

［9］更多关于事件的讨论，参见 Lyotard，"The Sublime and the avant-garde"，in A. Benjamin（ed.）［14. 47］and G. Bennington，*Lyotard：Writing the Event*（Manchester：Manchester University Press，1988）。关于公正理论，参见 Lyotard，*Le Différend*［14. 30］and Lyotard and J. -L. Thébaud，*Au juste*［14. 41］。

［10］T. Adorno and M. Horkheimer，*Dialectic of Enlightenment*（1944；trans. J. Cumming，London：Verso，1986），p. 6.

［11］ P. Gay，*The Enlightenment*，vol. 1 （Oxford：Oxford University Press，*502* 1966），p. xiii.

［12］ Adorno and Horkheimer，*Dialectic*，p. 3.

［13］ Ibid. ，p. 6.

［14］ Ibid. ，p. 7.

［15］ Ibid. ，p. 9.

［16］ Lyotard，"Svelte Appendix to the Postmodern Question"，trans. T. Docherty，in R. Kearney （ed. ），*Across the Frontiers* （Dublin：Wolfhound Press，1988），p. 265.

［17］ 参见 J. L. Austin，*How to do Things with Words*，2nd edn （Oxford：Oxford University Press，1975）；K. Burke，*Language as Symbolic Action* （Berkeley：University of California Press，1966）；S. Fish，*Self-Consuming Artifacts* （Berkeley：University of California Press，1972），and *Is there a Text in this Class*？ （Cambridge，Mass. ：Harvard University Press，1980）；W. J. T. Mitchell （ed. ），*Against Theory* （Chicago：University of Chicago Press，1985），此文集收录了一篇由理查德·罗蒂所写的名为"比你更实用主义"（more-pragmatist-than-thou）的声明，他是当今实用主义理论家中最为明显的"新实用主义者"。

［18］ Paul de Man，*The Resistance to Theory* （Manchester：Manchester University Press，1986），p. 11. 也可参见 G. Frege，"On Sense and Meaning"，in M. Black and P. T. Geach （eds），*Translations from the Philosophical Writings of Gottlob Frege* （Oxford：Blackwell，1952）。

［19］ 对此种同一性进行哲学解构的理论，参见 V. Descombes，*Modern French Philosophy*，trans. L. Scott-Fox and J. M. Harding （Cambridge：Cambridge University Press，1980），p. 38。

［20］ Adorno and Horkheimer，*Dialectic*，p. 7.

［21］ Ibid. ，p. 13.

［22］ 参见 M. Foucault，*Folie et déraison* （Paris：Plon，1961）。

［23］ Voltaire，*Candide* （Oxford：Oxford University Press，1968），passim；John Milton，"Paradise Lost"，in B. A. Wright （ed. ），*Milton：Poems* （London：Dent，1956），p. 218 （Bk iv，line 112） and p. 164 （Bk i，line 253）. 我对此问题的评论，参见 Docherty，*On Modern Authority* （Brighton：Harvester Press，1986），ch. 7。

［24］ H. Blumenberg，*The Legitimacy of the Modern Age* （1966），trans. R. M.

Wallace (Cambridge, Mass.：MIT Press，1983)，p. 404.

［25］这种思考模式继承于早期存在主义者克尔凯郭尔，这一点是很清楚的：人们始终"从事"的判断以及赖以判断的基础是不断变化的，在这个意义上来说，它始终接近于克尔凯郭尔思想的核心。

［26］参见 C. Jencks，*Postmodernism* （London：Academy Editions，1987）；P. Portoghesi，*Postmodern* (New York：Rizzoli，1983)。

［27］参见 D. Harvey，*The Condition of Postmodernity* (Oxford：Blackwell，1989)。

［28］参见 K. Frampton，"Towards a Critical Regionalism"，in H. Foster （ed.），*Postmodern Culture* (London：Pluto Press，1983)。

［29］参见 J.-F. Lyotard，*The Postmodern Condition* ［14.44］，xxiv. 关于这里的说法有点言过其实的意见，参见 Lyotard，*Le Postmoderne expliqué aux enfants* ［14.34］，40。

［30］W. Benjamin，*Illuminations*，ed. Hannah Arendt，trans. H. Zohn （Glasgow：Fontana，1973)，p. 258.

*503*　［31］参见 Lyotard，*Rudiments païens* ［14.27］ and *Instructions païennes* ［14.26］。

［32］Z. Bauman，*Modernity and the Holocaust* (Oxford：Polity Press，1979)，p. 7.

［33］Ibid.，p. 8.

［34］Ibid.，pp 202−203.

［35］Ibid.，p. 203.

［36］J. Baudrillard，*Simulations* ［14.19］，25.

［37］参见 J. Derrida，*Margins of Philosophy*，trans. A. Bass (Brighton：Harvester，1982)，p. 213。

［38］参见 Lyotard and R. Rorty，"Discussion" ［14.49］，581−584。

［39］参见 Lyotard，*Le Différend* ［14.30］。

［40］关于"无标准判断"观念的更为深入的探究，参见 Lyotard and Thébaud，*Au juste* ［14.41］。

［41］参见 G. Debord，*La Société du spectacle* （Paris：Buchet-Chastel，1968)；P. Virilio，*L'Horizon négatif* (Paris：Galilée，1984)，esp. cinquième partie。

［42］参见 J. Baudrillard，*La Guerre du golfe n'a pas eu lieu* ［14.15］，and C. Norris，*Intellectuals and the Gulf War* (London：Lawrence & Wishart，1991)。

［43］A. Badiou，*Manifeste pour la philosophie* (Paris：Seuil，1989)，p. 17 （trans.

T. Docherty).

[44] J. Habermas, *Legitimation Crisis*, trans. T. MacCarthy（London：Heine-mann，1976）.

[45] E. Levinas, *The Levinas Reader*, ed. Séan Hand（Oxford：Blackwell，1989），pp. 82-83.

[46] 参见 F. Jameson，"Postmodernism；or，the Cultural Logic of Late Capital-ism"，in his *Postmodernism*（London：Verso，1991）；也可以阅读詹姆逊早期所写的一些更有影响力的短文，参见 Foster（ed.），*Postmodern Culture*（where it appears as "Postmodernism and Consumer Society"）and in *New Left Review*，146（1984）：56-93。

[47] 关于这种斯多葛主义，参见 G. Deleuze, *Logique du sens*（Paris：Minuit，1969）。

# 参考书目

下面是一个关于利奥塔和鲍德里亚著作的书单，这些著作与后现代理论的主题：概念、实践或哲学相关。鉴于后现代理论兼收并蓄，因而这一书单并不包括仅对后现代理论有效的代表性著作。关于后现代理论的、与利奥塔和鲍德里亚著作清单相对照的更为详尽的参考书目，读者可以查阅 S. Connor, *Postmodernist Culture*（Oxford：Basil Blackwell，1989）；T. Docherty, *Postmodernism：A Reader*（London：Harvester-Wheatsheaf；New York：Columbia University Press，1993）；L. Hutcheon, *A Poetics of Postmodernism*（London：Routledge，1988）。

### 鲍德里亚

原始文本

14.1　*Le Système des objets*，Paris：Gallimard，1968.　　　　　*504*

14.2　*La Société de consommation*，Paris：Gallimard，1970.

14.3　*Pour une critique de l'économie politique du signe*，Paris：Gallimard，1972.

14.4　*Le Miroir de la production*，Tournail：Casterman，1973.

14.5　*L'Echange symbolique et la mort*，Paris：Gallimard，1976.

14.6　*L'Effet Beaubourg*，Paris：Galilée，1977.

14.7　*Oublier Foucault*，Paris：Galilée，1977.

14.8 *De la séduction*，Paris：Denoël，1979.

14.9 *Simulacres et simulation*，Paris：Galilée，1981.

14.10 *Les Stratégies fatales*，Paris：Grasset，1983.

14.11 *La Gauche divine*，Paris：Grasset，1985.

14.12 *Amérique*，Paris：Grasset，1986.

14.13 *L'Autre par lui-même*，Paris：Galilée，1987.

14.14 *Cool Memories*，Paris：Galilée，1987.

14.15 *La Guerre du golfe n'a pas eu lieu*，Paris：Galilée，1991.

翻译本

14.16 *The Mirror of Production*，trans. M. Poster，St Louis：Telos Press，1975.

14.17 *For a Critique of the Political Economy of the Sign*，trans. C. Levin，St Louis：Telos Press，1981.

14.18 *In the Shadow of the Silent Majorities*，trans. P. Foss，P. Patton，and J. Johnston，New York：Semiotext（e），1983.

14.19 *Simulations*，trans. P. Foss，P. Patton，and P. Beitchman，New York：Semiotext（e），1983.

14.20 *The Evil Demon of Images*，Sydney：Power Institute Publications，1987.

14.21 *Selected Writings*，ed. M. Poster，Cambridge：Polity Press，1988.

**利奥塔**

原始文本

14.22 *La Phénoménologie*，Paris：PUF，1954.

14.23 *Dérives à partir de Marx et Freud*，Paris：Union Générale d'Editions，10/18，1970.

14.24 *Discours, figure*，Paris：Klincksieck，1971.

14.25 *L'Economie libidinale*，Paris：Minuit，1974.

14.26 *Instructions païennes*，Paris：Galilée，1977.

14.27 *Rudiments païens*，Paris：Union Générale d'Editions，1977.

14.28 *La Condition postmoderne*，Paris：Minuit，1979.

14.29 *Le Mur du pacifique*，Paris：Galilée，1979.

14.30 *Le Différend*，Paris：Minuit，1983.

14.31　*L'Assassinat de l'expérience par la peinture*：*Monory*，Paris：Le Castor Astral，1984.

14.32　*Le Tombeau de l'intellectuel*，Paris：Galilée，1984.

14.33　*L'Enthousiasme：la critique kantienne de l'histoire*，Paris：Galilée，1986.

14.34　*Le Postmoderne expliqué aux enfants*，Paris：Galilée，1986.

14.35　"Sensus Communis"，*Le Cahier du Collége International de Philosophie*，3 (1987)：67-87.

14.36　*L'Inhumain*，Paris：Galilée，1988.

14.37　*Leçons sur l'analytique du sublime*，Paris：Galilée，1991.

14.38　Lyotard，J.-F. and Chaput，T.，*Less Immatériaux*，Paris：Centre Georges Pompidou，1985.

14.39　Lyotard，J.-F. and Francken，R.，*L'Histoire de Ruth*，Paris：Le Castor Astral，1983.

14.40　Lyotard，J.-F. and Monory，J.，*Récits tremblants*，Paris：Galilée，1977.

14.41　Lyotard，J.-F. and Thébaud，J.-L.，*Au juste*，Paris：Christian Bourgois，1979.

14.42　Lyotard，J.-F. et al.，*La Faculté de juger*，Paris：Minuit，1983.

**翻译本**

14.43　"One of the Things at Stake in Women's Struggles"，*SubStance*，20 (1978)：9-17.

14.44　*The Postmodern Condition：A Report on Knowledge*，trans. G. Bennington and B. Massumi，Manchester：Manchester University Press，1984.

14.45　*The Differend*，trans. G. van den Abbeele，Manchester：Manchester University Press，1990.

14.46　*Peregrinations*，New York：Columbia University Press，1988.

14.47　*The Lyotard Reader*，ed. A. Benjamin，Oxford：Blackwell，1989.

14.48　*Just Gaming*，trans. W. Godzich，Manchester：Manchester University Press，1985.

14.49　Lyotard，J.-F. and Rorty，R，"Discussion"，*Critique*，41 (1985)：581-584.

# 名词解释

**alterity（他异性）**：一种超越了纯粹二分法的关于他性的观点。在伊曼纽尔·列维纳斯的著作中，他者在伦理上是优于任何关于自我的筹划的。

**apodictic（绝然）**：指称绝对肯定和必然真的东西。胡塞尔引入现象学方法的目的就是要使哲学在绝对可靠的根基上成为"严格的"科学。

*aporia*（难题）：来自希腊语"*apeiron*"（无穷、无限）。用来表示令人费解的难题或主题，它产生其他问题但又没有明确和简洁的解答。

**apperception（知觉）**：反思性意识哲学的一个基本概念，指对个人改变的精神状态的一种意识。对康德而言，先验知觉描述了意识（纯粹自我）的统一，先于并合成我们的感觉材料，因此是任何经验可能性的原因。

**binary opposition（二元对立）**：语言学家费尔迪南·德·索绪尔理论中首次提出的一个原则。他在《普通语言学教程》（1916）中提出了语言的关系性特征这一后来影响了结构主义发展的观点。它区分了"音素"之间的差异，从而让我们能够识别口语单词（如 bat/cat）之间的重要差异，而同时忽略音素之间的差异，因为后者在特定的语言（比如 coat/caught）中并不承担意义的分配。

**categorical imperative（绝对命令）**：指康德的由自律约束的"道德律"。它的公式是："按照你同时认为也能成为普遍规律的规则去行动。"

**critical theory（批判理论）**：最普遍的用法是指哲学实践的文化批判活动。这包括法兰克福学派成员（霍克海默、马尔库塞、阿多诺、本雅明、哈贝马斯）和以葛兰西、福柯、阿尔都塞、利奥塔为代表的法国和意大利社会哲学所从事的文化批判（*Kulturkritik*）。广义上还包括用马克思主义和弗洛伊德分析方法所从事的研究，以及聚焦伦理学和大众文化的著作。

**Dasein（此在）**：海德格尔的术语，指"that being for whom Being is an issue"，在《存在与时间》中得到最充分发展的概念。在德语中最早就简单指"存在"，海德格尔通过深入的文本研究，强调此在从来不能被简单地理解成笛卡尔的"主体"。

**deconstruction（解构）**：雅克·德里达的术语，用来描述重新审查通常以逻各斯中心主义视角阅读的文本的预设的策略和技巧。通过关注那些总是被作为补充意义的轨迹的否定性术语，它代表了一种对"在场的形而上学"的哲学挑战。

*différance*（延异）：不仅仅指与同一对立的差异，德里达用来描述这些对立被建构的理由。由此，它总是通过超越它们来抵制二分范畴。

**differend（*différend*）（歧异）**：让-弗朗索瓦·利奥塔使用的术语。它强调那些常常导致弱参与者只能保持沉默的各种"语言游戏"的不可通约性。指一种绝不可被还原为同一性的持续的异质性。

**discourse ethics（商谈伦理）**：于尔根·哈贝马斯的术语，指语言维度的交往行为方案。所有言说者都有权为具有普遍有效性的规范性主张辩护。

*eidos*（埃多斯）：古希腊术语，用来指通过各种方式表达对形式、形状、显现、映像或理念的感觉。柏拉图用此术语表示抽象的形式或理念来反映普遍本质。对胡塞尔而言，埃多斯是指通过现象学的追问方法揭示的意向相关项的本质。（参见"现象学"）

*epochē*（悬搁）：指一种悬置经验的和形而上学前提的"自然态度"。胡塞尔把这种悬置作为其现象学方法的第一个步骤。

*être-en-soi*（自在的存在）：萨特的术语"自在的存在"，只是一种所依循的存在，因此仍然是消极的。对萨特而言，这是不可靠的存在，会逃避进行选择的责任。是自为的存在的对立面，自为的存在在生活中积极地进行选择并真实地承担责任。

**existentialism（存在主义）**：20 世纪存在哲学发展了克尔凯郭尔和尼采的理念，强调在缺乏绝对价值的世界中个体自由、选择和责任的首要地位。主要人物是让-保罗·萨特、阿尔伯特·加缪和西蒙·德·波伏娃。

**Frankfurt School（法兰克福学派）**：成立于 1923 年，20 世纪 30 年代批判理论的主要中心，第二次世界大战后重建，不过当时许多成员已经被迫流亡到美国。（参见"批判理论"）

**fusion of horizons（视域融合）**：汉斯-乔治·伽达默尔的概念，用来表示哲学的诠释学活动中认识历史距离的重要性。进入任何文本都必然会带入解释者的历史视域，它必然与历史传统的视域一起被考虑。

**genealogy（谱系学）**：由尼采首次使用而后福柯沿用的一个术语，用来描述话语实践生产知识、塑造制度的历史追问过程。这个过程既是不可预见的，也是不连续的，它揭示了建构主体的权力关系的基本场所。

**grammatology（文字学）**：德里达提出的关于书写符号的科学，用来挑战口头话语的（语音中心主义的）统治地位，后者赋予在场特权。书写符号因此对各种解释和意义都是开放的。

**hegemony（霸权主义）**：安东尼奥·葛兰西提出的概念，强调文化制度在保护统治阶级利益的意识形态上的重要性。政治和文化领导权在传播和合法化自己的价值上达成了明显的一致，因此它们在意识形态上的中立地位实际上是未经审视的。这个概念将马克思主义理论的焦点从经济基础转移到超级结构。

**hermeneutics（诠释学）**：由保罗·利科粗略地定义为一个"解密婉转意义的艺术"的术语。这种解释的哲学任务通过处理符号、神话、梦境、映像、叙事、文本和意识形态来进行。对伽达默尔而言，所有与传统的相遇都必须通过这种解释的结构来考察。

**hermeneutics of suspicion（怀疑的诠释学）**：批判和"深度"解释的实践，揭示文本、事件和社会实践的隐蔽本性及意识形态性。利科提出了三位"怀疑主义大师"：马克思、尼采和弗洛伊德。

**ideal speech situation（理想的话语情境）**：哈贝马斯提出的一个概念，用来描述平等、自由、无拘无束的交谈的必要条件以便参与者能够达成理性交谈中的普遍一致。

**ideology（意识形态）**：对马克思而言，这意味着"错误的意识"，即通过扭曲和隐瞒社会矛盾来忽视历史的和物质的存在的抽象信仰的复合体。对宗教和德国唯心主义的马克思主义批判旨在突出这种矛盾。葛兰西认识到"超结构"的重要性，其著作将意识形态延伸到通过文化制度来支持的意识形态霸权主义。利科的观点更为否定，任何社会群体自然倾向于通过基本神话来约束自己以迎合传统并抵制变化。

**instrumental rationality（工具理性）**：对马克斯·韦伯"*Zweckrationalität*"的翻译。他把目的定向的理性看作我们无法逃脱的"铁笼子"。它通过越来越严重的官僚主义和日益狭窄的专业技能渗透进我们的生活。它高度影响了霍克海默和阿多诺在《启蒙辩证法》中对启蒙理性的批判。

**intentionality（意向性）**：由弗朗茨·布伦塔诺从中世纪哲学中复活的一个概念，后来胡塞尔在其现象学中有更充分的发展。他强调意识总是"某物的意识"，这是意向行为的意向相关结构的基础。思考必然既包括意向行为本身（意愿、信念，等等），也包括该意向行为的意向相关"内容"。只有通过这种方式，意向内容的本质或埃多斯才能被揭示。对胡塞尔而言，意向性三种方式（感觉、想象和含义）是完全相关联的。

***jouissance*（愉悦）**：这个术语经常从法语中翻译为"愉悦"，实际上指充斥整个身体的性高潮的欢乐和释放。

**life-world**（*Lebenswelt*）（**生活世界**）：胡塞尔后期著作《欧洲科学的危机和先验现象学》中使用的一个概念，指共享的文化、传统和融入个人经历的语言等背景。生活世界的原型可能来自威廉·狄尔泰的生活哲学和诠释学著作。他发展了黑格尔的生活概念及其内在关系的主要领域。狄尔泰也在很大程度上影响了海德格尔在《存在与时间》中对生活的历史的经验的关注。最近而言，该术语再次出现在哈贝马斯交往行为理论中。

509

**logocentrism**（**逻各斯中心主义**）：赋予"在场"特权并企图用植根于明确的二元对立的"存在"概念定义实在、真理和知识的哲学思想。

*mauvaise-foi*（**自欺**）：萨特使用的术语，字面意思是"不诚实"，一种不可靠的和消极的生活方式，拒绝承认人总是自由的。

*Naturwissenschaft*（**自然科学**）：德语"自然科学"，对自然的一般研究。最早用来具体指在物理学领域中探究机械论原则和规律的科学。与早期诠释学理论家如狄尔泰等人著作中的人文科学相对。

*noema*（**意向相关项**）：参见"现象学"。

**norms**（**规范**）：指用来指导人类行为的标准或规则的术语，决定在理想的和调节的意义上什么可以做，什么必须做。

**ontological difference**（**本体论差异**）：海德格尔用来指"存在"（*Siein*）和"存在者"（*Seiende*）的差别。它强调仅仅罗列出存在者或"实存"就忽视了作为存在的存在的本体论优先地位。

**ontology**（**本体论**）：研究"作为存在的存在"的哲学分支。它的问题来自形而上学领域的如实在的本性、存在、本质和必然性等主题。

*ousia*（**本体**）：来自希腊语"实体"。是亚里士多德十范畴中最重要和最恒定的一个。

**phallocentrism**（**阳性中心主义**）：逻各斯中心主义的形式之一，等同于逻各斯或理性。女性因此是在排他性的男性视角下的男性统治关系中被定义的。

**phenomenology**（**现象学**）：由胡塞尔发展起来的20世纪最有影响的哲学之一。他试图提出一种严格的方法来描述人类意识在意义建构中的重要性。他首次发表在《逻辑研究》（1900）中的方案"回到事物本身"（zu den Sachen selbst），要求从常识的"自然态度"后退一步以便描述我们意向行为（*noesis*）的本质内容（*noema*）。胡塞尔的"本质现象学"后来被海德格尔改造为"诠释学的"和"存在主义的"现象学（《存在与时间》，1927），继而影响了大量哲学家如伽达默尔、利科、梅洛-庞蒂和萨特。（参见"意向性"）

**positivism（实证主义）**：一种科学方法论，在实验程序中，它赋予"中立的"观察和操作特权。最早由奥古斯特·孔德（1798—1857）构想为人类发展的最发达阶段，现在与技术合理化和控制相联系。

510　**postmodernism（后现代主义）**：让－弗朗索瓦·利奥塔使用的术语（《后现代状况》，1979），指包含在现代主义本身中的彻底的和连续不断的变动性，而不是简单地理解为现代主义之后或代替现代主义的一个"时期"。决定性地挑战了由历史意识的叙事所指引的自治主题的概念。后现代主义已经影响了各种智力场域，如哲学、文学等。

**poststructuralism（后结构主义）**：与结构主义共同拒斥将人类主体看作自足的我思（*cogito*）或现象学和存在主义中发现的意识的范式。但同时，它也反对结构主义模型中静态的内在关系，倾向于代之为能指—所指联合中的多种可能性。一些开始是"结构主义者"的法国哲学家的后期著作最符合这一立场。（参见"符号学"）

**readiness-to-hand（*Zuhandenheit*）（应手之物）**：海德格尔的用语，指作为现实的举动和日常参与的一种此在与实存的关系，如日常地使用锤子，而不是有意识地描述这一使用锤子的过程。与"现成性"相对，即此在将抽象的（审慎的）举动视为一个"对象"。

**reification（具体化，物化）**：马克思的概念，用来描述人类和人类关系向"物化"对象的还原，以及人类劳动从由自己的劳动生产出来的物质对象的异化。后来卢卡奇在其《历史与阶级意识》最长的一章中极大地发展了这一概念。

**semiotics（符号学）**：一门"关于符号的科学"，也指由欧洲的费尔迪南·德·索绪尔和美国的皮尔士发展起来的记号学。研究符号的构成关系性质和它们在社会中的交流特征。语言学符号是声音性的"能指"和它所指称的概念或"所指"之间的结构关系。罗兰·巴特在其社会符号学分析中又有所扩展。在那里，含义主要取决于符号的内涵或联想关系，尤其是在流行文化和广告中。

**signifier, signified（能指，所指）**：参见"符号学"。

**social imaginary（社会想象）**：指利科的象征话语，它允许复杂的社会—政治分组的构成。基本的符号和神话提供了其同一性的思想基础，这种同一性不断受到变化的可能性和变化的需要的检测（乌托邦的可能性）。

**structuralism（结构主义）**：聚焦于内部结构关系而不是内容的一场运动，以费尔迪南·德·索绪尔提出的语言学分析方法为基础。他认为语言构成了一个自足的系统，意义产生于语言本身而不是纯粹对"给定"实在的反映。这种革命性的主张及其必需的方法论吸引了众多知识学科的浓厚兴趣。列维-斯特劳斯将索绪尔的观点应用于人类学，拉康将其应用于精神分析，阿尔都塞将其应用于马克思主义，而福柯将其应用于他范围广泛的社会批判。结构主义的支持者与存在主义者和现象学家保持着一种敌对关系，他们拒斥先验自由的人类主体。（参见"后结构主义"）

*techne*（技艺）：来自希腊语的技巧、艺术或工艺。对亚里士多德而言指任何人类的创造　*511*
物，与自然（*physis*）相对，后者不是任何人类的创造。这种关于如何达到渴望的目的的知识可以是程式化的，它不仅包括音乐、舞蹈、诗歌、戏剧等精细艺术，而且也包括诸如修辞学和医学等专业技能。

# 索　引

# 译后记

往往是几本教科书教育了一代人，或者说几本教科书形成了一代人的知识结构和学术观。我们这一代人就是通过读黑格尔的《哲学史讲演录》、罗素的《西方哲学史》、梯利的《西方哲学史》和文德尔班的《哲学史教程》等教科书来了解西方哲学的。20世纪下半叶特别是80年代以来国内学界的一些前辈和同仁也编写了一批西方哲学史教材，但是它们的取材范围、断代原则和哲学史观都没有完全脱离上述几本引进教科书的影响。上述几本教科书也存在一些问题，最大的问题是过于陈旧，它们分别成书于19世纪和20世纪初，未能反映20世纪哲学的最新发展，不能适应教学和研究的需要。

20世纪60年代末至70年代初，在西方世界又出现了一批比较好的多卷本的哲学史，例如法国"七星百科全书"（Encyclopédie de la Pléiade）中的三大卷的《哲学史》（*Histoire de la Philosophie*），该书是上百位专家共同编写的，内容广博，涵盖东西方的各种哲学思潮流派，但是该书用法语写成，国内能直接阅读的人太少。此外，在美国出版了科普斯顿（F. Copleston）的九卷本的《哲学史》（*A History of Philosophy*），该书由作者一人写成，尽管他的知识非常广博，文笔很优美，但是上下几千年、纵横全世界、洋洋九大卷的哲学史凭一人之力，总会有遗憾之处。作者作为一位神学家，在材料的取舍、笔墨的浓淡、理论的是非等问题上总会或多或少留下个人的一些痕迹。这两部哲学史的共同的问题是，它们也都只写到20世纪50年代前后，未能反映20世纪下半叶西方世界哲学发展的最新进展，而且它们都没有被译成汉语，不能被广大的中国学生和读者阅读。

世界上著名的劳特利奇出版公司出版的《劳特利奇哲学史》是西方世界在走向21世纪时出版的一部代表当今世界西方哲学史研究领域最高学术水

平的著作。全书共十卷，1993 年开始出版，2000 年出齐。该书是集体智慧的结晶，每一章的作者都是这一领域公认的专家，130 多位专家来自英国、美国、加拿大、澳大利亚、爱尔兰、法国、意大利、西班牙、以色列等十多个国家的著名大学和科研机构。该书既是一部系统的哲学史，又可以被看作一部专题研究论丛，它涵盖了从公元前 8 世纪直到 20 世纪 90 年代末西方哲学发展的全部内容，有很高的学术含量。它既可以作为研究人员的参考书，也可以作为大学生和研究生的参考教材，同时也可以作为文化人系统了解西方哲学的工具书。

1994—1995 年我在英国牛津大学做高级访问学者时，在经常光顾的 Blackwells 书店发现了刚刚出版的几卷《劳特利奇哲学史》，就被它深深吸引，萌发了将它译成汉语的愿望。回国后我主动向中国人民大学出版社推荐了此书，得到了李艳辉编辑的回应和鼓励。待 2000 年《劳特利奇哲学史》十卷本全部见书后，我们就开始同劳特利奇出版公司洽谈版权，不久就签订了购买版权的合同。于是，我牵头组织从事西方哲学研究的一些同事、朋友、学生来翻译这套书，他们译完后由我校译并统稿。我们的原则是翻译以研究为基础，基本上是找对所译部分有研究的学者来译，力求忠实地反映原书的面貌，包括保留原书的页码和全部索引，便于读者查对。原书中每一章后面附有大量的参考书，我们不做翻译，原文照录，其目的也是便于深入研究的读者进一步查询，如果译成了汉语反而给读者查找造成了不便。这样做是为了保持原书的学术性。

翻译是一种遗憾的艺术，或者说是一项吃力不讨好的工作，既然很多大翻译家的译作都可以被人们挑出很多错误和疏漏，何况才疏学浅的我辈呢？译文中可能存在一些错误，恭请各位指正。好在所有严肃的研究者从来就不倚赖翻译本做学问，他们只是把翻译本作为了解材料的一个导引，希望我们的翻译能够给他们做好这样一个导引。近年来国内的学者兴起盛世修史之风，就我所知，现时学界已有许多编撰多卷本西方哲学史的计划，愿我们的这套翻译本能给大家提供一些参考。

本套译著的出版得到了中国人民大学出版社的大力支持，没有他们的学术眼光和为购买版权所做的工作，我们也不可能把该套书翻译出来奉献给读者。先后为这套书的出版提供过帮助的有曾经在和仍然在人大出版社工作过的周蔚华、李艳辉、杨宗元、符爱霞、胡明峰、罗晶等多位主编和编辑，他们为该书的编辑出版付出了大量的劳动，向他们表示感谢。

《劳特利奇哲学史》第八卷的翻译分工是：

**鲍建竹**——第八卷简介，目录，作者简介，历史年表，导言，第一、六、七、八、九、十、十一、十三章，索引。

**成官泯**——第二章。

**李婉莉**——第三、四章。

**谢仁生**——第五章。

**魏开琼**——第十二章。

**胡成恩**——第十四章。

**冯俊**——总主编序和译后记，并提供"《劳特利奇哲学史》（十卷本）简介"。

对上述诸位译者一并致以诚挚的谢意。

冯　俊

2015 年 7 月 18 日于上海浦东

Continental Philosophy in the 20th Century—Routledge History of Philosophy Volume VIII，by Richard Kearney

ISBN：0-415-05629-2

© 1994 Richard Kearney and individual contributors

Authorised translation from the English language edition published by Routledge，a member of the Taylor & Francis Group；All rights reserved. 本书原版由 Taylor & Francis 出版集团旗下 Routledge 公司出版，并经其授权翻译出版，版权所有，侵权必究。

China Renmin University Press is authorized to publish and distribute exclusively the Chinese（Simplified Characters）language edition. This edition is authorized for sale throughout Mainland of China. No part of the publication may be reproduced or distributed by any means，or stored in a database or retrieval system，without the prior written permission of the publisher. 本书中文简体翻译版权授权由中国人民大学出版社独家出版并仅限在中国大陆地区销售，未经出版者书面许可，不得以任何方式复制或发行本书的任何部分。

Copies of this book sold without a Taylor & Francis sticker on the cover are unauthorized and illegal. 本书封面贴有 Taylor & Francis 公司防伪标签，无标签者不得销售。

北京市版权局著作权合同登记号：01-2000-1577

**图书在版编目（CIP）数据**

劳特利奇哲学史（十卷本）. 第八卷，20 世纪大陆哲学/（爱尔兰）理查德·柯尔内
主编；鲍建竹等译. —北京：中国人民大学出版社，2016.9
ISBN 978-7-300-23013-9

Ⅰ.①劳… Ⅱ.①理…②鲍… Ⅲ.①哲学-研究-欧洲 Ⅳ.①B5

中国版本图书馆 CIP 数据核字（2016）第 140106 号

劳特利奇哲学史（十卷本）
总主编：〔英〕帕金森（G. H. R. Parkinson）
　　　　〔加〕杉克尔（S. G. Shanker）
中文翻译总主编：冯俊
第八卷
**20 世纪大陆哲学**
〔爱尔兰〕理查德·柯尔内（Richard Kearney）　主编
鲍建竹　李婉莉　成官泯　谢仁生　魏开琼　胡成恩　译
冯俊　鲍建竹　审校
20 Shiji Dalu Zhexue

| | | | | | |
|---|---|---|---|---|---|
| **出版发行** | 中国人民大学出版社 | | | | |
| **社　　址** | 北京中关村大街 31 号 | | **邮政编码** | 100080 | |
| **电　　话** | 010 - 62511242（总编室） | | 010 - 62511770（质管部） | | |
| | 010 - 82501766（邮购部） | | 010 - 62514148（门市部） | | |
| | 010 - 62515195（发行公司） | | 010 - 62515275（盗版举报） | | |
| **网　　址** | http://www.crup.com.cn | | | | |
| | http://www.ttrnet.com（人大教研网） | | | | |
| **经　　销** | 新华书店 | | | | |
| **印　　刷** | 涿州市星河印刷有限公司 | | | | |
| **规　　格** | 165 mm×235 mm　16 开本 | | **版　　次** | 2016 年 9 月第 1 版 | |
| **印　　张** | 39.75 插页 2 | | **印　　次** | 2016 年 9 月第 1 次印刷 | |
| **字　　数** | 601 000 | | **定　　价** | 108.00 元 | |

**版权所有　侵权必究　印装差错　负责调换**